國家古籍整理出版專項經費資助項目

《嘉禾吏民田家莂》校注

陳榮傑　校注

高校古委會直接資助項目（1512）

西南大學基本科研業務費重點項目（SWU1709234）

西南大學基本科研業務費專項資金創新團隊項目（SWU1509395）

西南師範大學出版社

國家一級出版社 全國百佳圖書出版單位

圖書在版編目(CIP)數據

《嘉禾吏民田家莂》校注 / 陳榮傑校注 . — 重慶：
西南師範大學出版社,2018.3
ISBN 978-7-5621-9209-1

Ⅰ.①嘉… Ⅱ.①陳… Ⅲ.①竹簡文－研究－長沙－
三國時代②賦稅制度－研究－中國－三國時代 Ⅳ.
①K877.54②F812.936

中國版本圖書館CIP數據核字(2018)第025825號

《嘉禾吏民田家莂》校注
《JIAHE LIMIN TIANJIABIE》JIAOZHU

陳榮傑　校注

責任編輯：黃　璜　王　丹　周　松　譚小軍
裝幀設計：觀止堂
出版發行：西南師范大學出版社
　　　　　　網址：http://www.xscbs.com
　　　　　　地址：重慶市北碚區天生路1號
　　　　　　郵編：400715
　　　　　　市場營銷部電話：023-68868624
經　　銷：新華書店
排　　版：重慶大雅數碼印刷有限公司·吳秀琴
印　　刷：重慶紫石東南印務有限公司
幅面尺寸：185mm×270mm
印　　張：36.5
字　　數：655千
版　　次：2018年3月　第1版
印　　次：2018年3月　第1次
書　　號：ISBN 978-7-5621-9209-1

定　　價：218.00元

序

陳榮傑的碩士論文是《〈武威漢簡·儀禮〉整理研究》,論文編製了《武威漢簡·儀禮》文字編,並將簡本《儀禮》文字與《説文》收字進行對比研究,以及對簡本《儀禮》俗寫異體字進行了研究,論文於2006年順利通過答辯,獲得碩士學位;同年留校工作。2009年她又從余攻讀博士學位,鑒於當時還没有人專門從事《長沙走馬樓三國吳簡》的語言研究,次年便指導她做吳簡的這方面研究,最終呈現出的博士學位論文《走馬樓吳簡佃田、賦税詞語匯考》,於2012年順利通過答辯並獲得博士學位。論文後修改更名爲《走馬樓吳簡佃田、賦税詞語研究》,2016年由人民出版社出版,受到學界好評。

要進行簡帛的語言學研究,必須要同時進行簡帛文獻的釋讀,儘管整理報告已做了釋文工作,但任何學科的簡帛研究所用的釋文,都不能僅僅停留在原整理報告的水平上,必須在整理報告釋文基礎上,認真查核圖版,力爭釋準每一個簡帛文字,理解每一句簡帛文句的意義。只有這樣,研究才會得出科學的結論。所以,我指導她開始接觸吳簡時,便要求她從原材料入手,將整理者釋文和圖版進行認真對讀,首先做好釋文。記得她讀了一段時間的吳簡後,拿着批滿注語的《田家莂》複印件來見我時,我就給她説,既然你解決了《田家莂》中這麽多釋讀問題,你可不可以對《田家莂》進行重新校理,也算是你學位論文的"副産品","副産品"的學術價值往往比"正産品"還大。經過她讀博和其後幾年的努力,終於完成了《田家莂》的校注工作,這一博士論文的"副産品"《〈嘉禾吏民田家莂〉校注》(以下簡稱《校注》)即將出版,可喜可賀。付梓之前,她請我寫序,我便借此談談有關該書的幾點看法,也算是向學界同仁推薦此書。

《田家莂》出版之後,中外學者發表了不少對整理者釋文注釋進行訂補

的成果。如：高敏《〈長沙走馬樓三國吳簡·嘉禾吏民田家莂〉釋文注釋補正》
（《鄭州大學學報》2001年第4期，又見《長沙走馬樓簡牘研究》，第68—80頁，
廣西師範大學出版社2008年）；黎石生《〈嘉禾吏民田家莂〉釋文補正》（《中
國文物報》2002年10月18日第7版）；凌文超《〈長沙走馬樓三國吳簡·嘉禾
吏民田家莂〉數值釋文訂補》（《簡帛研究二〇〇八》，廣西師範大學出版社
2010年）；陳榮傑、張顯成《〈嘉禾吏民田家莂〉釋文注釋的數值問題》（《古籍
整理研究學刊》2012年第2期）；（日）伊藤敏雄、阿部幸信編著的《嘉禾吏民
田家莂數值一覽（Ⅰ）（Ⅱ）》（"長沙走馬樓出土吳簡に關する比較史料學的
研究とそのデータベース化"資料叢刊2005年3月、2007年3月）；《〈長沙走馬
樓三國吳簡 嘉禾吏民田家莂〉釋文補正》（《簡帛研究二〇〇四》，廣西師範
大學出版社2006年）；《〈長沙走馬樓三國吳簡 嘉禾吏民田家莂〉釈文補注》
（長沙吳簡研究會編《長沙吳簡研究報告·第3集》，東京2007年3月）；等
等。這些資料比較零散，不方便使用，甚至很難求得。《校注》一書在有關資
料的搜集上可算是儘量齊備，這爲學界的相關研究提供了極大的便利。

　　《校注》對《田家莂》原整理者釋文注釋既不輕易否定，也不盲從，堅持實
事求是、科學嚴謹的態度，凡改動之處必加按語，詳述校訂理由。例如：簡5·
346"武龍丘男子胡推，佃田六町，凡十二畝百二十步，皆二年常限"，其"二
十"圖版作"（廿）"，非常清晰，《校注》據圖版將"二十"改爲"廿"。並
且，《校注》通查《田家莂》全書，發現"廿"共出現4341次，而"二十"僅出現3
次，除簡5·346確認"二十"爲"廿"之誤外，另有簡5·405和簡5·989兩處的圖
版均模糊不清，無法辨識。《校注》據"廿"字的使用情況，認爲大木簡田家莂
沒有寫作"二十"的，簡5·405和簡5·989的"二十"也應是"廿"之誤。這一結
論應是可信的。

　　又如：簡4·81"凡爲布一匹一丈九尺，准米二斛九斗五升，四年十一月四
日付庫吏鄭黑"，圖版"庫"字不很清楚，《校注》據田家莂文例，錢、布均繳納
給庫吏，米、布准入米和錢准入米均繳納給倉吏，且"鄭黑"無論是在嘉禾四
年吏民田家莂還是在嘉禾五年吏民田家莂中的吏職均爲"倉吏"，從而認定
"庫"應爲"倉"之誤（通觀《校注》可知，原整理報告釋文多處將"庫"誤釋爲了
"倉"字）。這一結論也應該是令人信服的。

　　《校注》不光能以大木簡田家莂文字內容訂補《田家莂》相關文字，還能
及時利用《長沙走馬樓三國吳簡·竹簡》不斷刊布的資料，以及其他相關出土

資料，來校補《田家莂》文字，使《田家莂》原釋文中一些存疑、缺釋的字得以確釋。例如：簡 4·157 至簡 4·180 計 24 枚大木簡均是有關"平眺丘"的莂，"眺"字原整理報告釋文不識此字，照原簡摹爲"眦"。《校注》據漢碑《北海相景君碑碑陰》"姚"作"姚"，其右側與田家莂"眦"字右側寫法相同。又據《竹簡》"平眺丘"的"眺"寫法亦與田家莂"眦"寫法相同（如簡貳·5553 作"（）"），認爲"眦"當釋爲"眺"。這一結論顯然也是可靠的。

《校注》在校正原整理報告釋文方面的亮點創獲還有很多，此僅以管窺豹，餘不再贅述。

總之，《校注》在原整理者釋文基礎上，把大木簡田家莂的釋讀向前推進了一大步，使得這批簡的內容更適合學界利用了，這是值得充分肯定的。

當然，《校注》中尚有不足之處。個別簡文可進一步進行考釋，如簡 4·497"軶"、簡 4·550"㹥"等。無年份標識吏民田家莂共 90 枚，全是殘簡，作者可在簡文綴合方面多下些功夫。有些校注語行文可再精準一些，以更合乎古籍整理的規範。

以上算是我初讀《校注》的幾點看法，聊供學界同仁參考。

2017 年 11 月 8 日於西南大學竭駑齋

前 言

1996年7月至12月，長沙市文物工作隊對長沙市中心五一廣場東南側走馬樓街建築工地的古井群進行了考古發掘。10月17日，在編號爲J22的古井中，發現了一批數量驚人的三國孫吳紀年簡牘。出土簡牘大部分呈灰褐色和黃褐色。按形制可分爲大木簡、木牘、竹簡、木楬等。按內容可分爲嘉禾吏民田家莂、賬簿、戶籍等。1999年，文物出版社出版了走馬樓簡牘整理組（長沙市文物考古研究所、中國文物研究所、北京大學歷史學系）編著的《長沙走馬樓三國吳簡·嘉禾吏民田家莂》。

嘉禾吏民田家莂（下簡稱爲"田家莂"）爲大木簡，共2141枚簡，其中嘉禾四年吏民田家莂（下簡稱爲"四年田家莂"）共782枚簡，嘉禾五年吏民田家莂（下簡稱爲"五年田家莂"）共1269枚簡，無年份標識吏民田家莂共90枚簡。大木簡長49.8釐米—56釐米，寬2.6釐米—5.5釐米。顏色呈黃褐色，杉木製作。木簡頂端均有墨書寫的"同"字或描畫的與"同"具有同等意義的符號。一般都是單面書寫，極個別兩面有字。右行直書，大部分字跡清晰，字體隸中帶楷，一簡自上而下分爲若干欄。每簡容字不一，如標題簡僅有十餘字，而文字多者可達近三百字。

一

"田家莂"每一枚簡記錄一戶的相關信息。每枚簡先書合同符號，次寫明租佃者的住址、身份、姓名，租佃土地的町數及總畝積，租佃土地的名稱、畝積，旱熟田畝積、畝租額、總租額，何時繳什麼租，繳多少，收租人的職官、姓名，校核時間及校核人的職官、姓名，等等。現引兩枚完整的簡文如下：

<table>
<tr><td>夨</td><td>何丘</td><td>男子</td><td>史耶，</td><td>佃田卅町，</td><td>凡九十畝，</td><td>其五十畝二年常限。</td><td>卅畝旱，</td></tr>
<tr><td>合同符號</td><td>租佃者住址</td><td>身份</td><td>姓名</td><td>租佃土地町數</td><td>總畝積</td><td>土地畝積及名稱</td><td>旱田畝積</td></tr>
</table>

畝收布六寸六分。定收十畝，畝收米一斛二斗，爲米十二斛。畝收布二尺。
（旱田收布畝租額／熟田畝積／熟田收米畝租額／"二年常限"田收米數／熟田收布畝租額）

其卅畝餘力田。畝收米四斗五升六合，爲米十八斛二斗四升。畝收布二尺。
（土地畝積及名稱／餘力田熟田收米畝租額／餘力田收米數／熟田收布畝租額）

其米卅斛二斗四升，四年十一月十日付倉吏 鄭黑。凡爲布一匹三丈三尺二寸，
（收米總數／繳米時間／收米人職官／姓名／收布總數）

四年十一月十日付 庫吏 番有。其旱田畝收錢卅七，其孰田畝收錢七十。
（繳布時間／收布人職官／姓名／旱田收錢畝租額／熟田收錢畝租額）

凡爲錢四千三百卅，四年十一月十日付 庫吏 番有畢。嘉禾五年三月十日，
（收錢總數／繳錢時間／收錢人職官／姓名／校核時間）

田戶曹史 張惕、趙野、陳通校。(4·238)①
（校核人職官／校核人姓名）

〄 利丘 男子 烝詳，佃田廿三町，凡五十八畝，皆二年常限。其七畝旱敗不
（合同符號／租佃者住址／身份／姓名／租佃土地町數／總畝積／土地名稱／旱田畝積及免收）

收錢。定收五十一畝，畝收米一斛二斗，凡爲米六十一斛二斗，畝收布二尺。凡爲
（情況／熟田畝積／熟田收米畝租額／收米總數／熟田收布畝租額）

布二匹二丈二尺，准入米六斛三斗七升，五年十一月十日付三州掾 孫儀。其旱田
（收布總數／布折米數／繳米時間／收米人職官／姓名／旱田免收錢）

不收錢。其孰田畝收錢八十，凡爲錢四千七十，准入米三斛六斗五升，五年十二月
（熟田收錢畝租額／收錢總數／錢折米數／繳米時間）

六日付三州掾 孫儀畢。嘉禾六年二月廿日，田戶曹史 張惕、趙野校。(5·306)
（收米人職官／姓名／校核時間／校核人職官／校核人姓名）

以上兩例是完整的、既有旱田又有熟田的簡，其他簡在行文上大體與此相同，只不過，因各户田地情況不同而略有變化。下面再引幾例：

〄 何丘 男子 周盧，佃田十八町，凡一頃，皆二年常限。悉旱，畝收
（合同符號／租佃者住址／身份／姓名／租佃土地町數／總畝積／土地名稱／土地情況）

布六寸六分。凡爲布一匹二丈六尺，四年十一月廿日付庫吏 潘有。旱田畝
（旱田收布畝租額／收布數／繳布時間／收布人職官／姓名／旱田）

收錢卅七，凡爲錢三千七百，四年十一月廿日 付 庫吏 潘有。嘉禾五年三月
（收錢畝租額／收錢數／繳錢時間／收錢人職官／姓名／校核時間）

十日，主者史 張惕、趙野、陳通校。(4·240)
（校核人職官／校核人姓名）

---

① 爲節約篇幅，引用原簡文僅摘引所需的相關詞句，並在括弧内標注簡號，所引簡文簡號前用"·"隔開的漢字"壹""貳""叄""肆""柒""捌"表示竹簡冊數，簡號前用"·"隔開的阿拉伯數字"4""5"表示四年田家莂、五年田家莂。例句均來自走馬樓簡牘整理組編著《長沙走馬樓三國吳簡·嘉禾吏民田家莂》(文物出版社，1999年)，《長沙走馬樓三國吳簡·竹簡》[壹][貳][叄][肆][柒][捌](文物出版社，2003年、2007年、2008年、2011年、2013年、2015年)。

〖合同符號〗 緒中丘〔租佃者住址〕 男子〔身份〕 鄧萇〔姓名〕，佃田二町〔租佃土地町數〕，凡九畝〔總畝積〕，皆二年常限〔土地名稱〕。其九畝孰田〔土地畝積及名稱〕，

爲米十斛八斗〔收米數〕。畝收布二尺〔熟田收布畝租額〕。其米十斛八斗〔繳米數〕，四年十二月七日〔繳米時間〕 付 倉吏〔收米人職官〕 李金〔姓名〕。

凡爲布一丈八尺〔收布數〕，四年十二月七日〔繳布時間〕 付 庫吏〔收布人職官〕 潘有〔姓名〕。其孰田畝收錢七十〔熟田收錢畝租額〕，

凡爲錢六百卅錢〔收錢數〕，四年十一月九日〔繳錢時間〕 付 庫吏〔收錢人職官〕 潘有〔姓名〕。嘉禾五年三月三日〔校核時間〕，

田戶曹史〔校核人職官〕 趙野、張惕、陳通〔校核人姓名〕校。（4·455）

〖合同符號〗 夢丘〔租佃者住址〕 男子〔身份〕 吳惕〔姓名〕，佃田四町〔租佃土地町數〕，凡十畝〔總畝積〕，皆二年常限〔土地名稱〕。旱敗不收錢布〔旱田免收情況〕。

嘉禾六年二月廿日〔校核時間〕，田戶曹史〔校核人職官〕 張惕、趙野〔校核人姓名〕校。（5·764）

〖合同符號〗 鷄丘〔租佃者住址〕 男子〔身份〕 逞湛〔姓名〕，佃田九町〔租佃土地町數〕，凡卅一畝〔總畝積〕。其廿四畝二年常限〔土地畝積及名稱〕，

爲米廿八斛八斗〔"二年常限"田收米數〕。其七畝餘力田〔土地畝積及名稱〕，爲米二斛八斗〔餘力田收米數〕，凡爲米卅一斛六斗〔收米總數〕。

畝收布二尺〔熟田收布畝租額〕。其米卅一斛六斗〔繳米數〕，五年十一月廿日〔繳米時間〕 付 倉吏〔收米人職官〕 張曼、周棟〔姓名〕。

凡爲布一匹二丈二尺〔收布總數〕，准入米三斛九斗〔布折米數〕，五年十二月八日付 倉吏〔繳米時間／收米人職官〕 張曼、周棟〔姓名〕。

其旱田不收錢〔旱田免收錢〕。孰田畝收錢八十〔熟田收錢畝租額〕，凡爲錢二千四百八十〔收錢總數〕，五年九月十七日〔繳錢時間〕 付

倉吏〔收錢人職官〕 □□〔姓名〕。禾六年二月廿日〔校核時間〕，戶曹史〔校核人職官〕 張惕〔校核人姓名〕校。（5·995）

上引簡5·764因吳惕所租佃的田地均是旱田，而五年田家莂旱田免收米、布、錢，故簡文僅記録了吳惕租佃田地的基本信息及校核信息。

二

四年、五年田家莂所繳納租稅均分爲米、布、錢，但其租稅率不盡相同：五年二年常限熟田畝收米一斛二斗，與四年同；五年餘力田熟田畝收米四斗，與四年畝收米四斗五升六合異；五年二年常限、餘力田旱田均不收米，與四年同；五年二年常限與餘力田熟田畝收布二尺，與四年同；五年二年常限與餘力田旱田均不收布，與四年旱田畝收布六寸六分異；五年二年常限與餘力田熟田畝收錢八十，與四年熟田畝收錢七十異；五年二年常限與餘力田旱田均不收錢，與四年旱田畝收錢三十七異。詳見表一：

表一　嘉禾四、五年田家莂租税率變化比較表

年代	"二年常限"田定額						餘力田定額					
	熟田			旱田			熟田			旱田		
	米	布	錢	米	布	錢	米	布	錢	米	布	錢
四年	1.2	2	70	0	0.66	37	0.456	2	70	0	0.66	37
五年	1.2	2	80	0	0	0	0.4	2	80	0	0	0

備注：1.四年田家莂餘力田包含火種田、餘力火種田,因其與餘力田的定額基本相同,故僅標以"餘力田"。

2.此表是指男子、大女、郡吏、縣吏、軍吏、州卒、郡卒、縣卒等身份繳納的定額,不包括州吏及四年田家莂的士和復民。

3.此表米折合爲"斛",布折合爲"尺"。

　　四年、五年"州吏"定額與上表不同之處在於"二年常限"田畝收米的不同(五年"州吏"無餘力田,四年"州吏"餘力田與上表同)。四年"州吏""二年常限"田均享受繳米定額優惠,畝收米均低於一斛二斗;五年"州吏""二年常限"田畝收米有兩個標準,一是不享受二年常限繳米定額優惠,畝收米一斛二斗,二是享受二年常限繳米定額優惠,畝收米低於一斛二斗。四年"士"熟田依書不收米、錢、布,旱田與上表同;四年"復民"熟田畝收米五斗八升六合,旱田與上表同。五年無"士"和"復民"這兩種身份。

　　田家莂繳納租税通常在當年秋天至第二年年初進行,以當年十一月及十二月繳納者居多,極少部分在第二年年初校核前繳納。米入倉,繳給倉吏;錢、布入庫,繳給庫吏。錢和布折合爲米繳納,亦入倉,繳給倉吏。校核工作皆在第二年年初進行,四年田家莂在五年三月十日和五年三月三日校核者居多,五年田家莂在六年二月廿日校核者居多。

三

　　田家莂所出現的佃户主要有普通民户(男子、大女)、吏卒(州吏、縣吏、郡吏、軍吏、郡卒、州卒、縣卒)和社會特殊群體(復民、士)[1]。

　　爲了對田家莂佃户身份有一個全面的觀照,我們對四年、五年田家莂2051枚簡進行了封閉式的統計分析。四年田家莂共有782枚簡,前4枚簡不涉及佃户,另有161枚殘簡不能確定身份,可確定身份者共617枚簡,分別爲男子523人、大女20人,州吏20人、郡吏19人、縣吏9人、軍吏2人、州卒1人、郡卒1人,復民13人、士9人。

---

　　①田家莂中復民和士既不同於普通民户又不同於吏卒,他們在繳納租税方面享有一定的優惠,但其具體身份尚不能確定,故我們暫將他們稱爲社會特殊群體。

五年田家莂共有1269枚簡,有6枚簡佃户身份脱,有151枚殘簡不能確定身份,另有簡5·689只有一"縣"字,不能確定應爲"縣吏"還是"縣卒",簡5·1087殘餘一"吏"字,亦不能確定,可確定身份者共1110枚簡,分别爲男子882人、大女67人,州吏18人、郡吏39人、縣吏59人、軍吏15人、州卒9人、郡卒8人、縣卒13人。爲更直觀地展現田家莂佃户的身份,列表如下:

表二　田家莂佃户身份統計表

身份	年份				説明
	嘉禾四年		嘉禾五年		
	户數	百分比	户數	百分比	
男子	523	84.77%	882	79.46%	
大女	20	3.24%	67	6.04%	
州吏	20	3.24%	18	1.62%	説明:表中的百分比爲占可確定身份者的百分比,嘉禾四年爲617户,嘉禾五年爲1110户。
郡吏	19	3.08%	39	3.51%	
縣吏	9	1.46%	59	5.32%	
軍吏	2	0.32%	15	1.35%	
州卒	1	0.16%	9	0.81%	
郡卒	1	0.16%	8	0.72%	
縣卒	0	0	13	1.17%	
復民	13	2.11%	0	0	
士	9	1.46%	0	0	

　　從上表可知:四年田家莂普通民户共543户,占可確定身份者的88.01%,吏卒共52户,占可確定身份者的8.42%,社會特殊群體(復民和士)共22户,占可確定身份者的3.57%。五年田家莂普通民户共949户,占可確定身份者的85.50%,吏卒共161户,占可確定身份者的14.50%。四年田家莂佃户中無"縣卒"這一身份,五年田家莂佃户中無"復民"和"士"。

　　四年田家莂吏卒共52户,占可確定身份者的8.42%,五年田家莂吏卒達161户,占可確定身份者的14.50%。五年田家莂吏卒除"州吏"比四年田家莂人數有所減少外,其他郡吏、縣吏、軍吏、州卒、郡卒人數均比四年田家莂有所增加,尤其是"縣吏"在四年田家莂共9户,只占可確定身份者的1.46%,在五年田家莂中達59户,占可確定身份者的5.32%。從以上對比中可以看出吏卒租佃國有土地的人數越來越多。吏卒在繳納租稅方面,除"州吏""二年常限"田熟田繳米定額享有優惠外,其他吏卒繳米、布、錢定額均與普通民户相同,不享受任何優惠。

僅"州吏"而言，其所享受的優惠也在逐漸減少，四年田家莂"州吏"全部享受二年常限繳米定額優惠，五年田家莂只有部分州吏或州吏的部分"二年常限"田享受繳米定額優惠。五年田家莂佃户爲"州吏"的簡共18枚，除簡5·466殘外，剩餘17枚簡，繳米定額不享受優惠的簡有：簡5·38、簡5·39、簡5·533、簡5·695、簡5·904、簡5·924、簡5·1004，共7枚，占總數的41.18%；繳米定額享受優惠的簡有：簡5·434、簡5·665、簡5·676、簡5·702、簡5·733、簡5·791、簡5·1003、簡5·1037，共8枚，占總數的47.06%；另有簡5·661和簡5·705只有部分二年常限熟田享受繳米定額優惠，[①]占總數的11.76%。五年田家莂只有不足一半的"州吏"享受了二年常限熟田繳米定額優惠，近一半的"州吏"已不再享受任何優惠，其繳米定額和普通民户相同，這説明"州吏"享受優惠的特權在逐漸消失。

四

田家莂所涉吏員（這裏所説的吏員排除以佃户身份出現的州吏、縣吏等吏員）主要有倉吏、庫吏及田户曹史。倉吏主要是負責收繳米及布折米、錢折米的吏員；庫吏，簡文又稱庫掾，主要是負責收繳布、錢的吏員；田户曹史，簡文又稱田曹史、田户經用曹史、主者史，主要是負責校核米、布、錢的吏員。

田家莂共出現八位倉吏，分別是鄭黑、李金、潘慮、張曼、周棟、孫儀、郭勳、馬欽。出現於四年田家莂的倉吏有鄭黑、李金、潘慮三人，出現於五年田家莂的倉吏有張曼、周棟、孫儀、潘慮、郭勳、馬欽、李金七人，據五年田家莂，張曼和周棟共同負責一個倉，郭勳和馬欽共同負責一個倉，"李金"僅見於簡5·1103，五年田家莂倉吏比四年少了鄭黑一人，卻多了張曼、周棟、孫儀、郭勳、馬欽五人。

田家莂共出現三位庫吏，分別是潘有、潘慎、潘宗，其中"潘有"又寫作"番有""潘琦"，"潘慎"又寫作"番慎"，"潘宗"又寫作"番宗"。四年田家莂的庫吏有潘有、潘慎二人，其中"潘慎"僅見於簡4·576。五年田家莂的庫吏有潘有、潘慎和潘宗三人，據五年田家莂，潘慎和潘宗當共同負責一個庫，潘有負責一個庫。

田家莂共出現三位田户曹史，分別是張惕、趙野和陳通。

四年田家莂米、布、錢入倉、入庫都是單人負責制，也就是説只有一個倉吏

---

① 簡5·661："唵丘州吏吳軍，佃田廿二町，凡七十一畝廿步，皆二年常限。其廿畝一百步旱敗不收布。其卅畝税米廿三斛四斗。定收十畝百六十步，爲米十二斛八斗，畝收布二尺。"州吏吳軍卅畝繳米廿三斛四斗，每畝繳米五斗八升五合，享受了二年常限繳米定額優惠；十畝百六十步繳米十二斛八斗，每畝繳米一斛二斗，此十畝百六十步則没有享受二年常限繳米定額優惠。

簡5·705："湖田丘州吏蔡(?)雅，佃田十三町，凡六十七畝二百一十步，皆二年常限。其十四畝卅步旱敗不收布。其卅畝爲米廿三斛四斗。定收十三畝百七十步税，爲米十六斛四斗五升，畝收布二尺。"州吏蔡雅卅畝繳米廿三斛四斗，每畝繳米五斗八升五合，享受了二年常限繳米定額優惠；十三畝百七十步繳米十六斛四斗五升，每畝繳米一斛二斗，此十三畝百七十步則没有享受二年常限繳米定額優惠。

或庫吏負責,五年田家莂米、布、錢入倉、入庫絕大多數是雙人負責制,即多是由兩個倉吏或庫吏負責。四年田家莂田戶曹史的校核者基本是張惕、趙野和陳通三人。五年田家莂田戶曹史的校核者多是張惕、趙野兩人或張惕一人。釋文只有簡5·325、簡5·328、簡5·524、簡5·609、簡5·614、簡5·621、簡5·1119、簡5·1184、簡5·1257、簡5·1268,10枚簡爲張惕、趙野、陳通三人同時校核。但查圖版發現簡5·609、簡5·614、簡5·621三枚簡應爲張惕、趙野兩人校核,圖版"野"字下明顯是一"校"字,而無"陳通"二字,其餘七枚簡圖版模糊不清,無法辨識是否有"陳通"二字。但據五年田家莂其他簡,我們懷疑五年田家莂的校核者只有張惕和趙野兩人,無"陳通",也就是說,五年田家莂不同於四年田家莂的三人校核,多是兩人或一人校核。

據分析圖版文字筆跡發現(參見圖一):趙野、張惕、陳通三人的名字應爲書寫者在抄寫簡文時一併書寫下來的,而不是他們本人的親筆簽名。如簡4·443的筆跡很顯然和簡4·562的筆跡不同,且其名字書寫方式亦不相同,簡4·443是姓與名之間有留白,如"趙"和"野"之間留白,而姓名和姓名之間則不留白,如"趙野"之"野"字下緊接着是"張"字,"趙野"和"張惕"之間沒有留白;簡4·562是姓名和姓名之間留白,如"趙野""張惕""陳通"之間均有留白。田家莂趙野、張惕、陳通三人名字的書寫方式多數是姓與名之間留白,極少數是姓名與姓名之間留白。簡5·15整枚簡都寫得十分草率,"張惕"的書寫與前兩簡不同,也寫得很草率。簡5·113整枚簡的撇筆都有很大的挑勢,"趙"字"走"旁的最後一撇和"史"字最後一筆一樣,都有很大的挑勢。因此,我們認爲田家莂的校核可能只是程式,田戶曹史張惕、趙野和陳通並沒有真正履行校核的職責。

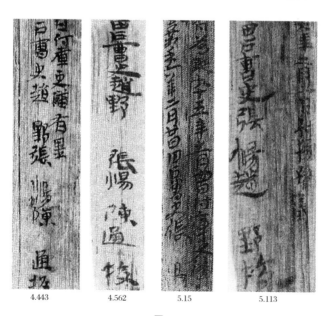

4.443   4.562   5.15   5.113

圖一

田家莂吏民租佃土地的多寡極不一致,即便同一丘中,差異也相當大。有些佃户只租佃了一畝,如簡4·462、簡5·537、簡5·740、簡5·760等,有些佃户則租佃了一頃甚至超過二頃,如四年田家莂簡4·9達一頃六十四畝,其中九十六畝"二年常限"田、六十八畝餘力田;簡4·213共一頃一十五畝,其中十二畝"二年常限"田、一頃三畝餘力火種田;簡4·575共一頃五十八畝,其中一頃八畝"二年常限"田、五十畝餘力田等。五年田家莂簡5·320共一頃九十五畝"二年常限"田,簡5·309共一頃八十五畝"二年常限"田,簡5·796共一頃六十三畝,其中一頃五十三畝"二年常限"田,十畝餘力田。簡5·1074達二頃一十八畝"二年常限"田,爲田家莂中租佃土地最多的一户。

田家莂表示田地單位的量詞"町"和"畝"之間沒有必然的聯繫。如前引簡4·238"佃田卌町,凡九十畝",平均每町2.25畝;簡5·306"佃田廿三町,凡五十八畝",平均每町2.522畝。此外,《田家莂》中不乏平均每町不足1畝者,如簡5·659"佃田三町,凡一畝一百卅步",簡5·523"佃田四町,凡一畝百六十步",簡5·889"佃田八町,凡二畝",簡5·799"佃田九町,凡一畝二百廿步",等等;亦有一町超過10畝者,如簡4·134"佃田一町,凡十三畝",簡4·374"佃田一町,凡十八畝",簡4·152"田一町,凡十六畝";也有一町達到或超過20畝者,如簡4·169"田一町,凡廿畝",簡4·383"佃田一町,凡廿一畝";亦有一町超過30畝者,如簡4·647"佃田一町,凡卅三畝"。

六

田家莂中出現的表示田地名稱的詞語共有"田""佃田""二年常限"田、"餘力田""火種田""餘力火種田""租田""稅田""旱田""熟田"十個。仔細分析田家莂簡文,發現這些田地詞語相互之間具有密切的聯繫,呈現出極強的層級性。試分析如下:

田和佃田

田家莂中"田"和"佃田"同義(爲方便論述,下文統一稱爲"佃田"),都是指可供租佃的國有土地。它們處於上位義。如:

下伍丘男子五常,田一町,凡三畝,皆二年常限。(4·6)

上和丘郡吏何表,佃田五處,合卅三畝,二年常限。(4·31)

下伍丘男子勇羊,佃田十町,凡廿畝百九十步,皆二年常限。(5·13)

"二年常限"田、餘力田、餘力火種田

"二年常限"在"田家莂"中出現的頻率非常高,幾乎每一枚簡都有"二年常

限”若干畝或“皆二年常限”的字樣。關於“二年常限”田的含義，其具體所指，至今學界仍無統一的看法，目前主要有如下幾種觀點：

《嘉禾五年吏民田家莂解題》：“嘉禾四年與嘉禾五年田家莂所見同一人名下的佃田數往往不同，如勇羊，四年佃田十二町凡六十一畝，而五年佃田十町凡廿畝又九十步；謝經，四年佃田卅七町凡五十二畝，而五年佃田廿一町凡卅二畝；文威，四年佃田七町凡卅畝，而五年佃田四町凡十畝又卅步，知所謂‘常限田’非指擁有固定的田畝數，或僅爲限額而已。”[1]邱東聯、王素等先生亦認爲“二年常限”田指田畝限額。[2]

高敏先生認爲：“所謂‘二年常限’田是指地租率限額在二年内不變動之田而言，並不是指田家租佃土地時間的長短而言，也不是指田家租佃土地總數量而言。”[3]

蔣福亞先生認爲：“所謂‘二年常限’田，既有租佃者佃種土地年限的涵義，也有其所繳定額租年限的涵義。概而言之，《田家莂》中吏民佃種的‘二年常限’田，是指吏民租佃及繳納相應畝租額年限只有‘二年’的零星國有土地。其畝租額高於餘力田。期限一到，吏民須重新佃種，封建政府也有權另行確定租額。”[4]

孟彦弘先生認爲，“二年常限”田是指在休耕期間，官府要減免其租税的田。[5]

胡平生先生認爲：“‘二年常限田’，一般的理解大概應當是‘嘉禾二年規定的、每户每人限制租佃的最高數量的農田’或者是‘按照嘉禾二年規定的農田每畝納税標準徵收的田畝’。”[6]

張榮强先生認爲：“‘二年常限’，實際上就是官府根據當時普遍實行的各種形式的輪休耕作制而制定的一種關於官租的規定——按二年一墾的標準收租。”[7]

于振波先生認爲：“‘二年常限田’當指土地限額，而不是租税限額。”他認爲

①走馬樓簡牘整理組編著《長沙走馬樓三國吴簡·嘉禾吏民田家莂》（上），文物出版社，1999年，第165頁。

②邱東聯《長沙走馬樓佃田租税簡的初步研究》，《江漢考古》，1998年第4期；王素、宋少華、羅新《新出長沙走馬樓簡牘整理簡介》，《書品》，1999年第3期。

③高敏《〈吏民田家莂〉中所見“餘力田”、“常限田”等名稱的含義淺析》，《長沙走馬樓簡牘研究》，廣西師範大學出版社，2008年，第24頁。

④蔣福亞《也談〈嘉禾吏民田家莂〉中“二年常限”田的涵義》，《魏晉南北朝經濟史探》，甘肅人民出版社，2003年，第252頁。

⑤孟彦弘《〈吏民田家莂〉所録田地與漢晉間民屯形式》，《中國社會科學院歷史研究所學刊》第2集，商務印書館，2004年。

⑥胡平生《嘉禾四年吏民田家莂研究》，《長沙三國吴簡研討會暨百年簡帛研究會議論文集》，中華書局，2005年，第38頁。

⑦張榮强《吴簡〈嘉禾吏民田家莂〉“二年常限”解》，《歷史研究》，2003年第6期。

"孫吳政權爲了督促農民生產,有可能打破官田和私田的界限,統一調度,規定農民應耕土地的限額,目的不是防止多占田,而是强制性的生產定額。如果農户原有土地已符合規定限額,官府就不再分配給他們常限田;如果農户原有土地沒有達到限額,則用常限補足。"①

以上諸位先生對"二年常限"田的解釋均含有自己的真知灼見,均具有一定的合理性,然證之田家莂,又似未完全達詁,"二年常限"田的具體含義目前仍沒有確解。但通過分析田家莂,我們仍可看出一些"二年常限"田的特性。試舉兩例以便分析:

石下丘男子吕德,佃田五町,凡五十五畝,皆二年常限。其卌五畝旱田,畝收布六寸六分。定收十畝,畝收米一斛二斗,爲米十二斛。畝收布二尺。(4·189)

旱丘男子朱杲,佃田七町,凡廿五畝,其廿畝二年常限。其十六畝旱敗不收布。其五畝餘力田,爲米二斛。定收四畝,爲米四斛八斗,凡爲米六斛八斗,畝收布二尺。(5·261)

僅選取上揭兩例作爲代表,田家莂中絶大多數簡均如此行文。通過上引兩例可以得出兩點看法:一是"二年常限"田屬於佃田,佃田和"二年常限"田是上下位的關係;二是"餘力田"亦屬於佃田,"二年常限"田和"餘力田"應是同位關係。

田家莂"餘力田"的含義目前也無定論,學界主要有如下幾種觀點:

《嘉禾四年吏民田家莂解題》認爲:"餘力田,大概是田家'行有餘力'而自行開墾的荒地,文書中多寫作'餘力火種田'。"②

高敏先生認爲:"'餘力田'是田家租佃國有土地中的不屬於'二年常限'田的另一種納租田地,它同'常限'田一樣也有旱田與熟田之分,但主要是熟田,它的地租是低於'二年常限'田畝收米一斛二斗的畝收米四斗五升六合的優惠田,即使是'斛加五斗'者,也輕於每畝收米一斛二斗。"③

李卿先生認爲:"'餘力火種田'亦稱'餘力田'","'餘力火種田'一詞中的'餘力',或與'二年常限田'之'限田'相對。'火種',刀耕火種之意,爲山地旱作的農業耕作方式,'定收'的'餘力火種田'租額爲:每畝0.4斛或0.456斛、布2尺、錢70錢或80錢,相當於每畝0.55—0.6斛。雖不及'定收'的'二年常限田'租稅的一半,但亦遠較歷代民田賦稅爲高。由此可推斷'餘力火種田'只能是官田,

①于振波《走馬樓簡所見佃田制度考略》,《走馬樓吳簡初探》,文津出版社,2004年,第8、22頁。
②走馬樓簡牘整理組編著《長沙走馬樓三國吳簡·嘉禾吏民田家莂》(上),文物出版社,1999年,第71頁。
③高敏《〈吏民田家莂〉中所見"餘力田"、"常限田"等名稱的含義淺析》,《長沙走馬樓簡牘研究》,廣西師範大學出版社,2008年,第22頁。

而不是吏民自行開墾的私田;它是旱田,而不是水田。"①

蔣福亞先生認爲:"餘力田,是指受二年常限田制約,畝租額低於二年常限田的國有土地,大概是租佃者'行有餘力'而開墾的零星荒地;畝租額隨常限田變動而變動;有租佃年限,很可能也只有二年。"②

王子今先生認爲,餘力田即餘夫之田。餘夫,是户人以外的"其家眾男","其餘眾男",又稱"餘子""餘子弟""餘壯"。③

孟彥弘先生認爲:"餘力田視作對田家所領田地差別的一種補充或補償或許更爲妥當(這種作爲補充或補償的田地在土地所有權的變化中具有特別意義,其優惠性質更是不言而喻)。"④

于振波先生認爲:"'餘力田'是指在完成常限田的生產之外,有餘力者可申請多種,且租稅率比常限田低。如果民户原有土地已經超過規定限額,則多出的土地也可能被視爲'餘力田'。"⑤

我們認爲高敏先生的看法更近於事實,通過上引簡5·261,也可以看出"餘力田"應是不屬於"二年常限"田的另一種納租田地,它和"二年常限"田應是平行關係。

田家莂"餘力火種田",學界多把它等同於"餘力田",如整理者、李卿先生等都認爲"餘力火種田"就是"餘力田"。⑥"餘力火種田"在田家莂中共出現7次,爲了便於説明問題,現摘引如下:

上和丘男子謝箱,佃田五處,合五十五畝。其十畝二年常限,其八畝旱,畝收布二尺六寸六分。定收二畝,畝收米一斛二斗,合二斛四斗。畝收布二尺。其卅五畝餘力火種田,其六畝旱,畝收布六寸六分。定收卅九畝,畝收米四斗五升六合,斛加五升,合十八斛六斗七升三合。畝收布二尺。凡爲米廿一斛七升三合。其二斛四斗稅米,四年十一月廿八日付倉吏鄭黑畢。其十八斛六斗七升三合租米,四年十一月十日付倉吏鄭黑畢。(4·32)

合丘男子烝賓,佃田廿處,合一頃一十五畝,其十二畝二年常限。其九畝旱,畝收布六寸六分。定收三畝,畝收米一斛二斗,合三斛六斗。畝收布二尺。

---

①李卿《〈長沙走馬樓三國吳簡·嘉禾吏民田家莂〉性質與内容分析》,《中國經濟史研究》,2001年第1期。

②蔣福亞《〈嘉禾吏民田家莂〉中的"餘力田"》,《魏晉南北朝經濟史探》,甘肅人民出版社,2003年,第268頁。

③王子今《試釋走馬樓〈嘉禾吏民田家莂〉"餘力田"與"餘力火種田"》,《吳簡研究》第一輯,崇文書局,2004年,第116—117頁。

④孟彥弘《〈吏民田家莂〉所録田地與漢晉間民屯形式》,《中國社會科學院歷史研究所學刊》第2集,商務印書館,2004年。

⑤于振波《走馬樓吳簡所見佃田制度考略》,《走馬樓吳簡初探》,文津出版社,2004年,第22頁。

⑥見前面有關"餘力田"的研究。

其一頃三畞餘力火種田。其廿五畞旱，畞收布六寸六分。定收七十八畞，畞收米四斗五升六合，斛加五升，合卅五斛三斗四升六合。凡爲米卅八斛九斗四升六合。其三斛六斗稅米，四年十二月五日付倉吏鄭黑畢。其卅五斛三斗四升六合租米，四年十月十日付倉吏鄭黑畢。(4·213)

浸頃丘男子潘惕，佃田廿一處，合一頃卅二畞，其五十三畞二年常限。其五十畞旱，畞收布六寸六分。定收三畞，畞收米一斛二斗，合三斛六斗。畞收布二尺。其七十九畞餘力火種田。旱不收，畞收布六寸六分。其米三斛六斗，四年十二月九日付倉吏鄭黑畢。(4·351)

湛上丘男子區懷(?)，佃田十五處，合八十六畞。其十一畞二年常限。其七畞旱，畞收布六寸六分。定收四畞，畞收米一斛二斗，合四斛八斗。畞收布二尺。其七十五畞餘力火種田。其廿畞旱，畞收布六寸六分。定收五十五畞，畞收米四斗五升六合，斛加五升，合廿六斛三斗一升三合。畞收布二尺。凡爲米卅一斛一斗一升三合。其四斛八斗稅米，四年十二月八日付倉吏鄭黑畢。其廿六斛三斗一升三合租米，四年十月廿日付倉吏鄭黑畢。(4·391)

穀丘郡卒潘調，佃田廿處，合一頃一十九畞。其廿六畞二年常限。其廿四畞旱，畞收布六寸六分。定收二畞，畞收米一斛二斗，合二斛四斗。畞收布二尺。其九十三畞餘力火種田。其五十三畞旱，畞收布六寸六分。定收卅畞，畞收米四斗五升六合，斛加五升，合十九斛一斗五升。畞收布二尺。凡爲米廿一斛五斗五升。其二斛四斗稅米，四年十二月十一日付倉吏鄭黑畢。其十九斛一斗五升租米，四年十二月八日付倉吏鄭黑畢。(4·463)

□丘男子鄧承，佃田廿五處，合九十二畞，其卅四畞二年常限。其卅二畞旱田，畞收布六寸六分。定收二畞，畞收米一斛二斗，合二斛四斗。畞收布二尺。其五十八畞餘力火種田。其十二畞旱，畞收布六寸六分。定收卅五畞，畞收米四斗五升六合，斛加五升，合廿一斛七斗二升六合。畞收布二尺。凡爲米廿四斛一斗二升六合。其二斛四斗稅米，四年十一月十一日付倉吏鄭黑畢。其廿一斛七斗二升六合租米，四年十一月九日付倉吏鄭黑畢。(4·587)

☑□畞，二年常限。其廿三畞旱，畞收布六寸六分。定收二畞，畞收米一斛二斗，合二斛四斗。畞收布二尺。其卅五畞餘力火種田旱不收，畞收布六寸六分。其米二斛四斗，四年十二月八日付倉吏鄭黑畢。(4·620)

胡平生先生認爲："'餘力火種田'，強調的是農戶所佃租的田土的性質，即區別於'二年常限田'的田地，而不是耕作的方法。"[1]

---

①胡平生《嘉禾四年吏民田家莂研究》，長沙市文物考古研究所編《長沙三國吳簡研討會暨百年簡帛研究會議論文集》，中華書局，2005年，第43頁。

蔣福亞先生認爲，餘力火種田中定收田除了"斛加五升"這一最大的特徵外，似乎還有兩個特點：其一，餘力火種田只要有定收田，其簡必然出現"稅米"和"租米"。其二，翻遍《田家莂》，吏民租佃二年常限田和餘力田、火種田後，即便有兩種畝租額，其租稅米都是一次繳清，即便州吏也是這樣，餘力火種田就不同了，只要其中有定收田，都是分天繳，或先收稅米，或先收租米，五枚簡沒有一枚是在同一天繳清的。"餘力田""火種田"和"餘力火種田"應該有其不同的內涵。[1]

陳順成先生認爲，"餘力火種田"當是"餘力田"和"火種田"在形式和意義上的複合，應當是農家自行開墾的采用火燒法種植的田地。[2]

蔣福亞先生提出"餘力田"和"餘力火種田"應有不同內涵的觀點，是非常正確的。分析上面7例簡文，可以得出如下結論：

1."餘力火種田"畝收米四斗五升六合，又要斛加五升，而餘力田畝收米無需斛加五升。

2."餘力火種田"收米均稱爲租米，並與"二年常限"田的稅米分開繳納，且其繳米時間均比"二年常限"田稅米繳米時間早，而餘力田、火種田租米和"二年常限"田稅米則是一起繳納，田家莂未見一例餘力田、火種田租米和"二年常限"田稅米分開繳納的情況。

3."餘力火種田"無熟田者，"二年常限"田繳米僅稱爲米，而不再專門稱爲稅米。

4.7枚"餘力火種田"簡雖屬於不同的丘，但其稅米、租米以及准入米均繳給倉吏鄭黑，而其他簡則無如此嚴格。如簡4·391所在的湛上丘共有7枚簡（簡4·395爲旱田簡，須繳米者實爲6枚簡），其中，簡4·389、簡4·390、簡4·392、簡4·393均是將米繳給倉吏李金，而簡4·391卻是將米繳給倉吏鄭黑。《田家莂》"餘力火種田"簡繳米均繳給倉吏鄭黑，似是有意而爲之。

因此，我們認爲"餘力火種田"不等同於"餘力田"，它們應該具有不同的含義。我們懷疑"餘力火種田"應是熟田畝收米四斗五升六合，斛加五升，由專人負責管理、收繳租稅的田。"餘力火種田"亦屬於佃田，它和"二年常限"田、餘力田應是同位關係、平行關係。

火種田

"田家莂"中的"火種田"共出現7次，其簡文爲：

石下丘男子區拾，火種田二町，凡六十畝，皆二年常限。畝收布六寸六分。

---

①蔣福亞《〈嘉禾吏民田家莂〉中的"斛加五升"》，《中華文史論叢》，2009年第1期。
②陳順成《走馬樓吳簡詞語研究》，北京語言大學博士學位論文，2010年，第121頁。

凡爲布三丈九尺六寸，五年閏月十七日付庫吏番有。(4·201)

石下丘男子番狹，火種田三町，凡卅九畞，皆二年常限。旱畞收布六寸六分，凡爲布二丈三尺四分，五年閏月廿八日付庫吏番有。(4·202)

石下丘男子龔斗，火種田三町，凡廿五畞，皆二年常限。旱田畞收布六寸六分。凡爲布一丈六尺五寸，五年閏月十七日付庫吏番有。(4·208)

昭丘男子張客，火種田三町，凡廿五畞，皆二年常限。其廿三畞旱田，畞收布六寸六分。定收二畞，畞收米四斗五升六合，爲米九斗一升二合。畞收布二尺。其米九斗一升二合，四年十月九日付倉吏李金。(4·300)

□丘男子陳溪(?)，火種田三町，凡卅畞。旱田畞收布六寸六分。凡爲布一丈四尺四寸二分。五年二月十七日付庫吏番有。(4·560)

□丘男子□文，火種田五町，凡卅二畞，皆二年常限。其……畞旱田，畞收布六寸六分。定收三畞，畞收米四斗五升六合，爲米一斛三斗六升八合。畞收布二尺。其米一斛三斗六升八合，四年十月十九日付倉吏李金。(4·659)

□□丘男子唐□，佃田十二町，凡廿五畞。其廿一畞旱田，畞收布六寸六分。定收六畞。其一畞收米一斛二斗，布二尺。其五畞火種田。畞收米四斗五升六合，爲米二斛四斗八升。其米三斛四斗八升，四年十月七日付倉吏李金。(4·554)

《嘉禾四年吏民田家莂解題》：“單有一種‘火種田’，亦稱‘二年常限’，如四·二〇一、四·二〇二簡，熟田每畞收米四斗五升六合，與‘餘力田’同；其他收布、收錢也一樣。旱田徵收布、錢標準亦同‘餘力田’，究竟屬於什麼性質尚不很清楚。”①

高敏先生認爲：“‘火種田’，基本上是旱田的代名詞，其所以用‘火種田’命名，可能同這種旱田宜於采用火耕的方法進行耕作有關。”②

王子今先生認爲，“火種”有可能就是“伙種”“夥種”，是一種合作經營農耕，共同承擔的關係。③

張榮強先生認爲：火種田“就是火耕水耨之田”④。

---

①走馬樓簡牘整理組編著《長沙走馬樓三國吳簡·嘉禾吏民田家莂》(上)，文物出版社，1999年，第71頁。另外，胡平生先生在《嘉禾四年吏民田家莂研究》中也有類似的論述，參見胡平生《嘉禾四年吏民田家莂研究》，長沙市文物考古研究所編《長沙三國吳簡研討會暨百年簡帛研究會議論文集》，中華書局，2005年，第42頁。

②高敏《〈吏民田家莂〉中所見“餘力田”、“常限田”等名稱的含義淺析》，《長沙走馬樓簡牘研究》，廣西師範大學出版，2008年，第23頁。

③王子今《試釋走馬樓〈嘉禾吏民田家莂〉“餘力田”與“餘力火種田”》，《吳簡研究》第一輯，崇文書局，2004年，第117頁。

④張榮強《吳簡〈嘉禾吏民田家莂〉“二年常限”解》，《历史研究》，2003年第6期。

阿部幸信先生認爲:"火種田是一種用山地型火田農法耕作的土地。"①

雷長巍先生對王子今先生的觀點提出了質疑,認爲,"火種田"與"菑田""新田"和"畲田"有關。"火種田"不僅和當地的地理條件有關,和官府的政策也有關。"火種田"爲新墾田,亦或拋荒後重新開墾的田,新墾田優惠的賦税政策促進人口增加,增加了政府的收入。②

陳順成先生認爲:"'火種田'即傳世文獻之'火田',爲用火耕的方式種植的田地。"③

"火種田"到底屬於何種性質的田尚不清楚,但通過分析以上簡文,我們可以得出如下結論:

1."火種田"收米定額與餘力田同,均爲畝收米四斗五升六合。

2."火種田"繳米没有斛加五升,其米亦和"二年常限"田税米一起繳納給倉吏,而不是像餘力火種田那樣分開繳納,"火種田"應不同於餘力火種田。

3."火種田"同"二年常限"田、餘力田和餘力火種田一樣,分爲旱田和熟田。其旱田、熟田繳布、錢定額亦與"二年常限"田、餘力田和餘力火種田相同。

4."火種田"多爲旱田。7枚"火種田"簡有4枚全部爲旱田(簡4·201、簡4·202、簡4·208、簡4·560),另外3枚有熟田的簡,熟田在其總畝數中所占的比率也非常小。

5.7枚"火種田"簡除簡4·554外,其他6枚簡書寫格式均爲:"×丘+身份+姓名,火種田×町,凡×畝,皆二年常限"(其中簡4·560無"皆二年常限"五字)。而田家莂的行文格式多爲"×丘+身份+姓名,佃田/田×町,凡×畝,皆二年常限"。如此,則"火種田"和佃田是處於同一個層級的,它們是同位關係。簡4·554雖没有寫明二年常限,但據"其一畝收米一斛二斗"知,定收田裏有一畝爲二年常限熟田,另五畝爲火種田熟田。"火種田"和"二年常限"田是處於一個層級的,它又屬於佃田,和佃田是上下位關係。

通過上面分析,可知"火種田"情況比較複雜,一方面它和佃田處於一個層級,是同位關係(我們稱之爲火種田①),另一方面它又處於佃田的下位,和佃田是上下位關係(我們稱之爲火種田②)。故"火種田"在簡文中可能有泛指和特指兩個方面的含義。④

---

①轉引自王素《日本〈長沙吳簡研究報告〉第1、2集簡介》,《吳簡研究》第二輯,崇文書局,2006年,第272—273頁。

②雷長巍《試論三國吳簡中的"火種田"》,《出土文獻研究》第九輯,中華書局,2010年,第229—230頁。

③陳順成《走馬樓吳簡詞語研究》,北京語言大學博士學位論文,2010年,第121頁。

④語言中有泛指和特指的現象,如古漢語的"鳥"泛指時統稱飛禽,特指時專指長尾飛禽;"禾"泛指時爲穀類作物的總稱,特指時指粟、穀類作物的一種。

租田和稅田

田家莂直接標明"租田"的簡僅有7枚,分別爲:

利丘州吏黃揚(?),佃田十八町,凡卌畝,皆二年常限。租田畝收米五斗八升六合,凡爲米廿三斛四斗四升。(4·226)

利丘州吏劉露,佃田廿町,凡卌畝,皆二年常限。租田畝收米五斗八升六合,凡爲米廿三斛四斗四升。(4·230)

弦丘州吏陳康,佃田八町,凡廿畝,皆二年常限。租田畝收米五斗八升六合,凡爲米十一斛七斗二升。畝收布二尺。(4·296)

湛龍丘州吏黃興,佃田八町,凡六十畝,其卌畝二年常限租田。爲米十八斛二斗四升。畝收布二尺。其廿畝餘力田。其十八畝旱田,畝收布六寸六分。定收二畝,爲米九斗一升二合。畝收布二尺。其米十九斛一斗五升二合,四年十二月十日付倉吏李金。(4·397)

湛丘州吏黃楊,租田卌畝。畝收米五斗八升六合,凡爲米廿三斛四斗四升,收布二尺。(5·702)

賀丘州吏劉露,租田卌畝。畝收米五斗八升六合,凡爲米廿三斛四斗四升,收布二尺。(5·733)

新成丘州吏陳顏,租田卌畝。畝收米五斗八升六合,凡爲米廿三斛四斗四升,收布二尺。(5·791)

上揭7枚簡嘉禾四年州吏"租田"均寫明是二年常限,嘉禾五年3枚簡徑稱"租田×畝"無"二年常限"字樣,但據其他州吏簡,此"租田"也應屬於"二年常限"田。這些"二年常限"田不同於一般的繳米定額爲一斛二斗的稅田,而是繳米定額爲五斗八升六合的租田。即"二年常限"田中有"租田"。田家莂中多次出現"租米"一詞,繳納租米的田自然應是租田。田家莂"租米"共13枚簡,除5枚爲享受二年常限熟田繳米定額優惠的州吏簡外,其他8枚簡有5枚是指畝收米四斗五升六合、斛加五升的餘力火種田所繳之米,分別爲簡4·32、簡4·213、簡4·391、簡4·463、簡4·587。這5枚簡清楚地寫明定額爲一斛二斗所繳之米稱爲"稅米",定額爲四斗五升六合又斛加五升所繳之米稱爲"租米"。另外3枚簡是指畝收米四斗五升六合的餘力田所繳之米,分別爲簡5·47、簡5·658和簡5·1131。田家莂中火種田畝收米亦爲四斗五升六合,其所繳之米當也稱租米。《竹簡》中有不少"火種租米"簡,如:

入廣成鄉嘉禾二年火種租米二斛四斗,就畢。⊠嘉禾二年十月廿五日,彈浈丘潘孟關邸閣董基付☐(壹·3957)

右都鄉入火種租米二斛六斗。(貳·126)

出小武陵鄉嘉禾二年火種租米八斛二斗。⊠嘉禾三年正月十八日,白石丘

男子文解關邸閣李嵩付倉吏黃諱史潘慮受。(貳·368)

故畝收米四斗五升六合的火種田當亦稱租田。此外，田家莂中"復民"繳米亦是畝收米五斗八升六合，同於州吏繳米定額，如：

己酉丘復民五(?)麥，佃田三町，凡廿九畝，皆二年常限。其廿四畝旱田，畝收布六寸六分。定收五畝，畝收米五斗八升六合。畝收布二尺。(4·42)

己酉丘復民鄭饒，佃田八町，凡卅五畝，皆二年常限。其卅畝旱田，畝收布六寸六分。定收五畝，畝收米五斗八升六合，爲米三斛七升六合。畝收布二尺。(4·50)

"復民"同州吏一樣，享受二年常限熟田繳米定額優惠，且其繳米定額均爲五斗八升六合，故復民所租佃的畝收米五斗八升六合之田也當爲租田。另《竹簡》中亦有"復民"繳納租米的簡，如：

入四年復民租米十四斛三斗五升。(叁·1983)

入四年復民租米廿斛一斗。(叁·2041)

由上述可知，田家莂"租田"當指享受二年常限繳米定額優惠的田(一般畝收米爲五斗八升六合)，畝收米四斗五升六合的火種田，畝收米四斗五升六合又斛加五升的餘力火種田，畝收米四斗或四斗五升六合的餘力田。如果說"二年常限"田、餘力田、餘力火種田是從佃田性質的角度劃分的田地的話，"租田"當是從定收田繳米定額的角度得出的概念，"租田"屬於佃田，和佃田是上下位關係。

田家莂"稅田"共出現2例，《長沙走馬樓三國吳簡·竹簡[壹]》出現1例，《長沙走馬樓三國吳簡·竹簡[叁]》出現3例，現摘引如下：

龍丘男子何高，佃田卅町，凡一頃卅二畝，其一頃卅二畝二年常限。其八十二畝旱敗不收布。其十畝餘力田，爲米四斛，定收稅田五十畝，爲米六十斛，凡爲米六十四斛。(5·963)

逢唐丘郡吏劉溫，佃田九十六畝，其六十四畝二年常限。其卅二畝稅田，畝收稅米五十斛四斗，畝收布二尺。其廿二畝旱不收布。(5·591)

其三百七十二頃卅九畝九十四步，收米四萬四千六百八十七斛二斗七升，民稅田先所□(壹·1671)

☑步民稅田，收米☑(叁·1933)

☑□十畝郡縣吏張□、郭宋二人稅田，收米☑(叁·6992)

☑□卌四畝九十四步民稅田，收米三百卅一斛二斗七(叁·7632)

傳世文獻有"稅田"一詞，如《晉書·成帝紀》："六月癸巳，初稅田，畝三升。"此"稅田"當指繳納租稅的田，其意義應與田家莂中的"稅田"不同。簡5·963"定收稅田五十畝，爲米六十斛"，則畝收米一斛二斗；簡5·591"其卅二畝稅田，畝收

稅米五十斛四斗"，則畝收米亦爲一斛二斗；簡壹·1671"其三百七十二頃卅九畝九十四步，收米四萬四千六百八十七斛二斗七升"，則畝收米也爲一斛二斗。另田家莂中"二年常限"田有大量"畝收稅米一斛二斗"的字句，此收稅米之田亦當爲"稅田"。故吳簡"稅田"當指按畝收米一斛二斗繳米之田，"稅田"當屬於"二年常限"田。"稅田"和"租田"都是從定收田繳米定額的角度得出的概念，"稅田"和"租田"應處於一個層級，二者應是同位關係。

旱田和熟田

田家莂"旱田"和"熟田"的出現頻率非常高，幾乎每種性質的田地都分爲旱田和熟田。關於"旱田"和"熟田"的含義，學界目前仍無統一的看法。我們認爲"旱田"和"熟田"是統治者根據土質、地力而行政劃分出來的田地，"旱田"是指統治者根據土質、地力而行政規定的低産田，"熟田"是指統治者根據土質、地力而行政規定的高産田。統治者把田地分爲"旱""熟"兩類，規定不同的田租標準，統一徵之於民，既簡化了收租程式，又調節了因田地土質優劣而産生的矛盾，促進了生産。[1]"旱田"和"熟田"均屬於佃田，它們應在同一個層級，應屬於同位關係、平行關係。

通過上述分析可知田家莂因命名角度不同而産生不同的田地名稱，各田地名稱之間具有很强的層級性，表現爲上下位關係和同位關係。見下圖：[2]

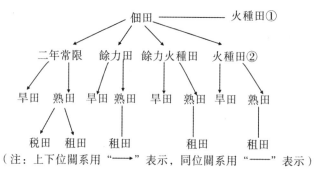

（注：上下位關系用"——▶"表示，同位關系用"——"表示）

圖二

---

① 陳榮傑、張顯成《吳簡〈嘉禾吏民田家莂〉"旱田""熟田"考辨》，《中國經濟史研究》，2013年第2期。

② 圖中所列的下位義之和並不完全等於上位義。

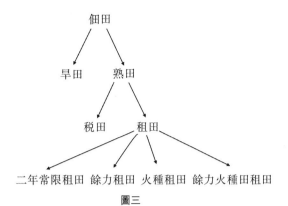

圖三

從上圖可以看出"佃田"是其他田地詞語的上位詞,其他各田地詞語均是"佃田"的下位詞。從不同的角度進行劃分,又可以得出不同的層級。從田地性質的角度劃分,"佃田"的下位詞是"二年常限"田、餘力田、餘力火種田和火種田,各種田地名稱又根據土質、地力而行政規定爲旱田、熟田,而熟田按繳米定額之不同又分爲稅田和租田。

田家莂中絕大部分田地是"二年常限"田,少部分田地是"餘力田",極少部分田地是"餘力火種田"和"火種田"(五年田家莂沒有"餘力火種田"和"火種田")。四年田家莂佃户可以只租佃"餘力田",如:

下伍丘男子胡諸,田十二町,凡六十一畝,餘力田。其五十一畝旱敗不收,畝收布六寸六分。定收十畝,畝收米四斗五升六合,爲米四斛五斗六升。布二尺。其米四斛五斗六升,四年十一月九日付倉吏鄭黑。(4·12)

石下丘男子李遺(?),田五町,凡九十畝,餘力田。旱敗不收,畝收布六寸六分。(4·191)

五年田家莂則沒有佃户僅租佃"餘力田"而未租佃"二年常限"田的情況。

凡例

一、本書以1999年文物出版社出版《長沙走馬樓三國吳簡·嘉禾吏民田家
莂》(下簡稱《田家莂》)的釋文爲底本,用《田家莂》所刊布的影印圖版進行對校,
參考《中國簡牘集成·湖南省卷[走馬樓]》。

二、每簡簡號置於釋文之前。"·"前面的數字"4""5""0"分別表示《田家莂》
之《嘉禾四年吏民田家莂》《嘉禾五年吏民田家莂》和《無年份標識吏民田家莂》,
其後的數字表示《田家莂》的出版編號。釋文後依次是《田家莂》注釋及我們的
注釋。

三、凡《田家莂》釋文正確者,照録。凡《田家莂》釋文錯釋、漏釋、增釋等情
況,則予以補正,並在按語中説明。凡《田家莂》注釋均照録,並標以"原注",其
有誤者,予以補正,並在按語中説明。注釋采用原整理者的方法,每簡重新編
號。"原注"依《田家莂》仍標記爲"[1]、[2]、[3]……"。我們的注釋標記爲"①、
②、③……",並以"按"字開頭。

四、行文中,稱説原整理者的釋文時,用《田家莂》;稱説原材料(大木簡)時,
用田家莂,不帶書名號。

五、文中涉及《長沙走馬樓三國吳簡·竹簡》簡稱爲"《竹簡》",《長沙走馬樓
三國吳簡·竹簡[壹]》簡稱爲"《竹簡》[壹]",《長沙走馬樓三國吳簡·竹簡[貳]》
簡稱爲"《竹簡》[貳]",《長沙走馬樓三國吳簡·竹簡[叁]》簡稱爲"《竹簡》[叁]",
《長沙走馬樓三國吳簡·竹簡[肆]》簡稱爲"《竹簡》[肆]",《長沙走馬樓三國吳
簡·竹簡[柒]》簡稱爲"《竹簡》[柒]",《長沙走馬樓三國吳簡·竹簡[捌]》簡稱爲
"《竹簡》[捌]"。所引簡號"·"前面的"壹""貳""叁""肆""柒""捌"分別表示《竹
簡》[壹]、《竹簡》[貳]、《竹簡》[叁]、《竹簡》[肆]、《竹簡》[柒]和《竹簡》[捌],其

後的阿拉伯數字表示《竹簡》出版編號。

六、一些俗體字,釋文盡可能使用通行字體,如"壄",釋文徑釋爲"邨"。通假字、簡文原有的錯字,釋文不加改動,在按語中説明。

七、原簡上的符號,如合同符號"𠔥",照録。重文號,依《田家莂》,釋文不用符號,徑寫出文字。

八、釋文統一使用以下符號:

□,表示無法釋出、無法辨識的殘缺字,一"□"表示一字。若一字有部分可釋定,不可釋部分則用相應的"▯"或"▭"表示。

"……"表示殘缺較多,不能確定字數者。

□(字外加框,如⬚大),表示簡文原有殘泐,可據殘筆或文例釋出的字,此類字用外加框表示,如⬚大,表示"大"是據殘筆或文例釋出之字。

▨,表示原簡殘斷處。

有疑問的釋文,後面加"(?)"號表示。

目録

《嘉禾四年吏民田家莂》校注

4·1 南鄉①謹列嘉禾四年吏民田家別②頃畝旱孰③收米錢布付授吏姓名年月都莂④。

按：①南鄉：長沙郡臨湘侯國下屬的一個鄉，《竹簡》中多見。

②田家：農家。漢楊惲《報孫會宗書》：“田家作苦，歲時伏臘，烹羊炰羔，斗酒自勞。”田家莂中指租佃田地，繳納米、布、錢的租佃者。《説文·冎部》：“剐（別），分解也。”《釋名·釋書契》：“莂，別也，大書中央，中破別之也。”別，本指分解，引申指將寫有相同文字的竹木簡破別爲一式兩份或三份，以便保存的契約文書。

③“孰”，《田家莂》釋爲“熟”，今據圖版改，下同。“孰”通“熟”，“旱孰”即“旱田和熟田”。統治者在嘉禾四年旱田免收米，減收布和錢，在嘉禾五年旱田米、布、錢均免收。這看似減輕了佃民的負擔，然而嘉禾五年旱田數量較之嘉禾四年鋭減，而其熟田數量較之嘉禾四年卻成倍增加。實際上，統治者通過減少旱田數量、增加熟田數量，其所徵收的租稅不是減少了而是增加了。也就是説，田家莂“旱田”“熟田”的界限是模糊的，統治者可以根據需要而進行行政規定。故“旱田”是指統治者根據所謂土質、地力而行政規定的低産田，“熟田”是指統治者根據所謂土質、地力而行政規定的高産田。

④都：彙總。《廣雅·釋詁三下》：“都，聚也。”《漢書·西域傳上》：“都護之起，自吉置矣。”顔師古注：“都猶總也，言總護南北之道。”三國魏曹丕《與吳質書》：“頃撰其遺文，都爲一集。”都莂指彙總租佃者田畝情況和繳納米、布、錢情況的一種總莂。

4·2 環樂二鄉①謹列嘉禾四年吏民田家別莂②如牒③。

按：①環樂二鄉爲環鄉、樂鄉兩個鄉。《竹簡》中兩個鄉合稱“××二鄉”者多見，如簡貳·6226“入桑樂二鄉嘉禾二年布九十七匹一丈一尺”，簡叁·4173“小武陵西二鄉領☐”，等等。樂鄉爲長沙郡臨湘侯國下屬的一個鄉，《竹簡》中多見。“環”字圖版不清楚，環鄉不見於《竹簡》。

②胡平生《嘉禾四年吏民田家莂研究》認爲，“別莂”應當理解爲繳米、繳布、繳錢三種分類之“別”的“都莂”。李均明《關於長沙走馬樓嘉禾田家莂的形制特徵》認爲，“別”是分別，全莂由二或三份組合而成，凡是其中之一，即稱“別莂”。

③牒：書寫文字用的竹片和木片。《説文·片部》：“牒，札也，從片，枼聲。”段玉裁注：“厚者爲牘，薄者爲牒。牒之言枼也，葉也。”

4·3 東鄉①謹列四年吏民田家別莂。

按：①東鄉：長沙郡臨湘侯國下屬的一個鄉，《竹簡》中多見。

4·4 ☐☐謹嘉禾四年吏民田頃畝收錢布草如牒[1]①。

原注：[1]“謹嘉”二字之間右側似有一字殘痕，不能識別。

按：①據圖版，“嘉禾”後脱“四年”二字，今補。草從“卑”得聲，卑古音爲幫紐支部，莂古音爲幫紐月部，草和莂古音聲同韻近，可相通假。

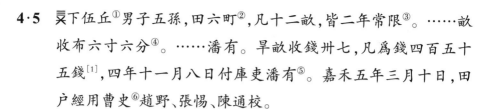

4·5 䓎下伍丘①男子五孫,田六町②,凡十二畝,皆二年常限③。……畝收布六寸六分④。……潘有。旱畝收錢卅七,凡爲錢四百五十五錢[1],四年十一月八日付庫吏潘有⑤。嘉禾五年三月十日,田戶經用曹史⑥趙野、張惕、陳通校。

原注:[1]按佃田畝數與定額計,應收錢四百四十四錢。

按:①邱東聯《長沙走馬樓佃田租稅簡的初步研究》認爲,"丘"可能是孫吳官府爲有效地勸課農業、徵收租稅而劃分的徵管區域。高敏《從嘉禾年間〈吏民田家莂〉看長沙郡一帶的民情風俗與社會經濟狀況》認爲,"丘"就是"里",漢代的鄉、里組織在三國時期吳國的長沙郡一帶變成了鄉、丘組織。宋超《長沙走馬樓吳簡中的"丘"與"里"》認爲,"丘"與"里"不同,"丘"主要表現爲百姓聚居的自然村落的狀態,而"里"則主要表現爲人爲區劃的政區,二者完全是兩種不同的系統。于振波《走馬樓吳簡中的里與丘》認爲,里是民戶編制單位,是居民區,而丘是土地區劃單位,是耕作區。侯旭東《長沙走馬樓三國吳簡"里""丘"關係再研究》認爲,"丘"是百姓實際居住的聚落。吳簡中里與丘之間存在着複雜的對應關係,即一里之人分別居住在數丘,而居住在一丘之人則分屬數里。吳簡"丘"的具體含義及其與"里"的關係尚待進一步研究。

②町:田塊,又用作"處",如簡4·31、簡4·32、簡4·187等。田家莂"町"後多用"凡×畝","處"後多用"合×畝"。田家莂"町"和"畝"之間沒有必然的聯繫。

③田家莂中絶大多數田地是"二年常限"田。"二年常限"田屬於佃田,和佃田是上下位關係,和餘力田是同位關係。佃戶耕種"二年常限"田,多者可達二百多畝(如簡5·1074),少者僅有一畝(如簡4·462)。《嘉禾五年吏民田家莂解題》,邱東聯《長沙走馬樓佃田租稅簡的初步研究》,王素、宋少華、羅新《新出長沙走馬樓簡牘整理簡介》和于振波《走馬樓吳簡所見佃田制度考略》認爲,"二年常限"是指田畝限額。高敏《〈吏民田家莂〉中所見"餘力田"、"常限"田等名稱的涵義試析》認爲,"二年常限"田是指地租率限額在二年内不變動之田。蔣福亞《也談〈嘉禾吏民田家莂〉中"二年常限"田的涵義》認爲,"二年常限"田是指吏民租佃及繳納相應畝租額年限只有"二年"的零星國有土地。孟彥弘《〈吏民田家莂〉所録田地與漢晉間民屯形式》認爲,"二年常限"是指在休耕期間,官府要減免其租稅的田。胡平生《嘉禾四年吏民田家莂研究》認爲,"二年常限"是嘉禾二年規定的、每戶每人限制租佃的最高數量的農田或者是按照嘉禾二年規定的農田每畝納稅標準徵收的田畝。張榮強《吳簡〈嘉禾吏民田家莂〉"二年常限"解》認爲,"二年常限"是官府根據當時普遍實行的各種形式的輪休耕作制而制定的一種關於官租的規定——按二年一墾的標準收租。吳簡"二年常限"的具體所指目前尚無定論。

④據"旱畝收錢卅七"知此簡十二畝均爲旱田,據旱田畝數與定額計,應收布七尺九寸二分。

⑤庫吏：田家莂"庫吏"負責管理、收繳布、錢。

⑥田户經用曹史，田家莂中又稱"田户曹史""主者史"等，其中以稱"田户曹史"者居多，其主要工作是負責核查賦稅賬簿。田家莂中的田户曹史主要有趙野、張惕、陳通三人。

4·6 　囗下伍丘男子五常，田一町，凡三畝，皆二年常限。旱敗不收，畝收布六寸六分。凡爲布二尺三寸二分[1]，四年十一月三日付庫吏潘有。畝收錢卅七，凡爲錢一百廿九錢[2]，四年十一月十日付庫吏潘有。嘉禾五年三月十日，田户曹史趙野、張惕、陳通校。

原注：[1]按佃田畝數與定額計，應收布一尺九寸八分。
　　　[2]按佃田畝數與定額計，應收錢一百一十一錢。

4·7 　囗下伍丘男子五將，田七町，凡卅畝，皆二年常限。其廿六畝旱敗不收，畝收布六寸六分。定收四畝①，畝收米一斛二斗，爲米四斛八斗。畝收布二尺。其米四斛八斗，四年十一月五日付倉吏鄭黑②。凡爲布三丈一尺八(？)寸六分[1]，四年十一月六日付庫吏潘有。其旱田畝收錢卅七，其孰田畝收錢七十。凡爲錢九百六十二錢[2]，四年十一月四日付庫吏潘有。嘉禾五年三月十日，田户經用曹史趙野、張惕、陳通校。

原注：[1]按佃田畝數與定額計，應收布二丈五尺一寸六分。
　　　[2]按佃田畝數與定額計，應收錢一千二百四十二錢。③

按：①田家莂"定收"田又稱"孰田"，簡4·455不言"定收"，而云"其九畝孰田，爲米十斛八斗"可爲證。
　②倉吏：田家莂"倉吏"負責管理、收繳米、布准入米、錢准入米。圖版"黑"字依稀可辨。據文例，四年田家莂倉吏只有鄭黑、李金、潘慮三人，故《田家莂》"囗囗"可釋爲"鄭黑"。
　③錢致誤原因是只計算了廿六畝旱田應收錢九百六十二，漏算四畝熟田應收錢二百八十。

4·8 　囗下伍丘男子文囗，田二町，凡八畝，皆二年常限。旱敗不收，畝收布六寸六分。凡爲……①，四年十一月十五日付庫吏番囗。……收錢卅七，凡爲錢二百七十八錢[1]，四年……

原注：[1]按佃田畝數與定額計，應收錢二百九十六錢。
按：①此簡八畝均爲旱田，據旱田畝數與定額計，應收布五尺二寸八分。

4·9 灵下伍丘郡吏周柏，田卅二町，凡一頃六十四畝，其九十六畝，皆二年常限。其八十三畝旱敗不收，畝收布六寸六分。定收 十三 畝①，畝收稅米一斛二斗②，爲米十五斛六斗。畝收布二尺。其六十八畝餘力田③。其六十一畝旱敗不收，畝收布六寸六分。定收七畝，畝收米四斗五升六合，爲米三斛一斗九升二合，畝 收 布 二 尺④。其米廿二斛七斗九升二合⑤，四年十二月廿日付倉吏鄭黑。凡爲布……五尺七寸八分[1]，四年十二月廿日付庫吏潘有。其旱田畝收錢卅七，其孰田畝收錢七十。凡爲錢六千七百……[2]⑥，四年十一月十九日付庫吏潘[3]⑦。嘉禾五年三月十日，田戶經用曹史趙野、張惕、陳通校。

原注：[1]按佃田畝數與定額計，應收布三匹一丈五尺四分。

　　　[2]按佃田畝數與定額計，應收錢六千七百二十八錢。

　　　[3]"潘"下脫名字。

按：①據二年常限畝數九十六畝及旱田八十三畝，可知定收爲十三畝；據收米十五斛六斗，畝收米一斛二斗，可知定收亦爲十三畝。故《田家莂》"□□"可釋爲"十三"。

②"稅米"首次出現。田家莂"稅米"爲耕種"稅田"（詳參簡5·591注釋②）所繳納之米，畝收米一斛二斗。簡5·591"其卅二畝稅田，畝收稅米五十斛四斗"可爲證。高敏《〈吏民田家莂〉中所見"餘力田"、"常限"田等名稱的涵義試析》："按每畝收米一斛二斗的'二年常限'田所繳納之米曰'稅米'。"于振波《走馬樓吳簡中的"限米"與屯田》："稅米，當指佃種常限田者所繳納的每畝1斛2斗的米。"蔣福亞《〈嘉禾吏民田家莂〉中的"斛加五升"》："'稅米'與'稅田'相對應，畝租額基本上是1.2斛。"

③"餘力田"首次出現。"餘力田"是田家租佃的不同於"二年常限"田之外的另一種田地。"餘力田"既有旱田，又有熟田，其熟田繳米定額低於"二年常限"田，嘉禾四年餘力田繳米定額爲四斗五升六合，嘉禾五年爲四斗。"餘力田"不同於"餘力火種田"（詳參簡4·32注釋①），"餘力田"繳米無需斛加五升，"餘力火種田"繳米則需斛加五升，二者是兩種不同的田地。《嘉禾四年吏民田家莂解題》："餘力田，大概是田家'行有餘力'而自行開墾的荒地。"高敏《〈吏民田家莂〉中所見"餘力田"、"常限"田等名稱的涵義試析》："'餘力田'是田家租佃國有土地中的不屬於'二年常限'田的另一種納租田地。"李卿《〈長沙走馬樓三國吳簡·嘉禾吏民田家莂〉性質與內容分析》："'餘力火種田'亦稱'餘力田'。"蔣福亞《〈嘉禾吏民田家莂〉中的"餘力田"》："餘力田，是指受二年常限田制約，畝租額低於二年常限田的國有土地，大概是租佃者'行有餘力'而開墾的零星荒地；畝租額隨常限田變動而變動；有租佃年限，很可能也只有二年。"王子今《試釋走馬樓〈嘉禾吏民

田家莂〉"餘力田"與"餘力火種田"》,餘力田即爲餘夫之田。孟彦弘《〈吏民田家
莂〉所録田地與漢晉間民屯形式》:"餘力田視作對田家所領田地差別的一種補
充或補償或許更爲妥當。"于振波《走馬樓吳簡所見佃田制度考略》:"'餘力田'
是指在完成常限田的生産之外,有餘力者可申請多種,且租税率比常限田低。"
吳簡"餘力田"的具體含義目前尚無確詁。

④據文例,《田家莂》"……"可補爲"收布二尺"。

⑤按二年常限熟田畝數、餘力田熟田畝數與定額計,應收米十八斛七斗九升
二合。

⑥據《田家莂》注釋[2],《田家莂》"□"改爲"……"較好。今改。

⑦據文例,《田家莂》"□"可釋爲"庫"。

4·10 灵下伍丘男子胡純,田八町,凡廿一畝。其十畝,皆二年常限。
旱敗不收,畝收布六寸六夭[1]。其十一畝餘力田。旱敗不收,
畝收布六寸六分。凡爲布一丈三尺七寸[2],四年十一月十一日
付庫吏潘有。畝收錢☒

原注:[1]"夭"爲"分"字之誤寫。

　　[2]按佃田畝數與定額計,應收布一丈四尺五寸二分。①

按:①《田家莂》注釋[2]誤。按佃田畝數與定額計,實應收布一丈三尺八寸六分。

4·11 灵下伍丘男子胡惟(?),田……常限。旱敗不收,畝收布六寸六
分。凡爲布□丈□尺☒

4·12 灵下伍丘男子胡諸,田十二町,凡六十一畝,餘力田。其五十一
畝旱敗不收,畝收布六寸六分。定收十畝,畝收米四斗五升六
合,爲米四斛五斗六升。布二尺①。其米四斛五斗六升,四年
十一月九日付倉吏鄭黑。凡爲布……☒

按:①據文例,"布"前脱"畝收"二字。

4·13 灵下伍丘男子胡□,佃田□町,凡十五畝①,皆二年常限。旱
敗不收,畝收布六寸六分。凡爲布九尺九寸,四年十一月□日
付庫吏潘有。……

按:①據文意,此簡均爲旱田。據收布數與旱田收布定額知,凡十五畝,故《田家莂》
"□"可釋爲"十五"。

4·14 灵下伍丘男子勇羊,田十二町,凡廿四畝。其十九畝,皆二年常

限。旱敗不收,畝收布六寸六分。其五畝餘力田。旱敗不收,畝收布六寸六分。凡爲布一丈五尺八寸四分,四年十月十五日付庫吏有[1]。畝收錢卅七,爲錢九百廿七①,四年十一月五日付庫吏潘有。嘉禾五年三月十日,田戶經用曹史趙野、張惕、陳通校。

原注:[1]"有"上脱"潘"字。

按:①按佃田畝數與定額計,應收錢八百八十八。

4·15 㠪下伍丘男子勇恪(?),田二町,凡八畝,皆二年常限。旱敗不收,畝收布六寸六分。凡爲布五尺五寸①,四年十一月十六日付庫吏番有。畝收錢卅七,凡爲錢二百九十②,四年十一月十日付庫吏番有畢。嘉禾五年三月十日,田戶曹史趙野、張惕、陳通校。

按:①按佃田畝數與定額計,應收布五尺二寸八分。
　　②按佃田畝數與定額計,應收錢二百九十六。

4·16 㠪下伍丘郡吏逢杲①,田十二町,凡廿畝,皆二年常限。其十畝旱敗不收,畝收布六寸六分。定收十畝,畝收稅米一斛二斗,爲米十二斛。畝收布二尺。其米十二斛,四年十一月八日付倉吏鄭黑。凡爲布一匹六尺[1],四年十月七日付庫吏潘有。其旱田畝收錢卅七,其孰田畝收錢七十。凡爲一千……[2],四年十月七日付庫吏潘有。嘉禾五年三月十日,田戶經用曹史趙野、張惕、陳通校。

原注:[1]按佃田畝數與定額計,應收布二丈六尺六寸。
　　[2]按佃田畝數與定額計,應收錢一千七十錢。

按:①杲,音gǎo。《説文·木部》:"杲,明也。从日在木上。"

4·17 㠪下伍丘男子逢陵,田十町,凡卅四畝。其十四畝,皆二年常限。旱敗不收,布六寸六分①。其廿畝餘力田。其九畝旱敗不收,畝收布六寸六分。定收十一畝,畝收米四斗五升六合。畝收布二尺。其米五斛一斗六合[1],四年十一月七日付倉吏鄭黑。凡爲布二丈七尺九寸[2],四年十月十日付庫吏潘有。其旱田畝收錢卅七,其孰田畝收錢七十。凡爲錢二千六百卅[3],四年十月廿一日付庫吏潘有。嘉禾五年三月十日，田户經用曹史趙野、張惕、陳通校。

原注：[1]餘力田熟田十一畝，畝收四斗五升六合，應收米五斛一升六合。"斗"是"升"字之誤。

[2]按佃田畝數與定額計，應收布三丈七尺一寸八分。

[3]按佃田畝數與定額計，應收錢一千六百二十一錢。

按：①據圖版，無"畝收"二字。今刪《田家莂》"畝收"二字。據文例，"布"前脱"畝收"二字。

4·18 灵下伍丘男子啓叙，田十六町，凡卅畝。其七畝，皆二年常限。旱敗不收，畝收布六寸六分。其廿三畝餘力田。旱敗不收，畝收布六寸六分。凡爲布一丈九尺六寸二分[1]，四年十月五日付庫吏潘有。畝收錢卅七，凡爲錢二千□百□錢[2]，四年十一月九日付庫吏潘有。嘉禾五年三月十日，田户經用曹史趙野、張惕、陳通校。

原注：[1]按佃田畝數與定額計，應收布一丈九尺八寸。

[2]按佃田畝數與定額計，應收錢一千一百一十錢。

4·19 灵下伍丘軍吏黄元，田十町，凡廿一畝，皆二年常限。旱敗不收，畝收布六寸六分。凡爲布□丈四尺二寸[1]，四年十一月五日付庫吏番有①。畝收錢卅七，凡爲錢七百九十五錢[2]，四年十一月五日付庫吏番有。嘉禾五年三月十日，田户曹史……

原注：[1]按佃田畝數與定額計，應收布一丈三尺八寸六分。

[2]按佃田畝數與定額計，應收錢七百七十七錢。

按：①據圖版和文例，《田家莂》"……四年十一月五日"實應爲"四年十一月五日"，今刪"……"。

4·20 灵下伍丘州卒區張，田廿町，凡五十一畝。其廿八畝，皆二年常限。其廿五畝旱敗不收，畝收布六寸六分。定收三畝，畝收税米一斛二斗，爲米三斛六斗。畝收布二尺。其廿三畝餘力田。旱敗不收，畝收布六寸六分。其米三斛六斗，四年十一月十六日付倉吏李金。凡爲布三丈七尺八寸五分[1]，四年十一月八日付庫吏潘有。其旱田畝收錢卅七，其孰田畝收錢七十。凡爲錢二千三錢[2]，四年十一月九日付庫吏潘有。嘉禾五年三月十日,田户經用曹史趙野、張惕、陳通校。

原注:[1]按佃田畞數與定額計,應收布三丈七尺六寸八分。

[2]按佃田畞數與定額計,應收錢一千九百八十六錢。

4·21 灵下伍丘縣吏張惕,田廿五町,凡五十七畞[1]。其六十六畞,皆二年常限。其五十六畞旱,畞收布六寸六分。定收十畞,收米一斛二斗[2],爲米十二斛。畞收布二尺。其廿一畞餘力田。其七畞旱敗不收,畞收布六寸六分。定收十四畞,收米四斗五升六合[3],爲米六斛三斗八升四合。畞收布二尺。其米十八斛三斗八升四合,四年十一月十五日付倉吏鄭黑。凡爲布二匹四尺三寸六分[4],四年十一月廿日付庫吏潘有。其旱田畞收錢卅七,其孰田畞收錢七十。凡爲錢五千二錢[5],四年十一月廿日付庫吏潘有。嘉禾五年三月十日,田户經用曹史趙野、張惕、陳通[校]。

原注:[1]按後列二年常限熟田與餘力田數字合計,總數應爲八十七畞。

[2]"收"上脱"畞"字。

[3]"收"上脱"畞"字。

[4]按佃田畞數與定額計,應收布二匹九尺五寸八分。

[5]按佃田畞數與定額計,應收錢四千一十一錢。

4·22 灵下伍丘男子張設,田三町,凡十四畞。其十畞,[皆]二年常限。旱畞收布六寸六分。其四畞餘力田。旱畞收布六寸六分。凡爲布九□

4·23 灵下伍丘男子彭囊,田十町,凡十五畞[1],皆二年常限。旱敗不收,畞收布六寸六分。凡爲布一丈六尺五寸,四年十一月十六日付庫吏番有。畞收錢卅七,凡爲錢九百廿五錢,四年十一月十二日付庫吏潘有。嘉禾五年三月十日,田户曹史趙野、張惕、陳通校。

原注:[1]據後文收布與收錢數推算,佃田畞數應爲廿五畞。

4·24 灵下伍丘郡吏廖裕,田廿町,凡卅六畞。其卅一畞,皆二年常限。其廿七畞,旱敗不收,畞收布六寸六分。定收十四畞,收米一斛二斗[1],爲米十六斛八斗。畞收布二尺。其五畞餘力田。旱敗不收，畝收布六寸六分。其米十六斛八斗，四年十一月廿一日付倉吏鄭黑。凡爲布一匹五尺[2]，四年十一月十日付庫吏潘有。其旱田畝收錢卅七，其孰田畝收錢七十。凡爲錢一千九百七十九錢[3]，四年十一月十一日付庫吏潘有。嘉禾五年三月十日，田户經用曹史趙野、張惕、陳通校。

原注：[1]"收"前脱"畝"字。

　　　　[2]按佃田畝數與定額計，應收布一匹九尺一寸二分。

　　　　[3]按佃田畝數與定額計，應收錢二千一百六十四錢。現收"錢一千九百七十九錢"，是常限田廿七畝旱田與十四畝熟田應收錢數，未計餘力田錢。

4·25　<u>靈</u>下伍丘男子蔡德，田十一町，凡廿二畝。其十畝，皆二年常限。旱敗不收，畝收布六寸六分。其十二畝餘力田。旱敗不收，畝收布六寸六分。凡爲布一丈四尺七(?)寸[1]，四年□月□日付庫吏潘有。畝收錢卅七，凡爲……①。嘉禾五年□月十日，田户經用曹史趙野、張惕、陳通校②。

原注：[1]按佃田畝數與定額計，應收布一丈四尺五寸二分。

按：①按佃田畝數與定額計，應收錢八百一十四錢。

　　②據文例，《田家莂》"……"今補釋爲"張惕、陳通校"。

4·26　<u>靈</u>下伍丘□□蔡嬰，田十二町，凡卅八畝，皆二年常限。其卅畝旱敗不收，畝收布六寸六分。定收八畝，畝收稅米一斛二斗，爲米九斛六斗。畝收布二尺。其米九斛六斗，四年十月八日付倉吏李金。凡爲布三丈五尺八寸，四年十一月廿五日付庫吏潘有。其旱田畝收錢卅七，其孰田畝收錢七十。凡爲錢一千六百七十，四年十一月廿一日付庫吏潘有。嘉禾五年三月十八日，田户經用曹史趙野、張惕、陳通校。

4·27　<u>靈</u>下伍丘男子鄧角，田廿一町，凡六十七畝。其五十五畝，皆二年常限。其卅一畝旱敗不收，畝收布六寸六分。定收十四畝，畝收米一斛二斗，爲米十六斛八斗。畝收布二尺。其十二畝餘力田。旱敗不收，畝收布六寸六分。其米十六斛八斗，四年十一月廿日付倉吏鄭黑。凡爲布一匹二丈三尺四寸[1]……潘有。……田畝收錢七十。凡爲錢二千八百八十八錢[2]，四年

十一月十日付庫吏潘有。嘉禾五年三月十日,田戶經用曹史
趙野、張惕、陳通校。

原注:[1]按佃田畝數與定額計,應收布一匹二丈二尺九寸八分。
　　　[2]按佃田畝數與定額計,應收錢二千九百四十一錢。

4·28　靈下伍丘州吏嚴追,田三町,凡十畝,皆二年常限。旱敗不收,
畝收布六寸六分。凡爲布六尺六寸,四年十一月九日付庫吏
番有。畝收錢卅七,凡爲錢三百七十,四年十一月九日付庫吏
番有。嘉禾五年三月十日,田戶經用曹史趙野、張惕、陳通校。

4·29　靈下 伍丘男子謝黃,田三町,凡廿畝,皆二年常限。旱敗不收,
畝收布六寸六分。凡爲布二丈三尺二寸[1],四年十月廿日付庫
吏潘有。畝收錢卅七,凡爲錢七百冊,四年十月十六日付庫吏
潘有畢。嘉禾五年三月……

原注:[1]按佃田畝數與定額計,應收布一丈三尺二寸。

4·30　靈下和丘男子周廖,佃田十町,凡十七畝,皆……①,畝收布六寸
六分。凡爲布三丈二尺,准米②……,凡爲錢……

按:①據《田家莂·凡例》"不能補出的字,釋文用□號表示。殘缺較多,不能確定字
數者,釋文用……號表示"。故《田家莂》"皆□……",今作"皆……"。
②"准米"又稱"准入米"。"准"由"平"義引申出"相等、均等"義,又進一步引申爲
"折合、抵償"義。吳簡"准米""准入米"是指將布或錢折合成米。

4·31　靈上和丘郡吏何表,佃田五處,合卅三畝①,二年常限。其廿五
畝旱田,畝收布六寸六分。定收七畝,畝收米一斛二斗,凡爲
米八斛四斗。畝收布二尺。其米八斛四斗,四年十二月六日
付倉吏鄭黑畢。凡爲布三丈五寸,准入米一斛九斗,四年十
一月九日付倉吏鄭黑畢。其旱田畝收錢卅七,其孰田畝收錢
七十。凡爲錢一千四百一十五錢,准入米八斗八升,四年十一
月九日付倉吏鄭黑畢。嘉禾五年三月六日②,主者史趙野、張
惕、陳通校③。

按:①據廿五畝旱田與七畝熟田計,總畝數應爲卅二畝。
②據文例,嘉禾四年吏民田家莂的校核時間爲嘉禾五年三月,故《田家莂》"□
□"今補釋爲"三月"。

③田家莂田户經用曹史、田户曹史又稱作"主者史"。"主者",主管人。《史記·陳丞相世家》:"上曰:'主者謂誰?'平曰:'陛下即問决獄,責廷尉;問錢穀,責治粟内史。'""主者史",主管官吏。

4·32 灵上和丘男子謝箱,佃田五處,合五十五畝。其十畝二年常限,其八畝旱,畝收布二尺六寸六分[1]。定收二畝,畝收米一斛二斗,合二斛四斗。畝收布二尺。其卅五畝餘力火種田①,其六畝旱,畝收布六寸六分。定收卅九畝,畝收米四斗五升六合,斛加五升,合十八斛六斗七升三合[2]。畝收布二尺。凡爲米廿一斛七升三合②。其二斛四斗税米,四年十一月廿八日付倉吏鄭黑畢。其十八斛六斗七升三合租米③,四年十一月十日付倉吏鄭黑畢。凡爲布二匹一丈一尺三寸[3],准入米四斛五斗七升,四年十一月八日付倉吏鄭黑畢。……,其孰田畝收錢七十。凡爲錢三千三百八十八錢,准入米二斛一斗二升,四年十一月十日付倉吏鄭黑畢。嘉禾五年三月十八日,主者史趙野、張惕、陳通校。

原注:[1]"布"下衍"二尺"二字。

[2]按每畝收米四斗五升六合,三十九畝應收米十七斛七斗八升四合。斛加米五升,十七斛加米八斗五升,合計爲十八斛六斗三升四合。

[3]按佃田畝數與定額計,應收布二匹一丈一尺二寸四分。

按:①"餘力火種田"首次出現,僅見於嘉禾四年吏民田家莂,共7見。"餘力火種田"既有熟田,又有旱田,其繳米均是繳給倉吏鄭黑,是由專人負責收繳賦税,畝收米四斗五升六合,又斛加五升的田地。胡平生《嘉禾四年吏民田家莂研究》:"'餘力火種田',强調的是農户所佃租的田土的性質,即區别於'二年常限田'的田地,而不是耕作的方法。"蔣福亞《〈嘉禾吏民田家莂〉中的"斛加五升"》認爲,餘力火種田中定收除了"斛加五升"這一最大的特徵外,似乎還有兩個特點:其一,餘力火種田只要有定收田,其簡必然出現"税米"和"租米"。其二,翻遍《田家莂》,吏民租佃"二年常限"田和餘力田、火種田後,即便有兩種畝租額,其租税米都是一次繳清,即便州吏也是這樣,餘力火種田就不同了,只要其中有定收田,都是分天繳,或先收税米,或先收租米,五枚簡沒有一枚是在同一天繳清的。陳順成《走馬樓吳簡詞語研究》認爲,"餘力火種田"當是"餘力田"和"火種田"在形式和意義上的複合,應當是農家自行開墾的采用火燒法種植的田地。

②據二年常限熟田收米二斛四斗,餘力火種田熟田收米十八斛六斗三升四合,則應收米廿一斛三升四合。

③"租米"首次出現。"租米"是耕種"租田"(詳參簡4·226注釋①)而繳納的米,和

耕種"稅田"而繳納的"稅米"相對,其畝租額有四斗、四斗五升六合、五斗八升六合等,均低於"稅米"的畝租額一斛二斗。傳世文獻"租米"和"稅米"同義,均指田賦。吳簡"租米"和"稅米"的意義則有別,如此簡"租米"和"稅米"相對出現、分別繳納即是明證。

4·33　灵上妖丘男子仇鳴[1],佃田七町,凡卌畝,皆二年常限。旱不收,畝收布六寸六分。凡爲布二丈七尺六分[2],五年二月三日付庫吏番有。其旱田畝收錢卅七,凡爲錢一千五百□錢[3],五年二月四日付吏番有畢①。嘉禾五年三月三日,田戶曹史趙野、張惕、陳通校②。

原注:[1]妖,《説文》:"竝行也,從二夫,讀若伴侣之伴"。
　　　[2]按佃田畝數和定額計,應收布二丈六尺四寸。簡文所記"凡爲布二丈七尺六分"應爲四十一畝的收布數。
　　　[3]按佃田畝數和定額計,應收錢一千四百八十錢。如果是四十一畝的收布數,應收錢一千五百一十七錢。
按:①據文例,"吏"前脱"庫"字。
　　②據文例,《田家莂》"……"今補釋爲"惕、陳通校"。

4·34　灵上妖丘男子文相(?),佃田六町,凡卌畝,皆二年常限。旱……,凡爲布……丈六寸六分①。五年□月十日付庫吏潘有。其旱畝收錢卅七②,凡爲……③五年二月廿日付庫吏④潘有畢。嘉禾五年三月三日,田戶曹史趙野、張惕、陳通校。

按:①據"其旱畝收錢卅七"知此簡均爲旱田,按佃田畝數與定額計,應收布一丈九尺八寸。
　　②據圖版,"旱"後無"田"字,今刪"田"字。
　　③據佃田畝數與定額計,應收錢一千一百一十錢。
　　④據文例,《田家莂》"……"今補釋爲"庫吏"。

4·35　灵上妖丘男子先持,佃田四町,凡卌畝,皆二年常限。旱敗不收,畝收布六寸六分。凡爲布二丈六尺四寸,五年閏月廿日付庫吏潘有。其旱田畝收錢卅七,凡爲錢一千八百八十[1],四年十二月卅日付庫吏潘有畢。嘉禾五年三月三日,田戶曹史趙野、張惕、陳通校。

原注:[1]按佃田畝數和定額計,應收錢一千四百八十錢。

4·36 灵上夌丘男子李太,佃田六町,凡卅六畮,皆二年常限。旱不收,畮收布[1],凡爲布二丈一尺七寸六分[2],五年二月廿日付庫吏番有。其旱田畮收錢卅七,凡爲錢一千二百卅二錢[3],四年十二月十二月卅日付庫吏番有畢[4]。嘉禾五年三月三日,田戶曹史趙野、張惕、陳通校。

原注:[1]"布"下脱"六寸六分"數字。

　　　[2]按佃田畮數和定額計,應收布二丈三尺七寸六分。

　　　[3]按佃田畮數和定額計,應收錢一千三百三十二錢。

　　　[4]"卅日"前衍"十二月"三字。

4·37 灵上夌丘男子李租,佃田十町,凡七十一畮[1],皆二年常限。旱不收,畮收布六寸六分。凡爲布一匹六尺二寸[2],四年十二月廿日付庫吏潘有。其旱田畮收錢卅七,凡爲錢四千六百廿錢[3],四年十二月廿日付庫吏潘有畢。嘉禾五年三月三日,田戶曹史趙野、張惕、陳通校①。

原注:[1]"一"字左右作點狀,也可能是"八"。②

　　　[2]按佃田畮數和定額計,應收布一匹六尺八寸六分。

　　　[3]按佃田畮數和定額計,應收錢二千六百二十七錢。

按:①據文例,《田家莂》"……"今補釋爲"野、張惕、陳通校"。

　　②據圖版,"一"爲一筆,不應爲"八"。圖版"八"字均爲二筆,中間斷開不相連,而圖版"一"字中間均相連。此簡"一"字書寫較草率,其左右的點狀應爲書寫時起筆和收筆的筆勢。

4·38 灵上夌丘男子李誼,佃田二町,凡廿五畮,皆二年常限。旱不收,畮收布六寸六分。凡爲布一丈六尺五寸,四年十一月九日付庫潘有[1]。其旱田畮收錢卅七,凡爲錢九百廿錢[2],四年十一月十六日付庫吏番有畢。嘉禾五年三月三日,田戶曹史趙野、張惕、陳通校。

原注:[1]"庫"下脱"吏"字。

　　　[2]按佃田畮數和定額計,應收錢九百二十五錢。

4·39 灵上夌丘大女李沵[1]①,佃田六町,凡卅畮,皆二年常限。旱不收,畮收布六寸六分。凡爲布二丈一尺七寸八分[2],四年十二月十日付庫吏潘有。其旱田畮收錢卅七,凡爲錢一千六(?)百卅錢[3]，四年十二月十日付庫吏潘有畢。嘉禾五年三月三日，田戶曹史趙野、張惕、陳通校。

原注：[1]“女”字右側有一墨迹，似是“男”字。“沇”或是“流”字俗寫。

　　[2]按佃田畝數與定額計，應收布一丈九尺八寸。

　　[3]按佃田畝數與定額計，應收錢一千一百一十錢。

按：①沇，古流字。《玉篇·水部》：“沇，古文流。”《荀子·榮辱》：“其沇長矣，其溫厚矣，其功盛姚遠矣。”楊倞注：“‘沇’，古‘流’字。”

4·40 灵上扶丘男子鄭伹(?)，佃田八町，凡卅七畝，皆二年常限。旱不收，畝收布六寸六分。凡爲布三丈一尺二分，五年二月廿日付庫吏番有。其旱田畝收錢卅七，凡爲錢一千七百卅九錢，四年十二月廿日付庫吏番有畢。嘉禾五年三月[1]，田戶曹史趙野、張惕、陳通校①。

原注：[1]“三月”下似脱日期。

按：①據文例，《田家莂》“……”今補釋爲“通校”。

4·41 灵上□丘男子陳登，佃田六町，凡卅三畝，皆二年常限。其卅九畝，旱不收，畝收布六寸六分。定收四畝，爲米四斛八斗。畝收布二尺。其米四斛八斗，四年十二月廿日付倉吏李金。凡爲三丈三尺七寸四分[1]，四年十二月廿日付庫吏潘有。其旱田畝收錢卅七，其孰田畝收錢七十。凡爲錢一千六百廿三錢[2]，四年十二月二日付庫吏潘有畢。嘉禾五年三月三日，田戶曹史趙野、張惕、陳通校。

原注：[1]“爲”下脱“布”字。

　　[2]按佃田畝數和定額計，應收錢一千七百二十三錢。

4·42 灵己酉丘復民五麦①，佃田三町，凡廿九畝，皆二年常限。其廿四畝旱田，畝收布六寸六分。定收五畝，畝收米五斗八升六合[1]。畝收布二尺②。其米三斛七升六合，四年十二月十日付倉吏李金。凡爲布二丈九尺③一寸四分[2]，五年二月十二日付庫吏番有。其旱田畝收錢卅七，其孰田畝收錢七十。凡爲錢八百八十八錢[3]，五年二月十日付庫吏潘有④。嘉禾五年三月□日□戶……

原注：[1]按畝收米五斗八升六合計，五畝應收米二斛九斗三升。但本簡及四·四

五·五〇號簡五畝皆收米三斛七升六合，據推算，可能是按照"斛加五升"的標準計算的(參見四·三三號簡⑤)。

[2]按佃田畝數與定額計，應收布二丈五尺八寸四分。

[3]按佃田畝數與定額計，應收錢一千二百三十八錢。

按：①"復民"是指享受政府賦稅優惠，而又免除了徭役的社會特殊群體。如此簡復民五麦佃種"二年常限"田繳米畝租額爲五斗八升六合，其畝租額比一般民户低一半多。現公布吳簡没有見到"復民"被徵發徭役者。《嘉禾四年吏民田家莂解題》："莂券中另有一種'復民'。'復'即復除、優復，'復'的内容包括租賦、徭役等，江陵張家山漢簡有'復律'。"高敏《嘉禾〈吏民田家莂〉中的"士"和"復民"質疑》認爲，吳簡"復民"是要向官府繳納租稅的，並不是復除了租稅的民户，"復民"之"復"非復除、優復之意。王素、宋少華、羅新《長沙走馬樓簡牘整理的新收穫》認爲，"復民"即是《三國志·吳志》中的"復人"，應是當時專門配給功臣的一種特殊依附人口，這種依附人口不服官役，不屬國家"正户"。王素《〈嘉禾吏民田家莂〉所見"己酉丘復民"性質新探》認爲，"復民"很可能就是朝廷賜給潘濬的依附人口。"復民"就是《吳志》所見的"復人"或"復客"。張文傑《長沙走馬樓三國吳簡〈嘉禾吏民田家莂〉中的"復民"》認爲，《嘉禾吏民田家莂》中的"復民"應與孫吳復客制無關，其身份或可理解爲"去而復返"的流民。蔣福亞《走馬樓吳簡中的"復民"》認爲，吳簡"復民"不是復客賜客制中的"復人"，而是簡牘中所説的"尫羸老頓貧窮女户"和"老頓窮獨女户"。他們的身份是平民，不是依附民。蘇俊林《吳簡所見復民身份考辨》認爲，吳簡中的復民是孫吳政權對士卒復員、恢復平民身份後的特殊身份稱謂。吳簡"復民"的具體所指爲何，目前尚無確詁。"五(?)"，圖版很清晰，可確釋爲"五"，"五"後"(?)"今删。

②據文例，"畝收布二尺"前脱"爲米三斛七升六合"。

③據圖版，《田家莂》"六尺"之"六"字應爲"九"字，圖版"九"字很清晰。今改。

④據文例，《田家莂》"……"今補釋爲"潘 有"。

⑤"參見四·三三號簡"當爲"參見四·三二號簡"。

4·43 灵己酉丘復民昌州，佃田二町，凡廿三畝，皆二年常限。旱田畝收布六寸六分。凡爲布二丈五尺一寸分[1]，五年二月十二日付庫吏番有。旱田畝收錢卅七，凡爲錢八百五十一錢，五年二月十二日付庫吏番有。嘉禾五年三月十日，田户經用曹史趙野、張 惕①、陳通校。

原注：[1]"分"字上脱數目字。按佃田畝數與定額計，應收布一丈五尺一寸八分。

按：①據文例，《田家莂》"□□"可補釋爲"張 惕"。

4·44 灵己酉丘復民周安，佃田二町，凡卅八畝。旱田畝收布六寸六

分。凡爲布二丈五尺八分，五年三月七日付庫吏潘有。旱田
畝收錢卅七，凡爲錢一千四百六錢，五年二月七日付庫吏番
有。嘉禾五年三月十日，田户經用曹史趙野、張惕、陳通校。

4·45 灵己酉丘復民梅組[1]，佃田三町，凡卅一畝，皆二年常限。其卅
六畝旱田，畝收布六寸六分。定收五畝，畝收米五斗八升六
合，爲米三斛七升六合。畝收布二尺。其米三斛七升六合[1]，
四年十二月□日付倉吏李金。凡爲布三丈三尺七寸六分，五
年二月二日付庫吏番有。其旱田畝收錢卅七，其孰田畝收錢
七十。凡爲錢一千三百九十二錢[2]，五年二月廿日付庫吏番
有。嘉禾五年三月十日，田户曹史趙野、張惕、陳通校。

原注：[1]參見四·四二號簡注[1]。

　　[2]按佃田畝數與定額計，應收錢一千六百八十二錢。

按：①《田家莂》"梅（？）"，仔細核對圖版，釋爲"梅"確，"（？）"今刪。

4·46 灵己酉丘復民張□，佃田三町，凡卅五畝。旱田畝收布六寸六
分。凡爲布二丈九尺七寸，五年閏月十七日付庫吏番有。旱
田畝收錢卅七，凡爲錢一千六百五十[1]，五年三月一日付庫吏
番有。嘉禾五年三月十日，田户經用曹史趙野、張惕、陳通校。

原注：[1]按佃田畝數與定額計，應收錢一千六百六十五錢。

4·47 灵己酉丘復民舒隆，佃田二町，凡卅畝。旱田畝收布六寸六
分。凡爲布一丈九尺八寸，五年二月廿日付庫吏番有。旱田
畝收錢卅七，爲錢一千一百一十錢[1]，五年二月十五日付庫吏
番有。嘉禾五年三月十日，田户經用曹史趙野、張惕、陳通校。

按：①據文例，"爲"前脱"凡"字。

4·48 灵己酉丘復民番（？）基，佃田二町，凡卅七畝，皆二年常限。旱
田畝收布六寸六分。凡爲布三丈八寸八分[1]①，五年二月十日
付庫吏番有。旱田畝收錢卅七，凡爲錢一千八百卅[2]，五年二
月廿日付庫吏番有。嘉禾五年三月十日，田户經用曹史趙野、
張惕、陳通校。

原注：[1]按佃田畝數與定額計，應收布三丈一尺二分。

　　[2]按佃田畝數與定額計，應收錢一千七百三十九錢。

按：①《田家莂》"分（?）"，核對圖版，釋爲"分"確，"（?）"今刪。

4·49 <u>灵</u>己酉丘復民頓勝，佃田三町，凡卅七畝。旱田畝收布六寸六分。凡爲布三丈八寸四分[1]，五年二月十二日付庫吏番有。旱田畝收錢卅七，凡爲錢一千八百卅錢[2]，四年十二月十二日付庫吏番有。……，田户經用曹史趙野、張惕、陳<u>通</u>·<u>校</u>①。

原注：[1]按佃田畝數與定額計，應收布三丈一尺二分。

[2]按佃田畝數與定額計，應收錢一千七百三十九錢。

按：①據文例，《田家莂》"……"今補釋爲"<u>通</u>·<u>校</u>"。

4·50 <u>灵</u>己酉丘復民鄭饒，佃田八町，凡卅五畝，皆二年常限。其卅畝旱田，畝收布六寸六分。定收五畝，畝收米五斗八升六合，爲米三斛七升六合[1]。畝收布二尺。其<u>米</u>三斛七升六合，四年十二月十一日付倉吏李金。凡爲布二丈九尺八寸，五年二月十五日付庫吏番有。其旱田畝收錢卅七，其孰田畝收錢七十。凡爲錢一千二百九十五錢[2]，五年閏月十一日付庫吏番有。嘉禾五年三月十日，田户經用曹史<u>趙</u>·<u>野</u>、<u>張</u>·<u>惕</u>、<u>陳</u>·<u>通</u>·<u>校</u>①。

原注：[1]參見四·四二號簡注[1]。

[2]按佃田畝數與定額計，應收錢一千四百六十錢。

按：①據文例，《田家莂》"……"今補釋爲"<u>趙</u>·<u>野</u>、<u>張</u>·<u>惕</u>、<u>陳</u>·<u>通</u>·<u>校</u>"。

4·51 <u>灵</u>己酉丘復民龍囷①，佃田三町，凡卅九畝，旱田畝收布六寸六分。凡爲布三丈二尺二寸二分[1]，五年閏月七日付庫吏番有。旱田畝收錢卅七，凡爲錢……八百一十二錢[2]，五年閏月七日付庫吏番有。嘉禾五年三月十日，田户經用曹史趙野、張惕、陳通校。

原注：[1]按佃田畝數與定額計，應收布三丈二尺三寸四分。

[2]按佃田畝數與定額計，應收錢一千八百一十三錢。

按：①囷，音mí。見於《玉篇·口部》："囷，地名。"田家莂中"囷"用作人名，又如簡4·312"李囷"，簡4·364"黃囷"等。

4·52 <u>灵</u><u>己</u>·<u>酉</u>·<u>丘</u>·<u>復</u>·<u>民</u>□剏，佃田二町，凡廿九畝，皆二年常限。旱田畝收布六寸六分。凡爲布一丈七尺六寸四分①，五年二月五日付庫吏番有。旱田畝收錢卅七，凡爲錢九百六十四錢②，五

年二月十六日付庫吏番有。嘉禾五年三月十日，田户經用曹史趙野、張惕、陳 通 校③。

按：①據佃田畝數與定額計，應收布一丈九尺一寸四分。

②據佃田畝數與定額計，應收錢一千七十三錢。

③據文例，《田家莂》"……"今補釋爲"陳 通 校"。

4·53 灵小赤丘男子王喜，佃田六町，凡七十三畝，皆二年常限。其廿畝旱不收，畝收布六寸六分。定收五十三畝，爲米六十三斛六斗。畝收布二尺。其米六十三斛六斗，四年十一月七日付倉吏李金。凡爲布二匹三丈九寸二分①，四年十二月七日付庫吏潘有。其旱田畝收錢卅七，其孰田畝收錢七十。凡爲錢三千四百五十錢[1]，四年十一月六日付庫吏潘有畢。嘉禾五年三月三日，田户曹史趙野、張惕、陳通 校。

原注：[1]按佃田畝數和定額計，應收錢四千四百五十錢。

按：①據佃田畝數與定額計，應收布二匹三丈九尺二寸。

4·54 灵小赤丘大女五市，佃田六町，凡八十五畝，皆二年常限。其卅五畝旱敗不收，畝收布六寸六分。定收五十畝，收米六十斛。畝收布二尺。其米六十斛，四年十二月十日付倉吏李金。凡爲布三匹三丈一寸[1]，四年十二月十二日付庫吏潘有。其旱田畝收錢卅七，其孰田畝收錢七十，凡爲錢四千六百九十錢[2]，四年十二月二日付庫吏潘有畢。嘉禾五年三月三日，田户曹史趙野、張惕、陳通校。

原注：[1]按佃田畝數與定額計，應收布三匹三尺一寸。

[2]按佃田畝數與定額計，應收四千七百九十五錢。

4·55 灵小 赤 丘 男 子五尾，佃田□町，凡卅畝，皆二年常限。其廿畝旱，畝收布六寸六分。定收十畝，畝收米一斛二斗，爲米十二斛。畝布二尺[1]。其米十二斛，四年十月九日付倉吏鄭黑。……准米一斛六斗六升，四年十一月二日付倉吏鄭黑。其旱田畝收錢卅七，其孰田畝收錢七十。凡爲錢二千四百冊[2]，准米一斛五斗二升五合，四年十一月廿日付倉吏鄭黑。嘉禾五年三月十日，田户曹史趙野、張惕、陳 通 校①。

原注：[1]“畝”下脱“收”字。

　　[2]按佃田畝數與定額計，應收錢一千四百四十錢。

按：①據文例，《田家莂》“……”今補釋爲“通校”。

4·56　灵小赤丘男子五兒①，佃田三町，凡廿八町畝[1]，皆二年常限。
其七畝旱敗不收，畝收布六寸六分。定收廿一畝，爲米廿五斛
六斗[2]。畝收布二尺。其米廿五斛六斗，四年十二月十日付倉
吏李金。凡爲布一匹七尺二寸八分[3]，四年十二月付庫吏潘
有[4]。其旱田畝收錢卅七，其孰田畝收錢七十。凡爲錢一千七
百六十六錢[5]，四年十二月十日付庫吏潘有畢。嘉禾五年三月
三日，田户曹史趙野、張惕、陳通校。

原注：[1]“町”字衍。

　　[2]按熟田每畝收米一斛二斗計，二十一畝應收米二十五斛二斗。

　　[3]按佃田畝數和定額計，應收布一匹六尺六十二分。②

　　[4]“月”下脱日期。

　　[5]按佃田畝數和定額計，應收錢一千七百二十九錢。

按：①兒，疑爲“兒”字。《説文·儿部》“兒”作“兒”，“兒”疑爲“兒”隸變後的寫法。

　　②據佃田畝數與定額計，應收布一匹六尺六寸二分，《田家莂》注釋[3]“六十”之
“十”應爲“寸”之誤。

4·57　灵小赤丘男子五問(?)，佃田九町，凡六十六畝，皆二年常限。
其十三畝旱不收，畝收布六寸六分。定收五十三畝，其米六十
三斛六斗。畝收布二尺。其米六十三斛六斗，四年十二月六
日付倉吏李金。凡爲布二匹二丈九尺五寸八分[1]，四年十二
月七日付庫吏潘有。其旱田畝收錢卅七，其孰田畝收錢七
十。凡爲錢四千八百九十一錢[2]，四年十二月三日付庫吏潘
有畢。嘉禾五年三月三日，田户曹史趙野、張惕、陳通校。

原注：[1]按佃田畝數和定額計，應收布二匹三丈四尺五寸八分。

　　[2]按佃田畝數和定額計，應收錢四千一百九十一錢。

4·58　灵小赤丘男子五戠(?)，佃田六町，凡六十畝，皆二年常限。其
卅五畝旱不收，畝收布六寸六分。定廿五畝①，爲米卅斛。畝
收布二尺。其米卅斛，四年十一月□日付倉吏李金。凡爲布
一匹三尺一寸[1]，四年十二月六日付庫吏潘有。其旱田畝收

錢卅七，其孰田畝收錢七十。凡爲錢三千八百卌錢[2]，四年十二月九日付庫吏潘有畢。嘉禾五年三月三日，田户曹史趙野、張惕、陳通校。

原注：[1]按佃田畝數與定額計，應收布一匹三丈三尺一寸。

[2]按佃田畝數與定額計，應收錢三千四十五錢。

按：①據文例，"定"後脱"收"字。

4·59 灵小赤丘男子吕吉，佃田十町，凡六十畝，皆二年常限。其五十七畝旱敗不收，畝收布六寸六分。定收三畝，爲米三斛六斗。畝收布二尺。其米三斛六斗，四年十二月九日付倉吏李金。凡爲布一匹一丈六尺二分[1]，四年十二月七日付庫吏潘有。其旱田畝收錢卅七，其孰田畝收錢七十。凡爲錢一千五百卌錢[2]，四年十一月七日付庫吏潘有畢。嘉禾五年三月三日，田户曹史趙野、張惕、陳通校。

原注：[1]按佃田畝數與定額計，應收布一匹三尺六寸二分。

[2]按佃田畝數與定額計，應收錢二千三百一十九錢。

4·60 灵小赤丘男子吕兵，佃田二町，凡十三畝[1]，皆二年常限。旱田畝收布六寸六分。凡爲布四尺六寸二分。五年二月十六日付庫吏番有。旱田畝收錢卅七，凡爲錢二百五十九錢，四年二月八日付庫吏番有[2]。嘉禾五年三月十日，田户曹史趙野、張惕、陳通校。

原注：[1]此處的佃田畝數寫法有異，按收布與收錢數推算，佃田數似應爲七畝。

[2]"四年"疑是"五年"之誤。

4·61 灵小赤丘男子朱枀[1]①，佃田五町，凡五十四畝，皆二年常限。其卅四畝旱敗不收，畝收布六寸六分。定收廿畝，爲米廿四斛②。畝收布二尺。其米廿四斛……③付倉吏李金。凡爲布一匹二丈二尺四寸二分[2]，四年十二月廿日付庫吏潘有。其旱田畝收錢卅七，其孰田畝收錢七十。凡爲④錢二千六百五十八，四年□月□日付庫吏潘有畢。嘉禾五年三月三日，田户曹史趙野、張惕、陳通校。

原注：[1]枀，《篇海類編》：枀音木，義未詳。

《嘉禾吏民田家莂》校注·○二二

[2]按佃田畝數和定額計,應收布一匹二丈二尺四寸四分。

按:①朱,疑即"困"字。《説文‧口部》:"困,故廬也。从木在口中。朱,古文困。"中古文獻有構件"止"訛變爲構件"山"者,如北魏《張元祖妻一弗造像記》"步"作,北魏《奚智墓誌》"步"作,"步"上之"止"均訛變爲"山"。"朱"當爲古文"朱"之構件"止"訛變爲"山"所致。

②據文例,《田家莂》"……"今補釋爲"爲 米 廿 四 斛"。

③據文例,《田家莂》"……"今補釋爲"廿 四 斛……"。

④據文例,《田家莂》"□□"今補釋爲"凡 爲"。

4·62　灵小赤丘男子杜赤(?),佃田三町,凡十五畝,皆二年常限。其十三畝旱不收,畝收布六寸六分。定收二畝,爲米二斛四斗。畝收布二尺。其米二斛四斗,四年十二月十一日付倉吏李金。凡爲布七尺五寸八分[1],四年十二月九日付庫吏隋有①。其旱田畝收錢卅七,其孰田畝收錢七十。凡爲錢六百廿一錢,四年十一月三日付庫吏潘有畢。嘉禾五年三月三日,田户曹史趙野、張惕、陳通校。

原注:[1]按佃田畝數和定額計,應收布一丈二尺五寸八分。

按:①《田家莂》"潘"字,據圖版應作"隋",今改。"隋"爲"潘"的訛誤字。

4·63　灵小赤丘男子杜棠,佃田二町,凡廿七畝,皆二年常限。其廿四畝旱敗不收,畝收布六寸六分。定收三畝,爲米三斛六斗。畝收布二尺。其 米 三 斛 六 斗,四 年 十 二月十日付倉吏李金。凡爲布二丈二尺三分[1],四年十二月十日付庫吏潘有。其旱田畝收錢卅七,其孰田畝收錢七十。凡爲錢九百五十錢[2],四年十二月三日付庫吏潘有畢。嘉禾五年三月三日,田户曹史趙野、張惕、陳通校。

原注:[1]按佃田畝數和定額計,應收二丈一尺八寸四分。

　　　[2]按佃田畝數與定額計,應收錢一千九十八錢。

4·64　灵小赤丘男子杜緑①,佃田二町,凡廿畝,皆二年常限。其七畝旱不收,畝收布六寸六分。定收十三畝,爲米十五斛 六斗。畝收布二尺。其米十五斛六斗,四年十 一 月十日付倉吏李金。凡爲布三丈六寸二分,四年十二月十日付庫吏潘有。其旱田畝收錢卅七,其孰田畝收錢七十。凡爲錢一千一百六十錢[1]，四年十二月二日付庫吏潘有畢。嘉禾五年三月三日，田戶曹史趙野、張惕、陳通校。

原注：[1]按佃田畮數與定額計，應收一千一百六十九錢。

按：①縚，音tāo。《中華字海·系部》："縚，絲繩；絲帶子。"

4·65 灵小赤丘男子黃石，佃田四町，凡五十九畮，皆二年常限。其卅九畮旱敗不收，畮收布六寸六分。定收廿畮，爲米廿四斛。畮收布二尺。其米廿四斛，四年十二月七日付倉吏李金。凡爲布一匹二丈□尺四寸[1]，四年十二月十日付庫吏潘有。其旱田畮收錢卅七，其孰田畮收錢七十。凡爲錢三千七百卅四錢[2]，四年十二月十二日付庫吏潘有畢。嘉禾五年三月三日，田戶曹史趙野、張惕、陳通校。

原注：[1]按佃田畮數與定額計，應收布一匹二丈五尺七寸四分。
　　　　[2]按佃田畮數與定額計，應收錢二千八百四十三錢。

4·66 灵小赤丘男子黃饒，佃田七町，凡七十六畮，皆二年常限。其七十五畮旱不收，畮收布六寸六分。定收一畮，爲米一斛二斗。畮收布二尺。其米一斛二斗，四年十二月七日付倉吏李金。凡爲布一匹八尺二寸[1]，四年十二月十一日付庫吏潘有。其旱田畮收錢卅七，其孰田畮收錢七十。凡爲錢三千六百六十錢[2]，四年十一月十日付庫吏潘有畢。嘉禾五年三月三日，田戶曹史趙野、張惕、陳通校。

原注：[1]按佃田畮數與定額計，應收一匹一丈一尺五寸。
　　　　[2]按佃田畮數與定額計，應收二千八百四十五錢。

4·67 灵小赤丘男子區高，佃田三町，凡廿九畮，皆二年常限。其廿畮旱敗不收，畮收布六寸六分。定收九畮，爲米十斛八斗。畮收布二尺。其米十斛八斗，四年十二月九日付倉吏李金。凡爲布三丈一尺八寸[1]，四年十二月九日付庫吏潘有。其旱田畮收錢卅七，其孰田畮收錢七十。凡爲錢一千七百七十錢[2]，四年十二月十日付庫吏潘有畢。嘉禾五年三月三日，田戶曹史趙野、張惕、陳通校。

原注：[1]按佃田畮數和定額計，應收布三丈一尺二寸。
　　　　[2]按佃田畮數與定額計，應收錢一千三百七十錢。

4·68 灵小赤丘男子粗叱[1]，佃田十八町，凡六十三畮，皆二年常限。其五十九畮旱敗不收，畮收布六寸六分。定收四畮，爲米四斛八斗。畮收布二尺。其米四斛八斗，四年十二月六日付倉吏李金。凡爲布一匹六尺九寸四分，四年十二月十一日付庫吏潘有。其旱田畮收錢卅七，其孰田畮收錢七十。凡爲錢二千二百……錢[2]，四年十二月六日付庫吏潘有畢。嘉禾五年三月三日，田戶曹史趙野、張惕、陳通校。

原注：[1]粗，《龍龕手鑑》：“粗同精”。

　　　[2]按佃田畮數與定額計，應收錢二千四百六十三錢。

4·69 灵小赤丘男子粗良，佃田四町，凡卅畮，皆二年常限。其十七畮旱不收，□收布六寸六分[1]。定收十三畮，爲米十五斛六斗。畮收布二尺。其米十五斛六斗，四年十二月八日付倉吏李金。凡爲布三丈七尺二寸二分，四年十二月九日付庫吏潘有。其旱田畮收錢卅七，其孰田畮收錢七十。凡爲錢一千五百卅九錢，四年十二月五日付庫吏潘有畢。嘉禾五年三月三日，田戶曹史趙野、張惕、陳通校。

原注：[1]“收布”前一字經過塗改，似非“畮”字。

4·70 灵小赤丘男子粗傳，佃田四町，凡卅九畮，皆二年常限。其十九畮旱，畮收布六寸六分。定收廿畮，爲米廿四斛。畮收布二尺。其米廿四斛，四年十二月三日付倉吏李金。凡爲布一匹一丈二尺五寸四分，四年十二月廿日付庫吏潘有。其旱田畮收錢卅七，其孰田畮收錢七十。凡爲錢二千一百三錢，四年十一月七日付庫吏潘有畢。嘉禾五年三月三日，田戶曹史趙野、張惕、陳通校。

4·71 灵小赤丘男子鄧春，佃田三町，凡廿五畮，皆二年常限。其五畮旱不收①，畮收布六寸六分。定收廿畮，爲米廿四斛。畮收布二尺。其米廿四斛，四年十二月七日付倉吏李金。凡爲布一匹三丈三尺[1]，四年十二月十日付庫吏潘有。其旱田畮收錢卅七，其孰田畮收錢七十。凡爲錢一千五百一十錢[2]，四年十一月三日付庫吏潘有畢②。嘉禾五年三月三日，田戶曹史趙野、張惕、陳通校。

原注：[1]按佃田畝數與定額計，應收布一匹三尺三寸。

　　　[2]按佃田畝數與定額計，應收錢一千五百八十五錢。

按：①據圖版，"旱"後無"敗"字，今刪。

　　②據圖版，《田家莂》"倉"應爲"庫"字。據文例，米繳納給倉吏，布、錢繳納給庫吏，此簡布當繳納給庫吏。另"潘有"在嘉禾四年、五年的吏職均爲庫吏，在吳簡《竹簡》中的吏職也爲庫吏，亦可證。今改。

4·72　灵小赤丘男子潘郎，佃田十町，凡六十七畝，皆二年常限。其卅畝旱敗不收，畝收布六寸六分。定收卅七畝，爲米卅四斛四斗。畝收布二斗[1]。其米卅四斛四斗，四年十二月廿一日付倉吏李金。凡爲布二匹一丈二尺八寸[2]，四年十一月十日付庫吏潘有①。其旱田畝收錢卅七，其孰田畝收錢七十。凡爲錢三千七百，四年十二月七日付庫吏潘有畢。嘉禾五年三月三日，田戶曹史趙野、張惕、陳通校。

原注：[1]"斗"爲"尺"字之訛。

　　　[2]按佃田畝數和定額計，應收布二匹一丈三尺八寸。

按：①據圖版，《田家莂》"倉"應爲"庫"字。今改。

4·73　灵小赤丘男子謝主，佃六町，凡五十一畝，皆二年常限。其卅畝旱田，畝收布六寸六分。定收十一畝，爲米十三斛二斗，畝收布二尺①。其米十三斛二斗，四年十二月□日付倉吏□□。凡爲布一匹②八尺四寸，四年十二月十日付庫吏潘有。其旱田畝收錢卅七，其孰田畝收錢七十。凡爲錢二千六百九十錢[1]，四年十二月十八日付庫吏潘有畢。嘉禾五年三月三日，田戶曹史趙野、張惕、陳通校。

原注：[1]按佃田畝數與定額計，應收錢二千二百五十錢。

按：①據文例，《田家莂》"……"今補釋爲"畝收布二尺"。

　　②據文例、旱孰田畝數及收布定額，《田家莂》"……"今補釋爲"□□。凡爲布一匹"。

4·74　灵小赤丘男子謝(？)福，佃田九町，凡五十八畝，皆二年常限。其卅八畝旱敗不收，畝收布六寸六分。定收廿畝，爲米廿四斛。畝收布二尺。其米廿四斛，四年十二月九日付倉吏□

□。凡爲布一匹二丈五尺八分，四年十一月十一日付庫吏□
□。其旱田畝收錢卅七，其孰田畝收錢[七][十]①。[凡]②爲錢二千
二百[1]，四年十一月八日付庫吏潘有畢。……張惕、陳通校。

原注：[1]按佃田畝數與定額計，應收錢二千八百六錢。

按：① 據文例，《田家莂》“□□”今補釋爲“[七][十]”。

② 據文例，《田家莂》“□”今補釋爲“[凡]”。

4·75 [灵][小]赤丘男子羅（？）丞，佃田二町，凡廿九畝，皆二年常限。其
十九畝……不收，畝收[布][六][寸][六][分]①。定收十畝，爲米十二
斛。畝收布二尺。其米十二斛，四年十二月二日付倉吏李
金。凡爲布三丈二尺五寸[1]，四年十二月廿一日付庫吏潘有。
其旱田畝收錢[卅][七]②，其孰田畝收錢七十。凡爲錢[一][千]四百
[三]錢[2]③，四年十一月廿日付庫吏潘有畢。嘉禾五年三月三日，
田戶曹史趙野、張惕、陳通校。

原注：[1]按佃田畝數與定額計，應收布三丈二尺五寸四分。

[2]按佃田畝數與定額計，應收錢一千四百三錢。

按：① 據文例，《田家莂》“……”今補釋爲“[布][六][寸][六][分]”。

② 據文例，《田家莂》“□□”今補釋爲“[卅][七]”。

③ 據《田家莂》注釋[2]應收錢一千四百三錢，《田家莂》“□□四百□錢”今補釋
爲“[一][千]四百[三]錢”。

4·76 [灵]小赤丘男子□非，佃田三町，凡十三畝，皆二年常限。其十畝
旱敗不收，畝收布六寸六分。定收三畝，爲米三斛六斗。畝收
布二尺。其米三斛六斗，四年十二月二日付倉吏李金。凡爲
布一丈一尺九寸四分[1]，四年十二月二日付庫吏潘有。其旱田
畝收錢卅七，其孰田畝收錢七十。凡爲錢五百卅二錢[2]，四年
十二月十付庫吏潘有畢[3]。嘉禾五年三月三日，田戶曹史趙
野、張惕、陳通校。

原注：[1]按佃田畝數和定額計，應收布一丈二尺六寸。“一丈一尺九寸四分”是熟田
三畝、旱田九畝的收布數。

[2]按佃田畝數與定額計，應收錢五百八十錢。

[3]“十”下脫“日”字。

4·77 [灵]夫丘男子李倍，佃田卅町，凡六十二畝，皆二年常限。其卅畝

旱，畞收布六寸六分。定收廿二畞，畞收米一斛二斗，爲米廿六斛四斗。畞收布二尺。其米廿六斛四斗，四年十一月十五日付倉吏鄭黑。凡爲布一匹三丈四寸，准米三斛五斗二升，四年十一月廿日付倉吏鄭黑。其田畞收錢卅七[1]，其孰田畞收錢七十。凡爲錢三千廿，准米一斛八斗九升，四年十一月十七日付倉吏鄭黑。嘉禾五年三月十日，田戶曹史張惕、趙野、陳通校。

原注：[1]"其"下脱"旱"字。

4·78 靈夫丘男子李釗(?)，佃田廿二町，凡七十畞①，皆二年常限。其卅五畞旱，畞收布六寸六分。定收廿五畞，收米一斛二斗[1]，爲米卅斛。畞收布二尺。其米卅斛，四年十二月十日付倉吏鄭黑。凡爲布二匹②，准米四斛，四年十二月廿一日付倉吏鄭黑。其旱田畞收錢卅七，其孰田畞收錢七十。凡爲錢三千四百一十③，准米二斛一斗，四年十二月十日付倉吏鄭黑。嘉禾五年三月十日，田戶曹史張惕、趙野、陳通校。

原注：[1]"收米"前脱"畞"字。
按：①佃田總數和旱田數必有一誤。據旱田數和熟田數，佃田總數應爲六十畞。據收布數和收錢數，旱田數爲卅五畞。
②按旱田卅五畞計，應收布一匹三丈三尺一寸；按旱田卌五畞計，應收布一匹三丈九尺七寸。
③按旱田卅五畞計，應收錢三千卅五；按旱田卌五畞計，應收錢三千四百一十五。

4·79 靈夫丘男子陳浦，佃田卅七町，凡五十畞，皆二年常限。其卅畞旱，畞收布六寸六分。定收廿畞，畞收米一斛二斗，爲米廿四斛。畞收布二尺。其米廿四斛，四年十一月九日付倉吏鄭黑。凡爲布一匹……米二斛九斗九升，四年十一月十七日付倉吏鄭黑。其旱田畞收錢卅七，其孰田畞收錢七十。凡爲錢二千五百一十，准米一斛五斗七升，四年十二月九日付倉吏鄭黑。嘉禾五年三月十日，田戶曹史張惕、趙野、陳通校。

4·80 靈夫丘男子陳祖，佃田卅八町，凡卌一畞，皆二年常限。其卌畞旱，畞收布六寸六分。定收一畞，收米一斛二斗。畞收布二尺。其米一斛二斗，四年十月四日付倉吏鄭黑。凡爲布三丈

八尺四寸^[1]，准米一斛四斗二升，四年十一月六日付倉吏鄭黑^①。其旱田畝收錢卅七，其孰田畝收錢七十。凡爲錢一千五百五十，准米九斗六合，四年十一月八日付倉吏鄭黑。嘉禾五年三月十日，田戶曹史張惕、趙野、陳通校。

原注：[1]按佃田畝數與定額計，應收布二丈八尺四寸。

按：①據圖版，“庫”字應爲“倉”字。據文例，布准米繳納給倉吏，而非庫吏。另“鄭黑”在嘉禾四年的吏職是倉吏，其在吳簡《竹簡》中的吏職也爲倉吏，亦可證。今改。

4·81 㲃夫丘男子烝桑，佃田九町，凡卅九畝，皆二年常限。其廿九畝旱，畝收布六寸六分。定收廿畝，畝收米一斛二斗，爲米廿四斛。畝收布二尺。其米廿四斛，四年十一月四日付倉吏鄭黑。凡爲布一匹一丈九尺^①，准米二斛九斗五升，四年十一月四日付倉吏鄭黑^②。其旱田畝收錢卅七，其孰田畝收錢七十。凡爲錢二千四百七十三錢，准米一斛五斗五升六合，四年十一月十日付倉吏鄭黑。嘉禾五年三月十日，田戶曹史張惕、趙野、陳通校。

按：①據佃田畝數與定額計，應收布一匹一丈九尺一寸四分。

②據圖版，《田家莂》“庫”字應爲“倉”字，今改。

4·82 㲃夫丘男子烝㒼^①，佃田卅町，凡六十畝，皆二年常限。其卅畝旱，畝收布六寸六分。定收卅畝，畝收米一斛二斗，爲米卅六斛。畝收布二尺。其米卅六斛，四年十二月廿日付倉吏鄭黑。凡爲布二匹^[1]，准米四斛，四年十一月廿八日付倉吏鄭黑。其旱田畝收錢卅七，其孰田畝收七十^②。凡爲錢五千二百一十錢^[2]，准米二斛一升，四年十一月卅日付倉吏鄭黑。嘉禾五年三月十日，田戶曹史張惕、趙野、陳通校。

原注：[1]按佃田畝數與定額計，應收布一匹三丈九尺八寸。

　　　[2]按佃田畝數與定額計，應收錢三千二百一十錢。

按：①“㒼”圖版作“”，據其形體似爲“雨”，“雨”的俗體。《玉篇·雨部》：“雨，雲雨也。𩁜，古文。”

②據文意，“收”後脫“錢”字。

4·83 㲃夫丘男子烝□，佃田三町，凡五十七畝，皆二年常限。

其卅畝旱，^①畝收布六寸六分。定收十七畝，畝收米一斛二斗，爲米廿斛四斗。畝收布二尺。其米廿斛四斗，四年十月卅日付倉吏鄭黑。凡爲布一匹二丈四寸，准米三斛二升，四年十一月七日付倉吏鄭黑。其旱田畝收錢卅七，其孰田畝收錢七十。凡爲錢二千五百□^[1]，准米一斛五斗八升，四年十一月□日付倉吏鄭黑。嘉禾五年……，田戶曹史張惕、趙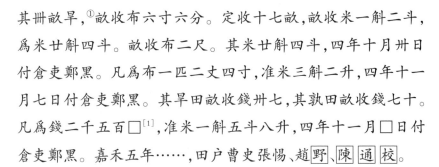野、陳通校。

原注：[1]按佃田畝數與定額計，應收錢二千六百七十錢。

按：①據收布數、熟田數及定額，可知旱田爲卅畝，查圖版依稀可以分辨出"卅"字，《田家莂》"其□畝旱"今釋爲"其卅畝旱"。據旱田卅畝和熟田十七畝，可知佃田總數爲五十七畝。故《田家莂》"凡……畝"今補釋爲"凡五十七畝"。

4·84 囷夫丘大女黃布，佃田七(?)町，凡十畝，二年常限。其四畝旱田，畝收布六寸六分。定收六畝，畝收米一斛二斗，爲米七斛二斗。畝收布二尺。其米七斛二斗，四年十一月十八日付倉吏鄭黑。凡爲布一丈四尺六寸四分，四年十一月廿日付庫吏潘有。其旱田畝收錢卅七，其孰田畝收錢七十。凡爲錢五百六十八錢，四年十一月二日付庫吏潘有。嘉禾五年三月十日，田戶曹史張惕、趙野、陳通校^①。

按：①據文例，《田家莂》"……"今補釋爲"陳通校"。

4·85 囷夫丘男子盧仲^①，佃田七町，凡廿三畝，皆二年常限。其十畝旱，畝收布六寸六分。定收十三畝，畝收米一斛二斗，爲米十五斛六斗。畝收布二尺。其米十五斛六斗，四年十一月卅日付倉吏鄭黑。凡爲布三丈二尺六寸，四年十月廿一日付庫吏潘有。其旱田畝收錢卅七，其孰田畝收錢七十。凡爲錢一千二百八十，四年十二月廿日付庫吏潘有。嘉禾五年三月十日，田戶曹史張惕、趙野、陳通校。

按：①盧，《集韻·魚韻》："盧，《說文》'寄也。秋冬去，春夏居。'……又姓。"《通志·氏族略二》："盧氏，亦作盧，音通。"

4·86 囷夫丘男子盧異，佃田十九町，凡五十畝，皆二年常限。其卅畝旱，畝收布六寸六分。定收十畝，畝收米一斛二斗，爲米十二斛。畝收布二尺。其米十二斛，四年十一月廿日付倉吏鄭黑。凡爲布一匹六尺四寸，四年十一月廿日付庫吏潘有。其旱田畝收錢卅七，其孰田畝收錢卅七[1]。凡爲錢二千一百八十，四年十二月廿日付庫吏潘有。嘉禾五年三月十日，田户曹史張惕、趙野、陳通校。

原注：[1]“卅七”係“七十”之誤。

4·87 靈夫丘男子謝鼠，佃田卌二町，凡五十畝，皆二年常限。其卅畝旱，畝收布六寸六分。定收廿畝，畝收米一斛二斗，爲米廿四斛。畝收布二尺。其米廿四斛，四年十二月十日付倉吏鄭黑。凡爲布一匹二丈[1]，准米三斛，四年十二月十日付倉吏鄭黑。其旱田畝收錢卅七，其孰田畝收錢七十。凡爲錢二千五百一十，准米一斛五斗八升，四年十二月十一日付倉▨①

原注：[1]按佃田畝數與定額計，應收布一匹一丈九尺八寸。

按：①據圖版，“倉”下殘斷，《田家莂》“□▨”今作“▨”。

4·88 靈夫丘男子謝經，佃田卅七町，凡五十二畝，皆二年常限。其卅二畝旱，畝收布六寸六分。定收廿畝，畝收米一斛二斗，爲米廿四斛。收布二尺[1]。其米廿四斛，四年十一月廿一日付倉吏鄭黑。凡爲布一匹二丈一尺一寸二分，四年十一月卅日付庫吏潘□。其旱田畝收錢卅七，其孰田畝收錢七十。凡爲錢二千五百八十四錢，四年十月十一日付庫吏潘有。嘉禾五年三月□日，田户曹史張惕、趙野、陳通校。

原注：[1]“收布”前脱“畝”字。

按：①據文例，《田家莂》“……”今補釋爲“其孰田畝”。

4·89 靈夫丘男子謝贛，佃田五十町，凡九十三畝，皆二年常限。其七十畝旱，畝收布六寸六分。定收廿三畝，畝收米一斛二斗，爲米廿七斛六斗。畝收布二尺。其米廿七斛六斗，四年十一月六日付倉吏鄭黑。凡爲布二匹一丈二尺二寸，准米四斛六斗一升，四年十一月廿七日付倉吏鄭黑。其旱田畝收錢卅七，其孰田畝收錢七十。凡爲錢四千二百，准米二斛六斗二升五合，四年十一月卅日付倉吏鄭黑。嘉禾五年三月十日，田户曹史張惕、趙野、陳通校。①

按：①據文例，《田家莂》"……"今補釋爲"趙野、陳通校"。

4·90 灵夫丘男子□□□□□町，凡七十三畝，皆二年常限。其五十
畝旱，畝收布六寸六分。定收廿三畝，畝收米一斛二斗，爲米
廿七斛二斗^①。畝收布二尺。其米廿七斛二斗，四年十一月廿
一日付倉吏鄭黑。凡爲布二匹[1]，准米四斛，四年十一月卅日
付倉吏鄭黑。其旱田畝收錢卅七，其孰田畝收錢七十。凡爲
錢三千四百六十，准米二斛一斗五升，四年十一月廿一日付倉
吏鄭黑。嘉禾五年三月十日，田戶曹史張惕、趙野、陳通校。

原注：[1]按佃田畝數與定額計，應收布一匹三丈九尺。

按：①據熟田數與定額計，應收米廿七斛六斗。

4·91 灵五唐丘男子王奴，佃田二町，凡廿八畝，皆二年常限。旱不
收，畝收布六寸六分。凡爲布二丈一尺一寸六分[1]，四年十一
月廿二日付庫吏潘有。其旱田畝收錢卅七，凡爲錢一千卅六
錢[2]，四年十一月廿日付庫吏潘有畢。嘉禾五年三月三日，田
戶曹史趙野、張惕、陳通校。

原注：[1]按佃田畝數與定額計，應收布一丈八尺四寸八分。

　　　[2]按佃田畝數與定額計，應收錢一千三百六十九錢。^①

按：①原簡收錢數正確，《田家莂》注釋[2]誤。廿八畝旱田，畝收錢卅七，應收錢一
千卅六錢。《田家莂》注釋[2]"應收錢一千三百六十九錢"，爲卅七畝旱田應收
錢數。

4·92 灵五唐丘男子李詳，佃田三町，凡卅畝，皆二年常限。旱不收，
畝收布六寸六分。凡爲布一丈九尺八寸，四年十一月二日付
庫吏潘有。其旱田畝收錢卅七，凡爲錢一千一百一十錢，四年
十二月廿日付庫吏潘有畢。嘉禾五年三月三日，田戶曹史趙
野、張惕、陳通校。

4·93 灵五唐丘男子李卿^①，佃田二町，凡廿五畝，皆二年常限。其廿
畝旱不收，畝收布六寸六分。定收五畝，爲米六斛。畝收布二
尺。其米六斛，四年十二月二日付倉吏李金。凡爲布二丈三
尺二寸，四年十二月十一日付庫吏潘有。其旱田畝收錢卅
七，其孰田畝收錢七十。凡爲錢一千九十錢，四年十二月五

日付庫吏潘有畢。嘉禾五年三月三日，田户曹史趙野、張惕、
陳通校。

按：①"虸"圖版作""，其虫旁當是據小篆形體隸寫而來。魏晉文字虫旁多有類
似的寫法，如"蚣"，北魏《元恭墓誌》作"蚣"；"虹"，北魏《胡明相墓誌》作"虹"；
"蛟"，北齊《元賢墓誌》作"蛟"；等等。"虸"音jiǎ，《中華字海·虫部》："虸蟲，即甲
蟲，體壁比較堅硬的昆蟲的統稱。"

4·94 叏五唐丘大女利妾，佃田三町，凡廿三畝，皆二年常限。其十八
畝旱不敗不收[1]，畝收布六寸六分。定收五畝，爲米六斛。畝
收布二尺。其米六斛，四年十二月十日付倉吏李金。凡爲布
二丈八尺八寸[2]，四年十二月十一日付庫吏潘有。其旱田畝收
錢卅七①，其孰田收錢七十②。凡爲錢九百卅六錢[3]，四年十一
月十一日付庫吏潘有畢。嘉禾五年三月三日，田户曹史趙野、
張惕、陳通校。

原注：[1]"旱"字下衍"不"字。
　　[2]按佃田畝數與定額計，應收布二丈一尺八寸八分。
　　[3]按佃田畝數與定額計，應收錢一千一十六錢。

按：①據圖版，"旱田"之"田"字爲漏寫後又補上之字，字體較其他字小。
　　②據圖版，"其孰田"後無"畝"字，今刪。

4·95 叏五唐丘男子周文，佃田□□町，凡卅三畝，皆二年常限。其
卅一畝旱敗不收，畝收布六寸六分。定收二畝，爲米二斛四
斗。畝收布二尺。其米二斛四斗，四年十二月十日付倉吏李
金。凡爲布二丈三尺一寸[1]，四年十二月十二日付庫吏潘
有①。其旱田畝收錢卅七，其孰田畝收錢七十。凡爲錢一千六
百五十錢[2]，四年十二月十一日付庫吏潘有畢。嘉禾五年三月
三日，田户曹史趙野、張惕、陳通校。

原注：[1]按佃田畝數與定額計，應收布二丈四尺四寸六分。
　　[2]按佃田畝數與定額計，應收錢一千二百八十七錢。

按：①據文例，米入倉，由倉吏負責接收；錢、布入庫，由庫吏負責接收；錢准米、布准
米入倉，由倉吏負責接收。此簡布卻付予倉吏李金，與文例相悖。圖版依稀可
以看出"庫吏潘有"四字，故《田家莂》"倉吏李金"今釋爲"庫吏潘有"。

4·96 叏五唐丘男子周光，佃田三町，凡卅九畝，皆二年常限。其卅五

畝旱不收,畝收布六寸六分。定收四畝,爲米四斛八斗。畝收布二尺。其米四斛八斗,四年十二月十日付倉吏李金。凡爲布三丈一尺一寸,四年十二月廿日付庫吏番有。其旱田畝收錢卅七,其孰田畝收錢七十。凡爲錢四千四百九錢[1],四年十二月十二日付庫吏番有畢。嘉禾五年三月三日,田户曹史趙野、張惕、陳通校。

原注:[1]按佃田畝數與定額計,應收錢一千五百七十五錢。

4·97 囗五唐丘縣吏周岑,佃田六町,凡卅九畝,皆二年常限。其卅二畝旱敗不收,畝收布六寸六分。定收七畝,爲米八斛四斗。畝收布二尺。其米八斛四斗,四年十二月十日付倉吏李金。凡爲布二丈五寸四分[1],四年十二月十日付庫吏潘有。其旱田畝收錢卅七,其孰田畝收錢七十。凡爲錢一千六百五十一錢[2],四年十二月二日付庫吏潘有畢。嘉禾五年三月三日,田户曹史趙野、張惕、陳通校。

原注:[1]按佃田畝數與定額計,應收布三丈五尺一寸二分。

[2]按佃田畝數與定額計,應收錢一千六百七十四錢。

4·98 囗五唐丘男子周物,佃田十町,凡卅三畝,皆二年常限。旱不收,畝收布六寸六分。凡爲布二丈一尺七寸八分,五年正月廿日付庫吏潘有……囗

4·99 囗五唐丘男子周弩,佃田三町,凡廿一畝,皆二年常限。其十九畝旱不收,畝收布六寸六分①。定收二畝,爲米二斛四斗。畝收布二尺。其米二斛四斗,四年十二月六日付倉吏李金。凡爲布一丈六尺五寸[1],四年十一月二日付庫吏番有。其旱田畝收錢卅七,其孰田畝收錢七十。凡爲錢八百七十三錢[2],四年十二月十日付庫吏潘有畢。嘉禾五年三月三日,田户曹史趙野、張惕、陳通校。

原注:[1]按佃田畝數與定額計,應收布一丈六尺五寸四分。

[2]按佃田畝數與定額計,應收錢八百四十三錢。

按:①據圖版,"不收,畝收布六寸六分"幾字雖右側稍殘,但不影響文字的釋讀,且圖版"十九畝旱"亦是右側稍殘,故《田家莂》"不收,畝收布六寸六分"今徑釋爲"不收,畝收布六寸六分"。

4·100　灵五唐丘男子周春,佃田三町,凡卅畝,皆二年常限。其廿九畝旱不收,畝收布六寸六分。定收一畝,爲米一斛二斗。畝收布二尺。其米一斛二斗,四年十一月三日付倉吏李金。凡爲布二丈一尺一寸六分[1],四年十一月廿二日付庫吏潘有。其旱田畝收錢卅七,其孰田畝收錢七十。凡爲錢一千六百卅三錢[2],四年十二月二日付庫吏潘有畢。嘉禾五年三月三日,田户曹史趙野、張惕、陳通校。

原注:[1]按佃田畝數與定額計,應收布二丈一尺一寸四分。

　　　[2]按佃田畝數與定額計,應收錢一千一百四十三錢。

4·101　灵五唐丘男子周梁,佃田二町,凡廿畝,皆二年常限。其十八畝旱不收,畝收布六寸六分。定收二畝,爲米二斛四斗。畝收布二尺。其米二斛四斗,四年十二月八日付倉吏李金。凡爲布一丈四尺一寸[1],四年十二月十二日付庫吏番有。其旱田畝收錢卅七,其孰田畝收錢七十。凡爲錢八百六錢,四年十二月十日付庫吏番有畢。嘉禾五年三月三日,田户曹史趙野、張惕、陳通校。

原注:[1]按佃田畝數與定額計,應收布一丈五尺八寸八分。

4·102　灵五唐丘男子周頎,佃田二町,凡十八畝,皆二年常限。其十五畝旱,畝收布六寸六分。定收三畝,畝收米一斛二斗,凡爲米三斛六斗。畝收布二尺。其米三斛六斗,四年十一月十日付倉吏李金。凡爲布一丈五尺九寸,四年十一月十日付庫吏番有。其旱田畝收錢卅七,其孰田畝收錢七十。凡爲錢七百六十五錢,四年十一月十日付庫吏番有畢。嘉禾五年三月十日,田户曹史趙野、張惕、陳通校。

4·103　灵五唐丘男子宗惣[1]①,佃田二町,凡廿五畝。皆二年常限。其廿三畝旱不收,畝收布六寸六分。定收二畝,爲米二斛四斗。畝收布二尺。其米二斛四斗,四年十二月□日付倉吏李金。凡爲布一丈□尺五寸四分[2],四年十二月十日付庫吏潘有。其旱田畝收錢卅七,其孰田畝收錢七十。凡爲錢九百卅四錢[3],四年十二月十二日付庫吏潘有畢。嘉禾五年三月三日，田户曹史趙野、張惕、陳通校。

原注：[1]怱，《字彙補》：“燃之譌字”。或疑是“總”之俗寫。

[2]按佃田畝數與定額計，應收布一丈九尺一寸八分。

[3]按佃田畝數與定額計，應收錢九百九十一錢。

按：①仔細核對圖版，“怱”字似無下面的“灬”，“物”下的痕跡似爲木簡的木紋，而非筆劃，故“怱”似當釋爲“物”。田家莂不乏有取名爲“物”者，如簡4·98“周物”，簡5·369“張物”等。

4·104　灵五唐丘男子胡樵，佃田四町，凡卅八畝，皆二年常限①。其卅二畝旱敗不收，畝收布六寸六分。定收六畝，爲米七斛二斗。畝收布二尺。其米七斛二斗，四年十二月廿日付倉吏李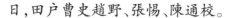金②。凡爲布三丈三尺[1]，四年十二月十日付庫吏潘有。其旱田畝收錢卅七，其孰田畝收錢七十。凡爲錢八百廿一錢[2]，四年十二月十日付庫吏潘有畢。嘉禾五年三月五日，③田户曹史趙野、張惕、陳通校。

原注：[1]按佃田畝數與定額計，應收布三丈三尺一寸二分。

[2]按佃田畝數與定額計，應收錢一千六百四錢。

按：①圖版“限”字下有一橫線，將“限”下面的内容與上面的内容分開，似爲書寫者有意而爲之。另簡4·179、簡4·181、簡4·182等，亦有類似的情況。

②據分析，田家莂李姓倉吏僅有“李金”一人，故《田家莂》“□”今補釋爲“金”。

③《田家莂》“五日”後無點斷，今用逗號點斷。

4·105　灵五唐丘男子唐元，佃田六町，凡五十二畝，皆二年常限。其卅九畝旱不收，畝收布六寸六分。定收十三畝，爲米十五斛六斗。畝收布二尺。其米十五斛六斗，四年十二月十日付倉吏李金。凡爲布一匹一丈一尺七寸[1]，四年十一月十日付庫吏潘有。其旱田畝收錢卅七，其孰田畝收錢七十。凡爲錢一千八百廿四錢[2]，四年十一月二日付庫吏潘有畢。嘉禾五年三月三日，田户曹史趙野、張惕、陳通校。

原注：[1]按佃田畝數與定額計，應收布一匹一丈一尺七寸四分。

[2]按佃田畝數與定額計，應收錢二千三百五十三錢。

4·106　灵五唐丘男子陳□，佃田二町，凡四畝，皆二年常限。旱田畝收布六寸六分。凡爲布二尺六寸四分，五年二月十五日付庫吏番有。旱田畝收錢卅七，凡爲錢卅八錢[1]，五年二月十六日付庫吏番有。嘉禾五年三月十日，田戶經用曹史趙野、張惕、陳通校。

原注：[1]按佃田畝數與定額計，應收錢一百四十八錢。

4·107 囗五唐丘大女廖思，佃田四町，凡卅畝，皆二年常限。其廿八畝旱不收，畝收布六寸六分。定收二畝，爲米二斛四斗。畝收布二尺。其米二斛四斗，四年十二月十日付倉吏李金。凡爲布二丈一尺四寸八分[1]，四年十一月廿日付庫吏潘有。其旱田畝收錢卅七，其孰田畝收錢七十。凡爲錢一千一百七十六錢，四年十一月廿日付庫吏潘有畢①。嘉禾五年三月三日，田戶曹史趙野、張惕、陳通校。

原注：[1]按佃田畝數與定額計，應收布二丈二尺四寸八分。

按：①據圖版，"番"應爲"潘"字，《田家莂》"番"今釋爲"潘"。

4·108 囗五 囗丘男子鄧囗，佃田一處，合六畝，旱，二年常限。畝收布六寸六分，凡爲布三尺九寸六分，准入米二斗六升五升[1]，四年十月九日付倉吏鄭黑畢。畝收錢卅七，凡爲錢二百廿二錢，准入米一斗五升，四年十二月十日付倉吏鄭黑畢。嘉禾五年三月六日，主者史趙野、張惕、陳通校。

原注：[1]"升"爲"合"字之誤。

4·109 囗五唐丘男子衛野，佃田十町，凡十四畝，皆二年常限。其七畝旱不收，畝收布六寸 囗囗。定收七畝，爲米八斛四斗。畝收布二尺。其米八斛四斗，四年十一月一日付倉吏李金。凡爲布一丈八尺六寸二分，四年十二月十日付庫吏潘有。其旱田畝收錢卅七，其孰田畝收錢七十。凡爲錢七百七十六錢[1]，四年十二月十日付庫吏潘有畢。嘉禾五年三月三日，田戶曹史趙野、張惕、陳通校。

原注：[1]按佃田畝數與定額計，應收錢七百四十九錢。

4·110 囗五唐丘郡吏潘真，佃田七町，凡卅五畝，皆二年常限。其廿八畝旱，畝收布六寸六分。定收七畝，畝收米一斛二斗，凡爲米八斛四斗。畝收布二尺。其米八斛四斗，四年……日付倉

吏李金。凡爲布三丈二尺四寸八分,四年九月十日付庫吏番
有。其旱田畞收錢卅七,其孰田畞收錢七十。凡爲錢一千五
百廿六錢[1]①,四年……付庫吏……趙野、張惕……

原注:[1]按佃田畞數與定額計,應收錢一千五百二十六錢。

按:①據圖版,"卅"應爲"廿"字,《田家莂》"卅六"今釋爲"廿六"。據佃田畞數與定
　　額計,錢數不誤。

4·111　灵中唫丘男子文粜(?)①,田十一町,凡卅二畞。其廿畞,皆二
　　　　年常限。其十六畞旱敗不收,畞收布六寸六分。定收四畞,畞
　　　　收米一斛二斗,爲米四斛八斗。畞收布二尺。其廿二畞餘力
　　　　田。旱敗不收,畞收布六寸六分。其米四斛八斗,四年十一月
　　　　廿九日付倉吏李金。凡爲布……丈七尺二寸[1],五年□月九
　　　　日付庫吏潘有。旱田畞收錢卅七,孰田畞收錢七十②。
　　　　凡爲錢一千六百八十二錢[2],五年□月卅日付庫吏潘有。嘉
　　　　禾五年三月十日,田户……史趙野、張惕、陳通校。

原注:[1]按佃田畞數與定額計,應收布三丈三尺八分。
　　　[2]按佃田畞數與定額計,應收錢一千六百八十六錢。

按:①唫,音jìn。《説文·口部》:"唫,口急也。从口,金聲。"
　　②據文例,《田家莂》"……"今補釋爲"孰田畞收錢七十"。

4·112　灵中唫丘男子文□,……其□畞,皆二年常限。……定收二
　　　　畞,畞收米一斛二斗,凡爲米二斛四斗。……其廿畞餘力
　　　　田。旱敗不收,畞收布……七百六十六錢,四年十一月廿日
　　　　付庫吏潘有。嘉禾五年三月十日,田户曹史趙野、張惕、陳
　　　　通校①。

按:①據文例,《田家莂》"……"今補釋爲"趙野、張"。

4·113　灵中唫丘男子田興,田八町,凡廿七畞,皆二年常限。旱敗不
收,畞……

4·114　灵中唫丘郡吏李晟,田卅七町,凡一頃廿畞。其八十畞,皆二
　　　　年常限[1]。其十八畞旱敗不收,畞布六寸六分①。定收廿二
　　　　畞,畞收米一斛二斗,凡爲米廿六斛四斗。畞收布二尺。其
　　　　卅畞餘力田。其卅畞旱敗不收,畞收布六寸六分。定收十

畝,畝收米四斗五升六合,凡爲米四斛五斗六升。畝收布二尺。其米卅斛九斗六升,五年正月廿日付倉吏鄭黑。凡爲布二匹三丈二尺五寸一分[2],五年正月十一日付庫吏潘有。其旱畝收錢卅七,其孰田畝收錢七十。凡爲錢五千三百廿四錢[3],五年正月廿日付付庫吏潘有[4]。嘉禾五年三月十日,田戶經用曹□□☒

原注:[1]常限田爲八十畝,但下文旱田十八畝、熟田廿二畝,合計僅四十畝。或旱田“十八”上脫“五”字。

[2]按常限田旱田五十八畝,其他田畝如券書依定額計,應收布三匹二尺八分。

[3]按常限田旱田五十八畝,其他田畝如券書依定額計,應收錢五千四百九十六錢。

[4]“庫”前衍一“付”字。

按:①據文例,“畝”後脫“收”字。

4·115 靈中嗟丘州吏吳永,田八町,凡卅畝,皆二年常限。旱敗不收,畝收布六寸六分。凡爲布二丈六尺四寸,准入米一斛三斗二升,四年十一月十八日付倉吏鄭黑。畝收錢卅七,凡爲錢一千四百錢[1],准入米九斗六升,四年十一月四日付倉吏鄭黑。嘉禾五年三月十日,田戶曹史趙野、陳通校。

原注:[1]按佃田畝數與定額計,應收錢一千四百八十錢。簡文“一千四百”四字與上下文墨色不同,顯爲後來補改,“百”字下有“八”字痕跡。

4·116 靈中嗟丘男子吳帛,田十一町,凡廿五畝,二年常限田。旱敗不收,畝收布六寸六分。凡爲布一丈三尺二寸[1],四年十二月九日付庫吏潘有。旱田畝收錢卅七,凡爲錢九百卅[2],四年十一月九日付庫吏潘有。嘉禾五年三月十日,田戶經用曹史趙野、張惕、陳通校。

原注:[1]按佃田畝數與定額計,應收布一丈六尺五寸。

[2]按佃田畝數與定額計,應收錢九百二十五錢。

4·117 靈中嗟丘男子吳貞,田六町,凡十九畝,皆二年常限。旱敗不收,畝收布六寸六分。凡爲布一丈二尺五寸[1],四年十一月廿日付庫吏潘有。畝收錢卅七,凡爲錢六百六十五錢[2],四年十二月九日付庫吏潘有。嘉禾五年三月十日,田戶曹史趙野、

張惕、陳通校。

原注:[1]按佃田畝數與定額計,應收布一丈二尺五寸四分。

[2]按佃田畝數與定額計,應收錢七百三錢。

4·118 𠁩中唫丘男子吴通,田十七町,凡八十五畝,皆二年常限。其七十五畝旱敗不收,畝收布六寸六分。定收十畝,畝收收税一斛二斗[1],爲米十二斛。畝收布二尺。其米十二斛,四年十一月八日付倉吏鄭黑。凡爲布一匹二丈九尺五寸,四年十一月七日付庫吏潘有。其旱田畝收錢卅七,其孰田畝收錢七十。凡爲錢五千四百七十五錢[2],四年十月六日付庫吏潘有。嘉禾五年三月十日,田户曹史趙野、張惕、陳通校。

原注:[1]"税"上衍"收"字,"税"下脱"米"字。

[2]按佃田畝數與定額計,應收錢三千四百七十五錢。

4·119 𠁩中唫丘男子吴揚(?),田十町,凡廿七畝,二年常限田。旱敗不收,畝收布六寸六分。凡爲布一丈七尺七分[1],四年十二月九日付庫吏潘有。旱田畝收錢卅七,凡爲錢一千九十五錢[2],四年十月九日付庫吏番有。嘉禾五年三月十日,田户經用史趙野[3]、張惕、陳通校。

原注:[1]按佃田畝數與定額計,應收布一丈七尺八寸二分。

[2]按佃田畝數與定額計,應收錢九百九十九錢。

[3]"史"前脱"曹"字。

4·120 𠁩中唫丘男子吴鏟,田十一町,凡五十四畝。其卅畝,皆二年常限。旱敗不收,畝收布六寸六分。其廿四畝餘力田。其十二畝旱敗不收,畝收布六寸六分。定收十二畝,畝收米四斗五升六合,爲米五斛四斗七升[1]。布畝收二尺。其米五斛四斗七升二合,四年十一月九日付倉吏鄭黑。凡爲布一匹一丈一尺七寸二分,四年十一月七日付庫吏潘有。其旱田畝收錢卅七,其孰田畝收錢七十。凡爲錢……[2]☑

原注:[1]據下文,此處脱"二合"二字。

[2]按佃田畝數與定額計,應收錢二千三百九十四錢。

4·121 𠁩中唫丘男子陳宜,田卅一町,凡九十畝。其七十畝,皆二年常限。其十八畝旱敗不收[1]，畝收布六[寸][六][分]①。定收二畝，畝收米一斛二斗，凡爲米二斛四斗。畝收布二尺。其廿畝餘力田。其十一畝旱敗不收，畝收布六寸六分。定收九畝，畝收米四斗五升六合，凡爲米四斛一斗四合。畝收布二尺。其米六斛五斗四合，四年十二月八日付倉吏鄭黑。凡爲布二匹一丈四尺四寸[2]，四年十月廿日付庫吏番有。其旱田畝收錢[卅][七]②，其孰田畝收錢七十。凡爲錢四千八百……[3]□年三月十日付庫吏潘有。嘉禾五年三月三日，田户經用曹史趙野、張惕、陳通校。

原注：[1]此處畝數有誤，"十八"應爲"六十八"之誤，可能是"其"字下部一横兩點與"六"字下部相似，而造成錯訛。下文收布、錢仍按六十八畝計。

　　　　[2]按佃田畝數與定額計，應收布一匹三丈四尺一寸四分。

　　　　[3]按佃田畝數與定額計，應收錢三千六百九十三錢。

按：①據文例，《田家莂》"……"今補釋爲"[寸][六][分]"。

　　②據文例，《田家莂》"□□"今補釋爲"[卅][七]"。

4·122 灵中嗇丘男子陳□，田六町，凡廿畝，二年常限田。旱敗不收，畝收布六寸六分。凡爲布一丈三尺二分[1]，四年十二月十日付庫吏潘有。旱田畝收錢[卅][七]，[凡][爲][錢][七][百][卅][錢]。①四年十二月九日付庫吏……三月十日……曹史趙野、張惕、陳通校。

原注：[1]按佃田畝數與定額計，應收布一丈三尺二寸。

按：①據文例及佃田畝數與定額，《田家莂》"……"可補釋爲"[卅][七]，[凡][爲][錢][七][百][卅][錢]"。

4·123 灵中嗇丘男子烝登，田十町，凡廿畝，二年常限田。旱敗不收，畝收布六寸六分。凡爲布一丈三尺三分[1]，五年正月十一日付庫吏潘有。旱畝收錢卅七，凡爲錢九百卅[2]，五年正月九日付庫吏潘有。嘉禾五年三月十日，田户經用曹史趙野、張惕、陳通校。

原注：[1]按佃田畝數與定額計，應收布一丈三尺二寸。

　　　　[2]按佃田畝數與定額計，應收錢七百四十錢。

4·124 灵中嗇丘男子烝□，田卅七町，凡一頃卅八畝。其八十八畝，皆二年常限。其七十六畝旱敗不 收 ， 畝 收 布 六 寸 六 分①。定收十二畝，畝收米一斛二斗，凡爲十四斛四斗②。畝收布二尺。其五十畝餘力田。其卅七畝旱敗不收，畝收布六寸六分。定收十三畝，畝收米四斗五升六合，凡爲米五斛九斗二升八合。畝收布二尺。其米廿三斛三斗二升八合，四年十一月八日付倉吏鄭黑。凡爲布三匹□☒

按：①據文例，《田家莂》"……"今補釋爲" 收 ， 畝 收 布 六 寸 六 "。
　　②據文例，"爲"後脱"米"字。

4·125 	灵中嗇丘男子潭🐾[1]，田十七町，凡卅畝，二年常限。旱敗不收，畝收布六寸六分。凡爲[2]一丈九尺八寸，四年十月九日付庫吏潘有。旱田畝收錢卅七，凡爲錢一千一百一十，四年十月十□日付庫吏潘有。嘉禾五年 三 月十日，田曹史趙 野 、張 惕 、陳 通 校①。

原注：[1]🐾，右上角殘損，疑爲"耀"之訛字。
　　　[2]"爲"下脱"布"字。
按：①據文例，《田家莂》"□"今補釋爲" 三 "，"……"今補釋爲" 野 、張 惕 、陳 通 "。

4·126 	灵中嗇丘男子 劉 元，田□町，凡廿五畝，皆二年常限。其十一畝旱敗不收，畝收布六寸六分。定收十四畝，畝收米一斛二斗，爲米十六斛八斗。收布二尺[1]。其米十六斛八斗，四年十一月八日付倉吏李金。凡爲布一匹□尺五寸九分[2]，四年十一月八日付庫吏番有。其旱田畝收錢卅七，其孰田畝收錢七十。凡爲錢二千九百五錢[3]，四年十一月八日付庫吏番有。嘉禾五年三月十日，田户經用曹史趙野、張惕、陳通校。

原注：[1]"收"上脱"畝"字。
　　　[2]按佃田畝數與定額計，應收布三丈五尺二寸六分。
　　　[3]按佃田畝數與定額計，應收錢一千三百八十七錢。

4·127 	灵中嗇丘男子劉賞（？），田四町，凡廿五畝，皆二年常限。旱敗不收，畝收布六寸六分。 凡 ①爲布一丈六尺 五 ②寸[1]，四年十一月廿日付庫吏……嘉禾五年三月十日，……張惕、陳通校。

原注：[1]按佃田畝數與定額計，應收布一丈六尺五寸。

按:①據文例,《田家莂》"……"今補釋爲"凡"。

　　②據收布數,《田家莂》"□"今補釋爲"五"。

4·128　灵中嗇丘男子謝仨①,田廿町,凡五十畝,皆二年常限。其卅五畝旱敗不收,畝收布六寸六分。定收十五畝,畝收稅米一斛二斗,爲米十八斛。畝收布二尺。其米十八斛,四年十二月十七日付倉吏李金。凡爲布一匹二丈三尺一寸[1],五年正月廿日付庫吏潘有。其旱田畝收錢卅七,其孰田畝收錢七十。凡爲錢三千二百卅五錢[2],五年正月廿一日付庫吏潘有。嘉禾五年三月十日,田戶經用曹史趙野、張惕、陳通校。

原注:[1]按佃田畝數與定額計,應收布一匹一丈三尺一寸。

　　　[2]按佃田畝數與定額計,應收錢二千三百四十五錢。

按:①圖版"仨"字寫法和簡4·323、簡5·145、簡5·650之"仨"字寫法相同,故可確釋爲"仨","(?)"可刪,今刪。田家莂"仨"共出現8次,均用作人名。"仨"字古字書均未見,是一個後起新字。

4·129　灵中嗇丘男子□物,田九町,凡廿畝,二年常限田。旱不收,畝收布六寸六分。凡爲布二丈三尺二寸[1],五年正月十日付庫吏潘有。旱田畝收錢卅七,凡爲錢九百卅[2],五年正月九日付庫吏潘有。嘉禾五年三月十日,田戶經用史[3]趙野、張惕、陳通校。

原注:[1]按佃田畝數與定額計,應收布一丈三尺一寸。①

　　　[2]按佃田畝數與定額計,應收錢七百四十錢。

　　　[3]"史"前脫"曹"字。

按:①據佃田畝數與定額計,應收布一丈三尺二寸。《田家莂》注釋[1]亦誤。

4·130　灵中嗇丘男子□……畝。旱不收,畝收布六寸六分。凡爲布七尺七寸,五年正月廿日付庫吏潘有。旱田畝收錢卅七[1],五年二月十一日付庫吏潘有。嘉禾五年三月十日,田戶經用曹史趙野、張惕、陳通校。

原注:[1]此句下脫收錢總數。

4·131　灵公田丘男子文碩,佃田一町,凡十畝。悉旱,畝收布六寸六分。凡爲布六尺六寸,四年十月五日付庫吏番有。旱田畝收錢卅七,凡爲錢三百七十,四年十月五日付庫吏番有畢。嘉

4·132　灵公田丘大女左玉(?)，佃田□町，……畝收布六寸六分。凡
　　　　爲布……四年……日付庫吏……田畝收錢……，凡爲錢……
　　　　十五錢，四年十一月……☒

4·133　灵公田丘男子利高，佃田二町，凡十九畝，皆二年常限。其十
　　　　六畝旱田，畝收布六寸六分。定收三畝，畝收米一斛二斗，爲
　　　　米三斛六斗，畝收布二尺①。其米三斛六斗，四年十二月九
　　　　日付倉吏李金。凡爲布……②其旱田畝收錢卅七，其孰田畝
　　　　收錢七十。凡爲錢八百二錢。五年閏月廿日付庫吏番有。
　　　　嘉禾五年三月十日，田户經用曹史趙野、張惕、陳通校。

按：①據文例，《田家莂》“……”今補釋爲“收布二尺”。
　　②據佃田畝數與定額計，應收布一丈六尺五寸六分。

4·134　灵公田丘男子胡罷，佃田一町，凡十五畝①，皆二年常限。其十
　　　　三畝旱田，畝收布六寸六分。定收二畝，畝收米一斛二斗，爲
　　　　米二斛四斗。畝收布二尺。其米二斛四斗，四年十一月九日
　　　　付倉吏李金。凡爲布一丈二尺四寸[1]，四年十一月廿九日付
　　　　庫吏番有。其旱田畝收錢卅七，其孰田畝收錢七十。凡爲錢
　　　　六百廿一錢，五年正月十日付庫吏番有。嘉禾五年三月十
　　　　日，田户曹史趙野、張惕、陳通校。

原注：[1]按佃田畝數與定額計，應收布一丈二尺五寸八分。
按：①據圖版，《田家莂》“三”當爲“五”字，圖版作“　三　”，
　　非常清晰。今改。另，
　　旱田十三畝、熟田二畝與佃田十五畝正相合。

4·135　灵公田丘大女唐妾，佃田一町，凡十二畝，皆二年常限。悉旱，
　　　　畝收布六寸六分。凡爲布七尺九寸二分，四年十一月十日付
　　　　庫吏潘有。旱田畝收錢卅七，凡爲錢四百卌二錢[1]，四年十一
　　　　月十日付庫吏潘有畢。嘉禾五年三月十日，田户曹史趙野、張
　　　　惕、陳通校。

原注：[1]按佃田畝數與定額計，應收錢四百四十四錢。

4·136　灵公田丘男子孫職，佃田四町，凡廿九畝。其十九畝旱田，畝

收布六寸六分。定收十畝,畝收米一斛二斗,爲米十二斛。畝收布二尺。其米十二斛,四年十二月九日付倉吏李金。凡爲布三丈二尺五寸四分,五年二月廿日付庫吏番有。其旱田畝收錢卅七,其孰田畝收錢七十。凡爲錢一千三百卅[1],四年①二月廿九日付庫吏番有。嘉禾五年三月十日,田戶經用曹史趙野、張惕、陳通校。

原注:[1]按佃田畝數與定額計,應收錢一千四百三錢。

按:①據文例,"四年"當爲"五年"之誤。

4·137 灵公 田丘男子張如,佃田一町,凡十一畝,皆二年常限。悉旱,畝收布六寸六分。凡爲布七尺二寸六分,四年十一月十日付庫吏潘有畢。畝收錢卅七,凡爲錢四百七錢,四年十一月十日付庫吏潘有畢。嘉禾五年三月十日,田曹史趙野、張惕、陳通校。

4·138 灵公田丘男子番(?)□,佃田五町,凡卅九畝,皆二年常限。其卅二畝旱田,畝收布六寸六分。定收十七畝,畝收米一斛二斗,爲米廿斛四斗。畝收布二尺。其米廿斛四斗,四年十一月九日付倉吏李金。凡爲布一匹四尺四寸[1],五年二月九日付庫吏番有。其①旱田畝收錢卅七,其②孰田畝收錢七十。凡爲錢二千一百一十[2],五年二月十日付庫吏番有。嘉禾五年三月十日,田戶曹史趙野、張惕、陳通校。

原注:[1]按佃田畝數與定額計,應收布一匹一丈五尺一寸二分。

　　[2]按佃田畝數與定額計,應收錢二千三百七十四錢。

按:①據文例,《田家莂》"□"今補釋爲"其"。

　　②據文例,《田家莂》"□"今補釋爲"其"。

4·139 灵公田丘男子謝□,佃田二町,凡七畝,皆二年常限。其五畝旱田,畝收布六寸六分。定收二畝,畝收米一斛二斗,爲米二斛四斗。畝收布二尺。其米二斛四斗,四年十一月九日付倉吏李金。凡爲布七尺三寸,四年十二月廿九日付庫吏番有。其旱田畝收錢卅七,其孰田畝收錢七十。凡爲錢三百廿五錢,五年二月十日付庫吏番有。嘉禾五年三月十日,田戶曹史趙野、張惕、陳通校。

4·140 灵平⎡攴⎤丘男子米□,田五町,凡十畂,二年常限。旱不收,畂收布六⎡寸⎤⎡六⎤⎡分⎤。凡⎡爲⎤⎡布⎤⎡六⎤①尺六分[1],四年十一月五日付庫吏潘有。旱畂收錢卅七,凡爲錢三百七十,四年十一月五日付庫吏潘有。嘉禾五年三月十日,田户經用曹史趙野、張惕、陳通校。

原注:[1]按佃田畂數與定額計,應收布六尺六寸。

按:①據文例及文意,《田家莂》“……”可釋爲“⎡寸⎤⎡六⎤⎡分⎤。凡⎡爲⎤⎡布⎤⎡六⎤”。

4·141 灵平攴丘男子李驀,田三町,凡十三畂,皆二年常限。旱敗不收,畂收布⎡六⎤⎡寸⎤⎡六⎤⎡分⎤①。凡爲布八尺……②收錢卅七,凡爲錢四百八十一錢,十月六日付庫吏潘有畢③。嘉禾五年三月十日,田户經用曹史趙野、張惕、陳通校。

按:①據文例,《田家莂》“……”今補釋爲“⎡六⎤⎡寸⎤⎡六⎤⎡分⎤”。
　　②據佃田畂數與定額計,應收布八尺五寸八分。
　　③據文例,“十月”前脱“四年”二字。

4·142 灵平攴丘男子吴佳,田十三町,凡卅四畂,皆二年常限。其廿四畂旱敗不收,畂收布六寸六分。定收十畂,畂收税米一斛二斗,爲米十二斛。畂收布二尺。其米十二斛,四年十一月六日付倉吏鄭黑。凡爲布一匹六尺一寸七分[1],四年十月五日付庫吏潘有。其旱田畂收錢卅七,其孰田畂收錢七十。凡爲錢二千二百一十五錢[2],四年十月九日付庫吏潘有。嘉禾五年三月十日,田户經用曹史趙野、張惕、陳通⎡校⎤①。

原注:[1]按佃田畂數與定額計,應收布三丈五尺八寸四分。
　　　[2]按佃田畂數與定額計,應收錢一千五百八十八錢。

按:①據文例,《田家莂》“□”今補釋爲“⎡校⎤”。

4·143 灵平⎡攴⎤丘男子烝毛,田五町,凡十畂,皆……收布六寸六分。凡爲布六尺……畂收錢卅七……,凡爲錢……日付倉吏潘▨

4·144 灵平攴丘男子黄肵[1],田六町,凡四畂[2],皆二年常限。旱敗不收,畂收布六寸六分。凡爲布一丈七尺二寸四分[3],四年十一月十四日付庫吏潘有。畝收錢卅七,凡爲錢九百一十一錢[4],四年十一月十日付庫吏潘有。嘉禾五年三月十日,田戶曹史趙野、張惕、陳通校。

原注:[1]胹,《説文》:"面頯也"。"頯"即"顴"。《禮記·中庸》:"胹胹其仁。""胹胹"是誠懇貌。

[2]此畝數恐有誤,所收布、錢按定額推算相距甚遠。

[3]按餘力田畝數與定額計,應收布二尺六寸四分。①

[4]按佃田畝數與定額計,應收錢一百四十八錢。

按:①此簡皆爲二年常限,無"餘力田",原注[3]"餘力田"當爲"佃田"。

4·145 靈平丈丘男子黃斑,田十一町,凡卅畝,皆二年常限。其卅二畝旱敗不收,畝收布六寸六分。定收八畝,畝收税米一斛二斗,爲米九斛六斗。畝收布二尺。其米九斛六斗,四年十一月十五日付倉吏①鄭黑。凡爲布一匹二尺一寸二分[1],四年十一月十五日付庫吏潘有。其旱田畝收錢卅七,其孰田畝收錢七十。凡爲錢一千七百六十五錢[2],四年十一月十五日付庫吏潘有。嘉禾五年三月十日,田戶經用曹史趙野、張惕、陳通校。

原注:[1]按佃田畝數與定額計,應收布三丈七尺一寸二分。

[2]按佃田畝數與定額計,應收錢一千七百四十四錢。

按:①據文例,《田家莂》"□"今補釋爲"吏"。

4·146 靈平丈丘男子黃寧,田四(?)町,……十畝,皆二年常限。旱田不收,畝收布六寸六分。凡爲布……四年十一月十二日付庫吏潘有①。畝收錢卅七②,凡爲錢五百九十六錢,……月十日,田戶經用曹史趙野、張惕、陳通校。

按:①據文例,《田家莂》"□"今補釋爲"吏"。

②據文例及文意,《田家莂》"……"今補釋爲"卅七"。

4·147 靈平丈丘男子黃□,田十町,凡廿四①畝,皆二年常限。其十八畝旱敗不收,布六寸六分[1]。定收六畝,畝收税米一斛二斗,爲米七斛二斗。畝收布二尺。其米七斛二斗,四年十一月□□日付倉吏鄭黑。爲布三丈三尺[2]……年十一月□日付庫吏潘有。其旱田畝收錢卅七,其孰田畝收錢七十。凡爲

錢……[3]，四年十一月十日付庫吏潘有。嘉禾五年三月十日，田户經用曹史趙野、張惕、陳通校。

原注：[1]"布"上脱"畝收"二字。
[2]按佃田畝數與定額計，應收布二丈三尺八分。②
[3]按佃田畝數與定額計，應收錢一千八十六錢。

按：①據旱田十八畝，定收六畝，知總畝數爲廿四畝。《田家莂》"□□"今補釋爲"田四"。
②據佃田畝數與定額計，應收布二丈三尺八寸八分。原注[2]誤。

4·148　𡊻平支丘男子張像，田十一町，凡廿六畝，皆二年常限。旱敗不收，畝收布六寸六分。凡爲布三丈七尺六寸[1]，四年十一月十七日付庫吏潘有。畝收錢卅七，凡爲錢一千二百六十三錢[2]，四年十一月八日付庫吏潘有。嘉禾五年三月十日，田户曹史趙野、張惕、陳通校。

原注：[1]按佃田畝數與定額計，應收布一丈七尺一寸六分。
[2]按佃田畝數與定額計，應收錢九百六十二錢。

4·149　𡊻平支丘男子蔡饒，田七町，凡廿畝，皆二年常限。旱敗不收，畝收布六寸六分。凡爲布一丈三尺二寸，五年①十一月六日付庫吏潘有。畝收錢卅七，凡爲錢七百卌，四年十二月十日……嘉禾五年三月十日，田户經用曹史趙野、張惕、陳通校。

按：①據文例，"五年"當爲"四年"之誤。

4·150　𡊻平支丘男子鄭解，田六町，凡廿……皆二年常限。旱敗不收，畝收布六寸六分。……⊠

4·151　𡊻平支丘男子鄧樵，田三町，凡五畝，皆二年常限。旱敗不收，畝收布六寸六分。凡爲布三尺三寸，准入米一斗六升五合，四年十一月廿日付倉吏鄭黑。旱畝收錢卅七，凡爲錢一百五十八錢[1]，准入米一斗一升，四年十二月一日付倉吏鄭黑。嘉禾五年三月十日，田户經用曹史趙野、張惕、陳通校。

原注：[1]按佃田畝數與定額計，應收錢一百八十五錢。

4·152　𡊻平支丘男子劉圉①，田一町，凡十六畝，皆二年常限。旱敗不收，畝收布六寸六分。凡爲布二丈五寸六分[1]，四年十一月六

日付庫吏番□……錢卅七,凡爲錢……付庫吏番有。嘉禾五
年三月□日……曹史趙野、張惕、陳通校。

原注:[1]按佃田畝數與定額計,應收布一丈五寸六分。

按:①囷,音qūn。古代圓形穀倉。《説文·口部》:"囷,廩之圜者。从禾在口中。圜謂
之囷,方謂之京。"

4·153 廣平支丘男子劉康,田十三町,凡八十五畝,皆二年常限。
其……□定收十一畝,畝收米一斛二斗,□……其米十三斛
二斗,四年十一月□☑

4·154 廣平支丘男子潘曼,田……皆二年常限。旱敗不[1],畝收布六
寸六分。凡爲布二丈二尺四寸。四年十一月十四日付庫吏潘
有。畝收錢卅七,凡爲錢一千……四年十一月十四日付庫吏
潘有。嘉禾五年三月十日,田戶經用曹史趙野、張惕、陳通校。

原注:[1]"不"下脱"收"字。

4·155 廣平支丘男子潘□,佃……畝①,皆二年常限。其五十一畝旱敗
不收,畝收布六寸六分。定收廿二畝,畝收稅米一斛二斗,爲
米廿六斛四斗。畝收布二尺。其米廿六斛四斗,四年十(?)月
十日付倉吏鄭黑。凡爲布……八分[1],四年十一月十日付庫
吏潘有。其旱田畝收錢卅七,其孰田畝收錢七十。凡爲錢三
千三百卅五錢[2],四年十一月十日付庫吏潘有。嘉禾五年三
月十日,田戶經用曹史趙野、張惕、陳通校。

原注:[1]按佃田畝數與定額計,應收布一匹三丈七尺六寸六分。
[2]按佃田畝數與定額計,應收錢三千四百廿七錢。

按:①據旱田五十一畝,定收廿二畝,知佃田總數爲七十三畝。

4·156 廣平支丘男子……皆二年常限。旱敗不收,畝收布六寸六分。
凡爲布一丈□尺九寸,四年……日付庫吏潘有。畝收錢……
五百五十五錢,四年……嘉禾五年三月……經用曹史趙野、
張惕、陳通校。

4·157 廣平眺丘男子王頃①,佃田二町,凡十一畝,皆二年常限。其九
畝旱不收,畝收布六寸六分。定收二畝,爲二斛四斗[1]。畝收

布二尺。其米二斛四斗,四年十二月十日付倉李金[2]。凡爲
布九尺四寸四分[3],四年十二月三日付庫吏番有。其旱田畝
收錢卅七,其孰田畝收錢七十。凡爲錢四百七十三錢,四年
十二月十日付庫吏番有。嘉禾五年三月三日,田户曹史趙
野、張惕、陳通校。

原注:[1]"爲"下脱"米"字。

　　[2]"倉"下脱"吏"字。

　　[3]按佃田畝數與定額計,應收布九尺九寸四分。

按:①《田家莂》"町丶"當爲"眺"字。此字在田家莂中多次出現,用作丘名,爲"平町丶
丘"。《漢碑全集·北海相景君碑碑陰》"姚"作"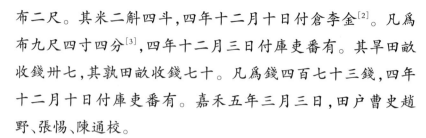",其右側與田家莂"町丶"字右側
寫法相同。吳簡《竹簡》亦有"眺",其寫法亦與田家莂"町丶"字寫法相同,且作"平
眺丘",如:簡貳·5553"入中鄉嘉禾二年布二匹。灵嘉禾二年八月廿二日,平眺丘
男子楊侶(?)付庫吏殷連受。"簡叁·857"□灵嘉禾二年十二月廿五日,平眺丘男
子壬當關邸閣李嵩□□"等。故"町丶"即爲"眺"。今改,下同。眺,音diào。《玉篇·
田部》:"眺,嘐田中穴也。"

4·158 灵平眺丘男子王當,佃田一町,凡十三畝,皆二年常限。其十
畝旱敗不收,畝收布六寸六分。定收三畝,爲米三斛六斗。
畝收布二尺。其米三斛六斗,四年十二月八日付倉吏李金。
凡爲布一丈六寸[1],四年十二月六日付庫吏潘有。其旱田畝
收錢卅七,其孰田畝收錢七十。凡爲錢五百八十錢,四年十
二月三日付庫吏潘有畢。嘉禾五年三月三日,田户曹史趙
野、張惕、陳通校。

原注:[1]按佃田畝數與定額計,應收布一丈二尺六寸。

4·159 灵平眺丘男子朱刀,佃田一[1]①,凡十四畝,皆二年常限。旱敗
不收,畝收布六寸六分。凡爲布八尺七寸四分[2],四年十二月
十九日付庫吏潘有。其旱田畝收錢卅七,凡爲錢五百一十八
錢,四年十一月三日付庫吏潘有畢。嘉禾五年三月三日,田
户曹史趙野、張惕、陳通校。

原注:[1]"一"下脱"町"字。

　　[2]按佃田畝數與定額計,應收布九尺二寸四分。

按:①"佃"圖版寫作"侶","田"旁誤寫作"日"旁。

4·160 𠀋平眺丘男子朱慎，佃田二町，凡十九畝，皆二年常限。其十四畝旱敗不收，畝收布六寸六分。定收五畝，爲米六斛。畝收布二尺。其米六斛，四年十二月八日付倉吏李金。凡爲布一丈八尺七寸四分[1]，四年十二月九日付庫吏潘有。其旱田畝收錢卅七，其孰田畝收錢七十。凡爲錢八百六十八錢[2]，四年十一月七日付庫吏潘有畢。嘉禾五年三月三日，田户曹史趙野、張惕、陳通校。

原注：[1]按佃田畝數與定額計，應收布一丈九尺二寸四分。

[2]按佃田畝數與定額計，應收錢八百六十八錢。①

按：①錢數不誤，《田家莂》注釋[2]當刪。

4·161 𠀋平眺丘男子朱𩾒，佃田凡廿畝①，皆二年常限。旱敗不[1]，畝收布六寸六分。凡爲一丈三尺二寸[2]，四年十一月十六日付庫吏潘有。旱田畝收錢卅七，凡爲錢七百卌，四年十一月九日付庫吏潘有畢。嘉禾五年三月三日，田户曹史趙野、張惕、陳通校。

原注：[1]"不"下脱"收"字。

[2]"爲"下脱"布"字。

按：①據文例，"佃田"後脱町數。

4·162 𠀋平眺丘男子李山，佃田二町，凡廿三畝，皆二年常限。其十四畝旱不收，畝收布六寸六分。定收九畝，米十斛八斗[1]。畝收布二尺。其米十斛八斗，四年十一月五日付倉吏李金。凡爲布二丈□尺……①付庫吏番有畢。其旱畝收布六寸六分[2]，其孰田畝收布二尺[3]。凡爲錢一千一百卌(?)八錢[4]，四年十一月十九日付庫吏番有畢。嘉禾五年三月三日，田户曹史趙野、張惕、陳通校。

原注：[1]"米"上脱"爲"字。

[2]"布六寸六分"是"錢卅七"之誤。

[3]"布二尺"是"錢七十"之誤。

[4]按佃田畝數與定額計，應收錢一千一百四十八錢。

按：①據佃田畝數與定額計，應收布二丈七尺二寸四分。

4·163 𠀋平眺丘男子李儀，佃田二町，凡卅畝，皆二年常限。其廿五畝旱不收,畝收布六寸六分。定收五畝,爲米六斛。畝收布二尺。其米六斛,四年十二月七日付倉吏李金。凡爲二丈二尺五寸[1],四年十一月九日付庫吏番有。其旱田畝收錢卅七,其孰田畝收錢七十。凡爲錢一千八百七十錢[2],四年十二月八日付庫吏番有畢。嘉禾五年三月三日,田戶曹史趙野、張惕、陳通校。

原注:[1]"凡爲"下脱"布"字。按佃田畝數與定額計,應收布二丈六尺五寸。
　　　[2]按佃田畝數與定額計,應收錢一千二百七十五錢。

4·164 灵平眺丘男子吴燕,佃田一町,凡三畝,皆二年常限。旱不收,畝收布六寸六分。凡爲布一尺九寸八分,四年十二月十日付庫吏潘有。其旱田畝收錢卅七,凡爲錢一百十錢[1],四年十二月三日付庫吏潘有畢。嘉禾五年三月三日,田戶曹史趙野、張惕、陳通校。

原注:[1]按佃田畝數與定額計,應收錢一百一十一錢。

4·165 灵平眺丘男子何弥,佃田三町,凡卅二畝,皆二年常限。其廿七畝旱不收,畝收布六寸六分。定收五畝,爲米六斛。畝收布二尺。其米六斛,四年十二月廿一日付倉吏李金。凡爲布二丈七尺八寸二分,四年十二月九日付庫吏潘有。其旱田畝收錢卅七,其孰田畝收錢七十。凡爲錢一千四百十九錢[1],四年十二月六日付庫吏潘有畢。嘉禾五年三月三日,田戶曹史趙野、張惕、陳通校。

原注:[1]按佃田畝數與定額計,應收錢一千三百四十九錢。

4·166 灵平眺丘男子胡萇①,佃田三町,凡廿三畝,皆二年常限。其十五畝旱不收,畝收布六寸六分。定收八畝,爲米九斛六斗。畝收布二尺。其米九斛六斗,四年十二月九日付倉吏李金。凡爲布二丈三尺三寸[1],四年十二月七日付庫吏潘有。其旱田畝收錢卅七,其孰田畝收錢七十。凡爲錢九百廿八錢[2],四年十一月九日付庫吏潘有畢。嘉禾五年三月三日,田戶曹史趙野、張惕、陳通校。

原注:[1]按佃田畝數與定額計,應收布二丈五尺九寸。

[2]按佃田畝數與定額計,應收錢一千一百一十五錢。

按:①莨,音cháng,莨楚,羊桃的別名。《説文·艸部》:"莨,莨楚,跳弋。一名羊桃。
從艸,長聲。"田家莂名"莨"者多見,又如簡4·375"涂莨"、簡4·455"鄧莨"、簡
4·462"周莨"等。

4·167 灵平眺丘男子唐咨,佃田二町,凡廿四畝,皆二年常限。其十
四畝旱敗不收,畝收布六寸六分。定收十畝,爲米十二斛。
畝收布二尺。其米十二斛,四年十二月八日付倉吏李金。凡
爲布二丈八尺七寸四分[1],四年十二月十一日付庫吏潘有。
其旱田畝收錢卅七,其孰田畝收錢七十。凡爲錢一千二百一
十八錢,四年十二月九日付庫吏潘有畢。嘉禾五年三月三
日,田户曹史趙野、張惕、陳通校。

原注:[1]按佃田畝數與定額計,應收布二丈九尺二寸四分。

4·168 灵平眺丘男子唐邨①,佃田五町,凡五十畝,皆二年常限。其卅
九畝旱不收,畝收布六寸六分。定收十一畝,爲米十三斛二
斗。畝收布二尺。其米十三斛二斗,四年十一月十日付倉吏
李金。凡爲布二丈八尺七寸二分[1],四年十二月二日付☐

原注:[1]按佃田畝數與定額計,應收布一匹七尺七寸四分。

按:①邨,音cūn,地名。《説文·邑部》:"邨,地名。從邑,屯聲。"

4·169 灵平眺丘男子唐吴①,伯田一町[1],凡廿畝,皆二年常限。其十
四畝旱敗不收,畝收布六寸六分。定收六畝,爲米七斛二
斗。畝收布二尺。其米七斛二斗,四年十二月☐日付倉吏李
金。凡爲布二丈七寸[2],四年十二月十一日付庫吏潘有。其
旱田畝收錢卅七,其孰田畝收錢七十。凡爲錢九百卅八錢,
四年十一月七日付庫吏潘有畢。嘉禾五年三月三日,田户曹
史趙野、張惕、陳通校。

原注:[1]"伯"爲"佃"之訛。

　　[2]按佃田畝數與定額計,應收布二丈一尺二寸四分。

按:①《田家莂》"吴"在吴簡中凡14見,其中《田家莂》5見,《竹簡》9見,用作人名。
其形體基本作"",此字應爲"吴"字。《説文·矢部》:"吴,姓也,亦郡也。一曰
吴,大言也。從矢、口。"又《矢部》:"矢,傾頭也。從大,象形。""吴"的小篆形體
爲"𡗶",在隸變過程中由於人們對構件"矢"的不同理解,造成"吴"的多種形體。

《馬王堆漢墓帛書·春秋事語》065"吳"作"",吳簡"吳"當是在此基礎上的進一步訛變,"矢"上部訛變爲"兯",下部"大"訛變爲"火"。今改""爲"吳"字。

4·170　灵平眺丘男子唐□,佃田八町,凡十二畝,皆二年常限。其①十一畝旱……定收一畝,爲米一斛二斗②。畝收布二尺。其米一斛二斗,四年十一月廿七日付倉吏□□。凡爲布九尺二寸六分,四年十二月十九日付庫吏潘有。其旱田畝收錢卅七,其孰田畝收錢七十。凡爲錢四百七十七錢,四年十一月□日付庫吏潘有畢。嘉禾五年三月三日,田户曹史趙野、張惕、陳通校。

按:①據文例,《田家莂》"……"今補釋爲"其"。

　　②據文例,《田家莂》"……"今補釋爲"爲米一斛二斗"。

4·171　灵平眺丘男子郭文,佃田三町,凡廿九畝,皆二年常限。其廿五畝旱……,畝收布六寸六分。定收四畝,爲米四斛八斗。畝收布二尺。其米四斛八斗,四年十一月十日付倉吏李金。凡爲布二丈四尺[1],四年十二月六日付庫吏番有畢。其旱田畝收錢卅七,其①孰田畝收錢七十。凡爲錢一千二百錢[2],四年十二月十八日付庫吏番有畢。嘉禾五年三月三日,田户曹史趙野、張惕、陳通校。

原注:[1]按佃田畝數與定額計,應收布二丈四尺五寸。

　　　[2]按佃田畝數與定額計,應收錢一千三百五十三錢。②

按:①據文例,《田家莂》"□"今補釋爲"其"。

　　②據佃田畝數與定額計,應收錢一千二百五錢。《田家莂》注釋[2]誤。

4·172　灵平眺丘男子陳又①,佃田廿町,凡九十五畝,其卅五畝二年常限。其十六畝旱不收,畝收布六寸六分。定收十九畝,爲米廿二斛八斗。畝收布二尺。其六十畝餘力孰田。爲米廿七斛三斗六升。畝收布二尺。其米五十斛一斗六升,四年十二月廿日付倉吏李金。凡爲布四匹一丈七尺五寸六分[1],四年十二月廿日付庫吏潘有。其旱田畝收錢卅七,其孰田畝收錢七十。凡爲錢七千四百八十二錢[2],四年十一月廿日付庫吏潘有畢。嘉禾五年三月三日,田户曹史趙野、張惕、陳通校。

原注：[1]按佃田畝數與定額計,應收布四匹八尺五寸六分。

[2]按佃田畝數與定額計,應收錢一千六百二十二錢。②

按：①圖版"又"作"",很清楚,"又"上明顯有一筆,當爲"又"字。今改。

②據佃田畝數與定額計,應收錢六千一百廿二錢。《田家莂》注釋[2]誤。

4·173 灵平眺丘男子陳来,佃田七町,凡五十一畝。其十一畝二年常限。其五畝旱不收,畝收布六寸六分。定收六畝,爲米七斛二斗。畝收布二尺。其卅畝餘力[1]。爲米十八斛二斗四升[2]①。畝收布二尺。其米廿五斛四斗四升[3]②,四年□月□日付倉史李金。凡爲布二匹一丈五尺三寸[4]③,四年十二月二日付庫吏潘有。其旱田畝收錢卅七,其孰田畝收錢七十。凡爲錢三千四百四錢[5],四年十二月五日付庫吏潘有畢。嘉禾五年三月三日,田户曹史趙野、張惕、陳通校。

原注：[1]"餘力"下脱"田"字。

[2]按餘力田畝數與定額計,應收米十八斛二斗四升。

[3]按佃田畝數與定額計,應收米廿五斛四斗四升。

[4]按佃田畝數與定額計,應收布二匹一丈五尺三寸。

[5]按佃田畝數與定額計,應收錢三千四百五錢。

按：①據文意及《田家莂》注釋[2],《田家莂》"……"今補釋爲"四升"。

②據文意及《田家莂》注釋[3],《田家莂》"……"今補釋爲"四升"。

③據文意及《田家莂》注釋[4],《田家莂》"□"今補釋爲"二"。

4·174 灵平眺丘男子區城,佃田二町,凡卅三畝,皆二年常限。其廿九畝旱不收,畝收布六寸六分。定收四畝,爲米四斛八斗。畝收布二尺。其米四斛八斗,……倉吏李金。凡爲布二丈七尺一寸六分[1],四年十一月九日付庫吏潘有。其旱田畝收錢卅七,其孰田畝收錢七十。凡爲錢九百卅八錢[2],四年十二月八日付庫吏潘有畢。嘉禾五年三月三日,田户曹史趙野、張惕、陳通校。

原注：[1]按佃田畝數與定額計,應收布二丈七尺一寸四分。

[2]按佃田畝數與定額計,應收錢一千三百五十三錢。

4·175 灵平眺丘男子區馬,佃田六町,凡卅二畝,皆二年常限。其卅六畝旱敗不收,畝收布六寸六分。定收六畝,爲米七斛二斗。畝收布二尺。其米七斛二斗，四年十二月九日付倉吏李金。凡爲布三丈五尺七寸六分，四年十二月廿日付庫吏潘有。其旱田畝收錢卅七，其孰田畝收錢七十。凡爲錢一千七百卅錢[1]，四年十二月九日付庫吏潘有畢。嘉禾五年三月三日，田户曹史趙野、張惕、陳通校。

原注：[1]按佃田畝數與定額計，應收錢一千七百五十二錢。

4·176 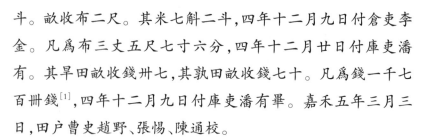䣄丘男子黄陽，佃田二町，凡廿九畝，皆二年常限。其十八畝旱敗不收，畝收布六寸六分。定收十一畝，爲米十三斛二斗。畝收布二尺。其米十三斛二斗，四年十二月廿一日付倉吏李金。凡爲布三丈三尺八寸八分，四年十一月十日付庫吏潘有。其旱田畝收錢卅七，其孰田畝收錢七十。凡爲錢二千四百卅錢[1]，四年十二月廿日付庫吏潘有畢。嘉禾五年三月三日，田户曹史趙野、張惕、陳通校。

原注：[1]按佃田畝數與定額計，應收錢一千四百三十六錢。

4·177 吳平䣄丘男子楊客，佃田二町，凡廿五畝，皆二年常限。其廿二畝旱不收，畝收布六寸六分。定收三畝，爲米三斛六斗。畝收布二尺。其米三斛六斗，四年十二月六日付倉吏李金。凡爲布二丈五寸二分，四年十二月九日付庫吏潘有。其旱田畝收錢卅七，其孰田畝收錢七十。凡爲錢一千五百四錢[1]，四年十一月九日付庫吏潘有畢。嘉禾五年三月三日，田户曹史趙野、張惕、陳通校。

原注：[1]按佃田畝數與定額計，應收錢一千二十四錢。

4·178 吳平䣄丘男子潘黑，佃田八町，凡卅三畝，皆二年常限。其卅三畝旱不收，畝收布六寸六分。定收十畝，爲米十二斛。畝收布二尺。其米十二斛，四年十二月廿日付倉吏李金。凡爲布三丈一尺七寸八分[1]，准入米二斛八升九合，五年閏月廿日付三州倉吏鄭黑①。其旱田畝收錢卅七，其孰田畝收錢七十。凡爲錢一千九百九錢②，准入米一斛二斗七升二合，五年閏月十日付三州倉吏鄭黑。嘉禾五年三月三日，田户曹史趙野、張惕、陳通校。

原注:[1]按佃田畝數與定額計,應收布一匹一尺七寸八寸。③

[2]按佃田畝數與定額計,應收錢一千九百廿一錢。

按:①據《竹簡》,吳簡中有兩個重要的倉:三州倉和州中倉。"鄭黑"前之"三州倉吏"表明"鄭黑"是三州倉的倉吏。

②《田家莂》"錢"右上方脫注釋序號[2]。

③據佃田畝數與定額計,應收布一匹一尺七寸八分。《田家莂》注釋[1]"八寸"之"寸"字應爲"分"之誤。

4·179　灵平眺丘男子潘銀,佃田八町,凡七十七畝,其廿七畝二年常限。其廿四畝旱不收,畝收布六寸六分。定收三畝,爲米三斛六斗。畝收布二尺。其五十畝餘力田。爲米廿二斛八斗。畝收布二尺。其米廿六斛四斗,四年十二月十三日付倉吏李金。凡爲布二匹三丈八尺四分[1],四年十二月十三日付庫吏潘有。其旱田畝收錢卅七,其孰田畝收錢七十。凡爲錢四千四百九十九錢[2],四年十二月三日付庫吏潘有畢。嘉禾五年三月三日,田户曹史趙野、張惕、陳通校。

原注:[1]按佃田畝數與定額計,應收布三匹一尺八寸四分。

[2]按佃田畝數與定額計,應收錢四千五百九十八錢。

4·180　灵平眺丘男子礼蕃①,佃田六町,凡七十六畝,皆二年常限。其五十二畝旱不收,畝收布六寸六分。定收廿四畝,爲米廿八斛八斗。畝收布二尺。其米廿八斛八斗,四年十二月十八日付倉吏李金。凡爲布二匹三尺一寸八分[1],四年十二月七日付庫吏潘有[2]。其旱田畝收錢卅七,其孰田畝收錢七十。凡爲錢四千六百九十八錢[3],四年十二月九日付庫吏潘有畢。嘉禾五年三月三日,田户曹史趙野、張惕、陳通校。

原注:[1]按佃田畝數與定額計,應收布一丈二尺六寸。②

[2]"七"似據"十"字更改。

[3]按佃田畝數與定額計,應收錢三千六百四錢。

按:①《田家莂》"禮"字圖版作"",故釋爲"礼"更合適。今改。

②據佃田畝數與定額計,應收布二匹二尺三寸二分。《田家莂》注釋[1]誤。

4·181　灵平眂丘男子毛悌①,佃田二町,凡十六畝,皆二年常限。其十五畝旱不收,畝收布六寸六分。定收一畝,爲米一斛二斗。畝收二尺[1]。其米一斛二斗,四年十二月廿七日付倉吏李金。凡爲布一丈一尺三寸[2]，四年十一月廿六日付庫吏番有。其旱田畞收錢卅七，其孰田畞收錢七十。凡爲錢四百五十八錢[3]，四年十二月十一日付庫吏番有畢。嘉禾五年三月三日，田戶曹史趙野、張惕、陳通校。

原注：[1]"收"下脫"布"字。

　　　[2]按佃田畞數與定額計，應收布一丈一尺九寸。

　　　[3]按佃田畞數與定額計，應收錢六百二十五錢。

按：①《田家莂》"眂"，圖版作""，簡4·182圖版作"　　"，其右旁應爲"瓜"，《竹簡》"瓝"右旁所從之"瓜"與此簡寫法相同，如簡叁·2259作"　　"，簡叁·2387作"　　"。故"眂"可確釋爲"眽"。今改。下同。

4·182　灵平眽丘男子番蔦[1]，佃田六町，凡六十八畞，皆二年常限。其六十四畞旱不收，畞收布六寸六分。定收四畞，爲米四斛八斗。畞收布二尺。其米四斛八斗，四年十一月二日付倉吏李金。凡爲布一匹三丈一寸四分[2]，四年十二月廿日付庫吏番有。其旱田畞收錢卅七，其孰田畞收錢七十。凡爲錢三千一百六十錢[3]，五年閏月十一日付庫吏番有畢。嘉禾五年三月三日，田戶曹史趙野、張惕、陳通校。

原注：[1]蔦，《説文》："寄生草也。《詩》曰：'蔦與女蘿'"。

　　　[2]按佃田畞數與定額計，應收布一匹二丈二寸四分。①

　　　[3]按佃田畞數與定額計，應收錢二千六百四十八錢。

按：①據佃田畞數與定額計，應收布一匹一丈二寸四分。《田家莂》注釋[2]誤。

4·183　灵平眽丘男子楊治，佃田八町，凡卅三畞，皆二年常限。旱不收，畞收布六寸六分。凡爲布二丈二尺二寸四分[1]，四年十二月廿日付庫吏番有。其旱田畞收錢卅七，凡爲錢一千一百廿錢[2]，四年十二月廿日付庫吏潘有畢。嘉禾五年三月三日，田戶曹史趙野、張惕、陳通校。

原注：[1]按佃田畞數與定額計，應收布二丈一尺七寸八分。

　　　[2]按佃田畞數與定額計，應收錢一千二百廿一錢。

4·184　灵平眽丘男子樊德，佃田二町，凡廿一畞，皆二年常限。其十八畞旱不收，畞收布六寸六分。定收三畞，爲米三斛六斗。畞收布二尺。其米三斛六斗，四年十二月廿日付倉吏李金。

凡爲布一丈七尺一寸①,四年□月□日付庫吏……。其旱田

畞收錢卅七②,其孰田畞收錢七十③。凡爲錢八百七十六錢,

五年閏月廿日付庫吏番有畢。嘉禾五年三月三日,田户曹史

趙野、張惕、陳通校。

按:①據佃田畞數與定額,應收布一丈七尺八寸八分。

　②據文例,《田家莂》"□"今補釋爲"其"。

　③據文例,《田家莂》"□"今補釋爲"其"。

4·185　灵平溲丘州吏李訓①,田九町,凡卅畞,皆二年常限。畞收租米

五斗八升五合[1],爲米廿三斛四斗。畞收布二尺,凡爲布二

匹。畞收錢七十,凡爲錢二千八百。其米廿三斛四斗,四年

十一月廿日付倉吏李金。其錢二千八百,四年十一月廿日付

庫吏潘有。其布二匹,准入米四斛,五年閏月九日付倉吏鄭

黑。嘉禾五年三月十日……

原注:[1]"畞收租米五斗八升五合",據四·二二七、四·二三一等簡,租田畞收米爲

　五斗八升六合。②

按:①《田家莂》"溲",今釋爲"溲"。下同。"溲"爲"溲"的或體。吳簡構件"叟"多寫

作"更",又如"嫂"多寫作"㛐"(簡貳·1567)。

　②查簡文,簡四·二二七、簡四·二三一均無"租田畞收米五斗八升六合"一語,而

簡四·二二六和簡四·二三〇有此語,故簡四·二二七應爲簡四·二二六之誤,簡

四·二三一應爲簡四·二三〇之誤。田家莂州吏繳納租米的畞租額並非僅有五

斗八升六合,另有畞租額爲五斗八升五合者,如簡4·198,簡4·386,簡5·665;

還有畞租額爲三斗四合者,如簡4·283;還有畞租額爲四斗五升六合者,如簡

4·397;等等。

4·186　灵平溲丘男子陳充,田十一町,……皆二年常限。……畞

收……爲米廿三斛四斗……。其米廿三斛四斗,四年十一月

廿日付倉吏鄭黑。……錢二千八百,四年十一月□日付庫吏

潘有。嘉禾五年三月十日,田户曹史趙野、張惕、陳通校。

4·187　灵平陽丘男子吕歷,佃田一處,合三畞。旱畞收布六寸六分。

凡爲布二尺[1],四年十一月十日付庫吏……旱畞收錢卅七,凡

爲錢……①月十日付庫吏潘有畢。嘉禾五年三月六日,主者

史趙野、張惕、陳通校。

原注:[1]按佃田畝數與定額計,應收布一尺九寸八分。

按:①據佃田畝數與定額計,應收錢一百一十一錢。

4·188 灵石下丘男子文威,田七町,凡卅畝,皆二年常限。旱敗不[1],畝收布六寸六分。凡爲布一丈……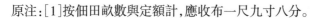畝收錢卅七,凡爲錢……②,准入米四斗六升,四年十一月二日付倉吏鄭黑。嘉禾五年三月十日,田戶經用曹史□趙野[2]、張惕、陳 通 校③。

原注:[1]“不”下脱“收”字。

[2]“史”下一字存“走”旁,應是“趙”字之殘,下衍一“趙”字。

按:①據佃田畝數與定額計,應收布一丈九尺八寸。

②據佃田畝數與定額計,應收錢一千一百一十錢。

③據文例,《田家莂》“……”今補釋爲“惕、陳 通 校”。

4·189 灵石下丘男子吕德,佃田五町,凡五十五畝,皆二年常限。其卅五畝旱田,畝收布六寸六分。定收十畝,畝收米一斛二斗,爲米十二斛。畝收布二尺。其米十二斛,四年十二月九日付倉吏李金。凡爲布一匹二丈九寸[1],五年三月九日付庫吏番有。其旱田畝收錢卅七,其孰田畝收錢七十。凡爲錢二千二百[2],五年三月二日付庫吏番有。嘉禾五年三月十日,田戶經用曹史趙野、張惕、陳通校。

原注:[1]按佃田畝數與定額計,應收布一匹九尺七寸。

[2]按佃田畝數與定額計,應收錢二千三百六十五錢。

4·190 灵石下丘軍吏米饒,田十町,凡廿四畝,皆二年常限。旱敗不收,畝收布六寸六分。凡爲布一丈六尺二寸四分[1],四年十二月十日付庫吏潘有。畝收錢卅七,凡爲錢一千八百九十五錢[2],四年十一月廿日付庫吏潘有。嘉禾五年三月十日,田戶經用曹史趙野、張惕、陳 通 校①。

原注:[1]按佃田畝數與定額計,應收布一丈五尺八寸四分。

[2]按佃田畝數與定額計,應收錢八百八十八錢。

按:①據文例,《田家莂》“……”今補釋爲“通 校”。

4·191 灵石下丘男子李遺(?),田五町,凡九十畝[1],餘力田。旱敗不收,畝收布六寸六分。凡爲布二丈三尺[2],四年十月五日付庫

吏潘有。旱田畝收錢卅七，凡爲錢二千八百五十^[3]，四年十月

八日付庫吏潘有。……☑

原注：[1]按佃田畝數九十畝與定額計，收布、錢皆有很大差距，疑所記畝數有誤。

　　　[2]按佃田畝數與定額計，應收布一匹一丈九尺四寸。

　　　[3]按佃田畝數與定額計，應收錢三千三百三十錢。

4·192　灵石下丘男子吴故，田五町，凡五十畝，皆二年常限。其卅八

畝旱敗不收，畝收布六寸六分。定收十二畝，畝收稅米一斛

二斗，爲米十四斛四斗。畝收布二尺。其米十四斛四斗，四

年十一月廿日付倉吏鄭黑。凡爲布一匹九尺七寸^[1]，准入米

二斛四斗八升五合。其旱田畝收錢卅七，其孰田畝收錢七

十。凡爲錢二千二百卅七錢^[2]，准入米一斛三斗五升，五年閏

月十日付倉吏鄭黑。嘉禾五年三月十日，田戶經用曹史趙

野、張惕、陳通校。

原注：[1]按佃田畝數與定額計，應收布一匹九尺八分。

　　　[2]按佃田畝數與定額計，應收錢二千二百四十六錢。

4·193　灵石下丘男子唐靖，田卅一町，凡八十七畝。其六十七畝，皆

二年常限田。其五十四畝旱敗不收，畝收布六寸六分。定收

十三畝，畝收米一斛二斗，爲米十五斛六斗。布畝收二尺^①。

其廿畝餘力田。其十四畝旱敗不收，畝收布六寸六分。定收

六畝，畝收米四斗五升六合，爲米二斛七斗三升。其米十八

斛三斗三升^[1]，四年十二月十一日付倉吏鄭黑。凡爲布二匹

二尺八分^[2]，准入米四斛一斗四升，四年十二月六日付倉吏鄭

黑畢。☑，其旱田畝收☑，其孰田畝☑

原注：[1]按餘力田定收畝數與定額計，應收米二斛七斗三升六合。總收米數應爲

　　十八斛三斗三升六合。

　　　[2]按佃田畝數與定額計，應收布二匹二尺八寸八分。

按：①據文例，"布畝收"應爲"畝收布"。

4·194　灵石下丘男烝執（？）^①，田六町，凡卅四畝。其十五畝，皆二

年常限田。旱敗不收，畝收布六寸六分。其十九畝餘力

田。旱敗不收，畝收布六寸六分。凡爲布二丈二尺九寸^[1]，

准入米……日付倉吏鄭黑。凡爲錢一千二百八十五錢^[2]，

准入米……九升,五年二月十日付倉吏鄭黑。嘉禾五年三月十日,田户經用曹史趙野、張惕、陳通校。

原注:[1]按佃田畝數與定額計,應收布二丈二尺四寸四分。

[2]按佃田畝數與定額計,應收錢一千二百五十八錢。

按:①據文例,"男"後脱"子"字。

4·195 灵石下丘男子烝乾,田廿町,凡八十畝,皆二年常限。旱敗不收,畝收布六寸六分。凡爲布一匹三丈三尺三寸三分[1],五年閏月十日付庫吏潘有。畝收錢卅七,凡①爲錢二千九百七十九錢[2],准入米一斛八斗八升,五年閏月十一日付倉吏鄭黑。嘉禾五年三月十日,田户曹史趙野、張惕、陳通校。

原注:[1]按佃田畝數與定額計,應收布一匹一丈二尺八寸。

[2]按佃田畝數與定額計,應收二千九百六十錢。

按:①據文例,《田家莂》"□"今補釋爲"凡"。

4·196 灵石下丘男子烝衆,田五町,凡十畝,皆二年常限。旱敗不收,畝收布六寸六分。凡爲布六尺九寸[1],准入米三斗四升,五年閏月十日付倉吏鄭黑。畝收錢卅七,凡爲錢三百八十八錢[2],准入米二斗四升,五年閏月十一日付倉吏鄭黑。嘉禾五年三月十日,田户曹史趙野①、張惕、陳通校。

原注:[1]按佃田畝數與定額計,應收布六尺六寸。

[2]按佃田畝數與定額計,應收錢三百七十錢。

按:①據文例,《田家莂》"□"今補釋爲"野"。

4·197 灵石下丘男子烝疧①,田七町,凡十一畝,二年常限田。旱敗不收,畝收布六寸六分。凡爲布七尺二寸六分,准入米三斗六升五合,四年十一月□日付倉吏鄭黑②。旱田畝收錢卅七,凡爲錢……③日付庫吏潘有。嘉禾五年三月十日,田户經用曹史趙野、張惕、陳通校。

按:①疧,音qiè。《廣韻·業韻》:"疧,病劣。"

②據文例,《田家莂》"□"今補釋爲"倉"。

③據佃田畝數與定額計,應收錢四百七錢。

4·198 灵石下丘州吏烝誦(?),田十(?)町,凡卌畝,皆二年常限。其卅二畝旱……收布六寸六分。定收八畝，畝收租米五斗八升五合[1]，爲米四斛六斗八升。畝收布二尺①。其米四斛六斗八升，四年十一月七日付倉吏鄭黑。凡②爲布三丈……[2]，准入米一斛八斗，四年十一月十日付倉吏鄭黑。其旱田畝收錢卅七，其孰田畝收錢七十。凡爲錢一千八百七十[3]，准入米□斛……四年十一月十日付倉吏鄭黑。嘉禾五年三月十日，田戶曹史趙③野、張惕、陳通校。

原注：[1]"畝收租米五斗八升五合"，據四·二二七、二三一等簡，租田畝收米爲五斗八升六合。④

[2]按佃田畝數與定額計，應收布三丈七尺一寸二分。

[3]按佃田畝數與定額計，應收錢一千七百四十四錢。

按：①據文例及文意，《田家莂》"……"可釋爲"四斛六斗八升。畝收布二尺"。

②據文例，《田家莂》"……"今補釋爲"凡"。

③據文例，《田家莂》"□"今補釋爲"趙"。

④查簡文，簡四·二二七、簡四·二三一均無"租田畝收米五斗八升六合"一語，而簡四·二二六和簡四·二三〇有此語，故簡四·二二七應爲簡四·二二六之誤，簡四·二三一應爲簡四·二三〇之誤。

4·199 灵石下丘男子烝頡，田十町，凡十三畝，皆二年常限。其十一畝旱敗不收，畝收布六寸六分。定收二畝，畝收稅米一斛二斗，爲米二斛四斗。畝收布二尺。其米二斛四斗，四年十二月一日付倉吏鄭黑。凡爲布一丈二寸六分[1]，准入米五斗七升，四年十二月三日付倉吏鄭黑。其旱田畝收錢卅七，其孰田畝收錢七十。凡爲錢三百……錢[2]，准入米□斗五升，四年十二月二日付倉吏鄭黑。嘉禾五年三月十日，田戶經用曹史趙野、張惕、陳通校。

原注：[1]按佃田畝數與定額計，應收布一丈一尺二寸六分。

[2]按佃田畝數與定額計，應收錢五百四十七錢。

4·200 灵石下丘州吏烝□，田廿町，凡卅四畝，皆二年常限。旱敗不收，畝收布六寸六分。凡爲布二丈二尺四分[1]，四年十月廿一日付庫吏潘有。畝收錢卅七，凡爲錢二千二百五十八錢[2]，四年十一月一日付庫吏潘有。嘉禾五年三月十日，田戶經用曹史趙野、張惕、陳通校。

原注：[1]按佃田畞數與定額計，應收布二丈二尺四寸四分。

　　　[2]按佃田畞數與定額計，應收錢一千二百五十八錢。

4·201　灵石下丘男子區拾，火種田二町①，凡六十畞，皆二年常限。畞收布六寸六分。凡爲布三丈九尺六寸，五年閏月十七日付庫吏番有。旱田畞收錢卅七，凡爲錢二千二百廿，五年二月十五日付庫吏番有。嘉禾五年三月十日，田户曹史趙野、張惕、陳通校。

按：①“火種田”首次出現，嘉禾四年田家莂凡7見，不見於嘉禾五年田家莂。“火種田”絕大部分是旱田，少部分是熟田，熟田畞收米四斗五升六合。分析7枚“火種田”簡發現，一方面它和佃田處於一個層級，是同位關係，另一方面它又處於佃田的下位，和佃田是上下位關係，吳簡“火種田”很可能有泛指和特指兩個方面。高敏《〈吏民田家莂〉中所見“餘力田”、“常限”田等名稱的涵義試析》：“‘火種田’，基本上是旱田的代名詞，其所以用‘火種田’命名，可能同這種旱田宜於采用火耕的方法進行耕作有關。”王子今《試釋走馬樓〈嘉禾吏民田家莂〉“餘力田”與“餘力火種田”》認爲，“火種”有可能就是“伙種”“夥種”，是一種合作經營農耕，共同承擔的關係。張榮強《吳簡〈嘉禾吏民田家莂〉“二年常限”解》認爲，火種田就是火耕水耨之田。雷常巍《試論三國吳簡中的“火種田”》認爲，“火種田”與“葘田”“新田”和“畬田”有關。“火種田”不僅和當地的地理條件有關，和官府的政策也有關。“火種田”爲新墾田，亦或拋荒後重新開墾的田。陳順成《走馬樓吳簡詞語研究》：“‘火種田’即傳世文獻之‘火田’，爲用火耕的方式種植的田地。”吳簡“火種田”目前尚無確詁。

4·202　灵石下丘男子番狋①，火種田三町，凡卅九畞，皆二年常限。旱畞收布六寸六分。凡爲布二丈三寸四分[1]，五年閏月廿八日付庫吏番有。旱田畞收錢卅七，凡爲錢一千四百卅三錢，五年三▢

原注：[1]按佃田畞數與定額計，應收布二丈五尺七寸四分。

按：①狋，音lái，“狋”的俗體。《玉篇·犬部》：“狋，狸也。”

4·203　灵石下丘大女蔡糜，田十一町，凡十六畞，皆二年常限。其三畞旱敗不收，畞收布六寸六分。其十三畞餘力[1]。其一畞旱敗不收，畞收布六寸六分。定收十二畞，畞收米四斗五升六合①。畞收布二尺。其米五斛四斗七升[2]，四年十一月十二日付倉吏鄭黑。凡爲布二丈六尺六寸四分,准入米一斛三斗三升,四年十一月□日付倉吏鄭黑。……田户經用曹史趙野、張惕、陳通校。②

原注:[1]"餘力"下脱"田"字。

[2]按餘力田定收畝數與定額計,應收米五斛四斗七升二合。

按:①據文例,"六合"後脱"爲米五斛四斗七升"。

②此簡行文很特殊,"餘力田"包含在"二年常限"之内,與其他簡"餘力田"和"二年常限"是同位關係的行文有别。

4·204 灵石下丘男子劉方,田十町,凡廿四畝,皆二年常限。其十二畝旱敗不收,畝收布六寸六分。定收十二畝,畝收税米一斛二斗,爲米十四斛四斗。畝收布二尺。其米十四斛四斗,四年十二月三日付倉吏鄭黑。凡爲布三丈一尺九寸[1],准入米一斛五斗,四年十一月二日付倉吏鄭黑。其旱田畝收錢卅七,其孰田畝收錢七十。凡爲錢二千二百八十四錢[2],准入米一斛四斗二升五合,四年十二月二日付倉吏鄭黑。嘉禾五年三月十日,田户經用曹史趙野、張惕、陳通校。

原注:[1]按佃田畝數與定額計,應收布三丈一尺九寸二分。

[2]按佃田畝數與定額計,應收錢一千二百八十四錢。

4·205 灵石下丘男子潘奇,田廿町,凡七十九畝,其卌四畝,皆二年常限。其卅九畝……,畝收布六寸六分。定收五畝,畝收米一斛二斗,爲米六斛。畝收布二尺。其卅五年餘力田[1]。旱敗不收,畝收布六寸六分。其米六斛,四年十一月二日付倉吏鄭黑。凡爲布一匹一丈九尺[2],准入米九斗……十日付倉吏鄭黑。其旱田畝收錢卅七,其孰田畝收錢七十。凡爲錢卅千一百卌一錢[3],准入米一斛九斗三升,四年十一月八日付倉吏潘慮。嘉禾五年三月十日,田户經用曹史趙野、張惕、陳通校。

原注:[1]"年"是"畝"字之誤。

[2]按佃田畝數與定額計,應收布一匹一丈八尺八寸四分。

[3]"卅"當是"三"字之誤。按佃田畝數與定額計,應收錢三千八十八錢。

4·206 灵石下丘男子謝丁,田四町,凡八畝,皆二年常限。……凡爲布五尺五寸[1],准入米二斗五升,四年十二月十日付倉吏鄭黑。旱田畝收錢卅七,凡爲錢二百九十六錢,准入米一斗九升,四年十二月一日付倉吏鄭黑。嘉禾五年三月十日,田戶經用曹史趙野、張惕、陳通校。

原注:[1]按佃田畝數與旱田定額計,應收布五尺二寸八分。

4·207 灵石下丘男子謝車,田六町,凡十二畝,皆二年常限。旱敗不收,畝收布六寸六分,凡爲布八尺二寸九分[1],准入米四斗□升□合,五年閏月十日付倉吏鄭黑。畝收錢卅七,凡爲錢四百六十二錢[2],准入米三斗五升,五年閏月十日付倉吏鄭黑。嘉禾五年□月□日,田戶曹史趙野、張惕、陳 通 校①。

原注:[1]按佃田畝數與定額計,應收布七尺九寸二分。
　　　[2]按佃田畝數與定額計,應收錢四百四十四錢。

按:①據文例,《田家莂》"……"今補釋爲"陳 通 校"。

4·208 灵石下丘男子龔斗,火種田三町,凡廿五畝,皆二年常限。旱田畝收布六寸六分,凡爲布一丈六尺五寸,五年閏月十七日付庫吏番有。旱田畝收錢卅七,凡爲錢九百廿五錢,五年三月五日付庫吏番有。嘉禾五年三月十日,田戶經用曹史趙野、張惕、陳通校。

4·209 灵石下丘男子□從,田十七町,凡八十八畝,皆二年常限。其五十六畝旱敗不收,畝收布六 寸 六 分①。定收卅二畝,畝收稅米一斛二斗,爲米卅八斛四斗。畝收布二尺。其米卅八斛四斗,四年十一月八日付倉吏鄭黑。凡爲布二匹二丈九寸六分,准入米五斛五升,四年十一月七日付倉吏鄭黑。其旱田畝收錢卅七,其孰田畝收錢七十。凡爲錢六千三百七十二錢[1],四年十二月十一日付庫吏潘有。嘉禾五年三月十日,田戶曹史趙野、張惕、陳通校。

原注:[1]按佃田畝數與定額計,應收錢四千三百一十二錢。

按:①據文例,《田家莂》"……"可補釋爲"寸 六 分"。

4·210 灵石下丘大女□□,田十町,凡卅六畝,皆二年常限。旱敗不收,布六寸六分[1]。凡爲布二丈四尺五寸二分[2],四年十二月十日付庫吏……嘉禾五年三月□日……

原注:[1]"布"上脱"畝收"二字。

　　　[2]按佃田畝數與定額計,應收布二丈七寸六分。①

按:①據佃田畝數與定額計,應收布二丈三尺七寸六分。《田家莂》注釋[2]誤。

4·211 囷石限丘……町,凡廿一畝,皆二年常限。旱敗不收,畝布六寸六分①。凡爲布一丈四尺②,准米四斗,四年十一月十日付倉吏鄭黑。畝收錢卅七,凡爲錢九百九十五錢③,准米五斗,四年十一月七日付倉吏鄭黑。嘉禾五年三月十日,田戶經用曹史趙野、張惕、陳通校④。

按:①據文例,"畝"後脱"收"字。
　　②據佃田畝數與定額計,應收布一丈三尺八寸六分。
　　③據佃田畝數與定額計,應收錢七百七十七錢。
　　④據文例,《田家莂》"□"今補釋爲"校"。

4·212 囷合丘男子石揚,佃田二處,合八畝。旱畝收布六寸六分,凡爲五尺二寸[1],准入米二斗六升,四年十月九日付倉吏鄭黑畢。畝收錢卅七,凡爲錢二百九十六錢,……□升五合,四年十二月十日付倉吏鄭黑畢。嘉禾五年三月六日,主者史趙野、張惕、陳通校。

原注:[1]"爲"下脱"布"字。按佃田畝數與定額計,應收布五尺二寸八分。

4·213 囷合丘男子烝賨①,佃田廿處,合一頃一十五畝,其十二畝二年常限。其九畝旱,畝收布六寸六分。定收三畝,畝收米一斛二斗,合三斛六斗。畝收布二尺。其一頃三畝餘力火種田。其廿五畝旱,畝收布六寸六分。定收七十八畝,畝收米四斗五升六合,斛加五升,合卅五斛三斗四升六合[1]。凡爲米卅八斛九斗四升六合。其三斛六斗稅米,四年十二月五日付倉吏鄭黑畢。其卅五斛三斗四升六合租米,四年十月十日付倉吏鄭黑畢。凡爲布四匹三丈三尺八寸[2],准入米九斛六斗九升,四年十月□日付倉吏鄭黑畢。其旱田畝收錢卅七,其孰田畝收錢七十。凡爲錢六千八百九十一錢[3],准入米四斛三

斗,四年十一月九日付倉吏鄭黑畢。嘉禾五年三月六日,主
　者史趙野、張惕、陳通校。

原注:[1]按餘力田定收畝數與定額計,應收米三十五斛五斗六升八合。斛加五升,
　合計應收米三十七斛三斗四升六合。②

　　[2]按佃田畝數與定額計,應收布四匹二丈四尺四寸四分。

　　[3]按佃田畝數與定額計,應收錢六千九百二十八錢。

按:①窅,疑即"窅",同"穿"。《武威醫簡》簡48作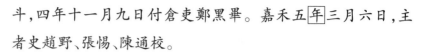,可相對照。

　　②據簡文,《田家莂》注釋[1]"餘力田"當爲"餘力火種田"。"餘力田"和"餘力火
　種田"是兩種不同性質的田地。"餘力火種田"繳米需斛加五升,"餘力田"繳米勿
　需斛加五升。

4·214　囡李溲丘男子樊如,佃田三町,凡九畝,皆二年常限。旱不收,
　畝收布六寸六分。凡爲布五尺九寸四分……

4·215　囡杕倚丘男子吳赤①,佃田三町,凡十一畝,皆二年常限。其三
　畝旱敗不收,畝收布六寸六分。定收八畝,爲米九斛六斗。畝
　收布二尺。其米九斛六斗,四年十一月一日付倉吏李金。凡
　爲布一丈七尺九寸八分,四年十一月十日付庫吏潘有。其旱
　田畝收錢卅七,其孰田畝收錢七十。凡爲錢六百七十一錢,□
　年□月□日付庫吏潘有畢。嘉禾五年三月三日,田戶曹史趙
　野、張惕、陳通校。

按:①據圖版,《田家莂》"杕"當爲"杕"字,圖版"人"旁捺筆上的短撇當是簡首合同符
　號的"同"之"丿"筆所致。今改。據圖版,《田家莂》"吳"後之字可確釋爲"赤"
　字,其寫法和簡4·445的"赤"字相同。故《田家莂》"赤(?)"今改爲"赤"字。

4·216　囡利丘大女烝兼,佃田四町,凡卅三畝,皆二年常限。其廿三
　畝旱,畝收布六寸六分。定收十畝,畝收米一斛二斗,爲米十
　二斛。畝收布二尺。其米十二斛,四年十一月十八日付倉吏
　鄭黑。凡爲布二丈五尺一寸八分[1],四年十一月三日付庫吏
　潘有。其旱田畝收錢卅七,其孰田畝收錢七十。凡爲錢一千
　五百五十一錢,四年十月廿日付庫吏潘有。嘉禾五年三月十
　日,田戶曹史張惕、趙野、陳通校。

原注:[1]按佃田畝數與定額計,應收布三丈五尺一寸八分。

4·217 灵利丘男子烝棠，佃田十七町，凡九十二畞，皆二年常限。其七十九畞旱，畞收布六寸六分。定收十三畞，畞收米一斛二斗，爲米十五斛六斗。畞收布二尺。其米十五斛六斗，四年十月十日付倉吏鄭黑。凡爲布一匹三丈八尺一寸四分，四年十一月十七日付庫吏潘有。其旱田畞收錢卅七^①，其孰田畞收錢七十^②。凡爲錢三千八百卅三錢，四年十月十一日付庫吏潘有。嘉禾五年三月十日，田户曹史張惕、趙野、陳通校。

按：①據文例，《田家莂》"□□"今補釋爲"卅七"。

②據文例，《田家莂》"□□"今補釋爲"七十"。

4·218 灵利丘男子烝騎(?)，佃田九町，凡卅畞，皆二年常限。其廿四畞旱，畞收布六寸六分。定收六畞，畞收米一斛二斗，爲米七斛二斗。畞收布二尺。其米七斛二斗，四年十一月廿一日付倉吏鄭黑。凡爲布二丈七尺八寸四分，四年十月廿一日付庫吏潘有。其旱田畞收錢卅七，其孰田畞收錢七十。凡爲錢一千三百八錢，四年十二月廿一日付庫吏潘有。嘉禾五年□月□日……史張惕、趙野、陳通校。

4·219 灵利丘男子烝謾^①，佃田廿町，凡卅五畞，皆二年常限。其卅二畞旱，畞收布六寸六分。定收三畞，畞收米一斛二斗，爲米三斛六斗。畞收布二尺。其米三斛六斗，四年十一月廿日付倉吏鄭黑。凡爲布三丈三尺二分^[1]，四年十一月廿五日付庫吏潘有。其旱田畞收錢卅七，其孰田畞收錢七十。凡爲錢一千七百六十四錢，四年十月卅日付庫吏潘有。嘉禾五年三月十日，田户曹史張惕、趙野、陳通校^②。

原注：[1]按佃田畞數與定額計，應收布三丈三尺七寸二分。

按：①據圖版，《田家莂》"丞"當爲"烝"，圖版"丞"下明顯有"灬"。今改。

②據文例，田家莂"……"今補釋爲"通校"。

4·220 灵利丘男子烝□，佃田十一町，凡卅七畞，皆二年常限。其廿七畞旱，畞收布六寸六分。定收十畞，畞收米一斛二斗，爲米十二斛。畞收布二尺。其米十二斛，四年十一月廿八日付倉吏鄭黑。凡爲布三丈七尺八寸二分，四年十月廿一日付庫吏潘有。其旱田畝收錢卅七,其孰田畝收錢七十。凡爲錢一千六百九十九錢,四年十一月卅日付庫吏潘有。嘉禾五年三月十日,田户曹史張惕、趙野、陳通校。

4·221 灵利丘男子黄祁[1],佃田廿町,凡一頃十三畝九十步,皆二年常限。其七十六畝旱,畝收布六寸六分。定收卅三畝九十步[2],畝收米一斛二斗,爲米卅斛五升。畝收布二尺。其米卅斛五升,四年十二月十日付倉吏鄭黑。凡爲布二匹三丈七尺九寸一分[3],准米一斛二斗九升□合,四年十一月十一日付倉吏鄭黑,其旱田畝收錢卅七,其孰田畝收錢七十。凡爲錢五千一百□八錢[4],准米三斛四斗,四年十一月一日付倉吏鄭黑。嘉禾五年三月十日,田户曹史張惕、趙野、陳通校。

原注:[1]祁,同"邳",參見《廣碑别字》引《漢孔彪碑》。

[2]按佃田總畝數一頃十三畝九十步計,除旱田七十六畝,定收應爲三十七畝九十步。而下文的收米、布、錢數大體是按照熟田三十三畝九十步計算的。

[3]按佃田畝數(熟田三十三畝九十步)與定額計,應收布二匹三丈六尺九寸一分。

[4]按佃田畝數(熟田三十三畝九十步)與定額計,應收錢五千一百四十八錢(捨去一錢以下的尾數不計)。

4·222 灵利丘男子黄亭,佃田十八町,凡六十二畝,皆二年常限。其五十二畝旱,畝收布六寸六分。定收十畝,畝收米一斛二斗,爲米十二斛。畝收布二尺。其米十二斛,四年十一月十一日付倉吏鄭黑。凡爲布一匹一丈四尺[1],四年十一月十日付庫吏潘有。其旱田畝收錢卅七,其孰田畝收錢七十。凡爲錢二千六百廿四錢,四年十一月十日付庫吏潘有。嘉禾五年三月十日,田户曹史張惕、趙野、陳通校。

原注:[1]按佃田畝數與定額計,應收布一匹一丈四尺三寸二分。

4·223 灵利丘男子黄柔①,佃田五十九町,凡八十七畝,皆二年常限。其七十七畝旱田,畝收布六寸六分。定收十畝,畝收米一斛二斗,爲米十二斛。畝收布二尺。其米十二斛,四年十一月廿一日付倉吏鄭黑。凡爲布一匹三丈[1],准米三斛五斗,四年十一月十日付倉吏鄭黑。其旱田畝收錢卅七,其孰田畝收錢七十。凡爲錢二千五百卅[2]，准米一斛六斗，四年十一月廿一日付倉吏鄭黑。嘉禾五年三月十日，田戶曹史張惕、趙野、陳通校②。

原注：[1]按佃田畝數與定額計，應收布一匹三丈八寸二分。

　　　[2]按佃田畝數與定額計，應收錢三千五百四十九錢。

按：①《田家莂》"棐"字當爲"柔"字。《桐柏淮源廟碑》"柔"寫作""，《西狹頌》"柔"寫作"棐"，《英藏敦煌文獻》卷2832《願文等範本·亡兄弟》"柔"寫作"棐"。其形體演變軌跡可擬爲：

棐 → 柔 → 棐 → 柔 → 棐。今改"棐"爲"柔"。

②據文例，《田家莂》"□"今補釋爲"校"。

4·224 㝫利丘男子黄動，佃田卅町，凡八十七畝，皆二年常限。其七十畝旱，畝收布六寸六分。定收十七畝，畝收米一斛二斗，爲米廿斛四斗。畝收布二尺。其米廿斛四斗，四年十一月卅日付倉吏鄭黑。凡爲布二匹二寸，四年十月廿一日付庫吏潘有。其旱田畝收錢卅七，其孰田畝收錢七十。凡爲錢三千七百一十[1]，四年十月廿一日……□

原注：[1]按佃田畝數與定額計，應收錢三千七百八十錢。

4·225 㝫利丘男子黄(?)喜(?)，佃田卅町，凡一頃一十畝。其九十畝，皆二年常限。其八十畝旱，畝收布六寸六分。定收十畝，畝收米一斛二斗，爲米十二斛。畝收布二尺。其廿畝餘力田，畝收米四斗五升六合，爲米九斛一斗二升。畝收布二尺。其米廿一斛一斗二升，四年□月一日付倉吏鄭黑。凡爲布二匹三丈二尺八寸，准米五斛六斗四升，四年十一月廿日付倉吏鄭黑。其旱田畝收錢卅七，其孰田畝收錢七十。凡爲錢五千六十錢，准米三斛一斗五合，四年十一月卅日付倉吏鄭黑。嘉禾五年三月十日，田戶曹史張惕、趙野、陳通校。

4·226 㝫利丘州吏黄揚(?)，佃田十八町，凡卅畝，皆二年常限。租田畝收米五斗八升六合①，凡爲米廿三斛四斗四升。畝收布二尺。其米廿三斛四斗四升，四年十月九日付倉吏鄭黑。凡爲布二匹，准米四斛[1]，四年十月五日付倉吏鄭黑。畝收錢七十。凡爲錢二千八百,淮米二斛七斗五升[2],四年十一月廿日付倉吏鄭黑。嘉禾五年三月十日,田曹史張惕、趙野、陳通校。

原注:[1]"淮"爲"准"字之誤。

[2]"淮"爲"准"字之誤。據四·二三〇號簡,州吏劉露交錢二千八百錢,准米一斛七斗五升,此處准米數恐有誤。

按:①"租田"首次出現。"租田"均是熟田,是指享受繳米定額優惠的"二年常限"田(州吏、復民租佃的"二年常限"田)、餘力田、火種田、餘力火種田等收米定額不同於一斛二斗之田。租田是具有一定優惠性質的田。

4·227 㶚利丘男子黃溺,佃田十四町,凡卌九畝,皆二年常限。其卌八畝旱,畝收布六寸六分。定收十一畝,收米一斛二斗①,爲米十三斛二斗。畝收布二尺。其米十三斛二斗,四年十一月卅日付倉吏鄭黑。凡爲布一匹七尺八寸八分[1],四年十一月廿一日付庫吏番有。其旱田畝收錢卅七,其孰田畝收錢七十。凡爲錢二千一百七十六錢,四年十二月廿一日付庫吏番有。嘉禾五年三月十日,田戶曹史張惕、趙野、陳通校。

原注:[1]按佃田畝數與定額計,應收布一匹七尺八分。

按:①據文例,"收"前脫"畝"字。

4·228 㶚利丘男子黃□,佃田三町,凡廿畝,皆二年常限。其十八畝旱,畝收布六寸六分。定收二畝,畝收米一斛二斗,爲米二斛四斗。畝收布二尺。其米二斛四斗,四年十一月十五日付倉吏鄭黑。凡爲布二丈五尺八寸八分[1],四年十一月十八日付庫吏潘有。其旱田畝收錢卅七,其孰田畝收錢七十。凡爲錢八百六錢,四年十一月十日付庫吏潘有。嘉禾五年三月十日,田戶曹史張惕、趙野、陳通校。

原注:[1]按佃田畝數與定額計,應收布一丈五尺八寸八分。

4·229 㶚利丘男子鄭囊,佃田十三町,凡卅四畝,二年常限。其廿二畝旱,畝收布六寸六分。定收十二畝,畝收米一斛二斗,爲米十四斛四斗。畝收布二尺。其米十四斛四斗,四年十一月十三日付倉吏鄭黑。凡爲布三丈八尺五寸二分,四年十二月十日付庫吏潘有。其旱田畝收錢卅七,其孰田畝收錢七十。凡爲錢一千六百五十四錢,四年十月二日付庫吏潘有。嘉禾五年三月十日，田户曹史張惕、趙野、陳通校。

4·230　灵利丘州吏劉露，佃田廿町，凡卅畝，皆二年常限。租田畝收
　　　　米五斗八升六合，凡爲米廿三斛四斗四升。畝收布二尺。其
　　　　米廿三斛四斗四升，四年十一月十日付倉吏鄭黑。爲布二
　　　　匹，准米四斛，四年十一月廿日付倉吏鄭黑。畝收錢七十，凡
　　　　爲錢二千八百，准米一斛七斗五升，四年十一月廿日付倉吏
　　　　鄭黑。嘉禾五年三月十日，田户曹史張惕、趙野、陳通校。

4·231　灵利丘男子謝文，佃田十九町，凡七十九畝，皆二年常限。其
　　　　六十九畝旱不收，畝收布六寸六分。定收十畝，畝收米一斛
　　　　二斗，爲米十二斛。畝收布二尺。其米十二斛，四年十一月
　　　　六日付倉吏鄭黑。凡爲布一匹二丈四尺五寸[1]，准米三斛二
　　　　斗七升，四年十二月八日付倉吏鄭黑。其旱田畝收錢卅七，
　　　　其孰田畝收錢七十。凡爲錢三千二百五十三錢，准米二斛四
　　　　升，四年十二月廿八日付倉吏鄭黑。嘉禾五年三月十日，田
　　　　户曹史張惕、趙野、陳通校。
原注：[1]按佃田畝數與定額計，應收布一匹二丈五尺五寸四分。

4·232　灵利丘男子謝赤，佃田廿町，凡六十二畝，皆二年常限。其五
　　　　十畝旱，畝收布六寸六分。定收十二畝，畝收米一斛二斗，爲
　　　　米十四斛四斗。畝收布二尺。其米十四斛四斗，四年十一月
　　　　十一日付倉吏鄭黑。凡爲布一匹二丈七尺[1]，四年十一月十
　　　　七日付庫吏潘有。其旱田畝收錢卅七，其孰田畝收錢七十。
　　　　凡爲錢二千六百九十，四年十一月十日付庫吏潘有。嘉禾五
　　　　年三月十日，田户曹史張惕、趙野、陳通校。
原注：[1]按佃田畝數與定額計，應收布一匹一丈七尺。

4·233　灵利丘男子謝細，佃田十九町，六十五畝。其五十九畝二年常
　　　　限。其五十三畝旱，畝收布六寸六分。定收六畝，畝收米一
　　　　斛二斗，爲米七斛二斗。畝收布二尺。其六畝餘力田，畝收
　　　　米四斗五升六合，爲米二斛七斗三升六合。畝收布二尺。其
　　　　米九斛①九斗三升六合，四年十一月二日付倉吏鄭黑。凡爲

布一匹一丈八尺九寸八分,准米二斛九斗五升,四年十一月
卅日付倉吏鄭黑。其旱田畝收錢卅七,其孰田畝收錢七十。
凡爲錢二千八百一錢,准米一斛九斗五升,四年十月十日付
倉吏鄭黑。嘉禾五年三月十日,田戶曹史張惕、趙野、陳通
校。

按:①據文例及文意,《田家莂》"……"今補釋爲"其米九斛"。

4·234 灵利丘男子謝雙,佃田十町,凡卅二畝,皆二年常限。其卅畝
旱,畝收布六寸六分。定收二畝,畝收米一斛二斗,爲米二斛
四斗。畝收布二尺。其米二斛四斗,四年十月四日付倉吏鄭
黑。凡爲布二丈二尺八寸[1],准米一斛一斗九升,四年十一月
八日付倉吏鄭黑。其旱田畝收錢卅七,其孰田畝收錢七十。
凡爲錢一千二百五十,准米七斗三升,四年十一月一日付倉
吏鄭黑。嘉禾五年三月十日,田戶曹史張惕、趙野、陳通校。

原注:[1]按佃田畝數與定額計,應收布二丈三尺八寸。

4·235 灵利丘男子謝覽,佃田卅一町,凡六十七畝,皆二年常限。其
五十七畝旱,畝收布六寸六分。定收十畝,畝收米一斛二斗,
爲米十二斛。畝收布二尺。其米十二斛,四年十一月卅日付
倉吏鄭黑。凡爲布一匹一丈六寸二分[1],四年十一月廿日付
庫吏潘有。其旱田畝收錢卅七,其孰田畝收錢七十。凡爲錢
二千八百九錢,四年十二月廿日付庫吏潘有。嘉禾五年三月
□□日①,田户曹史張惕、趙野、陳通校②。

原注:[1]按佃田畝數與定額計,應收布一匹一丈七尺六寸二分。

按:①據文例,《田家莂》"□年□月"今補釋爲"五年三月"。
　②據文例,《田家莂》"……"今補釋爲"陳通校"。

4·236 灵利丘男子□□,佃田五十町,凡六十畝,皆二年常限。其卅
五畝旱,畝收布六寸六分。定收廿五畝,畝收米一斛二斗,爲
米卅斛。畝收布二尺。其米卅斛,四年十一月六日付倉吏鄭
黑。凡爲布一匹三丈三尺一寸,准米三斛六斗五升五合,四
年十二月五日付倉吏鄭黑。其旱田畝收錢卅七,其孰田畝收
錢七十。凡爲錢三千卅五錢,准米一斛九斗三合,四年十二

月九日付倉吏鄭黑。嘉禾五年三月十日，田户曹史張惕、趙野、陳通校。

4·237 灵何丘男子五□，佃田十町，凡卌畝。畝收米四斗五升六合，爲米十八斛二斗四升。畝收布二尺。其米十八斛二斗四升，四年十二月十日付倉吏鄭黑。凡爲布二匹，准入米四斛，四年十二月十日付倉吏鄭黑。孰田畝收錢七十，凡爲錢二千九百^[1]，准入米一斛七斗五升，四年十二月十日付倉吏鄭黑。嘉禾五年三月十日，主者史張惕、趙野、陳通校。^①

原注：[1]按佃田畝數與定額計，應收錢二千八百錢。

按：①此簡很特殊，男子五□卌畝田地全爲熟田，且畝收米四斗五升六合。畝收米四斗五升六合的田有餘力田和火種田，而田家莂火種田絕大部分爲旱田，故我們推測此簡極可能是餘力田。類似的簡還有簡4·241、簡4·243。

4·238 灵何丘男子史耶，佃田卌町，凡九十畝。其五十畝二年常限。卌畝旱，畝收布六寸六分。定收十畝，畝收米一斛二斗，爲米十二斛。畝收布二尺。其卌畝餘力田。畝收米四斗五升六合，爲米十八斛二斗四升。畝收布二尺。其米卅斛二斗四升，四年十一月十日付倉吏鄭黑。凡爲布一匹三丈三尺二寸^[1]，四年十一月十日付庫吏番有。其旱田畝收錢卅七，其孰田畝收錢七十。凡爲錢四千三百卌^[2]，四年十一月十日付庫吏番有畢。嘉禾五年三月十日，田户曹史張惕、趙野、陳通校。

原注：[1]按佃田畝數與定額計，應收布三匹六尺四寸。

　　　[2]按佃田畝數與定額計，應收錢四千九百八十錢。

4·239 灵何丘男子由□，佃田廿町，凡卅畝，皆二年常限。其……旱，畝收布六寸六分。定收□畝，畝收米一斛二斗，爲米□斛。畝收布二尺。其米……凡爲布三丈二尺二寸，四年九月五日付庫吏番有。其旱田畝收錢卅七，其孰田畝收錢七十^①。凡爲錢一千五百卌，四年九月五日付庫吏番有。嘉禾五年三月十日，主者史張惕、趙野、陳通校。

按：①據文例，《田家莂》"……十"可補釋爲"其孰田畝收錢七十"。

4·240　灵何丘男子周盧，佃田十八町，凡一頃，皆二年常限。悉旱，畝收布六寸六分。凡爲布一匹二丈六尺，四年十一月廿日付庫吏潘有。旱田畝收錢卅七，凡爲錢三千七百，四年十一月廿日付庫吏潘有。嘉禾五年三月十日，主者史張惕、趙野、陳通校。

4·241　灵何丘男子黃惟，佃田十町，凡卅畝。畝收米四斗五升……爲米十三斛六斗八升。畝收布二尺。其米……斛六斗……四年十二月十日付倉吏鄭黑。凡爲布一匹二丈，准入米□

4·242　灵何丘男子鄭綠(?)，佃田六十町，凡一頃卅四畝。其一頃一十畝，皆二年常限。其七十畝旱，畝收布六寸六分。定收卅畝，畝收米一斛二斗，爲米卌八斛。畝收布二尺。其廿四畝餘力田。畝收米四斗五升六合，爲米十斛九斗四升四合。畝收布二尺。其米五十八斛九斗四升四合，四年十一月廿九日付倉吏鄭黑。凡爲布□匹二丈四尺二寸[1]，准……斗□升一合，四年十一月十八日付倉吏鄭黑。其旱田畝收錢卅七，其孰田畝收錢七十。凡爲錢七千七十，准米四斛四斗二合，四年十一月廿日付倉吏鄭黑。嘉禾五年三月□日，……張惕、趙野、陳通校。

原注：[1]按佃田畝數與定額計，應收布四匹一丈四尺二寸。

4·243　灵何丘男子謝如，佃田十町，凡五十畝。畝收米四斗五升六合，爲米廿二斛八斗。畝收布二尺。其米廿二斛八斗，四年十二月十日付倉吏鄭黑。凡爲布二匹一丈[1]，准入米五斛，四年十二月十日付倉吏鄭黑。孰田畝收錢七十。凡爲錢三千六百[2]，准入米二斛一斗九升，四年十二月十日付倉吏鄭黑。嘉禾五年三月十日，主者史張惕、趙野、陳通校。

原注：[1]按佃田畝數與定額計，應收布二匹二丈。
　　　[2]按佃田畝數與定額計，應收錢三千五百錢。

4·244　灵何丘男子謝蘇，佃田廿三町，凡五十八畝，皆二年常限。其五十畝旱，畝收布六寸六分。定收八畝，畝收米一斛二斗，爲米九斛六斗。畝收布二尺。其米九斛六斗，四年十一月廿日

付倉吏鄭黑。凡爲布一匹九尺，四年十一月二日付庫吏潘
有。其旱田畝收錢卅七，其孰田畝收錢七十。凡爲錢二千四
百一十，四年十一月廿日付庫吏潘有。嘉禾五年三月十日，
田戶曹史張惕、趙野、陳通校。

4·245 靈何丘男子□□，佃田廿町，凡卅畝，皆二年常限。悉旱，畝收
布六寸六分。凡爲布二丈六尺四寸，四年十二月卅日付庫吏
番有。旱畝收錢卅七，凡爲錢一千四百八十，四年十二月卅付
庫吏番有[1]。嘉禾五年三月十日，主者史張惕、趙野、陳通校。

原注：[1]"卅"下脱"日"字。

4·246 靈𠆳丘男子壬雝①，佃田二町，凡廿畝。旱田畝收布六寸六
分。凡爲布一丈三尺二寸，五年三月七日付庫吏番有。旱田
畝收錢卅七，凡爲錢四百卅[1]，五年閏月五日付庫吏番有。嘉
禾五年三月十日，田戶經用曹史趙野、張惕、陳通校②。

原注：[1]按佃田畝數與定額計，應收錢七百四十錢。

按：①𠆳，音bēng。《玉篇·人部》："𠆳，使人也，又急也。"雝，音yōng，同"雍"。《説文·隹
部》："雝，雝𪆫也。"段玉裁注："經典多用爲雝和、辟雝。隸作雍。"
②據文例，《田家莂》"……"今補釋爲"惕、陳通校"。

4·247 靈𠆳丘男子文屈，田七町，凡廿九畝，皆二年常限。其廿六畝
旱敗不收，畝收布六寸六分。定收三畝，畝收稅米一斛二斗，
爲米三斛六斗。畝收布二尺。其米三斛六斗，四年十一月七
日付倉吏鄭黑。凡爲布二丈三尺[1]，准入米一斛一斗五升，四
年十一月六日付倉吏鄭黑。其旱田畝收錢卅七，其孰田畝收
錢七十。凡爲錢一千一百七十二錢[2]①，准入米七斗三升，四
年十一月六日付倉吏鄭黑。嘉禾五年三月□日②，田戶曹史
趙野、張惕、陳通校。

原注：[1]按佃田畝數與定額計，應收布二丈三尺一寸六分。
[2]按佃田畝數與定額計，應收錢一千一百七十二錢。

按：①據佃田畝數與定額計，收錢數不誤。《田家莂》注釋[2]當刪。
②據文例，《田家莂》"□年□月"今補釋爲"五年三月"。

4·248 靈𠆳丘男子李尾，佃田三町，凡十九畝，皆二年常限。其十七

畝旱田,畝收布六寸六分。定收二畝,畝收米一斛二斗,爲米二斛四斗。畝收布二尺。其米 二 斛 四 斗①,四年十月□日付倉吏李金。凡爲布一丈五尺二寸二分,五年二月十七日付庫吏番有。其旱田畝收錢卅七,其孰田畝收錢七十。凡爲錢七百廿九錢[1],五年閏月十日付庫吏番有。嘉禾五年三月十日,田戶經用曹史趙野、張惕、陳通校。

原注:[1]按佃田畝數與定額計,應收錢七百六十九錢。

按:①據文例及文意,《田家莂》"……"今補釋爲" 二 斛 四 斗 "。

4·249 灵伻丘男子呈肥,田五町,凡十五畝,皆二年常限。旱敗不收,畝收布六寸六分。凡爲布九尺九寸,准入米五斗,四年十一月五日付倉吏鄭黑。其旱田畝收錢卅七,凡爲錢五百五十五錢,四年……日付庫吏潘有。嘉禾五年三月十日,田戶經用曹史趙野、張惕、陳 通 校。

4·250 灵伻丘縣吏松棐①,田卅[1],凡一頃卅畝。其一頃皆二年常限。其九十四畝旱敗不收,畝收布六寸六分。定收六畝,畝收米一斛二斗,爲米七斛二斗。畝收布二尺。其卅畝餘力田。其廿畝旱不收,畝收布六寸六分。定收廿畝,畝收米四斗五升六合,爲米九斛一斗二升。畝收布二尺。其米廿六斛三斗[2],四年十一月廿日付倉吏鄭黑。凡爲布二匹七尺四寸[3],四年十一月五日付庫吏潘有。 其 旱 田 畝 收 錢 卅 七②,其孰田畝收錢七□凡爲錢六千一[4]□

原注:[1]"卅"下脱"町"字。

[2]按佃田畝數與定額計,應收米十六斛三斗二升。

[3]按佃田畝數與定額計,應收布三匹七尺二寸四分。

[4]按佃田畝數與定額計,應收錢六千三十八錢。

按:①棐,音fěi。《説文·木部》:"棐,輔也。从木,非聲。"

②據文例,《田家莂》"……□"今補釋爲" 其 旱 田 畝 收 錢 卅 七 "。

4·251 灵伻丘男子唐主,田五町,凡十七畝,皆二年常限。旱敗不收,畝收布六寸六分。凡爲布三丈一尺二寸二分[1],四年十月九日付庫吏潘有。畝收錢卅七,凡爲錢八百廿四錢[2],四年十月七日付庫吏潘有。嘉禾五年三月十日，田户經用曹史趙野、張惕、陳通校。

原注：[1]按佃田畝數與定額計，應收布一丈一尺二寸二分。

　　　[2]按佃田畝數與定額計，應收錢六百二十九錢。

4·252　灵伻丘男子唐客，佃田十五町，凡八十畝，皆二年常限。悉旱，畝收布六寸六分。凡爲布一匹二丈二尺[1]，准入米一斛三斗二升，四年十二月廿一日付倉吏鄭黑。旱田畝收錢卅七，凡爲錢二千九百八十[2]，准入米一斛六斗，四年十二月十日付倉吏鄭黑。嘉禾五年三月十日，主者張惕、趙野、陳通校。

原注：[1]按佃田畝數與定額計，應收布一匹一丈二尺八寸。

　　　[2]按佃田畝數與定額計，應收錢二千九百六十錢。

4·253　灵伻丘男子唐顗[1]①，田五町，凡十三畝，皆二年常限。其十二畝旱敗不收，畝收布六寸六分。定收一畝，收米一斛二斗[2]。畝收布二尺。其米一斛二斗，四年十月六日付倉吏鄭黑。凡爲布一丈二寸[3]，四年十一月十八日付庫吏潘有。其旱田畝收錢卅七，其孰田畝收錢七十。凡爲錢五百卅二錢[4]，四年十月七日付庫吏潘有。嘉禾五年三月十日，田户經用曹史趙野、張惕、陳通校。

原注：[1]顗，《説文》：“謹莊也”。

　　　[2]“收米”上脱“畝”字。

　　　[3]按佃田畝數與定額計，應收布九尺九寸二分。

　　　[4]按佃田畝數與定額計，應收錢五百一十四錢。

按：①顗，音yǐ。《説文·頁部》：“顗，謹莊皃。从頁，豈聲。”

4·254　灵伻丘男子陳若，田二町，凡十二畝，……畝收錢卅七，凡爲錢四百六十□錢，准入米……日付庫吏……十日，田户經用曹……

4·255　灵伻丘男子烝持，田二町，凡十二畝，皆二年常限。旱敗不收，畝收布六寸六分。凡爲布七尺九寸二分，准入米四斗，四年十一月十二日付倉吏鄭黑。畝收錢卅七，凡爲錢四百卌四錢，准入米二斗八升，四年十一月一日付倉吏鄭黑。嘉禾五年三月

十日，田户曹史趙野、張惕、陳通校。

4·256　灵仴丘男子烝澆(?)，田十町，凡廿五畞。其十九畞，皆二年常限。旱敗不收，畞收六寸六分[1]。其六畞餘力田。旱敗不收，畞收布六寸六分。凡爲布二丈五尺七寸四分[2]，四年十一月二日付庫吏潘有。畞收錢卅七，凡爲錢八百廿五錢[3]，四年十一月八日付庫吏潘有。嘉禾五年三月十日，田户經用曹史趙野、張惕、陳通校。

原注：[1]"收"下脱"布"字。
　　　[2]按佃田畞數與定額計，應收布一丈六尺五寸。
　　　[3]按佃田畞數與定額計，應收錢九百二十五錢。

4·257　灵仴丘男子烝彊，田廿八町，凡卌六畞。其卌畞，皆二年常限。其五十八畞[1]，旱敗不收，畞收布六寸六分。定收二畞，畞收米一斛二斗，爲米二斛四斗。畞收布二尺。其六畞餘力田。旱敗不收，畞收布六寸六分。其米二斛四斗，四年十月九日付倉吏鄭黑。凡爲布一匹三丈一尺二寸[2]，准入米三斛六斗一升，四年十一月五日付倉吏鄭黑。其旱田畞收錢卅七，其孰田畞收錢七十。凡爲錢三千九百卅六錢[3]，四年十一月六日付庫吏潘有。嘉禾五年三月十日，田户經用曹史趙野、張惕、陳通校。

原注：[1]按佃田總數四十六畞與常限田四十畞推算，"五"應是"三"字之誤。或者是佃田總數與常限田總數有誤。
　　　[2]按常限田旱田五十八畞、熟田二畞，餘力田旱田六畞與定額計，應收布一匹六尺二寸四分。
　　　[3]按常限田旱田五十八畞、熟田二畞，餘力田旱田六畞與定額計，應收錢二千五百八錢。

4·258　灵仴丘男子黃倉，田十一町，凡卅五畞。皆二年常限。旱敗不收，畞收布六寸六分。凡爲布二丈二尺七寸[1]，准入米一斛五升，四年十一月八日付倉吏鄭黑。畞收錢卅七，凡爲錢一千七百九十五錢[2]，准入米八斗□升，四年十一月九日付倉吏鄭黑。嘉禾五年三月十日，田户曹史趙野、張惕、陳通校。

原注：[1]按佃田畞數與定額計，應收布二丈三尺一寸。

[2]按佃田畝數與定額計,應收錢一千二百九十五錢。

4·259   灵伒丘男子娶宜,佃田三町,凡十八畝,皆二年常限。旱田畝收布六寸六分。凡爲布一丈一尺八寸八分,五年二月十二日付庫吏番有。旱田畝收錢卅七,凡爲錢六百六十六錢,五年二月十日付庫吏番有。嘉禾五年三月十日,田户經用曹史趙野、張惕、陳通校。

4·260   灵伒丘男子張奉,田二町,凡九畝,皆二年常限。旱敗不收,畝收布六寸六分。凡爲布六尺[1],四年十一月七日付庫吏潘有。畝收錢卅七,凡爲錢三百[2],四年十一月五日付庫吏潘有。嘉禾五年三月十日,田户經用曹史趙野、張惕、陳通校。

原注:[1]按佃田畝數與定額計,應收布五尺九寸四分。
    [2]按佃田畝數與定額計,應收錢三百三十三錢。

4·261   灵伒丘大女張妾,佃田二町,凡廿五畝,皆二年常限。悉旱,畝收布六寸六分。凡爲布一丈六尺五寸,四年十二月十日付庫吏番有畢。畝收錢卅七,凡爲錢九百廿五,四年十二月十日付庫吏番有畢。嘉禾五年三月十日,田户曹史趙野、張惕、陳通校。

4·262   灵伒丘縣吏張喬,田卅町,凡一頃卅畝。其一頃九畝,皆二年常限。其一頃七畝旱敗不收,畝收布六寸六分。定收二畝,畝收税米一斛二斗,爲米二斛四斗。畝收布二尺。其廿一畝餘力田。其十六畝旱敗不收,畝收布六寸六分。定收五畝,收米四斗五升六合[1],爲米二斛二斗五升[2]。畝收布二尺[3]。其米四斛六斗五斗[4]①,四年十一月十七日付倉吏鄭黑。凡爲布一匹三丈九尺一寸[5],准入米三斛九斗六升,四年十一月十一日付倉吏鄭黑。其旱畝收錢卅七[6],其孰田畝收錢七十。凡爲錢三千九百六十六錢[7],准入米二斛四斗八升五合,四年十二月廿日付倉吏鄭黑。嘉禾五年三月十日,田户經用曹史趙野、張惕、陳通校。

原注:[1]"收米"上脱"畝"字。

[2]按餘力田定收畝數與定額計,應收米二斛二斗八升。

[3]"二"字原誤寫爲"六",後描粗改爲"二"。

[4]"五斗"是"五升"之誤。

[5]按佃田畝數與定額計,應收布二匹二丈五尺一寸八分。②

[6]"旱"下脱"田"字。

[7]按佃田畝數與定額計,應收錢五千四十一錢。

按:①據佃田畝數與定額計,應收米四斛六斗八升。

②據佃田畝數與定額計,應收布二匹一丈五尺一寸八分。《田家莂》注釋[5]誤。

4·263 㠯伻丘郡吏鄭約,田廿五町,凡一頃一十畝。其九十五畝,皆二年常限。其九十三畝旱敗不收,畝收布六寸六分。定收二畝,畝收米一斛二斗,爲米二斛四斗。畝收布二尺。其十五畝餘力田。旱敗不收,畝收布六寸六分。其米二斛四斗,四年十月九日付倉吏李金。凡爲布一匹三丈五尺二寸[1],四年十月十三日付庫吏潘□。其旱田畝收錢卅七,其孰田畝收錢七十。凡爲錢①……嘉禾五年……▢

原注:[1]按佃田畝數與定額計,應收布一匹三丈五尺二寸八分。

按:①據佃田畝數與定額計,應收錢四千一百卅六。

4·264 㠯伻丘男子潘邸,田二町,凡七畝,皆二年常限。旱敗不收,畝收布六寸六分。凡爲布四尺六寸二分,准入米二斗三升二合,四年十一月五日付倉吏鄭黑。畝收錢卅七,凡爲錢三百卅一錢[1],准入米一斗四升五合,十一月七日付倉吏鄭黑①。嘉禾五年三月十日,田户經用曹史趙野、張惕、陳通校。

原注:[1]按佃田畝數與定額計,應收錢二百五十九錢。

按:①據文例,"十一月"前脱年份,當爲"四年"。

4·265 㠯伻丘男子謝達,田七町,凡廿二畝,皆二年常限。其十畝旱敗不收[1],布六寸六分[2]。定收十二畝,畝收税米一斛二斗,爲米十四斛四斗。畝收布二尺。其米十四斛四斗,四年十一月九日付倉吏李金。凡爲布三丈九寸[3],准入米一斛五斗五升,四年十一月七日付倉吏鄭黑。其旱田畝收錢卅七,其孰田畝收錢七十。凡爲錢一千二百卅[4],准入米七斗七升,四年十一月八日付倉吏鄭黑。嘉禾五年三月十日,田户經用曹史趙野、張惕、陳通校。

原注：[1]"十"字豎劃墨色淺淡。

　　　[2]"布"前脱"畝收"二字。

　　　[3]按佃田畝數與定額計，應收布三丈六寸。

　　　[4]按佃田畝數與定額計，應收錢一千二百一十錢。

4·266 灵伻丘縣吏謝難，田卅町，凡八十九畝。其六十畝，皆二年常限。其卅八畝旱敗不收，畝收布 六 寸 六 分 ①。定收廿二畝，畝收税米一斛 二 斗 ，爲 米 廿 六 斛 四 斗 ②。畝收布二尺。其廿九畝……畝收布六寸六分。其米廿六斛四斗，四年十月廿日付倉吏……爲布二匹九尺六寸八分 ③，准入米四斛五斗一升五合，四年十一月廿日付倉吏鄭黑。其旱田畝收錢卅七，其孰田畝收錢七十。凡爲錢三千二百十五錢 ④，四年十一月十八日付庫吏潘有。嘉禾五年三月十日，田户經用曹史 趙 野 ⑤、張惕、陳通校。

按：①據文例，《田家莂》"……"今補釋爲" 六 寸 六 分 "。

　　②據文例及文意，《田家莂》"……"今補釋爲" 二 斗 ，爲 米 廿 六 斛 四 斗 "。

　　③按佃田畝數與定額計，應收布二匹八尺二寸二分。

　　④按佃田畝數與定額計，應收錢四千一十九錢。

　　⑤據文例，《田家莂》"□□"今補釋爲" 趙 野 "。

4·267 灵伻丘男子謝□，田三町，凡十畝，皆二年常限。旱敗不收，畝收布六寸六分。凡爲布六尺六寸，准入米三斗五升，四年十一月十日付倉吏鄭黑。畝收錢卅七，凡爲錢三百七十，准入米一斛二斗，四年十一月五日 付 倉 吏 鄭黑 ①。嘉禾五年三月十日，田户曹史趙野、張惕、 陳 通 校 ②。

按：①據文例，《田家莂》"……"今補釋爲" 付 倉 吏 "。

　　②據文例，《田家莂》"……"今補釋爲" 陳 通 校 "。

4·268 灵伻丘男子轟礼 ①，田五町，凡廿一畝，皆二年常限。旱敗不收，畝收布六寸六分。凡爲布一丈三尺九寸[1]，准入米六斗七升，四年十月廿日付倉吏鄭黑。畝收錢卅七，凡爲錢七百六十七錢[2]，准入米四斗八升五合，十月九日付倉吏鄭黑 ②。嘉禾五年三月十日，田户經用曹史趙野、張惕、陳通校。

原注:[1]按佃田畝數與定額計,應收布一丈三尺八寸六分。

[2]按佃田畝數與定額計,應收錢七百七十七錢。

按:①《田家莂》"禮",圖版寫法幾近於今天簡體的"礼"字,與"禮"差別很大,故釋爲"礼"更妥。今改。

②據文例,"十月"前脱年份,當爲"四年"。

4·269 ⿱三乂伻丘男子□□,田卅町,凡八十九畝。其六十九畝,皆二年常限。其六十四畝旱敗不收,畝收布六寸六分。定收五畝,畝一斛二斗①,爲米六斛。畝收布二尺。其廿畝餘力田。其十五畝旱敗不收,畝收布六寸六分。定收五畝,畝收米四斗五升六合,爲米二②斛二斗八升。畝收布二尺。其米……四年十月□日……。凡爲布一匹三丈二尺一寸四分,四年□月廿日付庫吏潘有。其旱田畝收錢卅七,其孰田畝收錢七十。凡爲錢三千九百一十五錢[1],四年十一月一日付庫吏……五年三月十日,田户經用曹史趙野、張惕、陳通校。

原注:[1]按佃田畝數與定額計,應收錢三千六百二十三錢。

按:①據文例,"畝"後脱"收米"二字。

②據圖版,《田家莂》"一"應爲"二"字,今改。據文例,《田家莂》"……一"可釋爲"畝收米四斗五升六合,爲米二"。

4·270 ⿱三乂伻丘郡吏□□,田卅町,凡一頃八畝。其九十三畝……畝旱敗不收,畝收布六寸六分。其十五畝餘力田,旱敗不收,畝……其米六斛,四年……吏鄭黑。……月十五日付……其旱田……其孰田畝……年十一月□日付倉吏鄭黑。……趙野、張惕、陳通校①。

按:①據文例,《田家莂》"□"今補釋爲"校"。

4·271 ⿱三乂伻下丘男子鄧蘭,佃田二町,凡五畝,皆二年常限。其四畝旱敗不收,畝收布六寸六分。定收一畝,爲米一斛二斗。畝收布二尺。其米一斛二斗,四年十一月一日付倉吏李金。凡爲布四尺六寸四分,四年十一月十一日付……

4·272 ⿱三乂伻上丘男子彭光,佃田四町,凡十畝,皆二年常限。其八畝旱田,畝收布六寸六分。定收二畝,畝收米一斛二斗,爲米二

斛四斗。畝收布二尺。其米二斛四斗,十一月十日付倉吏李金①。凡爲布九尺二寸八分,五年閏月廿日付庫吏番有。其旱田畝收錢卅七,其孰田畝收錢七十。凡爲錢四百廿六錢[1],五年二月十一日付庫吏番有②。嘉禾五年三月十日,田户曹史趙野、張惕、陳通校。

原注:[1]按佃田畝數與定額計,應收錢四百三十六錢。

按:①據文例,"十一月"前脱年份,當爲"四年"。

②《田家莂》"一(?)",核對圖版,釋爲"一"確,今刪"(?)"。

4·273 灵佃上丘郡吏靳祥[1],佃田三町,凡七十二畝,皆三年常限[2]。其六十七畝旱田,畝收布六寸六分。定收五畝,畝收米一斛二斗,爲米六斛。畝收布二尺。其米六斛,四年十二月十日付倉吏李金。凡爲布一匹一丈四尺二寸二分,二月十七日付庫吏番有①。其旱田畝收錢卅七,其孰田畝收錢七十。凡爲錢二千八百廿八錢[3],五年二月廿日付庫吏番有。嘉禾五年三月十日,田户曹史趙野、張惕、陳通校。

原注:[1]祥,疑是"祥"之俗體。漢魏六朝俗字,"示"旁常寫作"禾"。

[2]"三"是"二"字之誤。

[3]按佃田畝數與定額計,應收錢二千八百二十九錢。

按:①據文例,"二月"前脱年份,當爲"五年"。

4·274 灵佃上丘男子胡起,佃田五町,凡卅七畝,皆二年常限。其卅二畝旱田,畝收布六寸六分。定收五畝,畝收米一斛二斗,爲米六斛。畝收布二尺。其米六斛,四年十二月二日付倉吏李金。凡爲布一匹七尺五寸[1],五年閏月十日付庫吏番有。其旱田畝收錢卅七,其孰田畝收錢七十。凡爲錢二千一十四錢[2],五年二月廿九日付庫吏番有。嘉禾五年三月十日,田户經用曹史趙野、張惕、陳通校。

原注:[1]按佃田畝數與定額計,應收布三丈一尺一寸二分。

[2]按佃田畝數與定額計,應收錢一千五百三十四錢。

4·275 灵佃上丘男子棋孟,佃田二町,凡五畝,皆二年常限。旱畝收布六寸六分。凡爲布三尺二寸①,五年正月七日付庫吏番有。其旱田畝收錢卅七,凡爲錢百八十五錢,五年二月十七

日付庫吏番有。嘉禾五年三月十日，田戶曹史趙野、張惕、陳通校。

按:①據佃田畝數與定額計，應收布三尺三寸。

4·276 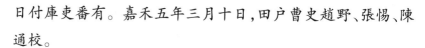其卅五畝……七日付庫吏……旱田畝收錢卅七，其孰田畝收錢七十。凡爲錢六百九十五錢，五年閏月十七日付庫吏潘有。嘉禾五年三月十日②，田戶曹史趙野、張惕、陳通校。

按:①據文例，《田家莂》"……"今補釋爲"畝收錢"。
　②據文例，《田家莂》"……"今補釋爲"五年三月"。

4·277 灵阿田丘男子陳幼，佃田二町，凡五十畝，皆二年常限。悉旱，畝收布六寸六分。凡爲布三丈三尺，四年十二月六日付庫吏番有。旱田畝收錢卅七，凡爲錢一千八百五錢①，四年十一月廿日付庫吏番有畢。嘉禾五年三月十日，田戶曹史趙野、張惕、陳通校。

按:①據佃田畝數與定額計，應收錢一千八百五十錢。

4·278 灵東妾丘男子丁謙，佃田七町，凡卅四畝，皆二年常限。旱不收，畝收布六寸六分。凡爲布二丈二尺二寸四分[1]，四年十二月廿日付庫吏潘有。其旱田畝收錢卅七，凡爲錢一千一百五十錢[2]，四年十二月廿日付庫吏潘有畢。嘉禾五年三月……陳……

原注:[1]按佃田畝數與定額計，應收布二丈二尺四寸四分。
　[2]按佃田畝數與定額計，應收錢一千二百五十八錢。

4·279 灵東妾丘男子石騰，佃田七町，凡卅三畝，皆二年常限。旱不收，畝收布六寸六分。凡爲布二丈一尺七寸八分，四年十二月廿日付庫吏潘有。其旱田畝收錢卅七，凡爲錢一千一百廿錢[1]，四年十二月十二日付庫吏潘有畢。嘉禾五年三月三日，田戶曹史趙野、張惕、陳通校。

原注:[1]按佃田畝數與定額計，應收錢一千二百二十一錢。

4·280 灵東妾丘男子李元，佃田二町，凡十二畝，皆二年常限。其十畝旱不收,畝收布六寸六分。定收二畝,爲米二斛四斗。畝收布二尺。其米二斛四斗,四年十二月三日付倉吏李金。凡爲布一丈六尺[1],四年十二月十日付庫吏番有。其旱田畝收錢卅七,其孰田畝收錢七十。凡爲錢四百七十二錢[2],四年十二月廿付庫吏番有畢[3]。嘉禾五年三月三日,田戶曹史趙野、張惕、陳通校。

原注:[1]按佃田畝數與定額計,應收布一丈六寸。

　　　[2]按佃田畝數與定額計,應收錢五百一十錢。

　　　[3]"廿"下脱"日"字。

4·281　灵東茨丘男子李開[1],佃田一町,凡八畝,皆二年常限。旱不收,畝收布六寸六分。凡爲布五尺二寸八分,四年十一月六日付庫吏潘有。其旱田畝收錢二百九十六錢[2],四年十二月十九日付庫吏潘有畢。嘉禾五年三月三日,田戶曹史趙野、張惕、陳通校。

原注:[1]開,《集韻》:"開,闔扉聲,或從并"。

　　　[2]"畝收錢"下脱"卅七,凡爲錢"等字。

4·282　灵東茨丘男子李囊,佃田七町,凡卅六畝,皆二年常限。旱敗不收,畝收布六寸六分。凡爲布二丈三尺七寸六分,五年二月廿日付庫吏番有。其旱田畝收錢卅七,□▢

4·283　灵東茨丘州吏周仁,佃田六町,凡五十六畝,其冊畝二年常限①。其十畝旱不收,畝收布六寸六分。定收卅畝,爲米九斛一斗二升②。畝收布二尺。其十六畝餘力[1]。旱敗不收,畝收布六寸六分。其米九斛一斗二升,四年十二月廿日付倉吏李金。凡爲布一匹二丈七尺七寸六分[2],五年閏月廿日付庫吏潘有。其旱田畝收錢卅七,其孰田畝收錢七十③。凡爲錢……④禾五年三月三日,田戶曹史趙野、張惕、陳通校⑤。

原注:[1]"餘力"下脱"田"字。

　　　[2]按佃田畝數與定額計,應收布一匹三丈七尺一寸六分。

按:①據文例,《田家莂》"……"今補釋爲"常限"。

　　②州吏周仁卅畝熟田收米九斛一斗二升,則畝收米三斗四合,比州吏一般畝收米五斗八升六合低得多。

③據文例，《田家莂》“……”今補釋爲“七十”。

④據佃田畝數與定額計，應收錢三千六十二錢。

⑤據文例，《田家莂》“……”今補釋爲“陳通校”。

4·284　灵東妏丘男子陳倉，佃田二町，凡十二畝，皆二年常限。旱不收，畝收布六寸六分。凡爲布七尺三寸[1]，四年十二月一日付庫吏潘有。其旱田畝收錢卅七，凡爲錢八百八十八錢[2]，四年十一月七日付庫吏潘有畢。嘉禾五年三月三日，田户曹史趙野、張惕、陳通校[3]。

原注：[1]按佃田畝數與定額計，應收布七尺九寸二分。

　　　[2]按佃田畝數與定額計，應收錢四百四十四錢。

　　　[3]“陳”字阜旁有變異。

4·285　灵東妏丘男子陳倉，佃田二町，凡十七畝，皆二年常限。旱不收，畝收布六寸六分。凡爲布一丈一尺二寸二分，四年十二月十日付庫吏□有。其旱田畝收錢卅七，凡爲錢六百廿九錢，四年十二月十日付庫吏番有畢。嘉禾五年三月三日，……野、張惕、陳通校①。

按：①據文例，《田家莂》“□”今補釋爲“校”字。

4·286　灵東妏丘男子唐胡，佃田四町，凡廿六畝，皆二年常限。旱不收，畝收布六寸六分。凡爲布一丈七尺一寸四分[1]，四年十一月九日付庫吏潘有。其旱田畝收錢卅七，凡爲錢六百六十二錢①，四年十一月十六日付庫吏潘有畢。嘉禾五年三月三日，田户曹史趙野、張惕、陳通校②。

原注：[1]按佃田畝數與定額計，應收布一丈七尺一寸六分。

按：①據圖版，《田家莂》“六百”之“六”字疑爲“九”字，圖版此字與下文“六十二”之“六”字有明顯差別，而與“九”字寫法極相近。據佃田畝數與定額計，應收錢九百六十二錢。

　　②據文例，《田家莂》“……”可補釋爲“陳通校”。

4·287　灵東妏丘男子雷怒，佃田八町，凡五十四畝，皆二年常限。旱不收，畝收布六寸六分。凡爲布三丈五尺六寸一分[1]，四年十一月十九日付庫吏潘有。其旱田畝收錢卅七，凡爲錢二千九百九十九錢[2]，四年十二月廿六日付庫吏潘有畢。嘉禾五年三月三日，田户曹史趙野、張惕、陳通校。

原注：[1]按佃田畝數與定額計，應收布三丈五尺六寸四分。

　　　[2]按佃田畝數與定額計，應收錢一千九百九十八錢。

4·288 灵東袂丘男子雷(?)□[1]，佃田□町，凡二畝，皆二年常限常限[2]。旱不收，畝布六寸六分①。凡爲布一尺三寸二分，四年十二月十二日付庫吏番有。其旱田畝收錢卅七，凡爲錢七十[3]。四年十二月十日付庫吏番有畢。嘉禾五年三月三日，田户曹史趙野、張惕、陳通校。

原注：[1]"東"字書寫時有變異。

　　　[2]"二年"下衍"常限"二字。

　　　[3]按佃田畝數與定額計，應收錢七十四錢。此處涉下文"四年"脱去一"四"字。

按：①據圖版，"畝"下無"收"字，今刪《田家莂》"收"字。據文例，"畝"後脱"收"字。

4·289 灵東袂丘男子鄧本，佃田四町，凡卅四畝，皆二年常限。其卅三畝旱不收，畝收布六寸六分。定收一畝，爲米一斛二斗。畝收布二尺。其米一斛二斗，四年十二月十日付倉吏李金。凡爲布二丈二尺……[1]，四年十二月廿九日付庫吏潘有。其旱田畝收錢卅七，其孰田畝收錢七十。凡爲錢一千一百九十一錢[2]，四年十一月三日付庫吏潘有畢。嘉禾五年三月三日日[3]，田户曹史趙野、張惕、陳通校。

原注：[1]按佃田畝數與定額計，應收布二丈三尺七寸八分。

　　　[2]按佃田畝數與定額計，應收錢一千二百九十一錢。

　　　[3]"三日"下衍一"日"字。

4·290 灵東袂丘男子鄧泥①，佃田六町，凡卅五畝，皆二年常限。旱不收，畝收布六寸六分。凡爲布二丈九尺七寸，五年二月三日付庫吏潘有。其旱田畝收錢卅七，凡爲錢②一千六百六十錢[1]，四年十二月十日付庫吏潘有畢。嘉禾五年三月三日，田户曹史趙野、張惕、陳通校。

原注：[1]按佃田畝數與定額計，應收錢一千六百六十五錢。

按：①《田家莂》"泥"當爲"泥"字。"泥"，《石門頌》作"泥"。今改"泥"爲"泥"。

　　②據文例，《田家莂》"□"今補釋爲"錢"。

4·291　灵東妖丘男子鄧包①，佃田三町，凡廿三畞，皆二年常限。旱不收，畞收布六寸六分。凡爲布一丈四尺六寸四分[1]，四年十二月十八日付庫吏潘有。其旱田畞收錢卅七，凡爲錢八百五十錢[2]，四年十一月六日付庫吏潘有畢。嘉禾五年三月三日，田户曹史趙野、張惕、陳通校。

原注：[1]按佃田畞數與定額計，應收布一丈五尺一寸八分。
　　　[2]按佃田畞數與定額計，應收錢八百五十一錢。

按：①《田家莂》"包"，圖版作 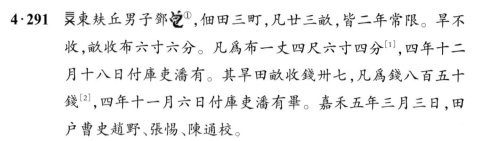。王保成《三國吴簡文字研究》認爲是"莡"字。

4·292　灵東妖丘男子鄧蔣①，佃田六町，凡卌畞，皆二年常限。旱不收，畞收布六寸六分。凡爲一丈一尺二分[1]，四年十一月十一日付庫吏番有。其旱田畞收錢卅七，凡爲錢二千卅七錢[2]，四年十一月廿日付庫吏番有畢。嘉禾五年三月三日，田户曹史趙野、張惕、陳通校。

原注：[1]"爲"下脱"布"字。按佃田畞數與定額計，應收布二丈六尺四寸。
　　　[2]按佃田畞數與定額計，應收錢一千四百八十錢。

按：①《田家莂》"蔣"字，圖版作，應爲"蔣"字。簡5·513、簡5·972之"蔣"字可與此字相對照。今改"蔣"爲"蔣"。

4·293　灵東溪丘男子王吉，佃田二町，凡七畞，皆二年常限。旱不收，畞收布六寸六分。凡爲布四尺六寸二分，准入米二斗三升一合，五年二月廿日付倉吏潘慮。其旱田畞收錢卅七，凡爲錢二百五十九……嘉禾……

4·294　灵東溪丘男子胡秩，佃田十一町，凡廿七畞，皆二年常限。其十七畞……定收十畞，爲米十二斛。畞收布二尺。其米十二斛，四年十二月十四日付倉吏李金。凡爲布三丈一尺二寸二分[1]①，准入米……其旱田畞收錢卅七，其孰田畞收錢七十。凡爲錢……五錢[2]……潘□畢。嘉禾五年三月三日，田户曹史趙野、張惕、陳通校②。

原注：[1]按佃田畞數與定額計，應收布三丈一尺二寸二分。
　　　[2]按佃田畞數與定額計，應收錢一千三百二十九錢。

按：①據文例及收布數，《田家莂》"……"今補釋爲"一尺二寸"。
　　②據文例，《田家莂》"……"今補釋爲"通校"。

4·295 　灵[東]溪丘男子謝得，佃田一町，凡三畝，皆二年常限。旱不收，
　　　　畝收布六寸六分。凡爲布一尺九寸八分，准入米九升九合，五
　　　　年閏月四日……旱田畝收錢卅七，凡爲錢一百一十一錢，准入
　　　　米七升。五年[閏]月……倉吏潘慮畢。嘉禾五年……日，田户
　　　　曹史趙[野]、張惕、[陳][通][校][①]。

按：①據文例，《田家莂》“趙□、張惕……”今補釋爲“趙[野]、張惕、[陳][通][校]”。

4·296 　灵弦丘州吏陳康，佃田八町，凡廿畝，皆二年常限。租田畝收
　　　　米五斗八升六合，凡爲米十一斛七斗二升。畝收布二尺。其
　　　　米十一斛七斗二升，四年十月九日付倉吏鄭黑。凡爲布一
　　　　匹，准米二斛，四年十一月九日付倉吏鄭黑。畝收錢七十。
　　　　凡爲錢一千四百，准米八斗六升，四年十一月十二日付倉吏
　　　　鄭黑。嘉禾五年三月十日，田户曹史張惕、趙野、陳通校。

4·297 　灵函丘男子應雔[①]，佃田二町，合十畝。旱畝收布六寸六分。
　　　　凡爲布六尺[六][囗]

按：①雔，音chóu。《説文·雔部》：“雔，雙鳥也。从二佳。……讀若醻。”

4·298 　灵昭丘男子烝蘇，佃田二町，凡十畝，皆二年常限。其七畝旱
　　　　田，畝收布六寸六分。定收三畝，畝收米一斛二斗，爲米三斛
　　　　六斗。畝收布二尺。其米三斛六斗，……□月九日付倉吏李
　　　　金。凡爲布一丈六寸二分，五年閏月十日付庫吏番有。其旱
　　　　田畝收錢卅七，其孰田畝收錢七十。凡爲錢四百六十九錢，
　　　　五年閏月七日付庫吏番有。嘉禾五年三月十日，田户曹史趙
　　　　野、張惕、陳通校。

4·299 　灵昭丘男子區單(?)，佃田二町，凡十畝，皆二年常限。其七畝
　　　　旱田，畝收布六寸六分。定收三畝，畝收米一斛二斗，爲米三
　　　　斛[六][斗]。[畝][收][布][二][尺][①]。其米三斛六斗，四年十二月十
　　　　日付倉[囗]

按：①據文例及文意，《田家莂》“[六]□,[囗]……”今補釋爲“[六][斗]。[畝][收][布]二尺”。

4·300 　灵[昭]丘男子張客，火種田三町，凡廿五畝，皆二年常限。其廿

三畮旱田,畮收布六寸六分。定收二畮,畮收米四斗五升六合,爲米九斗一升二合。畮收布二尺。其米九斗一升二合,四年十月九日付倉吏李金。凡爲布一丈六尺[1],五年三月七日付庫吏番有。其旱田畮收錢卅七,其孰田畮收錢七十。凡爲錢九百一十四錢[2],五年三月一日付庫吏番有。嘉禾五年三月十日,田戶曹史趙野、張惕、陳通校。

原注:[1]按佃田畮數與定額計,應收布一丈九尺一寸八分。
　　　[2]按佃田畮數與定額計,應收錢九百九十一錢。

4·301 㠯昭丘男子雷渚,佃田三町,凡廿五畮,皆二年常限。其十七畮旱田,畮收布六寸六分。定收八畮,畮收米一斛二斗,爲米九斛六斗。畮收布二尺。其米九斛六斗,四年十一月九日付倉吏李金。凡爲布二丈七尺二寸二分,五年閏月七日付庫吏番有。其旱田畮收錢卅七,其孰田畮收錢七十。凡爲錢一千一百八十九錢,五年閏月七日付庫吏番有。嘉禾五年三月十日,田戶經用曹史趙野、張惕、陳通校。

4·302 㠯昭丘男子□萬,佃田二町,凡四畮,皆二年常限。旱田畮收布六寸六分。凡爲布二尺八寸四分①,五年閏月一日付庫吏番有。旱田畮收錢卅七,凡爲錢②□

按:①據佃田畮數與定額計,應收布二尺六寸四分。
　　②據佃田畮數與定額計,應收錢一百卅八錢。

4·303 㠯前龍丘男子區勝,佃田十二町,凡卌畮,皆二年常限。其卅一畮旱敗不收,畮收布六寸六分。定收九畮,爲米十斛八斗。畮收布二尺。其米十斛八斗,四年十一月□日付倉吏李金。凡爲布三丈八尺六分[1],四年十一月廿日付庫吏潘有。其旱田畮收錢卅七,其孰田畮收錢七十。凡爲錢一千七百七十七錢,四年十一月廿八日付庫吏潘有畢。嘉禾五年三月三日,田戶曹史趙野、張惕、陳通校。

原注:[1]按佃田畮數與定額計,應收布三丈八尺四寸六分。

4·304 㠯桐下丘男子……畮,皆二年常限。其二畮旱敗不收,畮收布六寸六分。定收六畮,爲米七斛二斗。畮收布二尺。其米七斛二斗,四年十一月六日付倉吏李金。凡爲布一丈三尺三寸二分,四年十一月十四日付庫吏潘有。其旱田畝收錢卅七,其孰田畝收錢七十。凡爲錢四百九十四錢,四年十一月廿日付庫吏潘有畢。嘉禾五年三月三日,田戶曹史趙野、張惕、陳通校。

4·305 桑桐山丘男子唐遵(?),佃田三町,凡十畝,其八畝旱田,畝收布六寸六分。定收二畝,畝米一斛二斗①,爲米二斛四斗。畝收布二尺。其米二斛四斗,四年十一月十日付倉吏李金。凡爲布九尺二寸八分,五年二月廿日付庫吏番有。其旱田畝收錢卅七,其孰田畝收錢七十。凡爲錢四百廿六錢[1],五年三月十日付庫吏番有[2]。嘉禾五年三月九日,田戶曹史趙野、張惕、陳通校。

原注:[1]按佃田畝數與定額計,應收錢四百三十六錢。

[2]田戶曹史核校的時間爲五年三月九日,此處交錢日期爲五年三月十日,於理有悖,疑有誤。

按:①據文例,"畝"後脱"收"字。

4·306 桑桐山丘男子唐懸,佃田三町,凡四畝,皆二年常限。旱畝收布六寸六分。爲布二尺六寸四分,五年二月十五日付庫吏番有。其旱田畝收錢卅七,凡爲錢一百卌八錢,五年二月十二日付庫吏番有。嘉禾五年三月十日,田戶曹史趙野、張惕、陳通校。

4·307 桑桐山丘男子陳寬,佃田二町,凡卅畝,皆二年常限。其廿八畝旱田,畝收布六寸六分。定收二畝,畝收米一斛二斗,爲米二斛四斗。畝收布二尺。其米二斛四斗,四年十一月廿日付倉吏李金。凡爲布九尺三寸八分[1],五年二月十日付庫吏番有。其旱田①畝收錢卅七,其孰田畝收錢七十。凡爲錢一千二百一十六錢[2],五年二月七日付庫吏番有。嘉禾五年三月十日,田戶經用曹史趙野、張惕、陳通校。

原注:[1]按佃田畝數與定額計,應收布二丈二尺四寸八分。

[2]按佃田畝數與定額計,應收錢一千一百七十六錢。

按：①據文例，《田家莂》"……"今補釋爲"其旱田"。

4·308 灵桐山丘男子張厥①，佃田三町，凡十九畞，皆二年常限。……定收五畞，畞收米一斛二斗，爲米六斛。畞收布二尺。其米六斛，四年十二月九日付庫吏李全[1]。凡爲布一丈九尺四寸[2]，四年十一月廿日付庫吏……

原注：[1]"庫"是"倉"字之誤。

　　[2]按佃田畞數與定額計，應收布一丈九尺二寸四分。

按：①《田家莂》"厥(?)"，圖版寫法和簡壹·9322、簡壹·9408、簡壹·9366等的"厥"字寫法相同，可確釋爲"厥"，"(?)"今刪。

4·309 灵桐山丘男子劉愁，佃田二町，凡六畞，皆二年常限。旱田畞收布六寸六分。凡爲布三尺九寸六分，五年二月六日付庫吏番有。旱田畞收錢卅七，凡爲錢二百廿二錢，五年閏月一日付庫吏番有。嘉禾五年三月十日，田戶曹史趙野、張惕、陳通校。

4·310 灵桐佃丘郡吏郭像①，佃田二町，凡十七畞，皆二年常限。其十四畞旱田畞[1]，畞收布六寸六分。定收三畞，畞收米一斛二斗，爲米三斛六斗。畞收布二尺。其米三斛六斗，四年十二月廿日付倉吏李全。凡爲布一丈七尺二寸二分[2]，五年二月十二日付庫吏番有。其旱田畞收錢卅七，其孰田畞收錢七十。凡爲錢七百廿八錢，五年二月十二日付庫吏番有。嘉禾五年三月十日，田戶曹史趙野、張惕、陳通校。

原注：[1]"田"下衍一"畞"字。

　　[2]按佃田畞數與定額計，應收布一丈五尺二寸四分。

按：①《田家莂》"像"，圖版似爲"像"字。像，音xiàng。《龍龕手鑒·人部》："像，舊藏作像。"

4·311 灵桐唐丘男子李任(?)，佃田三町，凡十七畞。其十五畞旱田，畞收布六寸六分①。定收二畞，畞收米一斛二斗，爲米二斛四斗。畞收布二尺②。其米二斛四斗，四年……三尺九寸，五年閏月六日付庫吏番有。其旱田畞收錢卅七，其孰田畞收錢七十。凡爲錢六百九十五錢，五年正月十六日付庫吏番有。嘉禾五年三月十日，田戶經用曹史趙野、張惕、陳通校。

按:①據文例,《田家莂》"……"今補釋爲"收布六寸六分"。

②據文例及文意,《田家莂》"……"今補釋爲"爲米二斛四斗。畝收布二尺"。

4·312 霙桐唐丘男子李圖,佃田二町,凡十九畝,皆二年常限。其十四畝旱田,畝收布六寸六分。定收五畝,畝收米一斛二斗,爲米六斛。畝收布二尺。其米六斛,四年十月十一日付倉吏李金。凡爲布一丈九尺二寸四分,五年二月八日付庫吏番有。其旱田畝收錢卅七,其孰田畝收錢七十。凡爲錢五百一十八錢[1],五年二月廿日付庫吏番有。嘉禾五年三月十日,田户曹史趙野、張惕、陳通校。

原注:[1]按佃田畝數與定額計,應收錢八百六十八錢。

4·313 霙桐唐丘男子李勉,佃田三町,凡廿畝。其十六畝旱田,畝收布六寸六分。定收四畝,畝收米一斛二斗,爲米四斛八斗。畝收布二尺。其米四斛八斗,四年十一月廿八日付倉吏李金。凡爲布一丈八尺一寸[1],五年二月廿日付庫吏番有。其旱田畝收錢卅七,其孰田畝收錢七十。凡爲錢八百卅[2],五年閏月廿八日付庫吏番有。嘉禾五年三月十日,田户經用曹史趙野、張惕、陳通校。

原注:[1]按佃田畝數與定額計,應收布一丈八尺五寸六分。

[2]按佃田畝數與定額計,應收錢八百七十二錢。

4·314 霙桐唐丘州吏徐熙,佃田三町,凡卅六畝。悉旱,畝收布六寸六分。凡爲布二丈二尺七寸六分[1],五年正月廿九日付庫吏番有。其旱田畝收錢卅七,凡爲錢一千二百卌二錢[2],五年閏月七日付庫吏番有。嘉禾五年三月十日,田户曹史趙野、張惕、陳通校。

原注:[1]按佃田畝數與定額計,應收布二丈三尺七寸六分。

[2]按佃田畝數與定額計,應收錢一千三百三十二錢。

4·315 霙桐唐丘男子陳文,佃田三町,凡廿七畝,皆二年常限。其旱田[1],畝收布六寸六分。定收五畝,畝收一斛二斗[2],爲米六

斛。畝收布二尺。……凡爲布二丈三尺二寸[3]，五年二月九日付庫吏番有。其旱田畝收錢卅七，其孰田畝收錢七十。凡爲錢一千五十[4]，四年十一月廿九日付庫吏番有。嘉禾五年三月十日，田曹史趙野、張惕、陳通校。

原注：[1]"其"下脱畝數字。據總畝數與熟田數推算，旱田應爲廿二畝。

[2]"收"下脱"米"字。

[3]按佃田畝數與定額計，應收布二丈四尺五寸二分。

[4]按佃田畝數與定額計，應收錢一千一百六十四錢。

4·316 灵桐 唐丘縣吏陳雅，佃田二町，凡九畝，皆二年常限。其六畝旱田，畝收布六寸六分。定收三畝，畝收米一斛二斗，爲米三斛六斗。畝收布二尺。其米三斛六斗，四年三月十一日付倉吏李金[1]。凡爲布九尺九寸六分，五年二月十一日付庫吏番有。其旱田畝收錢卅七，其孰田畝收錢七十。凡爲錢四百卅二錢，五年二月十二日付庫吏番有。嘉禾五年三月十日，田戶曹史趙野、張惕、陳通校。

原注：[1]"三月"疑爲"十二月"之誤。

4·317 灵桐唐丘男子鄭張，佃田二町，凡十六畝，皆二年常限。其十五畝旱田，畝收布六寸六分。定收一畝，畝收米一斛二斗，爲米一斛二斗。畝收布二尺。其米一斛二斗，四年十月九日付倉吏李金。凡爲布九尺九寸[1]，五年二月廿日付庫吏番有。其旱田畝收錢卅七，其孰田畝收錢七十。凡爲錢六百廿錢[2]，閏月十八日付庫吏番有①。嘉禾五年三月十日，田戶曹史趙野、張惕、陳通校。

原注：[1]按佃田畝數與定額計，應收布一丈一尺九寸。

[2]按佃田畝數與定額計，應收錢六百二十五錢。

按：①據文例，"閏月"前脱年份，當爲"五年"。

4·318 灵桐唐丘男子鄧吕(?)，佃田三町，凡十畝，皆二年常限。其七畝旱田，畝收布六寸六分。定收三畝，畝收米一斛二斗，爲米三斛六斗。畝收布二尺。其米三斛六斗，四年十二月廿日付倉吏李金。凡爲布一丈六寸二分，五年二月廿一日付庫吏番有。其旱田畝收錢卅七，其孰田畝收錢七十。凡爲錢四百六十九錢,五年三月六日付庫吏番有。嘉禾五年三月十日,田户曹史趙野、張惕、陳通校。

4·319 灵郭渚丘男子文居,佃田三町,凡廿四畝,皆二年常限。其八畝旱敗不收,畝收布六寸六分。定收十六畝,爲米十九斛四斗[1]。畝收布二尺。其米十九斛四斗,四年十二月十日付倉吏李金。凡爲布三丈七尺二寸七分[2],四年十二月十日付庫吏潘有。其旱田畝收錢卅七,其孰田畝收錢七十。凡爲錢一千四百一十六錢,四百十二月十日付庫吏潘有畢[3]。嘉禾五年三月三日,田户曹史趙野、張惕、陳通校。

原注:[1]按熟田畝收一斛二斗稅米計,應收米十九斛二斗。
　　　[2]按佃田畝數與定額計,應收布三丈七尺二寸八分。
　　　[3]"百"是"年"字之誤。

4·320 灵郭渚丘男子文誼,佃田八町,凡五十八畝,皆二年常限。其卅一畝旱敗不收,畝收布六寸六分。定收廿七畝,爲米卅一斛四斗[1]。畝收布二尺。其米卅一斛四斗,四年十二月十日付倉吏李金。凡爲布一匹三丈四寸六分[2],四年十二月十日付庫吏潘有。其旱田☒其孰田☒

原注:[1]按熟田畝收稅米一斛二斗計,應收米三十二斛四斗。
　　　[2]按佃田畝數與定額計,應收布一匹三丈四尺四寸六分。

4·321 灵郭渚丘男子田奴,佃田六町,凡五十畝,皆二年常限。其卅二畝旱不收,畝收布六寸六分。定收十八畝,爲米廿一斛六斗。畝收布二尺。其米廿一斛六斗,四年十二月七日付倉吏李金。凡爲布一匹一丈七尺一寸六分[1],四年十二月十一日付庫吏潘有。其旱田畝收錢卅七,其孰田畝收錢七十。凡爲錢二千一百五十一錢[2],四年十二月十日付庫吏潘有畢。嘉禾五年三月三日,田户曹史趙野、張惕、陳通校。

原注:[1]按佃田畝數與定額計,應收布一丈七尺一寸二分。①
　　　[2]按佃田畝數與定額計,應收錢二千四百四十四錢。
按:①據佃田畝數與定額計,應收布一匹一丈七尺一寸二分。

4·322 灵郭渚丘男子由末,佃田六町,凡卅四畝,皆二年常限。其卅八畝旱不收,畝收布六寸六分。定收六畝,爲米七斛二斗。畝收布二尺。其米七斛二斗,四年十二月六日付倉吏李金。凡爲布三丈七尺八寸^[1],四年十二月十日付庫吏潘有。其旱田畝收錢卅七,其孰田畝收錢七十。凡爲錢一千七百廿七錢^[2],四年十二月十日付庫吏潘有畢。嘉禾五年三月三日,田戶曹史趙野、張惕、陳通校。

原注:[1]按佃田畝數與定額計,應收布三丈七尺八分。
　　　[2]按佃田畝數與定額計,應收錢一千八百二十六錢。

4·323 芺郭渚丘男子由伫,佃田二町,凡廿一畝,皆二年常限。其十畝旱不收,畝收布六寸六分。定收十一畝,爲米十三斛①。畝收布二尺。其米十三斛二斗,四年十二月七日付倉吏李金。凡爲布二丈八尺六寸,四年十二月十一日付庫吏潘有。其旱田畝收錢卅七,其孰田畝收錢七十。凡爲錢一千一百卌錢,四年十二月三日付庫吏潘有畢。嘉禾五年三月三日,田戶曹史趙野、張惕、陳通校。

按:①據熟田畝數與定額計,應收米十三斛二斗。據下文"其米十三斛二斗","斛"後脱"二斗"兩字。

4·324 芺郭渚丘男子由絑(?),佃田二町,凡十四畝,皆二年常限。其八畝旱不收,畝收布六寸六分。定收六畝,爲米七斛二斗。畝收布二尺。其米七斛二斗,四年十二月十日付倉吏李金。凡爲布一丈七尺一寸八分^[1],四年十二月十日付庫吏潘有。其旱田畝收錢卅七,其孰田畝收錢七十。凡爲錢七百一十六錢,四年十二月十日付庫吏潘有畢。嘉禾五年三月三日,田戶曹史趙野、張惕、陳通校。

原注:[1]按佃田畝數與定額計,應收布一丈七尺二寸八分。

4·325 芺郭渚丘男子李熙^[1],佃田二町,凡十八畝,皆二年常限。其十一畝旱敗不收,畝收布六寸六分。定收七畝,爲米八斛四斗。畝收布二尺。其米八斛四斗,四年十二月十日付倉吏李金。凡爲布二丈二尺二寸六分^[2],四年十二月十日付庫吏潘有。其旱田畝收錢卅七,其孰田畝收錢七十。凡爲錢八百九十七

十錢[3]，四年十二月十日付庫吏潘有畢。嘉禾五年三月三日，
田户曹史趙野、張惕、陳通校。

原注：[1]朂，即"聚"。《漢書·古今人名表》"朂子"，顏注："聚字也"。

[2]按佃田畞數與定額計，應收布二丈一尺二寸六分。

[3]"八百九十七"下衍"十"字。

4·326 囷郭渚丘男子林忽，佃田六町，凡卅六畞，皆二年常限。其十
六畞旱不收，畞收布六寸六分。定收廿畞，爲米廿四斛。畞
收布二尺。其米廿四斛，四年十二月十日付倉吏李金。凡爲
布一匹一丈五尺六分[1]，四年十二月七日付庫吏潘有。其旱
田畞收錢卅七，其孰田畞收錢七十。凡爲錢一千九百九十
錢[2]，四年十二月十二日付庫吏潘有畢。嘉禾五年三月三日，
田户曹史趙野、張惕、陳通校。

原注：[1]按佃田畞數與定額計，應收布一匹一丈五寸六分。

[2]按佃田畞數與定額計，應收錢一千九百九十二錢。

4·327 囷郭渚丘男子周若(?)，佃田三町，凡廿七畞，皆二年常限。其
十畞旱不收，畞收布六寸六分。定收十七畞，爲米廿斛四斗。
畞收布二尺。其米廿斛四斗，四年十二月廿日付倉吏李金。
凡爲布一匹六寸，四年十二月十二日付庫吏潘有。其旱田畞
收錢卅七，其孰田畞收錢七十。凡爲錢一千五百六十錢，四年
十二月十日付庫吏潘有畢。嘉禾五年三月三日，田户曹史趙
野、張惕、陳通校。

4·328 囷郭渚丘男子周□，佃田四町，凡廿一畞，皆二年常限。其十
五畞旱不收，畞收布六寸六分。定收六畞，爲米七斛二斗。
畞收布二尺。其米七斛二斗，四年十二月十日付倉吏李金。
凡爲布二丈九尺二寸六分[1]，四年十二月十日付庫吏潘有。
其旱田畞收錢卅七，其孰田畞收錢七十。凡爲錢九百七十
錢[2]，四年十二月十二日付庫吏潘有畢。嘉禾五年三月三日，
田户曹史趙野、張惕、陳通校。

原注：[1]按佃田畞數與定額計，應收布二丈一尺九寸。

[2]按佃田畞數與定額計，應收錢九百七十五錢。

4·329 㚒郭渚丘男子胡頡,佃田三町,凡廿八畝,皆二年常限。其廿三畝旱敗不收,畝收布六寸六分。定收五畝,爲米六斛。畝收布二尺。其米六斛,四年十二月十日付倉吏李金。凡爲布二丈四尺五寸八分[1],四年十二月一日付庫吏潘有。其旱田畝收錢卅七,其孰田畝收錢七十。凡爲錢一千二百[2],四年十二月十日付庫吏潘有畢。嘉禾五年三月三日,田户曹史趙野、張惕、陳通校。

原注:[1]按佃田畝數與定額計,應收布二丈五尺一寸八分。
　　　[2]按佃田畝數與定額計,應收錢一千二百零一錢。

4·330 㚒郭渚丘男子胡□,佃田六町,凡卅畝,皆二年常限。其卅畝旱敗不收,畝收布六寸六分。定收十畝,爲米十二斛。畝收布二尺。其米十二斛,四年十二月七日付倉吏李金。凡爲布二丈七尺八分[1],四年十一月十一日付庫吏潘有。其旱田畝收錢卅七,其孰田畝收錢七十。凡爲錢二千七百一十[2],四年十二月十日付庫吏潘有畢。嘉禾五年三月三日,田户曹史趙野、張惕、陳通校。

原注:[1]按佃田畝數與定額計,應收布三丈九尺八寸。
　　　[2]按佃田畝數與定額計,應收錢一千八百一十錢。

4·331 㚒郭渚丘男子畢民,佃田卅町,凡廿七畝,皆二年常限。旱不收,畝收布六寸六分。凡爲布一丈七尺八寸二分,五年□月廿二日付庫吏潘有。其旱田畝收錢卅七,凡爲錢九百九十九錢,五年正月十日付庫吏潘有畢。嘉禾五年三月□日,田户曹史趙野、張惕、陳通校。

4·332 㚒郭渚丘男子逢舟,佃田八町,凡卅八畝,皆二年常限。其十九畝旱不收,畝收布六寸六分。定收十九畝,爲米廿二斛八斗。畝收布二尺。其米廿二斛八斗,四年十二月六日付倉吏李金。凡爲布一四一丈五寸四分,四年十二月十二日付庫吏潘有。其旱田畝收錢卅七,其孰田畝收錢七十。凡爲錢二千卅三錢,四年十二月三日付庫吏潘有畢。嘉禾五年三月三日,田户曹史趙野、張惕、陳通校。

4·333　灵郭渚丘男子逢拒，佃田二町，凡十畞，皆二年常限。其四畞旱敗不收，布六寸六分[1]。定收六畞，爲米七斛二斗。畞收布二尺。其米七斛二斗，四年十二月五日付倉吏李金。凡爲布一丈四尺六寸四分，四年十二月七日付庫吏潘有。其旱田畞收錢卅七，其孰田畞收錢七十。凡爲錢四百五十一錢[2]，四年十二月二日付庫吏潘有畢。嘉禾五年三月三日，田户曹趙野、張惕、陳通校[3]。

原注：[1]“布”前脱“畞收”二字。

　　　[2]按佃田畞數與定額計，應收錢五百六十八錢。

　　　[3]“曹”下脱“史”字。

4·334　灵郭渚丘男子逢董，佃田二町，凡十五畞，皆二年常限。其九畞旱不收，畞收布六寸六分。定收六畞，爲米七斛二斗。畞收布二尺。其米七斛二斗，四年十一月七日付倉吏□□。凡爲布一丈七尺九寸四分，四年十二月十六日付庫吏□□。其旱田畞收錢卅七，其孰田畞收錢七十。凡爲錢七百五十三錢，四年十二月一日付庫吏潘有畢。嘉禾五年三月三日，田户曹史趙野、張惕、陳通校①。

按：①據文例，《田家莂》“……☑”今補釋爲“張惕、陳通校”。

4·335　灵郭渚丘男子逢慎，佃田二町，凡十九畞，皆二年常限。其六畞旱不收，畞收布六寸六分。定收十三畞，爲米十五斛六斗。畞收布二尺。其米十五斛六斗，四年十二月□日付倉吏李金。凡爲布二丈九尺九寸六分，四年十二月七日付庫吏潘有。其旱田畞☑其孰田畞收☑

4·336　灵郭渚丘男子逢端，佃田三町，凡廿二畞，皆二年常限。其九畞旱敗不收，畞收布六寸六分。定收十三畞，爲米十五斛六斗。畞收布二尺。其米十五斛六斗，四年十一月七日付倉吏李金。凡爲布三丈二尺九寸四分[1]，四年十二月十日付庫吏潘有。其旱田畞收錢卅七，其孰田畞收錢七十。凡爲錢一千二百卌錢[2]，四年十二月廿日付庫吏潘有畢。嘉禾五年二月廿日，田户曹史……

原注:[1]按佃田畝數與定額計,應收布三丈一尺九寸四分。

　　　[2]按佃田畝數與定額計,應收錢一千二百四十三錢。

4·337 灵郭渚丘男子唐徘,佃田三町,凡廿四畝,皆二年常限。其廿畝旱不收,畝收布六寸六分。定收四畝,爲米四斛八斗。畝收布二尺。其米四斛八斗,四年十二月三日付倉吏李金。凡爲布二丈一尺二寸,四年十二月三日付庫吏潘有。其旱田畝收錢卅七,其孰田畝收錢七十。凡爲錢一千一十錢[1],四年十二月十日付庫吏潘有畢。嘉禾五年三月三日,田戶曹史趙野、張惕、陳通校。

原注:[1]按佃田畝數與定額計,應收錢一千二十錢。

4·338 灵郭渚丘男子唐喬,佃田二町,凡十九畝,皆二年常限。其十畝旱敗不收,畝收布六寸六分。定收九畝,爲米十斛八斗。畝收布二尺。其米十斛八斗,四年十一月十日付……凡爲布二丈六寸[1],四年十二月廿日付庫吏潘有。其旱田畝收錢卅七,其孰田畝收錢七十。凡爲錢九百六錢[2],四年十二月六日付庫吏潘有畢。嘉禾五年三月三日,田戶曹史趙野、張惕、陳通校。

原注:[1]按佃田畝數與定額計,應收布二丈四尺六寸。

　　　[2]按佃田畝數與定額計,應收錢一千錢。

4·339 灵郭渚丘男子陳儉①,佃田三町,凡十七畝,皆二年常限。其十一畝旱敗不收,畝收布六寸六分。定收六畝,爲米七斛二斗。畝收布二尺。其米七斛二斗,四年十二月五日付倉吏李金。凡爲布二丈九尺二寸六分[1],四年十二月十日付庫吏潘有。其旱田畝收錢卅七,其孰田畝收錢七十。凡爲錢八百廿九錢[2],四年十二月十日付庫吏潘有畢。嘉禾五年三月三日,田戶曹史趙野、張惕、陳通校。

原注:[1]按佃田畝數與定額計,應收布一丈九尺二寸六分。

　　　[2]按佃田畝數與定額計,應收錢八百二十七錢。

按:①據文例,"郭渚丘"上應爲合同符號,故《田家莂》"☑"今釋爲"灵"。

4·340 灵郭渚丘男子黄斗,佃田六町,凡卅畝,皆二年常限。其十七畝旱敗不收,畝收布六寸六分。定收十三畝,爲米十五斛六斗。畝收布二尺。其米十五斛六斗,四年十二月十二日付倉吏李金。凡爲布一匹二丈五寸四分[1],四年十二月十日付庫吏潘有。其旱田畝收錢卅七,其孰田畝收錢七十。凡爲錢一千五百卅九錢,四年十二月十日付庫吏潘有畢。嘉禾五年三月三日,田戶曹史趙野、張惕、陳通校。

原注:[1]按佃田畝數與定額計,應收布三丈七尺二寸二分。

4·341　靈郭渚丘男子黄賓,佃田三町,凡廿一畝,皆二年常限。其十八畝旱敗不收,畝收布六寸六分。定收三畝,爲米三斛六斗。畝收布二尺。其米三斛六斗,四年十二月三日付倉吏李金。凡爲布一丈七尺八寸八分,四年十二月十日付庫吏潘有。其旱田畝收錢卅七,其孰田畝收錢七十。凡爲錢八百七十六錢,四年十二月十日付庫吏潘有畢。嘉禾五年三月三日,田戶曹史趙野、張惕、陳通校。

4·342　靈郭渚丘男子黄誼,佃田三町,凡廿三畝,皆二年常限。其廿畝旱不收,畝收布六寸六分。定收三畝,爲米三斛六斗。畝收布二尺。其米三斛六斗,四年十二月七日付倉吏李金。凡爲布三丈九尺二寸[1],四年十二月十日付庫吏番有。其旱田畝收錢卅七,其孰田畝收錢七十。凡爲錢一千七百[2],四年十二月十日付庫吏潘有畢[3]。嘉禾五年三月[4],田戶曹史趙野、張惕、陳通校。

原注:[1]按佃田畝數與定額計,應收布一丈九尺二寸。
　　[2]按佃田畝數與定額計,應收錢九百五十錢。
　　[3]"庫"字經描改。
　　[4]"三月"下脱日期。

4·343　靈郭渚丘男子區知,佃田六町,凡八十畝,皆二年常限。其卅二畝旱不收,畝收布六寸六分。定收卅八畝,爲米五十七斛六斗。畝收布二尺。其米五十七斛六斗,四年十二月七日付倉吏李金。凡爲布二匹三丈八尺四寸二分[1],四年十二月十二日付庫吏潘有。其旱田畝收錢卅七,其孰田畝收錢七十。

凡爲錢五千六百一十八錢[2]，四年十二月十日付庫吏潘有
畢。嘉禾五年三月三日，田戶曹史趙野、張惕、陳通校。

原注：[1]按佃田畝數與定額計，應收布二匹三丈七尺一寸二分。

      [2]按佃田畝數與定額計，應收錢四千五百四十四錢。

4·344   叟郭渚丘男子區達，佃田六町，凡五十七畝，皆二年常限。其
册九畝旱不收，畝收布六寸六分。定收八畝，爲米九斛六
斗。畝收布二尺。其米九斛六斗，四年十二月六日付倉吏李
金。凡爲布一匹八尺三寸四分，四年十二月十日付庫吏潘
有。其旱田畝收錢卅七，其孰田畝收錢七十。凡爲錢二千三
百六十三錢[1]，四年十二月六日付庫吏潘有畢。嘉禾五年三
月三日，田戶曹史趙野、張惕、陳通校。

原注：[1]按佃田畝數與定額計，應收錢二千三百七十三錢。

4·345   叟郭渚丘男子區鳴，佃田八町，凡卅一畝，皆二年常限。其廿
五畝旱不收，畝收布六寸六分。定收六畝，爲米七斛二斗。
畝收布二尺。其米七斛二斗，四年十二月十日付倉吏李金。
凡爲布三丈五尺一寸[1]，四年十二月十一日付庫吏潘有。其
旱田畝收錢卅七，其孰田畝收錢七十。凡爲錢一千一百一十
二錢[2]，四年十二月十日付庫吏潘有畢。嘉禾五年三月三日，
田戶曹史趙野、張惕、陳通校。

原注：[1]按佃田畝數與定額計，應收布二丈八尺五寸。

      [2]按佃田畝數與定額計，應收錢一千三百四十五錢。

4·346   叟郭渚丘大女張妾，佃田三町，凡廿六畝，皆二年常限。其十
一畝旱敗不收，畝收布六寸六分。定收十五畝，爲米十九二
斗[1]①。畝收布二尺。其米十九斛二斗，四年十二月十日付倉
吏李金。凡爲布二丈七尺二寸六分[2]，四年十二月十日付庫
吏潘有。其旱田畝收錢卅七，其孰田畝收錢七十。凡爲錢一
千七百五十七錢[3]，四年十二月十日付庫吏潘有畢。嘉禾五
年三月三日，田戶曹史趙野、張惕、陳 通 校 ②。

原注：[1]"十九"下脱"斛"字。

      [2]按佃田畝數與定額計，應收布三丈七尺二寸六分。

      [3]按佃田畝數與定額計，應收錢一千四百五十七錢。

按：①據熟田畝數與定額計，應收米十八斛。"十九斛二斗"是十六畝熟田的收米數。
　　②據文例，《田家莂》"▨"今補釋爲"通校"。

4·347　灵郭渚丘男子蔡客，佃田六町，凡卅一畝，皆二年常限。其廿
　　　　九畝旱敗不[1]，畝收布六寸六分。定收二畝，爲米二斛四斗。
　　　　畝收布二尺。其米二斛四斗，四年十二月十日付倉吏李金。
　　　　凡爲布二丈一尺五寸六分[2]，四年十二月六日付庫吏潘有。
　　　　其旱敗不收錢卅七[3]，其孰田畝收錢七十。凡爲錢一千八百
　　　　一十三錢[4]，四年十二月十日付庫吏潘有畢。嘉禾五年三月
　　　　三日，田户曹史趙野、張惕、陳通校。

原注：[1]"不"下脱"收"字。
　　　[2]按佃田畝數與定額計，應收布二丈三尺一寸四分。
　　　[3]"旱敗不"是"旱田畝"之誤。
　　　[4]按佃田畝數與定額計，應收錢一千二百一十三錢。

4·348　灵郭渚丘男子蔡碭①，佃田六町，凡卅六畝，皆二年常限。其
　　　　十五畝旱敗不收，畝收布六寸六分。定收廿一畝，爲米廿五
　　　　斛二斗。畝收布二尺。其米廿五斛二斗，四年十二月十日付
　　　　倉吏李金。凡爲布一匹一丈四尺四分[1]，四年十二月十二日
　　　　付庫吏潘有。其旱田畝收錢卅七，其孰田畝收錢七十。凡爲
　　　　錢二千廿錢[2]，四年十二月十日付庫吏潘有畢。嘉禾五年三
　　　　月三日，田户曹史趙野、張惕、陳通校。

原注：[1]按佃田畝數與定額計，應收布一匹一丈一尺九寸。
　　　[2]按佃田畝數與定額計，應收錢二千二十五錢。

按：①碭，音dàng。有花紋的石頭。《説文·石部》："碭，文石也。从石，易聲。"

4·349　灵郭渚丘男子蔡應，佃田三町，凡廿一畝，皆二年常限。其十
　　　　五畝旱不收，畝收布六寸六分。定收六畝，爲米七斛二斗。
　　　　畝收布二尺。其米七斛二斗，四年十二月十日付倉吏李金。
　　　　凡爲布二丈一尺九寸，四年十二月十日付庫吏潘有。其旱田
　　　　畝收錢卅七，其孰田畝收錢七十。凡爲錢九百卅錢[1]，四年十
　　　　二月十日付庫吏潘有畢。嘉禾五年三月三日，田户曹史趙
　　　　野、張惕、陳通校。

原注：[1]按佃田畝數與定額計，應收錢九百七十五錢。

4·350 灵郭渚丘男子謝伇[①]，佃田三町，五十畞，皆二年常限。其廿一畞旱敗不收，畞收布六寸六分。定收廿九畞，爲米卅四斛八斗。畞收布二尺。其米卅四斛八斗，四年十一月十日付倉吏李金。凡爲布一匹二丈一尺八寸六分[1]，四年十一月十日付庫吏潘有。其旱田畞收錢卅七，其孰田畞收錢七十。凡爲錢二千七百二錢[2]，四年十二月十日付庫吏潘有畢。嘉禾五年五月三日[3]，田戶曹史趙野、張惕、陳通校。

原注：[1]按佃田畞數與定額計，應收布一匹三丈一尺八寸六分。

[2]按佃田畞數與定額計，應收錢二千八百七錢。

[3]五月，據嘉禾四年吏民田家莂資料分析，"五"似爲"三"字之筆誤。

按：①伇，即"伇"字。《正字通·人部》："伇，籀文侅。从人，从攴，戲以攴擊人也，見《六書統》。"

4·351 灵浸頃丘男子潘惕，佃田廿一處，合一頃卅二畞，其五十三畞二年常限。其五十畞旱，畞收布六寸六分。定收三畞，畞收米一斛二斗，合三斛六斗。畞收布二尺。其七十九畞餘力火種田。旱不收，畞收布六寸六分。其米三斛六斗，四年十二月九日付倉吏鄭黑畢。凡爲布二匹一丈一尺一寸[1]，准入米四斛五斗五升，四年十二月九日付倉吏鄭黑畢。其旱田畞收錢卅七，其孰田畞收錢七十。凡爲錢四千九百八十三，准入米三斛一斗二升，四年十二月九日付倉吏鄭黑畢。嘉禾五年三月六日，主者史趙野、張惕、陳通校。

原注：[1]按佃田畞數與定額計，應收布二匹一丈一尺一寸四分。

4·352 灵頃丘男子李緟[1][①]，佃田六町，凡廿九畞，皆二年常限。其九畞旱，畞收布六寸六分。定收廿畞，畞收米一斛二斗，爲米廿四斛。畞收布二尺。其米廿四斛，四年十月十二日付倉吏鄭黑。凡爲布一匹五尺八寸[2]，准米二斛二斗九升，四年十一月九日付倉吏鄭黑。其旱田畞收錢卅七，其孰田畞收錢七十。凡爲錢一千七百卅三錢，准米一斛八升三合，四年十二月一日付倉吏鄭黑。嘉禾五年三月十日，田戶曹史張惕、趙野、陳通校。

原注：[1]緟，《玉篇》："文也"。

[2]按佃田畞數與定額計,應收布一匹五尺九寸四分。

按:①緷,音l̸。紋理。《玉篇·糸部》:"緷,文。"

4·353　灵項丘大女烝汝,佃田十八町,凡八十畞,皆二年常限。其七十四畞旱,畞收布六寸六分。定收六畞,畞收米一斛二斗,爲米七斛二斗。畞收布二尺。其米七斛二斗,四年十一月九日付倉吏鄭黑。凡爲布一匹二丈八寸^[1],准米三斛四升,四年十月七日付倉吏鄭黑。其旱田畞收錢卅七,其孰田畞收錢七十。凡爲錢三千一百五十八錢,准米一斛九斗二升四合,四年十月九日付倉吏鄭黑。嘉禾五年三月十日,田户曹史張惕、趙野、陳通校。

原注:[1]按佃田畞數與定額計,應收布一匹二丈八寸四分。

4·354　灵項丘男子烝宗,佃田六十町,凡五十二畞,皆二年常限。其卌二畞旱,畞收布六寸六分。定收十畞,畞收米一斛二斗,爲米十二斛。畞收布二尺。其米十二斛,四年十月一日付倉吏鄭黑。凡爲布一匹七尺七寸^[1],准米二斛三斗八升五合,四年十月二日付倉吏鄭黑。其旱田畞收錢卅七,其孰田畞收錢七十。凡爲錢□千□百五十四錢^{[2]①},准米一斛四斗一升,四年十一月三日付倉吏鄭黑。嘉禾五年三月十日,田户曹史張惕、趙野、陳通校。

原注:[1]按佃田畞數與定額計,應收布一匹七尺七寸二分。
　　　[2]按佃田畞數與定額計,應收錢二千二百五十四錢。

按:①據注釋[2],《田家莂》"……"今補釋爲"□千□"。

4·355　灵項丘男子烝胡,佃田十二町,凡十畞,皆二年常限。其四畞旱,畞收布六寸六分。定收六畞,畞收米一斛二斗,爲米七斛二斗。畞收布二尺。其米七斛二斗,四年十二月三日付倉吏鄭黑。凡爲布一丈四尺六寸四分,四年十二月十八日付庫吏潘有。其旱田畞收錢卅七,其孰田畞收錢七十。凡爲錢五百六十八錢,四年十一月廿一日付庫吏潘有。嘉禾五年三月十日,田户曹史張惕、趙野、陳通校。

4·356　灵項丘男子周梁,佃田七町,凡廿畞,皆二年常限。悉旱,畞收布六寸六分。凡爲布一丈三尺二寸,四年十一月廿日付庫吏潘珨。畞收錢卅七,凡爲錢七百卌,四年十二月五日付庫吏潘珨。嘉禾五年三月十二日,主者史張惕、趙野、陳通校。

4·357 囷頃丘男子蔡思①,佃田二處,合七畞。旱畞收布六寸六分。凡爲布四尺六寸[1],准入米二斗三升,四年十二月九日付倉吏鄭黑畢。畞收錢卅七,凡爲錢卅七[2],凡爲錢二百五十九錢,准入米一斗六升,四年十二月八日付倉吏鄭黑畢。嘉禾五年六日[3],主者史趙野、張惕、陳通校。

原注:[1]按佃田畞數與定額計,應收布四尺六寸二分。

  [2]"凡爲錢卅七"是衍文。

  [3]"五年"下脱月份。

按:①據文例,簡首應有合同符號,今補。

4·358 囷頃丘男子潘曲,佃田十五町,凡卌畞,皆二年常限。悉旱,畞收布六寸六分。凡爲布二丈六尺四寸,四年十二月十日付庫吏潘珨。畞收錢卅七,凡爲錢一千五百八十[1],四年十二月十八日付庫吏潘珨畢。嘉禾五年⋯⋯主者史張惕、趙野、陳通校。

原注:[1]按佃田畞數與定額計,應收錢一千四百八十錢。

4·359 囷頃丘男子潘首(?),佃田六町,凡廿畞,皆二年常限。悉旱,畞收布六寸六分。凡爲布一丈三尺二寸①,四年十二月十六日付庫吏潘有。旱田畞收錢卅七,凡爲錢七百卌,四年十二月廿八日付庫吏潘有畢。嘉禾五年三月十二日,主者史張惕、趙野、陳通校。

按:①據佃田畞數與定額計,應收布一丈三尺二寸。《田家莂》"囗"今補釋爲"一"。

4·360 囷頃丘大女潘蔦,佃田八町,凡卅畞,皆二年常限。悉旱,畞收布六寸六分。凡爲布一丈九尺八寸,四年十一月五日付庫吏潘珨。畞收錢卅七,凡爲錢一千二百一十[1],四年十一月六日付庫吏潘珨囗

原注:[1]按佃田畞數與定額計,應收錢一千一百一十錢。

4·361 灵區丘大女由合,佃田五町,凡卅畝,皆二年常限。悉旱,畝收布六寸六分。凡爲布三丈七尺四寸[1],准入米一斛⋯⋯,四年十一月十日付倉吏鄭黑。其旱田畝收錢卅七,凡爲一千四百六十[2],准入米九斗五升,四年十一月十日付倉吏鄭黑。嘉禾五年三月十日,主者史張惕、趙野、陳通 校。

原注:[1]按佃田畝數與定額計,應收布二丈六尺四寸。

[2]"凡爲"下脱"錢"字。按佃田畝數與定額計,應收錢一千四百八十錢。

4·362 灵區丘男子陳胄,佃田六十一町,凡一頃,皆二年常限。其六十畝旱敗不收,畝收布六寸六分。定收卌畝,畝收米一斛二斗,爲米卌八斛。畝收布二尺。其米卌八斛,四年十一月七日付倉吏鄭黑。凡爲布二匹三丈九尺六寸,准入米五斛九斗八升,四年十二⋯⋯鄭 黑。其旱田畝收錢卅七,其 孰 田 畝 收 錢 七 十 ①。凡 爲 錢 五 千 廿 錢[1]②,准入米三斛一斗四升,四年十二月十六日付倉吏鄭黑。嘉禾五年三月十日,主者史張惕、趙野、陳通校。

原注:[1]按佃田畝數與定額計,應收錢五千二十錢。

按:①據文例,《田家莂》"⋯⋯"今補釋爲"其 孰 田 畝 收 錢 七 十"。

②據注釋[1],《田家莂》"⋯⋯"今補釋爲"廿 錢"。

4·363 灵區丘男子黃弩,佃田十九町,凡五十畝,皆二年常限。其卌畝旱,畝錢卅七[1]。定收十畝,畝收米一斛二斗,爲米十二斛。畝收布二尺。其米十二斛,四年十月六日付倉吏鄭黑。凡爲布一匹一丈六尺四寸[2],准入米二斛八斗三升,四年十二月廿日付倉吏鄭黑。其旱田畝收錢卅七,其孰田畝收錢七十。凡爲錢二千三百[3],准入米一斛三斗六升,四年十一月十五日付倉吏鄭黑。嘉禾五年三月十日,主者史張惕、趙野、陳通校。

原注:[1]"畝錢卅七"應爲"畝收布六寸六分"之誤。

[2]按佃田畝數與定額計,應收布一匹六尺四寸。

[3]按佃田畝數與定額計,應收錢二千一百八十錢。

4·364 灵 區 丘縣吏黃圉,佃田廿町,凡卅六畝一百廿步,皆二年常

限。其廿畝旱不□□定收十六畝一百□其……□

4·365　䢒區丘大女黃昌[1]，佃田廿町，凡六十畝，皆二年常限。其卅畝旱，畝收布六寸六分。定收卅畝，畝收米一斛二斗，爲米卅六斛。畝收布二尺。其米卅六斛，四年十二月一日付倉吏鄭黑。凡爲布一匹三丈九尺八寸，准入米三斛七斗九升，四年十二月廿日付倉吏鄭黑。其旱田畝收錢卅七，其孰田畝收錢七十。凡爲錢三千二百一十，准入米二斛八合，四年十二月十日付倉吏鄭黑。嘉禾五年三月十日，主者史張惕、趙野、陳通校。

原注：[1]“黃”字字頭似作“采”形，又似“番”字。

4·366　䢒區丘男子鄧□，佃田十二町，凡卅五畝，皆二年常限。其卅畝旱，畝收布六寸六分。定收五畝，畝收米一斛二斗，爲米六斛。畝收布二尺。其米六斛，四年十一月十二日付倉吏鄭黑。凡爲布二丈九尺八分，四年十一月廿日付庫吏番有。其旱田畝收錢卅七，其孰田畝收錢七十。凡爲錢二千四百六十錢[1]，四年十一月廿日付庫吏番有。嘉禾五年三月十日，主者史張惕、趙野、陳通校。

原注：[1]按佃田畝數與定額計，應收錢一千四百六十錢。

4·367　䢒區丘男子盧曲，佃田卅二町，凡五十八畝，皆二年常限。其卌畝旱，畝收布六寸六分。定收十八畝，畝收米一斛二斗，爲米廿一斛六斗。畝收布二尺。其米廿一斛六斗，四年十一月三日付倉吏鄭黑。凡爲布一匹二丈二尺四寸，准入米三斛一斗二升，四年十一月十八日付倉吏鄭黑。其旱田畝收錢卅七，其孰田畝收錢七十。凡爲錢二千七百卌，准入米一斛……，四年十二月六日付倉吏鄭黑。嘉禾五年三月十日，主者史張惕、趙野、陳通校。

4·368　䢒區丘男子□□，佃田□町，凡□□畝，皆二年常限。其六畝旱……校。

4·369　䢒區丘男子□□，佃田廿町，凡卅一畝，皆二年常限。其廿七畝旱敗不收①,畝收布六寸六分。定收四畝,畝收米一斛二斗,爲米四斛八斗。畝收布二尺。其米四斛八斗,五年閏月……付倉吏鄭黑。凡爲布二丈……②□

按:①據總畝數卅一畝,定收四畝,知旱田爲廿七畝。據文例及文意,《田家莂》"其廿□畝旱敗……"今補釋爲"其廿七畝旱敗不收"。

②據佃田畝數與定額計,應收布二丈五尺八寸二分。

4·370 灵略丘男子巨碩,佃田一處,合四畝,二年常限。其三畝旱田,畝收布六寸六分。定收一畝,畝收米一斛二斗。畝收布二尺。其米一斛二斗,四年十二月六日付倉吏鄭黑畢。凡爲布三尺九寸[1],四年十二月十一日付庫吏潘有畢。其旱田畝收錢卅七,其孰田畝收錢七十。凡爲錢一百八十一錢,四年十月九日付庫吏潘有畢。嘉禾五年三月六日,主者史趙野、張惕、陳通校。

原注:[1]按佃田畝數與定額計,應收布三尺九寸八分。

4·371 灵略丘男子梅□①,佃田三町,凡十畝,皆二年常限。其五畝旱田,畝收布六寸六分。定收五畝,畝收米一斛二斗,爲米六斛。畝收布二尺。其米六斛,四年十一月十二日付倉吏李金。凡爲布一丈三尺三寸,四②年十二月十二日付庫吏番有。其旱田畝收錢卅七,其孰田畝收錢七十。凡爲錢五百卅五錢,五年二月十八日付庫吏番有。嘉禾五年三月十日,田戶經用曹史趙野、張惕、陳通校。

按:①據文例,簡首應有合同符號,今補。

②據佃田畝數與定額計,應收布一丈三尺三寸。據文例及文意,《田家莂》"……"今補釋爲"三寸,四"。

4·372 灵梨下丘男子杜如,佃田二町,凡十七畝,皆二年常限。其六畝旱不收,畝收布六寸六分。定收十一畝,爲米十三斛二斗。畝收布二尺。其米十三斛二斗,四年十二月廿日付倉吏李金。凡爲布二丈四尺九寸六分[1],准入米一斛二斗五升,五年閏月十日付三州倉吏鄭黑。其旱田畝收錢卅七,其孰田畝收錢七十。凡爲錢七百八十二錢[2],准入米四斗六升,五年閏

月廿日付倉吏潘慮畢。嘉禾五年三月三日，田戶曹史趙野、
張惕、陳通校。

原注：[1]按佃田畝數與定額計，應收布二丈五尺九寸六分。

　　　[2]按佃田畝數與定額計，應收錢九百九十二錢。

4·373 灵梨下丘男子李□，佃田三町，凡廿六畝，皆二年常限。其十
三畝旱不收，畝收布六寸六分。定收十三畝，爲米十五斛六
斗。畝收布二尺。其米十五斛六斗，四年十二月十日付倉吏
李金。凡爲布三丈九尺五寸[1]，四年十二月廿日付庫吏番
有。其旱田畝收錢卅七，其孰田畝收錢七十。凡爲錢一千三
百九十[2]，准入米八斗七升，五年閏月八日付倉吏番慮畢。嘉
禾五年三月三日，田戶曹史趙野、張惕、陳通校。

原注：[1]按佃田畝數與定額計，應收布三丈四尺五寸八分。

　　　[2]按佃田畝數與定額計，應收錢一千三百九十一錢。

4·374 灵梨下丘男子郭直，佃田一町，凡十八畝，皆二年常限。其十
三畝旱不收，畝收布六寸六分。定收五畝，爲米六斛。畝收
布二尺。其米六斛，四年十二月十日付倉吏李
金。凡爲布一丈七尺二寸六分[1]，四年十二月四日付庫吏潘
有。其旱田畝收錢卅七，其孰田畝收錢七十。凡爲錢八百廿
七錢[2]，准入米五斗二升，五年閏月廿日付倉吏番慮畢①。嘉
禾五年三月三日，田戶曹史趙野、張惕、陳通校。[3]

原注：[1]按佃田畝數與定額計，應收布一丈八尺五寸八分。

　　　[2]按佃田畝數與定額計，應收錢八百三十一錢。

　　　[3]本簡尾部右側有“惕”字左旁，“陳通”左半，係另一片券書的殘留。

按：①據圖版，“庫”應爲“倉”字。據文例，錢准入米應入倉，應付予倉吏。“番”通
　　“潘”，“番慮”即“潘慮”，其在田家莂中的吏職是倉吏而非庫吏。今改。

4·375 灵梨下丘男子涂萇，佃田二町，凡十六畝，皆二年常限。其九
畝旱不收，畝收布六寸六分。定收七畝，爲米八斛四斗。畝
收布二尺。其米八斛四斗，四年十二月十二日付倉吏李金。
凡爲布一丈九寸四分[1]，四年十一月七日付庫吏潘有。其旱
田畝收錢卅七，其孰田畝收錢七十。凡爲錢八百廿三錢，准
入米五斗二升，五年閏月十日付倉吏潘慮畢，嘉禾五年三月

三日,田户曹史趙野、張愓、陳通校。

原注:[1]按佃田畝數與定額計,應收布一丈九尺九寸四分。

4·376 㚒梨下丘男子烝曲,佃田三町,凡廿三畝[1],皆二年常限。其十六畝旱不收,畝收布六寸六分。定收六畝,爲米七斛二斗。畝收布二尺。其米七斛二斗,四年十二月十日付倉吏李金。凡爲布二丈一尺二寸四分[2],准入米一斛六斗六升二合,五年二月二日付三州倉吏鄭黑。其旱田畝收錢卅七,其孰田畝收錢七十。凡爲錢一千一十二錢,准入米六斗四升,五年閏月廿日付倉吏鄭黑。嘉禾五年三月三日,田户曹史趙野、張愓、陳通校。

原注:[1]據下文旱田十六畝,熟田六畝,共計爲廿二畝。
　　　[2]按佃田畝數與定額計,應收布二丈二尺五寸六分。

4·377 㚒梨下丘男子黃柱,佃田三町,凡十八畝,皆二年常限。其九畝旱不收,畝收布六寸六分。定收九畝,爲米十斛八斗。畝收布二尺。其米十斛八斗,四年十二月六日付倉吏李金。凡爲布二丈三尺九寸四分,四年十一月九日付庫吏潘有。其旱田畝收錢卅七,其孰田畝收錢七十。凡爲錢九百六十三錢,准入米六斗……☐嘉禾五年三月☐

4·378 㚒梨下丘男子黃基(?),佃田六町,凡五十一畝,皆二年常限。其廿八畝旱不收,畝收布 六 寸 六 分①。定收廿三畝,爲米廿七斛 六 斗②。畝收布二尺。其米廿七斛六斗,四年十二月……付倉吏李金。凡爲布一匹☐丈三(?)尺四寸八分[1],准入米三斛一斗七升四合,五年閏月十一日付三州倉吏鄭黑。其旱田畝收錢卅七,其孰田畝收錢七十。凡爲錢二千六百卅六錢,准入米一斛☐☐,五年二月二日付倉吏潘慮。嘉禾五年三月三日,田户曹史趙野、張愓、陳通校。

原注:[1]按佃田畝數與定額計,應收布一匹二丈四尺四寸八分。
按:①據文例,《田家莂》"……"今補釋爲"六 寸 六 分"。
　　②據熟田畝數與定額計,應收米十七斛六斗。據下文"其米廿七斛六斗",《田家莂》"廿七斛……"今補釋爲"廿七斛 六 斗"。

4·379 灵梨下丘男子雷元，佃田十町，凡一頃五畝，皆二年常限。其五十七畝旱不收，畝收布六寸六分。定收卌八畝，爲米五十七斛六斗。畝收布二尺。其米五十七斛六斗，四年十二月七日付倉吏李金。凡爲布二匹一丈三尺六寸二分[1]，四年十一月十七日付庫吏潘有。其旱田畝收錢卌七，其孰田畝收錢七十。凡爲錢五千四百六十九錢，准入米三斛四斗二升，五年閏月廿日……嘉禾五年三月三日，田戶曹史趙野、張惕、陳通校①。

原注：[1]按佃田畝數與定額計，應收布三匹一丈三尺六寸二分。

按：①據文例，《田家莂》"……"今補釋爲"通校"。

4·380 灵梨下丘男子廖谷，佃田三町，凡廿九畝，皆二年常限。其八畝旱不收，畝收布六寸六分。定收廿一畝，爲米廿五斛二斗。畝收布二尺。其米廿五斛二斗，四年十二月廿八日付倉吏李金。凡爲布一匹七尺三寸[1]，准入米二斛三斗六合，五年正月十二日付三州倉吏鄭黑。其旱田畝收錢卌七，其孰田畝收錢七十。凡爲錢一千七百六十三錢[2]，准入米一斛一合，五年閏月廿二日付倉吏潘慮畢。嘉禾五年三月三日，田戶曹史趙野、張惕、陳通校。

原注：[1]按佃田畝數與定額計，應收布一匹七尺二寸八分。

[2]按佃田畝數與定額計，應收錢一千七百六十六錢。

4·381 灵梨下丘男子廖昭，佃田三町，凡卅六畝，皆二常限[1]。其廿畝旱不收，畝收布六寸六分。定收十六畝，爲米十九斛二斗。畝收布二尺。其米十九斛二斗，四年十二月廿日付倉吏李金。凡爲布一匹五尺二寸，准入米二斛二斗六升，五年二月十一日付三州倉吏鄭黑。其旱田畝收錢卌七，其孰田畝收錢七十。凡爲錢一千七百六十錢[2]，准入米一斛一合，五年二月廿二日付倉吏潘慮畢。嘉禾五年三月三日，田戶曹史趙野、張惕、陳通校。

原注：[1]"二"下脱"年"字。

[2]按佃田畝數與定額計，應收錢一千八百六十錢。

4·382 　灵梨下丘男子廖晧①,佃田一町,凡十九畝,皆二年常限。其十一畝旱不收,畝收布六寸六分。定收八畝,爲米九斛六斗。畝收布二尺。其米九斛六斗,四年十二月九日付倉吏李金。凡爲布二丈三尺二寸六分,四年十二月十九日付庫吏番有。其旱田畝收錢卅七,其孰田畝收錢七十。凡爲錢九百六十七錢,准入米六斗五合,五年閏月廿日付倉吏番慮畢。嘉禾五年三月三日,田户曹史趙野、張惕、陳通校。

按:①晧,音hào,同皓。《説文·日部》:"晧,日出皃。從日,告聲。"段玉裁注:"謂光明之皃也。天下惟潔白者最光明,故引申爲凡白之稱,又改其字從白作皓矣。"

4·383 　灵犁下丘男子謝佳①,佃田一町,凡廿一畝,皆二年常限。其五畝旱不收,畝收布六寸六分。定收十六畝,爲米十九斛二斗。畝收布二尺。其米十九斛二斗,四年十二月廿日付倉吏李金。凡爲布三丈五 尺 三 寸 ②,准入米一斛七斗五升六合,五年閏月廿日付倉吏番慮。其旱田畝收錢卅七,其孰田畝收錢七十。凡爲錢③□嘉禾□

按:①據圖版,《田家莂》"丘"後脱"男子"二字。今補。
　　②據佃田畝數與定額計,應收布三丈五尺三寸。《田家莂》"□"今補釋爲"三"。
　　③據佃田畝數與定額計,應收錢一千三百五錢。

4·384 　灵進渚丘男子雷山,佃田三町,凡十畝,皆二年常限。其一畝旱田□□定收九畝,爲米□其米十斛八斗,四年十二月□

4·385 　灵進渚丘男子劉闊(?),佃田三町,凡十畝,皆……①付倉吏李金。凡爲布二丈,四年十一月廿五日付庫吏潘有。凡爲錢七百錢[1]②,四年十一月十六日付庫吏潘有畢。嘉禾五年三月三日,田户曹史趙 野、張 惕、陳 通 校③。

原注:[1]"七"字似原爲"九"字,後改爲"七"。
按:①據收布數和收錢數,可推知此簡均爲熟田。
　　②據文例,"凡爲錢"前脱畝收錢定額的文字。
　　③據文例,《田家莂》"……"今補釋爲"趙 野、張 惕、陳 通 校"。

4·386 　灵淦丘州吏張聲①,田十一町,凡卅畝,皆常限②。畝收租五斗八升五合③,爲米廿三斛四斗……日付倉吏……付庫吏潘有……

年十二月七日付庫吏潘……五年三月十日，田户曹史趙野、張惕、陳通校。

按：①淦，音gàn。《説文·水部》：“淦，水入船中也。一曰泥也。从水，金聲。”《玉篇·水部》：“淦，淺也。新淦，縣名。”

②據文例，“皆”後脱“二年”。

③據文例，“租”後脱“米”。

4·387 靈淦丘男子鄧□，佃田四町，凡廿畝，皆二年常限。其十五畝旱，畝收布六寸六分。定收五畝，畝收米一斛二斗，凡爲米六斛。畝收布二尺。其米六斛，四年十二月□日付倉吏李金。凡爲布一丈九尺九寸，四年十二月十一日付庫吏潘有。凡爲錢九百五錢[1]，四年十二月二日付庫吏潘有畢。嘉禾五年三月十日，田户曹史趙野、張惕、陳通校。

按：①據文例，“凡爲錢”前脱旱田、熟田畝收錢定額的文字。

4·388 靈寇丘男子周越[1]，佃田一處，合五畝。旱畝收布六寸六分。凡爲布三尺三寸，四年十一月一日付庫吏潘有畢。畝收錢卅七，凡爲□

按：①《田家莂》“达”圖版作“□”，其寫法和簡5·859“□”、簡5·883“□”寫法相同。《田家莂》將簡5·859、簡5·883釋爲“越(?)”。東漢《史晨後碑》“越”作“□”，與田家莂寫法相類。今改釋“达”爲“越”字。

4·389 靈湛上丘男子勇錕，佃田六町，凡五十二畝，皆二年常限。其卅二畝旱不收，畝收布六寸六分。定收廿畝，爲米廿四斛。畝收布二尺。其米廿四斛，四年十一月十日付倉吏李金。凡爲布一匹二丈三尺二分[1]，四年二月廿日付庫吏潘有[2]。其旱田畝收錢卅七，其熟田畝收錢七十。凡爲錢二千五百七十一錢[3]，四年十一月三日付庫吏潘有畢。嘉禾五年三月三日，田户曹史趙野、張惕、陳通校。

原注：[1]按佃田畝數與定額計，應收布一匹二丈一尺一寸二分。

[2]“二月”可能是“十一月”之誤。

[3]按佃田畝數與定額計，應收錢二千五百八十四錢。

4·390 靈湛上丘男子梅碭，佃田十町，凡頃卅五畝，皆二年常限。其

六十三畝旱不收[1]，畝收布六寸六分。定收七十二畝[2]，爲米
八十七斛六斗。畝收布二尺。其米八十七斛六斗，四年十二
月廿九日付倉吏李金。凡爲布四匹一丈六尺九寸三分[3]，四
年十二月廿九日付庫吏潘有。其旱田畝收錢卅七，其孰田畝
收錢七十。凡爲錢八千二百四錢[4]，四年十二月廿日付庫吏
潘有畢①。嘉禾五三月三日[5]，田户曹史趙野、張惕、陳通校。

原注：[1]"六十三畝"，據總畝數與訂正後的熟田畝數推算，應爲"六十二畝"之筆誤。
　　[2]"七十二畝"，據收米數知應爲"七十三畝"之筆誤。
　　[3]按旱田六十二畝，熟田七十三畝計，應收布四匹二丈六尺九寸二分。
　　[4]按旱田六十二畝，熟田七十三畝計，應收錢七千四百四錢。
　　[5]"五"下脱"年"字。

按：①據圖版，《田家莂》"史"應爲"吏"字。今改。

4·391 㶗湛上丘男子區懷(?)，佃田十五處，合八十六畝。其十一畝
二年常限。其七畝旱，畝收布六寸六分。定收四畝，畝收米
一斛二斗，合四斛八斗。畝收布二尺。其七十五畝餘力火種
田。其廿畝旱，畝收布六寸六分。定收五十五畝，畝收米四
斗五升六合，斛加五升，合廿六斛三斗一升三合[1]。畝收布二
尺。凡爲米卅一斛一斗一升三合①。其四斛八斗稅米，四年
十二月八日付倉吏鄭黑畢。其廿六斛三斗一升三合租米，四
年十月廿日付倉吏鄭黑畢。凡爲布三匹一丈三尺八寸[2]，准
入米六斛六斗九升，四年十二月九日付倉吏鄭黑畢。其旱田
畝收錢卅七，其孰田畝收錢七十。凡爲錢五千一百卅九錢[3]，
准入米三斛二斗，四年十二月一日付倉吏鄭黑畢。嘉禾五年
三月六日，主者史趙野、張惕、陳通校。

原注：[1]按定收畝數與定額計，餘力田應收米廿六斛三斗三升。②
　　[2]按佃田畝數與定額計，應收布三匹一丈五尺八寸二分。
　　[3]按佃田畝數與定額計，應收錢五千一百二十九錢。

按：①據"二年常限"田收米數與餘力火種田收米數計，應收米卅一斛一斗三升。
　　②《田家莂》注釋[1]"餘力田"應爲"餘力火種田"。

4·392 㶗湛上男子鄭平[1]，佃田四町，凡卅三畝，皆二年常限。其十畝
旱不收，畝收布六寸六分。定收廿三畝，爲米廿七斛六斗。畝
收布二尺。其米廿七斛六斗，四年十一月十日付倉吏李金。

凡爲布一匹二丈六寸[2]，准入米三斛一斗三升，五年閏月廿日付三州倉吏鄭黑。其旱田畝收錢卅七，其孰田畝收錢七十。凡爲錢一千九百八十錢，准入米一斛二斗四升，五年閏月廿日付倉吏潘慮。嘉禾五年三月三日，田户曹史趙野、張惕、陳通校。

原注：[1]"湛上"下脱"丘"字。

　　[2]按佃田畝數與定額計，應收布一匹一丈二尺六寸。

4·393 冣湛上丘男子鄭佶①，佃田三町，凡十六畝，皆二年常限。其五畝旱不收，畝收布六寸六分。定收十一畝，爲米十三斛二斗。畝收布二尺。其米十三斛二斗，四年十二月一日付倉吏李金。凡爲布二丈五尺三寸，四年十二月十日付庫吏潘有。其旱田畝收錢[1]，其孰田畝收錢七十。凡爲錢九百五十錢[2]，四年十二月二日付庫吏潘有畢。嘉禾五年三月三日，田户曹史趙野、張惕、陳通校。

原注：[1]"錢"下脱"卅七"二字。

　　[2]按佃田畝數與定額計，應收錢九百五十五錢。

按：①佶，音jí。《説文·人部》："佶，正也。从人，吉聲。"

4·394 冣湛上丘男子鄭馬，佃田六町，凡六十七畝，皆二年常限。其十七畝旱不收，畝收布六寸六分。定收五十畝，爲米六十斛。畝收布二尺。其米六十斛，四年十一月七日付倉吏鄭黑。凡爲布二匹三丈七尺二寸二分[1]，准入米五斛六斗三升，五年閏月廿日付三州倉吏鄭黑。其旱田畝收錢卅七，其孰田畝收錢七十。凡爲錢三(?)……[2]閏月廿日付倉吏潘慮。嘉禾五年三月三日①，田户曹史趙野、張惕、陳通校。

原注：[1]按佃田畝數與定額計，應收布二匹三丈一尺二寸二分。

　　[2]按佃田畝數與定額計，應收錢四千一百二十九錢。

按：①據圖版，"凡爲錢三"與"嘉禾五年"間約有十八字，其中"嘉禾五年"前九字可確釋爲"閏月廿日付倉吏潘慮"，故《田家莂》"凡爲錢三(?)……嘉禾五年□月三日"今釋爲"凡爲錢三(?)……閏月廿日付倉吏潘慮。嘉禾五年三月三日"。

4·395 冣湛上丘男子衛定(?)，佃田九町，凡卅六畝，皆二年常限。旱不收，畝收布六寸六分。凡爲布□丈一尺七寸八分[1]，五年正月廿日付庫吏潘有。其旱田畝收錢卅七。凡爲錢一千七百卅錢[2]，五年正月三日付庫吏潘有畢。嘉禾五年……田户曹史趙野、張惕、陳通校①。

原注：[1]按佃田畝數與定額計，應收布二丈三尺七寸六分。

[2]按佃田畝數與定額計，應收錢一千三百三十二錢。

按：①據文例，《田家莂》"……"今補釋爲"通校"。

4·396 旲湛龍丘男子周孫，佃田三町，凡廿九畝，皆二年常限。其廿二畝旱敗不收，畝收布六寸六分。定收七畝，爲米八斛四[1]。畝收布二尺。其米八斛四斗，四年十二月十二日付倉吏李金。凡爲布三丈八尺五寸[2]，准入米一斛九斗二升五合，五年閏月十日付三州倉吏鄭黑。其旱田畝收錢卅七，其孰田畝收錢七十。凡爲錢八百九十[3]，准入米五斗六升，五年閏月……。嘉禾五年三月三日，田户曹史趙野、張惕、陳通校。

原注：[1]"四"下脱"斗"字。

[2]按佃田畝數與定額計，應收布二丈八尺五寸二分。

[3]按佃田畝數與定額計，應收錢一千三百四錢。

4·397 旲湛龍丘州吏黃興，佃田八町，凡六十畝，其卅畝二年常限租田。爲米十八斛二斗四升。畝收布二尺。其廿畝餘力田。其十八畝旱田，畝收布六寸六分。定收二畝，爲米九斗一升二合。畝收布二尺。其米十九斛一斗五升二合，四年十二月十日付倉吏李金。凡爲布二匹二丈三尺六寸[1]，四年十二月十三日付庫吏潘有。其旱田畝收錢卅七，其孰田畝收錢七十。凡爲錢四千六百九錢[2]，四年十二月三日付庫吏潘有畢。嘉禾五年三月三日，田户曹史趙野、張惕、陳通校。

原注：[1]按佃田畝數與定額計，應收布二匹一丈五尺八寸八分。

[2]按佃田畝數與定額計，應收錢三千六百六錢。

4·398 旲湛龍丘男子區賢，佃田八町，凡廿畝，皆二年常限。其五畝旱不收，畝收布六寸六分。定收十五畝，爲米十八斛。畝收布二尺。其米十八斛，四年十二月廿日付倉吏李金。凡爲布三丈六尺六寸[1]，准入米一斛八斗二升。五年閏月廿日付三州倉吏鄭黑。其旱田畝收錢卅七，其孰田畝收錢七十。凡

原注：

爲錢一千四百廿錢[2]，准入米九斗七升二合。五年閏月十日付倉吏潘慮。嘉禾五年三月三日，田户曹史趙野、張惕、陳通校。

原注：[1]按佃田畝數與定額計，應收布三丈三尺三寸。

[2]按佃田畝數與定額計，應收錢一千二百三十五錢。

4·399 灵湛龍丘男子許都，佃田二町，凡十三畝，皆二年常限。其七畝旱不收，畝收布六寸六分。定收六畝，爲米七斛二斗。畝收布二尺。其米七斛二斗，四年十二月廿日付倉吏李金。凡爲布一丈七尺九寸[1]，准入米八斗九升五合，五年二月二日付三州倉吏鄭黑。其旱田畝收錢卅七，其孰田畝收錢七十。凡爲錢七百五十□錢[2]，准入米四斗二升。五年閏月廿日付倉吏潘慮畢。嘉禾五年三月三日，田户曹史趙野、張惕、陳通校①。

原注：[1]按佃田畝數與定額計，應收布一丈六尺六寸二分。

[2]按佃田畝數與定額計，應收錢六百七十九錢。

按：①據文例，《田家莂》"□"今補釋爲"校"。

4·400 灵湛龍丘男子張綬(?)，佃田三町，凡卌八畝，皆二年常限。其卌六畝旱不收，畝收布六寸六分。定收二畝，爲米二斛四斗。畝收布二尺。其米二斛四斗，四年十二月十日付倉吏李金。凡爲布三丈三尺三寸六分[1]，四年十一月廿日付庫吏潘有。其旱田畝收錢卅七，其孰田畝收錢七十。凡爲錢二千八百卌二錢[2]，四年十一月廿日付庫吏潘有畢。嘉禾五年三月三日，田户曹史趙野、張惕、陳通校。

原注：[1]按佃田畝數與定額計，應收布三丈四尺三寸六分。

[2]按佃田畝數與定額計，應收錢一千八百四十二錢。

4·401 灵湛龍丘男子番凡，佃田二町，凡十四畝，皆二年常限。其三畝旱不收，畝收布六寸六分。定收十一畝，爲米十三斛二斗。畝收布二尺。其米十三斛二斗，四年十二月十日付倉吏李金。凡爲布二丈二尺九寸[1]，准入米一斛二斗四升五合，五年①十二月廿日付三州倉吏鄭黑。其旱田畝收錢卅七，其孰田畝收錢七十。凡爲錢八百八十[2]，准入米五斗五升，五年閏月十二日付倉吏番慮畢。嘉禾五年三月三日，田户曹史趙野、張惕、陳通校。

原注：[1]按佃田畝數與定額計，應收布二丈三尺九寸八分。

[2]按佃田畝數與定額計，應收錢八百八十一錢。

按：①據文例，"五年"當爲"四年"之誤。

4·402　灵湛龍丘男子鄭心(?)，佃田三町，凡十六畝，皆二年常限。其五畝旱不收，畝收布六寸六分。定收十一畝，爲米十三斛二斗。畝收布二尺。其米十三斛二斗，四年十二月廿一日付倉吏李金。凡爲布三丈五尺三寸①，四年□□月廿一日付庫吏潘有。其旱田畝收錢卅七，其孰田畝收錢七十。凡爲錢九百五十錢②，四年十二月九日付庫吏潘有畢。嘉禾五年三月三日，田户曹史趙野、張惕、陳通校。

按：①據佃田畝數與定額計，應收布二丈五尺三寸。

②據佃田畝數與定額計，應收錢九百五十五錢。

4·403　灵湛龍丘縣吏鄭黑，佃田十町，凡廿九畝，皆二年常限。其八畝旱不收，畝收布六寸六分。定收廿一畝，爲米廿五斛二斗。畝收布二尺。其米廿五斛二斗，四年十二月廿日付倉吏李金。凡爲布二匹二丈四分[1]，准入米三斛六斗三升一合，五年十二月廿日付倉吏番慮[2]。其旱田畝收錢卅七，其孰田畝收錢七十。凡爲錢一千五百[3]，准入米九斗三升，五年閏月十二日付倉吏□□。嘉禾五年三月三日，田户曹史趙野、張惕、陳通校。

原注：[1]按佃田畝數與定額計，應收布一匹七尺二寸八分。

[2]"五"應爲"四"字之誤。

[3]按佃田畝數與定額計，應收錢一千七百六十六錢。

4·404　灵湛龍丘男子鄭舉，佃田一町，凡八畝，皆二年常限。旱不收，畝收布六寸六分①。凡爲布五尺二寸[1]，四年十二月十三日付庫吏潘有。其旱田畝收錢卅七，凡爲錢二百九十六錢，四年十二月廿日付庫吏潘有。嘉禾五年三月三日，田户曹史趙野、張惕、陳通校。

原注:[1]按佃田畝數與定額計,應收布五尺二寸八分。

按:①據文例,《田家莂》"□"今補釋爲"畝"。

4·405 灵湛龍丘男子潘連,佃田六町,凡八十四畝,皆二年常限。其五十畝旱不收,畝收布六寸六分。定收卅四畝,爲米卅斛八斗。畝收布二尺。其米卅斛八斗,四年十二月廿七日付倉吏李金①。凡爲布二匹二丈一尺,四年十二月廿九日付庫吏潘有②。其旱田畝收錢卅七,其孰田畝收錢七十。凡爲錢五千二百卅錢[1],四年十二月七日付庫吏潘有畢。嘉禾五年三月三日,田户曹史趙野、張惕、陳通校。

原注:[1]按佃田畝數與定額計,應收錢四千二百三十錢。

按:①據圖版,《田家莂》"十一月"之"一"字應爲"二"字。今改。

②據圖版,《田家莂》"十一月"之"一"字應爲"二"字。今改。

4·406 灵新眺丘州吏雷賞,佃田十町,凡卅九畝。其卅畝二年常限。孰田爲米十八斛二斗四升。畝收布二尺。其九畝餘力田。其七畝旱不收,畝收布六寸六分。定收二畝,爲米九斗一升二合。畝收布二尺。其米十九斛一斗五升二合,四年十二月三日付倉吏鄭黑。凡爲布二匹二丈八尺六寸二分[1],四年十二月十一日付庫吏潘有。其旱田畝收錢卅七,其孰田畝收錢七十。凡爲錢二千六百[2],四年十二月一日付庫吏潘有畢。嘉禾五年三月三日,田户曹史趙野、張惕、陳通校。

原注:[1]按佃田畝數與定額計,應收布二匹八尺六寸二分。

[2]按佃田畝數與定額計,應收錢三千一百九十九錢。

4·407 灵新眓丘男子涂㤟[1]①,佃田二町,凡廿九畝,皆二年常限②。其十九畝旱不收,畝收布六寸六分③。定收十畝爲米十二斛□

原注:[1]㤟,《集韻》:"㤟,俗作㤟,非是"。

按:①《田家莂》"眐"可確釋爲"眓"。今改。詳參簡4·181。

②據文例,《田家莂》"□"今補釋爲"限"。

③據文例,《田家莂》"□☑"今補釋爲"六分"。

4·408 灵新唐丘男子何囊,佃田二町,凡廿畝[1],皆二年常限。旱田畝收布六寸六分。凡爲布三尺三寸[2]，五年二月七日付庫吏番有。旱田畝收錢卅七，凡爲錢一百八十五錢[3]，五年二月十日付庫吏番有①。嘉禾五年三月十日，田户經用曹史趙野、張惕、陳通校。

原注：[1]據下文收布與收錢數推算，佃田數應爲五畝。

[2]按佃田爲廿畝旱田計，應收布一丈三尺二寸。

[3]按佃田爲廿畝旱田計，應收錢七百四十錢。

按：①據圖版，《田家莂》"史"應爲"吏"字，圖版作"𠯢"。今改。

4·409 𡠩新唐丘男子番廣，佃田五町，凡十七畝，皆二年常限。其十二畝旱，畝收布六寸六分。定收五畝，畝收米一斛二斗，爲米六斛。畝收布二尺。其米六斛，四年十月十一日付倉……凡爲布一丈七尺九寸二分，五年二月十五日付庫吏番有。其旱田畝收錢卅七，其孰田畝收錢七十。凡爲錢一千四百卅四錢[1]，五年二月十一日付庫吏番有。嘉禾五年三月十日，田户經用曹史趙野、張惕、陳通校。

原注：[1]按佃田畝數與定額計，應收錢七百九十四錢。

4·410 𡠩䕱丘男子吕盆①，佃田十町，凡十畝，皆二年常限。其四畝旱，畝收布六寸六分。定收六畝，畝收米一斛二斗，爲米七斛[二斗]。[畝][收][布][二尺]②。其米七斛二斗，四年十二月七日付倉吏鄭黑。凡爲布一丈四尺六寸[1]，准米七斗三升，四年十二月九日付倉吏……其旱田畝收錢卅七，其孰田畝收錢七十。凡爲錢五百六十八錢，准米四斗五合，四年十一月七日付倉吏鄭黑。嘉禾五年三月廿日，田户曹史張惕、趙野、陳通校。

原注：[1]按佃田畝數與定額計，應收布一丈四尺六寸四分。

按：①䕱，音qǐng，同藑。《説文·艸部》："藑，莫屬。从艸，焭省。"段玉裁注："類莫而非莫，言屬而別見也。藑者，草名也。……䕱即藑字之異者。"《集韻·靜韻》："藑，艸名。……或作䕱、䔳。""䕱"當爲"藑"的異體字。

②據文例，《田家莂》"□"今補釋爲"二"。

4·411 𡠩䕱丘男子黄强(?)，佃田六十町，凡一頃卅四畝。其一頃一十四畝，皆二年常限。其七十四畝旱，畝收布六寸六分。定

收卌畝[①]，畝收米一斛二斗，爲米卌八斛。畝收布二尺。其
廿畝餘力田，畝收米四斗五升六合，爲米九斛一斗二升。畝
收布二尺。其米[②]五十七斛一斗二升，四年十二月一日付倉
吏鄭黑。凡爲布四匹三丈九尺[1]，准米八斛四斗四升二合，四
年十一月十八日付倉吏鄭黑[③]。其旱田畝收錢卅七，其孰田
畝收錢七十。凡爲錢六千九百卅八錢，准米四斛三斗四升，
四年十一月十日付倉吏鄭黑。嘉禾五年三月十日，田戶曹史
張惕、趙野、陳通校。

原注：[1]按佃田畝數與定額計，應收布四匹八尺八寸四分。

按：①據"二年常限"田一頃一十四畝，旱田七十四畝，可推知定收爲卌畝，據收米數
　　及定額，亦可推知定收爲卌畝，故《田家莂》"……"今補釋爲"定收卌畝"。

②據文例，《田家莂》"……"今補釋爲"其米"。

③據圖版，"十二月"之"二"字實爲"一"字，圖版作"￭￭"，非常清晰。今改。

4·412 㽺䜭丘男子婁金，佃田七十六町，凡一頃一十二畝。其九十三
畝，皆二年常限。其七十六畝旱，畝收布六寸六分。定收十
七畝，畝收米一斛二斗，爲米廿斛四斗。畝收布二尺。其十
九畝餘力田。畝收米四斗五升六合，爲米八斛六斗六升[1]。
畝收布二尺。其米廿九斛六升，四年十一月廿日付倉吏鄭
黑。凡爲布二匹八尺二寸[2]，准米四斛五合，四年十一月廿日
付倉吏鄭黑。其旱田畝收錢卅七，其孰田畝收錢七十。凡爲
錢六千一百六十[3]，准米三斛九斗……付倉吏鄭黑。嘉禾五
年三月十日，田戶曹史張惕、趙野、陳通校。

原注：[1]按餘力田收四斗五升六合計，應收米八斛六斗六升四合。

[2]按佃田畝數與定額計，應收布三匹二尺一寸六分。

[3]按佃田畝數與定額計，應收錢五千三百三十二錢。

4·413 㽺䜭丘大女婁糸[①]，佃田七町，凡廿三畝，皆二年常限。其廿畝
旱，畝收布六寸六分。定收三畝，畝收米一斛二斗，爲米三斛
六斗。畝收布二尺。其米三斛六斗，四年十一月五日付倉吏
鄭黑。凡爲布一丈九尺二寸，准米九斗六升，四年十一月八日
付倉吏鄭黑。其旱畝收錢卅七，其孰田畝收錢七十。凡爲錢
八百五十[1]，准米五斗三升，四年十月一日付倉吏鄭黑。嘉禾

五年三月十日，田户曹史張惕、趙野、陳通校。

原注：[1]按佃田畝數與定額計，應收錢九百五十錢。

按：①糸，音mì。《説文·糸部》：“糸，細絲也。象束絲之形。”

4·414　灵蘈丘男子妻樂，佃田九十町，凡六十六畝，皆二年常限。其卅六畝旱，畝收布六寸六分。定收卅畝，畝收米一斛二斗，爲米卅六斛。畝收布二尺。其米卅六斛，四年十一月十日付倉吏鄭黑。凡爲布二匹二尺七寸六分[1]，四年十一月十日付庫吏潘有。其旱田畝收錢卅七，其孰畝收錢七十[2]。凡爲錢三千四百卅二錢，四年十一月卅日付庫吏潘有。嘉禾五年三月十日，田户曹史張惕、趙野、陳通校。

原注：[1]按佃田畝數與定額計，應收布二匹三尺七寸六分。

　　　　[2]“孰”下脱“田”字。

4·415　灵蘈丘男子鄭右，佃田卅町，凡九十二畝，皆二年常限。其卅二畝旱，畝收布六寸六分。定收五十畝，畝收米一斛二斗，爲米六十斛。畝收布二尺。其米六十斛，四年十一月三日付倉吏鄭黑。凡爲布三匹七尺七寸二分，准入米六斛三斗八升六合，四年十二月卅日付倉吏鄭黑。其旱田畝收錢卅七，其孰田畝收錢七十。凡爲錢五千五十四錢，准入米三斛一斗五升五合，四年十一月十日付倉吏鄭黑。嘉禾五年三月十日，田户曹史張惕、趙野、陳通校。

4·416　灵蘈丘男子鄭仙，佃田六十町，凡一頃廿四畝。其一頃四畝二年常限。其七十四畝旱，畝收布六寸六分。定收卅畝，畝收米一斛二斗，爲米卅六斛。畝收布二尺。其廿畝餘力田。畝收米四斗五升六合，爲米九斛一斗二升。畝收布二尺。其米卅五斛一斗二升，四年十一月廿八日付倉吏鄭黑。凡爲布三匹二丈八尺八寸四分，四年十一月廿日付庫吏潘有。其旱田畝收畝錢卅七[1]，其孰田畝收錢七十。凡爲錢六千二百卅八錢，四年十一月十日付庫吏潘有。嘉禾五年三月十日，田户曹史張惕、趙野、陳通校。

原注：[1]“畝收”下衍“畝”字。

4·417 灵薠丘男子鄭韋[1]，佃田五十六町，凡一頃卅二畝。其一頃二畝二年常限。其六十二畝旱，畝收布六寸六分。定收卅畝，畝收米一斛二斗，爲米卅八斛。畝收布二尺。其卅畝餘力田，畝收四斗五升六合①，爲米十三斛六斗八升。畝收布二尺。其米六十一斛六斗八升，四年十一月廿九日付倉吏鄭黑。凡爲布四匹二丈一尺八分[2]，四年十一月十一日付庫吏潘有。其旱田畝收錢卅七，其孰田畝收錢七十。凡爲錢六千八百六十一錢[3]，四年十一月十日付庫吏潘有。嘉禾五年三月十日，田户曹史張惕、趙野、陳通校。

原注：[1]韋，《玉篇》："古文觸"。通作"觕"。
　　　[2]按佃田畝數與定額計，應收布四匹二丈九寸二分。
　　　[3]按佃田畝數與定額計，應收錢七千一百九十四錢。

按：①據文例，"畝收"後脱"米"字。

4·418 灵薠丘男子鄭湯，佃田五十二町，凡九十七畝。其六十畝二年常限。其十九畝旱，畝收布六寸六分。定收卅一畝，畝收米一斛二斗，爲米卅九斛二斗。畝收布二尺。其卅七畝餘力田，畝收米四斗五升六合，爲米十六斛八斗七升二合。畝收布二尺。其米六十六斛七升二合，四年十一月廿一日付倉吏鄭黑。凡爲布四匹二丈六尺五寸[1]，准米九斛三斗二升五合，四年十一月卅日付倉吏鄭黑。其旱田畝收錢卅七，其孰田畝收錢七十。凡爲錢六千三……三錢[2]，准入米□斛九斗四升，四年十一月一日付倉吏□□。嘉禾五年三月十日，田户曹史張惕、趙野、陳通校。

原注：[1]按佃田畝數與定額計，應收布四匹八尺五寸四分。
　　　[2]按佃田畝數與定額計，應收錢六千一百六十三錢。

4·419 灵薠丘男子鄭□，佃田卅町，凡八十畝，皆二年常限。其……①定收卅畝，畝收米一斛二斗，爲米卅六斛，畝收布二尺②。其米卅六斛，四年十一月十四日……其旱田畝收錢卅七，其孰田畝收錢七十③。凡爲錢三千九百五十，四年十一月廿日付庫吏潘有。嘉禾五年三月十日，田户曹史張惕、趙野、陳通校。

按:①據佃田畝數與定收畝數,可推知旱田爲五十畝;據收錢數與定額,亦可推知旱田爲五十畝。

②據定收畝數與定額計,應收米卅六斛。據收米數及文例,《田家莂》"……"今補釋爲"爲米卅六斛,畝收布二尺"。

③據文例,《田家莂》"……"今補釋爲"其孰田畝收錢"。

4·420　靈蘋丘男子潘衆,佃田卅町,凡五十畝,皆二年常限。悉旱,畝收布六寸六分。凡爲……尺四寸①,四年十一月十二日付庫吏潘珸。畝收錢卅七,凡爲錢一千九百五十[1],四年十二月九日付庫吏潘珸。☐

原注:[1]按佃田畝數與定額計,應收錢一千八百五十錢。

按:①據佃田畝數與定額計,應收布三丈三尺。

4·421　靈蘋丘男子☐☐,佃田卅四町,凡九十四畝,其七十二畝二年常限。其卅二畝旱,畝收布六寸六分。定收卌畝,畝收米一斛二斗,爲米卌八斛。畝收布二尺。其廿二畝餘力田。其二畝旱,畝收布六寸六分。定收廿畝,畝收米四斗五升六合,爲米九斛一斗二升。畝收布二尺。其米五十七斛一斗二升,四年十一月十一日付倉吏鄭黑。凡爲布……[1],准米五斛五升,四年十一月☐日付倉吏……其旱田畝收錢卅七,其孰田畝收錢七十。凡爲錢四千[2],准米二斛五斗,四年十一月卅日付倉吏鄭黑。嘉禾五年三月十日,田戶曹史張惕、趙野、陳通校。

原注:[1]按佃田畝數與定額計,應收布三匹二丈二尺四寸四分。
　　　[2]按佃田畝數與定額計,應收錢五千四百五十八錢。

4·422　靈厭下丘男子逢學,佃田七町,凡廿二畝,皆二年常限。其十畝旱敗不收,畝收布六寸六分。定收十二畝,爲米十四斛四斗。畝收布二尺。其米十四斛四斗,四年十一月二日付倉吏李金。凡爲布三丈六寸,四年十一月三日付庫吏潘有。其旱田畝收錢卅七①,其孰田畝收錢七十。凡爲錢……②四年十一月……嘉禾五年三月三日……

按:①據文例,《田家莂》"……"今補釋爲"其旱田畝收錢"。
　　②據佃田畝數與定額計,應收錢一千二百一十錢。

4·423 灵僕丘郡吏廖祚,佃田四町,凡卅畝,皆二年常限。其卅畝旱田,畝收布六寸六分。定收十畝,畝收米一斛二斗,爲米十二斛。畝收布二尺。其米十二斛,四年十月九日付倉吏李金。凡爲布三丈九尺八寸,五年三月一日付庫吏番有。其旱田畝收錢卅七,其孰田畝收錢七十。凡爲錢一千八百一十,五年二月十日付庫吏番有。嘉禾五年三月十日,田户曹史趙野、張惕、陳通校。

4·424 灵僕丘郡吏廖顥,佃田二處,合十畝。旱田畝收布六寸六分。凡爲布六尺六寸,四年十一月三日付庫吏潘有畢。畝收錢卅七,凡爲錢三百七十錢,四年十月一日付庫吏潘有畢。嘉禾五年三月六日,主者史趙野、張惕、陳通校。

4·425 灵語丘男子逢穛[1],佃田二町,凡十三畝,皆二年常限。其十一畝旱田,畝收布六寸六分。定收二畝,畝收米一斛二斗,爲米二斛四斗。畝收布二尺。其米二斛四斗,十一月廿一日付倉吏李金①。凡爲布一丈七尺六分[2],三月一日付庫吏番有②。其旱田畝收錢卅七,其孰田畝收錢七十。凡爲錢五百卅七錢,五年二月十一日付庫吏番有。嘉禾五年三月十日,田户曹史趙野、張惕、陳通校。

原注:[1]穛,《集韻》:“《説文》‘糕,早取穀也。’一曰生穫曰糕,熟穫曰糳。或作穛”。
　　[2]按佃田畝數與定額計,應收布一丈一尺二寸六分。
按:①據文例,“十一月”前脱“四年”。
　　②據文例,“三月”前脱“五年”。

4·426 灵語丘男子張馬,佃田三町,凡卅二畝。其卅畝旱田,畝收布六寸六分。定收二畝,畝收米一斛二斗,爲米二斛四斗。畝收布二尺。其米二斛四斗,四年十二月八日付倉吏李金。凡爲布三丈四寸,五年閏月十日付庫吏番有。其旱田畝收錢卅七①,其孰田畝收錢七十。凡爲錢一千六百廿錢,五年二月廿日付庫吏番有。嘉禾五年三月十日,田户經用曹史趙野、張惕、陳通校。

按:①據文例,《田家莂》“……”今補釋爲“收錢卅七”。

4·427 灵語丘男子彭春,佃田三町,凡十畞,皆二年常限。其八畞旱田,畞收布六寸六分。定收二畞,畞收米一斛二斗,爲米二斛四斗。畞收 布 二 尺①。其米二斛四斗,四年十一月九日付倉吏……凡爲布九尺二寸八分,五年閏月廿八日付庫吏潘有。其旱田畞收錢卅七,其孰田畞收錢七十。凡爲錢四百廿八錢[1],五年三月九日付庫吏潘有。嘉禾五年三月十日,田户曹史趙野、張惕、陳通校。

原注:[1]按佃田畞數與定額計,應收錢四百三十六錢。

按:①據文例,《田家莂》"……"今補釋爲" 布 二 尺 "。

4·428 灵 語 丘男子番麦,佃田三町,凡廿五畞,皆二年常限。其十九畞旱田,畞收布六寸六分。定收六畞,畞收米一斛二斗,爲米七斛二斗。畞收布二尺。其米七斛二斗,四年十一月十二日付倉吏李金①。凡爲布二丈五寸四分[1],五年閏月廿八日付庫吏番有。其旱田畞收錢卅七,其孰田畞收錢七十。凡爲錢一千一百三錢[2],五年閏月廿八日付庫吏番有。嘉禾五年三月十日,田户經用曹史趙野、張惕、陳通校。

原注:[1]按佃田畞數與定額計,應收布二丈四尺五寸四分。

　　　[2]按佃田畞數與定額計,應收錢一千一百二十三錢。

按:①圖版"四年十一月十二日付倉吏李金"十三字左側稍殘,但不影響文字的釋讀,《田家莂》" 四 年 十 一 月 十 二 日 付 倉 吏 李 金 "十三字可去掉外面的方框。今改。

4·429 灵語丘男子□□,佃田三町,凡十四畞,皆二年常限。其十二畞旱田,畞收布六寸六分。定收二畞,畞收米一斛二斗,爲米二斛四斗。畞收布二尺。……凡爲布……①庫吏番有。其旱田畞收錢卅七,其孰田畞收錢七十。凡爲錢五百八十四錢,五年三月九日付庫吏番有。嘉禾五年三月十日,田户曹史趙野、張惕、陳通校。

按:①據佃田畞數與定額計,應收布一丈一尺九寸二分。

4·430 灵 緒 下丘男子吴衆,佃田八町,凡十八畞[1],皆二年常限。其五畞旱敗不收,畞收布六寸六分。定收十一畞,爲米十三斛二斗。畝收布二尺。其米十三斛二斗,四年十一月二日付庫吏李金[2]。凡爲布一丈五尺三寸[3],四年十一月八日付庫吏潘有。其旱田畝收錢卅七,其孰田畝收錢七十。凡爲錢九百五十五錢,四年十一月十四日付庫吏潘有畢。嘉禾五年三月三日,田户曹史趙野、張惕、陳通校。

原注:[1]據後文旱田與熟田畝數合計,總數應爲十六畝。

[2]"庫"爲"倉"字之誤。

[3]按旱熟田畝數與定額計,應收布二丈五尺三寸。

4·431 灵緒下丘男子□□,佃田五町,凡廿四畝,皆二年常限。其十三畝旱敗不收,畝收布六寸六分。定收十一畝,爲米十三斛二斗①。畝收布二尺。其米十三斛二斗,四年十一月六日付倉吏李金。凡爲布三丈五寸八分,四年十一月十六日付庫吏潘有。其旱田畝收錢卅七,其孰田畝收錢七十②。凡爲錢一千二百卅九錢[1],四年十一月□日付庫吏潘有畢。嘉禾五年三月三日,田户曹史趙野、張惕、陳通校。

原注:[1]按佃田畝數與定額計,應收錢一千二百五十一錢。

按:①據定收田數與定額計,應收米十三斛二斗。故《田家莂》"……"今補釋爲"十三斛二斗";"其米……"今補釋爲"其米十三斛二斗"。

②據文例,《田家莂》"……"今補釋爲"畝收錢卅七,其孰田畝收錢七十"。

4·432 灵緒中丘男子五生,佃田三町,凡十五畝,皆二年常限。其三畝旱不收,畝收布六寸六分。定收十二畝,爲米十四斛四斗。畝收布二尺。其米十四斛四斗,四年十二月九日付倉吏李金。凡爲布二丈五尺九寸八分,四年十二月十一日付庫吏潘有。其旱田畝收錢卅七,其孰田畝收錢七十。凡爲錢九百五十錢[1],四年十二月七日付庫吏潘有畢。嘉禾五年三月三日,田户曹史趙野、張惕、陳通校。

原注:[1]按佃田畝數與定額計,應收錢九百五十一錢。

4·433 灵緒中丘男子五吳①,佃田十町,凡卅五畝,皆二年常限。其卅四畝旱敗不收[1],畝收布六寸六分。定收二畝,爲米二斛四斗。畝收布二尺。其米二斛四斗,四年十二月十二日付倉吏李金。凡爲布二丈五尺六分[2]，四年十二月七日付庫吏潘有。其旱田畝收錢卅七，其孰田畝收錢七十。凡爲錢一千三百六十錢[3]，四年十二月七日付庫吏潘有。嘉禾五年三月三日，田户曹史趙野、張惕、陳╱通╱校②。

原注：[1]據總畝數、熟田畝數以及後文收米、布、錢數計，"卅四畝"應爲"卅三畝"之誤。

　　　[2]按旱田卅三畝、熟田二畝數計，應收布二丈五尺七寸八分。

　　　[3]按旱田卅三畝、熟田二畝數計，應收錢一千三百六十一錢。

按：①《田家莂》"吴"今釋爲"吴"，詳參簡4·169。

　　②據文例，《田家莂》"□□"今補釋爲"通╱校"。

4·434 灵緒中丘男子朱典，佃田六町，凡七十畝，皆二年常限。其卅八畝旱……定收廿二畝，爲米╱廿╱六╱斛╱四╱斗①，畝收布二尺。其米……凡爲布一匹二丈二尺[1]，四年十二月廿八日付庫吏潘有。其旱田畝收錢卅七，其孰田畝收錢七十。凡爲錢三千八十六錢[2]，四年十一月十日付庫吏潘有畢。嘉禾五年三月三日，田户曹史趙野、張惕、陳通校。

原注：[1]按佃田畝數與定額計，應收布一匹三丈五尺六寸八分。

　　　[2]按佃田畝數與定額計，應收錢三千三百一十六錢。

按：①據定收畝數與定額計，應收米廿六斛四斗。《田家莂》"……"今補釋爲"廿╱六╱斛╱四╱斗"。

4·435 灵緒中丘男子李南，佃田十町，凡卅三畝，皆二年常限。其卅一畝旱不收，畝收布六寸六分。定收二畝，爲米二斛四斗。畝收布二尺。其米二斛四斗，四年十二月七日付倉吏李金。凡爲布二丈三尺一寸[1]，四年十二月十二日付庫吏潘有。其旱田畝收錢卅七，其孰田畝收錢七十。凡爲錢一千二百八十七錢，四年十二月十日付庫吏潘有畢。嘉禾五年三月三日，田户曹史趙野、張惕、陳通校。

原注：[1]按佃田畝數與定額計，應收布二丈四尺四寸六分。

4·436 灵緒中丘大女李思，佃田二町，凡十六畝，皆二年常限。其十三畝旱不收，畝收布六寸六分。定收三畝，爲米三斛六斗。畝收布二尺。其米三斛六斗，四年十二月廿日付倉吏李金。

凡爲布九尺五寸八分[1]，四年十二月廿日付庫吏潘有。其旱田畝收錢卅七，其孰田畝收錢七十。凡爲錢六百九十六錢[2]，四年十二月廿二日付庫吏潘有畢。嘉禾五年三月三日，田户曹史趙野、張惕、陳通校。

原注：[1]按佃田畝數與定額計，應收布一丈四尺五寸八分。

[2]按佃田畝數與定額計，應收錢六百九十一錢。

4·437　䢼緒中丘男子李惣，佃田三町，凡廿三畝①，皆二年常限。其八畝旱敗不收，畝收布六寸六分。定收十四畝，收米十六斛八斗[1]。畝收布二尺。其米十六斛八斗，四年十二月十二日付倉吏李金。凡爲布三丈三尺二寸八分，四年十二月十日付庫吏番有。其旱田畝收錢卅七，其孰田畝收錢七十。凡爲錢一千二百七十六錢，四年十二月九日付庫吏潘有畢。嘉禾五年三月三日，田户曹史趙野、張惕、陳通校。

原注：[1]依文例，“收米”應作“爲米”。

按：①據旱田畝數與定收畝數，知佃田畝數當爲廿二畝。據收布數、收錢數與定額，亦可知佃田畝數當爲廿二畝。

4·438　䢼緒中丘男子原還，佃田十一町，凡卅三畝，皆二年常限。其卅五畝旱敗不收，畝收布六寸六分。定收八畝，爲米六斗[1]。畝收布二尺。其米九斛六斗，四年十一月十日付倉吏李金。凡爲布二丈九尺一寸[2]，四年十二月廿日付庫吏潘有。其旱田畝收錢卅七，其孰田畝收錢七十。凡爲錢二千八百一十八錢[3]，四年十一月廿日付庫吏潘有畢。嘉禾五年三月三日，田户曹史趙野、張惕、陳通校。

原注：[1]據後文，“爲米”下脱“九斛”二字。

[2]按佃田畝數與定額計，應收布三丈九尺一寸。

[3]按佃田畝數與定額計，應收錢一千八百五十五錢。

4·439　䢼緒中丘大女郭妾，佃田六町，凡七十三畝，皆二年常限。其廿三畝旱敗不收，畝收布六寸六分。定收米五十畝[1]，爲米六十斛。畝收布二尺。其米六十斛，四年十二月九日付倉吏李金。凡爲布二匹二丈四尺一寸八分[2]，四年十二月九日付庫吏潘有。其旱田畝收錢卅七，其孰田畝收錢七十。凡爲錢

四千三百五十^[3],四年十二月六日付庫吏潘有畢。嘉禾五年
三月三日,田户曹史趙野、張惕、陳通校。

原注:[1]"收"下衍"米"字。

　　[2]按佃田畝數與定額計,應收布二匹三丈五尺一寸八分。

　　[3]按佃田畝數與定額計,應收錢四千三百五十一錢。

4·440　灵緒中丘男子唐客,佃田二町,凡廿一畝,皆二年常限。其九
畝旱不收,畝收布六寸六分。定收十二畝,爲米十四斛四
斗。畝收布二尺。其米十四斛四斗,四年十二月三日付倉吏
李金。凡爲布二丈九尺九寸四分,四年十二月十日付庫吏潘
有。其旱田畝收錢卅七,其孰田畝收錢七十。凡爲錢一千一
百六十三錢^[1],四年十一月廿日付庫吏潘有畢。嘉禾五年三
月三日,田户曹史趙野、張惕、陳通[校]^①。

原注:[1]按佃田畝數與定額計,應收錢一千一百七十三錢。

按:①據文例,《田家莂》"□"今補釋爲"校"。

4·441　灵緒中丘男子唐野,佃田三町,凡卅七畝,皆二年常限。旱敗
不收,畝收布六寸六分。凡爲布二丈四尺四寸二分,四年十
二月十日付庫吏潘有。其旱田畝收錢卅七,凡爲錢一千二百
六十九錢^[1],四年十一月十二日付庫吏潘有畢。嘉禾五年三
月三日,田户曹史趙野、張惕、陳通校。

原注:[1]按佃田畝數與定額計,應收錢一千三百六十九錢。

4·442　灵緒中丘郡吏唐新,佃田六町,凡卌五畝,皆二年常限。其卌
畝旱敗不收,畝收布六寸六分。定收五畝,爲米六斛。畝收
布二尺。其米六斛,四年十二月十二日付倉吏李金。凡爲布
三丈九尺一寸^[1],四年十二月十二日付庫吏潘有。其旱田畝
收錢卅七,其孰田畝收錢七十。凡爲錢一千八百八十錢^[2],四
年十二月廿日付庫吏潘有畢。嘉禾五年三月三日,田户曹史
趙野、張惕、陳通校。

原注:[1]按佃田畝數與定額計,應收布三丈六尺四寸。

　　[2]按佃田畝數與定額計,應收錢一千八百三十錢。

4·443　灵緒中丘男子區伯,佃四町,凡卌畝,皆二年常限。其卅八畝

旱不收,畝收布六寸六分。定收二畝,爲米二斛四斗。畝收布二尺。其米二斛四斗,四年十二月九日付倉吏李金。凡爲布一丈六尺八寸八分[1],四年十二月九日付庫吏潘有。其旱田畝收錢卅七,其孰田畝收錢七十。凡爲錢八百六錢[2],四年十二月九日付庫吏潘有畢。嘉禾五年三月三日,田戶曹史趙野、張惕、陳通校[3]。

原注:[1]按佃田畝數與定額計,應收布二丈九尺八分。

[2]按佃田畝數與定額計,應收錢一千五百四十六錢。

[3]本券書收布、錢數與佃田數差距很大。按現有收布、錢數約略推算,佃田應爲旱田十八畝、熟田二畝,凡廿畝。

4·444 灵緒中丘男子區宵(?),佃田六町,凡卌一畝,皆二年常限。其廿畝旱敗不收,畝收布六寸六分。定收廿一畝,爲米廿五斛二斗。畝收布二尺。其米廿五斛二斗,四年十二月三日付……。凡爲布一匹一丈五尺二寸,四年十二月三日付庫吏潘有。其旱田畝收錢卅七,其孰田畝收錢七十。凡爲錢二千二百一十錢,四年十一月十日付庫吏潘有畢。嘉禾五年三月三日,田戶曹史趙野、張惕、陳通校。

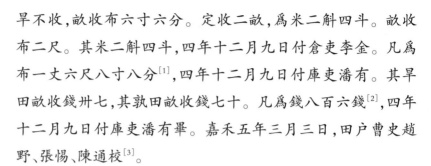

4·445 灵緒中丘男子張赤,佃田一町,凡三畝,皆二年常限。其二畝旱不收,畝收布六寸六分。定收一畝,爲米一斛二斗。畝收布二尺。其米一斛二斗,四年十二月八日付倉吏李金。凡爲布三尺三寸二分,四年十二月七日付庫吏潘有。其旱田畝收錢卅七,其孰田畝收錢七十。凡爲錢一百卌[1],四年十二月九日付庫吏潘有畢。嘉禾五年三月三日,田戶曹史趙野、張惕、陳通校。

原注:[1]按佃田畝數與定額計,應收錢一百四十四錢。

4·446 灵緒中丘男子張巣①,佃田一町,凡六畝,皆二年常限。其一畝旱敗不收,畝收布六寸六分。定收五畝,爲米六斛。畝收布二尺。其米六斛,四年十二月七日付倉吏李金。凡爲布一丈六寸六分,四年十二月七日付庫吏潘有。其旱田畝收錢卅七,其孰田畝收錢七十。凡爲錢四百卅七錢[1],四年十二月十日付庫吏潘有畢。嘉禾五年三月三日，田户曹史趙野、張惕、陳通校。

原注：[1]按佃田畝數與定額計，應收錢三百八十七錢。

按：①《田家莂》“導”，據圖版當爲“稫”，圖版作“■”，很清晰，構件“道”下當爲“禾”而非“寸”。今改。“稫”，音dào。《説文·禾部》：“稫，禾也。从禾，道聲。司馬相如曰：‘稫，一莖六穗。’”《玉篇·禾部》：“稫，稫一莖六穗，瑞禾也。”

4·447 灵緒中丘男子張暹①，佃田三町，凡卅畝，皆二年常限。其廿八畝旱不收，畝收布六寸六分。定收二畝，爲米二斛四斗。畝收布二尺。其米二斛四斗，四年十二月二日付倉吏李金。凡爲布二丈一尺四寸八分[1]，四年十二月廿日付庫吏潘有。其旱田畝收錢卅七，其孰田畝收錢七十。凡爲錢一千一百七十六錢，四年十二月廿日付庫吏潘有畢。嘉禾五年三月三日，田户曹史趙野、張惕、陳通校。

原注：[1]按佃田畝數與定額計，應收布二丈二尺四寸八分。

按：①暹，音xiān。《廣韻·鹽韻》：“暹，日光進也。”《龍龕手鑒·辵部》：“暹，日光進也。”

4·448 灵緒中丘男子張頸(?)，佃田九町，凡卅五畝，皆二年常限。旱不收，畝收布六寸六分。凡爲布□丈□尺六寸[1]，四年十一月十日付庫吏潘有。其旱田畝收錢卅七，凡爲錢一千一百九十八錢[2]，四年十二月廿日付庫吏潘有畢。嘉禾五年三月三日，田户曹史趙野、張惕、陳通校。

原注：[1]按佃田畝數與定額計，應收布二丈三尺一寸。
　　　[2]按佃田畝數與定額計，應收錢一千二百九十五錢。

4·449 灵緒中丘男子雷元，佃田四町，凡卅七畝，皆二年常限。其□畝……六寸六分。定收□畝，爲米……畝……其米……十二月九日付倉吏李金。凡爲布一匹一丈一尺二寸，四年十二月廿日……其旱田畝收錢卅七，其孰田畝收錢七十①。凡爲錢二千六十九錢，四年十一月七日付庫吏潘有畢。嘉禾五年三月三日，田户曹史趙野、張惕、陳通校。

按：①據文例，《田家莂》“其旱田……其熟……”今補釋爲“其旱田畝收錢卅七，其孰田畝收錢七十”。

4·450 灵緒中丘男子蔡唐,佃田三町,凡卅二畝,皆二年常限。其十七畝旱不收,畝收布六寸六分。定收十五畝,爲米十八斛。畝收布二尺。其米十八斛,四年十二月十一日付倉吏李金。凡爲 布□匹 三尺二寸二分[1],四年十一月廿日付庫吏潘有。其旱田畝收錢卅七,其孰田畝收錢七十。凡爲錢一千六百七十九錢,四年十二月廿五日付庫吏潘有畢。嘉禾五年三月三日,田户曹史趙野、張惕、陳通校。

原注:[1]按佃田畝數與定額計,應收布一匹一尺二寸二分。

4·451 灵緒中丘男子蔡澤,佃田二町,凡十三畝,皆二年常限。其三畝旱不收,畝收布六寸六分。定收十畝,爲米十二斛。畝收布二尺。其米十二斛,四年十二月八日付倉吏李金。凡爲布二丈五尺九寸八分[1],四年十二月九日付庫吏潘有。其旱田畝收錢卅七,其孰田畝收錢七十。凡爲錢八百一十錢[2],四年十二月六日付庫吏潘有畢。嘉禾五年三月三日,田户曹史趙野、張惕、陳通校。

原注:[1]按佃田畝數與定額計,應收布二丈一尺九寸八分。

　　　[2]按佃田畝數與定額計,應收錢八百一十一錢。

4·452 灵緒中丘男子秠衡,佃田四町,凡卅一畝,皆二年常限。其卅畝旱不收,畝收布六寸六分。定收一畝,爲米一斛二斗。畝收布二尺。其米一斛二斗,四年十一月十日付倉吏李金。凡爲布二丈一尺八寸,四年十二月一日付庫吏潘有。其旱田畝收錢卅七,其孰田畝收錢七十。凡爲錢一千八十錢[1],四年十二月一日付庫吏潘有畢。嘉禾五年三月三日,田户曹史趙野、張惕、陳通校。

原注:[1]按佃田畝數與定額計,應收錢一千一百八十錢。

4·453 灵緒中丘男子鄧官,佃田六町,凡卅六畝,皆二年常限。其卅四畝景不收[1],畝收布六寸六分。定收十二畝,爲米十四斛四斗。畝收布二尺。其米十四斛四斗,四年十二月六日付倉吏李金。凡爲布一匹六尺四寸二分[2],四年十二月九日付庫吏潘有。其旱田畝收錢卅七,其孰田畝收錢七十。凡爲錢三千

九十八錢[3]，四年十二月七日付庫吏潘有畢。嘉禾五年三月
三日，田戶曹史趙野、張惕、陳通校。

原注：[1]"景"是"旱"字之誤。

[2]按佃田畝數與定額計，應收布一匹六尺四寸四分。

[3]按佃田畝數與定額計，應收錢二千九十八錢。

4·454 霝緒中丘男子鄧草，佃田二町，凡十八畝，皆二年常限。其十
畝旱敗不收，畝收布六寸六分。定收八畝，爲米九斛六斗。
畝收布二尺。其米九斛六斗，四年十二月七日付倉吏李金。
凡爲布二丈二尺六寸，四年十二月十日付庫吏潘有。其旱田
畝收錢卅七，其孰田畝收錢七十。凡爲錢八百七錢[1]，四年十
二月二日付庫吏潘有。嘉禾五年三月三日，田戶曹史趙野、
張惕、陳通校。

原注：[1]按佃田畝數與定額計，應收錢九百三十錢。

4·455 霝緒中丘男子鄧葰，佃田二町，凡九畝，皆二年常限。其九畝
孰田，爲米十斛八斗。畝收布二尺。其米十斛八斗，四年十
二月七日付倉吏李金。凡爲布一丈八尺，四年十二月七日付
庫吏潘有。其孰田畝收錢七十，凡爲錢六百卅錢，四年十一
月九日付庫吏潘有。嘉禾五年三月三日，田戶曹史趙野、張
惕、陳通校。

4·456 霝緒中丘男子鄧蔣，佃田二町，凡十三畝，皆二年常限。其五
畝旱不收，畝收布六寸六分。定收八畝，爲米九斛六斗。畝
收布二尺。其米九斛六斗，四年十二月二日付倉吏李金。凡
爲布一丈九尺三寸，四年十二月廿日付庫吏潘有。其旱田畝
收錢卅七，其孰田畝收錢七十。凡爲錢七百卌錢[1]，四年十二
月十一日付庫吏潘有畢。嘉禾五年三月三日，田戶曹史趙
野、張惕、陳通校。

原注：[1]按佃田畝數與定額計，應收錢七百四十五錢。

4·457 霝緒中丘男子劉倉，佃田一町，六畝①，皆二年常限。其四畝旱
敗不收，畝收布六寸六分。定收二畝，爲米二斛四斗。畝收布
二尺。其米二斛四斗，四年十二月十日付倉吏李金。凡爲布

五尺四分[1]，四年十二月三日付庫吏潘有。其旱田畝收錢卅七，其熟田畝收錢七十。凡爲錢二百八十八錢，四年十二月十八日付庫吏潘有畢。嘉禾五年三月三日，田戶曹史趙野、張惕、陳通校。

原注：[1]按佃田畝數與定額計，應收布六尺六寸四分。

按：①據文例，"六"前脱"凡"字。

4·458　灵緒中丘男子潘屯，佃田三町，凡十畝，皆二年常限。其六畝旱敗不收，畝收布六寸六分。定收四畝，爲米四斛八斗。畝收布二尺。其米四斛八斗，四年十一月三日付倉吏李金。凡爲布一丈一尺九寸六分，四年十月六日付庫吏潘有。其旱田畝收錢卅七，其熟田畝收錢七十。凡爲錢五百廿錢[1]，四年十月六日付庫吏潘有。嘉禾五年三月三日，田戶曹史趙野、張惕、陳通校①。

原注：[1]按佃田畝數與定額計，應收錢五百二錢。

按：①據文例，《田家莂》"……"今補釋爲"張惕、陳通校"。

4·459　灵横溲丘男子李弼①，佃田四町，凡七畝，皆二年常限。其二畝旱敗不收，畝收布六寸六分。定收五畝，爲米六斛。畝收布二尺②。其米六斛，四年□月□日付倉吏……

按：①據文例，簡首應有合同符號，今補。
　　②據佃田總數七畝、旱田二畝，可推知定收五畝；據收米數與定額，亦可推知定收五畝。據文例及定收畝數，《田家莂》"……"今補釋爲"五畝，爲米六斛。畝收布二尺"。

4·460　灵横溲丘男子孫郡，佃田三町，凡十九畝，皆二年常限。旱田畝收布六寸六分。凡爲布一丈二尺三寸二分[1]，五年二月十日付庫吏番有。旱田畝收錢卅七，凡爲錢七百三錢，五年二月十日付庫吏番有。嘉禾五年三月十日，田戶曹史趙野、張惕、陳通校①。

原注：[1]按佃田畝數與定額計，應收布一丈二尺五寸四分。

按：①據文例，《田家莂》"☐"今補釋爲"陳通校"。

4·461　灵横溲丘州吏黄阿，佃田五町，凡七十九畝。悉旱，畝收布六寸六分。凡爲布一匹一丈二尺一寸四分,五年閏月十日付庫吏番有。其旱田畝收錢卅七,凡爲錢二千九百一十三錢[1],五年三月七日付庫吏番有。嘉禾五年三月十日,田戶曹史趙野、張惕、陳通校。

原注:[1]按佃田畝數與定額計,應收錢二千九百二十三錢。

4·462 霛[橫]溪丘男子周萇,佃田一町,凡一畝,皆二年常限。旱不收,畝收布六寸六分,准入米三升三合,五年十二月十二日付倉吏[潘]慮[1]。其旱田畝收錢卅七,凡爲錢卅七,四年十一月五日付庫……①

原注:[1]"五年"應是"四年"之誤。
按:①此簡佃田總數僅有一畝,是佃田數量最少的簡。

4·463 霛穀丘郡卒潘調,佃田廿處,合一頃一十九畝。其廿六畝二年常限。其廿四畝旱,畝收布六寸六分。定收二畝,畝收米一斛二斗,合二斛四斗。畝收布二尺。其九十三畝餘力火種田。其五十三畝旱,畝收布六寸六分。定收卌畝,畝收米四斗五升六合,斛加五升,合十九斛一斗五升①。畝收布二尺。凡爲米廿一斛五斗五升②。其二斛四斗稅米,四年十二月十一日付倉吏鄭黑畢。其十九斛一斗五升租米,四年十二月八日付倉吏鄭黑畢。凡爲布三匹一尺六寸[1],准入米六斛八升,四年十二月卅日付倉吏鄭黑畢。其旱田畝收錢卅七,其孰田畝收錢七十。凡爲錢五千卅八錢[2],准入米三斛一斗五升,四年十二月九日付倉吏鄭黑畢。嘉禾五年三月六日,主者史趙野、張惕、陳通校。

原注:[1]按佃田畝數與定額計,應收布三匹一丈四尺八寸二分。
　　[2]按佃田畝數與定額計,應收錢五千七百八十九錢。
按:①據餘力火種田定收畝數與定額計,應收米十九斛一斗四升。
　　②據二年常限定收田收米數與餘力火種田定收田收米數計,總米數爲廿一斛五斗四升。

4·464 霛慮丘男子呂威,佃田三處,合十二畝,旱畝收布六寸六分。凡爲布七尺九寸[1],准入米四斗一升,四年十一月九日付倉吏鄭黑畢。畝收錢卅七。凡爲錢四百卌四錢,准入米二斗八

升,四年十一月廿八日付倉吏鄭黑畢。嘉禾五年三月六日,
主者史趙野、張惕、陳通校。

原注:[1]按佃田畞數與定額計,應收布七尺九寸二分。

4·465 灵慮丘男子鄧疇,佃田二處,合十畞,旱畞收布六寸六分。凡
爲布六尺六寸,四年十一月十六日付庫吏潘有畢。畞收錢卅
七,凡爲錢三百七十,四年十二月九日付庫吏潘有畢。嘉禾
五年三月六日,主者史趙野、張惕、陳通校。

4·466 灵劉里丘男子李息,佃田廿一町,凡五十三畞,其卅七畞二年
常限。其卅四畞旱,畞收布六寸六分。定收三畞,畞收米一
斛二斗,爲米三斛六斗[1]。其六畞餘力田。畞收米四斗五升
六合,爲米二斛七斗三升六合。畞收布二尺。其米六斛三斗
三升六合,四年十一月十日付倉吏鄭黑。凡爲布三丈七尺四
分[2],四年十一月廿日付庫吏潘有。其旱田畞收錢卅七,其
孰田畞收錢七十。凡爲錢二千二百六十[3],四年十一月廿日
付庫吏潘有。嘉禾五年三月十日①,田户曹史張惕、趙野、陳
通校。

原注:[1]據文書體例,此處脱“畞收布二尺”。
　　　[2]按佃田畞數與定額計,應收布一匹七尺四分。
　　　[3]按佃田畞數與定額計,應收錢二千二百五十八錢。

按:①《田家莂》“□年”之“□”,據圖版當釋爲“五”。圖版“五”字很清晰,今改。

4·467 灵劉里丘男子李張,佃田廿三町,凡五十一畞,皆二年常限。
其卅九畞旱,畞收布六寸六分。定收二畞,畞收米一斛二斗,
爲米二斛四斗。畞收布二尺。其米二斛四斗,四年十月十日
付倉吏鄭黑。凡爲布三丈六尺三寸四分,四年十一月八日付
庫吏潘有。其旱田畞收錢卅七,其孰田畞收錢七十。凡爲錢
一千九百五十三錢,四年十一月廿八日付庫吏潘有。嘉禾五
年三月十日①,田户曹史張惕、趙野、陳通校。

按:①據文例,四年吏民田家莂的校核時間在五年三月,故《田家莂》“□”今補釋
　　爲“三”。

4·468 灵劉里丘男子李闓[1],佃田卅八町,凡卅五畞。其卅畞皆二年

常限。其卅六畝旱，畝收布六寸六分。定收四畝，畝收米一斛二斗，爲米四斛八斗。畝收布二尺。其五畝餘力田，畝收米四斗五升六合，爲米二斛二斗二升[2]。畝收布二尺。其米七斛二升，四年十一月九日付倉吏鄭黑。凡爲布一匹一尺七寸六分，准米二斛八升八合，四年十一月廿一日付倉吏鄭黑。其旱田畝收錢卅七，其孰田畝收錢七十。凡爲錢二千九百五十[3]，准米一斛九斗□升，四年十一月卅日付倉吏鄭黑。嘉禾五年三月十日，田户曹史張惕、趙野、陳野校[4]。

原注：[1]闗，爲“關”之俗寫。

[2]五畝餘力田按定額計，應收米二斛二斗八升。

[3]按佃田畝數與定額計，應收錢一千九百六十二錢。

[4]“陳野”是“陳通”之誤。

4·469 靈劉里丘男子周匠①，佃田五十九町，凡九十畝②，皆二年常限。其七十四畝旱，畝收布六寸六分。定收六畝，畝收米一斛二斗，爲米七斛二斗。畝收布二尺。其米七斛二斗，四年十二月廿日付倉吏鄭[1]。布二尺[2]。凡爲布一匹二丈一尺五寸[3]，四年十月卅日付庫吏潘有。其旱田畝收錢卅七，其孰田畝收錢七十。凡爲錢三千一百九十五錢[4]，四年十一月一日付庫吏潘有。嘉禾五年三月十日，田户曹史張惕、趙野、陳通校。

原注：[1]“鄭”下脱“黑”字。

[2]“布二尺”三字是衍文。

[3]按佃田畝數與定額計，應收布一匹二丈八寸四分。

[4]按佃田畝數與定額計，應收錢三千一百五十八錢。

按：①據文例，簡首應有合同符號，今補。

②據旱田七十四畝，定收六畝，佃田總數當爲八十畝，與佃田總數九十畝不符。據收布數與收錢數，佃田總數亦接近八十畝。

4·470 靈劉里丘男子周勝，佃田九町，凡廿七畝，皆二年常限。其廿四畝旱，畝收布六寸六分。定收三畝，畝收米一斛二斗，爲米三斛六斗。畝收布二尺。其米三斛六斗，四年十一月廿一日付倉吏鄭黑。凡爲布二丈二尺[1]，准米一斛一斗，四年十一月廿一日付倉吏鄭黑。其旱田畝收錢卅七，其孰田畝收錢七

十。凡爲錢一千一百[2]，准米七斗，四年十一月卅日付倉吏鄭
黑。嘉禾五年三月十日，田户曹史張惕、趙野、陳通校。

原注：[1]按佃田畝數與定額計，應收布二丈一尺八寸四分。

　　　[2]按佃田畝數與定額計，應收錢一千九十八錢。

4·471 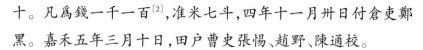灵劉里丘男子殷先（？），佃田廿三町，凡六十四畝。其五十二
畝二年常限。其卅六畝旱，畝收布①六寸六分。定收六
畝，畝收米一斛二斗②，爲米七斛二斗。畝收布二尺。
其十二畝餘力田。其二畝旱，畝收布六寸六分。定收十畝，畝
收米四斗五升六合，爲米四斛五斗六升。畝收布二尺。其米
十一斛七斗六升，四年十一月廿九日付倉吏鄭黑。凡爲布一
匹二丈二尺六寸八分③，四年十一月廿日付庫吏潘有。其旱田
畝收錢卅七，其孰田畝收錢七十。凡爲錢二千八百九十六錢，
四年十一月廿日付庫吏潘有。嘉禾五年三月十日，田户曹史
張惕、趙野、陳通校。

按：①據"二年常限"田總數與收米數，可推知旱田卅六畝。據收錢數亦可推知"二
　　年常限"田旱田爲卅六。據文例及文意，《田家莂》"……"今補釋爲"卅六畝
　　旱，畝收布"。

　　②據收米數與定額知，二年常限定收六畝。據文例及文意，《田家莂》"……"今
　　補釋爲"六畝，畝收米一斛二斗"。

　　③據佃田畝數與定額計，應收布一匹二丈三尺六寸八分。

4·472 灵劉里丘男子殷易，佃田三町，凡卅七畝。其卅二畝二年常
限。其卅一畝旱，畝收布六寸六分。定收一畝，畝收米一斛
二斗。畝收布二尺。其五畝餘力田。畝收米四斗五升六合，
爲米二斛二斗三升[1]。畝收布二尺。其米三斛三斗三升，四
年十一月十日付倉吏鄭黑。凡爲布三丈九尺八分[2]，四年十
二月廿日付庫吏潘有。其旱田畝收錢卅七①，其孰田畝收錢
七十。凡爲錢一千九百卅五錢[3]，四年十二月廿日付庫吏潘
有。嘉禾五年三月十日，田户曹史張惕、趙野、陳通校。

原注：[1]按餘力田五畝與定額計，應收米二斛二斗八升。下文常限田、餘力田合計
　　應收米三斛四斗八升。

　　　[2]按佃田畝數與定額計，應收布三丈九尺六分。

　　　[3]按佃田畝數與定額計，應收錢一千九百三十七錢。

按:①據文例,"卅"當爲"卌",圖版不很清楚,無法辨識。《中國簡牘集成》釋爲"卌"字,今從。

4·473 灵劉里丘男子殷常,佃田卅五町,凡卌九畞。其卌三畞,皆二年常限。其卅七畞旱,畞收布六寸六分。定收六畞,畞收米一斛二斗,爲米七斛二斗。畞收布二尺。其六畞餘力田。畞收米四斗五升六合,爲米二斛七斗三升六合。畞收布二尺。其米九斛九斗三升六合,四年十一月九日付倉吏鄭黑。凡爲布一匹二丈五尺一寸八分[1],准米二斛七斗五升九合,四年十一月廿一日付倉吏鄭黑。其旱田畞收錢卅七,其孰田畞收錢七十。凡爲錢二千二百八錢[2],准米一斛三斗八升,四年十二月廿日付倉吏鄭黑。嘉禾五年三月十日,田户曹史張惕、趙野、陳通校。

原注:[1]按佃田畞數與定額計,應收布一匹八尺四寸二分。

[2]按佃田畞數與定額計,應收錢二千二百九錢。

4·474 灵劉里丘男子殷落,佃田卅五町,凡六十二畞。其五十九畞二年常限。其五十六畞旱,畞收布六寸六分。定收三畞,畞收米一斛二斗,爲米三斛六斗。畞收布二尺。其三畞餘力田。畞收米四斗五升六合,爲米一斛三斗六升六合[1]。畞收布二尺。其米四斛九斗六升六合,四年十一月廿日付倉吏鄭黑。凡爲布一匹八尺九寸六分,四年十二月十日付庫吏潘有。其旱田畞收錢卅七①,其孰田畞收錢七十。凡爲錢二千一百廿二錢[2],四年十二月十日付庫吏潘有。嘉禾五年三月十日,田户曹史張惕、趙野、陳通校。

原注:[1]按餘力田三畞與定額計,應收米一斛三斗六升八合。常限田、餘力田合計應收米四斛九斗六升八合。

[2]按佃田畞數與定額計,應收錢二千四百九十二錢。

按:①據文例,《田家莂》"……"今補釋爲"其旱田畞收"。

4·475 灵劉里丘男子殷終,佃田十三町,凡五十九畞。其五十七畞,皆二年常限。其五十畞旱,畞收布六寸六分。定收七畞,畞收米一斛二斗,爲米八斛四斗。畞收布二尺。其二畞餘力

田。畝收米四斗五升六合,爲米九斗一升二合。畝收布二
尺。其米九斛三斗一升二合,四年十一月十日付倉吏鄭黑。
凡爲布一匹二丈一尺[1],准米三斛五升五合,四年十一月十日
付倉吏鄭黑。其旱田畝收錢卅七,其孰田畝收錢七十。凡爲
錢二千四百八十,准米一斛五斗五升,四年十二月一日付倉
吏鄭黑。嘉禾五年三月十日,田户曹史張惕、趙野、陳通校。

原注:[1]按佃田畝數與定額計,應收布一匹一丈一尺。

4·476　灵劉里丘男子殷獵,佃田十四町,凡六十九畝,皆二年常限。
其六十三畝旱,畝收布六寸六分。定收六畝,畝收米一斛二
斗,爲米七斛二斗。畝收布二尺。其米七斛二斗,四年十二
月廿九日付倉吏鄭黑。凡爲布一匹一丈三尺五寸八分,四年
十二月十八日付庫吏潘有。其旱田畝收錢卅七,其孰田畝收
錢七十。凡爲錢二千七百五十一錢,四年十一月十日付庫吏
潘有。嘉禾五年三月十日,田户曹史張惕、趙野、陳通校。

4·477　灵劉里丘大女殷□,佃田□□,凡九十畝,皆二年常限。其
七十五畝旱,畝收布六寸六分。定收十五畝,畝收米一斛二
斗,爲米十八斛。畝收布二尺。其米十八斛,四年十一月一日
付倉吏鄭黑。凡爲布二匹五尺五寸[1],准米四斛二斗七升五
合,四年十一月四日付倉吏鄭黑。其旱田畝收錢卅七,其孰田
畝收錢七十。凡爲錢三千九百六十五錢[2],准米二斛四斗七
升,四年十一月十一日付倉吏鄭……☑

原注:[1]按佃田畝數與定額計,應收布七丈九尺五寸。①
　　　[2]按佃田畝數與定額計,應收錢三千八百二十五錢。
按:①據佃田畝數與定額計,應收布一匹三丈九尺五寸。

4·478　灵劉里丘男子黃赤①,佃田廿九町,凡六十五畝,其五十五畝
二年常限。其五十二畝旱,畝收布六寸六分。定收三畝,畝
收米一斛二斗,爲米三斛六斗。畝收布二尺。其十畝餘力
田。畝收米四斗五升六合,爲米四斛五斗六升。畝收布二
尺。其米八斛一斗六升,四年十二月卅日付倉吏鄭黑。凡爲
布二丈九尺七寸六分[1],四年十二月九日付庫吏潘有。其旱

田畝收錢卅七,其孰田畝收錢七十。凡爲錢一千五百卌二錢[2],四年十一月九日付庫吏潘有。嘉禾五年三月十日,田戶曹史張惕、趙野、陳通校。②

原注:[1]按佃田畝數與定額計,應收布一匹二丈三寸二分。

　　　[2]按佃田畝數與定額計,應收錢二千八百三十四錢。

按:①據圖版,"黃"後之字可確釋爲"赤"字,其寫法和簡4·232的"赤"字寫法相同。《田家莂》"赤(?)"今釋爲"赤"。

　　②此簡收布數和收錢數誤差較大,簡文的收布數和收錢數應是旱田卅六畝、熟田三畝的徵收數量。

4·479　灵劉里丘男子黃鳳,佃田六十七町,凡八十一畝,皆二年常限。其七十一畝旱,畝收布六寸六分。定收十畝,畝收米一斛二斗,爲米十二斛。畝收布二尺。其米十二斛,四年十一月廿日付倉吏鄭黑。凡爲布一匹二丈六寸八分[1],准米三斛三斗四升三合,四年十月十日付倉吏鄭黑。其旱田畝收錢卅七,其孰田畝收錢七十。凡爲錢三千三百廿七,准米二斛八升,四年十二月十八日付倉吏鄭黑。嘉禾五年三月十日,田戶曹史張惕、趙野、陳通校。

原注:[1]按佃田畝數與定額計,應收布一匹二丈六尺八寸六分。

4·480　灵劉里丘男子婁小,佃田卌町,凡九十八畝,皆二年常限。其七十畝旱,畝收布六寸六分。定收廿八畝,畝收米一斛二斗,爲米卅三斛六斗。畝收布二尺。其米卅三斛六斗,四年十月卅日付倉吏鄭黑。凡爲布二匹二丈二尺二寸,四年十一月廿日付庫吏潘有。其旱田畝收錢卅七,其孰田畝收錢七十。凡爲錢四千五百五十,四年十月卅日付庫吏潘有。嘉禾五年三月十日,田戶曹史張惕、趙野、陳通校。

4·481　灵劉里丘男子劉伯,佃田卅五町,凡七十四畝,其六十四畝二年常限。其五十九畝旱①,畝收布六寸六分。定收五畝,畝收米一斛二斗,爲米六斛。畝收布二尺。其十畝餘力田。畝收米四斗五升六合,爲米四斛五斗六升。畝收布二尺。其米十斛五斗六升,四年十一月廿……凡爲布一匹二丈九尺^[1]，四年十一月十一日付庫吏潘有。其旱田畝收錢卅七，其孰田畝收錢七十。凡爲錢三千二百廿六錢^[2]，四年十二月廿日付庫吏潘有。嘉禾五年三月十日，田户曹史張惕、趙野、陳通校。

4·482 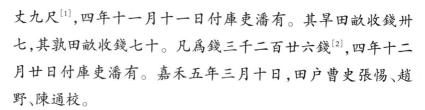劉里丘男子劉苫，佃田三町，凡卅七畝^[1]。其卅九畝二年常限。其卅六畝旱，畝收布六寸六分。定收三畝，畝收米一斛二斗，爲米三斛六斗。畝收布二尺。其十畝餘力田。畝收米四斗五升六合，爲米四斛五斗六升。畝收布二尺。其米八斛一斗六升，四年十一月□日付倉吏鄭黑。凡爲布一匹九尺七寸六分^{[2]①}，四年十月廿日付庫吏□□。其旱田畝收錢卅七，其孰田畝收錢七十。凡爲錢二千二百卅七錢^[3]，四年十一月廿日付庫吏潘有。嘉禾五年三月十日，田户曹史張惕、趙野、陳通校。

4·483 劉里丘男子劉桓，佃田廿五町，凡卅畝，皆二年常限。其卅九畝旱，畝收布六寸六分。定收一畝，收米一斛二斗。畝收布二尺。其米一斛二斗，四年十二月十日付倉吏鄭黑。凡爲布二丈七尺七寸四分，四年十二月廿日付庫吏潘有。其旱田畝收錢卅七，其孰畝收錢七十^[1]。凡爲錢一千五百一十三錢，四年十一月九日付庫吏潘有。嘉禾五年三月十日，田户曹史張惕、趙野、陳通校。

4·484 劉里丘男子劉棠，佃田卅五町，凡六十二畝，皆二年常限。其六十畝旱，畝收布六寸六分。定收二畝，畝收米一斛二斗，

爲米二斛四斗。畝收布二尺。其米二斛四斗,四年十一月廿
一日付倉吏鄭黑。凡爲布一匹三尺六寸,四年十一月廿五日
付庫吏潘有。其旱田畝收錢卅七,其孰田畝收錢七十。凡爲
錢二千二百六十[1],四年十二月廿日付庫吏潘有。嘉禾五年
三月十日,田户曹史張惕、趙野、陳通校。

原注:[1]按佃田畝數與定額計,應收錢二千三百六十錢。

4·485　灵劉里丘男子劉儀,佃田十八町,凡卅八畝①,其廿七畝二年
常限。其廿三畝旱,畝收布六寸六分。定收四畝,畝收米一
斛二斗,爲米四斛八斗。畝收布二尺。其十一畝餘力田。其
一畝旱,畝收布六寸六分。定收十畝,畝收米四斗五升六合,
爲米四斛五斗六升。畝收布二尺。其米九斛三斗六升,四
年十一月十八日付倉吏鄭黑。凡爲布一匹二尺七寸四分[1],
准米二斛一斗八升七合,四年十一月廿日付倉吏鄭黑。其旱
田畝收錢卅七,其孰田畝收錢七十。凡爲錢一千八百六十五
錢[2],准米一斛一斗六升,四年十一月十日付倉吏鄭黑。嘉禾
五年三月十日,田户曹史張惕、趙野、陳通校②。

原注:[1]按佃田畝數與定額計,應收布一匹三尺八寸四分。
　　　[2]按佃田畝數與定額計,應收錢一千八百六十八錢。

按:①據"二年常限"田數、餘力田數及收錢數,可推知佃田總數爲卅八畝。據文例
　　及文意,《田家莂》"□□"今補釋爲"卅八"。
　　②據文例,《田家莂》"□□"今補釋爲"通校"。

4·486　灵濤丘男子朱鴈①,佃田十九町,凡卅六畝,皆二年常限。其卅
畝旱,畝收布六寸六分。定收六畝,畝收米一斛二斗,爲米七
斛二斗。畝收布二尺。其米七斛二斗,四年十月九日付倉吏
鄭黑。凡爲布一匹八尺四寸[1],四年十一月三日付庫吏番
有。其旱田畝收錢卅七,其孰田畝收錢七十。凡爲錢一千九
百,准入米一斛一斗九升,付倉吏鄭黑畢[2]。嘉禾五年三月十
二日,主者史張惕、趙野、陳通校。

原注:[1]按佃田畝數與定額計,應收布三丈八尺四寸。
　　　[2]"付"前脱交米年月日。

按:①濤,音qiáo。《中華字海·水部》:"濤,姓。"

4·487　灵淆丘男子朱廳(?)，佃田九町，凡廿五畝，皆二年常限。其廿畝旱，畝收布六寸六分。定收五畝，畝收米一斛二斗①，爲米六斛。畝收布二尺②。其米六斛，四年□□月□日付倉吏……尺二寸③，四年十一月十日付庫吏潘有。其旱田畝收錢卅七，其孰田畝收錢七十。凡爲錢……④付庫吏潘有畢。嘉禾五年三月十二日，主者史張惕、趙野、陳通校⑤。

按：①據佃田總數及定收田數，可推知旱田廿畝。據文例及文意，《田家莂》"其□畝……定收五畝，……"今補釋爲"其廿畝旱，畝收布六寸六分。定收五畝，畝收米一斛二斗"。

②據文例，《田家莂》"……"今補釋爲"布二尺"。

③據佃田畝數與定額計，應收布二丈三尺二寸。

④據佃田畝數與定額計，應收錢一千九十錢。

⑤據文例，《田家莂》"□☑"今補釋爲"張惕、趙野、陳通校"。

4·488　灵淆丘男子區布，佃田四町，凡九畝，皆二年常限。旱不收，畝收布六寸六分。凡爲布五尺九寸四分，准入米二斗九升七合，五年二月二日付倉吏潘慮。其旱田畝收錢卅七，凡爲錢三百九十六錢[1]，准入米三斗二升七合五勺，五年二月二日付倉吏潘慮畢。嘉禾五年三月三日，田戶曹史張惕、趙野、陳通校。

原注：[1]按佃田畝數與定額計，應收錢三百三十三錢。

4·489　灵淆丘男子謝讓，佃田十町，凡廿四畝，皆二年常限。其廿畝旱，畝收布六寸六分。定收四畝，畝收米一斛二斗，爲米四斛八斗。畝收布二尺。其米四斛八斗，四年十月十七日付倉吏鄭黑。凡爲布二丈一尺二寸[1]①，四年十一月五日付庫吏潘琦。其旱田畝收錢卅七，其孰田畝收錢七十。凡爲錢一千二百[2]，准入米七斗五升，四年十一月廿八日付倉吏鄭黑。嘉禾五年三月十二日，主者史張惕、趙野、陳通校②。

原注：[1]按佃田畝數與定額計，應收布二丈一尺二寸。

　　　[2]按佃田畝數與定額計，應收錢一千二十錢。

按：①據收布數，《田家莂》"□"今補釋爲"一"。

②據文例，《田家莂》"□"今補釋爲"校"。

4·490 灵樸丘士壬璞(?)①,佃田十町,凡七十五畝,皆二年常限。其十畝 孰 田,依 書 不 收 錢 布 ②。其六十五畝旱田,畝收布六寸六分。凡爲布 一 匹 二尺九寸[1]③,准入米二斛一斗九升,五年二月十日付倉吏潘慮。旱田畝 收 錢 卅 七,凡 ④爲錢二千四百[2],准入米一斛五斗,五年三月□日付倉吏潘慮。嘉禾五年三月十日,田户經用曹史張惕、趙野、陳通校。

原注:[1]按佃田畝數與定額計,應收布一匹二尺九寸。

[2]按佃田畝數與定額計,應收錢二千四百五錢。

按:①"士"僅見於四年吏民田家莂,共9人。田家莂中"士"享受的優惠比"州吏""復民"多,其熟田均依書不收錢布,實際上,亦不收米。高敏《嘉禾〈吏民田家莂〉中的"士"和"復民"質疑》認爲,"士"是指當時讀書人從北方南徙者。黎虎《"吏户"獻疑——從長沙走馬樓吳簡談起》認爲,"士"即《續漢志》所載之"學士"。于振波《走馬樓吳簡所見佃田制度考略》認爲,"士"是在學問或道德等方面取得一定的名望,尚未入仕或拒絕入仕的人。蔣福亞《吳簡中的"士"和軍屯》認爲,"士"是士兵,士租種國有土地後,熟田"依書不收錢布",最大的可能是封建政府如何安置喪失戰鬥力但仍有一定勞動力的士兵和死亡士兵家屬措施中的組成部分。吳簡"士"的確切含義尚無定論。

②據文例,《田家莂》"□"今補釋爲" 布 "。

③據收布數,《田家莂》"……"今補釋爲" 一 匹 "。

④據文例,《田家莂》"……"今補釋爲" 收 錢 卅 七,凡 "。

4·491 灵樸丘士李安,佃田十町,凡五十三畝,皆二年常限。其五畝孰田,依書不收錢布。卅八畝旱田,畝收布六寸六分。凡爲布三丈一尺[1],准入米一斛五斗六升,五年三月七日付倉吏番慮。旱田畝收錢卅七,凡爲錢一千七百七十六錢,准入米一斛一斗□升,五年正月□日付倉吏番慮。嘉禾五年三月七日,田户經用曹史張惕、趙野、陳通校。

原注:[1]按卅八畝旱田計,應收布三丈一尺六寸八分。

4·492 灵樸丘士吳有,佃田十三町,凡九十四畝,皆二年常限。其七畝孰田,依書不收錢布。其八十七畝旱田,畝收布六寸六分。凡爲布一匹一丈二尺一寸①,准入米二斛六斗一升,五年三月十日付倉吏潘慮。旱田畝收錢卅七,凡爲錢三千二百十九錢,准米一斛九斗九升,五年三月七日付倉吏潘慮。嘉禾

五年三月十日,田户經用曹史趙野、張惕、陳通校。

按:①據佃田畝數與定額計,應收布一匹一丈七尺四寸二分。

4·493 灵[樸]丘士吳□,佃田十五町,凡[七][十][九][畝]①,皆二年常限。其九畝孰田,依書不收錢布。其七十畝旱田,畝收布六寸六分。……②□斛四斗,五年三月十日付倉吏番慮。旱田畝收錢卅七,凡爲錢二千五百九十,准米一斛六斗三升,[五]年三月七日付倉吏番慮③。嘉禾五年三月十日,田户經用曹史趙野、張惕、陳通校。

按:①據熟田九畝、旱田七十畝,可推知佃田總數爲七十九畝。《田家莂》"□□□"今補釋爲"[七][十][九][畝]"。
　　②據旱田畝數與定額計,應收布一匹六尺二寸。
　　③據文例,《田家莂》"□"今補釋爲"[五]"。

4·494 灵[樸]丘男子黃令,佃田一町,凡十六畝,皆二年常限。旱田畝收布六寸六分。凡爲布九尺五寸六分[1],五年閏月十一日付庫吏番有。旱田畝收錢卅七,凡爲錢五百九十二錢,五年三月七日付庫吏番有。嘉禾五年三月十日,田户經用曹史趙野、張惕、陳通校。

原注:[1]按佃田畝數與定額計,應收布一丈五寸六分。

4·495 灵[樸]丘[士]□孝(?),佃田十(?)町,凡八十七畝,皆二年常限。其七畝孰田,依書不收錢布。其八十畝旱田,畝收布六寸六分。凡爲布一匹一丈二尺八寸,准入米二斛六斗八升,四年三月十日付倉吏潘慮[1]。其旱畝收錢卅七,合爲錢二千八百六十[2],准入米一斛八斗,五年十二月十日付倉吏番慮[3]。嘉禾五年三月十日,田户經用曹史趙野、張惕、陳通校。

原注:[1]據文書體例,四年租稅在四年冬到五年春繳納,此處年月日期當有誤。
　　[2]按佃田畝數與定額計,應收錢二千九百六十錢。
　　[3]此處日期當有誤。

4·496 灵[樸]丘士□□,佃田十町,凡十四畝[1]。其七畝孰田,依書不收錢布。其九十四畝旱田,畝收布六寸六分。凡爲布一匹二丈三尺二分[2],准入米三斛一斗五升二合,五年閏月廿七日付倉吏番慮^①。旱田畝收錢卅七，凡爲二千七百一十^[3]，准入米一斛七斗，五年閏月□日付倉吏番慮。嘉禾五年三月十日，田户經用曹史趙野、張惕、陳通校。

原注：[1]據後文熟田與旱田畝數合計，應爲一頃一畝。

[2]按旱田九十四畝與定額計，應收布一匹二丈二尺四分。

[3]"凡爲"下脱"錢"字。按旱田九十四畝與定額計，應收錢三千四百七十八錢。

按：①據文例，《田家莂》"□"今補釋爲"吏"。

4·497 灵霖丘男子胡軓，佃田三町，凡卅八畝^[1]，皆二年常限。其卅二畝旱田，畝收布六寸六分。定收五畝，畝收米一斛二斗，爲米六斛。畝收布二尺。其米六斛，四年十二月廿七日付倉吏李金。凡爲布一匹一丈八尺^[2]，五年閏月十九日付庫吏番有。其旱田畝收錢卅七，其孰田畝收錢七十。凡爲錢二千五十一錢^[3]，五年二月十日付庫吏番有。嘉禾五年三月十日，田户經用曹史趙野、張惕、陳通校。

原注：[1]按據後文旱田卅二畝與熟田五畝，合計應爲卅七畝。

[2]按佃田畝數與定額計，應收布三丈七尺七寸二分。

[3]按佃田畝數與定額計，應收錢一千九百四錢。

4·498 灵霖丘男子胡㹗(?)，佃田二町，凡七畝，皆二年常限。其六畝旱田，畝收布六寸六分。定收一畝，畝收米一斛二斗^①，爲米一斛二斗。畝收布二尺。其米一斛二斗，四年十一月九日付倉吏李金。凡爲布五尺九寸六分，五年三月二日付庫吏番有。其旱田畝收錢卅七，其孰田畝收錢七十。凡爲錢二百九十二錢，五年三月十日付庫吏番有。嘉禾□

按：①據文例，《田家莂》"□"可補釋爲"畝"。

4·499 灵霖丘男子秦頡，佃田二町，凡十畝，皆二年常限。其七畝旱田，畝布六寸六分^①。定收三畝，畝收米一斛二斗，爲米三斛六斗。畝收布二尺。其米三斛六斗，四年十月九日付倉吏李金。凡爲布一丈六寸二分，五年二月九日付庫吏番有。其旱田畝收錢卅七，其孰田畝收錢七十。凡爲錢四百六十九錢，五年二月七日付庫吏番有。嘉禾五年三月十日，田户經用曹史趙野、張惕、陳通校。

按：①據圖版，“畮”下無“收”字。《田家莂》衍“收”字，今刪。據文例，“畮”後脱“收”字。

4·500　灵霖丘男子張仲，佃田三町，凡廿九畮，皆二年常限。其廿四畮旱田，畮收布六寸六分。定收五畮，畮收米一斛二斗，爲米六斛。畮收布二尺。其米六斛，四年十一月十日付倉吏李金。凡爲布三丈五尺六寸[1]，五年二月十八日付庫吏番有。其旱田畮收錢卅七，其孰田畮收錢七十。凡爲錢一千二百廿八錢[2]，五年正月六日付庫吏番有。嘉禾五年三月十日，田户曹史趙野、張惕、陳通校。

原注：[1]按佃田畮數與定額計，應收布二丈五尺八寸四分。
　　　[2]按佃田畮數與定額計，應收錢一千二百三十八錢。

4·501　灵讓何丘男子周員，佃田三町，凡十三畮，皆二年常限。旱田畮收布六寸六分。凡爲布八尺五寸八分，五年二月十日付庫吏番有。旱田畮收錢卅七，凡爲錢四百八十一錢，五年二月十五日付庫吏番有。嘉禾五年三月十日，田户曹史趙野、張惕、陳通校。

4·502　灵讓何丘男子陳吳①，佃田二町，凡十四畮，皆二年常限。旱畮收布六寸六分。凡爲布九尺二寸四分，五年二月十日付庫吏番有。其旱田畮收錢卅七，凡爲錢五百一十八錢，五年二月十八日付庫吏番有。嘉禾五年三月十日，田户曹史趙野、張惕、陳通校。

按：①《田家莂》“是”今釋爲“吳”，詳參簡4·169。

4·503　灵讓何丘男子程散，佃田二町，凡十二畮，皆二年常限。旱田畮收布六寸六分。凡爲布七尺九寸一分[1]，五年二月十五日付庫吏番有。畮收錢卅七，凡爲錢四百卅二錢[2]，五年二月十日付庫吏番有。嘉禾五年三月十日，田户曹史趙野、張惕、陳通校。

原注：[1]按佃田畮數與定額計，應收布七尺九寸二分。
　　　[2]按佃田畮數與定額計，應收錢四百四十四錢。

4·504　灵斷坏丘男子李溪[1]①，佃田五町，凡卅畮[2]，皆二年常限。旱田畝收布六寸六分[3]。凡爲布一丈一尺二寸二分，五年二月十日付庫吏番有。旱田畝收錢卅七，凡爲錢六百廿九錢[4]，五年二月六日付庫吏番有。嘉禾五年三月十日，田戶曹吏趙野、張惕、陳通校[5]。

原注：[1]丘名疑當讀爲"斷流"。

[2]按後文收布、錢數字推算，佃田畝數應爲十七畝。

[3]按佃田三十畝旱田計，應收布一丈九尺八寸。

[4]按佃田三十畝旱田計，應收錢一千一百一十錢。

[5]"校"下有一字殘劃，可能多寫一"校"。

按：①《田家莂》"斷"字當爲"斷"字。碑刻文獻中"斷"有類似寫法，如隋《仲思那造橋碑》寫作"逝"。敦煌文獻中"斷"也有類似寫法，如甘肅省藏敦煌文獻《佛説觀佛三昧海經》寫作"逝"。今改"斷"爲"斷"，下同。《田家莂》"𡎐"，圖版作"■"。簡5·151"增"圖版作"■"，簡5·156"堆"圖版作"■"，簡貳·269"坑"圖版作"■"，簡肆·3956"埣"圖版作"■"，以上從"土"之字，其土旁寫法均與"■"左旁相同，故我們認爲此字左旁應爲"土"。"■"右旁爲"不"，簡5·160"不"圖版作"■"，簡叄·695背"不"圖版作"■"，與此字右旁相同。故此字當爲"坏"字。今改"𡎐"爲"坏"。下同。《田家莂》"渂"當爲"㴱"，詳參簡4·223。今改"渂"爲"㴱"。

4·505 㴱斷坏丘男子烝城①，佃田四町，凡十五畝，皆二年常限。其十二畝旱田[1]②，畝收布六寸六分。定收二畝，畝收米一斛二斗，爲米二斛四斗。畝收布二尺。其米二斛四斗，四年十一月九日付倉吏李金。凡爲布一丈二尺五寸八分，五年三月十二日付庫吏番有[2]。其旱田畝收錢卅七，其孰田畝收錢七十。凡爲錢六百廿一錢，五年二月十三日付庫吏番有。嘉禾五年三月十日，田戶曹史趙野、張惕、陳通校。

原注：[1]"十二"似爲"十三"之誤。

[2]"三月"疑爲"二月"之誤。田戶曹史校核日期爲五年三月十日，繳布日期不應早於三月十日。

按：①《田家莂》"㴱(？)"字當爲"城"字。此字圖版較清晰，據圖版，應爲左旁從土（參簡4·504）、右旁從成（參簡4·174）的"城"字。今改。

②據佃田總數與定收畝數，可推知旱田應爲十三畝，據收布數、收錢數與定額，亦可推知旱田當爲十三畝。

4·506 㴱禾中丘男子文公[1]①，佃田四町，凡廿畝，皆二年常限。其十

七畝旱敗不收,畝收布六寸六分。定收三畝,爲米三斛六斗。畝收布二尺。其米三斛六斗,四年十一月七日付倉吏李金。凡爲布一丈七尺二寸二分,四年十一月十六日付庫吏潘有。其旱田畝收錢卅七,其孰田畝收錢七十。凡爲錢七百卅九錢[2],四年十一月廿日付庫吏潘有。嘉禾五年三月三日,田戶曹史趙野、張惕、陳 通 校②。

原注:[1]第一字疑是"采"字。

[2]按佃田畝數與定額計,應收錢八百三十九錢。

按:①《田家莂》"禾"字當爲"禾"字。《竹簡》中有"禾丘"(如簡壹·631、簡壹·6986)、"禾下丘"(如簡叁·5024),"禾"字寫法與"禾"相同。今改。禾,音liè。《廣韻·薛韻》:"禾,禾禾麥知多少。"

②據文例,《田家莂》"……"今補釋爲"陳 通 校"。

4·507　靈□中丘男子衛伍,佃田五町,凡廿九畝,皆二年常限。其廿七畝旱,畝收布六寸六分。定收二畝,收米一斛二斗①,凡爲米二斛四斗。畝收布二尺。其米二斛四斗,四年十一月二日付倉吏李金。凡爲布二丈一尺八寸二分,四年十一月一日付庫吏番有。其旱田畝收錢卅七,其孰田畝收錢七十。凡爲錢一千一百[1]……日付庫吏番有畢。嘉禾五年三月十日,田戶曹史趙野、張惕、陳通校。

原注:[1]按佃田畝數與定額計,應收錢一千一百三十九錢。

按:①據圖版"二畝"後爲"收"字,《田家莂》衍"收"前之"畝"字,今刪。

4·508正　靈□中(?)丘男子□□,佃田十町,凡□畝,皆二年常限。旱不收,畝收布六寸六分。……

4·508背　已校。陳□。

4·509　靈□丘州吏桓㸌①,佃田五町,凡六十五畝,悉旱,畝收布六寸六分。凡爲布一匹二尺九寸,五年正月十日付庫吏番有。其旱田畝收錢卅七,凡爲錢二千四百五錢,五年三月□日付庫吏番有。嘉禾五年三月十日,田戶曹史趙野、張惕、陳通校。

按:①㸌,當爲"彝"字之俗體。晉《當利里社殘碑》"彝"寫作"㸌",與"㸌"寫法相同。

4·510 灵粟(?)丘男子區野,佃田二處,合五畞。旱畞收布六寸六分。凡爲布三尺三寸,准入米一斗六升五合,四年十二月八日付倉吏鄭黑畢。畞收錢卅七,凡爲錢一百八十五錢,准入米一斗一升,四年十二月七日付倉吏鄭黑畢。嘉禾五年三月六日,主者史趙野、張惕、陳通校。

4·511 灵州吏陳頡(?)[1],佃田廿町,凡廿畞,皆二年常限。畞收米五斗八升六合。畞收布二尺。其米十一斛九斗二升[1],四年十二月卅日付倉吏鄭黑。凡爲布一匹,准入米二斛,四年十二月十日付倉吏鄭黑。孰田畞收錢七十,凡爲錢一千四百,准入米一斛,四年十月卅日付倉吏鄭黑。嘉禾五年三月十日,主者史張惕、趙野、陳通校。

原注:[1]按佃田畞數與定額計,應收米十一斛七斗二升。

按:①據文例,“州吏”前脱丘名。

4·512 灵郡吏烝廣①,佃田一町,凡廿一畞,皆二年常限。其旱畞收布六寸六分。凡爲一丈三尺八寸六分[1],四年十月六日付庫吏潘有。旱田畞收錢卅七,凡七百七十七錢②,四年十一月十一日付庫吏潘有畢。嘉禾五年三月十日,田戶曹史趙野、張惕、陳通校。

原注:[1]“爲”下脱“布”字。

按:①據文例,“郡吏”前脱丘名。

　　②據文例,“凡”下脱“爲錢”二字。

4·513 灵州吏董基①,佃田卅町,凡六十畞,皆二年常限。其廿畞旱,畞收布六寸六分。定收卌畞,畞收米五斗八升……畞收布二尺。其米廿三斛四斗四升,四 年……鄭 黑。凡爲布一匹一丈三尺二寸[1],准入米二斛六斗七升,四年十二月一日付 倉 吏 鄭 黑。其 旱 田 畞收錢卅七,其 孰 田 畞 收 錢 七 十。凡爲錢三千五百卌,准入米二斛二斗二升,四年十二月一付倉吏鄭黑[2]。嘉禾五年三月十五日,主者史張惕、趙野、陳通校。

原注:[1]按佃田畞數與定額計,應收布二匹一丈三尺二寸。

[2]"一"下脱"日"字。

按：①據文例，"州吏"前脱丘名。

4·514 囗州吏潘囗①，佃田廿町，凡卌畝，皆二年常限。其廿畝旱，畝收布六寸六分。定收廿畝，畝收米五斗八升六合。畝收布二尺。其米十一斛七斗二升，四年十月囗日付倉吏囗囗。凡爲布一匹[1]，准入米二斛，四年十二月廿日付倉吏鄭黑。其旱田畝收錢卅七，其孰田畝收錢七十。凡爲錢二千八百[2]，准入米一斛九斗六升，四年十二月十日付倉吏鄭黑。嘉禾五年三月十日，主者史張惕、趙野、陳通校。

原注：[1]按佃田畝數與定額計，應收布一匹一丈三尺二寸。

[2]按佃田畝數與定額計，應收錢二千一百四十錢。

按：①據文例，"州吏"前脱丘名。

4·515 囗囗囗丘男子毛昌(?)，佃田三町，凡十七畝，皆二年常限。其十畝旱，畝收布六寸六分。定收七畝，畝收米一斛二斗，爲米八斛四斗。畝收布二尺。其米八斛四斗，四年十一月一日付倉吏囗囗。凡爲布二丈六寸，四年十一月一日付庫吏潘琦。其旱田畝收錢卅七，其孰田畝收錢七十。凡爲錢八百六十，准入米……，四年十一月九日付倉吏鄭黑。嘉禾五年三月十二日，主者史張惕、趙野、陳通校①。

按：①據文例，《田家莂》"……"可補釋爲"陳通校"。

4·516 囗囗囗丘男子毛囗，佃田十一町，凡卅畝，皆二年常限。悉旱，畝收布六寸六分。凡爲布一丈九尺八寸，四年……日付庫吏潘琦。畝收錢卅七，凡爲錢一千三百一十[1]，四年十二月十日付庫吏潘有畢。嘉禾五年三月十二日，主者史張惕、趙野、陳通校。

原注：[1]按佃田畝數與定額計，應收錢一千一百一十錢。

4·517 囗囗囗丘男子文毛，田廿一町，凡卅畝，其十七畝，皆二年常限。旱敗不收，畝收布六寸六分。其十三畝餘力[1]。旱敗不收，畝收布六寸六分。凡爲布一丈囗尺六寸二分[2]，四年十一月囗日付庫吏潘有。畝收錢卅七，凡爲錢一千八十九錢[3]，四

年十一月五日付庫吏潘有。嘉禾五年三月十日，田户經用曹
史趙野、張惕、陳通校。

原注：[1]"餘力"下脱"田"字。

[2]按佃田畝數與定額計，應收布一丈九尺八寸。

[3]按佃田畝數與定額計，應收錢一千一百一十錢。

4·518　灵□□丘男子文雄(?)，佃田□町，凡十九畝，皆二年常限。其
十四畝旱田，畝收布六寸六分。定收五畝，畝收米一斛[二
斗]，爲米六斛。畝收布二尺。其米六斛，四年□月廿九日付
倉吏李金。凡爲布一丈九尺四分[1]，五年三月一日付庫吏番
有。其旱田畝收錢卅七，其孰田畝收錢七十。凡爲錢八百六
十八錢，五年閏月一日付庫吏番有。嘉禾五年三月十日，田户
曹史趙野、張惕、陳通校。

原注：[1]按佃田畝數與定額計，應收布一丈九尺二寸四分。

4·519　灵□丘吕□，佃田卅町，凡卌畝，皆二年常限。其廿畝旱，畝收
布六寸六分。定收廿畝，畝收米五斗八升六合。畝收布二
尺。其米十一斛二斗二升[1]，四年十二月十日付倉吏鄭黑。
凡爲布一匹[2]，准入米二斛，四年十二月十日付倉吏鄭黑。其
旱田畝收錢卅七，其孰田畝收錢七十。凡爲錢二千八百[3]，准
入米一斛九斗六升，四年十二月十日付倉吏鄭黑。嘉禾五年
三月十日，主者史張惕、趙野、陳通校。①

原注：[1]按二十畝熟田，畝收米五斗八升六合計，應收米十一斛七斗二升。

[2]按佃田畝數與定額計，應收布一匹三尺二寸。②

[3]按佃田畝數與定額計，應收錢二千一百四十錢。

按：①此簡"吕□"身份脱，據收米定額五斗八升六合，同於"州吏"和"復民"收米定
額，疑其身份爲"州吏"或"復民"。

②據佃田畝數與定額計，應收布一匹一丈三尺二寸。

4·520　灵□□丘男子朱山，佃田廿二町，凡六十九畝，其卅六畝，皆二
年常限。其卅四畝旱敗不收，畝收布六寸六分。定收二畝，畝
收税米一斛二斗，爲米二斛四斗。畝收布二尺。其卅三畝餘
力田。旱敗不收，畝收布六寸六分。其米二斛四斗，四年十月
五日付倉吏李金。凡爲布一匹七尺□寸四分[1]，四年十月五

日付庫吏潘有。其旱田畝收錢卅七，其孰田畝收錢七十。凡爲錢四千六百一十八錢[2]，四年十一月二日付庫吏潘有。嘉禾五年三月十日，田戶經用曹史趙野、張惕、陳通校[1]。

原注：[1]按佃田畝數與定額計，應收布一四八尺二寸二分。

[2]按佃田畝數與定額計，應收錢二千六百一十九錢。

按：①據文例，《田家莂》"……"今補釋爲"陳通校"。

4·521 灵□□丘男子朱伯，佃田十三町，凡卅三畝，皆二年常限。其卅畝旱，畝收布六寸六分。定收三畝，畝收米一斛二斗，爲米三斛六斗。畝收布二尺。其米三斛六斗。四年十二月十日付倉吏鄭黑。凡爲布三丈二尺四寸，四年十二月十日付庫吏潘有。其旱田畝收錢卅七，其孰田畝收錢七十。凡爲錢一千六百九十，四年十二月十日付庫吏潘有。嘉禾五年三月十日，田戶曹史張惕、趙野、陳通校[1]。

按：①據文例，《田家莂》"……"今補釋爲"陳通校"。

4·522 灵□□丘向(?)熙[1]，佃田十畝，凡卅七畝，皆二年常限。其卅畝旱，畝收布六寸六分。定收七畝，畝收米一斛二斗，爲米八斛四斗[2]。畝收布二尺。其米八斛四斗，四年十一月十日付倉吏鄭黑。凡爲布一匹四寸，准入米二斛二升，四年……其旱田畝收錢卅七，其孰田畝收錢七十。凡爲錢一千九百七十，准入米一斛三斗五升，四年十一月一日付倉吏鄭黑。嘉禾五年三月十日，主者史張惕、趙野、陳通校。

按：①據文例，簡首應有合同符號，今補。"向(?)熙"前脱身份詞語。

②據圖版，"爲"前無"凡"字，《田家莂》衍"凡"字，今刪。

4·523 灵□丘男子米(?)孫，佃田十一町，凡六十八畝，皆二年常限。其六十畝旱，畝收布六寸六分。定收八畝，畝收米一斛二斗，爲米九斛六斗。畝收布二尺。其米九斛六斗[1]，四年十二月六日付倉吏鄭黑。凡爲布一匹二丈五尺六寸[1]，四年十一月六日付庫吏潘琦[2]。其旱田畝收錢卅七，其孰田畝收錢七十[3]。凡爲錢二千七百[2]□

原注：[1]按佃田畝數與定額計，應收布一匹一丈五尺六寸。

[2]按佃田畝數與定額計,應收錢二千七百八十錢。

按:①據文例及文意,《田家莂》"……"今補釋爲"其 米 九 斛 六 斗"。

　　②據圖版,《田家莂》"□"應爲"珝"字。圖版"珝"字清晰可辨,今改。

　　③據文例,《田家莂》"□□"今補釋爲"七 十"。

4·524 ……米𢟍,田二町,凡十畝,皆二年常限。旱敗不收,畝收布
六寸六分。凡爲布六尺六寸,四年十二月三日付庫吏潘有。
畝收錢卅七,凡爲錢三百七十,四年十二月十九日付庫吏潘
有。嘉禾五年三月十日,田戶曹史趙野、張惕、陳通校。

4·525 灵□□丘男子杜倍,佃田二町,凡廿一畝,皆二年常限。其十
五畝旱不收,畝收布六寸六分。定收六畝,爲米七斛二斗。
畝收布二尺。其米七斛二斗,四年十二月二日付倉吏李金。
凡爲布二丈一尺九寸,四年十二月十日付庫吏潘有。其旱田
畝收錢卅七,其孰田畝收錢七十。凡爲錢九百七十錢[1],四年
十二月十一日付庫吏潘有畢。嘉禾五年三月三日,田戶曹史
趙野、張惕、陳通校。

原注:[1]按佃田畝數與定額計,應收錢九百七十五錢。

4·526 灵□□丘男子李根(?)①,田八町,凡十七畝,其十二畝,皆二
年常限。旱敗不收,畝收布六寸六分。其五畝餘力田。旱敗
不收,畝收布六寸六分。凡爲布一丈尺二寸三分[1],四年十月
廿日付庫吏番有。畝收錢卅七,凡爲六百冊六錢[2],四年月八
日[3]②付庫吏番有。嘉禾五年三月十日,田戶經用曹史趙野、
張惕、陳通校。

原注:[1]"尺"上脱數字。按佃田畝數與定額計,應收布一丈一尺二寸二分。

　　[2]按佃田畝數與定額計,應收錢六百二十九錢。

　　[3]"月"上脱數字。可能是將"年"字的末兩筆與"十月"的"十"相混了。

按:①據文例,簡首應有合同符號,今補。

　　②圖版"年"的末兩筆書寫較粗,疑"年"的末兩筆與"十"字重疊。

4·527 灵□□丘男子李馬①,佃田凡六十一畝②,皆二年常限。其五
十一畝旱,畝收布六寸六分。定收十畝,畝收米一斛二斗,爲
米十二斛。畝收布二尺。其米十二斛,四年十二月十日付倉

吏鄭黑。凡爲布③……付庫吏番有。其旱田畝收錢卅七,其
孰田畝收錢七十。凡爲錢二千七百廿[1],四年十一月十二日
付庫吏番有畢。嘉禾五年三月十日,主者史張惕、趙野、陳
通校。

原注:[1]按佃田畝數與定額計,應收錢二千五百八十七錢。

按:①據文例,簡首應有合同符號,今補。

②據文例,"佃田"後脱町數。

③據佃田畝數與定額計,應收布一匹一丈三尺六寸六分。

4·528 灵□□……李祭①,佃田十六町,凡卅七畝,皆二年常限。其
卅旱[1],畝收布六寸六分。定收七畝,畝收米一斛二斗,爲米
八斛四斗……其米……畝收錢七十。……斛二斗三升二合,
四年十一月十四日付倉吏鄭黑。嘉禾五年三月十日,主者史
張惕、趙野、陳通校。②

原注:[1]"卅"下脱"畝"字。

按:①據文例,簡首應有合同符號,今補。

②據佃田畝數與定額計,應收布一匹四寸,應收錢一千九百七十錢。

4·529 灵□□丘男子李番(?)①,佃田二町,凡七畝,皆二年常限。旱
田,畝收布六寸六分。凡爲布四尺六寸六分[1],五年二月十日
付庫吏番有。旱田畝收錢卅七,凡爲錢二百五十九錢,五年
二月十日付庫吏番有。嘉禾五年三月十日,田户曹史趙野、
張惕、陳通校。

原注:[1]按佃田畝數與定額計,應收布四尺六寸二分。

按:①據文例,簡首應有合同符號,今補。

4·530 灵□丘男子李會①,佃田二町,凡十畝,皆二年常限。其八畝
旱田,畝收布六寸六分②。定收二畝,畝收米一斛二斗,凡爲
米二斛四斗。畝收布二尺。其米二斛四斗,四年十二月十
日付倉吏李金③。凡爲布□④

按:①據文例,簡首應有合同符號,今補。

②據文例,《田家莂》"□"今補釋爲"布"。

③據文例,《田家莂》"□"今補釋爲"年"。

④據佃田畝數與定額計,應收布九尺二寸八分,應收錢四百卅六錢。

4·531 灵□□丘男子李橞①，佃田廿五町，凡卅三畝，皆二年常限。其卅畝旱，畝收布六寸六分。定收三畝，畝收米一斛二斗，爲米三斛六斗。畝收布二尺。其米三斛六斗，四年十月十日付倉吏鄭黑。凡爲布二丈五尺八寸，四年十一月九日付庫吏潘有。其旱田畝收錢卅七，其孰田畝收錢七十。凡爲錢一千三百廿，四年十月廿九日付庫吏潘有。嘉禾五年三月十日，田戶曹史張惕、趙野、陳通校。

按：①橞，音zhǎn。《玉篇·木部》：“橞，木瘤也。”

4·532 灵□丘男子吴客①，佃田二處，合四畝②。旱畝收布六寸六分。凡爲布二尺六寸[1]，四年十一月七日付庫吏潘有畢。畝收錢卅七，凡爲錢一百卅八錢……付庫吏潘有畢。嘉禾五年三月六日，主者史趙野、張惕、陳通校。

原注：[1]按佃田畝數與定額計，應收布二丈六尺四寸。

按：①據文例，簡首應有合同符號，今補。
　　②據文例，《田家莂》“□”今補釋爲“合”。

4·533 灵□丘男子吴唐，佃田……其卅畝旱不收，畝收布六寸六分。定收八畝①，畝收米一斛二斗，凡爲米米九斛六斗[1]。畝收布二尺。其米九斛六斗，四年②十一月十日付倉吏鄭黑。凡爲布一匹二……[2]，准入米二斛八斗升[3]，四年十二月十日付倉吏鄭黑。其旱田畝收錢卅七，其孰田畝收錢七十。凡爲錢二千卅，准入米一斛二斗七升，四年十二月二日付倉吏鄭黑。嘉禾五年三月十日，主者史張惕、趙野、陳通校。

原注：[1]“九斛”上衍“米”字。
　　[2]按佃田畝數與定額計，應收布一匹二尺四寸。
　　[3]“升”上脫數字。

按：①據收米數與定額知，定收八畝。據文例，《田家莂》“……”今補釋爲“定收八畝”。
　　②據文例及文意，《田家莂》“……”今補釋爲“九斛六斗，四年”。

4·534 灵……吴(?)□，佃田十五町，凡□□畝，其……其……三丈一尺六寸，四年十一月十日付庫吏潘有。畝收錢卅七，凡爲錢二千七百七十六錢，四年十一月八日付庫吏潘有。嘉禾五年三月十日,田……曹史趙野、張惕、陳通校。

4·535　灵□下丘男子宋沐,佃田三町,凡九畝,皆二年常限。旱畝收布六寸六分。凡爲布五尺九寸四分,五年二月十二日付庫吏番有。旱田畝收錢卅七,凡爲錢三百卅三,……付庫吏番有。嘉禾五年三月十日,田戶曹史趙野、張惕、陳通校。

4·536　灵□□丘男子苗署,……旱田畝收錢卅七,孰田畝收錢七十。凡爲錢四百□,四年□月□日付庫吏潘有。嘉禾五年三月十日,田戶經用曹史趙☒

4·537　灵□□丘復民周屯,佃田三町,凡卅七畝,……六寸六分①。凡爲布二丈三尺一寸[1],五年二月廿七日付庫吏番有。旱田畝收錢卅七,凡爲錢一千三百六十九錢,五年三月七日付庫吏番有。嘉禾五年三月廿日,田戶經用曹史趙野、張[惕]、[陳][通][校]②。

原注:[1]按佃田畝數與旱田定額計,應收布二丈四尺四寸二分。

按:①據圖版,"凡爲布"前依稀可辨有"六寸六分"。故《田家莂》"……"當釋爲"……六寸六分",今改。

　　②據文例,《田家莂》"……"今補釋爲"[惕]、[陳][通][校]"。

4·538　灵□□丘男子周毛,佃田二處,合九畝。旱畝收布六寸六分。凡爲布五尺九寸[1],四年十月一日付庫吏潘有畢。畝收錢卅七,凡爲錢三百一十一錢[2],四年十月六日付庫吏潘有畢。嘉禾五年三月六日,主者史趙野、張惕、陳通校。

原注:[1]按佃田畝數與定額計,應收布五尺九寸四分。

　　　[2]按佃田畝數與定額計,應收錢三百三十三錢。

4·539　灵□□丘男子周恖,佃田三町,凡廿畝,皆二年常限。其十五畝旱田,畝收布六寸六分。定收五畝,畝收米一斛二斗,爲米六斛。畝收布二尺。其米六斛,四年十二月十日付倉吏李金。凡爲布一丈九尺九寸,五年二月十日付庫吏潘有。其旱田畝收錢卅七,其孰田畝收錢七十。凡爲錢九百五錢,五年二月十日付庫吏潘有。嘉禾五年五年三月十日[1],田戶曹史趙野、張惕、陳通校。

原注：[1]"三月"前衍"五年"二字。

4·540 灵□丘男子周選，佃田二町，凡十五畝，皆二年常限。其十三畝旱田，畝收布六寸六分。定收二畝，畝收米一斛二斗，爲米二斛四斗。畝收布二尺。其米二斛四斗，四年十一月十日付倉吏李金。凡爲布一丈二尺五寸八分，五年閏月七日付庫吏番有。其旱田畝收錢卅七，其孰田畝收錢七十。凡爲錢六百廿一錢，五年閏月十日付庫吏番有。嘉禾五年三月十日，田戶經用曹史趙野、張惕、陳通校。

4·541 灵□丘男子周憑，佃田四處，合廿畝。旱畝收布六寸六分。凡爲布三尺三寸[1]，准入米……四年十二月九日付倉吏鄭黑畢。畝收錢卅七，凡爲錢七百卅錢，准入米四斗……四年十二月九日付倉吏鄭黑。嘉禾五年三月六日，主者史趙野、張惕、陳通校。

原注：[1]按佃田畝數與定額計，應收布一丈三尺二寸。

4·542 灵□□丘郡吏周□，佃田三町，凡廿五畝，皆二年常限。其十九畝旱不收，畝收布六寸六分。定收六畝，爲米七斛二斗。畝收布二尺。……布□丈□尺□寸□分①，四年十一月十三日付庫吏潘有②。其旱田畝收錢卅七，其孰田畝收錢七十。凡爲錢一千一百五十錢③，四年十二月十日付庫吏潘有畢。嘉禾五年三月三日，田戶曹史趙野、張惕、陳通校。

按：①據佃田畝數與定額計，應收布二丈四尺五寸四分。
　　②據文例，《田家莂》"……"今補釋爲"四年"。
　　③據佃田畝數與定額計，應收錢一千一百廿三錢。

4·543 灵□□丘男子宗□，佃田二町，凡十三畝，皆二年常限。悉旱，畝收布六寸六分。……□

4·544 灵□丘男子胡石，佃田七町，凡七十畝，皆二年常限。悉旱，畝收布六寸六分。凡爲布一匹一丈六尺八寸[1]，准入米一斛五斗，四年十二月一日付倉吏鄭黑畢。……□

原注:[1]按佃田畞數與定額計,應收布一匹六尺二寸。

4·545 灵□□丘男子胡相,田十一町,凡廿二畞,皆二年常限。旱敗不收,畞收布六寸六分。凡爲布一丈四尺五寸二分①,四年十一月六日付庫吏番有。旱田畞收錢卅七,凡爲錢八百一十四錢,四年□月□日付庫吏番有。嘉禾五年……史趙野、張惕、陳通校②。

按:①據佃田畞數與定額計,應收布一丈四尺五寸二分。《田家莂》"□"可補釋爲"二"。
②據文例,《田家莂》"……"今補釋爲"通校"。

4·546 灵□□丘男子殷東,佃田二處,五畞①,二年常限。其二畞旱田,畞收布六寸六分。定收三畞,畞收米一斛二斗,凡爲米三斛六斗。畞收布二尺。其米三斛六斗,四年十二月廿一日付倉吏李金。凡爲布七尺三寸[1],准入米三斗六升五合,四年二月九日付倉吏鄭黑②。其旱田畞收錢卅七,其孰田畞收錢七十。凡爲錢二百八十四錢,准入米一斗八升,□年二月九日付倉吏鄭黑畢。嘉禾五年三月六日,主者史趙野、張惕、陳通校。

原注:[1]按佃田畞數與定額計,應收布七尺三寸二分。
按:①據文例,"五畞"前脱"合"字。
②據文例,"四年"應爲"五年"之誤。

4·547 灵□□丘男子殷趓①,佃田卅六町,凡八十六畞,其卅九畞,皆二年常限。其卅六畞旱,畞收布六寸六分。定收三畞,畞收米一斛二斗,爲米三斛六斗。畞收布二尺。其卅九畞餘力田[1]。其十七畞旱,畞收布六寸六分。定收廿畞,畞收米四斗五升六升[2],爲米九斛一斗二升。畞收布二尺。其米十二斛七斗二升,四年十一月廿日付倉吏鄭黑。凡爲布二匹七尺五寸八分,四年十一月五日付庫吏潘有。其旱田畞收錢卅七,其孰田畞收錢七十。凡爲錢三千五百卅一錢[3],四年十一月五日付庫吏潘有。嘉禾五年三月十日,田戶曹史張惕、趙野、陳通校。

原注:[1]按下文旱、熟田畞數合計,應爲卅七畞。

　　　　　［3］按佃田畝數與定額計，應收錢三千九百四十一錢。

按：①越，音cī。《説文·走部》："越，蒼卒也。从走，弟聲。"

4·548　……士般□，佃田十町，凡七十九畝。其七畝孰田，依書不收
　　　　錢布。其七十二畝旱田，畝收布六寸六分。凡爲一匹七尺五
　　　　寸二分[1]，准米二斛三斗五升□◨

原注：[1]"爲"下脱"布"字。

4·549　靈□丘男子逢但，佃田一町，凡四畝，皆二年常限。其一畝旱
　　　　敗不收，畝收布六寸六分。定收三畝，爲米三斛六斗。畝收
　　　　布二尺。┃其┃米┃三┃斛┃六┃斗┃，四┃年┃十┃二┃月十日付倉吏李
　　　　金。凡爲布六尺六寸六分。四年十二月十日付庫吏潘有。
　　　　其旱田畝收錢卅七，其孰田畝收錢七十。凡爲錢三百冊七
　　　　錢[1]，四年十二月十日付庫吏潘有畢。嘉禾五年三月三
　　　　日[2]①，田户曹史趙野、張惕、陳通校。

原注：[1]按佃田畝數與定額計，應收錢二百四十七錢。

　　　　　［2］依文例，四年租税在四年冬至五年春徵收，"十一月"當有誤。

按：①據圖版，《田家莂》"嘉禾五年十一月十一日"之兩個"十一"均應爲"三"字。圖
　　版文字墨跡有點暈開，導致《田家莂》誤釋爲"十一"。但仔細辨識仍可看出當爲
　　"三"字。另《田家莂》整理者從文例方面已指出"十一月"當有誤（注釋[2]）。四
　　年田家莂的校核時間是在嘉禾五年三月（除去殘缺無法統計的簡，只有三枚簡
　　是嘉禾五年二月，分別是簡4·336、簡4·700、簡4·708，然而這三枚簡圖版均模糊
　　不清，不好辨識），此簡卻在"嘉禾五年十一月"校核，於理不通。《田家莂》"十一
　　月十一日"今釋爲"三月三日"。

4·550　靈□丘士逢若，佃田十七町，凡七十六畝，皆二年常限。其六
　　　　畝孰田，依書不收錢布。其七十畝旱田，畝收布六寸六分。
　　　　凡爲布一匹一丈八尺[1]，准入米二斛五斗八升二合，五年三月
　　　　十日付倉吏番慮。旱田畝收錢卅七，凡爲錢二千……[2]，┃准┃
　　　　入┃米┃一┃斛┃六┃斗┃……五年三月□日付倉吏番慮。┃嘉┃禾┃
　　　　五┃年┃三┃月┃十┃日┃，田┃户┃曹┃史┃趙┃野┃、張┃惕┃、陳通校。

原注：[1]按佃田畝數與定額計，應收布一匹六尺二寸。

　　　　　［2］按佃田畝數與定額計，應收錢二千五百九十錢。

4·551 灵……丘男子高□,□田□町,凡……畝,皆二年常限。……年□月八日付……番有。嘉禾五年三月十日,田戶曹史☒

4·552 灵□丘男子唐有,佃田□町,凡九十畝,皆二年常限。悉旱,畝收布六寸六分。凡爲布一匹二丈九尺四寸[1],准入米……卅日付倉吏鄭黑。旱田畝收錢卅七,凡爲錢三千三百卅,准入米一斛一斗六升,四年十一月卅日付倉吏鄭黑。嘉禾五年三月九日,主者史張惕、趙野、陳通校。

原注:[1]按佃田畝數與定額計,應收布一匹一丈九尺四寸。

4·553 灵□丘男子唐載(?),田九町,凡卅四畝,皆二年常限。旱敗不收,畝收布六寸六分。凡爲布二丈二尺一寸[1],准入米一斛一斗五升,五年閏月九日付倉吏鄭黑。畝收錢卅七,凡爲錢一千三百五十八錢[2],准入米七斗九升,五年閏月□日付倉吏鄭黑。嘉禾五年三月□日,田戶經用曹史趙野、張惕、陳通校①。

原注:[1]按佃田畝數與定額計,應收布二丈二尺四寸四分。

[2]按佃田畝數與定額計,應收錢一千二百五十八錢。

按:①據文例,《田家莂》"……三月□日,田戶經用曹史……"今補釋爲"嘉禾五年三月□日,田戶經用曹史趙野、張惕、陳通校"。

4·554 灵□□丘男子唐□,佃田十二町,凡廿五畝[1]。其廿一畝旱田,畝收布六寸六分。定收六畝。其一畝收米一斛二斗,布二尺。其五畝火種田。畝收米四斗五升六合,爲米二斛四斗八升[2]。其米三斛四斗八升[3],四年十月七日付倉吏李金。凡爲布二丈五尺八寸六分,五年正月廿六日付庫吏番有。其旱田畝收錢卅七,其孰田畝收錢七十。凡爲錢一千一百六十錢[4],……六日付庫吏番有。嘉禾五年三月十日,田戶經用曹史趙野、張惕、陳通校。

原注:[1]按下文旱田與熟田畝數合計,總畝數應爲廿七畝。

[2]按五畝餘力火種田,畝收米四斗五升六合計,應收米二斛二斗八升。①

[3]按五畝餘力火種田收米二斛二斗八升、熟田一畝收米一斛二斗合計,應收米三斛四斗八升。②

[4]按佃田畝數與定額計,應收錢一千一百九十七錢。

按:①《田家莂》注釋[2]"餘力火種田"應爲"火種田"。"火種田"和"餘力火種田"是
兩種不同性質的田地,"餘力火種田"繳米需斛加五升,"火種田"繳米無需斛加
五升,二者應區別對待。

②據定收田畝數與定額計,收米總數不誤,《田家莂》注釋[3]當刪。

4·555 灵□□男子陳阿,佃田六町,凡卅一畝,皆二年常限。其廿二
畝旱敗不收,畝收布六寸六分。定收九畝,爲米十斛八斗。
畝收布二尺。其米十斛八斗,四年十二月一日付倉吏李
金①。凡爲布二丈五尺九寸[1],四年十二月十一日付庫吏潘
有。其旱田畝收錢卅七,其孰田畝收錢七十。凡爲錢一千四
百卅錢[2],四年十二月二日付庫吏潘有畢。嘉禾五年三月三
日,田户曹史趙野、張惕、陳通校。

原注:[1]按佃田畝數與定額計,應收布三丈二尺五寸二分。

[2]按佃田畝數與定額計,應收錢一千四百四十四錢。

按:①據圖版,《田家莂》"三"字實爲"十二"二字,圖版"二"上的一横劃有一短豎劃
穿過,應爲"十二"。另據文例,四年田家莂的繳米時間爲四年秋至五年春,此簡
"四年三月"繳米,於理不通。故《田家莂》"三月"今釋爲"十二月"。

4·556 灵□田丘男子陳昭,佃田一町,凡六畝,皆二年常限。悉旱,畝
收布六寸六分。凡爲布四尺九寸六分[1],四年十一月十一日
付庫潘有[2]。旱田畝收錢卅七,凡爲錢二百卅七錢[3],四年十
一月十日付庫吏潘有畢。嘉禾五年三月十日,田户曹史趙野、
張惕、陳通校。

原注:[1]按佃田畝數與定額計,應收布三尺九寸六分。

[2]"庫"下脱"吏"字。

[3]按佃田畝數與定額計,應收錢二百二十二錢。

4·557 ☑□□男子陳(?)馬(?),佃田十町,凡卅五畝,其十五畝二年
常限。其十三畝旱敗不收,畝收布六寸六分。定收二畝,爲
米二斛四斗。畝收布二尺。其廿畝餘力田。凡爲米九斛一
斗二升。畝收布二尺。其米十一斛五斗二升……凡爲布一
匹七尺五寸五分[1],四年十二月十三日付庫吏潘有。其旱田
畝收錢卅七,其孰田畝收錢七十。凡爲錢二千五百廿錢[2],四
年十二月三日付庫吏潘有畢。嘉禾五年三月三日,田户曹史

趙野、張惕、陳通校。

原注:[1]按佃田畝數與定額計,應收布一匹一丈二尺五寸五分。①

[2]按佃田畝數與定額計,應收錢二千二十一錢。

按:①據佃田畝數與定額計,應收布一匹一丈二尺五寸八分。《田家莂》注釋[1]誤。

4·558 灵□丘男子陳(?)倉,佃田卅町,凡一頃廿六畝。其九十八畝二年常限。其九十畝旱,畝收布六寸六分。定收八畝,畝收米一斛二斗,爲米九斛六斗。畝收布二尺。其廿八畝餘力田。畝收米四斗五升六合,爲米①……其米……斗七升,四年十一月廿六日付倉吏□□。……米六斛五斗七升,四年十一月廿日付倉吏鄭黑。其旱田畝收錢卅七,其孰田畝收錢七十。凡爲錢六千八百五十[1],准米三斛九斗五升,四年十一月十日付倉吏鄭黑。嘉禾五年三月十日,田戶曹史張惕、趙野、陳通校。

原注:[1]按佃田畝數與定額計,應收錢五千八百五十錢。

按:①據餘力田定收畝數與定額計,應收米十二斛七斗六升八合。

4·559 灵□□丘男子陳新(?),佃田二處,合十畝[1]。旱畝收布六寸六分。凡爲布五尺九寸[2],四年十一月八日付庫吏潘有畢。畝收錢卅七,凡爲錢二百卅三錢[3],四年十二月七日付庫吏潘有畢。嘉禾五年三月□日,田戶曹史趙野、張惕、陳通校。

原注:[1]據後文收布數推算,佃田畝數應爲九畝。

[2]按旱田十畝計,應收布六尺六寸。

[3]按旱田十畝計,應收錢三百七十錢。按旱田九畝計,應收錢三百三十三錢。

4·560 灵□丘男子陳溪(?)①,火種田三町,凡卅畝。旱田畝收布六寸六分。凡爲布一丈四尺四寸二分[1],五年二月十七日付庫吏番有。旱田畝收錢卅七,凡爲錢一千三百六十八錢[2],五年三月七日付庫吏番有。嘉禾五年三月▨

原注:[1]按佃田畝數與定額計,應收布一丈九尺八寸。

[2]按佃田畝數與定額計,應收錢一千一百一十。

按:①據文例,簡首應有合同符號,今補。

4·561 灵□□丘男子陳緄,佃田五町,凡廿八畝,皆二年常限。其九畝旱敗不收,畝收布六寸六分。定收十九畝,爲米廿二斛八斗。畝收布二尺。其米廿二斛八斗,四年十二月廿日付倉吏李金。凡爲布一匹三尺九寸四分,准入米二斛五斗七合[1],四年十二月十日付三州倉吏鄭黑。其旱田畝收錢卅七,其孰田畝收錢七十。凡爲錢一千六百六十三錢,准入米一斛五升六合,四年十二月三日付倉吏潘慮畢。嘉禾五年三月三日,田戶曹史趙野、陳通校。①

原注:[1]"淮"是"准"字之誤。

按:①四年田家莂爲趙野、張惕、陳通三人校核,此簡較特殊,只有趙野、陳通兩人校核。

4·562 𤳳□□丘男子陳□,佃田一町,凡五畝,皆二年常限。旱畝收布六寸六分。凡爲布三尺三寸,五年二月十五日付庫吏番有。其旱田畝收錢卅七,凡爲錢二百一十三錢[1],五年三月九日付庫吏番有。嘉禾五年三月十日,田戶曹史趙野、張惕、陳通校。

原注:[1]按佃田畝數與定額計,應收錢一百八十五錢。

4·563 𤳳□□丘男子陳□,佃田卅町,凡九十三畝,皆二年常限。其八十畝旱,畝收布六寸六分。定收十三畝,畝收米一斛二斗,爲米十五斛六斗。畝收布二尺。其米十五斛六斗,四年十一月十一日付倉吏鄭黑。凡爲布一匹三丈八尺八寸,四年十二月十日付庫吏潘有。其旱田畝收錢卅七,其孰田畝收錢七十。凡爲錢三千七百七十[1],四年十一月一日付庫吏潘有。嘉禾五年三月十日,田戶曹史張惕、趙野、陳通校。

原注:[1]按佃田畝數與定額計,應收錢三千八百七十錢。

4·564 𤳳□丘男子陳□,佃田□町,凡□畝,皆二年常限。旱田畝收布六寸六分。凡爲布四尺八寸二分,五年二月九日付庫吏番有。旱田畝收[錢]卅七,凡爲錢五百廿二錢,五年閏月一日付庫吏番有。嘉禾五年三月十日,田戶經用曹史趙野、張惕、[陳][通][校]。①

按:①據收布數、收錢數與定額推算,佃田數差別很大。據文例,《田家莂》"……"今補釋爲"[陳][通][校]"。

4·565 灵□丘男子烝俆①，佃田十九町，凡廿九畞，皆二年常限。其廿五畞旱，畞收布六寸六分。定收四畞，畞收米一斛二斗，爲米四斛八斗。畞收布二尺。其米四斛八斗，四年十一月一日付倉吏鄭黑。凡爲布二丈四尺五寸，准米一斛二斗二升五合，四年十月九日付倉吏鄭黑。其旱田畞收錢卅七，其孰田畞收錢七十②。凡爲錢一千三百五錢[1]，准米八斗一升五合，四年十月七日付倉吏鄭黑。嘉禾五年三月十日，田戶曹史張惕、趙野、陳通校。

原注：[1]按佃田畞數與定額計，應收錢一千二百五錢。

按：①俆，音xú，同“徐”。《説文·人部》：“徐，緩也。从人，余聲。”《龍龕手鑒·人部》：“俆，與徐同。緩也。”

②據文例，《田家莂》“……”今補釋爲“收錢七十”。

4·566 灵□□丘男子烝鈕，佃田十一町，凡卅三畞，皆二年常限。其卅畞旱，畞收布六寸六分。定收三畞，畞收米一斛二斗，凡爲米三斛六斗。畞收布二尺。其米三斛六斗，四年……付倉吏鄭黑。凡爲布二丈五尺八寸，准米一斛三斗六升五合，四年十二月十一日付倉吏鄭黑。其旱田畞收錢卅七，其孰田畞收錢七十①。凡爲錢一千三百廿，准米八斗一升一合，四年十一月廿日付倉吏鄭黑。嘉禾五年三月□日，田戶曹史張惕、趙野、陳通校。

按：①據文例，《田家莂》“□”今補釋爲“七”。

4·567 灵□□丘男子黄山(?)，田十町，凡卌二畞，皆二年常限。其卅六畞旱敗不收，畞收布六寸六分。定收六畞，畞收稅米一斛二斗，凡爲米七斛二斗。畞收布二尺。其米七斛二斗，四年十一月廿日付倉吏李金。凡爲布一匹八尺五寸[1]，四年十一月十二日付庫吏潘有。其旱田畞收錢卅七，其孰田畞收錢七十。凡爲錢三千一百八十二錢[2]，四年十一月十一日付庫吏潘有。嘉禾五年三月十日，田戶經用曹史趙野、張惕、陳通校。

原注：[1]按佃田畞數與定額計，應收布三丈五尺七寸六分。

[2]按佃田畞數與定額計，應收錢一千七百五十二錢。

4·568 灵□□丘男子黄金①，佃田二町，凡十畝，皆二年常限。……定收二畝，畝收米一斛四斗[1]，爲米二斛四斗。畝收布二尺。其米二斛四斗，四年十二月廿日付倉吏□□。凡爲布九尺二寸八分，五年二月七日付庫吏番有。其旱田畝收錢卅七，其孰田畝收錢七十。凡……☒

原注：[1]"四"爲"二"字之誤。

按：①據文例，簡首應有合同符號，今補。

4·569 灵□□郡吏黄高，佃田五町，凡五十七畝，皆二年常限。其五十五畝旱田，畝收布六寸六分。定收二畝，畝收米一斛二斗，爲米二斛四斗。畝收布二尺。其米二斛四斗，四年十二月十日付倉吏李金。凡爲布一匹三寸，五年二月十二日付庫吏番有。其旱田畝收錢卅七，其孰田畝收錢七十。凡爲錢二千一百七五錢[1]，五年二月廿日付庫吏番有。嘉禾五年三月十日，田户曹史趙野、張惕、陳通校。

原注：[1]"七"下脱"十"字。

4·570 灵□丘男子黄海，佃田廿町，凡卅畝，皆二年常限。其十畝旱，畝收布六寸六分。定收廿畝，畝收米一斛二斗，爲米廿四斛。畝收布二尺。其米廿四斛，四年十一月十日付倉吏鄭黑。凡爲布一匹六尺六寸，准米二斛三斗三升，四年十一月十一日付倉吏鄭黑。其旱田畝收錢卅七，其孰田畝收錢七十。凡爲錢二千七百七十[1]，准米一斛七斗二升五合，四年十月十一日付倉吏鄭黑。嘉禾五年三月十日，田户曹史張惕、趙野、陳通校。

原注：[1]按佃田畝數與定額計，應收錢一千七百七十。

4·571 灵□□丘男子黄諱，佃田卅五町，凡卌七畝，皆二年常限。其卅七畝旱，畝收布六寸六分。定收十畝，畝收米一斛二斗，爲米十二斛。畝收布二尺。其米十二斛，四年一月十一日付倉吏鄭黑①。凡爲布一匹四尺四寸[1]……付倉吏鄭黑。其旱田畝收錢卅七，其孰田畝收錢七十。凡爲錢二千六十九錢，准米一斛三斗，四年十二月十日付倉吏鄭黑。嘉禾五年三月十日……史張惕、趙野、陳通校②。

原注：[1]按佃田畝數與定額計，應收布一匹四尺四寸二分。

按：①據文例，四年田家莂的繳米時間應爲四年秋至五年春，"一月"當有誤。

　　②據文例，《田家莂》"……"今補釋爲"趙 野、陳 通 校"。

4·572 灵□□丘男子黄□，佃田廿五町，凡卅八畝，皆二年常限。其卅畝旱，畝收布六寸六分。定收八畝，畝收米一斛二斗，爲米九斛六斗。畝收布二尺。其米九斛六斗，四年十月六日付倉吏鄭黑①。凡爲布二丈[1]……吏鄭黑。其旱田畝收錢卅七，其 孰 田 畝 收 錢 七 十。凡爲錢一千六百一十[2]，准入米一斛三合，四年……倉吏鄭黑。嘉禾五年三月十日，主者史張惕、趙野、陳通校。

原注：[1]按佃田畝數與定額計，應收布三丈五尺八寸。

　　[2]按佃田畝數與定額計，應收錢一千六百七十錢。

按：①據文例，田家莂中姓"鄭"的倉吏只有"鄭黑"一人，故《田家莂》"□"今補釋爲"黑"。

4·573 灵□丘男子曹仙，佃田卅町，凡五十四畝，皆二年常限。其卅畝旱，畝收布六寸六分。定收廿四畝，畝收米一斛二斗，凡爲米廿七斛八斗[1]。畝收布二尺。其米廿七斛八斗，四年十一月廿日付倉吏鄭黑。凡爲布一匹二丈七尺八寸，四年十月十一日付庫吏潘有。其旱田畝收錢卅七，其孰田畝收錢七十。凡爲錢二千七百九十，四年十一月廿日付庫吏潘有。嘉禾五年三月十日，田户曹史張惕、趙野、陳通校。

原注：[1]按定收畝數與定額計，應收米廿八斛八斗。

4·574 灵……子區平，佃田一町，凡……限。其……①畝收布六寸六分。定 收 九 畝②，畝收米一斛二斗，凡爲米十斛八斗。畝收布二尺。其米十斛八斗，四年十二月十二日付倉吏李金。凡爲布三丈一尺七寸一分，四年十二月十二日付庫吏番有。其旱田畝收錢卅七，其孰田畝收錢七十。凡爲錢一千九百六十二錢，四年十二月十二日付庫吏番有畢。嘉禾五年三月十日，田户曹史趙野、張惕、陳通校。

按：①據收布數、收錢數與定額計算，旱田畝數差別很大。

　　②據收米數與定額計算，定收九畝。故《田家莂》"……"今補釋爲"定 收 九 畝"。

4·575 灵□丘州吏張披(?)，田卅町，凡一頃五十八畝，其一頃八畝，皆二年常限。旱敗不收，畝收布六寸六分。其五十畝餘力田。其卅畝，旱敗不收，畝收布六寸六分。定收十畝，畝收米四斗五升六合，爲米四斛五斗六升。畝收布二尺。其米四斛五斗六升，四年十一月廿一日付倉吏鄭黑。凡爲布二匹三丈七尺六寸八分，四年十一月九日付庫吏潘有。其旱田畝收錢卅七，其孰田畝收錢七十。凡爲錢六千一百七十六錢，四年十一月廿日付庫吏潘有。嘉禾五年三月十日，田戶經用曹史趙野、張惕、陳通校。

4·576 ……張□，佃田十一町，凡□□畝，皆二年常限。其卅畝旱，畝收布六寸六分。定收□畝，畝收米一斛二斗……丈三尺八寸，四年十一月七日付庫吏潘慎。其旱田畝收錢卅七，其孰田畝收錢七十。凡爲錢一千七百五十六錢，四年十二月七日付庫吏潘慎。嘉禾五年三月十日，田戶曹史趙野、張惕、陳通校。

4·577 灵……番(?)生，佃田五町，凡十三畝，皆二年常限。旱畝收布六寸六分。凡爲布……六分①，五年三月一日付庫吏番有。旱田畝收錢卅七，凡爲錢五百一十錢[1]，五年閏月十七日付庫吏番有。嘉禾五年三月十日，田戶曹史趙野、張惕、陳通校。

原注:[1]按佃田畝數與定額計，應收錢四百八十一錢。

按:①據佃田畝數與定額計，應收布八尺五寸八分。

4·578 灵□丘男子番黑①，佃田三町，凡十七畝，皆二年常限。其十五畝旱田，畝收布六寸六分。定收二畝，畝收米一斛二斗，爲米二斛四斗。畝收布二尺。其米二斛四斗，四年十一月九日付倉吏李金。凡爲布一丈二尺九寸[1]，五年十二月廿一日付庫吏番有[2]。其旱田畝收錢卅七，其孰田畝收錢七十。凡爲錢六百六十[3]，五年十月十日付庫吏番有[4]。嘉禾五年三月十日②，田戶經用曹史趙野、張惕、陳通校。

原注:[1]按佃田畝數與定額計，應收布一丈三尺九寸。

[2]"五年"應爲"四年"之誤。

[3]按佃田畝數與定額計，應收錢六百九十五錢。

[4]"五年"應爲"四年"之誤。

按:①據文例,簡首應有合同符號,今補。

②據圖版,《田家莂》"□"當爲"三"字,圖版此字雖不太清晰,但仔細辨識仍能分辨出爲"三"字,且四年田家莂的校核時間在嘉禾五年三月,故《田家莂》"□"今釋爲"三"字。

4·579　叒□丘男子番武(?),佃田二處,合六畝。旱畝收布六寸六分。凡爲布三尺九寸[1],准入米二斗九升五合,四年九月十八日付倉吏鄭黑畢。畝收錢卅七,凡爲錢二百①……

原注:[1]按佃田畝數與定額計,應收布三尺九寸六分。

按:①據佃田畝數與定額計,應收錢二百廿二錢。

4·580　叒□□丘男子番惕,佃田二町,凡十九畝,皆二年常限。其十五畝不收①,畝收布六寸六分。定收四畝,爲米四斛八斗。畝收布二尺。其米四斛八斗,四年十二月十日付倉吏李金。凡爲布一丈七尺二寸[1],准入米一斛三斗六升,嘉禾五年閏月廿日付倉吏番慮。其旱田畝收錢卅七,其孰田畝收錢七十。凡爲錢六百六十[2],准入米四斗一升五合,五年閏月廿日付倉吏番慮畢。嘉禾五年三月三日,田戶曹史趙野、張惕、陳通校。

原注:[1]按佃田畝數與定額計,應收布一丈七尺九寸。

　　　[2]按佃田畝數與定額計,應收錢八百三十五錢。

按:①據文例,"畝"後脫"旱"或"旱敗"。

4·581　叒□丘男子雷夷,佃田二町,凡十畝,皆二年常限。其八畝旱田,畝收布六寸六分。定收二畝,畝收米一斛二斗,爲米二斛四斗。畝收布二尺。其米二斛四斗,四年十二月十二日付倉吏李金。凡爲布九尺二寸八分,五年二月十五日付庫吏番有。其旱田畝收錢卅七,其孰田畝收錢七十。凡爲錢四百卅六錢,五……月十二日付庫吏番有。嘉禾五年三月十日,田戶曹史趙野、張惕、陳通校。

4·582　叒□丘男子監胡①,佃田二處,合十二畝,旱畝收布六寸六分。凡爲布七尺九寸[1],四年十二月六日付庫吏潘有畢。畝收錢卅七,凡爲錢四百廿四錢[2],四年十二月八日付庫吏潘有畢。嘉禾五年三月六日,主者史趙野、張惕、陳通校。

原注:[1]按佃田畝數與定額計,應收布七尺九寸二分。

　　　[2]按佃田畝數與定額計,應收錢四百四十四錢。

按:①《田家莂》"䀋"應是"監"字,其右上的"土"旁,當是監右上形旁的訛變。東漢《楊震碑》"監"作"",東漢《華山廟碑陽》"監"作"",田家莂"䀋"字當是在此基礎上的進一步訛變。另《竹簡》中亦有"監"字,如簡壹·593作"",簡壹·2001作"",簡壹·2089作"",亦可爲證。《廣韻·鑑韻》:"監,領也。亦姓。"今改"䀋"爲"監"字。下同。

4·583　灵□丘男子鄭皮,佃田卅四町,凡九十四畝,皆二年常限。其六十四畝旱,畝收布六寸六分。定收卅畝,畝收米一斛二斗,爲米卅六斛。畝收布二尺。其米卅六斛,四年十一月十一日付倉吏鄭黑。凡爲布二匹二丈二尺二寸四分,四年十一月五日付庫吏潘有。其旱田畝收錢卅七,其孰田畝收錢七十。……①,四年十一月十日付庫吏潘有。嘉禾五年三月十日,田戶曹史張惕、趙野、陳通校。

按:①據文例,《田家莂》"其旱田……,其孰田畝……"今補釋爲"其旱田畝收錢卅七,其孰田畝收錢七十。……"。據佃田畝數與定額計,應收錢四千四百六十八錢。

4·584　灵□丘男子鄭亲(?),佃田十三町,凡五十七畝,皆二年常限。其卅畝旱,畝收布六寸六分。定收廿七畝,畝收米一斛二斗,爲米卅一斛四斗[1]。畝收布二尺。其米卅一斛四斗,四年十一月卅日付倉吏鄭黑。凡爲布一匹三丈三尺[2],准米三斛六斗五升,四年十一月廿日付倉吏鄭黑。其旱田畝收錢卅七,其孰田畝收錢七十。凡爲錢三千,准米一斛八斗七升五合,四年十一月十日付倉吏鄭黑①。嘉禾五年三月十日,田戶曹史張惕、趙野、陳通校。

原注:[1]按定收畝數與定額計,應收米卅二斛四斗。

　　　[2]按佃田畝數與定額計,應收布一匹三丈三尺八寸。

按:①據圖版,《田家莂》"庫"當爲"倉"字。今改。

4·585　灵□□丘男子鄭倉①,佃田四町,凡卅八畝,皆二年常限。其卅畝旱不收,畝收布六寸六分。定收八畝,爲米九斛六斗。畝收布二尺。其米九斛六斗,四年十二月十日付倉吏李全。凡爲布三丈五[尺][八]寸，四年十二月十二日付庫吏番有。其旱田畮收錢卅七，其孰田畮收錢七十。凡爲錢一千五百七十錢[1]，四年十二月十日付庫吏番有畢。嘉禾五年三月三日，田户曹史趙野、張惕、[陳][通][校]。

原注：[1]按佃田畮數與定額計，應收錢一千六百七十錢。

按：①據文例，簡首應有合同符號，今補。

4·586 [灵][□]丘男子鄭喜，佃田八十町，一頃廿三畮，其九十三畮，皆二年常限。其七十三畮旱，畮收布六寸六分。定收廿畮，畮收米一斛二斗，爲米廿四斛。畮收布二尺。其卅畮餘力田。畮收米四斗五升六合，爲米十三斛六斗八升。畮收布二尺。其米卅八斛八升[1]，四年十一月廿一日付倉吏鄭黑。凡爲布三匹三丈四尺八寸六分[2]，准入米七斛二升，四年十一月卅日付倉吏鄭黑。其旱田畮收錢卅七，其孰田畮收錢七十。凡爲錢□……錢[3]，准米三斛八斗一升，四年十一月廿日付倉吏鄭……張惕、趙野、陳通校。

原注：[1]按佃田畮數與定額計，應收米三十七斛六斗八升。

[2]按佃田畮數與定額計，應收布三匹二丈八尺一寸八分。

[3]按佃田畮數與定額計，應收錢六千二百一錢。

4·587 [灵][□]丘男子鄧承，佃田廿五處，合九十二畮①，其卅四畮二年常限。其卅二畮旱田，畮收布六寸六分。定收二畮，畮收米一斛二斗，合二斛四斗。畮收布二尺。其五十八畮餘力火種田[1]。其十二畮旱，畮收布六寸六分。定收卅五畮，畮收米四斗五升六合，斛加五升，合廿一斛七斗二升六合[2]。畮收布二尺。凡爲米廿四斛一斗二升六合②。其二斛四斗稅米，四年十一月十一日付倉吏鄭黑畢。其廿一斛七斗二升六合租米，四年十一月九日付倉吏鄭黑畢。凡爲布二匹三丈三寸[3]，准入米五斛五斗一升，四年十一月一日付倉吏鄭黑畢。其旱田畮收錢卅七，其孰田畮收錢七十。凡爲錢四千六百廿五[4]，准米四斛七斗，四年十一月一日付倉吏鄭黑畢。嘉禾五年三月六日，主者主者史趙野[5]、張惕、陳通校。

原注：[1]按後文旱田十二畮，熟田卅五畮合計，應爲五十七畮。

[2]按餘力田熟田四十五畮、畮收四斗五升六合計，應收米二十斛五斗二升。

斛加米五升,共計應收租米二十一斛五斗四升六合。③

　　[3]按佃田畝數與定額計,應收布三匹三尺四分。

　　[4]按佃田畝數與定額計,應收錢四千九百一十八錢。

　　[5]"史"前衍"主者"二字。

按:①餘力火種田旱田十二畝,定收卅五畝,實爲五十七畝,"二年常限"田卅四畝,
則佃田畝數實爲九十一畝。

②據二年常限定收田收米數與餘力火種田定收田收米數,共應收米廿三斛九斗
二升。

③《田家莂》注釋[2]"餘力田"應爲"餘力火種田"。據餘力火種田畝數與定額
計,應收租米廿一斛五斗二升。

4·588　灵□丘男子劉□,佃田二町,凡七畝,皆二年常限。其一畝
　　　　旱……六寸六分。定收六畝,爲米七斛二斗。畝收布二
　　　　尺。其米七斛二斗,四年十一月十日付倉吏李金。凡爲布一
　　　　丈二尺六寸六分。四年十一月十八日付庫吏番有。其旱
　　　　田畝收錢卅七①,其孰田畝收錢七十。凡爲錢②……嘉禾
　　　　五年……

按:①據文例,《田家莂》"……"今補釋爲"其旱田畝收錢卅七"。

②據佃田畝數與定額計,應收錢四百五十七錢。

4·589　灵□□丘復民潘(?)功(?),佃田四町,凡卅九畝。旱田畝收
　　　　布六寸六分。凡爲布三丈二尺二寸四分[1],五年二月十七日
　　　　付庫吏番有。旱田畝收錢卅七,凡爲錢一千八百一十三錢,
　　　　五年閏月七日付庫吏番有。嘉禾五年三月十日,田戶經用曹
　　　　史趙野、張惕、陳通校。

原注:[1]按佃田畝數與定額計,應收布三丈二尺三寸四分。

按:①據文例,簡首應有合同符號,今補。

4·590　灵□丘……潘師,田廿町,凡九十六畝,其六十一畝,皆二年常
　　　　限。其五十九畝,旱敗不收,畝收布六寸分[1]。定收二畝,畝
　　　　收米一斛二斗,爲米二斛四斗。畝收布二尺。其卅五畝餘力
　　　　田。旱敗不收,布六寸六分[2]。其米二斛四斗①,四年十二
　　　　月六日付倉吏鄭黑。凡爲布一匹二丈五尺九寸[3],淮入米三
　　　　斛二斗九升七合[4],五年閏月十一日付倉吏鄭黑。其旱田畝

收錢卅七，其孰田畝收錢七十。凡爲錢三千六百卌[5]，五年閏月十日付庫吏番有。嘉禾五年三月十日，田户經用曹史趙野、張惕、陳通校。

原注：[1]"分"上脱"六"字。

　　　[2]"布"上脱"畝收"二字。

　　　[3]按佃田畝數與定額計，應收布一匹二丈六尺四分。

　　　[4]"淮"，當爲"准"之誤。

　　　[5]按佃田畝數與定額計，應收錢三千六百一十八錢。

按：①據文例及文意，《田家莂》"……"今補釋爲"二斛四斗"。

4·591 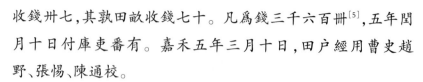□丘男子潘原①，佃田二處，合七畝。旱畝收布六寸六分。凡爲布四尺六寸[1]，四年十月一日付庫吏潘有。旱畝收錢卅七，凡爲錢二百一十九錢[2]，四年十月七付庫吏潘有畢[3]。嘉禾五年三月六日，主者史趙野、張惕、陳通校。

原注：[1]按佃田畝數與定額計，應收布四尺六寸二分。

　　　[2]按佃田畝數與定額計，應收錢二百五十九錢。

　　　[3]"七"下脱"日"字。

按：①據文例，簡首應有合同符號，今補。《田家莂》"原"字當爲"原"字。漢《雁門太守鮮于璜碑碑陰》"原"寫作"原"，《法藏敦煌西域文獻》卷2965《佛説生經》"原"寫作"原"，《英藏敦煌文獻》卷203《度仙靈録儀》"原"寫作"原"。今改。

4·592 □□丘男子潘萇①，佃田十一町，凡卌四畝，皆二年常限。其十九畝旱敗不收，畝收布六寸六分。定收廿五畝，爲米卅斛。畝收布二尺。其米卅斛，四年十二月九日付倉吏……凡爲布一匹二丈一尺五寸四分[1]，四年十二月六日付庫吏潘有。其旱田畝收錢卅七，其孰田畝收錢七十。凡爲錢一千四百五十[2]，四年十一月十日付庫吏潘有畢。嘉禾五年三月三日，田户曹史趙野、張惕、陳通校。

原注：[1]按佃田畝數與定額計，應收布一匹二丈二尺五寸四分。

　　　[2]按佃田畝數與定額計，應收錢二千四百五十三錢。

按：①據文例，簡首應有合同符號，今補。

4·593 □□丘男子潘棠(?)，佃田廿一町，凡五十畝，皆二年常限。悉旱，畝收布六寸六分。凡爲布一匹三尺[1]，四年十一月六日付庫吏潘珚。畝收錢卅七，凡爲錢一千九百五十[2]，四年十一月十日付庫吏潘珚畢。嘉禾五年三月十二日，主者史張惕、趙野、陳通校。

原注：[1]按佃田畝數與定額計，應收布三丈三尺。

　　　[2]按佃田畝數與定額計，應收錢一千八百五十錢。

4·594　灵□丘男子潘熊，佃田卅町，凡五十四畝，皆二年常限。其五十畝旱，畝收布六寸六分。定收四畝，畝收米一斛二斗，爲米四斛八斗。畝收布二尺。其米四斛八斗，四年十一月八日付倉吏鄭黑。凡爲布一匹一尺□①

按：①據佃田畝數與定額計，應收布一匹一尺；應收錢二千一百卅錢。

4·595　灵□丘男子潘□，佃田廿町……畝收布六寸六分。定收四畝，畝收米一斛二斗，爲米四斛八斗。畝收布二尺。其米四斛八斗①，四年十一月十六日付倉吏鄭黑。□

按：①據文例，《田家莂》"□……"今補釋爲"尺。其米"。

4·596　灵……潘□，佃田□□，凡十九畝，皆二年常限。其十四畝旱不收，畝收布六寸六分。定收五畝，爲米六斛。畝收布二尺。其米……凡爲布一丈八尺七寸[1]，准入米一斛四三升五合[2]，五年閏月十日付三州倉吏鄭黑。其旱田畝收錢卅七，其孰田畝收錢七十。凡爲錢八百六十八錢，准入米五斗四升，五年閏月廿日付倉吏潘慮畢。嘉禾五年三月三日，田戶曹史趙野、張惕、陳通校。

原注：[1]按佃田畝數與定額計，應收布一丈九尺二寸四分。

　　　[2]"四"下脱"斗"字。

4·597　灵□□丘男子謝使，佃田三町，凡十三畝，皆二年常限。悉旱，畝收布六寸六分。凡爲布八尺五寸八分，四年十二月十日付庫吏番有。旱田畝收錢卅七，凡爲錢四百八十一錢，四年十二月十日付庫吏潘有畢。嘉禾五年三月十日，田戶曹史趙野、張惕、陳通校。

4·598　灵□丘男子謝客，佃田四町，凡卅五畝，皆二年常限。悉旱，畝

收布六寸六分。凡爲布二丈三尺一寸,四年十二月七日付庫
吏番有。旱田畝收錢卅七,凡爲錢一千五百九十五錢[1]。四
年十二月十日付庫吏番有畢。嘉禾五年三月十日,田戶曹史
趙野、張惕、陳通校。

原注:[1]按佃田畝數與定額計,應收錢一千二百九十五錢。

4·599　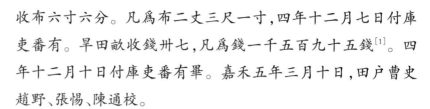灵□丘男子謝㴉[1],田二町,凡五畝,皆二年常限。其三畝旱敗
不收,畝收布六寸六分。定收二畝,畝收稅米一斛二斗,爲米
二斛四斗。畝收布二尺[2]。其米二斛四斗,四年十一月五
日付倉吏李金。□

按:①《田家莂》“㴉”,圖版左邊有“氵”旁,當爲“㴉”字。今改。
　　②據文例,《田家莂》“……”今補釋爲“畝收布二尺”。

4·600　灵□丘男子謝溺,佃田十七町,凡卅畝,皆二年常限。悉旱,畝
收布六寸六分。凡爲布三丈六尺四寸[1],四年十月五日付庫
吏潘琦。畝收錢卅七,凡爲錢一千五百八十[2],四年十一月十
八日[3]。嘉禾五年三月十二日,主者史張惕、趙野、陳通校。

原注:[1]按佃田畝數與定額計,應收布二丈六尺四寸。
　　[2]按佃田畝數與定額計,應收錢一千四百八十錢。
　　[3]“十八日”下脫“付庫吏……”等字。

4·601　灵□□丘男子謝導[1],佃田一處,合十□畝。旱畝收布六寸六
分。凡爲布□尺……四年十一月□日付庫吏潘有。旱畝收
錢卅七,……四百卅□錢。四年……□

按:①據文例,簡首應有合同符號,今補。

4·602　灵□丘男子謝熹[1],佃田一處,合三畝。旱畝收布六寸六分。
凡爲布二尺[1],四年十二月十日付庫吏潘有畢。畝收錢卅七,
凡爲錢一百一十一錢,四年十二月七日付庫吏潘有畢。嘉禾
五年三月六日,主者史趙野、張惕、陳通校。

原注:[1]按佃田畝數與定額計,應收布一尺九寸八分。
按:①據文例,簡首應有合同符號,今補。

4·603　灵□丘男子謝吳,佃田卅町,凡一頃五畝,皆二年常限。其八

十四畝旱田,畝收布六寸六分。定收廿一畝,畝收米一斛二
斗,爲米廿五斛二斗。畝收布二尺。其米廿五斛二斗,四年
十一月十一日付倉吏鄭黑。凡爲布二匹一丈七尺四寸[1],准
米四斛八斗五升,四年十一月卅日付倉吏鄭黑。其旱旱田畝
收錢卅七[2],其孰田畝收錢七十。凡爲錢四千五百七十八錢,
准米二斛八斗六升,四年十一月卅日付倉吏鄭黑。嘉禾五年
三月十日,田戶曹史 張 惕 ①、趙野、陳通校。

原注:[1]按佃田畝數與定額計,應收布二匹一丈七尺四寸四分。
　　　[2]"田"上衍一"旱"字。

按:①據文例,《田家莂》"……"今補釋爲" 張 惕 "。

4·604 灵 □丘男子謝□ ①,佃田廿町,凡卅六畝,皆二年常限。其卅
畝旱,畝收布六寸六分。定收六畝,畝收米一斛二斗,爲米七
斛二斗。畝收布二尺。其米七斛二斗,四年十二月十日付倉
吏鄭黑。凡爲布三丈一尺一寸[1],准入米一斛三斗九升,四年
十二月十日付倉吏鄭黑。其旱田畝收錢卅七,其孰田畝收錢
七十。凡爲錢一千六百卅[2],准入米九斗六升,四年十二月
十日付倉吏鄭黑。嘉禾五年三月九日,主者史張惕、趙野、陳
通校。

原注:[1]按佃田畝數與定額計,應收布三丈一尺八寸。
　　　[2]按佃田畝數與定額計,應收錢一千五百三十錢。

按:①據文例,簡首應有合同符號,今補。

4·605 灵 □丘男子謝丑 ①,佃田廿一町,凡五十三畝,皆二年常限。其
五十畝旱,畝收布六寸六分。定收三畝,畝收米一斛二斗,爲
米三斛六斗。畝收布二尺。其米三斛六斗,四年十一月十日
付倉吏鄭黑。凡爲布三丈九尺,四年十一月十日付庫吏潘
有。其旱田畝收錢卅七,其孰田畝收錢七十。凡爲錢一千九
百六十[1],四年十二月十一日付庫吏潘有。嘉禾五年三月十
日,田戶曹史張惕、趙野、陳通校。

原注:[1]按佃田畝數與定額計,應收錢二千六十錢。

按:①《田家莂》"□",圖版作" ",較清晰,當爲"丑"字。今改。

4·606 灵□丘男子謝□,佃田十二町,凡卌畝,皆二年常限。其卅畝旱,畝收布六寸六分。定收十畝,畝收米一斛二斗,爲米十二斛。畝收布二尺。其米十二斛,四年十月三日付倉吏鄭黑。凡爲布三丈九尺八寸,四年十一月九日付庫吏潘琦。其旱田畝收錢卅七,其孰田畝收錢七十。凡爲錢一千八百一十,四年十一月二日付庫吏潘琦畢。嘉禾五年三月十二日,主者史張惕、趙野、陳通校。

4·607 灵……丘男子廬戰[1],田□町,凡一頃□畝,皆二年常限。其七十六畝旱……定收……畝,畝收米一斛二斗。……其米□斛□斗,四年十一月十□日……張惕……

原注:[1]"廬"疑爲"盧"字之誤。

4·608 灵□□丘男子□□,田十六町,凡卅畝,……畝收布六寸六分。其廿三畝餘力田。旱敗不收,畝收布六寸六分。凡爲布一丈九尺六寸二分[1],四年十月五日付庫吏潘有。畝收錢卅七,凡爲錢□千三百九錢[2],四年十一月九日付庫□

原注:[1]按三十畝旱田計,應收布一丈九尺八寸。
　　　[2]按三十畝旱田計,應收錢一千一百一十錢。

4·609 灵□中丘男子□淇,佃田二町,凡八畝,皆二年常限。其四畝旱敗不收,畝收布六寸六分。定收四畝,爲米四斛八斗。畝收布二尺。其米四斛八斗,四年十一月廿日付倉吏李金。凡爲布一丈六寸四分,四年十一月十日付庫吏潘有。其旱田畝收錢卅七,其孰田畝收錢七十。凡爲錢四百廿八錢,四年十一月六日付庫吏潘有。嘉禾五年三月三日,田戶曹史趙野、張惕、陳通校。

4·610 灵……凡五十八畝,皆二年常限。其卅畝……定收廿八畝,畝收米一斛二斗,爲米卅三斛六斗。畝收布二尺。其米卅三斛六斗,四年十一月十六日付倉吏鄭黑。凡爲布一匹三丈五尺八寸①,准入米三斛七斗九升,四年十一月廿二日付倉吏鄭黑。其旱田畝收錢卅七②,其孰田畝收錢七十。凡爲錢三千二百[1]，准入米一斛九斗二升，四年十二月十三日付倉吏鄭黑。嘉禾五年三月十日，主者史張惕、趙野、陳通⬚校③。

原注：[1]按佃田畝數與定額計，應收錢三千七十錢。

按：①據佃田畝數與定額計，應收布一匹三丈五尺八寸。據收布數，《田家莂》"☐尺☐寸"今補釋爲"五尺八寸"。

②據文例，《田家莂》"☐☐"今補釋爲"卅七"。

③據文例，《田家莂》"☐"今補釋爲"校"。

4·611 ……佃田廿町，凡一頃五十畝，皆二年常限。悉旱，畝收布六寸六分。凡爲布二匹一丈九尺，准入米四斛九斗三升，四年十二月一日付倉吏鄭黑。畝收錢卅七，凡爲錢五千五百五十，准入米三斛四斗四升，四年☐月十日付倉吏鄭黑。嘉禾五年三月七日，主者史張惕、趙野、陳通校。

4·612 灵☐☐丘男子☐☐，佃田八町，凡卅七畝，皆二年常限。旱不收，畝收布六寸六分。凡爲布三丈一寸六分[1]，四年十二月十日付庫吏番有。其旱田畝收錢卅七，凡爲錢一千七百卅錢[2]，四年十二月十日付庫吏番有畢。嘉禾五年三月三日，田戶曹史趙野、張惕、陳通校。

原注：[1]按佃田畝數與定額計，應收布三丈一尺二分。

[2]按佃田畝數與定額計，應收錢一千七百三十九錢。

4·613 灵……佃田十四町，凡八十畝，皆二年常限。悉旱，畝收布六寸六分。凡爲布一匹二丈二尺[1]，准入米二斛九斗，四年十一月十五日付倉吏鄭黑。旱田畝收錢卅七①，凡爲錢二千九百[2]，准入米一斛六斗，四年十一月十五日付倉吏鄭黑。嘉禾五年三月十日，主者張惕、趙野、陳通校[3]。

原注：[1]按佃田畝數與定額計，應收布一丈二尺八分。②

[2]按佃田畝數與定額計，應收錢二千九百六十錢。

[3]"者"字左側似補有"史"字，因破莂殘去左邊。

按：①《田家莂》"旱田"後點斷，據文例，以不點斷爲好。今改。

②據佃田畝數與定額計，應收布一匹一丈二尺八寸。《田家莂》注釋[1]誤。

4·614 灵……佃田廿町，凡卅畝，皆二年常限。其廿畝旱，畝收布六寸六分。定收廿畝,畝收米五斗八升六合。畝收布二尺。其米十一斛二斗二升[1],四年十二月廿日付倉吏鄭黑。凡爲布一匹[2],准入米二斛,四年十二月廿日付倉吏鄭黑。其旱田畝收錢卅七,其孰田畝收錢七十。凡爲錢二千八百[3],准入米一斛九斗六升,四年十二月卅日付倉吏鄭黑。嘉禾五年三月十日,主者史張惕、趙野、陳通校。①

原注:[1]按熟田二十畝、畝收五斗八升六合計,應收米十一斛七斗二升。
　　[2]按佃田畝數與定額計,應收布一匹一丈三尺二寸。
　　[3]按佃田畝數與定額計,應收錢二千一百四十錢。

按:①此簡據定收田畝收米五斗八升六合知佃户身份當爲州吏或復民。

4·615 ……佃田一町[1],凡卅三畝,皆二年常限。悉旱,畝收布六寸六分。凡爲布二丈□□[2]……日付庫吏番有。旱田畝收錢卅七,凡爲錢一千二百廿一錢,四年十一月十五日付庫吏番有畢。嘉禾五年三月十日,田户曹史趙野、張惕、陳通校。

原注:[1]"佃田"上似衍"佃田"二字。
　　[2]按佃田畝數與定額計,應收布二丈一尺七寸八分。

4·616 ……佃田二町,凡九畝。旱畝收布六寸六分。凡爲布五尺九寸[1],准入米二斗九升五合,四年十月六日付倉吏鄭黑畢。畝收錢卅七,凡爲錢三百卅①□

原注:[1]按佃田畝數與定額計,應收布五尺九寸四分。

按:①據佃田畝數與定額計,應收錢三百卅三錢。

4·617 灵□□丘男子□□,佃田廿町,凡六十二畝,皆二年常限。其五十畝旱,畝收布六寸六分。定收十二畝,畝收米一斛二斗,爲米十四斛四斗。畝收布二尺。其米十四斛四斗,四年十一月十一日付倉吏鄭黑。凡爲布一匹二丈七寸[1],四年三月十日付庫吏潘琦①。其旱田畝收錢卅七,其孰田畝收錢七十。凡爲錢二千六百九十,四年十一月七日付庫吏潘琦。嘉禾五年三月三日,主者史張惕、趙野、陳通校。

原注:[1]按佃田畝數與定額計,應收布一匹一丈七尺。

按:①四年田家莂繳納布的時間是在四年秋至五年春。《田家莂》"三月"疑爲"十二月"之誤,圖版此處不很清晰。

4·618 灵……町,凡一頃五十畝,皆二年常限。悉旱,畝收布六寸六分。凡爲布二匹一丈九尺,准入米四斛九斗五升,四年十二月卅日付倉吏鄭黑。旱畝收錢卅七,凡爲錢五千五百五十,准入米三斛四斗四升,四年十二月卅日付倉吏鄭黑。嘉禾五年三月十日,主者史張惕、趙野、陳通校。

4·619 灵……旱畝收布六寸六分。凡爲布一匹二丈六尺,准入米三斛三斗,四年十二月十日付倉吏鄭黑。旱田畝收錢卅七,凡爲錢三千七百,准入米二斛四斗,四年十二月十日付倉吏鄭黑。嘉禾五年三月十日,主者史張惕、趙野、陳通校。①

按:①據文意,此簡佃田均爲旱田。據收布數、收錢數與定額計,應爲旱田一百畝。

4·620 ☒□畝,二年常限。其廿三畝旱,畝收布六寸六分。定收二畝,畝收米一斛二斗,合二斛四斗。畝收布二尺。其卅五畝餘力火種田旱不收,畝收布六寸六分。其米二斛四斗,四年十二月八日付倉吏鄭黑畢。凡爲布一匹二尺二寸[1],准入米二斛一斗一升,四年十二月九日付倉吏鄭黑畢。其旱田畝收錢卅七,其孰田畝收錢七十。凡爲錢二千二百八十六錢,准入米一斛四斗三升,四年十二月九日付倉吏鄭黑畢。嘉禾五年三月六日①,主者史趙野、張惕、陳通校。

原注:[1]按佃田畝數與定額計,應收布一匹二尺二寸八分。

按:①據文例,四年田家莂的校核時間是嘉禾五年三月,故《田家莂》"□"今補釋爲"三"。

4·621 灵□丘男子□□,佃田卅三町,凡九十三畝,皆二年常限。其八十畝旱,畝收布六寸六分。定收十三畝,畝收米一斛二斗,爲米十五斛六斗。畝收布二尺。其米十五斛六斗,四年十一月十日付倉吏鄭黑。凡爲布一匹三丈八尺八寸……其旱田畝收錢卅七,其孰田畝收錢七十。凡爲錢三千八百七十,……嘉禾五年三月十日,田户曹史張惕、趙野、陳通校。

4·622 灵□□男子□□①,佃田十二町,凡八十畝,皆二年常限。悉旱②,畝收布六寸六分。凡爲布一匹三丈五尺[1],四年十二月廿日付庫吏潘有。旱田畝收錢卅七,凡爲錢二千九百六十,四年十一月卅日付庫吏潘有。嘉禾五年三月十日,主者史張惕、趙野、陳通校。

原注:[1]按佃田畝數與定額計,應收布一匹一丈二尺八分。

按:①據文例,簡首應有合同符號,今補。

②據圖版,《田家莂》"……"當爲"悉旱"二字,圖版依稀可以分辨出"悉"字。此簡佃田均爲旱田,而四年田家莂旱田簡多見用"悉旱"表述者,如簡4·556、簡4·593、簡4·600、簡4·613、簡4·615、簡4·618等凡41見,故《田家莂》"……"今釋爲"悉旱"。

4·623　□四年十二月廿日付庫吏潘�珛。其旱田畝收錢卅七,其孰田畝收錢七十。凡爲錢□千二百卅,四年二月廿九日付庫吏潘珛①。……田戶曹史張惕、趙野、陳通校。

按:①據文例,四年田家莂繳錢的時間在四年秋至五年春,"四年二月"當有誤。

4·624　□……皆二年常限。□畝收布六寸六分①。定二畝[1],畝收米一斛二斗②,凡二斛四斗③。畝收布二尺。其米二斛四斗,四年十二月十日付倉吏李金。凡爲布一丈八尺五寸二分,四年十二月廿二日付庫吏番有。其旱田畝收錢卅七,其孰田畝收錢七十。凡爲錢九百五十二錢,四年十二月十日付庫吏番有畢。嘉禾五年三月十日,田戶曹史趙野、張惕、陳通校④。

原注:[1]"定"下脫"收"字。

按:①據收布數、定額與定收畝數,可推知旱田爲廿二畝。

②"二畝"之"畝"字下、"收"字上有一"-",當爲"畝"的重文號。田家莂圖版"畝"字下爲重文號"-"者,據凡例,均徑寫出"畝"字。它如簡5·308、簡5·325、簡5·328、簡5·329、簡5·330、簡5·331等,亦同。

③據文例,"凡"下脫"爲米"二字。

④據文例,《田家莂》"□"今補釋爲"校"。

4·625　……,佃田九町,凡十畝,皆二年常限。其五畝旱,畝收布六寸六分。定收五畝,畝收米一斛二斗,爲米六斛。畝收布二尺。其米六斛,四年十一月十日付倉吏鄭黑。凡爲布一丈三尺三寸,准米六斗六升五合,四年十一月四日付倉吏鄭黑。其旱田畝收錢卅七,其孰田畝收錢七十。凡爲錢五百卅五錢,准米三斗三升五合，四年十二月□日付倉吏鄭黑。……

4·626 ……凡爲布一丈三尺八寸六分，五年正月六日付庫吏潘有。其旱田畝收錢卅七，凡爲錢□百七十七錢，五年二月八日付庫吏潘有畢。嘉禾五年三月三日，田户曹史趙野、張惕、陳通校。^①

按：①據文意，此簡佃田均爲旱田。據收布數、收錢數與定額計，應爲旱田廿一畝。

4·627 ☑……一尺二寸，四年十二月十日付庫吏潘有。其旱田畝收錢卅七，其熟田畝收錢七十。凡爲錢一千二百卅錢，四年十二月十日付庫吏潘有畢。嘉禾五年三月三日，田户曹史趙野、張惕、陳通校。

4·628 ☑……凡爲布一匹二丈，准入米三斛，四年十二月十日付倉吏鄭黑。……其熟田畝收錢七十。凡爲錢……准入米一斛三斗八升，四年十二月十日付倉吏鄭黑。嘉禾五年三月十日，……張惕、趙野、陳通校。

4·629 ……□畝。悉旱，畝收布六寸六分。凡二丈二尺^①……四年十二月八日付庫吏番有。旱田畝收錢卅七，凡爲錢七百卌，四年十二月八日付庫吏番有畢。嘉禾五年三月十日，田户曹史趙野、張惕、陳通校。^②

按：①據文例，"凡"後脱"爲布"二字。
　　②據文意，此簡佃田均爲旱田。據收錢數與定額計，應爲旱田廿畝。

4·630 灵□□男子□勤，佃田六町，凡卅五畝，皆二年常限。其卅四畝旱敗不收，畝收布六寸六分。定收一畝，爲米一斛二斗。畝收布二尺。其米一斛二斗，四年十月十日付倉吏李金。凡爲布二丈一尺七寸八分[1]，四年十月十二日付庫吏潘有。其旱田畝收錢卅七，其熟田畝收錢七十。凡爲錢一千六百八十八錢[2]，四年十月□日……畢。嘉禾五年三月三日，田户曹趙野[3]、張 惕、陳 通 校^①。

原注：[1]按佃田畝數與定額計，應收布三丈一尺四分。
　　　[2]按佃田畝數與定額計，應收錢一千六百九十八錢。

[3]"曹"下脱"史"字。

按：①據文例，《田家莂》"……"今補釋爲"張惕、陳通校"。

4·631 灵□丘士□□①，佃田十七町，凡六十九畝，皆二年常限。其九畝孰田，依書不收錢布。其六十畝旱田，畝收布六寸六分。凡爲布三丈九尺六寸，准入米二斛六合，五年閏月廿七日付倉吏番慮。旱田畝收錢卅七，凡爲錢一千二百廿[1]，准入米一斛五斗，五年閏月廿七日付倉吏番慮。嘉禾五年三月十日，田户經用曹史趙野、張惕、陳通校。

原注：[1]按佃田畝數與定額計，應收錢二千二百二十錢。

按：①據文例，簡首應有合同符號，今補。

4·632 ……佃田□町，凡廿一畝，皆二年常限。其九畝旱不收，畝收布六寸六分。定收十二畝，爲米十四斛四斗。畝收布二尺。其米十四斛四斗，四年十二月七日付倉吏李金。凡爲布二丈九尺九寸四分，四年十二月十二日付庫吏潘琦。其旱田畝收錢卅七，其孰田畝收錢七十。凡爲錢一千七百卅錢[1]，四年十二月十一日付庫吏潘有畢。嘉禾五年三月三日，田户曹史趙野、張惕、陳通校。

原注：[1]按佃田畝數與定額計，應收錢一千一百七十三錢。

4·633 ……凡九十三畝，皆二年常限。其七十畝旱，畝收布六寸六分。定收廿三畝，畝收米一斛二斗，爲米廿七斛六斗。畝收布二尺。其米廿七斛六斗，四年十一月十五日付倉吏鄭黑。凡爲布二匹一丈二尺二寸，准米……其旱田畝收錢卅七，其孰田畝收錢七十。……①

按：①據佃田畝數與定額計，應收錢四千二百錢。

4·634 ……悉旱，畝收布六寸六分。凡爲布二丈三尺三寸，四年十二月六日付庫吏潘有。旱田畝收錢卅七，凡爲錢七百卅，四年十月六日付庫吏番有畢。嘉禾五年三月十日，田户曹史趙野、張惕、陳通校。①

按：①據文意，此簡佃田均爲旱田。據收布數與定額計，約爲旱田卅五畝七十二步；據收錢數與定額計，爲旱田廿畝。

4·635 灵□□丘男子□□,佃田八町,凡五十畝,皆二年常限。其卅五畝旱敗不收,布六寸六分[1]。定收十五畝,爲米十八斛。畝收布二尺。其米十八斛,四年十二月七日付倉吏李金。凡爲布一匹一丈二尺一寸[2],四年十二月十日付庫吏潘有。其旱田畝收錢卅七,其孰田畝收錢七十。凡爲錢三千二百卌錢[3],四年十一月十日付庫吏潘有畢。嘉禾五年三月三日,田戶曹史趙野、張惕、陳通校。

原注:[1]"布"前脱"畝收"二字。

[2]按佃田畝數與定額計,應收布一匹一丈三尺一寸。

[3]按佃田畝數與定額計,應收錢二千三百四十五錢。

4·636 □……凡爲布三丈三尺八寸,四年十二月十五日付庫吏潘有。其旱田畝收錢卅七,其孰田畝收錢七十。凡爲錢一千二百五十,四年十二月十五日付庫吏潘有。嘉禾五年三月十日,田戶曹史張惕、趙野、陳通校。

4·637 ……町,凡……畝,皆二年常限。悉旱,畝收布六寸六分。凡爲布一匹二丈四尺,准入米一斛六斗,四年十一月七日付倉吏鄭黑。旱田畝收錢卅七,凡爲錢二千九百□,准入米一斛□斗五升,四年十一月七日付倉吏鄭黑。嘉禾五年三月十日,主者張惕、趙野、陳通校①。

按:①據文例,"者"後脱"史"字。

4·638 灵……町,凡五十畝,皆二年常限。其□畝旱不收,畝收布六寸六分。定收……畝收布二尺。其米……畝收布二尺。凡爲布一匹一丈九尺八寸,准米……①,四年十月八日付倉吏鄭黑。其旱田畝收錢卅七,其孰田畝收錢七十。凡爲錢二千五百,准米一斛五斗二升,四年十月十日付倉吏鄭黑。嘉禾五年三月十日,田戶曹史張惕、趙野、陳通校②。

按:①據圖版,《田家莂》"八寸"與"四年"之間約有八字,其中"寸"後"准米"二字依稀可見。另據文例,米繳給倉吏,布、錢繳給庫吏,准米亦繳給倉吏,田家莂有"倉"誤寫爲"庫"、"庫"誤寫爲"倉"者,而未見布真正繳給倉吏者。故《田家莂》"凡爲布一匹一丈九尺八寸"當釋爲"凡爲布一匹一丈九尺八寸,准米……"。

②據文例,《田家莂》"□"今補釋爲"校"。

4·639 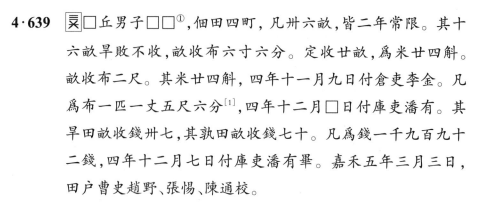□丘男子□□①，佃田四町，凡卅六畝，皆二年常限。其十六畝旱敗不收，畝收布六寸六分。定收廿畝，爲米廿四斛。畝收布二尺。其米廿四斛，四年十一月九日付倉吏李金。凡爲布一匹一丈五尺六分[1]，四年十二月□日付庫吏潘有。其旱田畝收錢卅七，其孰田畝收錢七十。凡爲錢一千九百九十二錢，四年十二月七日付庫吏潘有畢。嘉禾五年三月三日，田户曹史趙野、張惕、陳通校。

原注：[1]按佃田畝數與定額計，應收布一匹一丈五寸六分。

按：①據文例，簡首應有合同符號，今補。

4·640 灵□丘男子□□，佃田□町，凡卅四畝，皆二年常限。其卅畝旱，畝收布六寸六分。定收四畝，畝收米一斛二斗，爲米四斛八斗。畝收布二尺。其米四斛八斗，四年十一月五日付倉吏鄭黑。凡爲布二丈七尺八寸，四年十一月十九日付庫吏潘珝。其旱田畝收錢卅七，其孰田畝收錢七十。凡爲錢一千五百[1]，四年十一月十九日付庫吏潘珝。嘉禾五年三月十日，主者史張惕、趙野、陳通校。

原注：[1]按佃田畝數與定額計，應收錢一千三百九十錢。

4·641 ……佃田一町，凡八畝，皆二年常限。悉旱，畝收布六寸六分。凡爲布五尺二寸八分，四年十一月十六日付庫吏番有。旱田畝收錢卅七，凡爲錢二百九十六錢，四年十一月十六日付庫吏番有畢。嘉禾五年三月十日，田户曹史趙野、張惕、陳通校。

4·642 灵……佃田廿町，凡卅畝，皆二年常限。其廿畝旱，畝收布六寸六分。定收廿畝，畝收米五斗八升六合。畝收布二尺。其米十一斛二斗二升①，四年十二月十日……凡爲布一匹[1]，准入米二斛，四年十二月一日付倉吏鄭黑。其旱田畝收錢卅七，其孰田畝收錢七十。凡爲錢二千一百□一[2]，准入米一斛六斗六斗[3]，四年十二月十日付倉吏鄭黑。嘉禾五年三月十五日，主者史張惕、趙野、陳通校。②

原注：[1]按佃田畝數與定額計，應收布一匹一丈三尺二寸。

[2]按佃田畝數與定額計,應收錢二千一百四十錢。

　　[3]"六斗六斗"是"六斗六升"之誤。

按:①按定收畝數與定額計,應收米十一斛七斗二升。

　　②此簡據定收田畝收米五斗八升六合知佃户身份當爲州吏或復民。

4·643　灵□丘男子□□,佃田卅町,凡六十五畝,皆二年常限。其六
　　　　十畝旱,畝收布六寸六分。定收五畝,……其米六斛,四年十
　　　　二月十日付……入米二斛一斗五升,四年十二月十日付倉吏
　　　　鄭黑。其 旱 田 畝 收 錢 卅 七 ①,其孰田畝收錢七十。凡爲
　　　　錢二千三百[1],准入米一斛三斗七升,四年十二月十日付倉吏
　　　　鄭黑。嘉禾五年三月□日,主者史張惕、趙野、陳通校。

原注:[1]按佃田畝數與定額計,應收錢二千五百七十錢。

按:①據文例,《田家莂》"……"今補釋爲" 旱 田 畝 收 錢 卅 七"。

4·644　……悉旱,畝收布六寸六分。凡爲布一丈一尺二分[1],四年十
　　　　一月二日付庫吏番有。旱田畝收錢卅七,凡爲錢六百廿九,
　　　　四年十一月二日付庫吏番有畢。嘉禾五年三月十日,田户曹
　　　　史趙野、張惕、陳通校。

原注:[1]按收錢數推算,應爲旱田十七畝,依定額應收布一丈一尺二寸二分。

4·645　☐……十畝,皆二年常限。其十五畝旱不收,畝收布六寸六
　　　　分。定收一頃卅五畝,爲米一百五十六斛[1]。畝收布二尺。
　　　　其米一百五十六斛,四年十一月二日付倉吏李金。凡爲布三
　　　　匹三丈九尺九寸[2],四年十二月二日付庫吏潘有。其旱田畝
　　　　收錢卅七,其孰田畝收錢七十。凡爲錢一萬二千錢[3],四年十
　　　　一月七日付庫吏潘有畢。嘉禾五年三月三日,田户曹史趙
　　　　野、張惕、陳通校。

原注:[1]熟田一頃三十五畝應收米一百六十二斛。

　　　　[2]按佃田畝數與定額計,應布六匹三丈九尺九寸。

　　　　[3]按佃田畝數與定額計,應收錢一萬五錢。

4·646　灵□丘男子□□①,佃田六町,凡卅畝,皆二年常限。其卅五
　　　　畝旱,畝收布六寸六分。定收五畝,畝收米一斛二斗,爲米六
　　　　斛。畝收布二尺。其米六斛,四年十一月十日付倉吏鄭黑。

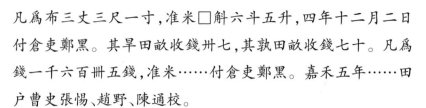

凡爲布三丈三尺一寸，准米□斛六斗五升，四年十二月二日付倉吏鄭黑。其旱田畝收錢卅七，其孰田畝收錢七十。凡爲錢一千六百卌五錢，准米……付倉吏鄭黑。嘉禾五年……田戶曹史張惕、趙野、陳通校。

按：①據文例，簡首應有合同符號，今補。

4·647 ……男子……佃田一町，凡卅三畝，皆二年常限①。其廿七畝旱，畝收布六寸六分。定收六畝，畝收米一斛二斗，爲米七斛二斗。畝收布二尺。其米七斛二斗，四年十二月七日付倉吏李金。凡爲布二丈九尺八寸二分，四年十二月十日付庫吏番有。其旱田畝收錢卅七，其孰田畝收錢七十。凡爲錢一千四百一十九錢，四年十二月十日付庫吏番有。嘉禾五年三月十日，田戶曹史趙野、張惕、陳通校。

按：①據文例，《田家莂》"□"今補釋爲"二"。

4·648 灵……佃田五町，凡□畝，皆二年常限①。旱田畝收布六寸六分。凡爲布②□丈□尺□寸□分，五年□月廿六日付庫吏番有。旱田畝收錢卅七，凡爲錢九百六十二錢，五年二月十六日付庫吏番有。嘉禾五年三月十日，田戶曹史趙野、張惕、陳通校。③

按：①據文例，《田家莂》"□"今補釋爲"皆"。
②據文意，此簡佃田均爲旱田。據文例，"畝收布六寸六分"之後即爲收布數，故《田家莂》"……凡爲布"之"……"當刪，今刪。
③據收錢數與定額計，此簡應爲旱田廿六畝。

4·649 ☑……其五十三畝，皆二年常限。其卅四畝旱田，畝收布六寸六分。定收十九畝，畝收米一斛二斗，爲米廿二斛八斗。畝收布二尺。☑[1]……五升六合，爲米五斛九斗三升，畝收布二尺。凡爲布一匹二丈六尺四寸四分，准米三斛四斗二升，四年十一月廿日付倉吏鄭黑。其旱田畝收錢卅七，其孰田畝收錢七十。凡爲錢四千五百，准米三斛二斗五升☑

原注：[1]此處殘去與"二年常限"田並列的"餘力火種田"畝數等。①

按：①簡文"五升六合"後無"斛加五升"字樣，故殘去的可能是餘力田或火種田，而不是餘力火種田。

4·650　……佃田廿八町，凡九十畝，皆二年常限。悉旱，畝收布六寸
六分。凡爲布五……①准入米三斛……凡爲錢三千□□②，准
入米一斛二斗，四年十一月廿九日付倉吏鄭黑。嘉禾五年三
月十日，主者史張惕、趙野、陳通校。

按：①據佃田畝數與定額計，應布一匹一丈九尺四寸。
　　②據佃田畝數與定額計，應收錢三千三百卅錢。

4·651　☒……佃田三町，凡廿五畝，皆二年常限。旱田畝收布六寸六
分。凡爲布一丈九尺五寸①，五年□月十五日付庫吏番有。旱
田畝收錢卅七，凡爲錢九百廿五錢，五年閏月十八日付庫吏番
有。嘉禾五年三月十日，田戶經用曹史趙野、張惕、陳通校。

按：①據佃田畝數與定額計，應收布一丈六尺五寸。

4·652　灵□丘郡吏□□①，佃田六處，合五十五畝，二年常限。其卅
二畝旱田，畝收布六寸六分。定收十三畝，畝收米一斛二斗，
凡爲米十五斛六斗。畝收布二尺。其米十五斛六斗，四年十
一月六日付倉吏鄭黑。凡爲布一匹一丈三尺七寸[1]，准入米
二斛六斗八升，四年十一月九日付倉吏鄭黑。其旱田畝收錢
卅七，其孰田畝收錢七十。凡爲錢二千四百六十四錢，准入
米一斛五斗四升，四年十一月九日付倉吏鄭黑畢。嘉禾五年
三月六日，主者史趙野、張惕、陳通校。

原注：[1]按佃田畝數與定額計，應收布一匹一丈三尺七寸二分。
按：①據文例，簡首應有合同符號，今補。

4·653　……金，佃田四處，合十五畝。旱畝收布六寸六分。凡爲布九
尺九寸，四年九月廿日付庫吏潘有畢。畝收錢卅七，凡爲五百
五十五錢①，四年十月五日庫吏潘有畢[1]。嘉禾五年三月六
日，主者史趙野、張惕、陳通校。

原注：[1]"日"下脫"付"字。
按：①"爲"後脫"錢"字。

4·654　……卅三町，凡卅五畝，皆二年常限。其卅畝旱田，畝收布六
寸六分。定收五畝，畝收米一斛二斗，爲米六斛。畝收布二
尺。其米六斛，四年十二月八日付倉吏李金。凡爲布□丈三

尺二寸[1]，五年二月五日付庫吏潘有。其旱田畝收錢卅七，
其熟田畝收錢七十。凡爲錢一千五十[2]，四年十一月十九日
付庫吏潘有。嘉禾五年三月十日，田户曹史趙野、張惕、陳
通校。

原注：[1]按佃田畝數與定額計，應收布二丈九尺八寸。
　　　[2]按佃田畝數與定額計，應收錢一千四百六十錢。

4·655　……皆二年常限。旱田畝收布六寸六分。凡爲布□丈□尺八
　　　　分，……付庫吏番有。旱田畝收錢卅七，凡爲錢五百廿四錢，
　　　　五年二月廿日付庫吏番有。嘉禾五年三月□日，田户曹史趙
　　　　野、張惕、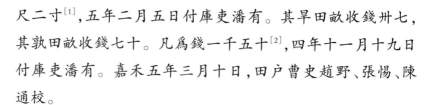陳 通 校①。

按：①據圖版，“惕”下殘斷。據文例，《田家莂》“□”今補釋爲“陳 通 校”。

4·656　□畝，皆二年常限。其廿九畝，旱敗不收，畝收布六寸六分。
　　　　定收四畝，畝收稅米一斛二斗，爲米四斛八斗。畝收布二
　　　　尺。其米四斛八斗，五年二月十日付倉吏鄭黑。凡爲布二丈
　　　　七尺七寸四分[1]，准入米一斛三斗八升七合，五年二月十日付
　　　　倉吏鄭黑。其旱田畝收錢卅七，其熟田畝收錢七十。凡爲錢
　　　　一千三百八十三錢[2]，……斗八升，五年閏月廿日付倉吏鄭
　　　　黑。……曹史趙野、張惕、陳 通 校。①

原注：[1]按佃田畝數與定額計，應收布二丈七尺一寸四分。
　　　[2]按佃田畝數與定額計，應收錢一千三百五十三錢。

按：①據文例，《田家莂》“……”今補釋爲“陳 通 校”。

4·657　灵□丘男子□□，佃田四町，凡□畝，皆 二 年 常限①。其卅畝
　　　　旱，畝收布六寸六分。定收卅□畝，畝收……。凡爲布二匹
　　　　三丈五尺八寸②，准入米五斛二斗九升，四年十二月四日付倉
　　　　吏鄭黑。其旱畝收錢卅七，其熟田畝收錢七十。凡爲錢四千
　　　　三百廿，准入米四斛一斗二升，四年十二月十九日付倉吏鄭
　　　　黑。嘉禾五年三日[1]，主者史張惕、趙野、陳通校。

原注：[1]“年”下脱月份。

按：①據文例，《田家莂》“……”今補釋爲“皆 二 年”。
　　　②據文例，《田家莂》“□”今補釋爲“爲”。

4·658　□二尺，准入米一斛一斗，四年十二月二日付倉吏鄭黑。旱田畝收錢卅七，凡爲錢一千八百五十，准入米一斛一斗五升，四年十二月二日付倉吏鄭黑。嘉禾五年三月十日，主者史張惕、趙野、陳通校。

4·659　靈□丘男子□文①，火種田五町，凡卅二畝，皆二年常限。其廿九畝旱田②，畝收布六寸六分。定收三畝，畝收米四斗五升六合，爲米一斛三斗六升八合。畝收布二尺。其米一斛三斗六升八合，四年十月十九日付倉吏李金。凡爲布二丈七寸四分[1]，五年三月七日付庫吏番有。其旱田畝收錢卅七，其孰田畝收錢七十。凡爲錢一千六百五十二錢[2]，五年三月九日付庫吏番有。嘉禾五年三月十日，田戶曹史趙野、張惕、陳通校。

原注：[1]按佃田畝數與定額計，應收布二丈五尺一寸四分。

　　　[2]按佃田畝數與定額計，應收錢一千二百八十三錢。

按：①據文例，簡首應有合同符號，今補。

　　②據佃田畝數與定收畝數，可知旱田當爲廿九畝。《田家莂》"……"今補釋爲"田九"。

4·660　……凡爲布二丈九尺……付庫吏潘有。旱田畝收錢卅七，凡爲錢九百廿五錢，四年十一月九日付庫吏……月□日，田戶經用曹史趙野、張惕、陳通校。

4·661　□常限。其卅六畝旱敗不收，畝收布六寸六分①。定收六畝，畝收米一斛二斗。爲米七斛四斗②。畝收布二尺。……凡爲布三丈三尺□寸③，准入米一斛六斗五升，四年十一月廿日付庫吏□□④。其旱田畝收錢卅七，其孰田畝收錢七十⑤。凡爲錢……⑥，准入米八斗五升，四年十一月二日付倉吏鄭黑。嘉禾五年三月十日，田戶經用曹史趙野、張惕、陳通校。

按：①據文例，《田家莂》"……"今補釋爲"布六寸六分"。

　　②據定收畝數與定額計，應收米七斛四斗。《田家莂》"□"今補釋爲"七"。

　　③據佃田畝數與定額計，應收布三丈五尺七寸六分。

④據文例,"庫"當爲"倉"字之誤。

⑤據文例,《田家莂》"……"今補釋爲"其孰田畝收錢"。

⑥據佃田畝數與定額計,應收錢一千七百五十二錢。

4·662　……佃田十町,凡一頃,皆二年常限。悉旱,畝收布六寸六分。凡爲布……①畝收錢卅七,爲錢三千七百,准入米二斛四斗,四年十一月十日付倉吏鄭黑。嘉禾五年三月……☐

按:①據佃田畝數與定額計,應收布一匹二丈六尺。

4·663　……凡卌二畝,皆二年常限。其卅畝旱,畝收布六寸六分。定收十二畝,畝收米一斛二斗,爲米十四斛四斗。畝收布二尺。其米十四斛四斗,四年十二月四日付倉吏鄭黑。凡爲布一匹三尺八寸,准入米二斛……付倉吏鄭黑。其旱田畝收錢卅七,其孰田畝收錢七十。凡爲錢二千一百五十錢[1],……☐

原注:[1]按佃田畝數與定額計,應收錢一千九百五十錢。

4·664　……田三町,凡十四畝,皆二年常限。……定收五畝,畝收米一斛二斗,爲米……,四年十月三日付倉吏鄭黑。其旱田畝收布六寸六分[1],其孰田畝收錢七十。凡爲錢五(?)百八十,准入米三斗六升五合,四年十一月一日付倉吏鄭黑。嘉禾五年三月十日,田戶經用曹史趙野、張惕、陳通校。

原注:[1]"布六寸六分"應爲"錢卅七"之誤。

4·665　灵☐☐丘男子☐☐①,佃田七町,凡廿畝,皆二年常限。……旱,畝收布六寸六分。凡爲布……准入米六斗……☐

按:①據文例,簡首應有合同符號,今補。

4·666　……不收,畝收布六寸六分。凡爲九尺九寸[1],四年十一月十日付庫吏番有。旱畝收錢卅七,凡爲錢五百五十五錢,四年十一月十日付庫吏……嘉禾五年三月十日,田戶……趙野、陳通校①。②

原注:[1]"爲"下脱"布"字。

按:①據文例,《田家莂》"☐"今補釋爲"校"。

　②據文意,此簡均爲旱田。據收布數、收錢數與定額計,應爲旱田十五畝。

4·667 ……佃田一町,凡二畝……斛二斗……十二月八日付庫吏潘有。嘉禾五年三月十……

4·668 ……旱田①,畝收布六寸六分。定收二畝,畝收米一斛二升,爲米二斛四斗。畝收布二尺。其米二斛四斗,□年□月□日付倉吏李金。凡爲布一丈六寸,五年二月十一日付庫吏潘有。其旱田畝收錢卅七,其孰田畝收錢七十。凡爲錢五百一十錢,五年二月廿日付庫吏番有。嘉禾五年三月十日,田户經用曹史趙野、張惕、陳通校。

按:①據收布數、收錢數、定額與定收畝數,可推知旱田爲十畝。

4·669 ……佃田二町,凡十五畝,皆二年常限。旱田畝收布六寸六分。凡爲布九尺九寸,五年閏月七日付庫吏番有。旱田畝收錢卅七,凡爲錢五百五十五錢,五年閏月十日付庫吏番有。嘉禾五年三月十日,田户經用曹史趙野、張惕、陳通校。

4·670 □敗不收,畝收布六寸六分。凡爲布二丈三尺二寸一分,四年十一月卅日付庫吏番有。畝收錢卅七,凡爲錢七百廿,四年十一月十二日付庫吏番有。嘉禾五年三月十日,田户……

4·671 □分。……爲米八斛四斗。畝收布二尺。……吏鄭黑。凡爲布……八寸,四年十一月十七日付庫吏番□。其旱田畝收錢卅七,其孰田畝收錢七十。凡爲錢二千七百卌四錢,四年十二月廿八日付庫吏番有。嘉禾五年三月十日,田户經用曹史……

4·672 □……畝收布六寸六分。凡爲布……,准入米二斛五斗八升二合,五年三月十日付倉吏潘□①。其旱田畝收錢卅……嘉禾五年三月十日,田户經用曹史趙野、張惕、陳通校。

按:①"潘有"在田家莂的吏職是庫吏,而不是倉吏,"有"字當有誤。圖版此字模糊不清,無法辨識,疑當爲"慮"字。謹慎起見,《田家莂》"有"釋爲"□"較好。今改。

4·673 ……郡吏□□,佃田□町,凡十畝。……布六寸六分。……一斛二斗,爲米三斛六斗。畝收布二尺。……凡爲布一丈六寸二分,五年閏月十日付庫吏番有。其旱田畝收錢卅七,其孰田畝收錢七十。凡爲錢四百六十九錢,五年二月廿日付庫吏番有。嘉禾五年三月十日,田户曹史趙野、張惕、陳通校。①

按:①據收米數、收布數、收錢數與定額,可推知熟田三畝,旱田七畝。

4·674 ……九畝……常限。……定收六畝,爲米七斛二斗。畝收布二尺。……凡爲布□匹五尺六寸一分,四年十二月□日付庫吏潘有。其旱田畝收錢卅七①,其孰田畝收錢七十。凡爲錢五百廿錢,四年十一月十三日付庫吏潘有畢。嘉禾五年三月三日,田户曹史趙野、張惕、陳通校②。

按:①據文例,《田家莂》"……"今補釋爲"其旱田畝收錢"。
②據文例,《田家莂》"……□"今補釋爲"通校"。

4·675 □畝收布六寸六分。凡爲布……四年十月三日付倉吏鄭黑。畝收錢卅七,凡爲錢四百卌四錢,准入米□斗□升,四年十月五日付倉吏鄭黑。嘉禾五年三月十日,田户經用曹史趙野、張惕、陳通校。①

按:①據文意,此簡均爲旱田。據收錢數與定額,可知爲旱田十二畝。

4·676 □旱敗不收,畝收布六寸六分。凡爲布一丈三尺二寸五分,准入米六斗六升七合,五年閏月廿日付倉吏鄭黑。畝收錢卅七,凡爲錢□百六十,准入米四斗七升,五年閏月十日付倉吏鄭黑。……

4·677 □……六寸六分。凡爲布六尺六分,准入米四斗,四年十一月五日付倉吏鄭黑。畝收錢卅七,凡爲錢……,准入米二斗一升,四年十二月六日付倉吏……

4·678 □……斛□斗□升,四年十一月七日付倉吏鄭黑。其旱田畝收錢卅七,其孰田畝收錢七十。凡爲錢二千九百五十五錢,准入米一斛九斗,四年□月□日付倉吏鄭黑。……五年三月十日,田户曹史……

4·679 灵……二年常限。其□畝①……，畝收布六寸六分。定收九

畝，爲米十斛八斗。畝收布二尺。其米十斛八斗，四年十二

月十一日付倉吏李金。凡爲布三丈五寸四分，四年十二月廿

日付庫吏番有。其旱田畝收錢卅七，其孰田畝收錢七十。凡

爲錢一千三百卅三錢，四年十二月三日付庫吏潘有畢。嘉禾

五年三月三日，田戶曹史趙野、張惕、陳通校。

按：①據收布數、收錢數、定額與定收畝數，可知旱田爲十九畝。

4·680 ……佃田三町，凡卅九畝，皆二年常限。其十八畝旱敗不收，

畝收布六寸六分。定收廿一畝，爲米廿五斛二斗。畝收布二

尺。其米廿五斛二斗，四年十一月九日付倉吏李金。凡爲布

一匹一丈三尺八寸八分，四年十二月廿日庫吏潘有[1]。其旱

田畝收錢卅七①，其孰田畝收錢七十。凡爲錢二千一百卅六

錢，四年□□月□日付庫吏潘有畢。嘉禾五年三月三日，田

戶曹史趙野、張惕、陳通校。

原注：[1]"日"下脱"付"字。

按：①據文例，《田家莂》"□"今補釋爲"其"。

4·681 ☑……卅三斛□□。畝收布二尺。凡爲布……畝收……十一

月廿七日付倉吏鄭……二千八百，十一月一日付倉吏鄭

黑①。……米四斛，五年閏月……

按：①據文例，"十一月"前脱"四年"二字。

4·682 ……縣吏……，佃田八處，合卅一畝，二年常限。其廿四畝旱

田，畝收布六寸六分。定收十七畝，畝收米一斛二斗。凡爲

米廿斛四斗。畝收布二尺。其米廿斛四斗四斗[1]，四年十一

月十日付倉吏鄭黑畢①。凡爲布一匹九尺八寸②，准入米二斛

四斗九升，四年十一月七日付倉吏鄭黑畢。其旱田畝收錢卅

七，其孰田畝收錢七十。凡爲錢二千七十八錢，准入米一斛

三斗，四年十一月卅日付倉吏鄭黑畢。嘉禾五年……惕、陳

通校。

原注：[1]"廿斛"下衍"四斗"字。

按：①據圖版，"十日"後有"付倉吏鄭黑畢"六字，圖版"付倉吏"三字依稀可辨，"鄭

黑畢"三字非常清楚,故《田家莂》"……"當釋爲"付倉吏鄭黑畢"。今改。

②據佃田畝數與定額計,應收布一匹九尺八寸四分。

4·683 ……佃田五十一町,凡六十五畝,皆二年常限。其卅畝旱,畝收布六寸六分。定收卅五畝,畝收米一斛二斗,爲米卌二斛。畝收布二尺。其米卌二斛,四年十一月廿六日付倉吏鄭黑。凡爲布一匹九尺八寸[1],准入米……凡爲錢三千 五 百六十[2]①,准入米二斛一斗三升,四年十二月十七日付倉吏鄭黑。嘉禾五年三月十日,主者史張惕、趙野、陳通校。

原注:[1]按佃田畝數與定額計,應收布二匹九尺八寸。
　　　[2]按佃田畝數與定額計,應收錢三千五百六十錢。

按:①據收錢數,《田家莂》"□"今補釋爲" 五 "。

4·684 □畝收布六寸六分。凡爲布二丈八尺一寸八分,五年二月八日付庫吏番有。旱田畝收錢卅七,凡爲錢二千一百卌一錢,五年二月十日付庫吏番有。嘉禾五年三月十日,田戶曹史趙野、張惕、陳通校。

4·685 □……斛二斗九升,四年十一月一日付倉吏鄭黑。……其孰田畝收錢七十。凡爲錢二千三百……准入米□斛□斗三升,□年□月□日付倉吏鄭黑。……趙野、陳通校。

4·686 □畝,皆二年常限。悉旱,畝收布六寸六分,凡布一匹□□,四年十二月廿日付庫吏潘琦。畝收錢卅七,凡爲錢一千九百五十,四年十二月廿五日付庫吏潘琦畢。嘉禾五年三月十二日,主者史張惕、陳通、趙野校。

4·687 □收布六寸六分。凡爲布一丈一尺八寸,准入米五斗九升,四年十二月六日付倉吏鄭黑畢。畝收錢卅七,爲錢六百六十六錢,准入米三斗八升,四年十二月十日付倉吏鄭黑畢。嘉禾五年三月六日,主者史趙野、張惕、陳通校。①

按:①據文意,此簡均爲旱田。據收布數、收錢數與定額,可知爲旱田十八畝。

4·688 □……六寸六分。凡爲布三丈九丈六寸[1],四年十月五日付庫吏潘琄，畞收錢卅七，凡爲錢二千三百廿二……十一月八日付庫吏潘琄。嘉禾五年三月十二日，主者史張惕、趙野、陳通校。

原注：[1]"九丈"爲"九尺"之筆誤。

4·689　☑……畞收布二尺。……凡爲布二匹，……年十二月十日付倉吏……畞收錢……凡爲錢二千……四年十一月九日付庫吏潘有。嘉禾五年□月□日，田户曹史趙野、張惕、陳通校。

4·690　灵……其□畞旱敗不收，畞收布六寸六分。……其旱 田 畞 收 錢卅七①，其孰田畞收錢七十。爲錢九百……十一月□日付庫吏番有。嘉禾五年……趙野、張惕、陳通校。

按：①據文例，《田家莂》"……"可釋爲" 田 畞 收 "。

4·691　灵□丘男子□□，佃田□町，凡廿（？）七畞，皆二年常限。其□畞旱敗……凡爲布二丈一尺九寸四分，四年十一月廿日付庫吏潘……錢，四年……三日……田户曹……

4·692　灵□丘州吏①……五斗八升五合，……番有……四年十一月十七日……。……錢二千錢，四年十二月卅日付庫……潘慮。嘉禾五年三月十日，田户曹史趙野、張惕、陳通校。

按：①據文例，簡首當有合同符號。今補。

4·693　灵□丘男子□□①，佃田□□町，凡廿三畞，皆二年常限。其廿畞旱，畞收布六寸六分。定收②……布一丈九尺一寸③，准入米九斗五升，四年十一月一日付倉吏鄭黑。其旱田畞收錢卅七，其孰田畞收錢七十。凡爲錢九百五十，准入米五斗一升，四年十一月一日付倉吏鄭黑。嘉禾五年三月十日，主者史張惕、趙野、陳通校。

按：①據文例，簡首當有合同符號。今補。
②據佃田畞數與旱田畞數，可推知定收三畞；據收錢數與定額，亦可推知定收三畞。
③據佃田畞數與定額計，應收布一丈九尺二寸。

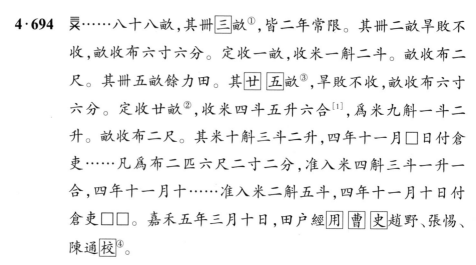

4·694 㠻……八十八畝，其卅三畝①，皆二年常限。其卅二畝旱敗不收，畝收布六寸六分。定收一畝，收米一斛二斗。畝收布二尺。其卅五畝餘力田。其廿五畝③，旱敗不收，畝收布六寸六分。定收廿畝②，收米四斗五升六合[1]，爲米九斛一斗二升。畝收布二尺。其米十斛三斗二升，四年十一月□日付倉吏……凡爲布二匹六尺二寸二分，准入米四斛三斗一升一合，四年十一月十……准入米二斛五斗，四年十一月十日付倉吏□□。嘉禾五年三月十日，田户經用曹史趙野、張惕、陳通校④。

原注：[1]“收”前脱“畝”字。

按：①據二年常限旱田畝數與定收田畝數，可知“二年常限”田爲卅三畝。故《田家莂》“□”今補釋爲“三”。

②據圖版，“定收”和“畝”之間有“廿”字。據收米數與定額，亦可推知餘力田定收爲廿畝。故《田家莂》“……”今釋爲“廿”。

③據餘力田總畝數與餘力田定收畝數，可知餘力田旱田爲廿五畝。故《田家莂》“……”今補釋爲“廿五”。

④據文例，《田家莂》“田户經……趙野、張惕、陳通□”今補釋爲“田户經用曹史趙野、張惕、陳通校”。

4·695 ☑收布六寸六分。凡爲布三尺三寸，四年□□月□□日付庫吏潘有。畝收錢卅七，爲錢一百八十五錢①，四年十一月十一日付庫吏潘有。嘉禾五年三月廿日，田户經用曹史趙野、張惕、陳通校。

按：①《田家莂》“八十一”之“一”字，據圖版應爲“五”字，圖版依稀可分辨出“十”下爲“五”字而非“一”字。據收布數與定額知，此簡應爲旱田五畝，則應收錢一百八十五，亦可證。今改。

4·696 ……田……町，凡十四畝，皆……旱敗不收，畝收布六寸六分。凡爲布二尺一寸四分①，准入米……四年十一月六日付倉吏鄭黑。畝收錢卅七，凡爲錢七百一十八錢②，四年十一月八日付庫吏潘有。嘉禾五年三月十日，田户曹史趙野、張惕、陳通校。

按：①據佃田畝數與定額計，應收布九尺二寸四分。

②據佃田畝數與定額計，應收錢五百一十八錢。

4·697 　☒……其旱畝收錢卅七,凡爲錢□百六十八錢,
　　　　五年閏月十七日付庫吏潘有。嘉禾五年三
　　　　月□日,田户經用曹史趙野、張惕、陳通校①。

按:①據文例,《田家莂》"……"今補釋爲"張惕、陳通校"。

4·698 　灵……丘男子□僕,田一町凡四畝,皆二年常限。旱敗不收,
　　　　畝收布六寸六分。凡爲布①二尺六寸[1],四年十一月廿八日付
　　　　庫吏潘有。畝收錢卅七,凡爲錢一百卌八錢,四年十一月廿
　　　　八日付庫吏……月十日,田户經用曹史趙野、張惕、陳通校。

原注:[1]按佃田畝數與定額計,應收布二尺六寸四分。
按:①據圖版,"二尺"前當爲"凡爲布",《田家莂》"准入米"應爲"凡爲布"。今改。

4·699 　……町,凡九十畝,其廿畝,皆二年常限。旱敗,畝收布六寸六
　　　　分。其七十畝餘力田。旱敗,畝收布六寸六分。凡爲布一匹
　　　　一丈九尺七寸①,四年十月廿二日付庫吏潘有。畝收錢卅七,
　　　　爲錢五千五百廿八錢②,四年十一月十八日付庫吏潘有。嘉禾
　　　　五年□月□日,田户經用史趙野[1]、張惕、陳通校。

原注:[1]"史"前脱"曹"字。
按:①按佃田畝數與定額計,應收布一匹一丈九尺四寸。
　　②按佃田畝數與定額計,應收錢三千三百卅錢。

4·700 　……畝收布……年十一月……嘉禾五年二月十日……

4·701 　☒七尺九寸二分,四年九月十二日付庫吏番有。旱田畝收錢
　　　　卅七,凡爲錢四百卌二錢,四年八月十日付庫吏番有畢。嘉
　　　　禾五年三月十日,田户曹史趙野、張惕、陳通校。

4·702 　……月□日付庫吏潘□。嘉禾五年□月十日,田户經用曹史
　　　　趙野、張惕、陳通校。

4·703 　☒……田收錢七十……

4·704 　☒……其旱田畝收錢卅七,凡爲錢□千□百卅……年□月□
　　　　日,田户曹史趙野、張惕、陳通校。

4·705　☐……旱敗不收……爲米……斛□斗。畝收布二尺。凡爲布二匹三丈九尺……畨有……。嘉禾五年三月十日,田户……

4·706　☐……佃田□町,卅畝,皆二年常限。悉旱,畝收布六寸六分。凡爲布二丈六尺四寸,四年十一月十七日付庫吏潘□。畝收錢卅七,凡爲錢一千四百八十,四年十一月十□☐

4·707　☐……其三畝旱敗不收,畝收布六寸六分。……其旱田畝收錢卅七,凡爲錢二百廿錢,四年……☐

4·708　☐……其□畝旱敗不收,畝收布六寸六分。……有畢。嘉禾五年二月□日,田户曹史張……

4·709　☐畝收布六寸六分,合一匹一丈九尺……庫吏潘……三百卅八,四年十二月十一日付庫……

4·710　☐……其七十畝旱,畝收布六寸六分。☐

4·711　☐五年二月廿日付庫吏潘有。其旱田畝收錢卅七,其塾田畝收錢七十。凡爲錢四百卅六錢,五年二月十一日付庫吏畨有。嘉禾五年三月十日,田户曹史趙野、張惕、陳通校。

4·712　☐……四年十一月十日付庫吏潘有。其旱田畝收錢卅七,其塾田畝收錢七十。凡爲錢九百九十,四年十一月八日 付 庫吏潘有[1]。嘉禾五年三月十日,田户經用曹史趙野、張惕、陳通校。

按:①據文例,《田家莂》"□"今補釋爲"付"。

4·713　☐……二年常限。旱敗不收,畝收布六寸六分。凡爲布九尺九寸,四年十一月十日付庫吏潘有。畝收錢卅七,凡爲錢五百五十五錢,四年十二月□日付……嘉禾五年三月十日,田户曹史趙野、張惕、陳通校。[1]

按:①據文意,此簡均爲旱田。據收布數、收錢數與定額,可知爲旱田十五畝。

4·714　☐……凡爲米五斛四斗。畝收布二尺。凡爲布二匹。……倉吏鄭黑。……畝收錢七十,凡爲錢二千八百……十一月九日付庫吏潘有①。嘉禾五年三月十日,田户曹史趙野、張惕、陳通校②。

按:①據文例,《田家莂》"潘有……"當爲"潘有",今刪"……"。
　　②據文例,《田家莂》"□"今補釋爲"校"。

4·715　□……四年十一月十九日付倉吏鄭黑。旱田畝收錢卅七,凡爲錢二千五百九十,准入米……四年十一月十九日付倉吏鄭黑。嘉禾五年三月十日,主者史張惕、趙野、陳通校。①

按:①據文意,此簡均爲旱田。據收錢數與定額,可知爲旱田七十畝。

4·716　□……六斗六升。畝收錢卅七,凡爲錢七百卅錢,准入米四斗五升。與布通入米一斛七升①,五年閏月廿日付倉吏鄭黑。嘉禾五年三月十日,田户經用曹趙野[1]、張惕、陳通校。

原注:[1]"曹"下脱"史"字。
按:①"與布通入米一斛七升"與文例不符,似爲布准入米和錢准入米的總計。

4·717　□□米一斛九斗二升,四年十一月九日付倉吏鄭黑。其旱田畝收錢卅七,其孰田畝收錢七十。凡爲錢二千四百卅,准入米一斛八升,四年十月十一日付倉吏潘慮。嘉禾五年三月十日,田户經用曹史……

4·718　□……付庫吏番有。其旱田畝收錢卅七,其孰田畝收錢七十。凡爲錢二千五百八十四錢,四年九月六日付庫吏番有。嘉禾五年三月十日,主者史張惕、趙野、陳通校。

4·719　□……付庫吏番有。其旱田畝收錢卅七,其孰田畝收錢七十。凡爲錢二千五百廿,四年十一月八日付庫吏番有。嘉禾五年三月十日,田户經用曹史趙野、張惕、陳通校。

4·720　□……畝收布六寸六分。□……爲米四斛八斗。收布二尺[1]。……凡爲布一匹一尺三寸六分,四年十一月十五日付庫吏番有。……凡爲錢二千一百卅□錢,四年十一月五日付庫吏番有。嘉禾五年三月十日,田户經用曹史趙野、張惕、陳通校。

原注：[1]“收”前脱“畝”字。

4·721　☐……付庫吏潘有。其旱田畝收錢卅七，其孰田畝收錢七十。凡爲錢一千五百卅九錢，四年十二月十九日付庫吏潘有。嘉禾五年三月十日，田戶曹史張惕、趙野、陳通校。

4·722　☐……年☐月☐日付庫吏潘有。其孰田畝收錢七十①，凡爲錢……錢，☐年十一月☐日付庫吏……嘉禾五年三月十日，田戶經用曹史趙野、張惕、陳通校②。

按：①據文例，《田家莂》“……”今補釋爲“七十”。
　　②據文例，《田家莂》“……”今補釋爲“張惕、陳通校”。

4·723　☐……月十九日付……其旱田畝收錢卅七，其孰田畝收錢七十①。凡爲錢二千……錢，四年十一月十九日付庫吏番有。嘉禾五年三月十日……

按：①據文例，《田家莂》“……”今補釋爲“其孰田畝收錢”。

4·724　☐不收，畝收布六寸六分。……畝收布二尺。……☐☐日付倉吏李金。凡爲布一丈☐尺六寸六分。四年……月☐日付☐吏……☐

4·725　☐……凡爲布六尺六寸六分，四年十二月八日付庫吏潘有。其旱田畝收錢卅七，其孰田畝收錢七十①。……年十一月八日付庫吏……☐

按：①據文例，《田家莂》“其旱……其孰田畝收錢☐☐”今補釋爲“其旱田畝收錢卅七，其孰田畝收錢七十”。

4·726　灵……佃田十町，凡八十畝，皆二年常限。悉旱，畝收布六寸六分。凡爲布一匹二丈二尺[1]，四年十一月廿日付庫吏潘有。☐☐

原注：[1]按旱田八十畝計，應收布一匹一丈二尺八寸。

4·727　☐旱田畝收錢卅七，凡爲錢一千四百八十，四年十一月十八日

付庫吏潘有畢。嘉禾五年三月三日，主者史張惕、趙 野 、陳
通 校 [1]。

按：[1]據文例，《田家莂》"……"今補釋爲"野、陳 通 校 "。

4·728　灵……丘男子□□，佃田□町，凡四畝，皆二年常限。其□畝
　　　　旱敗不收，畝□▨

4·729　▨錢卅七，凡爲錢……年□月□日付庫吏潘有。嘉禾五年三
　　　　月十日，田戶曹史趙野、張惕、陳通校。

4·730　▨……畝收……付倉吏鄭黑▨

4·731　……付倉吏鄭黑。其旱田畝收錢卅七，其孰田畝收錢七十。
　　　　凡爲錢二千一百卅，准入米八斗五升，四年十一月十一日付
　　　　倉吏□□。嘉禾五年三月十日，田戶經用曹史趙野、張惕、陳
　　　　通校。

4·732　……畝，皆……常限……收布六寸六分。……四年十一月五
　　　　日付□▨

4·733　▨吏鄭黑。嘉禾五年……日，主者史張惕、趙野、陳通校。

4·734　▨田，畝收錢卅七，合□百九十，四年十二月十日付庫吏番
　　　　有。嘉禾五年三月十日，田戶曹史趙野、張惕、陳通校。

4·735　▨收錢卅七，其 孰 田 畝 收 錢七十 [1]。凡爲錢一千一百卅
　　　　錢，四年十二月七日付庫吏潘有畢。嘉禾五年三月三日，田
　　　　戶曹史趙野、張惕、陳通校。

按：[1]據文例，《田家莂》"……錢七十"今補釋爲"其 孰 田 畝 收 錢七十"。

4·736　灵□丘男子□□，佃田四町，凡卅(?)畝，皆二年常限。悉旱，
　　　　畝收布六寸六分。……

4·737　▨爲錢一千五百八十，四年十二月六日付庫吏番有畢。嘉禾
　　　　五年三月十二日，主者史張惕、趙野、陳通校。

4·738　……佃田一處，合六畝，旱畝收布六寸六分。凡爲布三尺九
寸[1]，四年十一月二日付庫吏潘有畢。畝收☐

按：①據佃田畝數與定額計，應收布三尺九寸六分。

4·739　☐收錢卅七，凡爲錢☐千五百八十七錢，四年十月廿日付庫吏
番有。嘉禾五年三月十日，田戶經用曹史趙野、張惕、陳通校。

4·740　☐年十一月十日付庫吏潘有畢。嘉禾五年三月十二日，主者
史張惕、趙野、陳通校。

4·741　☐其旱田畝收錢卅七，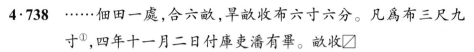畝收錢七十[1]。凡爲錢二百六
十四錢，四年十一月六日付庫吏潘有。嘉禾五年三月十日，
田戶經用曹史趙野、張惕、陳通校。

按：①據文例，《田家莂》“……”今補釋爲“其孰田”。

4·742　☐准入米一斗六升，四年十一月十日付倉吏鄭黑。嘉禾五年
三月六日，主者史趙野、張惕、陳通校。

4·743　☐爲錢一百八十五錢，四年十二月八日付庫吏潘有畢。嘉禾
五年三月六日，付主者史趙野[1]、張惕、陳通校。

原注：[1]“主”前衍“付”字。

4·744　☐嘉禾五年三月十日，田戶曹史趙野、張惕、陳通校。

4·745　☐……八尺五寸，四年十二月十八日付庫吏……畝收錢卅七，
凡爲錢四百……☐

4·746　☐錢卅七，☐錢七十。凡爲錢三百五十四錢，四年十二月十八
日付庫吏潘有畢。嘉禾五年三月三日，田戶曹史趙野、張惕、
陳通校。

4·747　☐倉吏鄭黑。畝收錢卅七，凡爲錢一千一百廿九錢，准入米七
斗一升，五年閏月十日付倉吏鄭黑。嘉禾五年三月十日，田戶
經用曹史趙野、張惕、陳通校。

4·748　……其米☐斛，四年九月四日付倉吏鄭黑[1]。……日付庫吏

潘有……旱田畞收錢卅七，<u>其</u><u>孰</u>田畞收錢<u>七</u><u>十</u>②。凡爲錢

二……▨

按：①田家莂倉吏姓“鄭”者只有鄭黑一人，故《田家莂》“□”今補釋爲“<u>黑</u>”。

　　②據文例，《田家莂》“□孰田畞收錢□□”今補釋爲“<u>其</u><u>孰</u>田畞收錢<u>七</u><u>十</u>”。

4·749 ……十七畞，旱敗不……定收九畞……其米三斛，四年……付

倉吏……▨

4·750 ▨……斛一斗五升，四年十一月廿三日付倉吏鄭黑。嘉禾五

年三月十日，主者史張惕、趙野、陳通校。

4·751 ▨准入米一斗六升五合，四年十二月九日付倉吏鄭黑。旱畞

收錢卅七，凡爲錢一百八十五錢，准入米一斗一升，四年十二

月八日付……▨①

按：①據文意，此簡均爲旱田，據收錢數與定額，可知爲旱田五畞。

4·752 ▨<u>番</u><u>有</u>。<u>嘉</u><u>禾</u><u>五</u>年□……▨

4·753 ▨其九十八畞旱，畞收<u>布</u>①六寸六分……▨

按：①據文例，《田家莂》“……”今補釋爲“<u>收</u><u>布</u>”。

4·754 ▨……錢四百十四錢，四年十月九日付庫吏潘有。嘉禾五年

三月十日，田戶曹史……

4·755 ▨……五年三月十日，田戶曹……趙野校。

4·756 ▨……百六十，准入米……嘉禾五年三月十日，主者史張惕、

趙野、陳通校。

4·757 ▨……百六十二錢，准入米……四年十一月廿一日付倉吏……▨

4·758 ▨庫吏潘有。其旱田畞收錢卅七，凡爲錢六百廿九錢，四年十

一月十日付庫吏潘有畢。嘉禾五年三月三日，田戶曹史趙野、

張惕、陳通校。①

按：①據文意，此簡均爲旱田，據收錢數與定額，可知爲旱田十七畞。

4·759　□布□丈□尺□寸，准入米一斛七斗……四年十一月四日……吏鄭黑。旱田畝收錢卅七，凡爲錢……□

4·760　□四年十二月十六日付庫吏潘有畢。嘉禾五年三月十二日，主者史張惕、趙野、陳通校[①]。

按：①據文例，《田家莂》"□"今補釋爲"校"。

4·761　靈□丘男子□□[①]，佃田一町，凡五畝，皆二年常限。旱敗不收，畝收……□

按：①據文例，簡首應有合同符號。今補。

4·762　□……日付庫……五年三月十日，田經用曹史趙野[1]、張惕、陳通校。

原注：[1]"田"下脱"户"字。

4·763　□庫吏潘有。嘉禾五年三月十日，田户經用曹史趙野、張惕、陳通校。

4·764　□……布六寸六分，凡爲布……十二月……

4·765　□……凡爲錢四百卅六錢，五年二月十四日付庫吏番有。嘉禾五年三月十日，田户曹史趙野、張惕、陳通校。

4·766　□……。嘉禾五年三月□日，田户曹史趙野、張惕、陳通校。

4·767　□……付倉吏鄭黑。……□

4·768　□年十二月□日……七十，凡爲錢□千□百，准入米一斛三斗二升，四年十二月十日付倉吏……□

4·769　□……其旱田畝收錢卅七。……□

4·770　□爲錢二千一百卅，准米□斛五斗……年十二月一日付倉吏鄭黑畢。嘉禾五年……□

4·771　▨……畝收布六寸六分。……畝收……收布一匹,四年……▨

4·772　▨……錢,五年閏月廿日付庫吏番有畢。嘉 禾 五年三月三
日①,田戸曹史趙野、張惕、陳通校。

按:①據文例,《田家莂》"……"今補釋爲"嘉 禾 五"。

4·773　▨錢四百卌錢,准入米二斗七升,四年十一月一日付倉吏鄭黑
畢。嘉禾五年三月六日,主者史趙野、張惕、陳通校。

4·774　▨……准入米八斗六升,四年十一月五日付倉吏鄭黑。嘉禾
五年三月三日,主者史張惕、趙野、陳通校。

4·775　▨□二尺。……凡爲布□尺□寸□分,四年十一月五日付庫
吏……▨

4·776　▨六寸六分。……李金。……布九尺五寸▨

4·777　▨……錢,四年十一月十日付庫吏番有。嘉禾五年三月十日,
田戸經用曹史趙野、張惕、陳通校。

4·778　▨……凡爲布二尺二寸六分,四年九月六日付庫吏……▨

4·779　▨……旱田畝□……其米二斛四斗,四年▨

4·780　▨有畢。嘉禾五年三月三日,主者史張惕、趙野、陳通校。

4·781　▨丘……慮,佃田十一町,凡廿一畝,皆二年常限。其□畝旱
敗,畝收布……定收……畝。▨

4·782　▨倉吏鄭黑畢。嘉禾五年三月六日,主者史趙野、張惕、陳
通校。

《嘉禾五年吏民田家莂》校注

5·1 灵三州丘男子唐端,佃田五町,凡廿八畞七步①,皆二年常限。其十五畞旱敗不收布。定十三畞七十步[1],爲米十五斛九斗②,畞收布二尺。其米十五斛九斗,五年十二月九日付倉吏張曼、周棟。凡爲布二丈六尺③,准入米一斛六斗一升,五年十二月十八日付吏孫儀。其旱田不收錢。其孰田畞收錢八十,凡爲錢一千冊④,五年十二月十八日付庫吏潘慎、潘宗畢。嘉禾六年二月廿日,田戶曹史張惕、趙野校。

原注:[1]"定"下脱"收"字。按收米數及收布數計,定收畞數應爲"十三畞七步",簡文衍"十"字。

按:①佃田總數與旱田、熟田畞數不合。據簡文,收米數與收布數、收錢數所依據的田畞數不同。據收米數與定額計,定收約爲十三畞七十步;據收布數、收錢數與定額計,定收約爲十三畞七步。

②據定收十三畞七十步與定額計,應收米十五斛九斗五升。

③據定收十三畞七十步與定額計,應收布二丈六尺六寸;據定收十三畞七步與定額計,應收布二丈六尺六分。

④據定收十三畞七十步與定額計,應收錢一千六十四錢;據定收十三畞七步與定額計,應收錢一千冊二錢。

5·2 灵三州丘男子陳舉,佃田四町,凡廿畞,皆二年常限。其十畞旱不收布。定收十畞,爲米十二斛,畞收布二尺。其米十二斛,五年十一月四日付倉張曼、周棟[1]。凡爲布二丈,准入米一斛二斗五升,五年十一月七日付吏孫儀。其旱田不收布[2]。其孰田畞收錢八十,凡爲錢八百,五年十二月九日付庫吏潘慎、潘宗。嘉禾六年二月廿日,田戶曹史張惕、趙野校。

原注:[1]"倉"下脱"吏"字。
　　　[2]"布"當爲"錢"之誤。

5·3 灵三州丘州卒烝颂①,佃田一町,凡五畞一百廿步,皆二年常限。其三畞一百廿步旱敗不收布。定收二畞,爲米二斛四斗,畞收布二尺。其米二斛四斗,五年十二月十四日付倉吏張曼、周棟。凡爲布四尺,准入米二斗四升,五年十二月十四日付吏孫儀。其旱田不收錢。其孰田畞收錢八十,凡爲錢一百六十,五年十二月十二日付庫吏潘慎、潘宗。嘉禾六年二月廿日,田戶曹史張惕、趙野校。

5·4 〼三州丘男子蒳耆①，佃田六町，凡廿一畝一百廿步，皆二年常限。其十畝一百廿步旱敗不收布。定收十一畝，爲米十三斛二斗，畝收布二尺。其米十三斛二斗，五年十二月十二日付倉吏張曼、周棟。凡爲布二丈二尺，准入米一斛三斗七升，五年十一月廿日付吏孫儀。其旱田不收錢。其孰田畝收八十②，凡爲錢八百八十，五年十二月十二日付庫吏潘慎、潘宗。嘉禾六年二月廿日，田戶曹史張惕、趙野校。

按：①《田家莂》"耆"，圖版作""。王保成《三國吳簡文字研究》認爲是"蕳"字。
②據文例，"收"後脱"錢"字。

5·5 〼三州丘男子鄧若，佃田十町，凡卅四畝，皆二年常限。其十四畝旱不收布。定收廿畝，爲米廿四斛，畝收布二尺。其米廿四斛，五年十一月十七日付倉吏張曼、周棟畢。凡爲布一匹，准入米二斛五斗，五年十一月廿日付吏孫儀畢。旱田不收錢。孰田畝收錢八十，凡爲錢一千六百，准入米一斛二斗五升，五年十二月十二日付吏孫儀畢。嘉禾六年二月廿日，田戶曹史張惕、趙野校。

5·6 〼三州丘男子鄧侯，佃田四町，凡十八畝，皆二年常限。其三畝旱敗不收布。定收十五畝，爲米十八斛，畝收布二尺。其米十八斛，五年十二月廿日付倉吏張曼、周棟。凡爲布三丈，准入米一斛八斗三升，五年十二月十二日付吏孫儀。其旱田不收錢。其孰田畝收錢八十，凡爲錢一千二百，五年十二月十六日付庫吏潘慎、潘宗。嘉禾六年二月廿日，田戶曹史張惕、趙野校。

5·7 〼三州丘男子潘己，佃田五町，凡十九畝，皆二年常限。其十畝旱不收布。定收九畝，爲米十斛八斗，畝收布二尺。其米十斛八斗，五年十二月五日付倉吏張曼、周棟。凡爲錢布一丈八尺[1]，准入米一斛八升，五年十二月廿日付吏孫儀。其旱田不收錢。其孰田畝收錢八十，凡爲錢七百廿，五年十二月十日付庫吏潘潘宗[2]。嘉禾六年二月廿日，田戶曹史張惕、趙野校。

原注:[1]"布"上衍"錢"字。

　　　[2]依文例,第一個"潘"字下或脱"慎"字。

5·8　霊三州丘男子潘郡,佃十町,凡廿八畝,皆二年常限。其十畝旱不收布。定收十八畝,爲米廿一斛六斗,畝收布二尺。其米廿一斛六斗,五年十二月十日付倉吏張曼、周棟。凡爲布三丈六尺,准入米二斛二斗,五年十一月廿日付吏孫儀。其旱田不收布[1]。其孰田畝收錢八十,凡爲錢一千四百卌,五年十二月十日付庫吏潘慎畢。嘉禾六年二月廿日,田户曹史張惕、趙野校。

原注:[1]"布"爲"錢"之誤。

5·9　霊三州丘男子謝奴,佃田十三町,凡卌三畝,皆二年常限。其廿三畝百廿步旱不收布。定收十九畝一百廿步,爲米廿三斛四斗,畝收布二尺。其米廿三斛四斗,五年十二月十日付倉吏張曼、周棟。凡爲布三丈九尺,准入米二斛四斗四升,五年十二月十日付吏孫儀。其旱田不收錢。其孰田畝收錢八十,凡爲錢一千五百六十,五年十二月十一日付庫吏潘慎、潘宗。嘉禾六年二月廿日,田户曹史張惕、趙野校。

5·10　霊三州丘大女謝領,佃田三町,凡十畝,皆常限[1]。其四畝一百廿步旱不收布。定收五畝百廿步,爲米六斛六斗,畝收布二尺。其米六斛六斗,五年十二月十日付倉吏張曼、周棟。凡爲布一丈一尺,准入米六斗六升,五年十二月廿日付倉吏張曼、周棟。其旱田不收錢。其孰田畝收錢八十,凡爲錢四百卌,准入米三斗,五年十月十日付倉吏張曼、周棟。嘉禾六年二月廿日,田户曹史張惕、趙野校。

原注:[1]"皆"下脱"二年"二字。

5·11　霊下伍丘男文毛[1],佃田十二町,凡廿三畝二百卌步,皆二年常限。其十一畝八十步旱敗不收布。定收十二畝百五十步,爲米十五斛一斗五升,畝收布二尺。其米十五斛一斗五升,五年十一月七日付倉吏張曼、周棟。凡爲二丈五尺[2]①,准一斛五斗[3],五年十一月廿日付倉吏張曼、周棟。其旱田不收錢。孰田收錢畝八十,凡爲錢一千,五年十二月三日付庫吏潘慎。嘉禾六年二月廿日,田户曹史張惕校。

原注:[1]"男"下脱"子"字。

　　　[2]"爲"下脱"布"字。

　　　[3]"准"下脱"入米"二字。

按:①據定收畝數與定額計,應布二丈五尺二寸五分。

　　②據定收畝數與定額計,應收錢一千一十錢。

5·12　灵下伍丘男子胡秃,佃田十二町,凡廿畝二百廿步,皆二年常
限。其十二畝百八十步旱敗不收布。定收八畝卅步,爲米九
斛八斗,畝收布二尺。其米九斛八斗,五年十一月廿五日付倉
吏張曼、周棟。凡爲布一丈六尺①,准入米九斗九升,五年十一
月廿日付倉吏張曼、周棟。其旱田不收錢。孰田收錢畝八十,
凡爲錢六百卅②,五年十一月廿九日付庫吏潘慎。嘉禾六年二
月廿日,田户曹史張惕校。

按:①據定收畝數與定額計,應收布一丈六尺三寸。

　　②據定收畝數與定額計,應收錢六百五十三錢。

5·13　灵下伍丘男子勇羊,佃田十町,凡廿畝百九十步,皆二年常限。
其十四畝百九十步旱敗不收布。定收六畝,爲米七斛二斗,畝
收布二尺。其米七斛二斗,五五年十二月十九日付倉吏張
曼[1]、周棟。凡爲布一丈二尺,准入米七斗五升,五年十一月五
日付倉吏張曼、周棟。其旱田不收錢。孰田收錢畝八十,凡爲
錢四百八十,五年十一月十八日付庫潘慎[2]。嘉禾六年二月廿
日,田户曹史張惕校。

原注:[1]"年"上衍一"五"字。

　　　[2]"庫"下脱"吏"字。

5·14　灵下伍丘男子張設,佃田十三町,凡廿三畝百七十步,皆二年常
限。其廿畝百七十步旱敗不收布。定收三畝,爲米三斛六斗,
畝收布二尺。其米三斛六斗,五年十一月四日付倉吏張曼、周
棟。凡爲布六尺,准入米三斗六升,五年十一月廿四日付倉吏
張曼、周棟。其旱田不收錢。孰田收錢畝八十,凡爲錢二百卅,
五年十一月十七日付庫吏潘慎。嘉禾六年二月廿日,田户曹史
張惕校。

5·15 　夌下伍丘男子鄧角,佃田五町,凡七畝七十步,皆二年常限。其六畝卅步旱敗不收布。定收一畝卅步,爲米一斛三斗五升,畝收布二尺。其米一斛三斗五升,五年十一月廿四日付倉吏張曼、周棟。凡爲布二尺①,准入米一斗二升,五年十一月廿四日付倉吏張曼、周棟。其旱田不收錢。孰田收錢畝八十,凡爲錢九十,五年十一月四日付庫吏潘慎。嘉禾六年二月廿日,田戶曹史張惕校。

按:①據定收畝數與定額計,應收布二尺二寸五分。

5·16 　夌下伍丘男子嚴追,佃田八町,凡廿一畝百卅步,皆二年常限。其十畝百六十步旱敗不收布。定收十畝二百步,爲米十三斛一斗,畝收布二尺。其米十三斛一斗,五年十一月七日付倉吏張曼、周棟。凡爲布二丈二尺①,准入米一斛二斗六升,五年十一月廿日付倉吏張曼、周棟。其旱田不收錢。孰田收錢畝八十,凡爲錢八百七十②,五年十一月廿日付庫吏潘慎。嘉禾六年二月廿日,田戶曹史張惕校。

按:①據定收畝數與定額計,應收布二丈一尺八寸三分。
　②據定收畝數與定額計,應收錢八百七十三錢,疑簡文捨去尾數"三"。

5·17 　夌下伍丘男子□□,佃田十一町,凡十二畝二百廿步,皆二年常限。其十畝百步旱敗不收布。定收二畝一百廿步,爲米三斛,畝收布二尺。其米三斛,五年十一月廿九日付倉吏張曼、周棟。凡爲布五尺,准入米三斗,五年十一月廿日付倉吏張曼、周棟。其旱田不收錢。其孰田收錢畝八十,凡爲錢二百,五年十一月廿一日付庫吏□□。嘉禾六年二月廿日,田戶曹史張惕校。

5·18 　夌下伍丘男子□□,佃田十町,凡卅一畝七十步①,皆二年常限。其八畝七十步旱敗不收布。定收廿二畝百卅步,爲米廿六斛一斗[1],畝收布二尺。其米廿六斛一斗,五年十一月廿四日付倉吏張曼、周棟。凡爲布一匹五尺,准入米二斛八斗,五年十一月十四日付倉吏張曼、周棟。其旱田不收錢。孰田收錢畝八十,凡爲錢一千八百②,五年十一月一日付庫吏潘慎。

嘉禾六年二月廿日,田户曹史張惕校。

原注:[1]按定收畝數和收米定額計,應爲米廿七斛四斗八升。③

按:①佃田總數與旱田、熟田畝數不合。據旱田八畝七十步、熟田廿二畝百卅步,佃
田應爲卅畝二百步。

②據定收畝數與定額計,應收錢一千八百三錢,疑簡文捨去尾數"三"。

③據定收畝數與定額計,應收米廿七斛五升。《田家莂》注釋[1]誤。

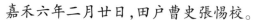

5·19　灵下和丘男子唐亥,佃田十一町,凡廿七畝,皆二年常限。其十
三畝一百廿步旱不收布。定收十三畝百廿步,爲米十六斛[1],
畝收布二尺。其米十六斛,五年十二月十七日付倉吏張曼、周
棟。凡爲布二丈七尺,准入米一斛六斗七升,五年十一月十一
日付倉吏張曼、周棟畢。其旱田不收錢。其孰田畝收錢八十,
凡爲錢一千八十錢,五年十二月廿日付庫吏潘慎、潘宗畢。嘉
禾六年二月廿日,田户曹史張惕、趙野校。

原注:[1]按定收畝數和收米定額計,應爲米十六斛二斗。

5·20　灵下和丘男子鄧有,佃田廿町,凡七十七畝一百廿步[1],皆二年
常限。其卌七畝旱敗不收布。定收卅畝,爲米卅六斛,畝收布
二尺。其米卅六斛,五年十一月□五日付倉吏張曼、周棟畢。
凡爲布一匹二丈,准入米三斛六斗五升,五年十二月六日付倉
吏張曼、周棟畢。其旱田畝不收錢。其孰田畝收錢八十,凡
爲錢二千四百①,五年十二月十一日付庫吏潘慎、潘宗畢。嘉
禾六年……曹史張惕……

原注:[1]按後文旱、熟田畝數合計,凡七十七畝。

按:①據文例,《田家莂》"……"今補釋爲"凡爲錢"。

5·21　灵下和丘男子鄧勘,佃田五町,凡十六畝,皆二年常限。其九畝
一百廿步旱敗不收布。定收六畝一百廿步,爲米七斛八斗,畝
收布二尺。其七斛八斗[1],五年十二月十一日付倉吏張曼、周
棟。凡爲布一丈三尺,准入米七斗八升,五年十二月十日付倉
吏張曼、周棟。其旱畝不收錢。其孰田畝收錢八十,凡爲錢五
百廿錢,五年十一月廿日付庫吏番慎、番宗畢。嘉禾六年二月
廿日,田户曹史張惕、趙野校。

原注:[1]"其"下脱"米"字。

5·22 灵下和丘男子鄧梓,佃田三町,凡十三畝一百廿步,皆二年限[1]。其六畝一百廿步旱敗不收布。定收七畝,爲米八斛四斗,畝收布二尺。其米八斛四斗,五年十二月十六日付倉吏張曼、周棟畢。凡爲布一丈四尺,准入米八斗九……付倉吏張曼、周棟畢。其旱畝不收錢。其孰田畝收錢八十,凡爲錢五百六十,五年十二月十日付庫吏潘慎、潘宗畢。嘉禾六年二月廿日,田戸曹史……

原注:[1]"限"上脱"常"字。

5·23 灵下和丘郡卒鄧福,佃田八町,凡六十五畝,皆二年常限。其卅五畝一百廿步旱不收布。定收廿九畝一百廿步,爲米卅五斛四斗,畝收布二尺。其米卅五斛四斗,……付倉吏張曼、周棟畢。凡爲布一匹一丈九尺,准入米三斛六斗七升,五年十二月十七日付倉吏張曼、周棟畢。其旱田不收錢。其孰田畝收錢八十,凡爲錢三千三百六十[1],五年十二月十日付庫吏潘有。嘉禾六年二月廿日,田戸曹史張惕、趙野校。

原注:[1]按熟田畝數和收錢定額計,應收二千三百六十錢。

5·24 灵下和丘男子鄧□,佃田十町,凡卅畝,皆二年常限。其廿六畝旱不收布。定收四畝,爲米四斛八斗,畝收布二尺。其米四斛八斗,五年十二月十一日付倉吏張曼、周棟。凡爲布八尺,准入米四斗八升,五年十二月十六日付倉吏張曼、周棟。其旱畝不收錢。其孰田畝收錢八十,凡爲錢二百廿[1],五年十二月十三日付庫掾潘慎①、潘宗。嘉禾六年二月廿日,田戸曹史張惕、趙野校。

原注:[1]按定收畝數和收錢定額計,應收錢三百廿。

按:①掾,《説文·手部》:"掾,緣也。"朱駿聲通訓定聲:"掾,本訓當爲佐助之誼(義),故从手。"《玉篇·手部》:"掾,公府掾史也,又曰太尉屬。"五年吏民田家莂"庫吏"又稱"庫掾"。

5·25 灵下俗丘男子五仍,佃田十三町,凡卅八畝。其卅一畝二年常限。其十三畝旱敗不收布。其七畝餘力田,爲米二斛八斗。定收十八畝,爲米廿一斛六斗。凡爲米廿四斛四斗,畝收布二尺。其米廿四斛四斗,五年十一月卅日付倉吏張曼、周棟。凡爲布一匹一丈,准入米三斛一斗三升,五年十一月廿二日付倉吏張曼、周棟。其旱田不收錢。孰田收錢畝八十,凡爲錢二千,五年十一月廿七日付庫吏潘有。嘉禾六年二月廿日,田户曹史張惕校。

5·26 灵下俗丘男子五斻①,佃十五町②,凡卅三畝。其卅八畝二年常限。其廿五畝旱敗不收布。其五畝餘力田,爲米二斛。定收十三畝,爲米十五斛六斗。凡爲米十七斛六斗,畝收布二尺。其米十七斛六斗,五年十二月十日付倉吏張曼、周棟。凡爲布三丈六尺,准入米二斛二斗二升……。……收錢畝八十,凡爲錢一千四百卅,五年十一月□日付庫吏□□。嘉禾六年二月廿日,田户曹史張惕校③。

按:①斻,音háng。《説文·方部》:"斻,方舟也。从方,亢聲。"
　　②據文例,"佃"下脱"田"字。
　　③據文例,《田家莂》"□"今補釋爲"惕"。

5·27 灵下俗丘男子五是,佃田五町,凡十畝,皆二年常限。其二畝旱敗不收布。定收八畝,爲米九斛六斗,畝收布二尺。其米九斛六斗,五年十一月六日付倉吏張曼、周棟。凡爲布一丈六尺,准入米九斗九升,五年十一月廿九日付倉吏張曼、周棟。其旱田不收錢。孰田收錢畝八十,凡爲錢六百卅,……潘慎。嘉禾六年二月廿日,田……惕校。

5·28 灵下俗丘男子五胲①,佃田七町,凡廿畝,皆二年常限。其九畝旱敗不收布。定收十一畝,米十三斛二斗[1],畝收布二尺。其米十三斛二斗,五年十月廿九日付倉吏張曼、周棟。凡爲布二丈二尺,准入米一斛三斗七升,五年十一月一日付倉吏張曼。其旱田不收錢。孰田收錢畝八十,凡爲錢八百八十,五年十一月七日付庫吏潘慎。嘉禾六年二月廿日,田户曹史張惕校。

原注:[1]"米"前脱"爲"字。
按:①胲,音gāi。《説文·肉部》:"胲,足大指毛也。从肉,亥聲。"

5·29 灵下俗丘男子五楊,佃田四町,凡七畞,皆二年常限。其一畞旱敗不收布。定收六畞,爲米七斛二斗,畞收布二尺。其米七斛二斗,五年十一月廿日付倉吏張曼、周棟。凡爲布一丈二尺,准入米七斗五升,五年十一月廿日付倉吏張曼、周棟。其旱田不收錢。孰田收錢畞八十,凡爲錢四百八十,五年十一月十九日付庫吏潘慎。嘉禾六年二月廿日,田户曹史張惕校。

5·30 灵下俗丘男子五騰,佃田廿一町,凡卅八畞[1],皆二年常限。其卅一畞旱敗不收布。定收十九畞,爲米廿二斛八斗,畞收布二尺。其米廿二斛八斗,五年十二月廿三日付倉吏張曼、周棟。凡爲布一匹三丈八尺[2],准入米四斛二斗八升,五年十二月十九日付倉吏張曼、周棟。其旱田不收錢。孰田收錢畞八十,凡爲錢二千一百廿[3],五年十月廿日付庫吏潘慎。嘉禾六年二月廿日,田户曹史張惕校。

原注:[1]按下文旱敗與定收畞數合計,佃田數當爲五十畞。
　　　[2]按定收畞數和收布定額計,應收布三丈八尺。
　　　[3]按熟田畞數和收錢定額計,應收一千五百廿錢。

5·31 灵下俗丘大女何素,佃田十四町,凡六十畞,皆二年常限。其卅二畞旱敗不收布。定收十八畞,爲米廿一斛六斗,畞收布二尺。其米廿一斛六斗,五年十二月五日付倉吏張曼、周棟。凡爲布三丈六尺,准入米二斛二斗六升,五年十一月廿九日付倉吏張曼、周棟。其旱田不收錢。孰田收錢畞八十,凡爲錢一千四百卅,五年十月廿五日付庫吏潘慎。嘉禾六年二月廿日,田户曹史張惕校。

5·32 灵下俗丘男子何黑,佃田十二町,凡卅畞,其卅五畞二年常限。其廿二畞旱敗不收布。其五畞餘力田,爲米二斛。定收十三畞,爲米十五斛六斗。凡爲米十七斛六斗,嘉禾五年十二月廿日付倉吏張曼、周棟。畞收布二尺,凡爲布三丈六尺,准入米二斛二斗五升,五年十一月一日付倉吏張曼、周棟。其旱田不收錢。孰田收錢畞八十,凡爲錢一千四百卅,五年十一月廿日付庫吏潘慎。嘉禾六年二月廿日,田户曹史張惕校。

5·33 灵下俗丘男子胡主(？)，佃田五町，凡十一畞，皆二年常限。其四畞旱敗不收布。定收七畞，爲米八斛四斗，畞收布二尺。其米八斛四斗，五年十一月五日付倉吏張曼、周棟。凡爲布一丈四尺，准入米八斗七升，五年十一月廿日付倉吏張曼、周棟。其旱田不收錢。孰田收錢畞八十，凡爲錢五百六十，五年十二月十八日付庫□□□。嘉禾六年二月廿日，田户曹史張惕 校[1]。

按：①據文例，《田家莂》“□□”今補釋爲“惕 校”。

5·34 灵下俗丘男子胡明，佃田六町，凡廿畞。其三畞旱敗不收布[1]。其七畞餘力田，爲米二斛八斗。定收十畞，爲米十二斛。凡爲米十四斛八斗……准入米……。其米十四斛八斗，六年正月□日付倉 吏張曼[2]、周棟。……不收錢。……凡爲錢……五年十二月九日付庫吏潘慎。嘉禾六年二月廿日，田户曹史張……

按：①圖版“其三畞旱敗不收”右側文字漫漶不清，據文例，當爲“其十三畞二年常限”八字。據文例，《田家莂》“□”今補釋爲“布”。

②據文例，《田家莂》“□□”今補釋爲“倉 吏”。

5·35 灵下俗丘男子廖閎[1]，佃田六町，凡十六畞，皆二年常限。其十畞旱敗不收布。定收六畞，爲米七斛二斗，畞收布二尺。其米七斛二斗，五年十一月四日付倉吏張曼、周棟。凡爲布一丈二尺，准入米七斗五升，五年十一月十日付倉吏張曼、周棟。其旱田不收錢。孰田收錢畞八十，凡爲錢四百八十，五年十一月十日付庫吏潘慎。嘉禾六年二月廿日，田户曹史張惕校。

按：①閎，音 hóng。《説文·門部》：“閎，巷門也。从門，厷聲。”

5·36 灵大田丘田丘大女朱妾[1]，佃田二町，凡五畞，皆二年常限。畞收米一斛二斗，爲米六斛。畞收布二尺。其米六斛，五年十一月二日付三州掾孫儀[1]。凡爲布一丈，准入米六斗二升五合，五年十一月十一日付三州掾孫儀。其孰田畞收錢八十，凡爲錢四百，准入米三斗一升，五年十二月二日付三州掾孫儀畢。嘉禾六年二月廿日，田户曹史張惕、趙野校。

原注：[1]"大田丘"下之"田丘"二字當爲衍文。

按：①簡5·166、簡5·688等爲"倉吏孫儀"，此簡爲"三州掾孫儀"，則"孫儀"爲三州倉的倉吏。

5·37 灵上伍丘男子……畝……收布。……畝收布二尺。其米七斛，六年二月二日付掾孫儀。凡爲布七匹二丈六尺，准入米十五斛六斗，五年☒其旱畝不收錢。其孰田收錢畝八十☒

5·38 灵上利里州吏黃楊，佃田卌六町，凡卌六畝，皆二年常限。其四畝旱敗不收布。定收卌二畝，畝收米一斛二斗，凡爲米五十斛四斗①，畝收布二尺。其米五十斛四斗，五年十一月十□日付三州掾孫儀。凡爲布二匹二丈[1]，准入米[2]，五年十一月十日付三州掾孫儀。其旱田不收錢。其孰田畝收錢畝八十②，凡爲錢三千三百六十，准入米[3]，五年十一月一日付三州掾孫儀。嘉禾六年二月廿日，田戶曹史張惕、趙野校。

原注：[1]按定收畝數和收布定額計，應收布二匹四尺。

　　[2]"准入米"下缺數量詞。

　　[3]"准入米"下缺數量詞。

按：①"州吏黃楊"耕種"二年常限"田繳米定額和一般民戶相同，均是畝收米一斛二斗，與嘉禾四年田家莂州吏耕種"二年常限"田享受繳米定額優惠不同。

　　②"畝收錢畝"當衍一"畝"字。

5·39 灵上利丘州吏劉虞，佃田七十七町，凡廿畝，皆常限[1]。其六畝旱敗不布[2]。定收十四畝，畝收米一斛二斗，凡爲米十六斛八斗①，畝收布二尺。其米十六斛八斗，五年十一月十六日付三州掾孫儀。凡爲二丈八尺[3]，准入米一斛七斗二升，五年十一月十日付三州掾孫儀。其旱田不收錢。其孰田收錢畝八十，凡爲錢一千一百②，准入米一斛一升，五年十一月一日付掾孫儀。嘉禾六年二月廿日，田户曹史張惕、趙野校。

原注：[1]"皆"下或脱"二年"二字。

　　[2]"不"下脱"收"字。

　　[3]"爲"下脱"布"字。

按：①"州吏劉虞"耕種"二年常限"田繳米定額與一般民戶相同。

　　②據定收畝數與定額計，應收錢一千一百廿錢。

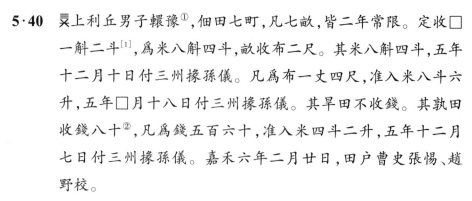

5·40　灵上利丘男子輾豫①，佃田七町，凡七畞，皆二年常限。定收□一斛二斗[1]，爲米八斛四斗，畞收布二尺。其米八斛四斗，五年十二月十日付三州掾孫儀。凡爲布一丈四尺，准入米八斗六升，五年□月十八日付三州掾孫儀。其旱田不收錢。其孰田收錢八十②，凡爲錢五百六十，准入米四斗二升，五年十二月七日付三州掾孫儀。嘉禾六年二月廿日，田戶曹史張惕、趙野校。

原注：[1]"定收"下似有二字字跡，未能辨認。

按：①輾，音huán。《集韻·删韻》："輾，輾轅，關名，在緱氏縣。"吳簡用爲姓。
　　②據文例，"田"或"錢"後脱"畞"字。

5·41　灵上伻丘男子鄧卿，佃田廿二町，凡廿三畞，皆二年常限。其十四畞旱敗不收布①。定收八畞，爲米九斛六斗，畞收布二尺。其米九斛六斗，五年十二月十日付倉吏張曼、周棟。凡爲布一丈六尺，准入米九斗六升，五年十一月九日付倉吏張曼、周棟。其旱畞不收錢。孰田收錢畞八十，凡爲錢六百卅，五年十一月九日付庫吏潘□。……

按：①據佃田總數和定收田畞數，可推知旱田爲十四畞。據文例，《田家莂》"……"今補釋爲"十四畞旱敗不收布"。

5·42　灵上伻丘男子陳俳①，佃田四町，凡五畞，皆二年常限。其二畞旱敗不收布。定收三畞，爲米三斛六斗，畞收布二尺。……凡爲布六尺，准入米三斗六升，五年十一月廿日付倉吏張曼、周棟。其旱田不收錢。孰田收錢畞八十，凡爲錢二百卅，五年十一月廿六日付庫吏潘有。嘉禾六年二月廿日，田戶曹史張惕校。

按：①俳，音pái。《説文·人部》："俳，戲也。从人，非聲。"

5·43　灵上和丘郡吏何表，佃田七町，凡廿三畞一百廿步①，皆二年常限。其十三畞旱敗不收布。定收十畞，爲米十二斛，畞收布二尺。其米十二斛，五年十一月十二日付倉吏張曼、周棟。凡爲布二丈，准入米一斛二斗五升，五年十二月十日付倉吏張曼、周棟。其旱畞不收錢。其孰田畞收錢八十，凡爲錢八百，五年十二月十七日付庫掾潘慎、潘宗畢。嘉禾六年二月廿日，田戶曹史張惕、趙野校。

按：①佃田總數與旱田、熟田畝數不合。據收米數、收布數和收錢數與定額知，熟田爲十畝，則佃田總數與旱田畝數必有一誤。

5·44 灵上和丘縣吏陳通，佃田十一町，凡卅一畝，皆二年常限。其十五畝旱敗不收布。定收十六畝，爲米十九斛二斗，畝收布二尺。其米十九斛二斗，五年十一月十一日付倉吏張曼、周棟。凡爲布三丈二尺，五年十一月十日付庫掾潘有。其旱田畝不收錢。其熟田畝收錢八十，凡爲錢一千二百八十，五年十一月十五日付庫掾番慎、番宗。嘉禾六年二月廿日，田戶曹史張惕、趙野校。

5·45 灵上和丘男子謝迯①，佃田三町，凡五畝一百廿步，皆二年常限。其三畝旱不收布。定收二畝一百廿步，爲米三斛，畝收布二尺。其米三斛，五年十二月十日付倉吏張曼、周棟畢。凡爲布五尺，准入米三斗，五年十一月九日付倉吏張曼、周棟畢。其旱田不收錢。其熟田畝收錢八十，凡爲錢三百②，五年十一月十日付庫吏潘慎、潘宗畢。嘉禾六年二月廿日，田戶曹史張┃惕┃、趙野校③。

按：①迯，“巡”的俗字。
②據定收畝數與定額計，應收錢二百錢。
③據文例，《田家莂》“□”今補釋爲“┃惕┃”。

5·46 灵上和丘男子謝佃，佃田十一町，凡廿六畝一百廿步，皆二年常限。其十六畝百廿步旱敗不收布。定收十畝，凡米十二斛，畝收布二尺。其米十二斛，五年十二月十二日付倉吏張曼、周棟。凡爲布二丈，准入米一斛二斗四升，五年十二月十三日付倉吏張曼、周棟。其旱畝不收錢。其熟田畝收錢八十，凡爲錢八百，五年十一月廿日付吏番慮①。嘉禾六年二月廿日，田戶曹史張惕、趙野校。

按：①據文例，錢、布繳給庫吏，米、錢准入米、布准入米繳給倉吏。“番慮”在田家莂及竹簡中的吏職均是倉吏，此處錢繳給倉吏，當有誤。

5·47 灵上和丘軍吏謝盛,佃田卅一町,凡七十五畞。其卅八畞旱敗不收布。定收卅七畞。其卅二畞二年常限,畞收米一斛二斗,凡爲米卅八斛四斗。其五畞餘力[1],收租米二斛。畞收布二尺。其米卅斛四斗,五年十二月十一日付倉吏張曼、周棟畢①。凡爲布一匹三丈四尺,准入米四斛六斗,五年十二月十七日付倉吏張曼、周棟。其旱畞不收錢。其孰田畞收錢八十,凡爲錢二千九百六十,五年十一月十二日付庫吏番慎、番宗畢。嘉禾六年二月廿日,田户曹史張史惕[2]、趙野校。

原注:[1]"餘力"下脱"田"字。

[2]"張"下之"史"字爲衍文。

按:①據圖版,《田家莂》"庫"當爲"倉"字,今改。

5·48 灵上和丘男子謝張,佃田六町,凡廿畞,皆二年常限。其十二畞旱不收布。定收八畞,爲米九斛六斗,畞收布二尺。其米九斛六斗,五年十二月□日付倉吏張曼、周棟畢。凡爲布一丈六尺,准入米一斛,五年十一月八日付倉吏張曼、周棟畢。其旱田不收錢。其孰田畞收錢八十①,凡爲錢六百卅錢,五年十一月□日付庫吏潘慎、潘宗畢。嘉禾六年二月廿日,田户曹史張惕、趙野校。

按:①據文例,《田家莂》"……"今補釋爲"畞收錢八十"。

5·49 灵上和丘軍吏謝趙,佃田十二町,凡卅七畞,皆二年常限。其廿七畞旱敗不收布。定收廿畞,爲米廿四斛,畞收布二尺。其米廿四斛,五年十二月十一日付倉吏張曼、周棟。凡爲布一匹,准入米二斛五斗,五年十二月十三日付倉吏張曼、周棟。其旱田畞不收錢。其孰田畞收錢八十,凡爲錢一千六百,五年十二月十七日付庫掾潘慎、潘宗畢。嘉禾六年二月廿日,田户曹史張惕、趙野校。

5·50 灵上和丘男子謝隽①,佃田七町,凡卅二畞,皆二年常限。其廿畞一百廿步旱不收布。定收十一畞一百廿步,爲米十三斛八斗,畞收布二尺。其米十三斛八斗,五年十二月十二日付倉吏張曼、周棟畢②。凡爲布二丈三尺,准入……。其旱畞不收

錢。其轨田畝收錢八十,凡爲錢九百廿,五年十二月十七日付庫掾潘慎、潘宗畢。嘉禾六年二月廿日,田户史張惕[1]、□□□

原注:[1]"田户"下脱"曹"字。

按:①《田家莂》"雋",圖版作"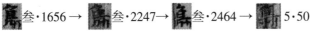"。《竹簡》有一"雋"字,整理者又釋爲"雋"。《廣韻·獮韻》:"雋","雋"的俗字。《説文·隹部》:"雋,肥肉也。从弓所以射隹。長沙有下雋縣。"《竹簡》"雋"正是用作"下雋縣",如簡叁·2344"右下雋縣所得一人",簡叁·1656"乾鍛佐下雋桓樵年廿一",簡叁·2464"鑪佐下雋黄丁年五十一",等等。《田家莂》"雋"應爲"雋"字,用作人名,其下部的"州"應爲"弓"的訛變。其形體演變路徑爲:

今改"雋"爲"雋"字。

②據文例,《田家莂》"□"今補釋爲"棟"。

5·51 灵上妶丘男子殷榮,佃田五町,凡九畝百廿步,皆二年常限。其一畝百廿步旱敗不收布。定收八畝,爲米九斛六斗,畝收布二尺。其米九斛六斗,五年十月九日付倉吏張曼、周棟。凡爲布一丈六尺,准入米九斗四升,五年十月一日付倉吏張曼、周棟。其旱畝不收錢。轨田畝收錢八十①,凡爲錢六百卅,五年十月三日付庫吏潘慎。嘉禾六年二月廿日,田户曹史張惕校。

按:①《田家莂》"收錢畝",據圖版,"畝"應在"收錢"之前。今改。

5·52 灵上莎丘男子文僮①,佃六町②,凡廿四畝,皆二年常限。其十七畝旱敗不收布。定收七畝,爲米八斛四斗,畝收布二尺。其米八斛四斗,五年十一月廿日付倉吏張曼、周棟。凡爲布一丈四尺,准入米一斗五升,五年十一月廿一日付倉吏張曼、周棟。其旱田不收錢。轨田收錢畝八十,凡爲錢五百六十,五年十一月十二日付庫吏番慎。……惕校。

按:①莎,音rú。紛莎、錯雜。揚雄《蜀都賦》:"紛莎周溥,旋溺冤綬。"

②據文例,"佃"後脱"田"字。

5·53 灵上莎丘男子文礼①,佃田町[1],凡七畝,皆二年常限。其一畝旱敗不收布。定收六畝,爲米七斛二斗,畝收布二尺。其米七斛二斗,五年十一月廿日付倉吏張曼、周棟。凡爲布一丈二尺,准入米七斗五升,五年十一月廿日付倉吏張曼、周棟。其旱田不

收錢。孰田收錢畝八十,凡爲錢四百八十,五年十月廿日付庫
吏番慎。嘉禾六年二月廿日,田户曹史張惕校。

原注:[1]"町"上缺數詞。

按:①《田家莂》"禮",圖版寫法幾近於簡體的"礼",與"禮"差别很大,故釋爲"礼"更
好。今改。

5·54 羡上莑丘男子文□,佃田一町,凡八畝,皆二年常限。其一畝旱
敗不收布。定收七畝,爲米 八 斛四斗①,畝收布二尺。其米八
斛四斗,五 年十一月廿日付倉吏張曼、周棟②。凡爲布一丈四
尺,准入米七斗五升,五年十一月廿一日付倉吏張曼、周棟。
其旱田不收錢。孰田收錢畝八十,凡爲錢五百六十,五年十一
月廿一日付庫吏潘慎。嘉禾六年二月廿日,田户曹史張惕校。

按:①據定收畝數與定額計,應收米八斛四斗,據下文亦知收米八斛四斗,故《田家
莂》"□"今補釋爲"八"。
②據文例,《田家莂》"□"今補釋爲"五"。

5·55 羡上莑丘男子光犭①,佃田四町,凡廿畝,皆二年常限。其十三
畝旱敗不收布。定收七畝,爲米八斛四斗,畝收布二尺。其米
八斛四斗,五年十一月五日付倉吏張曼、周棟。凡爲布一丈四
尺,准入米八斗五升,五年十二月廿日付倉吏張曼、周棟。其
旱田不收錢。孰田收錢畝八十,凡爲錢五百六十,五年十月廿
日付庫吏潘慎。嘉禾六年二月廿日,田户曹史張惕校。

按:①犭,音 tún。《廣韻·魂韻》:"犭",同"豚"。

5·56 羡上莑丘男子宋葨,佃田□町,凡廿五畝。其 十 四 畝 旱 敗
不 收 布②。其 五 畝餘力田,爲米 二 斛①。定收六畝,爲米七
斛二斗,畝收布二尺。其米九斛二斗,五年十一月廿日付倉吏
張曼、周棟。凡爲布二丈二尺,准入米一斛三斗九升,五年十
二月十日付倉吏張曼、周棟。其 旱 田不收錢③。孰田收錢畝
八十,凡爲錢八百八十,五年十一月十二日付庫吏潘慎。嘉禾
六年二月廿日,田户曹史張惕校。

按:①此簡上部右側殘損、漫漶。據收米總數、收布數、收錢數和定收畝數與定額
知,餘力田爲五畝,應收米二斛。則《田家莂》"其□畝餘力田,爲米……斛□斗"

今補釋爲“其五畝餘力田,爲米二斛”。

②據佃田總畝數、定收田畝數可推知旱田爲十四畝。據文例,《田家莂》“……”今補釋爲“十四畝旱敗不收布”。

③據文例,《田家莂》“□□”今補釋爲“其旱”。

5·57 ⿱三乂上莈丘男子紀魠①,佃十八町②,凡卌畝,皆二年常限。其卅七畝旱敗不收布。定三畝[1],爲米三斛六斗,畝收布二尺。其米三斛六斗,五年十一月廿日付倉吏張曼、周棟。凡爲布六尺,五年十一月廿六日付倉吏張曼、周棟。其旱田不收錢。孰田收錢畝八十,凡爲錢二百卌錢,五年十一月廿日付庫吏番慎。嘉禾六年二月廿日,田户曹史張惕校。

原注:[1]“定”下脱“收”字。

按:①《田家莂》“魠”,圖版作“”。王保成《三國吴簡文字研究》認爲是“魷”字。

②“佃”下脱“田”字。

5·58 ⿱三乂上莈丘男子陳萇,佃田七町,凡十一畝,皆二年常限。其五畝旱敗不收布。定收六畝,爲米七斛二斗,畝收布二尺。其米七……。凡爲布一丈二尺,准入米七斗五升,五年十一月三日付倉吏張曼、周棟。……惕校。

5·59 ⿱三乂上莈丘男烝龍[1],佃田十四町,凡廿八畝,皆二年常限。其廿五畝旱敗不收布。定收三畝,爲米三斛六斗,畝收布二尺。其米三斛六斗,五年十一月廿日付倉吏張曼、周棟。凡爲布六尺,准入米三斗六升,五年十月廿九日付倉吏張曼、周棟。其旱田不收錢。孰田收錢畝八十,凡爲錢二百卌,五年十一月十日付庫吏潘慎。嘉禾六年二月廿日,田户曹史張惕校。

原注:[1]“男”下脱“子”字。

5·60 ⿱三乂上莈丘男子烝□,……。其廿一畝二年常限。其□□畝旱敗不收布。……凡爲米六斛八斗,畝收布二尺。……五年十二月□日付倉吏張曼、周棟。凡爲布一丈八尺,准入米一斛一斗一升,五年十月廿日付倉吏張曼、周棟。其旱田不收錢。孰田收錢畝八十,凡爲錢七百廿,五年十一月廿日付庫吏潘慎。嘉禾六年二月廿日,田户曹史張惕校。

5·61　灵上莄丘男子黄仙，佃田五町，凡十二畞，皆二年常限。其三畞旱敗不收布。定收九畞，爲米十斛八斗，畞收布二尺。其米十斛八斗，五年十月廿一日付倉吏張曼、周棟。凡爲布一丈八尺，准入米一斛一斗一升，五年十一月廿日付倉吏張曼、周棟。其旱田不收錢。孰田收錢畞八十，凡爲錢七百廿，五年十一月廿日付庫吏潘慎。嘉禾六年二月廿日，田戶曹史張惕校。

5·62　灵上莄丘男子黄巡，佃田五町，凡廿八畞。其廿一畞二年常限。其十七畞旱敗不收布。其七畞餘力田，爲米二斛八斗，定收四畞，爲米四斛八斗。凡爲米七斛六斗，畞收布二尺。其米七斛六斗，五年十月廿日付倉吏張曼、周棟。凡爲布二丈六尺①，准入米一斛三斗七升，五年十月廿日付倉吏張曼。其旱田不收錢。孰田收錢畞八十，凡爲錢□□□②，五年十一月十日付庫吏□□。嘉禾六年二月廿日，田戶曹史……

按：①據定收畞數與定額計，應收布二丈二尺。
　　②據定收畞數與定額計，應收錢八百八十錢。

5·63　灵上莄丘男子黄皆，佃田九町，凡卅一畞。其廿六畞二年常限。其十七畞旱敗不收布。其五畞餘力田，爲米二斛。定收九畞，爲米十斛八斗。凡爲米十二斛八斗，畞收布二尺。其米十二斛八斗，五年十一月五日付倉吏張曼、周棟。凡爲布二丈八尺，准入米一斛七斗三升，五年十一月六日付倉吏張曼、周棟。其旱田不收錢。孰田收錢畞八十，凡爲錢一千二百一十[1]，五年十一月十日付庫吏潘[2]。嘉禾六年二月廿日，田戶曹史張惕校。

原注：[1]按熟田畞數和收錢定額計，應收一千一百廿錢。
　　　[2]"潘"下脱名字。

5·64　灵上莄丘男子黄道，佃田三町，凡六畞，皆二年常限。其三畞旱敗不收布。定收三畞，爲米三斛六斗，畞收布二尺。其米三斛六斗，五年十一月一日付倉吏張曼、周棟。凡爲布六尺，准入米三斗六升，五年十一月一日付倉吏張曼、周棟。其旱田不收錢。孰田收錢畞八十，凡爲錢二百冊，五年十一月六日付庫吏潘慎。嘉禾六年二月廿日，田戶曹史張惕校。

5·65　灵上莋丘男子黃當，佃田六町，凡廿八畞[1]。其廿二畞二年常限。其二畞旱敗不收布。其七畞餘力田，爲米二斛八斗。定收廿畞，爲米廿四斛。凡爲米廿六斛八斗，畞收布二尺。其米廿六斛八斗，五年十一月廿一日付倉吏張曼、周棟。凡爲布一匹一丈四尺，准入米三斛三斗七升，五年十一月十日付倉吏張曼、周棟。其旱田不收錢。孰田畞收錢八十，凡爲錢二千一百六十，五年十月十日付庫吏潘慎。嘉禾六 年 二 月 廿 日，田戶曹史張 惕 校 。

原注：[1]佃田數或有誤，據收布、收錢及旱敗畞數推算，佃田數應爲廿九畞。

5·66　灵上莋丘男子張碩，佃田二町，凡五畞，皆二年常限。畞收米一斛二斗，爲米六斛，畞收布二尺。其米六斛，五年十一月十日付倉吏張曼、周棟。凡爲布一丈，准入米六斗……畞收錢八十，凡爲錢四百，五年十一月廿二日付庫吏潘慎。嘉禾六年二月廿日，田戶曹史張 惕 校 ①。

按：①據文例，《田家莂》“□□□”今補釋爲“張 惕 校 ”。

5·67　灵上莋丘男子楊馬，佃田五町，凡十八畞。其十三畞二年常限。其五畞旱敗不收布。其五畞餘力田，爲米二斛。定收八畞，爲米九斛六斗。凡爲米十一斛六斗，畞收布二尺。其米十一斛六斗，五年十一月廿日付倉吏張曼、周棟。凡爲布二丈六尺，准入米二斛一斗三升，五年十月廿日付倉吏張曼、周棟。其旱田不收錢。孰田收錢畞八十，凡爲錢一千冊，□年□□月七日付庫吏潘慎。嘉禾六年二 月 廿 日，田戶曹史張 惕 校 。

5·68　灵上莋丘男子雷崇，佃田八町，凡廿八畞。其廿畞二年常限。其十八畞旱敗不收布。其八畞餘力田，爲米三斛二斗。定收二畞，爲米二斛四斗。凡爲米五斛六斗，畞收布二尺。其米五斛六斗，五年十一月廿日付倉吏張曼、周棟。凡爲布二丈，准入米一斛二斗五升，五年十一月廿日付倉吏張曼、周棟。其旱田不收錢。孰田收錢畝八十，凡爲錢八百，五年十月廿日付庫吏潘慎。嘉禾六年二月廿日，田戶曹史張惕校。

5·69 灵上莁丘男子廖部，佃田九町，凡卅四畝，皆二年常限。其廿二畝旱敗不收布。定收十二畝，爲十四斛四斗[1]，畝收布二尺。其米十四斛四斗，五年十月廿九日付倉吏張曼、周棟。凡爲布二丈四尺，准入米一斛四斗九升，五年十一月廿日付倉吏張曼、周棟。其旱田不收錢。孰田收錢畝八十，凡爲錢九百六十，五年十月十九日付庫吏□□。嘉禾六年二月廿日，田戶曹史 張 惕 校 。

原注：[1]“爲”下脱“米”字。

5·70 灵上莁丘男子廖從，佃田廿三畝[1]，凡八十畝，皆二年常限。其五十四畝旱敗不收布。定收廿六畝，爲米卅一斛二斗，畝收布二尺。其米卅一斛二斗，五年十二月一日付倉吏張曼、周棟。凡爲布一匹二尺①，准入米三斛二斗五升，五年十一月廿九日付倉吏張曼、周棟。其旱田不收錢。孰田收錢畝八十，凡爲錢二千八十，五年十一月廿日付庫吏潘慎。嘉禾六年二月廿日，田戶曹史張惕校。

原注：[1]“畝”爲“町”字之誤。

按：①據定收畝數與定額計，應收布一匹一丈二尺。

5·71 灵上莁丘郡吏鄧苗，佃田九町，凡卅五畝。其卅畝二年常限。其十九畝旱敗不收[1]。其五畝餘力田，爲米二斛。定收十一畝，爲米十三斛二斗。凡爲米十五斛二斗，畝收布二尺。其米十五斛二斗，五年十一月廿五日付倉吏張曼、周棟。凡爲布三丈二尺，准入米二斛一斗，五年十二月廿日付倉吏張曼、周棟。其旱田不收錢。孰田收錢畝八十，凡爲錢一千四百卅[2]，五年十月廿日付庫吏潘慎。嘉禾六年二月廿日，田戶曹史張惕校。

原注：[1]“收”下脱“布”字。

[2]按熟田畝數和收錢定額計，應收一千二百八十錢。

5·72 灵上莁丘男子魯義[1]，佃田□□町，凡十八畝。其十五畝二年常限。其⃞八畝旱敗不收布①。其三畝餘力田，爲米一斛二斗。定收七畝，爲米八斛四斗。凡爲米九斛八斗[2]，畝收布二尺。其米九斛八斗，五年十一月廿日付倉吏張曼、周棟。凡爲布二丈，准入米一斛二斗五升，五年十一月廿日付倉吏張曼、周棟。其旱田不收錢。孰田收錢畝八十，凡爲錢八百，五年十月廿日付庫吏潘慎。嘉禾六年二月廿日，田戶曹史張惕校。

原注：[1]拍照時簡首已殘損，今據早期釋文録出。

[2]餘力田收米一斛二斗與定收常限田爲米八斛四斗相加當爲九斛六斗。

按：①據"二年常限"田畝數與定收田知旱田爲八畝，故《田家莂》"□"今補釋爲"八"。

5·73 灵上莈丘大女謝妾，佃田二町，凡九畝。其一畝二年常限，旱敗不收布。其八畝餘力田，爲米三斛二斗，畝收布二尺。其米三斛二斗，五年十一月廿日付倉吏張曼、周棟。凡爲布一丈六尺，准入米九斗九升，五年十一月十一日付倉吏張曼、周棟。其旱田不收錢。孰田收錢畝八十，凡爲錢六百……。嘉禾……

5·74 灵上莈丘男子轟礼①，佃田四町，凡七畝，皆二年常限。其二畝旱敗不收⃞布。定收五畝，爲米六斛，畝布二尺[1]。其米六斛，五年十一月廿日付倉吏張曼、周棟。凡一丈[2]，准入米六斗二升，五年十一月廿日付倉吏張曼、周棟。其旱田不收錢。孰田收錢畝八十，凡爲錢四百，五年十二月廿二日付庫吏潘慎。嘉禾六年二月廿日，田戶曹史張惕校。

原注：[1]"畝"下脱"收"字。

[2]"凡"下脱"爲布"二字。

按：①《田家莂》"禮"，圖版的寫法幾近於簡體的"礼"，與"禮"差別很大，故釋爲"礼"更好。今改。

5·75 灵上俗丘大女五妾，佃田九町，凡卅畝，皆二年常限。其廿畝旱敗不收布。定收十畝，爲米十二斛，畝收布二尺。其米十二斛，六年正月五日付倉吏張曼、周棟。凡爲布二丈，准入米一斛二斗五升，五年十月廿六日付倉吏張曼、周棟。其旱田不收錢。孰田收錢畝八十，凡爲錢八百，五年十月廿日付庫吏潘慎。嘉禾六年二月廿日，田戶曹史張惕校。

5·76 灵上俗丘男子五俗,佃田十四町,凡五十畮,其卌二畮二年常限。其廿畮旱敗不收布。其八畮餘力田,爲米三斛二斗。定收廿二畮,爲米廿六斛四斗。凡爲米廿九斛六斗,畮收布二尺。其米廿九斛六斗,五年十一月十日付倉吏張曼、周棟。凡爲布一匹二丈,准入米三斛七斗五升,六年正月廿日付倉吏張曼、周棟。其旱田不收錢。其孰田畮收錢八十,凡爲錢二千四百,六年正月廿日付庫吏潘慎。嘉禾六年二月廿日,田户曹史張惕校。

5·77 灵上俗丘男子五遏,佃田十三町,凡卅九畮,皆二年常限。其廿九畮旱敗不收布。定收十畮,爲米十二斛,凡爲米十二斛,畮收布二尺。其米十二斛,六年正月廿日付倉吏張曼、周棟。凡爲爲布二丈[1],准入米一斛二斗五升,六年正月八日付倉吏潘慮。其旱田不收錢。其孰田畮收錢八十,凡爲錢八百,六年正月十一日付庫吏潘慎。嘉禾六年二月廿日,田户曹史張惕校。

原注:[1]"凡"下衍"爲"字。

5·78 灵上俗丘男子文渃,佃田七町,凡十九畮,皆二年常限。畮收米一斛二斗,爲米廿三斛八斗[1],畮收布二尺。其米廿三斛八斗,五年十一月廿五日付倉吏張曼、周棟。凡爲布三丈八尺,准入米二斛二斗八升,五年十一月廿日付倉吏張曼、周棟。畮收錢八十,凡爲錢一千五百廿,五年十一月廿日付庫吏潘慎。嘉禾六年二月廿日,田户曹史張惕校。

原注:[1]按定收畮數和收米定額計,應爲米廿二斛八斗。

5·79 灵上俗丘男子朱倉,佃田九町,凡卅一畮,皆二年常限。其廿一畮旱敗不收布。定收十畮,爲米十二斛,畮收布二尺。其米十二斛,五年十二月十九日付倉吏張曼、周棟。凡爲布二丈,准入米六斗三升,五年十一月一日付倉吏張曼、周棟。其旱田不收錢。孰田收錢畮八十,凡爲錢八百,五年十月五日付庫吏潘□。嘉禾六年二月廿日,田户曹史張惕校。

5·80 灵上俗丘男子朱得,佃田六町,凡十八畮,皆二年常限。其十一

畝旱敗不收布。定收七畝，爲米八斛四斗，畝收布二尺。其米
八斛四斗，五年十二月三日付倉吏張曼、周棟。凡爲布一丈四
尺，准入米八斗九升，五年十一月廿九日付倉吏張曼、周棟。其
旱田不收布[1]。孰田收錢畝八十，凡爲錢五百六十，五年十一
月一日付庫吏潘慎畢。嘉禾六年二月廿日，田戶曹史張惕校。

原注：[1]"布"爲"錢"之誤。

5·81　苓上俗丘男子向碩，佃九町，凡廿四畝。皆二年常限。其十九
畝旱敗不收布。定收五畝，爲米六斛，畝收布二尺。其米六
斛，……付倉吏張曼、周棟。凡爲布一丈，准入米六斗三升，五
年十一月四日付倉吏張曼、周棟。其旱田不收錢。孰田收錢
畝八十，凡爲錢四百▢嘉禾六▢

5·82　苓上俗丘男子何著，佃田十町，凡廿七畝。其廿三畝二年常
限。其十四畝旱敗不收布。其四畝餘力田，爲米一斛六斗，定
收九畝，爲米十斛八斗，凡爲米十二斛四斗，畝收布二尺。其
米十二斛四斗，五年十一月七日付倉吏張曼、周棟。凡爲布二
丈六尺，准入米一斛六斗七升，五年十一月七日付倉吏張曼、
周棟。其旱田不收錢。其孰田畝收錢八十，凡爲錢一千冊，五
年十一月六日付庫吏潘有。嘉禾六年二月廿日，田戶曹史張
惕校。

5·83　苓上俗丘男子何經，佃田廿町，凡一頃廿三畝。其一頃三畝二
年常限。其六十畝旱敗不收布。其廿畝餘力田，爲米八斛。
定收冊三畝，爲米五十一斛六斗。凡爲米五十九斛六斗，畝收
布二尺。其米五十九斛六斗，六年正月廿日付倉吏張曼、周
棟。凡爲布三匹六尺，准入米七斛九斗一升，六年正月▢日付
倉吏張曼、周棟。其旱田不收錢。其孰田畝收錢八十，凡爲錢
五千冊，六年正月十一日付庫吏潘慎。嘉禾六年二月廿日，田
戶曹史張惕校。

5·84　苓上俗丘男子何練，佃田八町，凡七十畝，皆二年常限。其卅畝
旱敗不收布。定收卌畝，爲米卌斛[1]，畝收布二尺。其米卌八

斛,五年十一月廿三日付倉吏張曼、周棟。凡爲布二匹,准入米五斛,五年十一月廿五日付倉吏張曼、周棟。其旱田不收錢。孰田收錢畝八十,凡爲錢三千二百,五年十二月廿四日付庫吏潘□。嘉禾六年二月廿日,田戶曹史張惕校。

原注:[1]據後文"其米卅八斛",此處"卅"下脱"八"字。

5·85 靈上俗丘男子林彦,佃田二町,凡五畝,皆二年常限。畝收米一斛二斗,爲米六斛,畝收布二尺。其米六斛,五年十一月廿日付倉吏張曼、周棟。凡爲一丈[1],准入米六斗三升,五年十一月廿二日付倉吏張曼、周棟。畝收錢八十,凡爲錢四百,五年十一月廿三日付庫吏潘慎、潘宗。嘉禾六年二月廿日,田戶曹史張惕校。

原注:[1]"爲"下脱"布"字。

5·86 靈上俗丘男子林倉,佃田七町,凡卅六畝。其卅一畝皆二年常限。其十七畝旱敗不收布。其五畝餘力田,爲米二斛。定收十四畝,爲米十六斛八斗,凡爲米十八斛八斗,畝收布二尺。其米十八斛八斗,五年十一月廿六日付倉吏張曼、周棟。凡爲布三丈八尺,准入米二斛三斗八升,五年十一月廿六日付倉吏張曼、周棟。其旱田不收錢。孰田收錢畝八十,凡爲錢……①五年十一月廿日付庫吏□□。嘉禾六年二月廿日,田戶曹史張惕校。

按:①據定收畝數與定額計,應收錢一千五百廿錢。

5·87 靈上俗丘男子林賣,佃田十五町,凡卅六畝。其卅一畝二年常限。其廿四畝旱敗不收布。其五畝餘力田,爲米二斛。定收十七畝,爲米廿斛四斗。凡爲廿二斛四斗[1],畝收布二尺。其米廿二斛四斗,五年十一月十八日付倉吏張曼、周棟。凡爲布一匹四尺,准入米二斛七斗四升,五年十一月廿九日付倉吏張曼、周棟。其旱田不收錢。孰田收錢畝八十,凡爲錢一千七百六十,五年十一月廿日付庫吏潘慎。嘉禾六年二月廿日,田戶曹史張惕校。

原注:[1]"爲"下脱"米"字。

5·88 灵上俗丘男子周興,佃田八町,凡卅七畞。皆二年常限。其一
畞旱敗不收布。定收卅六畞,爲米卅三斛二斗,畞收布二尺。
其米卅三斛二斗,五年十月廿一日付倉吏張曼、周棟。凡爲布
一匹三丈二尺,准入米四斛五斗二升,五年十一月廿日付倉吏
張曼、周棟。其旱田不收錢。孰田收錢畞八十,凡爲錢二千
八百八十,五年十月……。嘉禾六年二月廿日,田戶曹史張
惕校。

5·89 灵上俗丘男子胡市,佃田八町,凡廿八畞。其廿三畞二年常
限。其十六畞旱敗不收布。其五畞餘力田,爲米二斛。定收
七畞,爲米八斛四斗。凡爲米十斛四斗,畞收布二尺。其米十
斛四斗,五年十一月廿一日付倉吏張曼、周棟。凡爲布二丈四
尺,准入米一斛四斗九升,五年十一月廿八日付倉吏張曼、周
棟。其旱田不收錢。孰田收錢畞八十,凡爲錢九百六十,五
年十月廿八日付庫吏潘慎。嘉禾六年二月廿日,田戶曹史張
惕校。

5·90 灵上俗丘男子烝岁,佃田三町,凡八畞,皆二年常限。其一畞旱
敗不收布。定收七畞,爲米八斛四斗,畞爲布二尺①。其米八斛
四斗,五年十一月十日付倉吏張曼、周棟。凡爲布一丈四尺,准
入米八斗七升,五年十一月十四日付倉吏張曼、周棟。其旱田
不收錢。孰田收錢畞八十,凡爲錢五百六十,五年十一月六日
付庫吏潘慎。嘉禾六年二月廿日,田戶曹史張惕校。

按:①據文例,"爲"爲"收"字之誤。

5·91 灵上俗丘男子烝龗,佃田三町,凡十畞,皆二年常限。畞收米一
斛二斗,爲米十二斛,畞收布二尺。其米十二斛,五年十二月
六日付倉吏張曼、周棟。凡爲布二丈,准入米一斛二斗五升,
五年十一月廿日付倉吏張曼、周棟。畞收錢八十,凡爲錢八
百,五年十月廿三日付庫吏潘慎。嘉禾六年二月廿日,田……

5·92 灵上俗丘男子黃政,佃田九町,凡廿五畞。其十七畞二年常
限。其十三畞旱敗不收布[1]。其八畞餘力田,爲米三斛二斗。

定收五畞，爲米六斛。凡爲米九斛二斗，畞收布二尺。其米九斛二斗，五年十一月十日付倉吏張曼、周棟。凡爲布二丈六尺，准入米一斛七斗，六年正月九日十日付倉吏潘廬[2]。其旱田不收錢。其孰田畞收錢八十，凡爲錢一千卅[3]，六年正月廿日付庫吏潘慎。嘉禾六年二月廿日，田户曹史張惕校。

原注：[1]按定收、餘力田畞數與佃田畞數之比推算，旱敗之畞數當爲十二畞。

[2]"九日"及"十日"中當有一爲衍文。

[3]按熟田畞數和收錢定額計，應收一千卅錢。

5·93 灵上俗丘男子張民，佃田十一畞[1]，凡卅畞，皆二年常限。其廿一畞旱敗不收布。定收十九畞，爲米廿二斛八斗，畞收布二尺。其米廿二斛八斗，五年十月廿五日付倉吏張曼、周棟。凡爲布三丈八尺，准入米二斛二斗九升，五年十月廿五日付倉吏張曼、周棟。其旱田不收錢。孰田收錢畞八十，凡爲錢一千五百廿，五年十二月六日付庫吏潘慎。嘉禾六年二月廿日，田户曹史張惕校。

原注：[1]"畞"當爲"町"之誤。

5·94 灵上俗丘男子張谷，佃田四町，凡十七畞。其十一畞二年常限。其一畞旱敗不收布。其六畞餘力田，爲米二斛四斗。定收十畞，爲米十二斛。凡爲米十四斛四斗，畞爲布二尺①。其米十四斛八斗[1]，五年十一月廿日付倉吏張曼、周棟。凡爲布三丈二尺，准入米二斛二升，五年十一月廿日付倉吏張曼、周棟。其旱田不收錢。孰田收錢畞八十，凡爲錢一千二百八十，六年正月十五日付庫吏潘慎。嘉禾六年二月廿日，田户曹史張惕校。

原注：[1]"八"爲"四"之誤。

按：①據文例，"爲"爲"收"字之誤。

5·95 灵上俗丘男子張囝，佃田十三町，凡五十二畞。其卅七畞二年常限。其卅六畞旱敗不收布。其五畞餘力田，爲米二斛。定收十一畞，爲米十三斛二斗。凡爲米十五斛二斗，畞收布二尺。其米十五斛二斗，六年正月廿日付倉吏張曼、周棟。凡爲布三丈二尺,五年九月七日付庫吏潘有。其旱田不收錢。孰田畝收錢八十,凡爲錢一千二百八十,五年十一月九日付庫吏□□。嘉禾六年二月廿日,田户曹史張惕校。

5·96　灵上俗丘男子張竟,佃田十三町,凡七十二畝。皆二年常限。其卅九畝旱敗不收布。定收廿三畝,爲米廿七斛六斗,畝收布二尺。其米廿七斛六斗,五年十二月十五日付倉吏張曼、周棟。凡爲布一匹六尺,准入米二斛八斗六升,五年十一月十六日付倉吏張曼、周棟。其旱田不收錢。孰田收錢畝八十,凡爲錢一千八百卅,五年十一月廿一日付庫吏潘慎。嘉禾六年二月廿日,田户曹史張 惕 校 ①。

按:①據文例,《田家莂》"□□"今補釋爲" 惕 校"。

5·97　灵上俗丘男子張買,佃田四町,凡五畝,皆二年常限。其一畝旱敗不收布。定收四畝,爲米四斛八斗,凡爲米四斛八斗,畝收布二尺[1]。凡爲布八尺,准入米五斗一升,六年正月廿日付倉吏張曼、周棟。其旱畝不收錢。孰田畝收錢八十,凡爲錢三百廿,五年九月八日付庫吏潘有。嘉禾六年二月廿日,田户曹史張惕校。

原注:[1]此處脱繳米於倉的文字。

5·98　灵上俗丘男子張增,佃田十町,凡卅三畝。其卅八畝二年常限。其廿九畝旱敗不收布。其五畝餘力田,爲米二斛。定收九畝,爲米十斛八斗。凡爲米十二斛八斗,畝收布二尺。其米十二斛八斗,六年正月十九日付倉吏張曼、周棟。凡爲二丈八尺[1],准入米一斛八斗二升[2]。其旱田不收錢。其孰田畝收錢八十,凡爲錢一千一百廿,五年十一月付庫吏潘慎[3]。嘉禾六年二月廿日,田户曹史張惕校。

原注:[1]"爲"下脱"布"字。
　　[2]此句下脱繳糧於倉的文字。
　　[3]"月"下脱日序。

5·99　灵上俗丘男子張□,佃田七町,凡卅三畝,皆二年常限。其十九畝旱敗不收布。定收十四畝，爲米十六斛八斗，畝收布二尺。其米十六斛八斗，五年十二月□日付倉吏張曼、周棟。爲布二丈八尺，准入米一斛七斗二升，六年正月廿付倉吏張曼、周棟[1]。其旱田不收錢。孰田畝收錢八十，凡爲錢一千一百廿，六年正月十九日付庫吏潘慎。嘉禾六年二月廿日，田曹史張 惕 校①。

原注：[1]"廿"下脱"日"字。

按：①據文例，"田"後脱"户"字；《田家莂》"□□"今補釋爲" 惕 校"。

5·100 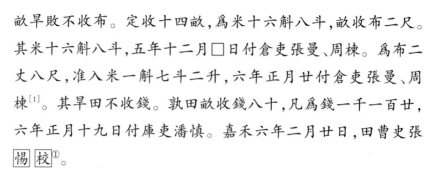　上俗丘男子許 **羿**①，佃田十一町，凡卌二畝。其 卅 七 畝 二 年 常 限②。其廿三畝旱敗不收布。其五畝餘力田，爲米二斛。定收十四畝，爲米十六斛八斗。凡爲米十八斛八斗，畝收布二尺。其米十八斛八斗，六年正月十九日付倉吏張曼、周棟。凡爲布三丈八尺，准入米二斛三斗八升，六年正月十七日付倉吏潘慮。 其 旱 田 不 收 錢③。其孰田畝收錢八十，凡爲錢一千五百廿，六年正月六日付庫吏□□。嘉禾六年二月廿日，田户曹史張惕校。

按：①《田家莂》" **羿** "，圖版作" ▓ "。王保成《三國吴簡文字研究》認爲是"挃"字。
②據旱田、熟田畝數可推知"二年常限"田爲卅七畝，據佃田總數與餘力田畝數亦可推知"二年常限"田爲卅七畝，故《田家莂》"……"今補釋爲" 卅 七 畝 二 年 常 限 "。
③據文例，《田家莂》"……"今補釋爲" 其 旱 田 不 收 錢 "。

5·101 　上俗丘男子蔡健，佃田五町，凡十二畝，皆二年常限。其三畝旱敗不收布。定收九畝，爲米十斛八斗。凡爲米十斛八斗，畝收布二尺。其十斛八斗[1]，五年十一月九日付倉吏張曼、周棟。凡爲布一丈八尺，准入米一斛一斗七升，六年正月廿日付倉吏張曼、周棟。其旱田不收錢。其孰田畝收錢八十，凡爲錢七百廿，六年正月廿日付庫吏潘慎。嘉禾六年二月廿日，田户曹史張 惕 校①。

原注：[1]"其"下脱"米"字。

按：①據文例，《田家莂》"□□"今補釋爲" 惕 校 "。

5·102　灵上俗丘男子廖頭，佃田二町，凡二畞，皆二年常限。畞收米
一斛二斗，爲米二斛四斗，畞收布二尺。其米二斛四斗，五年
十一月七日付倉吏張曼、周棟。凡爲布四尺，五年九月七日
付庫吏潘有。其旱田不收錢。其孰田畞收錢八十，凡爲錢一
百六十，五年九月卅日付庫吏潘有。嘉禾六年二月廿日，田
户曹史張惕校。

5·103　灵上俗丘男鄧即，佃田五町[1]，凡卅一畞。其廿六畞二年常
限。其十九畞旱敗不收布。其五畞餘力田，爲米二斛。定收
七畞，爲米八斛四斗。凡爲米十斛四斗，畞收布二尺。其米
十斛四斗，六年正月廿日付倉吏張曼、周棟。凡爲布二丈四
尺，准入米一斛五斗一升，六年正月十九日付倉吏潘慮。其
旱田不收錢。其孰田畞收錢[2]，凡爲錢九百六十，五年十一月
七日付庫吏潘有。嘉禾六年二月廿日，田户曹吏張惕校①。

原注：[1]“男”下脱“子”字。

　　　[2]“錢”下脱“八十”二字。

按：①據文例，“吏”當爲“史”字。

5·104　灵上俗丘大女劉妾，佃田三町，凡廿五畞。其廿畞二年常限。
其九畞旱敗不收布。其五畞餘力田，爲米二斛。定收十一
畞，爲米十三斛二斗。凡爲米十五斛二斗，畞收布二尺。其
米十五斛二斗，五年十一月九日付倉吏張曼、周棟。凡爲布
三丈二尺，准米二斛二斗三升[1]，五年十二月八日付倉吏張
曼、周棟。其旱田不收錢。其孰田畞收錢八十，凡爲錢一千
二百八十，六年正月廿日付庫吏潘慎。嘉禾六年二月廿日，
田户史張惕校[2]。

原注：[1]“准”下脱“入”字。①

　　　[2]“户”下脱“曹”字。

按：①據文例，布折合爲米、錢折合爲米，既可稱爲“准入米”，又可稱爲“准米”，此處
　　或本即“准米”。

5·105　灵上谷丘男子馬衛[1]，佃田□□町，凡一頃卅九畞，皆二年常
限。其八畞旱敗不收布。定收一頃卅一畞，爲米一百五十七
斛二斗，畞收布二尺。其米一百五十七斛二斗，五年十一月

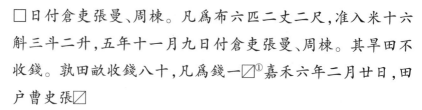

□日付倉吏張曼、周棟。凡爲布六匹二丈二尺,准入米十六斛三斗二升,五年十一月九日付倉吏張曼、周棟。其旱田不收錢。孰田畝收錢八十,凡爲錢一□[1]嘉禾六年二月廿日,田户曹史張□

原注:[1]"谷"通"俗",故置於"上俗丘"後。

按:①據定收畝數與定額計,應收錢一萬四百八十錢。

5·106 灵小赤丘男子應林,佃田二町,合十畝,皆二年常限。畝收米一斛二斗,凡爲米十二斛,畝收布二尺,凡爲布十丈[1],六年正月□☑

原注:[1]按定收畝數和收布定額計,應收布二丈。

5·107 灵夫丘男子李足,佃田十町,凡廿畝,皆二年常限。畝收米一斛二斗,凡爲米廿四斛,畝收布二尺。其米廿四斛,五年十二月十日付三州掾孫儀。凡爲布一匹,准入米二斛五斗,五年十一月八日付三州掾孫儀。畝收錢八十,凡爲錢一千六百,准入米一斛四斗,五年十二月九日付三州掾孫儀。嘉禾六年二月廿日,田户曹史張惕、趙野校。

5·108 灵夫丘男子李息,佃田廿町,凡卅六畝,皆二年常限。其一畝旱不收布。定收卅五畝,爲米五十四斛,收布二尺[1]。其米五十四斛,六年二月六日付掾孫儀。凡爲布二匹一丈,准入米□斛六斗二升,六年二月十日付掾孫儀。其旱田不收錢。其孰田畝收錢八十,凡爲錢三千六百,准入米三斛二斗,六年□月□日……。嘉禾六年二月廿日,田户曹史張惕、趙野校。

原注:[1]"收"前脱"畝"字。

5·109 灵夫丘男子何禮,佃田卅町,凡五十畝,皆二年常限。畝收米一斛二斗,凡爲米六十斛,收布二尺[1]。其米六十斛,六年二月十日付掾孫儀。凡爲布二匹二丈,准入米六斛五斗二升……☑……畝收錢八十,凡爲錢四□[1]

原注:[1]"收"前脱"畝"字。

按:①據定收畝數與定額計,應收錢四千錢。

5·110 灵夫丘男子烝完,佃田十町,凡十八畝,皆二年常限。其一畝旱敗不收布。定收十七畝,爲米廿斛四斗,畝收布二尺。其米廿斛四斗,五年十二月七日付三州掾孫儀。凡爲布三丈四尺,准入米二斛五升,五年十二月廿日付三州掾孫儀。其旱畝不收錢。其孰田畝收錢八十,凡爲錢一千三百六十,准入米一斛一斗,五年十二月廿六日付三州掾孫儀。嘉禾六年二月廿日,田戶曹史張惕、趙野校。

5·111 灵夫丘男子烝緷[1],佃田二町,凡二畝,皆二年常限。爲米二斛四[1],畝收布二尺。其米二斛四斗,五年十二月□日付三州掾孫儀。凡爲布四尺,准入米二斗四升,五年十一月二日付三州掾孫儀。畝收錢八十,凡爲錢一百六十,准入米一斗五升,五年十二月六日付三州掾孫儀畢。嘉禾六年二月廿日,田戶曹史張惕、趙野校。

原注:[1]"二斛四"下脱"斗"字。

按:①緷,音yùn。《説文·糸部》:"緷,緯也。从糸,軍聲。"

5·112 灵夫丘男子曹仙,佃田廿町,凡卅六畝,皆二年常限。其二畝旱不收布。定收卅四畝,爲米卅斛八斗,畝收布二尺。其米卅斛八斗,五年十二月十六日付掾孫儀。凡爲布一匹二丈八尺,准入米……五年十二月十八日付掾孫儀。其旱田不收錢。其孰田畝收錢八十,凡爲錢二千七百廿①,准入米二斛四斗,五年十二月十三日付掾孫儀。……

按:①據定收畝數與定額計,應收錢二千七百廿錢。故據文例,《田家莂》"……"今補釋爲"十,凡爲錢"。

5·113 灵夫丘男黃緷[1],佃田十町,凡八畝,皆二年常限。畝收米一斛二斗,凡爲米九斛二斗[2],收布二尺①。其米九斛二斗,六年二月一日付掾孫儀。凡爲布一丈六尺,准入米九斗八升二合,六年二月一日付倉吏郭勳、馬欽。畝收錢八十,凡爲錢六百卌,准入米五斗六升,六年二月一日付掾孫儀。嘉禾六年二月廿日,田戶曹史張惕、趙野校。

原注:[1]"男"下脱"子"字。

[2]按佃田畞數與收米定額計,應收米九斛六斗。

按:①據文例,"收"前脱"畞"字。

5·114 灵夫丘郡吏區碩,佃田三町,凡六畞,皆二年常限。其五畞旱
不收布。定收一畞,爲米一斛二斗。畞收布二尺,准入米一
斗三升,五年十二月廿一日付吏孫儀畢。其米一斛二斗,五
年十二月七日付吏孫儀畢。其旱田不收錢。其孰田畞收錢
八十,凡爲錢八十,准入米六升,五年十二月廿八日付吏孫儀
畢。嘉禾六年二月廿日,田戶曹史張惕、趙野校。

5·115 灵夫丘大女謝迖①,佃田一百一十町,凡一頃一十一畞一百廿
步,皆二年常限②。其卅三畞旱不收布④。定收七十
八畞一百廿步③,爲米九十四斛二斗,畞收布二尺。其米九十
四斛二斗,五年十二月六日付掾孫儀。凡爲布三匹三丈七
尺⑤,准入米九斛九斗九升,五年十二月廿八日付掾孫儀。其
孰田畞收錢八十,……⑥五年……。嘉禾六年二月廿日,田戶
曹史張惕、趙野校。

按:①據圖版,"女"前有一"大"字,圖版很清晰,《田家莂》脱,今補。
　②據文例,《田家莂》"□"今補釋爲"皆"。
　③據收米數、收布數與定額可推知,定收爲七十八畞一百廿步,故《田家莂》"□
　□□"今補釋爲"七十八"。
　④據佃田總數及定收田數可推知旱田爲卅三畞。據文例,《田家莂》"……"今補
　釋爲"卅三畞旱不收布"。
　⑤據文例,《田家莂》"□"今補釋爲"凡"。
　⑥據定收畞數與定額計,應收錢六千二百八十錢。

5·116 灵夫丘男子謝經,佃田廿一町,凡卅二畞,皆二年常限。畞收
米一斛二斗,凡爲米五十斛四斗,收布二尺[1]。其米五十斛四
斗,六年二月一日付掾孫儀。凡爲布二匹四尺,准入米六斛
二斗四升,六年二月廿日付掾孫儀。畞收錢八十,凡爲三千
三百六十[2],准入米三斛四升,六年二月十八日付掾孫儀。嘉
禾二月廿日[3],田戶曹史張惕、趙野校。

原注:[1]"收"前脱"畞"字。
　　[2]"爲"下脱"錢"字。

[3]"嘉禾"下脱"六年"二字。

5·117 　丟夫丘男子□□，佃田十町，凡十八畝，皆二年常限。畝收米一斛二斗，凡爲米廿一斛六斗，畝收布二尺。其米廿一斛六斗，五年十一月五日付三州掾孫儀。凡爲布三丈六尺，准入米二斛三斗，五年十一月十日付三州掾孫儀。畝收錢八十，凡爲錢一千四百卅，准入米一斛三斗，五年十一月十日付三州掾孫儀畢。嘉禾六年二月廿日，田戶曹史張惕、趙野校。

5·118 　丟巴丘男子李奇，佃田三町，凡五畝六十步，皆二年常限。其五畝旱畝不收布[1]。定收六十步，爲米三斗，五年十二月廿日付倉吏張曼、周棟。凡爲布五寸，准入米二升，五年十一月十八日付倉吏張曼、周棟。其旱田畝不收錢。其孰田畝收錢八十，凡爲錢卅[2]，五年十二月廿日付庫吏潘慎、潘宗畢。嘉禾六年二月廿日，田戶曹史張惕、趙野校。

按：[1]據圖版，《田家莂》"旱敗"之"敗"當爲"畝"字，圖版此字寫法與"五畝"之"畝"字寫法相同。今改。

[2]據定收畝數與定額計，應收錢廿錢。

5·119 　丟芳丘男子吳蘭[1]，佃田三町，凡卅一畝一百六十步，皆二年常限。其十六畝百六十步旱敗不收布。定收十五畝，爲米十八斛，畝收布二尺。其米十八斛，六年正月廿日付倉吏孫義[2]。凡爲布三丈，准入米一斛九斗，五年十一月九日付倉吏張曼、周棟。其旱田不收錢。孰田畝收錢八十，凡爲錢一千二百，六年正月廿七日付庫吏潘慎。嘉禾六年二月廿日，田戶曹史張惕校。

按：[1]芳，音lè。《玉篇·艸部》："芳，蘿芳，香菜，亦云胡荽屬。"《廣韻·德韻》："芳，蘿芳，香草。"

[2]據圖版，《田家莂》"儀"應爲"義"，今改。

5·120 　丟芳丘男子廖黨，佃田四町，凡十五畝二百廿步，皆二年常限。其十畝二百廿步旱敗不收布。定收五畝，爲米六斛，畝收布二尺。其米六斛，六年正月七日付倉吏孫義[1]。凡爲布一丈，准入米六斗三升，五年十一月九日付倉吏張曼。其旱田不收錢。孰田畝收錢八十,凡爲錢四百,五年十一月廿日付庫吏潘慎。嘉禾六年二月廿日,田戶曹史張惕校。

按:①據圖版,《田家莂》"儀"應爲"義",今改。

5·121 嵐芳丘男子謝棑^①,佃田廿二町,凡五十二畝百七十步,皆二年常限。其四畝百七十步旱敗不收布。定收卅八畝,爲米五十七斛六斗,畝收布二尺。其米五十七斛六斗,五年十一月廿日付倉吏張曼、周棟。凡爲布二匹一丈六尺,准入米六斛,五年十一月九日付倉吏張曼、周棟。其旱田不收錢。孰田畝收錢八十,凡爲錢三千八百卌,五年十一月廿日付庫吏潘慎。嘉禾六年二月廿日,田戶曹史張惕校。

按:①棑,音pái。《玉篇·木部》:"棑,船後棑木也。"

5·122 嵐平丘軍吏陳勗^①,佃田五町,凡十四畝,皆二年常限。其九畝旱不收布。定收五畝,爲米六斛,畝收布二尺。其米六斛,五年十二月□日付倉吏張曼、周棟畢。凡爲布一丈,准入米六斗二升,五年十二月十七日付吏孫儀畢。其旱不收錢。其孰田畝收錢八十,凡爲錢四百,五年十二月十日付庫吏番慎、番宗。嘉禾……,田戶曹……

按:①勗,音xù。《玉篇·力部》:"勗,勉也。《書》曰:'勗哉夫子。'"《字彙·力部》:"勗,同勖。俗字。"

5·123 嵐平支丘男子朱鷩,佃田十五町,凡十三畝一百廿步,皆二年常限。其十一畝二百廿步旱敗不收布。定收一畝一百卌步,爲米一斛九斗,畝收布二尺。其米一斛九斗,五年十月十日付倉吏張曼、周棟。凡爲布二尺^{[1]①},五年十二月二日付庫吏潘慎。其旱田不收錢。孰田畝收錢八十,凡爲錢八十^{[2]②},五年十一月□日付庫吏潘慎。嘉禾六年二月廿日,田戶曹史張惕校。

原注:[1]"凡爲布二尺"僅合定收一畝收布數。
　　　[2]"凡爲錢八十"僅合熟田一畝收錢數。
按:①據定收畝數與定額計,應收布三尺一寸六分。
　　②據定收畝數與定額計,應收錢一百廿六錢。

5·124 灵平烝丘男子烝囷，佃田十一町，凡廿五畝二百一十步，皆二年常限。其三畝二百一十步旱敗不收布。定收廿二畝，爲米廿六斛二斗①，畝收布二尺。其米廿六斛二斗，五年十月廿日付倉吏張曼、周棟。凡爲布一匹四尺，准入米二斛七斗五升，五年九月廿日付倉吏張曼、周棟。其旱田不收布[1]。孰田畝收錢八十，凡爲錢一千七百六十，五年十月廿日付庫吏潘慎。嘉禾六年二月廿日，田户曹史張惕校。

原注：[1]"布"當爲"錢"之誤。

按：①據定收畝數與定額計，應收米廿六斛四斗。

5·125 灵平烝丘男子烝若，佃田十四町，凡十九畝七十步，皆二年常限。其二畝旱敗不收布。定收十七畝七十步，爲米廿斛七斗①，畝收布二尺。其米廿斛七斗，五年十一月五日付倉吏張曼、周棟。凡爲布……②，五年十一月□日付庫吏潘慎。其旱田不收錢。孰田畝收錢八十，凡爲錢一千三百八十③，五年九月十日付庫吏潘有。嘉禾六年二月廿日，田户曹史張惕校。

按：①據定收畝數與定額計，應收米廿斛七斗五升。
　　②據定收畝數與定額計，應收布三丈四尺五寸八分。
　　③據定收畝數與定額計，應收錢一千三百八十三錢，簡文捨去尾數"三"。

5·126 灵平烝丘男子烝差，佃田六町，凡廿九畝二百廿步，皆二年常限。其九畝二百廿步 旱 敗 不收布①。定收廿畝，爲米 廿 四 斛 ②，畝收布二尺。其米廿四斛，六年□月廿日付倉吏孫義③。爲布一匹，准入米二斛五斗，六年正月□日付倉吏潘慮。其旱田不收錢。其孰田畝收錢八十，凡爲錢一千六百，五年十一月九日付庫吏潘慎。嘉禾六年二月廿日，田户曹史張惕□

按：①據文例，《田家莂》"□□"今補釋爲" 旱 敗 "。
　　②據定收畝數與定額及下文知，應收米廿四斛，故《田家莂》"□□□"今補釋爲" 廿 四 斛 "。
　　③據圖版，《田家莂》"儀"應爲"義"，今改。

5·127 灵平烝丘男子烝特，佃田八町，凡十八畝二百一十步，皆二年常限。其十四畝十步旱敗不收布。定收四畝二百步，爲米五斛八斗,畝收二尺^[1]。其米五斛八斗,五年十一月廿日付倉吏張曼、周棟。凡爲米九尺^[2]①,准入米五斗六升,五年十一月廿日付倉吏張曼、周棟。其旱田不收錢。孰田畝收錢八十,凡爲錢三百七十②,五年十一月十日付庫吏潘慎。嘉禾六年二月廿日,田户曹史張惕校。

原注:[1]"收"下脱"布"字。

　　　[2]"米"當爲"布"字之誤。

按:①據定收畝數與定額計,應收布九尺六寸七分。

　　②據定收畝數與定額計,應收錢三百八十七錢。

5·128 靈平攴丘男子烝碩,佃田十四町,凡廿二畝二百一十步,皆二年常限,旱敗不收錢布。嘉禾六年二月廿日,田户曹史張惕校。

5·129 靈平攴丘男子黄林,佃田九町,凡卅二畝七十步,皆二年常限。其十一畝七十步旱敗不收布。定收廿一畝,爲米廿五斛二斗,畝收布二尺。其米廿五斛二斗,五年十月廿日付倉吏張曼、周棟。凡爲布一匹二尺,准入米二斛五斗九升,五年十月廿日付倉吏張曼、周棟。其旱田不收錢。孰田畝收錢八十,凡爲錢一千六百八十,五年十一月九日付庫吏潘慎。嘉禾六年二月廿日,田户曹史張惕校。

5·130 靈平攴丘男子張生,佃田十五町,凡廿七畝一百八十步,皆二年常限。其十畝一百六十步旱敗不收布。定收十七畝廿步,爲米廿斛五斗,畝收布二尺。其米廿斛五斗,五年十一月十日付倉吏張曼、周棟。凡爲布三丈四尺①,五年十二月十日付庫吏潘慎。其旱田不收錢。孰田畝收錢八十,凡爲錢一千三百七十②,五年十月十日付庫吏潘有。嘉禾六年二月廿日,田户曹史張惕校。

按:①據定收畝數與定額計,應收布三丈四尺一寸七分,簡文未計算"廿步"應收布數。

　　②據定收畝數與定額計,應收錢一千三百六十七錢,簡文可能個位數四捨五入了。

5·131 靈平攴丘大女楊妾,佃田八町,凡廿畝百七十步,皆二年常限。其十一畝百七十步旱敗不收布。定收九畝,爲米十斛八斗,畝收布二尺。其米十斛八斗,五年十月十七日付倉吏張曼、周棟。凡爲布一丈八尺,五年十月七日付庫吏潘慎。其旱田不收錢。孰田畝收錢八十,凡爲錢七百廿,五年十月廿日付庫吏潘慎。嘉禾六年二月廿日,田戶曹史張惕校。

5·132 靈平叐丘男子鄭租,佃田四町,凡九畝一十步,皆二年常限。其五畝一十步旱敗不收布。定收四畝,爲米四斛八斗,畝收布二尺。其米四斛八斗,五年十一月九日付倉吏張曼、周棟。凡爲布八尺,准入米五斗,五年十月廿日付倉吏張曼、周棟。其旱田不收錢。其孰田畝收錢八十,凡爲錢三百廿,五年十一月廿日付庫吏潘慎。嘉禾六年二月廿日,田戶曹史張惕校。

5·133 靈平叐丘男子劉方,佃田八町,凡廿八畝一百卌步,皆二年常限。其十一畝九十步旱敗不收布。定收十七畝五十步,爲米廿斛六斗五升,畝收布二尺。其米廿斛六斗[1],五年十一月十日付倉吏張曼、周棟。凡爲布三丈□尺①,五年□月廿日付庫吏潘有。其旱田不收錢。孰田畝收錢八十,凡爲錢一千三百七十②,五年十一月□日付庫吏潘慎、潘□。嘉禾六年二月廿日,田戶曹史張惕校。

原注:[1]據前文"爲米廿斛六斗五升",知此處"六斗"下脱"五升"二字。

按:①據定收畝數與定額計,應收布三丈四尺四寸二分。

②據定收畝數與定額計,應收錢一千三百七十七錢。

5·134 靈平叐丘大女謝丞,佃田十二町,凡廿五畝七十步①,皆二年常限。其廿畝八十步旱敗不收布。定收四畝二百步,爲米五斛八斗,畝收布二尺。其米五斛八斗,五年十月三日付倉吏張曼、周棟。凡爲布九尺②,准入米五斗六升,五年十一月十日付倉吏張曼、周棟。其旱田不收錢。孰田畝收錢八十,凡爲錢三百七十[1],五年十一月十日付庫吏潘慎。嘉禾六年二月廿日,田戶曹史張惕校。

原注:[1]按熟田畝數和收錢定額計,應收三百八十七錢。

按:①佃田總數與旱田、熟田畝數不合。據旱田、熟田畝數,佃田數應爲廿五畝卌步。

②據定收畝數與定額計,應收布九尺六寸六分。

5·135 灵平眺丘男子黄欽,佃田六町,凡卌八畝,皆二年常限。其卌二畝旱敗不收布。定收一十六畝,爲米十九斛二斗,畝收布二尺。其米十九斛二斗,五年十一月廿二日付倉吏張曼、周棟畢。凡爲布三丈二尺,五年十二月十日付倉吏張曼[1]、周棟畢。其旱畝不收錢。其孰田畝收錢八十,凡爲[2]……潘慎、潘宗畢。嘉禾六年二月廿日,田户曹史張惕、趙野校。

按:①據文例,"五年"前當脱有關准入米的文字。

②據定收畝數與定額計,應收錢一千二百八十錢。

5·136 灵平陽丘男子呂旮,佃田七町[1],凡七畝,皆二年常限。其五畝百廿步旱不收布。定收一畝百廿步,爲米一斛八斗,畝布二尺[1]。其米一斛八斗,五年十一月十一日付吏孫儀畢。凡爲布三尺,准入米一斗八升,五年十一月三日付吏孫儀。其旱田不收錢。其孰田畝收錢八十,凡爲錢一百廿,准入米九斗[2],五年十一月十二日付吏孫儀畢。嘉禾六年二月廿日,田户曹史張惕、趙野校。

原注:[1]"畝"下或脱"收"字。

按:①據田家莂的行文格式,佃户名字之後交代佃田的情況,《田家莂》作"□佃田"與文例不符。"□"應上屬於佃户名字的一部分,然而田家莂佃户的名字均爲單名,故疑"□"應和上面的"兄"共同構成一個字。查圖版"□"當爲"目",圖版作"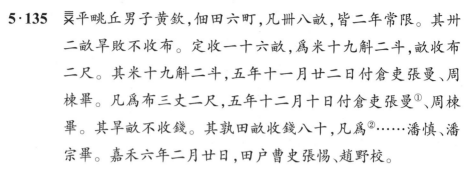"。《玉篇》有"睨"字,《目部》:"睨,視也。"簡文"旮"字當爲"睨"字的俗體字,用作人名。田家莂中多有更換文字結構的俗寫現象,此處將"睨"俗寫作"旮"即屬此類,故"兄□"當釋爲"旮",即"睨"。今改。

②此簡與簡5·334繳錢數相同,簡5·334繳錢一百廿錢,准入米九升。此簡繳錢一百廿錢,卻爲"准入米九斗","九斗"或爲"九升"之誤。

5·137 灵平陽丘男子呂命,佃田五町,凡十一畝一百廿步,皆二年常限。其十畝一百廿步旱不收布。定收一畝,爲米一斛二斗,畝收布二尺。其米一斛二斗,五年十一月十七日付吏孫儀畢。凡爲布二尺,准入米一斗二升,五年十二月十二日付吏孫儀畢。其旱畝不收錢。其孰田畝收錢八十,凡爲錢八十,五年十一月廿日付吏孫儀畢[1]。嘉禾六年二月廿日,田户曹史張惕、趙野校。

按:①此處當有誤,圖版不清楚。孫儀在五年田家莂中的吏職是倉吏,倉吏負責收繳米,錢、布准入米。而此處是入錢,據文例,入錢當繳納給庫吏。疑錢數後脫有關准入米的文字。

5·138　灵平陽丘男子陳民,佃田二町,凡四畞,皆二年常限。……不收錢米布。嘉禾六年二月廿日,田户曹史張惕、趙野校。

5·139　灵平陽丘男子陳□,佃田四町,凡五畞,皆二年常限①。旱悉不收米錢布。嘉禾六年二月廿日,田户曹史張惕、趙野校。

按:①據文例及圖版,“五畞”和“皆”字之間没有缺文,《田家莂》“……”今刪。

5·140　灵平陽丘大女蔡妾,佃田三町,凡五畞,皆二年常限。旱不收錢布。嘉禾六年二月廿日,田户曹史張□

5·141　灵平陽丘男子鄧狗,佃田七町,凡十三畞,皆二年常限。其十二畞一百廿步旱不收布。定收一百廿步,爲米六斗,畞收布二尺。其米六斗,五年十二月十五日付吏孫儀畢。凡爲布一尺,准入米六升,五年十二月十五日付吏孫儀畢。其旱畞不收錢。其孰田畞收錢八十,凡爲卅[1],五年十一月十八日付吏孫儀畢①。嘉禾六年二月廿日,田曹史張惕、趙野校②。

原注:[1]“爲”下脱“錢”字。
按:①據文例,“五年”前脱有關准入米的文字。
　　②據文例,“田”後脱“户”字。

5·142　灵平陽丘男子劉有,佃田十一町,凡十八畞,皆二年常限。其十二畞一百廿步旱不收布。定收五畞一百廿步,爲米六斛六斗,畞收布二尺。其米六斛六斗,五年十二月十七日付吏孫儀畢。凡爲布一丈一尺,准米六斗六升,五年十二月十九日付吏孫儀。其旱畞不收錢。其孰田畞收錢八十,凡爲錢四百卅,准入米三斗二升,五年十一月二日付吏孫儀畢。嘉禾六年二月廿日,田户曹史張惕、趙野校。

5·143　灵平陽丘男子劉□,佃田廿町,凡卅八畞,皆二年常限。其卅一畞一百廿步旱不收布。定收六畞一百廿步,爲米七斛八斗,畞收布二尺。其米七斛八斗,五年十二月八日付吏孫儀畢。凡爲布一丈三尺，准入米七斗八升，五年十一月五日付吏儀畢[1]。其旱畝不收錢。其孰田畝收錢八十，凡爲錢五百廿，准入米四斗，五年十一月五日付吏孫儀畢。嘉禾六年二月廿日，田戶曹史張惕、趙野校。

原注：[1]依文例，"儀"前脫"孫"字。

5·144 灵平樂丘大女文妾，佃田五町，凡八畝一百廿步①，皆二年常限。其三畝旱不收布。定收四畝一百廿步，凡爲米五斛四斗，畝收布二尺。其米五斛四斗，五年十二月廿七日付吏孫儀畢。凡爲布九尺，准入米五斗六升，五年十一月廿二日付吏孫儀畢。其旱畝不收錢。其孰田畝收錢八十，凡爲錢二百六十[1]，准入米二斗七升五合，五年十二月十七日付吏孫儀畢。嘉禾六年二月廿日，田戶曹史張惕、趙野校。

原注：[1]按熟田畝數和收錢定額計，應收三百六十錢。

按：①佃田總數與旱田、熟田畝數不合。據收米數、收布數知，熟田畝數爲四畝一百廿步，則佃田總數與旱田畝數必有一誤。

5·145 灵平樂丘大女谷仁，佃田七町，凡卅七畝，皆二年常限。其五畝旱不收布。定收卅二畝，爲米卅八斛四斗，畝收布二尺。其米卅八斛四斗，五年十二月十三日付倉吏張曼、周棟。凡爲布一匹二丈四尺，准入米三斛九斗四升，五年十一月十二日付吏孫儀。其旱田不收錢。其孰田畝收錢八十，凡爲錢二千五百六十，五年十二月十日付庫吏潘慎、潘宗畢。嘉禾六年二月廿日，田戶曹史張惕、趙野校。

5·146 灵平樂丘男子谷机，佃田五町，凡廿七畝，皆二年常限。其八畝旱不收布。定收十九畝，爲米廿二斛八斗，畝收布二尺。其米廿二斛八斗，五年十二月三日付倉吏張曼、周棟。凡爲布三丈八尺，准入米一斛九斗二升，五年十一月廿日付吏孫儀。其旱田不收錢。其孰田畝錢八十①，凡爲錢一千五百廿，五年十二月九日付庫吏潘慎、潘宗畢。嘉禾六年二月廿日，田戶曹史張惕、趙野校。

按：①據文例，"畝"後脫"收"字。

5·147　臨平樂丘男子谷初，佃田一町，凡十畝，皆二年常限。其五畝旱不收布。定收五畝，爲米六斛，畝收布二尺。其米六斛，五年十二月卅日付倉吏張曼、周棟。凡爲布一丈，准入米六斗，五年十二月□日付吏孫儀。其旱田不收錢。其孰田畝收錢八十，凡爲錢四百，五年十二月十日付庫吏潘慎、潘宗畢。嘉禾六年二月廿日，田戶曹史張惕、趙野校。

5·148　臨平樂丘男子谷碩，佃田三町，凡十六畝，皆二年常限。其五畝旱不收布。定收十一畝，爲米十三斛二斗，畝收布二尺。其米十三斛二斗，五年十二月廿三日付倉吏張曼、周棟。凡爲布一丈二尺[1]，准入米一斛三升，五年十二月十日付吏孫儀。其旱田不收錢。其孰田畝收[2]，凡爲錢八百八十，五年十二月一日付庫吏潘慎、潘宗。嘉禾六年二月廿日，田戶曹史張惕、趙野校。

原注：[1]按定收田畝數和收布定額計，應收布二丈二尺。
　　　[2]據其他簡例，"收"下脱"錢八十"三字。

5·149　臨平樂丘男子李邠①，佃田三町，凡十畝，皆二年常限。旱敗不收錢布。嘉禾六年二月廿日，田戶□☒

按：①邠，音 bīn。《説文·邑部》："邠，周太王國。在右扶風美陽。从邑，分聲。豳，美陽亭即豳也。民俗以夜市有豳山。"段玉裁注："蓋古地名作邠，山名作豳，而地名因於山名，同音通用。"《玉篇·邑部》："邠，亦作豳。"

5·150　臨平樂丘男子李客，佃田七町，凡卅四畝，皆二年常限。其十畝旱不收布。定收廿四畝，爲米廿八斛八斗，畝收布二尺。其米廿八斛八斗，五年十二月十三日付倉吏張曼、周棟。凡爲布一匹八尺，准入米二斛九十斗八升[1]，五年十二月十一日付吏孫儀。其旱田不收錢。其孰田畝收錢八十，凡爲錢一千九百廿，五年十二月廿日付庫吏潘慎、潘宗畢。嘉禾六年二月廿日，田戶曹史張惕、趙野校。

原注：[1]"十"字爲衍文。

5·151　臨平樂丘男子周增，佃田十一町，凡卅七畝，皆二年常限。其卅畝旱不收布。定收七畝，爲米八斛四斗，畝收布二尺。其米八斛四斗，五年十二月十日付倉吏張曼[①]、周棟。凡爲布一丈四尺，准入米七斗四升，五年□月□日付吏孫儀。其旱田不收錢。其孰田畝收錢八十，凡爲錢五百六十，五年十二月十日付庫吏潘慎、潘宗。嘉禾六年二月廿日，田户曹史張惕、趙野校。

按：①據文例，《田家莂》"□□"今補釋爲"張曼"。

5·152 灵平樂丘男子佥牛[①]，佃田四町，凡廿三畝[1][②]，皆二年常限。其十一畝旱敗不收布[③]。定收廿二畝，爲米廿六斛四斗，畝收布[2]。其米廿六斛四斗，五年十二月廿日付倉吏張曼、周棟。凡爲布一匹四尺，准入米二斛七斗四升，五年十二月十五日付掾孫儀。其旱田不收錢。其孰田畝收錢八十，凡爲錢一千七百六十，五年十二月十日付庫吏潘慎、潘宗。嘉禾六年二月廿日，田户曹史張惕、趙野校。

原注：[1]按下文旱田與熟田畝數合計，總畝數應爲卅三畝。

　　　[2]"布"下脱"二尺"二字。

按：①佥，音cōng。《龍龕手鑒·心部》："佥"，同"忽"。

　　②據圖版，"廿"字左邊稍顯模糊，下部之横劃超出左邊之竪劃較多，疑其左邊還有一竪劃，或當釋爲"卅"字。若爲"卅"字，則旱田、熟田畝數與佃田總數正相合。

　　③據文例，《田家莂》"□"今補釋爲"敗"。

5·153 灵平樂丘縣吏佥捐，佃田六町，凡廿三畝，皆二年常限。其十三畝旱不收布[①]。定收十畝，爲米十二斛，畝收布二尺[②]。其米十二斛，五年十二月□日付倉吏張曼[③]、周棟。……☑

按：①據佃田總數及定收田數可知，旱田畝數爲十三畝，故《田家莂》"……"今補釋爲"十三"。

　　②據文例，《田家莂》"□"今補釋爲"尺"。

　　③據文例，《田家莂》"□年"今補釋爲"五年"。

5·154 灵平樂丘男子佥桯，佃田四町，凡十五畝，皆二年常限。旱敗不收錢布。嘉禾六年二月廿日，田户曹史張惕、趙野校。

5·155 灵平樂丘郡吏佥扃(?)□[①]，佃田廿町，凡八十一畝，皆二年常限。

其卅一畝旱不收布。定收卅畝，爲米卅八斛，畝收布二尺。
其米卅八斛，五年十二月廿日付倉吏張曼、周棟。凡爲布二
匹，五年十二月十二日付吏孫儀②。其旱田不收錢。其𤌼田
畝收錢八十，凡爲錢三千二百，付庫吏潘慎、潘宗③。嘉禾六
年二月廿日，田戶曹史張惕、趙野校。

按：①據圖版，"𩇕(?)□"似當爲"□𩇕(?)"。
　　②據文例，"五年"前當脱有關准入米的文字。
　　③此簡未記繳錢時間。

5·156 靈平樂丘男子侯堆，佃田一町，凡九畝，皆二年常限。其 四 畝
旱 不 收 布 ①。定收五畝，爲米六斛，畝收布二尺。其米六
斛，五年十一月卅日付倉吏張曼、周棟。凡爲布一丈，准入
米⋯⋯。其旱田不收錢。𤌼田畝收錢 八 十 ②，凡爲錢四百，
五年十一月九日付庫吏潘慎、潘宗畢。嘉禾六年二月廿日，田
戶曹史張惕、趙野校。

按：①據佃田總數及定收畝數可知旱田爲四畝。據文例，《田家莂》"⋯⋯"今補釋爲
　　" 四 畝 旱 不 收 布 "。
　　②據文例，《田家莂》"□□"今補釋爲" 八 十 "。

5·157 靈平樂丘男子唐平，佃田三町，凡六畝，皆二年常限。其二畝
不收布[1]。定收四畝，凡爲米四斛八斗，畝收布二尺。其米四
斛八斗，五年十一月廿八日付吏孫義畢①。凡爲布八尺，准米
入四斗八升②，五年十二月十六日付吏孫義畢③。其旱畝不收
錢。其𤌼田畝錢八十④，凡爲錢三百廿，准米入二斗四升⑤，五
年十二月十七日付吏孫義畢⑥。嘉禾六年二月廿日，田戶曹
史張惕、趙野校。

原注：[1]據下文，"二畝"當屬旱田。
按：①、③、⑥據圖版，《田家莂》"儀"應爲"義"，今改。
　　②、⑤據文例，"准米入"當爲"准入米"之誤。
　　④據文例，"畝"後脱"收"字。

5·158 靈平樂丘男子唐宜，佃田三町，凡十八畝，皆二年常限。其十
畝旱不收布。定收八畝，爲米九斛六斗，畝收布二尺。其米
九斛六斗，五年十二月十七日付倉吏張曼、周棟。凡爲布一

丈六尺，准入米七斗二升，五年十二月廿日付吏孫儀。其旱田不收錢。其孰田畝收錢八十，凡爲錢六百卌，五年十二月七日付庫吏潘慎、潘宗畢。嘉禾六年二月廿日，田戶曹史張惕、趙野校。

5·159 灵平樂丘軍吏唐廣，佃田十三町，凡卅六畝，皆二年常限。其十畝旱不收布。定收廿六畝，爲米卅一斛六斗[1]，畝收布二尺。其米卅一斛六斗[2]，五年十二月十三日付倉吏張曼、周棟。凡爲布一匹一丈二尺，准入米三斛二斗二升，五年十一月廿八日付吏孫儀。其旱田不收錢。其孰田畝收錢八十，凡爲錢二千八十，五年十二月七日付庫吏潘慎、潘宗畢。嘉禾六年二月廿日，田戶曹史張惕、趙野校。

原注：[1]按定收畝數和收米定額計，當爲米卅一斛二斗。
　　　[2]據注[1]，"六斗"當爲"二斗"之誤。

5·160 灵平樂丘男子陳仲，佃田十町，凡卅畝，皆二年常限。其廿畝旱不收布。定收十畝，爲米十二斛，畝收布二尺。其米十二斛四斗[1]，五年十一月廿日付倉吏張曼、周棟。凡爲布二丈，准入米一斛二斗，五年十二月十日付吏孫儀。其旱不收布[2]。其郭田畝收錢八十[3]，凡爲錢八百，五年十二月廿日付庫吏潘慎、潘宗。嘉禾六年二月廿日，田戶曹史張惕、趙野校。

原注：[1]"四斗"二字爲衍文。
　　　[2]"布"爲"錢"字之誤。
　　　[3]"郭"爲"孰"字之誤。

5·161 灵平樂丘男子陳個，佃田三町，凡廿一畝。其廿畝二年常限。其十畝旱敗不收布。其一畝餘力[1]，爲米四斗，布二尺，錢八十。定收十畝，爲米十二斛四斗[2]，畝收布二尺。其米十二斛四斗，五年十二月十三日付倉吏張曼、周棟。凡爲布二丈二尺[3]，准入米一斛三斗二升，五年十二月十三日付吏孫儀。其旱田不收錢。其孰田畝收錢八十，凡爲錢八百八十，五年十二月十日付庫吏潘慎、潘宗畢。嘉禾六年二月廿日，田戶曹史張惕、趙野校。

原注:[1]"餘力"下脱"田"字。

　　　[2]熟田十畝應收米十二斛,"爲米十二斛四斗"爲常限熟田與餘力熟田收米之合計數。

　　　[3]"凡爲布二丈二尺"是常限熟田與餘力熟田收布合計數。

5·162 灵平樂丘男子陳囷,佃田十町,凡卅畝,皆二年常限。其廿畝旱不收布。定收十畝,爲米十二斛,畝收布二尺。其米十二斛,五年十一月廿日付倉吏張曼、周棟。凡爲布三丈四尺[1],准入米二斛四斗,五年十一月廿日付吏孫儀。其旱田不收錢。其孰田畝收錢八十,凡爲錢八百,五年十一月十日付庫吏潘慎、潘宗畢。嘉禾六年二月廿日,田户曹史張惕、趙野校。

原注:[1]按定收畝數和收布定額計,應收布二丈。

5·163 灵平樂丘男子烝連,佃田三町,凡卅三畝,皆二年常限。其十畝旱不收布。定收廿三畝,爲米廿七斛六斗,畝收布二尺。其米廿七斛六斗,五年十二月十日付倉吏張曼、周棟。凡爲布一匹六尺,准入米二斛一斗六升,四年十二月十日付吏孫儀[1]。其旱田不收錢。其孰田畝收錢八十,凡爲錢一千八百卅,五年十二月十日付庫吏潘慎、潘宗畢。嘉禾六年二月廿日,田户曹史張惕、趙 野 校①。

原注:[1]"四年"當爲"五年"之誤。

按:①據文例,《田家莂》"☒"今補釋爲"野 校"。

5·164 灵平樂丘男子烝倉,佃田三町,皆二年常限。旱敗不收錢布。嘉禾六年二月廿日,田户曹史張惕、趙野校。①

按:①此簡漏記佃田畝數。

5·165 灵平樂丘男子烝□,佃田五町,凡廿一畝,其廿畝二年常限。其十畝旱敗不收布。其一畝餘力[1],爲米四斗,布二尺,錢八十。定收十畝,爲米十二斛,畝收布二尺。其米十二斛四斗,五年十二月十二日付倉吏張曼、周棟。凡爲布二丈二尺,准入米一斛三斗二升,五年十二月十三日付吏孫儀。其旱田不收錢。其孰田畝收錢八十,凡爲錢八百八十,五年十一月十二日付庫吏潘慎、潘宗畢。嘉禾六年二月廿日,田户曹史張惕、趙野校。

原注:[1]"餘力"下脱"田"字。

5·166 灵平樂丘男子黄欠,佃田七町,凡十五畞一百卄步,皆二年常
限。其二畞旱不收布。定收十三畞一百卄步,爲米十五斛二
斗①,畞收布二尺。其米十五斛二斗,五年十二月十日付倉吏
孫儀畢。凡爲布二丈六尺②,准入米一斛五斗,五年十二月九
日付吏孫儀畢。其旱田不收錢。其孰田畞收錢八十,凡爲錢
一千八十,准入米八斗二升,五年十月卅日付吏孫儀畢。嘉
禾六年二月卄日,田户曹史張惕、趙野校。

按:①據熟田畞數與定額計,應收米十六斛二斗。
　　②據熟田畞數與定額計,應收布二丈七尺。

5·167 灵平樂丘郡吏黄羽,佃田十三町,凡九十畞,皆二年常限。其
卄畞旱不收布。定收七十畞,爲米八十四斛,畞收布二尺。
其米八十四斛,五年十二月卄日付倉吏張曼、周棟。凡爲布
三匹二丈,准入米八斛七斗,五年十二月卄日付吏孫儀。其
旱田不收錢。其孰田畞收錢八十[1]①,凡爲錢五千六百,五年
十二月卄九日付庫吏潘慎、潘宗。嘉禾六年二月卄日,田户
曹史張惕、趙野校。

原注:[1]"郭"當爲"熟"字之誤。

按:①《田家莂》"郭"字,據圖版應爲"孰"字。簡5·215、簡5·298"孰"的寫法與此簡
相同,可證。今改。

5·168 灵平樂丘男子區曲,佃田六町,凡十八畞,皆二年常限。其十
三畞旱不收布。定收五畞,爲米六斛,畞收布二尺。其米六
斛,五年十二月十七日付倉吏張曼、周棟。凡爲布一丈,准入
米六斗,五年十一月十三日付吏孫儀。其旱田不收錢。其孰
田畞錢八十①,凡爲錢四百,五年十一月三日付庫吏潘慎、潘
宗畢。嘉禾六年二月卄日,田户曹史張惕、趙野校。

按:①據文例,"畞"後脱"收"字。

5·169 灵平樂丘男子張騰,佃田十町,凡卅三畞,皆二年常限。其十
畞旱不收布☐定收卄三畞,爲米☐☐

5·170　灵平樂丘大女趙陵，佃田十三町，凡卅七畝，皆二年常限。其七畝旱不收布。定收卅畝，爲米卅八斛，畝收布二尺。其米卅八斛，五年十一月卅日付倉吏張曼、周棟。凡爲布二匹，准入米五斛，五年十二月廿三日付吏孫儀。其旱田不收錢。其孰田畝收錢八十，凡爲錢三千二百，五年十二月十日付庫吏潘慎、潘宗畢。嘉禾六年二月廿日，田户曹史張惕、趙野校。

5·171　灵平樂丘男子監兵①，佃田三町，凡十八畝，皆二年常限。旱敗不收錢布。嘉禾六年二月廿日，田户曹史張惕、趙野校。

按：①《田家莂》"監"今改釋爲"監"，詳參簡4·582。

5·172　灵平樂丘男子監通①，佃田十町，凡卅畝，皆二年常限。其十畝旱不收布。定收廿畝，爲米廿四斛，畝收布二尺。其米廿四斛，五年十二月十日付倉吏張曼、周棟。凡爲布一匹，准入米二斛五斗，五年十一月十七日付吏孫儀。其旱田不收錢。其孰田畝收錢八十，凡爲錢一千六百，五年十一月廿日付庫吏潘慎、潘宗畢。嘉禾六年二月廿日，田户曹史張惕、趙野校。

按：①《田家莂》"監"今改釋爲"監"，詳參簡4·582。

5·173　灵平樂丘男子監麦①，佃田七町，凡廿八畝，皆二年常限②。定收八畝，爲米九斛六斗，畝收布二尺③。其米九斛六斗，五年十二月廿日付倉吏張曼、周棟。凡爲布一丈六尺，准入米九斗六升，五年十二月十日付吏孫儀。其旱田不收錢。其孰田畝收錢八十，凡爲錢六百卅，五年□□十日付庫吏潘慎、潘宗。嘉禾六年二月廿日，田户曹史張惕、趙野校。

按：①《田家莂》"監"今改釋爲"監"，詳參簡4·582。
　　②據文例，"常限"後脱旱田畝數。
　　③據文例，《田家莂》"……"今補釋爲"六斗，畝收布二尺"。

5·174　灵平樂丘男子鄭持，佃田十三町，凡卅五畝，皆二年常限。其卅九畝旱不收布。定收六畝，爲米七斛二斗，畝收布二尺。其米七斛二斗，五年十二月十二日付倉吏張曼、周棟。凡爲布一丈二尺……不收錢。……錢八十，凡爲錢四百八十，五年十一月十日付庫吏潘慎、潘宗畢。嘉禾六年二月廿日，田户曹史張惕、趙野校。

5·175　灵平樂丘男子鄧斗，佃田七町，凡廿畝，皆二年常限。其十畝旱不收布。定收十畝，爲米十二斛，畝收布二尺。其米十二斛，五年十二月卅日付倉吏張曼、周棟。凡爲布二丈，准入米一斛二斗，五年十二月廿日付吏孫儀。其旱田不收錢。其孰田畝收錢八十，凡爲錢八百，五年十二月□日付庫吏潘慎、潘宗畢。嘉禾六年二月廿日，田户曹史張惕、趙野校。

5·176　灵平樂丘男子鄧丞，田十町，凡廿七畝，皆二年常限。其廿六畝旱不收布。定收一畝，爲米一斛二斗，畝收二尺[1]。其米一斛二斗，五年十二月十七日付倉吏張曼、周棟。凡爲布二尺，五年十一月十日付庫吏番有。其旱田畝不收錢。其孰田畝收錢八十，凡爲錢八十，五年十二月十七日付庫掾潘慎、潘宗畢。嘉禾六年二月廿日，田户曹史張惕、趙野校。

原注：[1]"收"下脱"布"字。

5·177　灵平樂丘男子鄧摭①，佃田十二町，凡卅三畝，皆二年常限。其十一畝旱不收布。定收廿二畝，爲米廿六斛四斗，畝收布二尺。其米廿六斛四斗，五年十二月十日付倉吏張曼、周棟。凡爲布二匹四尺②，准入米二斛七斗四升，五年十二月廿日付吏□……。其旱田不收錢。孰田畝收錢八十，凡爲錢一千七百六十，五年十一月十日付庫吏潘慎、潘宗畢。嘉禾六年二月廿日，田户曹史張惕、趙野校。

按：①《田家莂》"摭"，圖版作" "。王保成《三國吳簡文字研究》認爲是"癌"字。
②據熟田畝數與定額計，應收布一匹四尺。

5·178　灵平樂丘男子鄧鐵，佃田七町，凡廿五畝，皆二年常限。其十畝旱不收布。定收十五畝，爲米十八斛，畝收布二尺。其米十八斛，五年十二月十日付倉吏張曼、周棟。凡爲布三丈，准入米一斛八斗，五年十二月十三日付吏孫儀。其旱田不收錢。其孰田畝收錢八十，凡爲錢一千二百，付庫吏潘慎、潘宗畢[①]。嘉禾六年二月廿日,田户曹史張惕、趙野校。

按:①此簡未記繳錢時間。

5·179 尖平樂丘男子潘谷,佃田十町,凡廿八畮,皆二年常限。其十
二畮旱不收布。定收十六畮,爲米十九斛二斗,畮收布二
尺。其米十九斛二斗,五年十二月廿三日付倉吏張曼、周
棟。凡爲布三丈二尺,准入米一斛六斗二升,五年十二月廿
日付吏孫儀。其旱田不收錢。其孰田畮收錢八十,凡爲錢一
千三百八十[1],五年十一月十日付庫吏潘慎、潘宗畢。嘉禾六
年二月廿日,田户曹史張惕、趙野校。

原注:[1]按熟田畮數和收錢定額計,應收一千二百八十錢。

5·180 尖平樂丘男子潘根,佃田七町,凡卅三畮,皆二年常限。其卅
六畮不收布[1][①]。定收七畮,爲米八斛四斗,畮收布二尺。其
米八斛四斗,五年十二月十□日付倉吏張曼、周棟。凡爲布
一丈四尺,准入米六斗四升,五年十二月廿日付……。其旱田
不收錢。……凡爲錢五百[②]……。嘉禾……史張惕、趙野校。

原注:[1]“畮”下脱“旱”字。
按:①據佃田總數與定收畮數可知,旱田畮數爲卅六畮,故《田家莂》“□”今補釋
爲“六”。
②據熟田畮數與定額計,應收錢五百六十錢。

5·181 尖平樂丘男子謝狗,佃田三町,凡十八畮,皆二年常限。其八
畮旱不收布。定收十畮,爲米十二斛,畮收布二尺。其米十
二斛,五年十二月七日付倉吏張曼、周棟。凡爲布二丈,准一
斛二斗[1],五年十二月廿九日付吏孫儀。其旱田不收錢。其
孰田畮收錢八十,凡爲錢八百,五年十二月十日付庫吏潘慎、
潘宗。嘉禾六年二月廿日,田户曹史張惕、趙野校。

原注:[1]“准”下脱“入米”二字。

5·182 尖平樂丘男子謝麥,佃田六町,凡十六畮,皆二年常限。其八
畮旱不收布。定收八畮,爲米九斛六斗,畮收布二尺。其米
九斛六斗,五年十二月十二日付倉吏張曼、周棟。凡爲布一
丈六尺,准入米九斗六升,五年十二月十二日付吏孫儀。其

旱田不收錢。其孰田畝收錢八十，凡爲錢六百卌，五年十二月八日付庫吏潘慎、潘宗。嘉禾六年二月廿日，田户曹史張惕、趙野校。

5·183 灵平樂丘男子謝崇，佃田十町，凡卌七畝，皆二年常限。其十畝旱不收布。定收廿七畝，爲米卌二斛四斗，畝收布二尺。其米卌二斛四斗，五年十二月十日付倉吏張曼、周棟。凡爲布一匹一丈四尺，准入米三斛三斗四升，五年十二月十日付吏孫儀。其旱田不收錢。其孰田畝收錢八十，凡爲錢二千一百六十，五年十二月十日付庫吏潘慎、潘宗畢。嘉禾六年二月廿日，田户曹史張惕、趙野校。

5·184 灵石下丘男子王曼，佃田二町，凡七畝五十步，皆二年常限。其三畝二百步旱敗不收布。定收三畝九十步，爲米四斛五升，畝收布二尺。其米四斛五升，五年十一月九日付倉吏張曼、周棟。凡爲布六尺①，准入米三斗七升，五年十一月七日付倉吏張曼、周棟。其旱田不收錢。孰田畝收錢八十，凡爲錢二百六十②，五年十一月七日庫吏潘慎[1]。嘉禾六年二月廿日，田户曹史張惕校。

原注：[1]"日"下脱"付"字。

按：①據熟田畝數與定額計，應收布六尺七寸五分。

②據熟田畝數與定額計，應收錢二百七十錢。

5·185 灵石下丘男子五旻①，佃田五町，凡十一畝六十步，皆二年常限。其五畝六十步旱敗不收布。定收六畝，爲米七斛二斗，畝收布二尺。其米七斛二斗，五年十月四日付倉吏張曼、周棟。凡爲布一丈二尺，准入米六斗五升，五年十一月六日付倉吏張曼、周棟。其旱田不收錢。孰田畝收錢八十，凡爲錢四百八十，准入米四斗二升，五年九月八日付倉吏張曼、周棟。嘉禾六年二月廿日，田户曹史張惕校[1]。

原注：[1]"惕"字墨跡淺，似第二次書寫。

按：①旻，音mín。《説文·日部》："旻，秋天也。从日，文聲。"

5·186 灵石下丘男子文威，佃田四町，凡十畝百卌步，皆二年常限。

其五畝百卅步旱敗不收布。定收五畝,爲米六斛,畝收布二
尺。其米六斛,五年十一月十五日付倉吏張曼、周棟。凡爲
布一丈二尺[1],准入米六斗三升,五年十二月十二日付倉吏張
曼、周棟。其旱田不收錢。孰田畝收錢八十,凡爲錢四百,准
入米三斗二升,五年十一月十七日付倉吏張曼、周棟。嘉禾
六年二月廿日,田户曹史張惕校。

原注:[1]按定收畝數和收布定額計,應收布一丈。

5·187 灵石下丘男子朱戰,佃田三町,凡一畝二百步,皆二年常限。
其二百步旱敗不收布。定收一畝,爲米一斛二斗,畝收布二
尺。其米一斛二斗,五年十一月九日付倉吏張曼、周棟。凡
爲布二尺,准入米一斗六升,五年十一月七日付倉吏張曼、周
棟。其旱田不收錢。孰田畝收錢八十,凡爲錢一百六十[1],五
年十一月廿日付庫吏潘慎。嘉禾六年二月廿日,田户曹史張
惕校。

原注:[1]按熟田畝數和收錢定額計,應收錢八十。

5·188 灵石下丘男子朱饒,佃田卅三町,凡五十一畝二百一十步,皆
二年常限。其七畝卅步旱敗不收布。定收卅四畝一百八十
步,爲米五十二斛八斗①,畝收布二尺。其米五十二斛八斗,
五年十一月九日付倉吏張曼、周棟。凡爲布二匹八尺②,准入
米五斛四斗九升,五年十一月七日付倉吏張曼、周棟。其旱
田不收錢。孰田畝收錢八十,凡爲錢三千五百廿③,五年十
二月十四日付庫吏潘慎。嘉禾六年二月廿日,田户曹史張
惕校[1]。

原注:[1]"惕"字墨跡極淺。
按:①據熟田畝數與定額計,應收米五十三斛七斗,簡文漏計熟田一百八十步。
②據熟田畝數與定額計,應收布二匹九尺五寸,簡文漏計熟田一百八十步。
③據熟田畝數與定額計,應收錢三千五百八十錢,簡文漏計熟田一百八十步。

5·189 灵石下丘男子李有,佃田十七町,凡廿畝廿步,皆二年常限。
其十畝百六十步旱敗不收布。定收九畝一百步,爲米十一斛
三斗,畝收布二尺。其米十一斛三斗,五年十一月十日付倉

吏張曼、周棟。凡爲布一丈九尺①,准入米一斛二斗,五年十一月廿日付倉吏張曼、周棟。其旱田不收錢。孰田畝收錢八十,凡爲錢七百卅②,五年十一月廿日付庫吏潘有。嘉禾六年二月廿日,田戶曹史張惕校。

按:①據熟田畝數與定額計,應收布一丈八尺八寸三分。

②據熟田畝數與定額計,應收錢七百五十三錢。

5·190 灵石下丘男子李禿①,佃田三町,凡五畝八十步,皆二年常限。其八十步旱敗不收布。定五畝[1],爲米六斛,畝收布二尺。其六斛[2],五年十一月廿日付倉吏張曼、周棟。凡爲布二尺[3],准入米一斗六升,五年十一月廿日付倉吏張曼、周棟。其旱田不收錢。孰田畝收錢八十,凡爲錢百六十[4],五年十一月十日付庫吏潘慎。嘉禾六年二月廿日,田戶曹史張惕校。

原注:[1]"定"下脱"收"字。

[2]"其"下脱"米"字。

[3]按定收畝數和收布定額計,應收布一丈。

[4]按定收畝數和定額計,應收錢四百錢。

按:①"禿"當是"禿"的俗寫。

5·191 灵石下丘男子李奇,佃田十四町,凡廿七畝卅步,皆二年常限。其廿畝百步旱敗不收布。定收六畝百八十步,爲米七斛八斗①,畝收布二尺。其米七斛八斗,五年十一月廿日付倉吏張曼。凡爲布一丈三尺②,准入米七斗四升,五年十一月廿日付倉吏張曼、周棟。其旱田不收錢。孰田畝收錢八十,凡爲錢四百九十[1],五年十一月廿日付庫吏潘慎畢。嘉禾六年二月廿日,田戶曹史張惕校。

原注:[1]按熟田畝數和收錢定額計,應收五百四十錢。

按:①據熟田畝數與定額計,應收米八斛一斗。

②據熟田畝數與定額計,應收布一丈三尺五寸。

5·192 灵石下丘吳堂①,佃田十五町,凡廿七畝,皆二年常限。其七畝旱不收 布 。定收 廿 畝 , 爲 米 廿 四 斛②,畝收布二尺。其米廿四斛,五年十二月廿日付倉吏張曼、周棟。凡爲布一匹,准入米二斛五斗,五年十二月廿二日付倉吏張曼、周棟。其旱畝不收錢。其孰田畝收錢八十，凡爲錢一千六百，五年十二月十八日付庫吏番慎、潘宗畢。嘉禾六年二月廿日，田户曹史張惕、趙野校。

按：①據文例，"吳堂"前脱身份詞語。

②據佃田總數與旱田畝數知，定收爲廿畝，據下文收米數亦可知定收爲廿畝。故據文例及文意，《田家莂》"其七畝旱不收□。定收……斛"今補釋爲"其七畝旱不收布。定收廿畝，爲米廿四斛"。

5·193　灵石下丘男子吳耶，佃田十四町，凡十八畝二百步，皆二年常限。其十畝七十步旱敗不收布。定收八畝一百卅步，爲米十斛二斗五升，畝收布二尺。其米十斛二斗五升，五年十月廿日付倉吏張曼、周棟。凡爲布一丈七尺[①]，准入米一斛七升，五年十二月廿日付倉吏張曼、周棟。其旱田不收錢。孰田畝收錢八十，凡爲錢六百八十[②]，五年十一月十四日付倉吏潘慎[1]。嘉禾六年二月廿日，田户曹史張惕校。

原注：[1]"倉"爲"庫"之誤。

按：①據熟田畝數與定額計，應收布一丈七尺八分，簡文是按熟田八畝一百廿步計算的。

②據熟田畝數與定額計，應收錢六百八十三錢，簡文是按熟田八畝一百廿步計算的。

5·194　灵石下丘男子苗昭，佃田卅三町，凡卌二畝百一十步。其卌二畝百一十步二年常限，旱敗不收布。其十畝餘力田，爲米四斛，畝收布二尺。其米四斛，五年十月一日付倉吏張曼、周棟。凡爲布二丈，准入米一斛二斗五升，五年十二月十日付倉吏張曼、周棟。其旱田不收錢。孰田畝收錢八十，凡爲錢八百，准入米六斗二升，五年十一月廿日付倉吏張曼、周棟。嘉禾六年二月廿日，田户曹史張惕校。

5·195　灵石下丘男子苗囊，佃田十八町，凡十九畝一十步，皆二年常限。其十七畝百卅步旱敗不收布。定收一畝百廿步，爲米一斛八斗，畝收布二尺。其米一斛八斗，五年十一月廿日付倉吏張曼、周棟。凡爲布三尺，准入米三斗，五年十一月□

5·196 灵石下丘男子唐靖,佃田七町,凡十七畞一百五十步,皆二年常限。其五畞一十步旱敗不收布[1]。定收十二畞,爲米十四斛四斗,畞收布二尺。其米十四斛四斗,五年十一月十日付倉吏張曼、周棟。凡爲布二丈二尺[2],准入米一斛一斗五升,五年十一月七日付倉吏張曼、周棟。其旱田不收錢。孰田畞收錢八十,凡爲錢四百八十[3],五年九月廿日付庫吏潘珛。嘉禾六年二月廿日,田户曹史張惕校。

原注:[1]旱田畞數與熟田畞數合計,同總畞數不合。旱田畞數與總畞數當有一誤。
　　[2]按定收畞數和收布定額計,應收布二丈四尺。
　　[3]按熟田畞數和收錢定額計,應收九百六十錢。

5·197 灵石下丘唐載[1],佃田十二町,凡廿七畞六十步,皆二年常限[2]。其十五畞六十步旱敗不收布。定收十二畞餘力[3],爲米四斛八斗,收布二尺[4]。其米四斛八斗,五年十一月十日付倉吏張曼、周棟。凡爲布二丈四尺,准入米一斛五斗一升,五年十一月七日付倉吏張曼、周棟。其旱田不收錢。孰田畞收錢八十,凡爲錢九百六十,准入米一斛六升,五年十一月十三日付倉吏張曼、周棟。嘉禾六年二月廿日,田户曹史張惕校。

原注:[1]丘名下缺身份説明如"男子"之類。
　　[2]下文見"餘力",又按餘力田定額收米,此處"皆二年常限"似有誤。
　　[3]"餘力"下脱"田"字。
　　[4]"收"前脱"畞"字。

5·198 灵石下丘男子唐□,佃田①凡廿二畞一百廿步,皆二年常限。其十八畞百廿步旱敗不收布。定收四畞,爲米四斛八斗,畞收布二尺。其米四斛八斗,五年十月九日付倉吏張曼、周棟。凡爲布八尺,准入米五斗,五年十一月廿日付倉吏張曼、周棟。其旱田不收錢。孰田收錢八十[1],凡爲錢三百廿,五年九月十日付庫吏潘有。嘉禾六年二月廿日,田户曹史張惕校。

原注:[1]"田"下脱"畞"字。
按:①據文例,"佃田"後脱町數。

5·199 灵石下丘男子這堅①,佃田三町,凡五畞百五十步,皆二年常限。其四畝一百五十步旱敗不收布。定收一畝,爲米一斛二斗。畝收布二尺。其米一斛二斗,五年十月廿日付倉吏張曼、周棟。准入米一斗二升六合^[1],五年十二月廿日付倉吏張曼、周棟。其旱田不收錢。孰田畝收錢八十,凡爲錢八十,五年十一月四日付庫吏潘慎。嘉禾六年二月廿日,田戶曹史張惕校。

原注:[1]此句前脱收布總數。

按:①這,《玉篇·辵部》:"這,迎也。"田家莂用作姓。

5·200 灵石下丘男子烝旱,佃田十九町,凡卅畝八十步,皆二年常限。其廿五畝八十步旱敗不收布。定收五畝,爲米二斛^[1],畝收布二尺。其米二斛,五年十月九日付倉吏張^[2]、周棟。凡爲布一丈,准入米六斗三升,五年十月廿一日付倉吏張曼、周棟。其旱田不收錢。孰田畝收錢八十,凡爲錢八百①,准入米三斗三升,五年十月八日付倉吏張曼、周棟。嘉禾六年二月廿日,田戶曹史張惕校。

原注:[1]五畝常限定收田當收米六斛。五畝而收米二斛,平均畝收米四斗則爲餘力田收米數,與前文所云"皆二年常限"不合。

　　　[2]"張"下脱人名。

按:①據孰田畝數與定額計,應收錢四百錢。

5·201 灵石下丘男子烝宮,佃田九町,凡卅二畝一十步,皆二年常限。凡爲米卅八斛四斗五升,畝收布二尺①。凡爲布一匹二丈②,准入米三斛九斗,五年十一月廿日付倉吏張曼、周棟。其旱田不收錢。孰田收錢畝八十,凡爲錢二千五百③,五年十一月七日付庫吏潘慎。嘉禾六年二月廿日,田戶曹史張惕校。

按:①此簡均爲孰田,行文與其他簡稍異。"畝收布二尺"後脱繳米數、繳米日期及接收倉吏姓名。

　　②據孰田畝數與定額計,應收布一匹二丈四尺八分。

　　③據孰田畝數與定額計,應收錢二千五百六十三錢。

5·202 灵石下丘男子烝得,佃田四町,凡十二畝一百五十步,皆二年常限。其三畝二百廿步旱敗不收布。定收八畝一百七十步,爲米十斛三斗五升①，畝收布二尺。其米十斛三斗五升，五年十月廿日付倉吏張曼、周棟。凡爲布一丈七尺②，准入米一斛五升，五年十一月廿日付倉吏張曼。其旱田不收錢。孰田畝收錢八十，凡爲錢六百九十③，五年十一月四日付庫吏潘慎。嘉禾六年二月廿日，田户曹史張惕校。

按：①據熟田畝數與定額計，應收米十斛四斗五升。

②據熟田畝數與定額計，應收布一丈七尺四寸。

③據熟田畝數與定額計，應收錢六百九十六錢。

5·203　灵石下丘男子烝衆，佃田四町，凡五畝一百七十步，皆二年常限。其四畝五十步旱敗不收布。定收一畝一百廿步，爲米一斛八斗，畝收布二尺。其米一斛八斗，五年九月十日付倉吏張曼、周棟。凡爲布二尺[1]，准入米一斗八升，五年十月十二日付倉吏張曼、周棟。其旱田不收錢。孰田畝收錢八十，凡爲錢百廿，准入米一斗二升，十一月廿日付倉吏張曼①、周棟。嘉禾六年二月廿日，田户曹史張惕校。

原注：[1]按定收畝數和收布定額計，應收布三尺。

按：①據文例，"十一月"前脱"五年"二字。

5·204　灵石下丘男子烝鄴①，佃田十二町，凡廿畝卅步，皆二年常限。其十三畝卅步旱敗不收布。定收七畝，爲米八斛四斗，畝收布二尺。其米八斛四斗，五年十一月廿日付倉吏張曼、周棟。凡爲布一丈四尺，五年十月十五日付庫吏潘慎。其旱田不收錢。孰田畝收錢八十，凡爲錢四百八十[1]，五年十二月五日付庫吏潘慎。嘉禾六年二月廿日，田户曹史張惕校。

原注：[1]按熟田畝數和收錢定額計，應收五百六十錢。

按：①《田家莂》"鄴"，圖版作"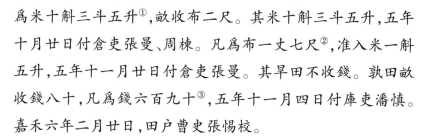"。王保成《三國吳簡文字研究》認爲應爲"邺"字。

5·205　灵石下丘男子烝碩，佃田十四町，凡廿畝百五十步，皆二年常限。其十畝百五十步旱敗不收布。定收十畝，爲米十二斛，畝收布二尺。其米十二斛，五年十二月六日付倉吏張曼、周棟。凡爲布二丈，……日付倉吏張曼、周棟。其旱田不收錢。孰田畝收錢八十，凡爲錢八百，五年十一月三日付庫吏番慎。嘉禾六年二月廿日，田户曹史張惕校。

5·206　靈石下丘男子烝頡,佃田四町,凡十一畝一十步,皆二年常限。其一畝一十步旱敗不收布。定收十畝,爲米十二斛,畝收布二尺。其米十二斛,五年月九日付倉吏張曼、周棟[1]。凡爲布二丈,准入米一斛二斗五升,五年十一月十日付倉吏張曼、周棟。其旱田不收錢。孰田畝收錢八十,凡爲錢八百,准入米六斗六升,五年十一月十日付倉吏張曼、周棟。嘉禾六年二月廿日,田户曹史張惕校。

原注:[1]"月"前缺數詞。

5·207　靈石下丘男子烝戰,佃田七町,凡十六畝卅步,皆二年常限。其三畝卅步旱敗不收布。定收十三畝,爲米十五斛六斗,畝收布二尺。其米十五斛六斗,五年十一月廿日付倉吏張曼、周棟。凡爲布三丈,准入米一斛九斗[1],五年十一月十日付倉吏張曼、周棟。其旱田不收錢。孰田畝收錢八十,凡爲錢一千七百六十[2],五年十一月四日付庫吏潘慎。嘉禾六年二月廿日,田户曹史張惕校。

原注:[1]按定收畝數和收布定額計,應收布二丈六尺。
　　　[2]按熟田畝數和收錢定額計,應收一千卅錢。

5·208　靈石下丘男子烝戟,佃田十一町,凡廿五畝百一十步,皆二年常限。其十四畝百一十步旱敗不收布。定收十一畝,爲米十三斛二斗,畝布二尺[1]。其米十三斛二斗,五年十一月廿日付倉吏張曼、周棟。凡爲布二丈二尺,准入米一斛三斗八升,五年十一月十五日付倉吏張曼、周棟。其旱田不收錢。孰田畝收錢八十,凡爲錢八百八十,准入米七斗五升,五年十二月十六日付倉吏張曼、周棟。嘉禾六年二月廿日,田户曹史張惕校。

原注:[1]"畝"下脱"收"字。

5·209　靈石下丘男子烝緯,佃田七町,凡八畝一百步,皆二年常限。其一畝百步旱敗不收布。定收七畝,爲米八斛四斗,畝收布二尺。其米八斛四斗,五年十月五日吏張曼[1]、周棟。凡爲布一丈四尺,准入米七斗九升,五年十月七日付倉吏張曼、周棟。其旱田不收錢。孰田畝收錢八十，凡爲錢五百六十，五年十二月九日付庫吏潘慎。嘉禾六年二月廿日，田户曹史張惕校。

原注：[1]"日"下脱"付"字。

5·210 灵石下丘男子烝觀，佃田十町，凡十七畝，比二年常限[1]。畝收米斛二斗，爲廿斛四斗[2]，畝收布二尺。其米廿斛四斗，五年十一月六日付三州掾孫儀。凡爲布三丈四尺，准入米二斛，五年十二月五日付三州掾孫儀。畝收錢八十，凡爲錢一千三百[3]，五年十一月廿八日付庫吏潘有。嘉禾六年二月廿日，田户曹史張惕、趙野校。

原注：[1]"比"爲"皆"之誤。
[2]"爲"下脱"米"字。
[3]按熟田畝數和收錢定額計，應收一千三百六十錢。

5·211 灵石下丘男子黃風①，佃田九町，凡廿二畝二百廿步，皆二年常限。其十畝二百廿步旱敗不收布。定收十二畝，爲米十四斛四斗，畝收布二尺。其十四斛四斗，五年十月三日付倉吏張曼、周棟。凡爲布二丈四尺，准入米一斛五斗二升，五年十月四日付倉吏張曼、周棟。其旱田不收錢。孰田畝收錢八十，凡爲錢九百六十，五年十一月六日付庫吏潘慎。嘉禾六年二月廿日，田户曹史張惕校。

按：①《田家莂》"鼠"，圖版作"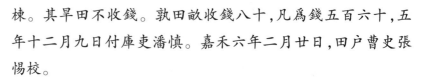"。《説文·風部》："風，八風也。……飌，古文風。"漢碑"風"有寫作古文形體者，如東漢《鮮于璜碑》作"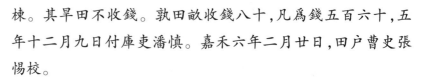"。吳簡竹簡"風"也寫作古文形體，如簡壹·9387作"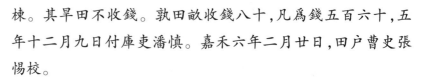"，簡壹·9465作"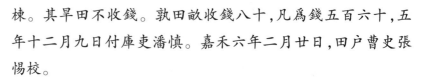"，簡肆·799作"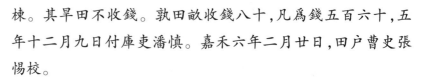"等。故田家莂"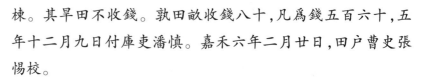"當是古文"風"字，今改"鼠"爲"風"字。

5·212 灵石下丘男子烝裴，佃田二町，凡六畝廿步，皆二年常限。其四畝廿步旱敗不收布。定收二畝，爲米二斛四斗，畝收布二尺。其米二斛四斗，五年十一月十一日付倉吏張曼、周棟。爲布四尺①，准入米二斗五升，五年十一月十日付倉吏張曼、周棟。其旱田不收錢。孰田畝收錢八十，凡爲錢百六十，五年十一月九日付庫吏潘慎。嘉禾六年二月廿日，田户曹史張惕校。

按：①據文例，"爲"前脱"凡"字。

5·213 灵石下丘男子黄蘭，佃田卅町，凡七十二畞，皆二年常限。畞一斛二斗[1]，爲八十六斛四斗①，畞收布二尺。其米八十六斛四斗，五年十二月五日付三州掾孫儀。凡爲布三匹二丈四尺，准入米七斛七斗四升，五年十一月卅日付三州掾孫儀。畞收錢八十，凡爲錢五千七百六十，五年十一月一日付庫吏□□。嘉禾六年二月廿[2]，田户曹史張惕、趙野 校 ②。

原注：[1]"畞"下脱"收米"二字。

[2]"廿"下脱"日"字。

按：①據文例，"爲"後脱"米"字。

②據文例，《田家莂》"□"今補釋爲" 校 "。

5·214 灵石下丘男子張豫，佃田十四町，凡卅一畞九十步，皆二年常限。其廿四畞九十步旱敗不收布。定收七畞，爲米八斛四斗，畞收布二尺。其米八斛四斗，五年十一月十日付倉吏張曼、周棟。凡爲布一丈四尺，准入米八斗八升，五年十一月廿一日付倉吏張[1]、周棟。其旱田不收錢。孰田畞收錢八十，凡爲錢五百六十，准入米四斗五升，五年十一月十二日付倉吏張曼、周棟。嘉禾六年二月廿日，田户曹史張惕校。

原注：[1]依文例，"張"下脱"曼"字。

5·215 灵石下丘男子蔡起，佃田四町，凡七畞一十步，皆二年常限。畞收一斛二斗①，凡爲米八斛四斗五升，畞收布二尺。其米八斛四斗五升，五年十月七日付倉吏張曼、周棟。凡爲布一丈四尺②，准入米九斗一升，五年十月九日付倉吏張曼、周棟。其旱田不收錢。孰田畞收錢八十，凡爲錢五百六十③，五年九月廿日付庫吏潘有。嘉禾六年二月七日④，田户曹史張惕校。

按：①據文例，"收"後脱"米"字。

②據孰田畞數與定額計，應收布一丈四尺八分，簡文漏計孰田一十步。

③據孰田畞數與定額計，應收錢五百六十三錢，簡文漏計孰田一十步。

④據圖版，"廿日"之"廿"實爲"七"字，圖版作" "，很清晰。另，五年田家莂的核校時間爲嘉禾六年正月十四日至二月卅日，此簡"嘉禾六年二月七日"符合文意，《田家莂》誤，今改。

5·216　灵石下丘男子蔡曹,佃田七町,凡十二畝百九十步,皆二年常限。其一畝一百九十步旱敗不收布。定收十一畝,爲米十三斛二斗,畝收布二尺。其米十三斛二斗,五年十一月八日付倉吏張曼、周棟。凡爲布二丈二尺,准入米一斛三斗八升,五年十一月十八日付倉吏張曼、周棟。其旱田不收錢。孰田畝收錢八十,凡爲錢八百八十,五年十月十五日付庫吏潘慎。嘉禾六年二月廿日,田戶曹史張惕校。

5·217　灵石下丘男子廖茛,佃田八町,凡十七畝卅步,皆二年常限。其十畝卅步旱敗不收布。定收七畝,爲米八斛四斗,畝收布二尺。其米八斛四斗,五年十月十五日付倉吏張曼、周棟。凡爲布一丈四尺,准入米八斗八升,五年十一月十日付倉吏張曼、周棟。其旱田不收錢。孰田畝收錢八十,凡爲錢五百六十,五年十二月廿一日付庫吏潘慎畢。嘉禾六年二月廿日,田戶曹史張惕校。

5·218　灵石下丘男子鄧椎,佃田十七町,凡十五畝百八十步,皆二年常限。其五畝百八十步旱敗不收布。定收十畝,爲米十二斛,畝收布二尺。其米十二斛,五年十一月廿日付倉吏張曼、周棟。爲布二丈,准入米二斛二斗五升,五年十二月廿日付倉吏張曼、周棟。其旱田不收錢。孰田畝收錢八十,凡爲錢八百,五年十一月十一日付庫吏潘慎。嘉禾六年二月廿日,田戶曹史張惕校。

5·219　灵石下丘男子鄧當,佃田十二町,凡廿三畝二百廿步,皆二年常限。其十二畝百步旱敗不收布。定收十一畝百廿步,爲米十三斛八斗,畝收布二尺。其米十三斛八斗,五年十一月十一日付倉吏張曼、周棟。凡爲布二丈三尺,准入米一斛四斗六升,五年十月七日付倉吏張曼、周棟。其旱田不收錢。孰田畝收錢八十,凡爲錢九百廿,五年十一月七日付庫吏潘慎。嘉禾六年二月廿日,田戶曹史張惕校。

5·220　灵石下丘大女鄧□,佃田□町,……定收……其米……二丈二尺，准米一斛五斗四升，五年十一月四日付倉吏張曼、周棟。……校。

5·221 灵石下丘男子潘辻(?)①，佃田四町，凡八畞二百卅步，皆二年常限。其七畞二百卅步旱敗不收布。定收一畞，爲一斛二斗[1]，畞收布二尺。其米一斛二斗，五年十月九日付倉吏張曼、周棟。爲布二尺，五年十月九日付庫吏潘慎。其旱田不收錢。孰田畞收錢八十，凡爲錢八十，五年十月九日付庫吏潘慎。嘉禾六年二月廿日，田户曹史張惕校。

原注：[1]"爲"下脱"米"字。

按：①《田家莂》"辻"，圖版作""。王保成《三國吳簡文字研究》認爲是"仕"字。

5·222 灵石下丘男子潘能，佃田四町，凡卅五畞百八十步，皆二年常限。其三畞百八十步旱敗不收布。定收卅二畞，爲米卅八斛四斗，畞收布二尺。其米卅八斛四斗，五年十月九日付倉吏張曼、周棟。凡爲布一匹二丈四尺，五年十月十一日付庫吏潘慎。其旱田不收錢。孰田 畞 收 錢 八十①，凡爲錢……②。嘉禾……，田户曹史張惕校。

按：①據文例，《田家莂》"□□□"今補釋爲"畞 收 錢"。

②據熟田畞數與定額計，應收錢二千五百六十錢。

5·223 灵石下丘男子盧張，佃田十一町，凡十八畞一十步，皆二年常限。其十三畞一十步旱敗不收布。定收五畞，爲米六斛，收布二尺①。其米六斛，五年九月廿日付倉吏張曼、周棟。凡爲布一丈，准入米六斗三升，五年九月廿日付倉吏張曼、周棟。其旱田不收錢。其孰田畞收錢八十，凡爲錢四百，□年□月□日付庫吏潘慎。嘉禾六年二月廿日，田户曹史張惕校。

按：①據文例，"收"前脱"畞"字。

5·224 灵石下丘男子盧戰[1]，佃田卅町，凡六十二畞七十步，皆二年常限。其廿畞二百一十步旱敗不收布。定收卌一畞一百步，爲米卌九斛七斗，畞收布二尺。其卌九斛七斗[2]，五年十一月廿日付倉吏張曼、周棟。凡爲布二匹三尺①，五年十一月九日付庫吏潘慎。其旱田不收錢。孰田畮收錢八十，凡爲錢三千三百②，五年九月廿七日付庫吏潘有。嘉禾六年二月廿日，田户曹史張惕校。

原注：[1]"廬"爲"盧"之誤。

[2]"其"下脱"米"字。

按：①據熟田畮數與定額計，應收布二匹二尺八寸三分，簡文可能四捨五入取整。

②據熟田畮數與定額計，應收錢三千三百一十三錢，簡文可能四捨五入取整。

5·225 灵石下丘男子謝丁，佃田廿三町，凡七十四畮一百六十步，皆二年常限。其十九畮八十步旱敗不收布。定收五十五畮八十步，爲米六十六斛四斗，畮收布二尺。其米六十六斛四斗，五年十一月廿日付倉吏張曼、周棟。凡爲布二匹三丈①，五年十一月廿日付庫吏潘慎。其旱田不收錢。孰田畮收錢八十，凡爲錢四千四百廿四②，五年十一月廿日付庫吏潘慎。嘉禾六年二月廿日，田户曹史張惕校。

按：①據熟田畮數與定額計，應收布二匹三丈六寸。

②據熟田畮數與定額計，應收錢四千四百廿六錢。

5·226 灵石下丘男子謝羊，佃田十八町，凡七十六畮百八十步，皆二年常限。其三畮百⌐八⌐十⌐步旱敗不收布①。定收七十三畮，爲米八十七斛六斗，畮收布二尺。其米八十七斛六斗，五年十一月廿日付倉吏張曼、周棟。凡爲布三匹二丈六尺，准入米九斛二斗，五年十一月八日付倉吏張曼、周棟。其旱田不收錢。孰田畮收錢八十，凡爲錢五千八百卌，五年十一月九日付庫吏潘慎。嘉禾六年二月廿日，田户曹史張惕校。

按：①據佃田總數與熟田畮數可推知，旱田爲三畮百八十步。故《田家莂》"□□"今補釋爲"⌐八⌐十⌐"。

5·227 灵石下丘男子謝若，佃田六町，凡九畮百八十步，皆二年常限。其二畮百八十步旱敗不收錢[1]。定收七畮，爲米八斛四斗，畮收布二尺。其米八斛四斗，五年十二月三日付倉吏張曼、周棟。凡爲布一丈四尺，准入米八斗八升，五年十月二日付倉吏張曼、周棟。其旱田不收錢。孰田畮收錢八十，凡爲錢五百六十，五年十一月十一日付庫吏潘慎。嘉禾六年二月廿日,田户曹史張惕校。

原注:[1]"錢"當爲"布"之誤。

5·228 灵石下丘男子謝函,佃田十町,凡廿二畝一十步,皆二年常限。其十四畝一十步旱敗不收布。定收八畝,爲米九斛六斗,畝收布二尺[①]。其米九斛六斗,五年九月廿日付倉……。凡爲布一丈六尺,五年十月九日付庫吏潘慎。其旱田不收錢。其孰田畝收錢八十,凡爲錢六百冊,五年十月十日付庫吏潘慎。嘉禾六年二月廿日,田户曹史張惕校。

按:①據文例,《田家莂》"……"今補釋爲"畝收布二尺"。

5·229 灵石下丘男子謝逆,佃田二町,凡五畝二百廿步,皆二年常限。爲米七斛一斗,畝收布二尺。其米七斛一斗,五年十月九日付倉吏張曼、周棟。凡爲布一丈一尺[①],准入米六斗九升,五年十月廿日付倉吏張曼。其旱田不收錢。孰田畝收錢八十,凡爲五百[1][②],五年十一月九日付庫吏潘慎。嘉禾六年二月廿日,田户曹史張惕校。

原注:[1]"爲"下脱"錢"字。
按:①據熟田畝數與定額計,應收布一丈一尺八寸三分。
　　②據熟田畝數與定額計,應收錢四百七十三錢。

5·230 灵石下丘男子謝高,佃田七町,凡七畝百九十步,皆二年常限。其三畝百九十步旱敗不收布。定收四畝,爲米四斛八斗,畝收布二尺。其米四斛八斗,五年十月九日付倉吏張曼、周棟。凡爲八尺[1],准入米五斗一升,五年十二月十日付倉吏張曼、周棟。其旱田不收錢。孰田畝收錢八十,凡爲錢三百廿,五年十月七日付庫吏潘慎。嘉禾六年二月廿日,田户曹史張惕校。

原注:[1]"凡"下脱"布"字。[①]
按:①據簡文,實是"爲"下脱"布"字。

5·231 灵石下丘縣吏謝達,佃田六町,凡十二畝一百冊步[①],皆二年常限。其四畝二百步旱敗不收布。定收八畝一百六十步,爲米十斛四斗,畝收布二尺。其米十斛四斗,五年十二月廿日付倉

吏張曼、周棟。凡爲布一丈七尺②，准入米一斛七升，五年十月廿日付倉吏張曼、周棟。其旱田不收錢。孰田畝收錢八十，凡爲錢六百九十③，五年十一月十四日付庫吏潘慎。嘉禾六年二月廿日，田戶曹史張惕校。

按：①佃田總數與旱田、孰田畝數不合。據旱田四畝二百步，孰田八畝一百六十步計，總畝數當爲十三畝一百廿步。

②據孰田畝數與定額計，應收布一丈七尺三寸三分。

③據孰田畝數與定額計，應收錢六百九十三錢。

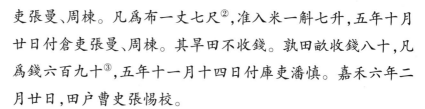

5·232 灵石下丘男子謝農，佃田五町，凡十三畝六十步，皆二年常限。其六畝二百卅步旱敗不收布。定收六畝七十步，爲米七斛五斗五升，畝收布二尺。其米七斛五斗五升，五年十二月四日付倉吏張曼、周棟。凡爲布一丈三尺①，准入米七斗五升，五年十月廿日付倉吏張曼、周棟。其旱田不收錢。孰田畝收錢八十，凡爲錢四百八十②，五年九月廿日付庫吏潘有。嘉禾六年二月廿日，田戶曹史張惕校。

按：①據孰田畝數與定額計，應收布一丈二尺五寸八分。

②據孰田畝數與定額計，應收錢五百三錢。

5·233 灵石下丘男子謝贊，佃田十一町，凡廿畝一百六十步，皆二年常限。其十畝七十步旱敗不收布。定收十畝九十步，爲米十二斛四斗五升，畝收布二尺。其米十二斛四斗五升，五年十二月十四日付倉吏張曼、周棟。凡爲布二丈①，准入米一斛二斗六升，五年九月廿日付倉吏張曼、周棟。其旱田不收錢。孰田畝收錢八十，凡爲錢八百廿七②，五年十一月廿日付庫吏番慎。嘉禾六年二月廿日，田戶曹史張惕校。

按：①據孰田畝數與定額計，應收布二丈七寸五分。

②據孰田畝數與定額計，應收錢八百卅錢。

5·234 灵石羊丘男子鄭觀，佃田卅町，凡五十九畝，皆二年常限。其一畝旱敗不收布。定收五十八畝，爲米六十九斛八斗[1]，畝收布二尺。其米六十九斛八斗，五年十一月二日付三州掾孫儀。凡爲二匹三丈六尺[2]，准入米□斛□斗五升，五年十一月十一日付三州掾孫儀①。其旱不收錢。其孰田畝收錢八十，

凡爲錢四千六百卅,准入米四斛二斗,五年十一月十一日付
三州掾孫儀畢。嘉禾六年二月廿日,田戶曹史張惕、趙野校。

原注:[1]按定收畝數和收米定額計,應爲米六十九斛六斗。

　　[2]"爲"下脱"布"字。

按:①據文例,《田家莂》"□"今補釋爲"五"。

5·235 灵伍社丘男子壬敬,佃田卅五町,凡六十六畝,皆二年常限。
其卅七畝旱敗不收布①。定收廿九畝,凡爲米卅四斛八斗,畝
收布二尺。其米卅四斛八斗,五年十一月廿二日付倉吏張
曼、周棟畢。凡爲布一匹一丈八尺,准米入五斛八斗②,五年
十二月十一日付倉吏張曼、周棟畢。其旱畝不收錢。其孰田
畝收錢八十,凡爲錢二千三百廿錢,五年十二月十一日付庫
吏潘慎畢。嘉禾六年二月廿日,田戶曹史張惕、趙野校。

按:①《田家莂》"旱畝",據圖版當爲"旱敗"。今改。

　　②據文例,"准米入"當爲"准入米"之誤。

5·236 灵伍社丘男子文侯,佃田十五町,凡廿一畝,皆二年常限。其
廿畝旱敗不收布。定收一畝,凡爲米一斛二斗,畝收布二
尺。其米一斛二斗,五年十二月廿日付倉吏張曼、周棟。凡
爲布二尺,准入米一斗二升,五年十二月廿日付倉吏張曼、
周棟。其旱田不收錢。其孰田畝收錢八十,凡爲錢八十,五
年……。嘉禾六年二月廿日,田曹史張惕①、趙野校。

按:①據文例,"田"後脱"戶"字。

5·237 灵伍社丘男子石芮①,佃田廿町,凡卅八畝,皆二年常限。其十
四畝旱敗不收布。定收卅四畝,凡爲米卅斛八斗,畝收布二
尺。其米卅斛八斗,五年十二月廿日付倉吏張曼、周棟。凡爲
布一匹二丈八尺,准入米三斛六斗八升,五年十二月十七日付
倉吏張[1]、周棟。其旱畝不收錢。其孰田畝收錢八十,凡爲錢
二千七百廿錢,五年十二月廿日付倉吏潘慎[2]、番宗。嘉禾六
年二月廿日,田戶曹史張惕、趙野校。

原注:[1]"張"下或脱"曼"字。

　　[2]"倉"爲"庫"之誤。

按:①芮,音ruì。《説文·艸部》:"芮,芮芮,艸生皃。从艸,内聲。"

5·238 灵伍社丘大女李金，佃田廿町，凡卅五畝，皆二年常限。其廿四畝旱不收布①。定收十一畝，爲米十三斛二斗，畝收布二尺。其米十三斛二斗，五年十二月一日付倉吏張曼、周棟。凡爲布二丈二尺，准入米一斛三斗四升，五年十一月八日付倉吏張曼、周棟。其旱畝不收錢。其孰田畝收錢八十，凡爲錢八百八十錢，五年十二月□日付 庫 吏潘慎②、潘宗畢。……

按：①據圖版，"旱"字後無"畝"字，《田家莂》衍"畝"字。今刪。
　　②據文例，《田家莂》"□□"今補釋爲"庫吏"。

5·239 灵伍社男子李箕[1]①，佃田一町，凡三畝，皆二年常限。爲米三斛六斗，五年十二月九日付倉吏張曼、周棟畢。畝收布二尺，凡爲布六尺，准入米三斗九升，五年十二月十日付倉吏張曼、周棟畢。畝收錢八十，凡爲錢二百卌錢，五年十二月九日付庫吏潘慎、潘宗畢。嘉禾六年二月廿日，田户曹史張惕、趙野校。

原注：[1]"社"下脱"丘"字。
按：①箕，音sǔn。《龍龕手鑒·竹部》："箕"，"簨"的俗字。

5·240 灵伍社丘男子李□，佃田□町，凡廿畝，皆二年常限。其十二畝不收布[1]。定收八畝，爲米九斛六斗，畝收布二尺。其米九斛六斗，五年十二月□日付倉吏張曼、周棟。凡爲布一丈八尺[2]，准入米一斛一斗，五年……吏曼、周棟畢[3]。其旱田不收錢。其孰田畝收錢八十，凡爲錢……錢①，五年十二月八日付庫吏番慎、番宗畢。嘉禾六年二月廿日，田户曹史張惕、趙野校。

原注：[1]"畝"下脱"旱"字。
　　[2]按定收畝數和收布定額計，應收一丈六尺。
　　[3]"曼"上脱"張"字。
按：①據孰田畝數與定額計，應收錢六百卌錢。

5·241 灵伍社丘男子區方，佃田廿町，凡卅畝，皆二年常限。其廿一畝旱敗不收布[1]。定收十九畝，凡爲米廿二斛八斗，畝收布二尺。其米廿二斛八斗，五年十二月七日付倉吏張曼、周棟。

凡爲……①，准入米二斛一斗五升，五年十二月十日付倉吏張曼、周棟。其旱畝不收錢。其孰田畝收錢八十，凡爲錢一千五百廿，五年十二月十日付庫吏潘愼、番宗畢。嘉禾六年二月廿日，田戸曹史張惕、趙野校。

原注：[1]"廿一"原作"十一"。"十"之兩側多豎劃，似抄寫者後改之爲"廿"而致，當以"十"爲是。

按：①據熟田畝數與定額計，應收布三丈八尺。

5·242 㚖伍社丘男子張斥，佃田廿町，凡卅五畝，皆二年常限。其十畝旱敗不收布。定收廿五畝，爲米卅斛，畝收布二尺。其米卅斛，五年十二月廿日付倉吏張曼、周棟畢。凡爲布一匹一丈，准入米三斛一斗二升，五年十二月廿日付倉吏張曼、周棟。其旱畝不收錢。其孰田畝收錢八十，凡爲錢二千，五年十二月廿日付庫吏番愼、番□。嘉禾六年二月廿日，户曹吏張惕、趙野校①。

按：①據文例，"户"前脱"田"字。據圖版，《田家莂》"史"當爲"吏"，圖版"吏"字非常清晰，今改。

5·243 㚖伍社丘大女張河，佃田廿五町，凡卅一畝，皆二年常限。其十九畝旱不收布。定收廿二畝，爲米廿六斛四斗，畝收布二尺。其米廿六斛四斗，五年十二月七日付倉吏張曼、周棟畢。凡爲布一匹一丈二尺[1]，准入米三斛二斗八升，五年十一月十七日付倉吏張曼、周棟畢。其旱田不收錢。其孰田畝收錢八十，凡爲錢一千七百六十錢，五年十一月一日付庫吏潘愼、潘宗畢。嘉禾六年二月廿日，田戸曹史張惕、趙野校。

原注：[1]按定收畝數和收布定額計，應收布一匹四尺。

5·244 㚖伍社丘男子鄧蘭，佃田六町，凡十二畝，皆二年常限。其十畝旱敗不收布。定收二畝，凡爲米二斛四斗，畝收布二尺。其米二斛四斗，五年十一月十五日付倉吏張曼、周棟。凡爲布四尺，准入米二斗五升，五年十二月廿日付倉吏張曼、周棟。其旱畝不收錢。其孰田畝收錢八十，凡爲錢一百六十，五年十二月七日付庫吏番愼、番宗畢。嘉禾六年二月廿日，田戸曹史張惕、趙野校。

5·245　叐伍社丘男子潘舟，佃田十五町，凡廿七畞，皆二年常限。其十八畞旱敗不收布。定收九畞，凡爲米十斛八斗，畞收布二尺。其十斛八斗，五年十二月七日付倉吏張曼、周棟。凡爲布一丈八尺，准入米一斛一斗一升，五年十二月十日付倉吏張曼、周棟。其旱畞不收錢。其孰田畞收錢八十，凡爲錢七百廿，五年十二月十日付庫吏潘慎、潘宗畢。嘉禾六年二月廿日，田戶曹史張惕、趙野校。

5·246　叐枞丘男子烝焦①，佃田十四町，凡十八畞二百廿步，皆二年常限。凡爲米廿二斛七斗，畞收布二尺。其米廿二斛七斗，五年十月廿日付倉吏張曼、周棟。凡爲布三丈七尺②，准 入 米 二斛三斗五升③，五年十一月廿日付倉吏張曼、周棟④。其旱田不收錢。孰田畞收錢八十，凡爲錢一千五百一十⑤，五年十一月廿日付庫吏潘慎。嘉禾六年二月廿日，田戶曹史張惕校。

按：①《田家莂》"枞"，王保成《三國吳簡文字研究》認爲是"杶"字。
②據熟田畞數與定額計，應收布三丈七尺八寸四分。
③據文例，《田家莂》"□□□"今補釋爲"准 入 米"。
④據圖版，《田家莂》"卅"字當爲"廿"字，圖版作"▨▨▨"，稍模糊，但可見爲兩豎劃而非三豎劃，今改。
⑤據熟田畞數與定額計，應收錢一千五百一十三錢。

5·247　叐枞丘男子謝蓯①，佃田五十一町，凡七十八畞，皆二年常限。其十七畞旱不收布。定收六十一畞，爲米七十三斛[1]，畞收布二尺。其米七十三斛二斗，五年十二月廿一日付掾孫儀。凡爲布三匹二尺，准入米七斛六斗二升四合，五年十二月廿二日付掾孫儀。其旱敗不收錢。其孰田畞收錢八十，凡爲錢四千八百八十，准米……五年十二月付掾孫儀②。嘉禾六年正月廿一日，田戶曹史張惕、趙野校。

原注：[1]據收米定額計，"斛"下脫"二斗"二字。
按：①蓯，音cōng。《玉篇·艸部》："蓯，同蔥。俗。"
②據文例，"月"後脫日期。

5·248　叐枞伻丘男子五壽，佃田九町，凡廿七畞，皆二年常限。其七畝旱敗不收布。定收廿畝，爲米廿四斛，畝收布二尺。其米廿四斛，五年十一月十七日付倉吏張曼、周棟。凡爲布一匹，准入米二斛五斗，五年十二月四日付倉吏張曼、周棟。其旱田不收錢。孰田收錢畝八十，凡爲錢一千六百，五年十月廿九日付庫吏潘慎。嘉禾六年二月廿日，田戶曹史張惕校。

5·249　灵秂伻丘男子文晧，佃田廿町，凡七十三畝，皆二年常限。其十七畝旱敗不收布。定收五十六畝，爲米六十七斛二斗，畝收布二尺。其米六十七斛二斗，五年十二月七日付倉吏張曼、周棟。凡爲布二匹三丈二尺，准入米七斛二升，五年十一月十九日付倉吏張曼、周棟。其旱田不收錢。孰田收錢畝八十，凡爲錢四千四百八十，五年十一月十日付庫吏潘慎。嘉禾六年二月廿日，田戶曹史張惕校。

5·250　灵秂伻丘男子朱與，佃田五町，凡九畝，皆二年常限。其一畝旱敗不收布。定收八畝，爲米九斛六斗，畝收布二尺。其米九斛六斗，五年十一月廿日付倉吏張曼、周棟。凡爲布一丈六尺，准入米一斛二升，五年十一月一日付倉吏張曼、周棟。其旱田不收錢。孰田收錢畝八十，凡爲錢六百冊，五年十一月廿七日付庫吏潘慎。嘉禾六年二月廿日，田戶曹史張惕校。

5·251　灵秂伻丘男子何情，佃田三町，凡四畝，皆二年常限。畝收米一斛二斗，爲米四斛八斗，畝收布二尺。其米四斛八斗，十一月三日付倉吏張曼、周棟。凡爲布八尺，准入米五斗，五年十一月十九日付倉吏張曼、周棟。畝收錢八十，凡爲錢三百廿，五年十二月六日付庫吏潘慎。嘉禾六年二月廿日，田戶曹史張惕校。

5·252　灵秂伻丘男子胡同，佃田九町，凡廿二畝，皆二年常限。其十一畝旱敗不收布。定收十一畝，爲米十三斛二斗，畝收布二尺。其米十三斛二斗，五年十二月六日付倉吏張曼、周棟。凡爲布二丈二尺，准入米一斛三斗七升，五年十一月廿日付倉吏張曼、周棟。其旱田不收錢。孰田收錢畝八十，凡爲錢

八百八十，五年九月卅日付庫吏潘慎。嘉禾六年二月廿日，
田戶曹史張惕校。

5·253　靈秇伖丘男子敔音，佃田四町，凡十六畝，皆二年常限。畝收
米一斛二斗，爲米十九斛二斗，畝收布二尺。其米十九斛二
斗，五年十一月十七日付倉吏張曼、周棟。凡爲布三丈二尺，
准入米一斛九斗二升，五年十一月十九日付倉吏張曼、周
棟。畝收錢八十，凡爲錢一千二百八十，五年十一月廿日付
庫吏潘慎。嘉禾六年二月廿日，田戶曹史張惕校。

5·254　靈秇伖丘男子逢養，佃田七町，凡卅三畝，皆二年常限。其三
畝旱敗不收布。定收卅畝，爲米卅六斛，畝收布二尺。其米
卅六斛，五年十一月十六日付倉吏張曼、周棟。凡爲布一匹
二丈，准入米三斛七斗五升，五年十一月廿八日付倉吏張曼、
周棟。其旱田不收錢。孰田收錢畝八十，凡爲錢二千四百，
五年十一月廿九日付庫吏潘慎。嘉禾六年二月廿日，田戶曹
史張惕校。

5·255　靈秇伖丘男子高元，佃田十一町，凡廿五畝，皆二年常限。其
十一畝旱敗不收布。定收十四畝，爲米十六斛八斗，畝收布
二尺。其米十六斛八斗，五年十一月廿六日付倉吏張曼、周
棟。凡爲布二丈八尺，准入米一斛七斗五升，五年十一月廿
九日付倉吏張曼。其旱田不收錢。孰田收錢畝八十，凡爲錢
一千一百廿，五年十一月廿六日付庫吏潘慎。嘉禾六年二月
廿日，田戶曹史張惕校。

5·256　靈秇伖丘男子高世，佃田十四町，凡十九畝，皆二年常限。其
一畝旱敗不收布。定收十八畝，爲米廿一斛六斗，畝收布二
尺。其米廿一斛六斗，五年十一月廿三日付倉吏張曼、周
棟。凡爲布三丈六尺，准入米二斛三斗五升，五年十一月十
四日付倉吏張曼、周棟。其旱田不收錢。孰田畝收錢八十，
凡爲錢一千四百卅，五年十一月廿日付庫吏潘慎。嘉禾六年
二月廿日，田戶曹史張惕校。

5·257 灵朼伻丘男子高惕,佃田四町,凡八畞,皆二年常限。畞收米一斛二斗,爲米九斛六斗,畞收布二尺。其米九斛六斗,五年十一月廿日付倉吏張曼、周棟。凡爲布一丈六尺,准入米九斗六升,五年十一月廿日付倉吏張曼、周棟。畞收錢八十,凡爲錢七百廿[1],五年十一月廿六日付庫吏潘慎①。嘉禾六年二月廿日,田户曹史張惕校。

原注:[1]按熟田數和收錢定額計,應收六百卌錢。

按:①據圖版,"六"前清晰有一"廿"字,《田家莂》脱,今補。

5·258 灵朼伻丘男子唐富,佃田五町,凡十八畞,皆二年常限。其十一畞旱敗不收布。定收七畞,爲米八斛四斗,畞收布二尺。其米八斛四斗,五年十二月廿七日付倉吏張曼、周棟。凡爲布一丈六尺[1],准入米一斛,五年十二月廿八日付倉吏張曼、周棟。其旱田不收錢。孰田收錢畞八十,凡爲錢五百六十,五年十一月廿四日付庫吏潘慎。嘉禾六年二月廿日,田户曹史張惕校。

原注:[1]按定收畞數和收布定額計,應收布一丈四尺。

5·259 灵朼伻丘男子許侻①,佃田三町,凡五畞,皆二年常限。其一畞旱敗不收布。定收四畞,[爲]米四斛八斗②,畞收布二尺。其米四斛八斗,五年十二月十日付倉吏張曼、周棟。凡爲布八尺,五年九月七日付庫吏潘琱。其旱田不收錢。孰田畞收錢八十,凡爲錢三百廿,五年九月七日付庫吏潘琱。嘉禾六年二月廿日,田户曹史張惕校。

按:①侻,音tuì。《廣雅·釋詁三上》:"侻,可也。"
②據文例,《田家莂》"□"今補釋爲"爲"。

5·260 灵朼伻丘男子□□,佃田八町,凡廿九畞,皆二年常限。其十四畞旱敗不收布。定收十五畞,爲米十八斛,畞收布二尺。其米十八斛,五年十一月十七日付倉吏張曼、周棟。凡爲布三丈,准入米一斛八斗,五年十月十九日付倉吏張曼、周棟。其旱田不收錢。孰田收錢畞八十,凡爲錢一千二百,五年十一月七日付庫吏潘慎。嘉禾六年二月廿日,田户曹史張惕校。

5·261　灵旱丘男子朱杲,佃田七町,凡廿五畝,其廿畝二年常限。其十六畝旱敗不收布。其五畝餘力田,爲米二斛。定收四畝,爲米四斛八斗。凡爲米六斛八斗,畝收布二尺。其米六斛八斗,六年正月七日付倉吏張曼、周棟。凡爲布一丈八尺,准入米一斛一斗一升,五年十一月十八日付倉吏張曼、周棟。其旱田不收錢。孰田收錢畝八十,凡爲錢七百廿,五年十一月廿日付庫吏潘□。嘉禾六年二月廿日,田戶曹史張惕校。

5·262　灵旱丘男子朱換,佃田四町,凡九畝,皆二年常限。其二畝旱敗不收布。定收七畝,爲米八斛四斗,畝收布二尺。其米八斛四斗,六年正月十日付倉吏張曼、周棟。凡爲布一丈四尺,准入米八斗七升,五年十一月十一日付倉吏張曼、周棟。其旱田不收錢。其孰田收錢畝八十,凡爲錢五百六十,五年十一月九日付庫吏潘慎。嘉禾六年二月廿日,田戶曹史張惕校。

5·263　灵旱丘男子苗絞①,佃田六町,凡十二畝,皆二年常限。其二畝旱敗不收布。定收十畝,爲米十二斛,畝收布二尺。其米十二斛,六年正月廿日付倉吏張曼、周棟。凡爲布二丈,准入米一斛二斗五升,五年十一月廿日付倉吏張曼、周棟。其旱田不收錢。孰田畝收錢八十,凡爲錢八百,五年十一月廿日付庫吏潘慎。嘉禾六年二月廿日,田戶曹史張惕校。

按:①《田家莂》"絞",圖版作"絞"。王保成《三國吳簡文字研究》認爲是"絞"字。

5·264　灵旱丘男子枒阿①,佃田八町,凡十二畝,皆二年常限。其四畝旱敗不收布。定收八畝,爲米九斛六斗,畝收布二尺。其米九斛六斗,六年正月十日付倉吏張曼、周棟。凡爲布一丈六尺,准入米九斗九升,五年十一月廿日付倉吏張曼、周棟。其旱田不收錢。孰田收錢畝八十,凡爲錢六百冊,五年十一月廿日付庫吏潘慎。嘉禾六年二月廿日,田戶曹史張惕校。

按:①枒,同梅。

5·265　灵旱丘男子唐平,佃田十九町,凡五十三畝,皆二年常限。其卅七畝旱敗不收布。定收十六畝,爲米十九斛二斗,畝收布二尺。其米十九斛二斗，六年正月廿日付倉吏張曼、周棟。凡爲三丈二尺[1]，准入米二斛一斗二升，五年十一月廿日付倉吏張曼、周棟。其旱田不收錢。孰田收錢畝八十，凡爲錢一千二百八十，五年十一月十九日付庫吏潘慎。嘉禾六年二月廿日，田戶曹史張惕校。

原注：[1]"爲"下脱"布"字。

5·266 廞旱丘男子唐智，佃田廿二町，凡卌三畝，皆二年常限。其廿八畝旱敗不收布。定收十五畝，爲米十八斛，畝收布二尺。其米十八斛，六年正月廿日付倉吏張曼、周棟。凡爲布三丈，准入米一斛九斗八升，五年十月七日付倉吏張曼、周棟。其旱田不收錢。孰田畝收錢八十，凡爲錢一千二百，五年九月廿日付庫吏潘有。嘉禾六年二月廿日，田戶曹史張惕校。

5·267 廞旱丘男子黃罙①，佃田八町，凡七十二畝，皆二年常限。其卌一畝旱敗不收布。定收卌一斛[1]，收米卌七斛二斗，畝收布二尺。其米卌七斛二斗，六年正月十日付倉吏張曼、周棟。凡爲布一匹二丈二尺，准入米三斛八斗七升，五年十二月十八日付倉吏張曼、周棟。其旱田不收錢。孰田收錢畝八十，凡爲錢二千四百八十，五年十二月五日付庫吏潘慎。嘉禾六年二月廿日，田戶曹史張惕校。

原注：[1]"斛"當爲"畝"之誤。
按：①罙，音 mí。同冞。《詩·商頌·殷武》："撻彼殷武，奮伐荆楚。罙入其阻，裒荆之旅。"一本作"冞"。《廣韻·支韻》："冞，冞入也；冒也；周行也。"

5·268 廞旱丘男子黃郡，佃田八町，凡廿一畝，皆二年常限。其十五畝旱敗不收布。定收六畝，爲米七斛二斗，畝收布二尺。其米七斛二斗，五年十二月廿日付倉吏張曼、周棟。凡爲布一丈二尺，准入米七斗五升，六年正月十七日付倉吏張曼、周棟。其旱田不收錢。孰田收錢畝八十，凡爲錢四百八十，五年十一月十日付庫吏潘慎。嘉禾六年二月廿日，田戶曹史張惕校。

5·269 灵旱丘男子張巨,佃田十町,凡十八畞,皆二年常限。其九畞旱敗不收布。定收九畞,爲米十斛八斗,畞收布二尺。其米十斛八斗,六年正月十日付倉吏張曼、周棟。凡爲布一丈八尺,准入米一斛一斗一升,五年十一月廿五日付倉吏張曼、周棟。其旱田不收錢。孰田收錢畞八十,凡爲錢七百廿,五年十一月廿日付庫吏潘慎。嘉禾六年二月廿日,田户曹史張惕校。

5·270 灵旱丘男子張皮,佃田八町,凡卅六畞,其廿九畞二年常限。其十七畞旱敗不收布。其七畞餘力田,爲米二斛八斗。定收十二畞,爲米十四斛四斗。凡爲米十七斛二斗,畞收布二尺。其米十七斛二斗,六年正月十一日付倉吏張曼、周棟。凡爲布三丈八尺,准入米二斛三斗八升,五年十月廿九日付倉吏張曼、周棟。其旱田不收錢。孰田收錢畞八十,凡爲錢一千五百廿,五年十一月廿日付庫吏潘慎。嘉禾六年二月廿日,田户曹史張惕校。

5·271 灵旱丘男子張有,佃田九町,凡卅二畞,皆二年常限。其十一畞旱敗不收布。定收卅一畞,爲米卅七斛二斗,畞收布二尺。其米卅七斛二斗,六年正月十九日付倉吏張曼、周棟。凡爲布一匹二丈二尺,准入米三斛八斗一升,五年十一月廿日付倉吏張曼、周棟[①]。其旱田不收錢。孰田畞收錢八十,凡爲錢二千四百八十,五年十一月九日付庫吏潘慎。嘉禾六年二月廿日,田户曹史張惕校。

按:①《田家莂》"二月"之"二"字,據圖版實爲"十一"二字,圖版作"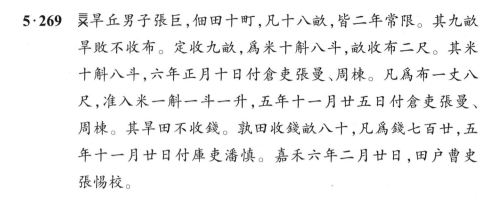",較清晰,"一"上的一橫劃有一短豎劃穿過,《田家莂》誤釋二字("十一")爲一字("二")。另,簡5·274、簡5·296、簡5·321、簡5·349的"十一"與此簡寫法相同,亦可爲證。再,據文例,嘉禾五年租稅當在五年冬至六年春徵收,簡文未見在五年二月繳布的情況,故據文意亦當爲"十一"。今改。

5·272 灵旱丘男子張署,佃田五町,凡廿二畞,皆二年常限。其十畞旱敗不收布。定收十二畞,爲米十四斛四斗,畞收布二尺。其米十四斛四斗,六年正月十一日付倉吏張曼、周棟。凡爲布二丈四尺,准入米一斛六斗九升,五年十一月廿日付倉吏

張曼、周棟。其旱田不收錢。孰田收錢畝八十,凡爲錢九百
六十,五年十一月廿日付庫吏潘慎。嘉禾六年二月廿日,田
戶曹史張惕校。

5·273 灵旱丘男子潘□,佃田七町,凡廿三畝[1],皆二年常限。其十畝
一百廿步旱不收布。定收十三畝①,爲米十五斛[2],畝收布二
尺。其米十五斛,五年十二月廿一日付倉吏張曼、周棟畢。凡
爲二丈三尺[3],准入米一斛三斗,五年十一月十七日付倉吏張
曼、周棟畢。其旱畝不收錢。其孰田畝收錢八十,凡爲錢一
千[4],准入米一斛,五年十二月五日付倉吏張曼、周棟畢。嘉
禾六年二月廿日,田戶曹史張惕、趙野校。

原注:[1]下文旱田及定收田畝總數爲廿三畝一百廿步,與佃田凡廿三畝之數不合。
[2]按常限熟田每畝收米一斛二斗定額計,十五斛爲十二畝一百廿步之收
米數。
[3]"凡爲"下脱"布"字。以熟田每畝收布二尺定額計,十三畝當收二丈六尺。
[4]以熟田每畝收錢八十定額計,一千錢爲十二畝一百廿步之收錢數。

按:①據佃田總數與旱田數推算,定收當爲十二畝一百廿步;據收米數、收錢數及定
額推算,定收亦當爲十二畝一百廿步。故定收十三畝可能有誤。

5·274 灵旱丘男子謝奴,佃田四町,凡廿四畝,皆二年常限。其十九
畝旱敗不收布。定收五畝,爲米六斛,畝收布二尺。其米六
斛,六年正月廿日付倉吏張曼、周棟。凡爲布一丈,准入米六
斗三升,五年十一月廿一日付倉吏張曼、周棟。其旱田不收
錢。孰田收錢畝八十,凡爲錢四百,五年十一月十七日付庫
吏潘□。嘉禾六年二月廿日,田戶曹史張惕校。

5·275 灵旱丘男子謝純①,佃田四町,凡十九畝,皆二年常限。其十四
畝旱敗不收布。定收五畝[1]②,爲米六斛,畝收布二尺。其米
六斛,六年正月廿一日付倉吏張曼、周棟。凡爲布一丈,准入
米六斗三升,六年正月十九日付倉吏潘慮。其旱田不收錢。
其孰田畝收錢八十,凡爲錢四百,五年九月七日付庫吏潘有。
嘉禾六年二月廿日,田戶曹史張惕校。

原注:[1]"斛"當爲"畝"字之誤。
按:①《田家莂》"純(?)",圖版作"**純**",很清晰。竹簡中"純"的寫法與此字相同,如

簡壹·1426、簡壹·2863等。故"純"後"（？）"可刪。今刪。

②據圖版，《田家莂》"斛"可直接隸定爲"畝"字，圖版作"▨"。"斛"和"畝"的左側在田家莂中的寫法很相似，但右側差別很大，"斛"右側的"斗"田家莂多寫作"十"，與"畝"右側的"久"寫法差異很大。今改。

5·276　灵旱丘男子謝鹿，佃田七町，凡九畝，皆二年常限。其五畝旱敗不收錢[1]。定收四畝，爲米四斛八斗，畝收布二尺。其米四斛八斗，六年正月十日付倉吏張曼、周棟。凡爲布八尺，准入米四斗八升，五年十一月十日付倉吏張曼、周棟。其旱田不收錢。孰田收錢畝八十，凡爲錢三百廿，五年十一月廿日付庫吏潘慎。嘉禾六年二月廿日，田戶曹史張惕校。

原注：[1]"錢"當爲"布"字之誤。

5·277　灵旱丘男子謝囊，佃田六町，凡卅七畝，皆二年常限。其廿八畝旱敗不收布。定收十九畝，爲米廿二斛八斗，畝收布二尺。其米廿二斛八斗，六年正月廿三日付倉吏張曼、周棟。凡爲布三丈八尺，准入米二斛三斗八升，六年正月十一日付倉吏張曼、周棟。其旱田不收錢。孰田畝收錢八十，凡爲錢一千五百廿，五年九月廿日付庫吏潘有。嘉禾六年二月廿日，田戶曹史張惕校。

5·278　灵旱中丘男子尹澤，佃田一町，凡二畝，皆二年常限。爲米二斛四斗，畝收布二尺。其米二斛四斗，五年十二月六日付倉吏張曼、周棟。凡爲布四尺，准入米二斗四升，五年十二月廿日付倉吏張曼、周棟。其孰田畝收錢八十，凡爲錢一百六十，准入米一斗二升，五年十一月廿日付吏孫儀。嘉禾六年二月廿日，田戶曹史張惕、趙野校。

5·279　灵旱中丘男子朱禿，佃田七町，凡卅畝，皆二年常限。其廿畝旱不收布。定收十畝，爲米十二斛，畝收布二尺。其米十二斛，五年十二月八日付吏孫儀。凡爲布二丈，五年十一月一日付庫吏潘有。其旱田不收錢。其孰田畝收錢八十，凡爲錢八百，准入米一斛四升，五年十二月一日付吏孫儀。嘉禾六年二月廿日，田戶曹史張惕、趙野校。

5·280 灵旱中丘男子謝文,佃田九町,凡廿一畞,皆二年常限。其十
畞旱不收布。定收十一畞,爲米十三斛二斗,畞收布二尺。
其米十三斛二斗,五年十二月廿日付吏孫儀。凡爲布二丈二
尺,五年十一月廿一日付庫吏潘有。其旱田不收錢。其孰田
畞收錢八十,凡爲錢八百八十,准入米一斛一斗四升四合,五
年十二月卅日付吏孫儀。嘉禾六年二月廿日,田戶曹史張
惕、趙野校。

5·281 灵里中丘男子朱萇,佃田一町①,皆二年常限,旱敗不錢布[1]。
嘉禾六年二月廿日,田戶曹史張惕、趙野校。

原注:[1]"不"下脱"收"字。

按:①據文例,"町"後脱佃田畞數。

5·282 灵里中丘男子朱賢,佃田二町,凡七畞,皆二年常限。其五畞
旱不收錢布[1]①。定收二畞,爲米二斛四斗,畞收布二尺。其
米二斛四斗,五年十二月八日付倉吏張曼、周棟。凡爲布四
尺,准入米二斗五升,五年十二月一日付倉吏張曼、周棟。其
旱田不收錢。其孰田畞收錢八十,凡爲錢一百六十,准入米
一斗二升,五年十二月□日付□□□。嘉禾六年二月廿日,
田戶曹史張惕、趙野校。

原注:[1]"錢"或爲衍文。

按:①《田家莂》"旱敗"之"敗"字,據圖版無,今删。

5·283 灵里中丘軍吏朱謙,佃田二町,凡十三畞,皆二年常限。其九
畞旱不收布。定收四畞,爲米四斛八斗,畞收布二尺。其米
四斛八斗,五年十一月二日付倉吏潘慮。凡爲布八尺,五年
十一月十日付庫吏潘慎、潘宗。其旱田不收錢。其孰田畞收
錢八十,凡爲錢三百廿,准入米二斗五升,五年十二月廿日付
吏孫儀畢。嘉禾六年二月廿日,田戶曹史張惕、趙野校。

5·284 灵里中丘大女李嬋,佃田二町,凡三畞,皆二年常限。爲米三
斛六斗,畞收布二尺。其米三斛六斗,五年十二月五日付倉
吏張曼、周棟。凡爲布六尺,准入米三斗六升,五年十二月廿
一日付倉吏張曼、周棟。凡爲錢二百卌,准入米三斗一升二

合，五年十二月九日付吏孫儀。嘉禾六年二月廿日，田户曹史張惕、趙野校。

5·285　烝里中丘男子范宜，佃田一町，凡八畝。其七畝二年常限。其五畝旱不收布。定收二畝，爲米二斛四斗，畝收布二尺。其一畝餘力孰田，爲米四斗，布二尺。其米二斛八斗，五年十一月十九日付倉吏張曼、周棟。凡爲布六尺，准入米三斗六升，五年十二月三日付倉吏張曼、周棟①。其旱田不收錢。其孰田畝收錢八十，凡爲錢二百冊，准入米三斗一升二合，五年十二月十七日付吏孫儀畢。嘉禾六年二月廿日，田户曹史張惕、趙野校。

按：①《田家莂》“二日”之“二”字，據圖版實爲“三”字，圖版作“� ”，很清晰，爲三横劃。今改。

5·286　烝里中丘男子栶□，佃田□町，凡十三畝，皆二年常限。其十畝旱不收布。定收三畝，爲米三斛六斗，畝收布二尺。其米三斛六斗，五年十二月八日付吏孫儀。凡爲布六尺，五年九月廿日付庫吏潘有。其旱田不收錢。其孰田畝收錢八十，凡爲錢一百冊①，准入米三斗一升二合，五年十二月廿五日付吏孫儀。嘉禾六年二月廿日，田户曹史張惕、趙野校。

按：①據熟田畝數與定額計，應收錢二百冊錢。

5·287　烝里中丘男子胡文，佃田七町，凡十七畝，皆二年常限。其十畝旱不收布。定收七畝，爲米八斛四斗，畝收布二尺。其米八斛四斗，五年十二月十日付吏孫儀。凡爲布一丈四尺，五年十一月二日付庫吏潘有。其旱田不收錢。其孰田畝收錢八十，凡爲錢五百六十，准入米九斗二升八合，五年十二月十日付吏孫儀。嘉禾六年二月廿日，田户曹史張惕、趙野校。

5·288　烝里中丘縣吏唐晊①，佃田一町，凡二畝，皆二年常限。旱敗不收錢布。嘉禾六年二月廿日，田户曹張惕[1]、趙野校。

原注：[1]“曹”下脱“史”字。

按：①晊，音zhì。《爾雅·釋詁上》：“晊，大也。”

5·289 灵里中丘大女黄妾,佃田九町,凡十六畞,皆二年常限。其十二畞旱不收布。定收四畞,爲米四斛八斗,畞收布二尺。其米四斛八斗,五年十二月五日付倉吏張曼、周棟。凡爲布八尺,准入米四斗八升,五年十二月十日付倉吏張曼、周棟。其旱田不收錢。其孰田畞收錢八十,凡爲錢三百廿,准入米四斗一升六合,五年十二月八日付倉吏孫儀。嘉禾六年二月廿日,田户曹史張惕、趙野校。

5·290 灵里中丘縣吏鄧璠,佃田二町,凡九畞,皆二年常限①。定收一畞,爲米一斛二斗,其米一斛二斗,五年十二月五日付倉吏潘慮。爲布二尺,五年十二月五日付庫吏潘慎、潘宗。孰田畞收錢八十,准入米六升,五年十二月七日付吏孫儀畢。嘉禾六年二月廿日,田户曹史張惕、趙野校。

按:①據文例,"二年常限"後脱旱田畞數,據佃田總數及熟田畞數可知,旱田八畞。

5·291 灵里中丘男子鄧□,佃田一町,凡三畞,皆二年常限。爲米三斛六斗,畞收布二尺,凡爲六尺①,准入米三斗六升,五年十二月八日付倉張曼②、周棟。其孰田畞收錢八十,凡爲二百卅[1],准入米三斗一升二合,五年十二月九日日付吏孫儀畢[2]。嘉禾六年二月廿日,田户曹史張惕、趙野校。

原注:[1]"爲"下脱"錢"字。

　　　　[2]"九"下衍一"日"字。

按:①據文例,"凡爲"前脱繳米數、繳米時間和接收倉吏姓名;"爲"下脱"布"字。

　　②《田家莂》"倉吏"之"吏"字,據圖版無。今刪。

5·292 灵吴丘男子朱夫,佃田卅八町,凡卅九畞,皆二年常限。畞收米一斛二斗,凡爲米五十八斛八斗,收布二尺[1]。其米五十八斛八斗,五年十二月十一日付掾孫儀。凡爲布二匹一丈八尺,准入米□斛一斗一升,五年十二月□日付掾孫儀。……,凡爲錢三千九百廿,准入米三斛五斗,六年正月五日付掾孫儀。嘉禾六年二月廿日,田户曹史張惕、趙野校。

原注:[1]"收"上脱"畞"字。

5·293 灵利丘男子文毛,佃田十二町,凡廿畞,皆二年常限。畞收米一斛二斗,凡爲米廿四斛,畝收布二尺。其米廿四斛,五年十二月十日付三州掾孫儀。凡爲布一匹,准入米二斛五斗,五年十二月十日付三州掾孫儀。其旱田不收錢。其孰田畝收錢八十,凡爲錢一千六百,准入米一斛四斗五升,五年十二月九日付三州掾孫儀。嘉禾六年二月廿日,田户曹史張惕、趙野校。

5·294 灵利丘男子石員,佃田七町,凡十二畝一百廿步。……①定收八畝,爲米九斛六斗,畝收布二尺。其米九斛六斗,五年十二月八日付吏孫儀畢。凡爲布一丈六尺,准入米一斛,五年十二月卅日付吏孫儀畢。其旱田不收錢。其孰田畝收錢八十,凡錢六百卌②,准入米五斗,五年十二月一日付吏孫儀畢。嘉禾六年二月廿日,田户曹史張惕、趙野校。

按:①據文例,佃田總數後脱旱田畝數。圖版右側殘缺,但尚殘留些許殘筆,故《田家莂》"定收"前脱缺文號"……",今補。
②據文例,"凡"後脱"爲"字。

5·295 灵利丘男子朱恚①,佃田十七町,凡十七畝,皆二年常限。其四畝旱田不收布。定收十四畝[1],凡爲米十五斛六斗,畝收布二尺。其米十五斛六斗,五年十一月廿日付掾孫儀。凡爲布二丈六尺,准入米一斛六斗一升,六年正月卅日付掾孫儀。孰田收錢畝八十②,凡爲錢一千卌,准米九斗[2],六年正月卅日付掾孫儀。嘉禾六年二月廿日,田户曹史張惕、趙野校。

原注:[1]按收米、收布、收錢定額與相應收米、收布、收錢總數計,定收畝數應爲十三畝。
[2]"准"下脱"入"字。

按:①恚,音huì。《説文·心部》:"恚,恨也。从心,圭聲。"
②據文例,《田家莂》"□□"今補釋爲"孰田"。

5·296 灵利丘男子李完,佃田五町,凡十畝,皆二年常限。畝收米一斛二斗,爲米十二斛,畝收布二尺。其米十二斛,五年十一月廿六日付三州掾孫儀。凡爲布一匹[1],准入米二斛五斗,五年十一月廿八日付三州掾孫儀。其旱田不收錢。其孰田畝收錢八十,凡爲錢八百,准入米七斗四升,五年十二月廿日付三州掾孫儀。嘉禾六年二月廿日,田户曹史張惕、趙野校。

原注:[1]按定收畝數和收布定額計,應收布二丈。

5·297 桼利丘男子李緪,佃田卅二町,凡五十八畝,皆二年常
限。其六畝旱敗不收布。定收五十二畝,畝收米一斛二斗,凡爲米
六十二斛四斗,畝收布二尺。其米六十二斛四斗,五年十二
月廿日付三州掾孫儀。凡爲布二匹二丈四尺,准入米四斛三
斗二升,五年十一月卅日付三州掾孫儀。其旱田不收錢。其
孰田收錢畝八十,凡爲錢四千一百六十,准入米□斛一斗五
升,五年十二月十八日付三州掾 孫 儀 ①。嘉禾六年二月廿
日,田户曹史張惕、趙野校。

按:①據統計,田家莂稱"三州掾"者僅孫儀一人,故《田家莂》"□□"今補釋爲
"孫 儀"。

5·298 桼利丘男子李檮①,佃田五町,凡十八畝一百廿步[1],皆二年常
限。其十五畝一百廿步旱敗不收布[2]。定收十三畝,爲米十
五斛六斗,畝收布二尺。其米十五斛六斗,五年十二月十四
日付倉吏張曼、周棟。凡爲布二丈六尺,准入米一斛六斗一
升,五年十二月十三日付吏孫儀。其旱田不收錢。其孰田畝
收錢八十,凡爲錢九百八十②,五年十二月十三日付庫吏潘
慎、潘宗。嘉禾六年二月廿日,田户曹史張惕、趙野校。

原注:[1]、[2]佃田畝數"十八畝一百廿步"與旱敗畝數"十五畝一百廿步"中,二者
當有一誤。

按:①檮,音táo。《説文·木部》:"檮,斷木也。从木,𡜩聲。"
②據熟田畝數與定額計,應收錢一千卅錢。

5·299 桼利丘男子李□,佃田十七町,凡卌六畝,皆二年常限。其五
畝旱不收布。定收卌一畝,爲米卌九斛二斗,收布二尺①。其
米卌九斛二斗,六年正月十八日付掾孫儀。凡爲布二匹二
尺,准入米五斛一斗二升四合,六年正月十八日付掾孫儀。
其旱畝不收……,其孰田畝收錢……

按:①"收"前脱"畝"字。

5·300 桼利丘男子烝角,佃田卅六町,凡五十畝。其卌畝二年常限,

爲米卌八斛,畝收布二尺。其十畝餘力田,爲米四斛,畝收布
二尺。凡爲米五十二斛,五年十二月十一日付掾孫儀。凡爲
布二匹二丈,准入米六斛二斗五升,五年十二月廿日付三州掾
孫儀。畝收錢八十,凡爲錢四千,准入米二斛七斗,六年二月
二日付掾孫儀。嘉禾六年二月廿日,田戶曹史張惕、趙野校。

5·301 灵利丘男子烝宗,佃田八十二町,凡一頃廿七畝,其一頃十七
畝二年常限。其十三畝旱不收布。其十畝餘力田,爲米四
斛,收布二尺①。定收一頃四畝,爲米一百廿四斛八斗,收布
二尺②。凡爲一百廿八斛八斗[1],六年正月十二日付掾孫儀。
凡爲布五匹二丈八尺,准入米十四斛二斗,六年正月十八日
付掾孫儀。其旱田不收錢。其孰田收錢畝八十,凡爲錢九千
一百廿……。嘉禾六年二月廿日,田戶曹史張惕、趙野校。

原注:[1]"爲"下脫"米"字。

按:①、②"收"前脫"畝"字。

5·302 灵利丘大女烝兼,佃田十町,凡十七畝,皆二年常限。其……
定收十六畝,爲米十九斛二斗,收布二尺①。其米十九斛二
斗,六年正月廿日付三州掾孫儀。凡爲布三丈二尺,准入一
斛九斗二升四合[1],六年正月廿日付掾孫儀。其旱田不收
錢。其孰田畝收錢八十,凡爲錢一千二百八十,准入一斛一
斗二升[2],六年正月十一日付……。嘉禾六年二月廿日,田戶
曹史張惕、趙野校。

原注:[1]"入"下脫"米"字。

[2]"入"下脫"米"字。

按:①"收"前脫"畝"字。

5·303 灵利丘男子烝陶,佃田七町,凡十畝,皆二年常限。定收米一
斛二斗①,凡爲米十二斛,畝收布二尺。其米十二斛……。凡
爲布二丈,准入米一斛二斗五升,五年十一月十日付三州掾
孫儀。其孰田畝收錢八十,凡爲錢八百,准入米七斗五升,五
年十一月廿日付三州掾孫儀畢。嘉禾六年二月廿日,田戶曹
史張惕校。

按：①據文例，"定"當爲"畝"字之誤。

5·304 灵利丘男子烝棠①，佃田卅六町，凡五十七畝，皆二年常限。畝收米一斛二斗，凡爲米六十八斛四斗，收布二尺[1]。其米六十八斛四斗，六年二月二日付掾孫儀。凡爲布二匹三丈四尺，准入米七斛一斗，六年二月十日付掾孫儀。畝收錢八十，凡爲四千五百六十錢②，准入米四斛一斗四升，六年二月十四日付掾孫儀。嘉禾六年二月廿日，田户曹史張惕、趙野校。

原注：[1]"收"前脱"畝"字。

按：①《田家莂》"丞"字，據圖版實爲"烝"，圖版作""，很清晰，"丞"下有"灬"。今改。

②"爲"後脱"錢"字。

5·305 灵利丘縣吏烝循，佃田十二町，凡卅七畝，皆二年常限。其一畝旱敗不收布。定收卅六畝，收米一斛二斗①，凡爲米卌三斛二斗，畝收布二尺。其米卌三斛二斗，五年十二月七日付三州掾孫儀。凡爲布一匹三丈六尺②，准入米四斛七斗四升，五年十一月十日付三州掾孫儀。其旱田不收錢。其孰田畝收錢八十③，凡爲錢二千八百八十，准入米二斛六斗，五年十二月□日付三州掾孫儀畢。嘉禾六年二月廿日，田户曹史張惕、趙野校。

按：①"收"前脱"畝"字。

②據熟田畝數與定額計，應收布一匹三丈二尺。

③據文例，《田家莂》"□□□□□□□□"今補釋爲"其孰田畝收錢八十"。

5·306 灵利丘男子烝詳，佃田廿三町，凡五十八畝，皆二年常限。其七畝旱敗不收錢[1]。定收五十一畝，畝收米一斛二斗，凡爲米六十一斛二斗，畝收布二尺。凡爲布二匹二丈二尺①，准入米六斛三斗七升，五年十一月十日付三州掾孫儀。其旱田不收錢。其孰田畝收錢八十，凡爲錢四千七十②，准入米三斛六斗五升，五年十二月六日付三州掾孫儀畢。嘉禾六年二月廿日，田户曹史張惕、趙野校。

原注：[1]"錢"當爲"布"字之誤。

按：①據文例，"凡爲布"前脱繳米數、繳米時間和接收倉吏姓名。

②據熟田畝數與定額計,應收錢四千八十錢。

5·307　灵利丘男子烝騎,佃田八町,凡十二畝,皆二年常限。畝收米一斛二斗,凡爲米十四斛四斗,畝收布二尺。其米十四斛四斗,五年十一月卅日付三州掾孫儀。凡爲布二丈四尺,准入米一斛四斗四升,五年十一月□□付三州掾孫儀。其旱田不收錢。其孰田畝收錢八十,凡爲錢九百六十,准入米……十日付三州掾孫儀畢。嘉禾六年二月廿日,田户曹史張……

5·308　灵利丘男子烝蘇,佃田卅四町,凡七十七畝,皆二年常限。其三畝旱敗不收錢①。定收七十四畝,畝收米一斛二斗,凡爲米八十八斛八斗,畝收布二尺。其米八十八斛八斗,五年十二月一日付三州掾孫儀。凡爲布三匹二丈八尺②,……斛二斗四升六合……。其旱田不收錢。其孰田收錢畝八十,凡爲錢五千九百廿,五年……。嘉禾六年二月廿日,田户曹史張惕、趙野校。

按:①據文例,"錢"當爲"布"字之誤。
　　②據熟田畝數與定額計,應收布三匹二丈八尺。故《田家莂》"□"今補釋爲"三"。

5·309　灵利丘縣吏烝贇①,佃田百卅町,凡一頃八十五畝,皆二年常限。其五畝旱敗不收布。定收一頃八十畝,畝收米一斛二斗,凡爲米二百一十六斛,畝收布二尺。凡爲布九匹②,准入米廿二斛五斗,五年十一月十日付三州掾孫儀。其旱田不收錢。其孰田收錢八十③,凡爲錢一萬三千四百[1],准入米十二斛一斗三升,五年十一月廿日付三州掾孫儀。嘉禾六年二月廿日,田户曹史張惕、趙野校。

原注:[1]按熟田畝數和收錢定額計,應收一萬四千四百錢。
按:①贇,音bīn。《玉篇·貝部》:"贇,美也。"
　　②據文例,"凡爲布"前脱繳米數、繳米時間和接收倉吏姓名。
　　③據文例,"收"前或"錢"後脱"畝"字。

5·310　灵利丘烝謾①,佃田廿町,卅八畝[1],皆二年常限。其一畝旱不收布。定卅七畝②,爲米卅四斛四斗,畝收布二尺。其米卅四斛四斗,五年十二月十二日付三州掾孫儀。凡爲布一匹三丈

四尺，准入米□斛六斗，五年十一月廿日付三州掾孫儀。其
旱不收錢。其孰田畝收錢八十，凡爲錢二千九百六十，准入
米二斛六斗五升，五年十一月十日付三州掾孫儀。嘉禾六年
二月廿日，田户曹史張惕、趙野校。

原注：[1]"卅"前或脱"凡"字。

按：①《田家莂》"丞"字，據圖版應爲"烝"字，今改。據文例，"烝漫"前脱表身份的
　　詞語。
　　②據文例，"定"後脱"收"字。

5·311 㓝利丘男子黄柔①，佃田卅五町，凡八十二畝。其六十二畝二
年常限。收一斛二斗[1]②，凡爲米七十四斛四斗，收布[2]③。其
十畝餘力田[3]，收四斛，畝收布二尺。凡爲米八十斛八斗④，六
年正月十日付掾孫儀。凡爲布四匹四尺，准入米十斛二斗四
升八合，六年正月十日付掾孫儀。畝收錢八十，凡爲錢六千
五百六十，准入米五斛九斗，六年正月十二日付掾孫儀畢。
嘉禾六年二月廿日，田户曹史張惕、趙野⑤。⑥

原注：[1]"收"前或脱"畝"字。
　　[2]"布"下或脱"二尺"二字。
　　[3]此簡常限田六十二畝和餘力田十畝合計爲七十二畝，與前文佃田八十二
　　畝的總數不合，其中當有誤。

按：①"枭"當爲"柔"字，詳參簡4·223。今改"枭"爲"柔"。
　　②據文例，"收"前脱"畝"字，後脱"米"字。
　　③據文例，"收布"前脱"畝"字，後脱"二尺"二字。
　　④據二年常限熟田收米七十四斛四斗，餘力田熟田收米四斛，合計應收米七十
　　八斛四斗。
　　⑤據文例，"野"後當脱"校"字。
　　⑥此簡均爲熟田，據二年常限畝數和餘力田畝數，總畝數爲七十二畝，但據收布
　　數、收錢數與定額推算，二年常限與餘力田總數則爲八十二畝。

5·312 㓝利丘男子黄搵①，佃田十町，凡十一畝，皆二年常限。畝收米
一斛二斗，凡爲米十三斛二斗，收布二尺②。其米十三斛二斗，
六年正月十日付掾孫儀。凡爲布二丈二尺，准入米七斗四升
四合，五年十二月卅日付掾孫儀。……錢八十，爲錢八百八
十，准入米八斗，五年□月廿日……。 嘉 禾 六年二月廿日③，
田户曹史張惕……

按:①搵,音 wèn。《説文·手部》:"搵,没也。从手,昷聲。"

　②據文例,"收"前脱"畝"字。

　③據文例,《田家莂》"□□"今補釋爲"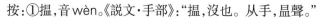"。

5·313　灵利丘男子黃溺,佃田十三町,凡廿二畝,皆二年常限。畝收米一斛二斗,凡爲米廿四斛四斗[1],畝收布二尺。其廿四斛四斗①,五年十二月六日付三州掾孫儀。凡爲一匹四尺[2],准入米二斛六斗,五年十二月卅日付三州掾孫儀。其孰田畝收錢八十,凡爲錢一千七百六十,五年十二月十日付庫吏潘慎、潘宗。嘉禾六年二月廿日,田户曹史張惕、趙野校。

原注:[1]按定收畝數和收米定額計,應收米廿六斛四斗。

　　[2]"爲"下脱"布"字。

按:①據文例,"其"後脱"米"字。

5·314　灵利丘縣吏黃楊,佃田卅一町,凡十九畝,皆二年常限。其一畝旱敗不收布。定收十八畝,畝收米一斛二斗,凡爲米廿一斛六斗,畝收布二尺。其米廿一斛六斗,五年十二月六日付三州掾孫儀。凡爲布三丈六尺,准入米二斛二斗四升,五年十二月一日付三州掾孫儀。其旱田不收錢。其孰田畝收錢八十,凡爲錢一千四百卌,准入米……,五年十二月二日付三州掾孫儀。嘉禾六年二月廿日,田户曹史張惕、趙野校。

5·315　灵利丘男黃勳[1],佃田卅町,凡卅畝。其卅畝二年常限,爲米卅六斛,畝收布二尺。其十畝餘力[2],爲米四斛,畝收布二尺。凡爲米卅斛,五年十一月廿日付三州掾孫儀。凡爲布二匹,准入米五斛,五年十二月廿八日付倉吏郭勳、馬欽。畝收錢八十,凡爲錢三千二百,准入米二斛九斗,五年十一月廿一日付三州掾孫儀。嘉禾六年二月廿日,田户曹史張惕、趙野校。

原注:[1]"男"下脱"子"字。

　　[2]"餘力"下脱"田"字。

5·316　灵利丘男子雷喜,佃田十町,凡十三畝,皆二年常限。其五畝旱敗不收布。定收八畝,爲米九斛六斗,畝收布二尺。其米九斛六斗,五年十一月廿日付倉吏張曼、周棟。凡爲布一丈六尺，准入米九斗九升，五年十一月廿一日付倉吏張曼、周棟。孰田收錢畝八十，……嘉禾六年二月廿日，田戸曹史張惕校。[1]

原注：[1]此簡下端右側縱裂，故未見右側文字。

5·317 灵利丘男子鄭孫，佃田卅七町，凡卌九畝，皆二年常限。其十三畝旱不收布。定收卅六畝，凡爲米卌三斛二斗，畝收布二尺。其米卌三斛二斗，五年十一月卅日付三州掾孫儀。凡爲布一匹三丈二尺，准入米廿四斛二斗二升，五年十一月卅日付三州掾孫儀。其旱田不錢[1]。其孰田畝收錢八十，凡爲錢二千八百八十，准入米□斛□斗，五年十一月廿一日付三州掾孫儀。嘉禾六年二月廿日，田戸曹史張惕、趙野校。

原注：[1]"錢"前脱"收"字。

5·318 灵利丘男子鄭囊，佃田十五町，凡廿九畝，皆二年常限。其十六畝旱不收布。定收十三畝，爲米十五斛六斗，收布二尺①。其米十五斛六斗，六年正月▨凡爲布二丈六尺，准入米一斛八斗一升二合▨

按：①據文例，"收"前脱"畝"字。

5·319 灵利丘縣吏劉恒，佃田六十一町，凡九十七畝，皆二年常限。其十畝旱田不收布。定收八十七畝，畝收米一斛二斗，凡爲米一百四斛四斗，畝收布二尺。其米一百四斛四斗，五年十一月卅日付掾孫儀。凡爲布四匹一丈四尺，准入米十斛八斗七升，五年十一月廿八日付三州掾孫儀。其旱田不收錢。其孰田收錢畝八十，凡爲錢八千五百六十[1]，准入米七斛七斗□升，五年十一月廿日付三州掾孫儀。嘉禾六年二月廿日，田戸曹史張惕、趙野校。

原注：[1]按熟田畝數和收錢定額計，應收六千九百六十錢。

5·320 灵利丘縣吏龍慎，佃田百一十七町，凡一頃九十五畝①，皆二年常限。其卅畝旱敗不收布。定收一頃五十五畝，畝收米一斛二斗，凡爲米一百八十六斛，畝收布二尺。凡爲布七匹三丈，准入米十九斛三斗七升五合，五年十二月廿日付三州掾孫儀。其旱田不收錢。其孰田畝收錢八十，凡爲錢一萬二千四百，准入米□□斛二斗，五年十二月九日付三州掾孫儀。嘉禾六年二月廿日，田戶曹史張惕、趙野校。

按：①此簡旱田、熟田畝數合計爲一頃八十五畝，與佃田總數不合。據收米數、收布數和收錢數知，熟田一頃五十五畝不誤，則佃田總數和旱田畝數必有一誤。

5·321 灵利丘男子謝須，佃田十八町，凡廿畝，皆二年常限。畝收米一斛二斗，凡爲米廿四斛，畝收布二尺。其米廿四斛，五年十一月廿六日付倉吏郭勳、馬欽。凡爲布一匹，五年十一月十九日付庫吏潘有。其旱田不收錢。其孰田畝收錢八十，凡爲錢一千 六 百 ①，五年十一月十九日付庫吏潘有。嘉禾六年二月廿日，田戶曹史張惕、趙野校。

按：①據熟田畝數與定額計，應收錢一千六百，故《田家莂》"□□"今補釋爲" 六 百 "。

5·322 灵利丘男子謝雙，佃田十五町，凡十五畝，皆二年常限。畝收米一斛二斗，凡爲十八斛[1]，收布布二尺[2]。其米十八斛，六年二月十日付掾孫儀。凡爲錢布三丈[3]，准入米一斛八斗六升，……掾孫儀。其 孰 田 畝收錢八十①，凡爲錢一千二百，准入米六斗□升，……。嘉禾六年二月廿日，田戶曹史張惕、趙野校。

原注：[1]"爲"下脱"米"字。
　　　[2]"收"下衍"布"字。
　　　[3]"爲"下衍"錢"字。

按：①據文例，《田家莂》"□□□"今補釋爲" 其 孰 田 "。

5·323 灵利丘男子謝蘇，佃田廿町，凡廿四畝，皆二年常限。其□畝旱敗不收布。定收□□畝，爲米……。其米□□斛八斗，五年十二月十日付三州掾孫儀。凡爲布□丈□尺，准入米□斛八斗，五年十二月廿日付三州掾孫儀。其旱田不收錢。其孰田畝收錢八十，凡爲錢一千一百冊，准入米一斛六斗，五年十二月十五日付三州掾孫儀。嘉禾六年二月廿日，田戶曹史張惕、趙野校。

5·324　灵利丘郡吏□□,佃十町[1],凡廿畝,二年常限。畝收米一斛二斗,凡爲米廿四斛,收布二尺[2]。其米廿四斛,六年正月十一日付掾孫儀。凡爲布一匹,准入米二斛五斗,六年二月八日□

按:①據文例,"佃"後脱"田"字。
　　②據文例,"收"前脱"畝"字。

5·325　灵何丘男子丁觀,佃田廿四町,凡五十九畝,皆二年常限。其廿九畝旱敗不收布。定收卅畝,畝收米一斛二斗,凡爲米卅六斛,畝收布二尺。其米卅六斛,六年正月廿八日付掾孫儀。凡爲布一匹二丈,准入米三斛七斗五升,六年正月……。其旱畝不收錢。其孰田畝收錢八十,凡爲錢二千四百,准入米二斛一斗五升五合,六年二月三日付掾孫儀。嘉禾六年二月廿日,田户曹史張惕、趙野校[1]。

按:①據圖版,"趙野"下當爲一"校"字而無"陳通"二字。圖版"張惕"和"趙野","趙野"和"校"之間有留白。《田家莂》衍"陳通",今删。

5·326　灵何丘男子五孫,佃田八町,凡廿五畝,皆二年常限。其五畝旱敗不收布。定收廿畝,畝收米一斛二斗,凡爲米廿四斛,畝收布二尺。其米廿四斛,六年正月廿三日付掾孫儀。凡爲布一匹,准入米二斛五斗,六年正月五日付掾孫儀。其旱敗不收錢。其孰田畝收錢八十,凡爲錢一千六百,准入米一斛四斗三升,六年二月十日付掾孫儀畢。嘉禾六年二月廿日,田户曹史張惕、趙野校。

5·327　灵何丘男子李向,佃田廿一町,凡五十二畝,皆二年常限。其卅一畝旱敗不收布。定收廿一畝,畝收米一斛二斗,爲米廿五斛二斗,畝收布二尺。其米廿五斛二斗,六年正月……□□布一匹二尺……。其旱畝不收錢。……。嘉禾六年二月廿日,田户曹史張……

5·328　灵何丘大女枏端,佃田十町,凡廿五畝,皆二年常限。其十畝旱敗不收布。定收十五畝,畝收米一斛二斗,凡爲米十八斛,畝收布二尺。其米十八斛,六年正月廿四日付中倉吏郭勳、馬欽。……准入米二斛二斗五升，六年正月十三日付中倉吏郭勳、馬欽。其旱畝不收錢。其孰田畝收錢八十，凡爲錢一千四百廿[1]，准入米一斛三斗，六年二月六日……。嘉禾六年二月廿日，田戶曹史張惕、趙野、陳通校①。

原注：[1]按孰田畝數和收錢定額計，應收一千二百錢。

按：①圖版"趙"下不很清楚，但據其字間距，當無"陳通"二字，疑《田家莂》衍"陳通"二字。

5·329 㶪何丘男子殷持，田七町，凡十九畝，皆二年常限。其十四畝旱敗不收布。定收五畝，畝收米一斛二斗，凡爲米六斛，畝收布二尺。其米六斛，六年正月廿六日付㮺孫儀。凡爲布一丈，准入米六斗二升五合，六年正月廿七日付㮺孫儀。其旱畝不收錢。其孰田畝收錢八十，凡爲錢四百，准入米二斗六升，六年二月七日付㮺孫儀畢。嘉禾六年二月廿日，田戶曹史張惕、趙野校。

5·330 㶪何丘男子殷彊，佃十三町①，凡廿九畝一百廿步[1]，皆二年常限。其十九畝旱敗不收布。定收十畝，畝收米一斛二斗，凡爲米十二斛，畝收布二尺。其米十二斛，六年正月廿六日付中倉吏郭勳、馬欽。凡爲布二丈一尺[2]，准入米一斛五斗，六年正月十四日付中倉吏郭勳、馬欽。其旱畝不收錢。其孰田畝收錢八十，凡爲錢八百，准入米七斗一升二合，六年二月九日付㮺孫儀。嘉禾六年二月廿日，田戶曹史張惕、趙野校。

原注：[1]定收及旱敗畝數合計爲廿九畝，與此佃田總數廿九畝一百廿步不合。

[2]按畝收布二尺計，凡爲布二丈一尺是十畝一百廿步的收布總數。

按：①據文例，"佃"後脫"田"字。

5·331 㶪何丘男子烝蓉，佃田八町，凡廿五畝，皆二年常限。其十五畝旱敗不收布。定收十畝，畝收米一斛二斗，凡爲米十二斛，畝收布二尺。其米十二斛，六年正月十一日付中倉吏郭勳、馬欽。凡爲布二丈，准入米一斛二斗五升，六年正月八日付中倉吏郭勳、馬欽。其旱敗不收錢。其孰田畝收錢八十，凡爲錢八百，准入米七斗二升五合，六年二月六日付㮺孫儀。嘉禾六年二月廿日，田戶曹史張惕、趙野校。

5·332　灵何丘男子烝蒼,佃田廿五町,凡□五畝,皆二年常限。其□五畝旱敗不收布。定收卅畝,畝收米一斛二斗,凡爲米卌八斛,畝收布二尺。其米卌八斛,五年十二月十二日付掾孫儀。凡爲布……。其旱畝不收錢。其……准入米二斛八斗六升,六年正月□日付掾孫儀。嘉禾……

5·333　灵何丘男子妻馮,佃田卅五町,凡五十畝,皆二年常限。其卅畝旱……。定收廿畝……,畝收布二尺。其米□□……孫儀。凡爲布……准入米……五年十一月十八日付掾孫儀。其旱……。其孰田畝收……。嘉禾六年二月廿日,……

5·334　灵何丘男子潘鍾,佃田三町,凡十六畝,皆二年常 $\boxed{限}$ 。$\boxed{其}$ $\boxed{十}$ $\boxed{四}$ 畝一百廿步旱不收布。$\boxed{定}$ $\boxed{收}$ $\boxed{一}$ 畝一百廿步[1],爲米一斛八斗,畝收布二尺。……。凡爲布三尺,准入米一斗八升,五年十月廿日付吏孫儀。其旱田不收錢。其孰田畝收錢八十,凡爲錢一百廿,准入米九升,五年十一月八日付吏孫儀。嘉禾六年二月廿日,田戶曹史張惕、趙野校。

按:[1]據佃田總數及收米數、收布數、收錢數與定額推算,熟田爲一畝一百廿步,旱田爲十四畝一百廿步。則《田家莂》"皆二年常……畝一百廿步旱不收布。……畝一百廿步"今補釋爲"皆二年常 $\boxed{限}$ 。$\boxed{其}$ $\boxed{十}$ 四畝一百廿步旱不收布。$\boxed{定}$ $\boxed{收}$ $\boxed{一}$ 畝一百廿步"。

5·335　灵伒丘縣吏朱客,佃田卅八町,凡一頃九畝百五十步。其八十九畝百五十步二年常限。其五十七畝七十步旱敗不收布。其廿畝餘力田,爲米八斛。定收卅二畝八十步,爲米卅八斛八斗。凡爲米卌六斛八斗,畝收布二尺。其米卌六斛八斗,五年十一月廿六日付倉吏張曼、周棟。凡爲布二匹二丈四尺[1],准入米六斛四斗九升,五年十一月廿日付倉吏張曼、周棟。其旱田不收錢。孰田收錢畝八十,凡爲錢四千一百六十[2],五年十一月四日付庫吏潘慎。嘉禾六年二月廿日,田戶曹史張惕校。

按:[1]據熟田畝數與定額計,應收布二匹二丈四尺六寸六分。
　　[2]據熟田畝數與定額計,應收錢四千一百八十六錢。

5·336 灵仟丘軍吏黃元,佃田九町,凡十八畝六十步,皆二年常限。其五畝百五十步旱敗不收布。定收十二畝百五十步,爲米十五斛三斗五升①,畝收布二尺。其米十五斛三斗五升,五年十月三日付倉吏張曼、周棟。爲布一丈五尺[1],准入米九斛三升,五年十一月十日付倉吏張曼、周棟。其旱田不收錢。熟田收錢畝八十,凡爲錢一千②,五年十一月九日付庫吏潘慎。嘉禾六年二月廿日,田戶曹史張惕校。

原注:[1]按定收畝數和收布定額計,應收布二丈五尺。

按:①據熟田畝數與定額計,應收米十五斛一斗五升。

②據熟田畝數與定額計,應收錢一千一十錢。

5·337 灵仟丘縣吏張□,佃田廿九町,凡卌畝五十步,皆二年常限。其廿四畝百卅步旱敗不收布。定收十五畝百六十步餘力[1],凡爲米六斛三斗①,畝收布二尺。其米六斛三斗,五年十二月七日付倉吏張曼、周棟。凡爲布三丈一尺,准入米一斛八斗六升,五年十一月廿日付倉吏張曼、周棟。其旱田不收錢。熟田收錢畝八十,凡爲錢一千二百卅②,五年十一月九日付庫吏潘慎。嘉禾六年二月廿日,田戶曹史張惕校。

原注:[1]"餘力"下脱"田"字。

按:①據熟田畝數與定額計,應收米六斛二斗六升七合。簡文收米四捨五入爲六斛三斗。

②據熟田畝數與定額計,應收錢一千二百五十三錢。

5·338 灵仟丘大女鄭妾,佃田十九町,凡卅畝八十步,皆二年常限。其九畝百七十步旱敗不收布。定收廿畝百五十步,爲米廿四斛七斗五升,畝收布二尺。其米廿四斛七斗五升,五年十一月六日付倉吏張曼、周棟。凡爲布一匹一尺①,准入米二斛五斗六升,五年十一月十日付倉吏張曼、周棟。其旱田不收錢。熟田收錢畝八十,凡爲錢一千六百卅②,五年十一月一日付庫吏潘慎。嘉禾六年二月廿日,田戶曹史張惕校。

按:①據熟田畝數與定額計,應收布一匹一尺二寸五分。

②據熟田畝數與定額計,應收錢一千六百五十錢。

5·339 灵仟丘男子鄧年,佃田三町,凡十八畝。其十七畝二年常限。

其十一旱不收布。其一畝餘力^[1]，爲米四斗，爲布二尺。定收六畝，爲米七斛二斗，畝收布二尺。其米七斛二斗^[2]，五年十一月九日付倉吏張曼、周棟畢。凡爲一丈四尺^①，准入米八斗四升……。其旱畝不收錢。其孰田……五年十月十一日付庫吏□□。嘉禾……

原注：[1]"餘力"下脱"田"字。

[2]按餘力田爲米四斗與定收田爲米七斛二斗合計，共爲米七斛六斗。

按：①據文例，"爲"後脱"布"字。

5·340 灵伯丘郡吏石欣^①，佃田卌町，凡六十一畝，皆二年常限。其廿一畝旱不收布。定收卌畝，凡爲米卌八斛，畝收布二尺。其米卌八斛，五年十二月廿日付倉吏張曼、周棟。凡爲布二匹，准入米五斛，五年十二月廿日付倉吏張曼、周棟。其旱田畝不收錢。其孰田畝收錢八十，凡爲錢三千二百，五年十二月廿一日付庫吏番慎、番宗畢。嘉禾六年二月廿日，田户曹史張惕、趙野校。

按：①圖版"吏"字爲漏寫後補上之字，居於"郡"字右下側。

5·341 灵伯丘男子吴有，佃田十二町，凡廿四畝^①，皆二年常限。其七畝旱不收布。定收四畝，爲米四斛八斗，畝收布二尺。其米四斛八斗，五年十一月廿日付吏張曼、周棟。凡爲布八尺，准入米四斗八升，五年十二月廿日付倉吏張曼、周棟。其旱田畝不收錢。其孰田畝收錢八十，凡爲錢三百廿，五年十二月廿日付庫吏番慎、番宗畢。嘉禾六年二月廿日，田户曹史張惕、趙野校。

按：①佃田總數和旱田、熟田畝數不合。據收米數、收布數和收錢數與定額知，熟田當爲四畝，則佃田總數與旱田畝數必有一誤。

5·342 灵伯丘縣吏烝□，佃田十一町，凡廿畝，皆二年常限。其二畝田不收布^[1]。定收十八畝，爲米廿一斛六斗，畝收布二尺。其米廿一斛^[2]，五年十二月廿日付倉吏張曼、周棟。凡爲布三丈六尺，准入米二斛二斗六升，五年十一月廿日付倉吏張曼、周棟。其旱田畝不收錢。其孰田畝收錢八十，凡爲錢一千四百冊,五年十二月十八日付庫吏潘慎、潘宗畢。嘉禾六年二月廿日,田户曹史張惕、趙野校。

原注:[1]"田"爲"旱"之誤。

　　[2]據上文,"斛"下脱"六斗"二字。

5·343 霊武龍丘男子文遜[1],佃田卅町,凡七十畝百五十步,皆二年常限。其廿一畝百步旱敗不收布。定冊九畝五十步[1],爲米五十九斛九斗五升[2],畝收布二尺。其米五十九斛九斗五升,五年十一月三日付倉吏張曼、周棟。凡爲布二匹一丈八尺[2],准入米六斛一斗一升,五年十一月十日付倉吏張曼、周棟。其旱田不收錢。孰田收錢畝八十,凡爲錢三千九百卅錢[3],五年十一月廿日付庫吏潘慎。嘉禾六年二月廿日,田户曹史張惕校。

原注:[1]"定"下脱"收"字。

　　[2]按畝收布二尺計,二匹一丈八尺爲冊九畝之收布總數,尚有五十步未計入。

按:①《田家莂》"遜",圖版作"▨",疑即"遜"字。《廣韻·獮韻》:"遜,竹名。"王保成《三國吳簡文字研究》認爲是"篷"字。

　　②據孰田畝數與定額計,應收米五十九斛五升。

　　③據孰田畝數與定額計,應收錢三千九百卅六錢。

5·344 霊武龍丘男子杜歡,佃田十三町,凡十四畝百廿步,皆二年常限。其五畝百八十步旱敗不收布。定收八畝百八十步,爲米十斛五斗,畝收布二尺。其米十五斗[1],五年十一月廿四日付倉吏張曼、周棟。凡爲布一丈七尺[2],准入米一斛,五年十二月廿三日付倉吏張曼、周棟。其旱敗不收錢。孰田收錢畝八十,凡爲錢六百八十[3],五年十一月廿六日付庫吏潘慎。嘉禾六年二月廿日,田户曹史張惕校。

原注:[1]"十"下脱"斛"字。

　　[2]按定收畝數和收布定額計,應收布一丈九尺。①

　　[3]按孰田畝數和收錢定額計,應收六百九十九錢。②

按:①據孰田畝數與定額計,實應收布一丈七尺五寸。

　　②據孰田畝數與定額計,實應收錢七百錢。

5·345 霊武龍丘縣吏松棐,佃田卅八町,凡一頃卅三畝二百廿步,皆二年常限。其八十六畝卅步旱敗不收布。定收卅七畝百九十步，爲米五十七斛三斗①，畝收布二尺。其米五十七斛三斗，五年十一月廿日付倉吏張曼、周棟。凡爲布二匹一丈尺[1]②，准入米五斛九斗三升，五年十一月十日付倉吏張曼、周棟。其旱田不收錢。孰田收錢畝八十，凡爲錢三千八百一十③，五年十一月廿四日付庫吏潘有。嘉禾六年二月廿日，田戶曹史張惕校。

原注：[1]"尺"上脱數詞。

按：①據孰田畝數與定額計，應收米五十七斛三斗五升。
　　②據孰田畝數與定額計，應收布二匹一丈五尺五寸八分。
　　③據孰田畝數與定額計，應收錢三千八百廿三錢。

5·346　灵武龍丘男子胡推，佃田六町，凡十二畝百廿步①，皆二年常限，旱敗不收米及錢布。嘉禾六年二月廿日，田戶曹史張惕校。

按：①據圖版，《田家莂》"二十"實爲"廿"字，圖版作"▓▓"，非常清晰。在《田家莂》釋文中"二十"共出現3次，除此簡已確爲"廿"字之誤外，僅有簡5·405"五年十一月二十日付庫吏潘慎"和簡5·989"凡爲錢四千七百二十"兩處。這兩處"二十"圖版模糊不清，無法辨識。經通查，《田家莂》除此兩處外，其餘均作"廿"字（凡4341次），故我們推測"二十"在田家莂中當均寫作"廿"字，簡5·405和簡5·989的"二十"也當爲"廿"字之誤。今改。

5·347　灵武龍丘男子這富，佃田四町，凡四畝一十步，皆二年常限。其二畝百步旱敗不收布。定收一畝百五十步，爲米一斛九斗五升，畝收布二尺。其米一斛九斗五升，五年十一月十九日付倉吏張曼、周棟。凡爲布三尺①，准入米一斗八升，五年十月廿日付倉吏張曼、周棟。其旱田不收錢。孰田收錢畝八十，凡爲錢一百卅，五年十一月五日付庫吏潘慎。嘉禾六年二月廿日，田戶曹史張惕校。

按：①據孰田畝數與定額計，應收布三尺二寸五分。

5·348　灵武龍丘大女烝肥，佃田四町，凡十九畝百一十步，皆二年常限。其十三畝一十步旱敗不收布。定收六畝百步，爲米七斛七斗，畝收布二尺。其米七斛七斗，五年十一月廿日付倉吏張曼、周棟。凡爲布一丈三尺①，准入米七斗一升，五年十一月廿四日付倉吏張曼、周棟。其旱田不收錢。孰田收錢畝八十，凡爲錢七百一十[1]，五年十二月廿日付庫吏潘慎。嘉禾六年二月廿日，田户曹史張惕校。

原注：[1]按熟田畝數和收錢定額計，應收五百一十錢。②

按：①據熟田畝數與定額計，應收布一丈二尺八寸三分。

　　②據熟田畝數與定額計，應收錢五百一十三錢。

5·349 巠武龍丘男子轟礼①，佃田十一町，凡卅四畝百廿步，皆二年常限。其廿八畝廿步旱敗不收布。定收六畝百步餘力[1]，凡爲米二斛五斗[2]②，畝收布二尺。其米二斛五斗，五年十一月廿日付倉吏張曼、周棟。凡爲一丈三尺[3]③，准入米八斗一升，五年十一月廿日付倉吏張曼、周棟。其旱田不收錢。孰田收錢畝八十，凡爲錢七百廿[4]，五年十一月十五日付庫吏潘慎。嘉禾六年二月廿日，田户曹史張惕校。

原注：[1]"餘力"下脱"田"字。

　　[2]此按餘力田畝收四斗計，故六畝百步凡收二斛五斗。

　　[3]"凡爲"下脱"布"字。

　　[4]按熟田畝數和收錢定額計，應收五百一十三錢。

按：①《田家莂》"禮"字，圖版寫法幾近於簡體"礼"字，與"禮"形體差别很大，故釋爲"礼"更好。今改。

　　②據熟田畝數與餘力田收米定額計，應收米二斛五斗六升七合。

　　③據熟田畝數與定額計，應收布一丈二尺八寸三分。

5·350 巠林溲丘男朱鵠[1]①，佃田四町，凡八畝，皆二年常限。其一畝旱敗不收布。定收七畝，爲米八斛四斗，畝收布二尺。其米八斛四斗，五年十二月廿日付倉吏張曼、周棟。凡爲布一丈四尺，准入米八斗四升，五年十一月廿日付倉吏張曼、周棟。其旱田不收錢。孰田畝收錢八十，凡爲錢五百六十，五年十月七日付庫吏潘琤。嘉禾六年二月廿日，田户曹史張惕校。

原注：[1]"男"下脱"子"字。

按：①鵠，音hú。《説文·鳥部》："鵠，鴻鵠也。从鳥，告聲。"

5·351 巠林溲丘男子朱□，佃田八町，凡十六畝，皆二年常限。其五畝旱敗不收布。定收十一畝，爲米十三斛二斗，畝收布二尺。其米十三斛二斗，五年十月十一日付倉吏張曼、周棟。

凡爲布二丈二尺，准入米一斛三斗六升，五年十一月廿日付倉吏張曼、周棟。其旱田不收錢。孰田畝收錢八十，凡爲錢八百八十錢，五年十一月七日付庫吏潘慎。嘉禾六年二月廿日，田户曹史張惕校。

5·352 靈林溲丘男子李饒，佃田七町，凡卅五畝，皆二年常限。其四畝旱敗不收布。定收卅一畝，爲米卅七斛二斗，畝收布二尺。其米卅七斛二斗，五年十二月廿一日付倉吏張曼、周棟。凡爲布一匹二丈二尺，五年正月九日付庫吏潘慎[1]。其旱田不收錢。孰田畝收錢八十，凡爲錢二千四百八十，五年十一月七日付庫吏潘右[2]。嘉禾六年二月廿日，田户曹史張惕校。

原注：[1]"五"或爲"六"之誤。
　　　[2]"右"似爲"有"字之訛。庫吏潘有屢見於它簡。

5·353 靈林溲丘縣吏何併①，佃田十二町，凡七十九畝，皆二年常限。其卅五畝旱敗不收布。定收卅四畝，爲米卅斛八斗，畝收布二尺。其米卅斛八斗，五年正月十日付倉吏曼[1]、周棟。凡爲布一匹二丈八尺，五年十二月九日付庫吏潘琄。其旱田不收錢。孰田畝收錢八十，凡爲錢二千七百卅[2]，五年十二月廿日付庫吏潘琄。嘉禾六年二月廿日，田户曹史張惕校。

原注：[1]依文例，"五"當爲"六"之誤。"曼"上脱"張"字。
　　　[2]按熟田畝數和收錢定額計，應收二千七百廿錢。

按：①併，音bìng。《説文·人部》："併，並也。從人，并聲。"

5·354 靈林溲丘男子何客，佃田三町，凡十七畝，皆二年常限。其五畝旱敗不收布。定收十二畝，爲米十四斛四斗，畝收布二尺。其米十四斛四斗，五年十一月十日付倉吏張曼、周棟。凡爲布二丈四尺，准入米一斛四斗五升，五年十月九日付倉吏張曼、周棟。其旱田不收錢。孰田畝收錢八十，凡爲錢九百六十，五年十二月七日付庫吏潘慎。嘉禾六年二月廿日，田户曹史張惕校。

5·355 靈林溲丘男子何狹，佃田八町，凡廿五畝，皆二年常限。其四畞旱敗不收布。定收廿一畞,爲米廿五斛二斗,畞收布二尺。其米廿五斛二斗,五年十二月九日付倉吏張曼、周棟。凡爲布一匹二尺,准入米二斛六斗二升,五年十一月九日付倉吏張曼。其旱田不收錢。孰田畞收錢八十,凡爲錢一千六百八十,五年十二月十一日付庫吏潘有。嘉禾六年二月廿日,田戶曹史張惕校。

5·356 爰林溲丘男子何慮,佃田廿町,凡六十一畞①,皆二年常限。其卅一畞旱敗不收布。定收廿畞,爲米廿四斛,畞收布二尺。其米廿四斛,付倉吏張曼、周棟②。凡爲布一匹,五年十一月廿七日付庫吏潘琦。其旱田不收錢。孰田畞收錢八十,凡爲一千六百[1],五年十一月廿日付庫吏潘琦。嘉禾六年二月廿日,田戶曹史張惕校。

原注:[1]"爲"下脱"錢"字。

按:①佃田總數與旱田、熟田畞數不合。據收米數、收錢數和收布數與定額知,熟田爲廿畞,故佃田總數與旱田畞數必有一誤。

②據文例,"付"前脱繳米時間。

5·357 爰林溲丘男子宗市,佃田十町,凡十八畞,皆二年常限。其三畞旱不收布。定收十五畞,爲米十八斛,畞收布二尺。其十八斛[1],五年十二月四日付倉吏張曼、周棟。凡爲布三丈,五年十一月十日付庫吏潘琦。其旱田不收錢。孰田畞收錢八十,凡爲錢一千二百,五年十一月十日付庫吏潘琦。嘉禾六年二月廿日,田戶曹史張惕校。

原注:[1]"其"下脱"米"字。

5·358 爰林溲丘男子宗升,佃田五十四町,凡一頃十九畞,皆二年常限。其五十三畞旱敗不收布。定收六十六畞,爲米七十九斛二斗,畞布二尺[1]。其米七十九斛二斗,五年十二月十八日付倉吏張曼、周棟。凡爲布三匹一丈二尺,五年十月九日付庫吏潘有。其旱田不收錢。孰田畞收錢八十,凡爲錢五千二百八十,五年十二月八日付庫吏潘琦。嘉禾六年二月廿日,田戶曹史張惕校。

原注:[1]"畞"下脱"收"字。

5·359 灵林溲丘男宗表[1]，田卌五町，凡一頃七畝。其卌二畝旱不收布。定收六十五畝，爲米七十八斛，畝收布二尺。其米七十八斛，五年十二月八日付倉吏張曼、周棟。凡爲布三匹一丈，五年十二月廿日付庫吏潘琦。其旱田不收錢。孰田畝收錢八十，凡爲錢五千二百，五年十二月九日付庫吏潘琦。嘉禾六年二月廿日，田户曹史張惕校。

原注：[1]"男"下脱"子"字。

5·360 灵林溲丘郡吏宗亮，佃田廿四町，凡七十三畝，皆二年常限。其卅五畝旱不收布。定收卅八畝，爲米卅五斛六斗，畝收布二尺。其米卅五斛[1]，五年十二月廿日付倉吏張曼[2]、周棟。凡爲布一匹三丈六尺，五年十一月廿九日付庫吏潘琦。其旱田不收錢。孰田畝收錢八十，凡爲錢三千卌，五年十一月廿九日付庫吏潘琦。嘉禾六年二月廿日，田户曹史張惕校。

原注：[1]"五斛"下脱"六斗"二字，參見前文"爲米卅五斛六斗"。
　　　[2]"廿"下脱"日"字。①
按：①據圖版，"廿"後有"日"字，不脱，《田家莂》注釋[2]當删。

5·361 灵林溲丘男子馬謙，佃田十一町，凡卌二畝，皆二年常限。其廿六畝旱敗不收布。定收十六畝，爲米十九斛二斗，畝收布二尺。其米十九斛二斗，五年十二月廿日付倉吏張曼、周棟。凡爲布三丈二尺，准入米二斛二升，五年九月廿七日付倉吏周棟。其旱田不收錢。其孰田畝收錢八十，凡爲錢一千二百八十，五年十一月六日付庫吏□□。嘉禾六年二月廿日①，田户曹史張惕校。

按：①據圖版，"廿"後無"七"字，《田家莂》衍"七"字，今删。

5·362 灵林溲丘男子馬藏，佃田廿三町，凡卌三畝。其十八畝旱不收布。定收廿五畝，爲米卅斛，畝錢八十[1]。其米卅斛，五年十二月五日付倉吏張曼、周棟。凡爲布一匹一丈，五年十一月五日付庫吏潘琦。其旱田不收錢。孰田畝收錢八十，凡爲錢二千，五年十一月五日付庫吏潘琦。嘉禾六年二月廿日，田户曹史張惕校。

原注：[1]按他簡文例，此句當作"畝收布二尺"。

5·363　灵林溲丘男子高亥，佃田十二町，凡卅八畞。其八畞旱不收布。定收卅畞，爲米卅六斛，畞收布二尺。其米卅六斛，五年十二月十一日付倉吏張曼、周棟。凡爲布一匹二丈，五年十二月十二日付庫吏潘琦。其旱田不收錢。孰田畞收錢八十，凡爲錢二千四百，五年十二月十一日付庫吏潘琦。嘉禾六年二月廿日，田戶曹史張惕校。

5·364　灵林溲丘男子高客，佃田十六町，凡卌畞，皆二年常限。其廿畞旱不收布。定收廿畞，爲米廿四斛，畞收布二尺。其米廿四斛，五年十一月廿六日付倉吏張曼、周棟。凡爲布一匹，五年十月廿五日付庫吏潘琦。其旱田不收錢。孰田畞收錢八十，凡爲錢一千六百，五年十一月廿日付庫吏潘琦。嘉禾六年二月廿日，田戶曹史張惕校。

5·365　灵林溲丘男烝育[1]，佃田十一町，凡十八畞，皆二年常限。其三畞旱敗不收布。定收十五畞，爲米十八斛，畞收布二尺。其米十八斛，五年十一月廿日付倉吏張曼、周棟。凡爲布三丈，准入米一斛九斗五升，五年十二月九日付倉吏張曼、周棟。其旱田不收錢。孰田畞收錢八十，凡爲錢一千二百，五年十二月廿日付庫吏潘慎。嘉禾六年二月廿日，田戶曹史張惕校。

原注：[1]“男”下脱“子”字。

5·366　灵林溲丘男子烝诺，佃田三町，凡十一畞，皆二年常限。其三畞旱不收布。定收八畞，爲米九斛六斗，畞收布二尺。其米九斛六斗，五年九月卅日付倉吏張曼、周棟。凡爲布一丈六尺，五年十月十五日付庫吏潘琦。其旱田不收錢。孰田畞收八十[1]，凡爲錢六百卌，五年十月十五日付庫吏潘[2]。嘉禾六年二月廿日，田戶曹史張惕校。

原注：[1]“收”下脱“錢”字。
　　　[2]“潘”下脱名字。

5·367　灵林溲丘大女黄妾，佃田十町，凡卅八畞二百步，皆二年常限。其八畞旱不收布。定收卅畞二百步，爲米卅七斛，畞布二尺[1]。其米卅七斛，五年十月廿日付倉吏張曼、周棟。凡爲布一匹二丈一尺五寸①，五年十月廿日付庫吏潘玗。其旱田不收錢。孰田畝收錢八十，凡爲錢二千四百六十②，五年十一月六日付庫吏潘玗。嘉禾六年二月廿日，田户曹史張惕校。

原注：[1]"畝"下脱"收"字。

按：①據熟田畝數與定額計，應收布一匹二丈一尺六寸六分。

②據熟田畝數與定額計，應收錢二千四百六十六錢。

5·368 灵林溲丘大女黄妾，佃田七町，合廿三畝，皆二年常限①。其三畝旱不收布。定收廿畝，爲米廿四斛，畝收布二尺。其米廿四斛，五年十二月十日付倉吏張曼、周棟。凡爲布一匹，五年十二月三日付庫吏潘玗。其旱田不收錢。孰田畝收錢八十，凡爲錢一千六百，五年十二月三日付庫吏潘玗②。嘉禾六年二月廿日，田户曹史張惕校。

按：①、②據圖版，"皆二年常限""五年"均爲漏寫後又小字補於右側的文字。

5·369 灵林溲丘男張物[1]，佃田十一町，凡卅六畝，皆二年常限。其十畝旱敗不收布。定收廿六畝，爲米卅一斛二斗，畝收布二尺。其米卅一斛二斗，五年十二月廿日付倉吏張曼、周棟。凡爲布一匹一丈二尺，五年十二月九日付庫吏潘玗。其旱田畝不收錢。其孰田畝收錢八十，凡爲錢二千八十，五年十一月七日付庫吏潘玗。嘉禾六年二月廿日，田户曹史張惕校①。

原注：[1]"男"下脱"子"字。

按：①據文例，《田家莂》"□"今補釋爲"校"字。

5·370 灵林溲丘男子廖忢，佃田十三町，凡廿七畝，皆二年常限。其十三畝旱敗不收布。定收十四畝，爲米十六斛八斗，畝收布二尺。其米十六斛八斗，五年十一月六日付倉吏張曼、周棟。凡爲布二丈八尺，凡爲布二丈八尺[1]，准入米一斛六斗四升，五年十一月九日付倉吏張曼、周棟。其旱田不收錢。孰田畝收錢八十，凡爲錢一千一百廿錢，五年十一月十日付庫吏潘□。嘉禾六年二月廿日，户曹史張惕校。

原注：[1]此處衍"凡爲布二丈八尺"七字。

5·371 灵林溲丘大男鄭巣①，佃田八町，凡卅二畝，皆二年常限。其十九畝旱不收布。定收十三畝,爲米十五斛六斗,畝收布二尺。其米十五斛六斗,五年十二月十八日付倉吏張曼、周棟。凡爲布二丈六尺,五年十二月廿一日付庫吏潘有。其旱田不收錢。孰田畝收錢八十,凡爲錢一千[1],五年十二月廿六日付庫吏潘有。嘉禾六年二月廿日,田曹史張惕校。

原注:[1]按熟田畝數和收錢定額計,應收一千卅錢。

按:①《田家莂》"導",據圖版當爲"禀",圖版此字上部不很清晰,但其下部構件"禾"清晰可辨,當爲"禀"而非"導"。今改。

5·372　灵林溲丘男子鄧客,佃田五町,凡十畝,皆二年常限。其五畝旱敗不收布。定收五畝,爲米六斛,畝收布二尺。其米六斛,五年十一月七日付倉吏張曼、周棟。凡爲布一丈,准入米六斗五升,五年十二月十九日付倉吏張曼、周棟。其旱田不收錢。孰田畝收錢八十,凡爲錢四百,五年十一月九日付庫吏潘慎。嘉禾六年二月廿日,田戶曹史張惕校。

5·373　灵林溲丘男子鄧糖,佃田七町,凡十八畝,皆二年常限。其六畝旱敗不收布。定收十二畝,爲米十四斛四斗,畝收布二尺。其米十四斛四斗,五年十一月八日付倉吏張曼、周棟。凡爲布二丈四尺,准入米一斛五斗四升,五年十一月九日付倉吏張曼、周棟。其旱田不收錢。孰田畝收錢八十,凡爲錢九百六十,五年十一月九日付庫吏潘有。嘉禾六年二月廿日,田戶曹史張惕校。

5·374　灵林溲丘男子鄧黨,佃田九町,凡廿七畝,皆二年常限。其十四畝旱不收布。定收十三畝,爲米十五斛六斗,畝收布二尺。其米十五斛六斗,五年十一月十日付倉吏張曼、周棟。凡爲布二丈六尺,五年十二月十五日付庫吏潘琦。其旱田不收錢。孰田畝收八十①,凡爲錢一千卌,五年十二月十五日付庫吏潘琦。嘉禾六年二月廿日,田戶曹張惕校[1]。

原注:[1]"曹"下脱"史"字。

按:①據文例,"收"後脱"錢"字。

5·375　灵林溲丘男子衛分,佃田十町,凡十九畝,皆二年常限。其五畝旱敗不收布。定收十四畝,爲米十六斛八斗,畝收布二尺。其米十六斛八斗,五年十二月八日付倉吏張曼、周棟。凡爲布二丈八尺,准入米二斛四升,五年十二月九日付倉吏張曼、周棟。其旱田不收錢。孰田畝收錢八十,凡爲錢一千一百廿,五年十二月七日付庫吏潘珛。嘉禾六年二月廿日,田户曹史張惕校。

5·376　灵林溲丘男子潘客,田十町,凡廿三畝,皆二年常限。其六畝旱不收布。定收十七畝,爲米廿斛四斗,畝收布二尺。其米廿斛四斗,五年十一月七日付倉吏張曼、周棟。凡爲布三丈四尺,五年九月廿日付庫吏潘有。其旱田不收錢。孰田畝收錢八十,凡爲錢一千三百六十,五年十二月廿日付庫吏潘珛。嘉禾六年二月廿日,田户曹史張惕校。

5·377　灵英丘大女周張,佃田廿町,凡五十七畝,皆二年常限。其卅八畝旱不收布。定收十九畝,爲米廿二斛八斗,畝收布二尺。其米廿二斛八斗,五年十一月十七日付倉吏張曼、周棟畢。凡爲布三丈八尺,准入米二斛三斗,五年十……張曼、周棟畢。其旱畝不收錢。其孰田畝收錢八十,凡爲錢一千五百廿錢,五年十二月九日付庫吏番慎、番宗畢。嘉禾六年二月廿日,田户曹史張惕、趙野校。

5·378　灵松田丘男子朱故,佃田四町,凡八畝,皆二年常限。其二畝旱敗不收布。定收六畝,爲米七斛二斗,畝收布二尺。其米七斛二斗,五年十月廿日付倉吏張曼、周棟。凡爲布一丈二尺,准入米七斗五升,五年十一月廿日付倉吏張曼、周棟。其旱田不收錢。孰田收錢畝八十,凡爲錢四百八十,五年十二月廿九日付庫吏潘慎。嘉禾六年二月廿日,田户曹史張惕校。

5·379　灵松田丘男子李政,佃田四町,凡九畝,皆二年常限。其四畝旱敗不收布。定收五畝,爲米六斛,畝收布二尺。其米六斛,五年十一月七日付倉吏張曼、周棟。凡爲布一丈,准入米六斗三升，五年十二月廿八日付倉吏張曼、周棟。旱田畝不收錢。孰田收錢畝八十，凡爲錢四百錢……吏番慎……田戶曹史張惕校。

5·380 �松田丘男子李開，佃田十町，凡廿畝。其十七畝二年常限。其三畝旱敗不收布[1]。其三畝餘力田，爲米一斛二斗。定收九畝，爲米十斛八斗。凡爲米十二斛。畝收布二尺。其米十二斛，五年十月廿九日付倉吏張曼、周棟。凡爲布二丈四尺，准入米一斛四斗九升，五年十一月廿日付倉吏張曼、周棟。其旱田不收錢。孰田收錢畝八十，凡爲錢九百六十，五年十一月五日付庫吏潘慎。嘉禾六年二月廿日，田戶曹史張惕校。

原注：[1]以佃田凡廿畝計，除其中三畝餘力田、九畝常限定收田外，旱敗畝數當爲八畝。

5·381 �松田丘男子何師，佃田十五町，凡五十畝，皆二年常限。其十八畝旱敗不收布。定收卅二畝，爲米卅八斛四斗，畝收二尺①。其米卅八斛四斗，五年十一月六日付倉吏張曼、周棟。凡爲布一匹三丈六尺[1]，准入米四斛八斗七升，五年十一月六日付倉吏張曼。其旱田不收錢。孰田收錢畝八十，凡爲錢三千卅[2]，五年十月廿日付庫吏潘慎。嘉禾六年二月廿日，田戶曹史張惕校。

原注：[1]按定收畝數和收布定額計，應收布一匹二丈四尺。

[2]按熟田畝數和收錢定額計，應收二千五百六十錢。

按：①據文例，"收"後脫"布"字。

5·382 �松田丘男子周戰，佃田七町，凡十二畝，皆二年常限。其六畝旱敗不收布。定收六畝，爲米七斛二斗，畝收布二尺。其米七斛二斗，五年□□月十五日付倉吏張曼、周棟。凡爲布一丈二尺，准入米七斗五升，六年正月十五日付倉吏張曼、周棟。其旱田不收錢。孰田收錢畝八十，凡爲錢四百八十，五年十二月□日付庫吏潘慎。嘉禾六年二月廿日，田戶曹史張惕校。

5·383 �松田丘男子胡買，佃田二町，凡五畝，皆二年常限。畝收米一斛二斗,凡爲米六斛,畝收布二尺。其米六斛,五年十一月五日付倉吏張曼、周棟。凡爲布一丈,准入米六斗三升,五年十一月五日付倉吏張曼、周棟。畝收錢八十,凡爲錢四百,五年十一月六日付庫吏潘慎。嘉禾六年二月廿日,田户曹史張惕校。

5·384 灵松田丘大女唐妾,佃田六町,凡八畝,皆二年常限。其二畝旱敗不收布。定收六畝,爲米七斛二斗,畝收布二尺。其米七斛二斗,五年十一月七日付倉吏張曼、周棟。凡布一丈二尺,准入米七斗五升,五年十一月十一日付倉吏張曼、周棟。其旱田不錢[1]。孰田收錢畝八十,凡爲錢四百八十,五年十一月廿三日付庫吏潘慎。嘉禾六年二月廿日,田曹史張惕校。

原注:[1]"不"下脱"收"字。

5·385 灵松田丘男子唐祖,佃田三町,凡十四畝,皆二年常限。其一畝旱敗不收布。定收十三畝,爲米十五斛六斗,畝收布二尺。其米十五斛六斗,五年十一月廿四日付倉吏張曼、周棟。凡爲布二丈六尺,准入米一斛六斗二升,五年十二月廿九日付倉吏張曼、周棟。其旱田不收錢。孰田收錢畝八十,凡爲錢一千冊,五年十一月一日付庫吏潘慎。嘉禾六年二月廿日,田户曹史張惕校。

5·386 灵松田丘男子唐鼠,佃田五町,凡十二畝,皆二年常限①。定收九畝,爲米十斛八斗,凡爲米十二斛八斗②。畝收布二尺。其米十斛八斗,五年十一月十九日付倉吏張曼、周棟。凡爲布一丈八尺,准入米一斛一斗五升,五年十一月廿八日付倉吏張曼、周棟③。孰田收錢畝八十,……。嘉禾六年二月廿日,田户曹史張惕校。

按:①據文例,"二年常限"後脱旱田畝數等語句。
　　②據下文知,"十二斛"之"二"字爲衍文。
　　③據文例,"周棟"後似脱"其旱田不收錢"之類語句。

5·387 灵松田丘男子陳謙,佃田八町,凡十五畝。其十畝二年常限。

其一畝旱敗不收布。其五畝餘力田,爲米二斛。定收九畝,爲米十斛八斗。凡爲米十二斛八斗。畝收布二尺。其米十二斛八斗,五年十一月七日付倉吏張曼[1]、周棟。凡爲布二丈八尺,准入米一斛七斗三升,五年十一月十九日付倉吏張曼、周棟。其旱田不收錢。孰田收錢畝八十,凡爲錢一千一百廿,五年十二月五日付庫吏潘慎。嘉禾六年二月廿日,田户曹史張惕校。

按:①據圖版,《田家莂》"十月"之"十"字實爲"十一"二字,圖版較模糊,但"十"和"月"之間可清楚看出有一"一"字,《田家莂》脱。今補。

5·388　灵松田丘男子烝尾,佃田十町,凡廿四畝。其十九畝二年常限。其十二畝旱敗不收布。其五畝餘力田,爲米二斛。定收七畝,爲米八斛四斗。凡爲米十斛四斗,畝收布二尺。其米十斛四斗,五年十一月一日付倉吏張曼、周棟。凡爲二丈六尺[1],准入米二斛五斗,五年十一月廿日付倉吏張曼、周棟。其旱田不收錢。孰田收錢畝八十,凡爲錢九百六十,五年十一月廿三日付庫吏潘慎。嘉禾六年二月廿日,田户曹史張惕校。

原注:[1]"爲"下脱"布"字。又常限田及餘力田凡十三畝①,按每畝收布定額二尺計,應收布二丈四尺。

按:①簡文餘力熟田五畝,"二年常限"田定收七畝,則熟田總數爲十二畝,《田家莂》注釋[1]"十三"應爲"十二"之誤。

5·389　灵松田丘男子教戰,佃田八町,凡十畝,皆二年常限。其一畝旱敗不收布。定收九畝,爲米十斛八斗,畝收布二尺。其米十斛八斗,五年十月廿日付倉吏張曼、周棟。凡爲布一丈八尺,准入米一斛三斗,五年十一月廿五日付倉吏張曼、周棟。其旱田不收錢。孰田收錢畝八十,凡爲錢七百廿,五年十一月廿日付庫吏潘慎。嘉禾六年二月廿日,田户曹史張惕校。

5·390　灵松田丘男子黃厚,佃田四町,凡三畝,皆二年常限。其一畝旱敗不收布。定收二畝,爲米二斛四斗,畝收布二尺。其米二斛四斗,五年十一月九日付倉吏張曼、周棟。凡爲布四尺,准入米二斗五升,五年十一月九日付倉吏張曼、周棟。其旱田不收錢。孰田收錢畝八十,凡爲錢一百六十,五年十一月十日付庫吏潘慎。嘉禾六年二月廿日,田戶曹史張惕校。

5·391 灵松田丘男子黄高,佃田八町,凡廿五畝,皆二年常限。其十一畝旱敗不收①。定收十四畝,爲十六斛八斗[1],畝收布二尺。其米十六斛八斗,五年九月廿九日付倉吏張曼、周棟。凡爲布二丈八尺,准入米一斛七斗五升,五年十月廿五日付倉吏張曼、周棟。其旱田不收錢。孰田收錢畝八十,凡爲錢一千一百廿,五年十月廿日付庫吏潘慎。嘉禾六年二月廿日,田戶曹史張惕校。

原注:[1]“爲”下脱“米”字。

按:①據文例,“收”後脱“布”字。

5·392 灵松田丘男子區机,佃田二町,凡二畝,皆二年常限。其一畝旱敗不收布。定收一畝,爲米一斛二斗,畝收布二尺。其米一斛二斗,五年十一月十日付倉吏張曼、周棟。凡爲布二尺,准入米一斗三升,五年十一月十日付倉吏張曼、周棟。其旱田不收錢。孰田收錢畝八十,凡爲錢八十,五年十一月十日付庫吏潘慎。嘉禾六年二月廿日,田戶曹史趙野、張惕校。

5·393 灵松田丘男子區高,佃田八町,凡廿六畝。其廿畝二年常限。其十二畝旱不收布。其六畝餘力田,爲米二斛四斗。定收八畝,爲米九斛六斗。凡爲米十二斛,畝收布二尺。其米十二斛,五年十一月三日付倉吏張曼、周棟。凡爲布二丈八尺,准入米一斛七斗五升,五年十月廿九日付倉吏張曼、周棟。其旱田不收錢。孰田收錢畝八十①,凡爲錢一千一百廿,五年十一月三日付庫吏潘慎。嘉禾六年二月廿日,田戶曹史張惕校。

按:①據圖版,“孰田”前無“其”字,《田家莂》衍“其”字。今删。

5·394 灵松田丘男子張湖,佃田卅町,凡七十六畝,皆二年常限。其卅一畝旱敗不收布。定收卅五畝,爲米卅二斛,畝收布二尺。其米卅二斛,五年十一月廿五日倉吏張曼、周棟[1]。凡爲布一匹三丈,准入米四斛三斗六升,五年十月廿七日付倉吏張曼、周棟。其旱田不收錢。孰田收錢畝八十,凡爲錢二千八百,五年十一月六日付庫吏潘慎。嘉禾六年二月廿日,田户曹史張惕校。

原注:[1]"日"下脱"付"字。

5·395 灵松田丘男子張蒏①,佃十町②,凡廿五畝。其廿畝二年常限。其十五畝旱敗不收布③。其五畝餘力田,爲米二斛。定收五畝,爲米六斛。凡爲米八斛,畝收布二尺。其米八斛,五年十一月廿日付倉吏張曼、周棟。凡爲布二丈,准入米一斛二斗五升,五年十一月廿二日付倉吏張曼、周棟。其旱田不收錢。孰田收錢畝八十,凡爲錢八百,五年十月廿九日付庫吏潘慎。嘉禾六年二月廿日,田户曹史張惕校。

按:①蒏,音chén。《玉篇·艸部》:"蒏,茵蒏也。"

②據文例,"佃"後脱"田"字。

③據圖版,《田家莂》"旱田"之"田"字實爲"敗"字,圖版作"▓▓",左旁"貝"非常清晰,右旁"攵"有點兒模糊,但仍依稀可辨,此字與"田"字的形體差別很大。今改。

5·396 灵松田丘男子魯元,佃田九町,凡十四畝,皆二年常限。其四畝旱敗不收布。定收十畝,爲米十二斛,畝收布二尺。其米十二斛,五年十一月六日付倉吏張曼、周棟。凡爲布二丈,准入米一斛二斗五升,五年十月廿一日付倉吏張曼、周棟。其旱田不收錢。孰田收錢畝八十,凡爲錢一千六百[1],五年九月□日付庫吏潘有。嘉禾六年二月廿日,田户曹史張惕校。

原注:[1]按熟田畝數和收錢定額計,應收八百錢。

5·397 灵松田丘男子魯牛,佃田六町,凡十五畝,皆二年常限。其十畝旱敗不收布。定收五畝,爲米六斛,畝收布二尺。其米六斛,五年十二月十九日付倉吏張曼、周棟。凡爲布一丈,准入米六斗三升,五年十一月三日付倉吏張曼、周棟。其旱田不收錢。其孰田收錢畝八十,凡爲錢四百,五年十月一日付庫吏潘有。嘉禾六年二月廿日,田户曹史張惕校。

5·398　灵松田丘男子魯市,佃田廿七町,凡卅三畝。其廿三畝二年常限。其十三畝旱敗不收布。其十畝餘力田,爲米四斛。定收十畝,爲米十二斛。凡爲米十六斛,畝收布二尺。其米十六斛,五年十一月六日付倉吏張曼、周棟。凡爲布一匹,准入米二斛五斗,五年十一月十三日付倉吏張曼、周棟。其旱田不收錢。孰田收錢畝八十,凡爲錢一千六百錢,五年十一月廿七日付庫吏潘慎。嘉禾六年二月廿日,田戶曹史張惕校。

5·399　灵松田丘男子魯向,佃田卅一町,凡七十畝。其六十畝二年常限。其卌五畝旱敗不收布。其……①。凡爲米廿二斛②,畝收布二尺。其米廿二斛,五年十一月廿五日付倉吏張曼、周棟。凡爲一匹一丈[1],准入米三斛二斗三升,五年十一月廿日付倉吏張曼、周棟。其旱田不收錢。孰田收錢畝八十,凡爲錢二千,五年十一月廿三日付庫吏潘慎。嘉禾六年二月廿日,田戶曹史張惕校。

原注:[1]"爲"下脱"布"字。

按:①據佃田總數、"二年常限"田數及旱田數可知,熟田爲廿五畝。據收米數及定額可知,餘力熟田爲十畝,二年常限定收田爲十五畝。

　　②據圖版,《田家莂》"廿"下有一"二"字,圖版十分清晰,《田家莂》脱,今補。

5·400　灵松田丘男子魯開,佃田十町,凡卅三畝,皆二年常限。其廿六畝旱敗不收布。定收七畝,爲米八斛四斗,畝收布二尺。其米八斛四斗,五年十一月五日付倉吏張曼、周棟。凡爲布……①,五年十一月五日付倉吏張曼、周棟。其旱田不收錢。孰田收錢畝八十,凡爲錢五百六十,五年十月一日付庫吏潘□畢。嘉禾六年二月廿日,田戶曹史張惕校。

按:①據熟田畝數與定額計,應收布一丈四尺。

5·401　灵松田丘男子魯象,佃田十六町,凡卅一畝。其廿六畝二年常限。其十九畝旱敗不收布①。其五畝餘力田,爲米二斛。定收七畝,爲米八斛四斗。凡爲米十斛四斗,畝收布二尺。其米十斛四斗,五年十月六日付倉吏張曼、周棟。凡爲布二丈四尺,准入米一斛四斗八升,五年十月廿八日付倉吏張曼。

其旱田不收錢。孰田收錢畝八十,凡爲錢九百六十,五年十一月一日付庫吏潘慎。嘉禾六年二月廿日,田户曹史張惕校。

按:①據廿六畝"二年常限"田和七畝熟田可知,旱田爲十九畝,故《田家莂》"□□"今補釋爲"[十][九]"。

5·402 灵松田丘男子魯礼①,佃田廿三町,凡卌六畝。其卌六畝二年常限。其廿五畝旱敗不收布。其十畝餘力田,爲米四斛。定收十一畝,爲十三斛二斗[1]。凡爲米十七斛二斗,畝收布二尺。其米十七斛二斗,五年十月十日付倉吏張曼、周棟。凡爲布一匹二尺,准入米二斛七斗九升,五年十月廿日付倉吏張曼、周棟。其旱田不收錢。孰田收錢畝八十,凡爲錢一千六百八十,五年十月廿一日付庫吏潘慎。嘉禾六年二月廿日,田户曹史張惕校。

原注:[1]"爲"下脱"米"字。

按:①《田家莂》"礼",圖版的寫法幾近於簡體的"礼",與"禮"差別很大,故釋爲"礼"更好。今改。

5·403 灵松田丘男子□□,佃田二町,凡四畝,皆二年常限。畝收米一斛二斗,爲米四斛八斗,畝收布二尺。其米四斛八斗,五年十一月九日付倉吏張曼、周棟。凡爲布八尺,准入米五斗,五年□月□九日付倉吏張曼、周棟。畝收錢八十,凡爲錢三百廿,五年十一月廿七日付庫吏潘慎。嘉禾六年二月廿日,[田][户][曹]史張惕校①。

按:①據文例,《田家莂》"□□□"今補釋爲"[田][户][曹]"。

5·404 灵杷丘大女文旨①,佃田五町,凡十畝,皆二年常限。其三畝旱不收布。定收七畝,凡爲米八斛四斗,畝收布二尺。其米八斛四斗,五年十一月廿五日付吏孫儀畢。凡爲布一丈四尺,准入米一斛九斗,五年十一月卅日付吏孫儀畢。其旱田不收錢。其孰田畝收錢八十,凡爲錢五百六十,准入米四斗二升,五年十二月廿日付吏孫儀畢。嘉禾六年二月廿日,田户曹史張惕、趙野校。

按:①杷,音pá。《説文·木部》:"杷,收麥器。从木,巴聲。"

5·405　灵杷丘縣吏石干,佃田三町,凡八畞百步,皆二年常限。其八畞旱敗不收布。定收……①。其米五斗,五年十一月……張曼、周棟。凡爲布八寸②,准入米……吏張曼、周棟畢。其旱畞不收錢。其孰田畞收錢八十,凡爲錢卅③,五年十一月廿日付庫吏潘慎④、□□□。嘉禾六年二月廿日,田户曹史張惕、趙野校。

按:①據佃田總數與旱田畞數可知,孰田爲一百步。
　　②據孰田畞數與定額計,應收布八寸三分。
　　③據孰田畞數與定額計,應收錢卅三錢。
　　④《田家莂》"二十"當爲"廿"字,今改,詳參簡5·346。

5·406正　灵杷丘男子石臭,佃田三町,凡七畞,皆二年常限。其三畞一百廿步旱敗收布[1]。定收三畞一百廿步,凡爲米四斛二斗,畞收布二尺。其米四斛二斗,五年十二月十二日付吏孫義畢①。凡爲布七尺,准入米四斗二升,五年十二月十七日付倉吏孫義畢②。其旱畞不收錢▨其孰田畞收錢▨嘉禾六年二月……▨

5·406背　已校。

原注:[1]"收"上脱"不"字。
按:①、②《田家莂》"儀",據圖版應爲"義",今改。

5·407　灵杷丘縣吏石彭,佃田卅四町,凡七十五畞,皆二年常限。其五十八畞旱不收布。定收十七畞,凡爲米廿斛四斗,收布畞二尺。其米廿斛四斗,五年十二月十八日付倉吏張曼、周棟。凡爲布三丈四尺,准入米二斛四升,五年十二月廿日付倉吏張曼、周棟。其旱田不收錢。其孰田畞收錢八十,凡爲錢一千三百六十,五年十二月八日付庫吏番宗畢。嘉禾六年二月廿日,田户曹張惕①、趙野校。

按:①據文例,"曹"後脱"史"字。

5·408　灵杷丘男子石鳴,佃田十五町,凡廿三畞,皆二年常限。其十九畞旱不收布。定收四畞,凡爲米四斛八斗,畞收布二尺。其米四斛八斗,五年十二月廿日付倉吏張曼、周棟畢。凡爲布八尺,准入米四斗八升,五年十二月十八日付倉吏張曼、周

棟。其旱田畝不收錢。其熟田畝收錢八十，凡爲錢三百廿，
五年十二月十九日付庫吏番慎、番宗畢。嘉禾六年二月廿
日，田戶曹史張惕、趙野校。

5·409　　羕杷丘男子烝庫，佃田十一町，凡廿畝一百廿步，皆二年常
限。其□畝旱不收布。定收……①。其米十三斛八斗，五年
十一月□日付倉吏□□。凡爲布二丈三尺②，准入米一斛□
斗，五年十一月廿一日付倉吏□▨　其旱田畝不收錢。其熟
田畝收錢八十▨

按：①據佃田總數和收米數、收布數與定額推算，旱田爲九畝，定收爲十一畝一百
　廿步。
　　②據文例，《田家莂》“□”今補釋爲“凡”。

5·410　　羕杷丘郡吏烝信，佃田廿一町，凡廿四畝，皆二年常限。其十
七畝旱不收布。定收七畝，爲米八斛四斗，畝收布二尺。其
米八斛四斗，五年十二月十八日付倉吏張曼、周棟。凡爲布
一丈四尺，准入米一斗五升，五年十一月廿日付倉吏張曼、周
棟。其旱田畝不收錢。其熟田畝收錢八十，凡爲錢五百六
十，五年十二月廿日付庫吏潘慎、潘宗畢。嘉禾六年二月廿
日，田戶曹史張惕、趙野校。

5·411　　羕杷丘縣吏烝循，佃田卌六町，凡卌九畝，皆二年常限。其卌
四畝旱不收布。定收五畝，爲米六斛，畝收布二尺。其米六
斛，五年十一月廿日付倉吏張曼、周棟畢。凡爲布一丈，准入
米六斗，五年十一月十日付倉吏張曼、周棟畢。其旱畝不收
錢。其熟田畝收錢八十，凡爲錢四百，五年十二月十七日付
庫吏番慎、番宗。嘉禾六年二月廿日，田戶曹史張惕、趙野校。

5·412　　羕杷丘男子黄造，佃田十町，凡十五畝一百廿步，皆二年常
限。其十畝百廿步旱敗不收布。定收五畝，凡爲米六斛，畝
收布二尺。其米六斛，五年十二月十七日付吏孫義畢①。凡
爲布一丈，准米入六斗三升②，五年十二月十八日付吏孫義
畢③。其旱畝不收錢。其熟田畝收錢八十，凡爲錢四百，准米

入三斗一升④，五年十二月十五日付吏孫儀⑤。嘉禾六年二月
廿日，田户曹史張惕、趙野校。

按：①、③《田家莂》“儀”，據圖版應爲“義”，今改。

②、④據文例，“准米入”當爲“准入米”之誤。

⑤據文例，《田家莂》“□”今補釋爲“儀”。

5·413 㚌杷丘男子番旻，佃田八町，凡十五畝，皆二年常限。其五畝
旱敗不收布。定收十畝，凡爲米十二斛，畝收布二尺。其米
十二斛，五年十二月六日付吏孫義畢①。凡爲布二丈，准入米
七斗五升，五年十一月卅日付吏孫義畢②。其旱田畝不收
錢。其熟田畝收錢八十，凡爲錢八百，准入米六斗一升，五年
十二月十一日付吏孫義畢③。嘉禾六年二月廿日，田户曹史
張惕、趙野校。

按：①、②、③《田家莂》“儀”，據圖版應爲“義”，今改。

5·414 㚌杷丘男子番碩，佃田十五町，凡廿八畝①，皆二年常限。其廿
二畝旱不收布。定收六畝，爲米七斛二斗，畝收布二尺。其米
七斛二斗，五年十二月十三日付倉吏張曼、周棟。凡爲布一丈
二尺，准入米七斗二升，五年□□月□日……。其旱田畝不收
錢。其熟田畝收錢八十②，凡爲四百八十③，五年十二
月廿一日付庫吏番慎畢。嘉禾六年二月廿日④，田户曹史
張惕、趙野校⑤。

按：①據旱田廿二畝、定收六畝知，佃田總數爲廿八畝，則《田家莂》“□”今補釋
爲“八”。

②據文例，《田家莂》“……”今補釋爲“其熟田畝收錢八十”。

③據文例，“爲”後脱“錢”字。

④據文例，《田家莂》“……”今補釋爲“六年二月”。

⑤據文例，《田家莂》“□”今補釋爲“校”。

5·415 㚌杷丘男子謝象，佃田六町，凡八畝，皆二年常限。其五畝旱
不收布。定收三畝，凡爲米三斛六斗，畝收布二尺。其米三
斛六斗，五年十二月廿日付倉吏張曼、周棟。凡爲布六尺，准
入米三斗六升，五年十二月十二日付倉吏張曼、周棟。其旱

畝不收錢。其孰田畝收錢八十，凡爲錢二百冊，五年十二月十九日付庫吏潘慎、潘宗畢。嘉禾六年二月廿日，田戶曹史張惕、趙野校。

5·416 炅東丘縣吏烝冝，佃田廿町，凡卅九畝百廿步，皆二年常限。其卅八畝百廿步旱不收布。定收一畝，凡爲米一斛二斗。其米一斛二斗五升[1]，五年十二月卅日付吏……。凡爲布二尺，准入米一斗二升，五年十二月卅日付吏孫儀畢。其旱畝不收錢。其孰田畝收錢八十，凡爲錢八十，准入米七升，五年十二月十八日付吏孫儀畢。嘉禾六年二月廿日，田戶曹史張惕、趙野校。

原注：[1]按熟田收錢定額計，此“五升”二字當爲衍文。①

按：①《田家莂》注釋[1]“收錢”應爲“收米”之誤。

5·417 炅東丘大女番朱，佃田二町，凡二畝，皆二年常限。收米二斛四斗，五年十二月十一日付倉吏張曼、周棟。凡爲布四尺，准入米二斗四升，五年十二月十七日付倉吏張曼、周棟。凡爲錢一百六十，五年十二月卅日付庫吏潘慎、潘宗。嘉禾六年二月廿日，田戶曹史張惕、趙野校。①

按：①此簡較爲特殊，未記米、布、錢的繳納定額。

5·418 炅東丘縣吏番有，佃田廿町，凡六十二畝一百廿步。其五十三畝旱不收布。定收九畝一百廿步。其四畝一百廿步二年常限，爲米五斛四斗。其五畝餘力租①，收米二斛。畝收布二尺。其米七斛四斗，五年十二月十八日付倉吏孫儀畢。凡爲布一丈九尺，准米一斛一斗九升，五年十二月十九日付吏孫儀畢。其旱畝不收錢。其孰田畝收錢八十，凡爲錢七百六十，准米五斗八升，五年十二月廿八日付吏孫儀畢。嘉禾六年二月廿日，田戶曹史張惕、趙野校。

按：①據圖版，《田家莂》“田”字實爲“租”字，圖版作“租”，此字很清楚，左旁爲“禾”、右旁爲“且”。今改。

5·419 炅東薄丘男子涂麦，佃田八町，卅四畝[1]，皆二年常限。其十四

畝旱敗不收布。定收廿畝,爲米廿四斛,畝收布二尺。其米廿
四斛,五年十二月十日付倉吏張曼、周棟。凡爲布一匹,准入
米二斛五斗,五年十二月十一日付吏孫儀。其旱田不收錢。
其孰田畝收錢八十,凡爲錢一千六百,五年十二月十一日付庫
吏潘慎、潘宗。嘉禾六年二月廿日,田戶曹史張惕、趙野校。

原注:[1]"卅"上脱"凡"字。

5·420 灵東薄丘縣吏鄧蔦,佃田十町,凡卅畝一百廿步,皆二年常
限。其十九畝一百廿步旱不收布。定收十一畝,爲米十三斛
二斗,畝收布二尺。其米十三斛二斗,五年十二月十四日付
倉吏張曼、周棟畢。凡爲布二丈二尺,准入米一斛三斗七升,
五年十二月十日付吏孫儀。其旱田不收錢。其孰田畝收錢
八十,凡爲錢八百八十,五年□月□日付庫吏潘慎、潘宗畢。
嘉禾六年二月廿日,田戶曹史張惕、趙野校。

5·421 灵東薄丘州卒潘止,佃田五町,卅二畝一百廿步[1],皆二年常
限。其廿畝旱敗不收布。定收十二畝一百廿步,爲米十五
斛,畝收布二尺。其米十五斛,五年十二月十二日付倉吏張
曼、周棟。凡爲布二丈五尺,准入米□□……。嘉禾□□

原注:[1]"卅"前或脱"凡"字。

5·422 灵東薄丘縣吏謝幼,佃田八町,卅四畝一百廿步[1]①,皆二年常
限②。其十四畝旱敗不收布。定收廿畝,爲米廿四斛,畝收布
二尺。其米廿四斛,五年十二月十二日付倉吏張曼、周棟。
凡爲布一匹,准入米二斛,五年十月廿日付吏孫儀。其旱田
不收錢。其孰田畝收錢八十,凡爲錢一千六百,五年十二月
三日付庫吏番慎、番宗。嘉禾六年二月廿日,田戶曹史張惕、
趙野校。

原注:[1]"卅"前脱"凡"字。
按:①佃田總數與旱田、熟田畝數不合。據收米數、收布數和收錢數與定額知,熟田
爲廿畝,則佃田總數與旱田畝數必有一誤。
②據圖版,"二"字前有"皆"字,圖版作"皆",非常清晰。《田家莂》脱,今補。

5·423 灵和丘男子文□,佃田八町,凡卅八畝一百廿步,皆二年常

限。……畝收布二尺。……付倉吏張曼、周棟。凡爲布二丈，十二月十日付庫吏□□①。其孰田畝收錢八十……。嘉禾六年二月廿日，田戶曹史張惕、趙野校。

按：①據文例，“十二月”前脱“五年”二字。

5·424 灵周陵丘縣卒周驚，佃田二町，凡十畝，皆二年常限。旱敗不收錢布。嘉禾六年二月廿日，田戶曹史張惕、趙野校。

5·425 灵於丘男子黃岑，佃田十五町，凡卌二畝一百廿步。其廿七畝旱不收布。定十五畝一百廿步[1]。其十二畝皆二年常限①，爲米十五斛，畝收布二尺。其三畝餘力[2]，爲米一斛二斗，畝收布二尺。其米十六斛二斗，五年十一月十七日付倉吏張曼、周棟。凡爲布三丈一尺，准入米一斛九斗，五年十一月廿日付掾孫儀。其旱畝不收錢。其孰田畝收錢八十，凡爲錢一千二百卌，准入米八斗，五年十二月十七日付吏番慮。嘉禾六年二月廿日，田戶曹史張惕、趙野校。

原注：[1]“定”下或脱“收”字。
　　　[2]“餘力”下脱“田”字。

按：①熟田總數與二年常限熟田、餘力熟田畝數不合。據收米數與定額知，二年常限熟田應爲十二畝一百廿步。

5·426 灵於上丘大女石黑，佃田十一町，凡廿六畝一百廿步，皆二年常限。其十畝一百廿步旱畝不收布。定收十六畝，凡爲米十九斛二斗，畝收布二尺。其米十九斛二斗，五年正月廿日付倉吏孫義[1]①。凡爲布三丈二尺，准入米二斛，五年十二月廿日付倉吏孫義②。其旱田畝不收錢。其孰田畝收錢八十，凡爲錢一千二百八十，准入米九斗，五年正月十八日付倉吏孫義[2]③。嘉禾六年二月廿日，田戶曹史張惕、趙野校。

原注：[1]依文例，“五年”或爲“六年”之誤。
　　　[2]依文例，“五年”或爲“六年”之誤。

按：①、②、③《田家莂》“儀”，據圖版應爲“義”，今改。

5·427 灵於上丘男子李惕，佃田十一町，凡廿畝一百廿步，皆二年常限。其十一畝一百廿步旱不收布。定收九畝，凡爲米十斛八斗,畝收布二尺。其米十斛八斗,五年十二月廿日付倉吏孫義①。凡爲一丈八尺[1],准入米一斛,五年十二月十八日付倉吏孫義②。其旱田畝不收錢。其孰田畝收錢八十,凡爲錢七百廿,准入米五斗五升,五年十二月十九日付倉吏張曼、周棟畢。嘉禾六年二月廿日,田戶曹史張惕、趙野校。

原注:[1]"爲"下脱"布"字。

按:①、②《田家莂》"儀",據圖版應爲"義",今改。

5·428　灵於上丘男子唐仁,佃田七町,凡十七畝,其……①。其五畝旱不收布。定收十二畝,凡爲米十四斛四斗,畝布二尺[1]。其米十四斛四斗,五年十一月廿日付倉吏張曼、周棟。凡爲布二丈四尺,准入米一斛□斗,五年十一月廿日付倉吏孫儀畢。其旱田畝不收錢。其孰田畝收錢八十,凡爲錢九百六十,准入米七斗,五年十二月十九日付倉吏張曼、周棟畢。嘉禾六年二月廿日,田戶曹史張惕、趙野校。

原注:[1]"畝"下脱"收"字。

按:①《田家莂》"其……",圖版不清楚,據文例,應爲"皆二年常限"。

5·429　灵於上丘男子烝益,佃田八町,凡十九畝,皆二年常限。其九畝旱不收布。定收十畝,凡爲米十二斛,畝收布二尺。其米十二斛,五年正月廿日付倉吏孫義[1]①。凡爲布二丈,准入米一斛二斗六升,五年正月廿日付倉吏孫義[2]②。其旱田畝不收錢。其孰田畝收錢八十,凡爲錢八百,准入米六斗二升,五年正月十八日付倉吏張曼、周棟畢[3]。嘉禾六年二月廿日,田戶曹史張惕、趙野校。

原注:[1]依文例,"五年"當爲"六年"之誤。

　　　[2]依文例,"五年"當爲"六年"之誤。

　　　[3]依文例,"五年"當爲"六年"之誤。

按:①、②《田家莂》"儀",據圖版應爲"義",今改。

5·430　灵於上丘男子潘牒,佃田十一町,凡廿二畝,皆二年常限。其十畝旱不收布。定收十二畝,爲米十四斛四斗,畝收布二尺。其米十四斛四斗,五年十二月四日付倉吏張曼、周棟畢。凡爲布二丈四尺,准入米一斛四斗四升,五年十一月三日付倉吏孫義畢[1]。其旱畝不收錢。其孰田畝收錢八十，凡爲錢九百六十，准入米七斗五升，五年十二月二日付吏番慮畢。嘉禾六日[1]，田戶曹史張惕、趙野校。

原注：[1]"六"下脱"年"字及月序、日序。

按：①《田家莂》"儀"，據圖版應爲"義"，今改。

5·431 灵於上丘男子戴馮，佃田廿町，凡卅畝，皆二年常限。其十七畝旱不收布。定收十三畝，凡爲米十五斛六斗，畝收布二尺。其米十五斛六斗，六年□月□日付倉吏張曼、周棟。凡爲布二丈六尺，准入米二斛五斗六升，五年十一月廿日付倉吏張曼、周棟。其旱畝不收錢。其孰田畝收錢八十，凡爲錢一千卅，准入米八斗，五年十二月十九日付倉吏張曼、周棟畢。嘉禾六年二月廿日，田戶曹史張惕、趙野校。

5·432 灵於上丘郡卒謝善，佃田八町，凡十九一百廿步[1]，皆二年常限。其五畝一百廿步旱不收布。定收十四畝，爲米十六斛八斗，畝收布二尺。其米十六斛八斗，五年十一月三日付倉吏張曼、周棟畢。凡爲布二丈八尺，准入米一斛六斗八升，五年十一月五日付倉吏張曼、周棟畢。其旱畝不收錢。其孰田畝收錢八十，凡爲錢一千一百廿，准入米八斗六升，五年十二月四日付倉吏張曼、周棟畢。嘉禾六年二月廿日，田戶曹史張惕、趙野校。

原注：[1]"九"下脱"畝"字。

5·433 灵泊丘男子吳帛，佃田廿町，凡卅六畝，皆二年常限。其十八畝旱不收布。定收廿八畝，爲米卅三斛六斗，畝收布二尺。其米卅三斛六斗，五年十一月十五日付倉吏張曼、周棟畢。凡爲布一匹一丈六尺，准入米三斛四斗六升，五年十二月十八日付倉吏張曼、周棟畢。其旱畝不收錢。其孰田畝錢八十[1]，凡爲錢二千二百卅，五年十二月十五日付庫吏番慎、潘宗畢。嘉禾六年二月廿日，田戶曹史張惕、趙野校。

原注：[1]"畝"下脱"收"字。

5·434 灵泊丘州吏黄皎,佃十四畞①,爲租米八斛二斗四合,畞收布二尺。其米八斛二斗四合,五年十一月十日付倉吏張曼、周棟。凡爲布二丈八尺,准入米一斛七斗三升,五年十二月十七日付倉吏張曼、周棟畢。其畞收錢八十[1],凡爲錢一千一百廿,准入米九斗,五年十二月十一日付吏孫儀畢。嘉禾六年二月廿日,田户曹史張惕、趙野②。

原注:[1]"其"下脱"熟田"二字。

按:①此簡未記佃田町數。

　②據文例,"野"後脱"校"字。

5·435 灵波丘男子區得,佃田廿町,凡卌畞,皆二年常限。其十八畞旱敗不收布。定收廿二畞,爲米廿六斛四斗,畞收布二尺。其米廿六斛四斗,五年十一月十一日付倉吏張曼、周棟。凡爲布一匹四尺,准入米二斛七斗五升,五年十一月九日付倉吏張曼、周棟。其旱田不收錢。孰田收錢畞八十,凡爲錢一千七百六十,五年十一月十四日付庫吏潘慎。嘉禾六……

5·436 灵弦丘男子王妻,佃田一町,三畞[1],旱敗不收錢布。嘉禾六年二月廿日,田户曹史張惕、趙野校。

原注:[1]"三"上或脱"凡"字。

5·437 灵弦丘州卒毛碩,佃田十二町,凡卌八畞,皆二年常限。其廿九畞旱不收布。定收九畞,爲米十斛八斗,畞收布二尺。其米十斛八斗,五年十二月十日付倉吏張曼、周棟。凡爲布一丈八尺,准入米一斛八升,五年十一月十日付倉吏張曼、周棟。其旱田不收錢。其孰田收錢八十[1],凡爲錢七百廿,五年十二月廿日付庫吏潘有畢。嘉禾六年二月廿日,田户曹史張惕、趙野校。

原注:[1]"錢"下脱"畞"字。

5·438 灵弦丘縣卒朱悤,佃田六町,凡十七畞,皆二年常限。其七畞旱不收布。定收十畞,爲米十二斛,畞收布二尺。其米十二斛,五年十二月廿日付倉吏張曼、周棟。凡爲布二丈,准入米一斛二斗五升,五年十二月十二日付倉吏張曼、周棟。其旱不收錢。其孰田畝收錢八十,凡爲錢八百,五年十二月十日付庫吏潘有畢。嘉禾六年二月廿日,田户曹史張惕、趙野校。

5·439　灵弦丘男子吴遠,佃田六町,凡十八畝,皆二年常限。旱敗不收錢布。嘉禾六年二月廿日,田户曹史張惕、趙野校。

5·440　灵弦丘男子胡健,佃田十二町,凡卅八畝,皆二年常限。其十二畝旱不收①。定收廿六畝,爲米卅一斛二斗,畝收布二尺。其米卅一斛二斗,五年十一月八日付倉吏張曼、周棟。凡爲布一匹一丈二尺,准入米三斛二斗二升,五年十一月一日付倉吏張曼、周棟。其旱田不收錢。其孰田畝收錢八十,凡爲錢二千六十②,五年十二月廿日付庫吏潘有畢。嘉禾六年二月廿日,田户曹史張惕、趙野校。

按:①據文例,"收"後脱"布"字。
　　②據熟田畝數與定額計,應收錢二千八十錢。

5·441　灵弦丘男子枏專,佃田八町,凡廿畝,皆二年常限。旱敗不收錢布。嘉禾六年二月廿日,田户曹史……校。

5·442　灵弦丘男子枏蕀,佃田四町,凡十四畝,皆二年常限。旱敗不收錢布。嘉禾六年二月廿日①,田户曹史張惕、趙野校。

按:①據圖版,"廿"後清晰有一"日"字,圖版作"▓"。《田家莂》脱,今補。

5·443　灵弦丘州卒枏誌,佃田十町,凡廿八畝,皆二年常限。其廿三畝旱不收布。定收五畝,爲米六斛,收布二尺[1]。其米六斛,五年十二月十一日付倉吏張曼、周棟。凡爲布一丈,准入米六斗二升,五年十二月七日付倉吏張曼、周棟。其旱田不收錢。其孰田畝收錢八十,凡爲錢四百,五年十二月二日付庫吏潘有畢。嘉禾六年二月廿日,田户曹史張惕、趙野校。

原注:[1]"收"前脱"畝"字。

5·444　灵弦丘男子逢平,佃田六町,凡廿五畝,皆二年常限。旱敗不收錢布。嘉禾六年二月廿日,田户曹史張惕、趙野校。

5·445　灵弦丘男子郭士,佃田三町,凡八畝,皆三年常限[1]。旱敗不收錢布。嘉禾六年二月廿日,田户曹史張惕、趙野校。

原注:[1]"三"爲"二"之誤。

5·446　灵弦丘郭孺①,佃田一町,凡三畝,皆二年常限。旱敗不收錢布。嘉禾六年二月廿日,田户曹史張惕、趙野校。

按:①"郭"字前脱有關身份的詞語。

5·447　灵弦丘男子唐南,佃田七町,凡廿畝一百廿步,皆二年常限。旱敗不收錢布。嘉禾六年二月廿日,田户曹史張惕、趙野校。

5·448　灵弦丘男子唐執,佃田六町,凡廿四畝,皆二年常限。旱敗不收錢布。嘉禾六年二月廿日,田户曹史張惕、趙野校。

5·449　灵弦丘縣卒唐懸,佃田二町,凡四畝,皆二年常限。旱敗不收錢布。嘉禾六年二月廿日,田户曹史張惕、趙野校。

5·450　灵弦丘郡吏烝□,佃田十二町,凡五十八畝,皆二年常限。其卅八畝旱不收布。定收廿畝,爲米廿四斛,畝收布二尺。其米廿四斛,五年十二月廿日付倉吏張曼、周棟領①。凡爲布一匹,准入米二斛五斗,五年十二月廿日付倉吏張曼、周棟。其旱田不收錢。其孰田畝收錢八十,凡爲錢一千六百,五年十二月廿三日付庫吏潘有畢。嘉禾六年二月廿日,田户曹史張惕、趙野校。

按:①據文例,"領"字當爲"畢"字之誤。

5·451　灵弦丘男子黄緄,佃田八町,凡廿四畝,皆二年常限,旱敗不收錢布①。嘉禾六年二月廿日,田户曹史張惕、趙野校。

按:①據圖版,"收"字與"布"字之間清晰有一"錢"字,圖版作"▨",《田家莂》脱,今補。

5·452　灵弦丘縣吏黄經,佃田一町,凡四畝,皆二年常限。旱敗不收錢布。嘉禾六年二月廿日,田户曹史張惕、趙野校。

5·453　灵弦丘男子黄德,佃田三町,凡卅八畝,皆二年常限。其十八畞旱不收[1]。定收廿畞,爲米廿四斛,畞收布二尺。其米廿四斛,五年十一月八日付倉吏張曼、周棟。凡爲布一匹,准米二斛五斗[2],五年十二月七日付倉吏張曼、周棟。其旱田不收錢。其孰田畞收錢八十,凡爲錢一千六百,准入米二斛,五年十一月十四日付吏孫儀。嘉禾六年二月廿日,田户曹史張惕、趙野校。

原注:[1]"收"下脱"布"字。

[2]"准"下脱"入"字。①

按:①據田家莂,錢、布折合爲米,可稱准入米,亦可稱准米,故《田家莂》注釋[2]可刪。

5·454　灵弦丘男子黄樊,佃田三畞[1],凡十一畞,皆二年常限。旱敗不收錢布。嘉禾六年二月廿日,田户曹史張惕、趙野 校 ①。

原注:[1]"畞"當爲"町"之誤。

按:①據文例,《田家莂》"□"今補釋爲" 校 "。

5·455　灵弦丘男子黄澤,佃田三町,凡十畞,皆二年常限。旱敗不收錢布。嘉禾六年二月廿日,田户曹史張惕、趙野校。

5·456　灵弦丘男子蔡邵,佃田三町,凡十畞,皆二年常限。旱敗不收錢布。嘉禾六年二月廿日,田户曹史張惕、趙野校。

5·457　灵弦丘男子蔡囷,佃田二町,凡十畞,皆二年常限。旱敗不收錢布。嘉禾六年二月廿日,田户曹史張惕、趙野校。

5·458　灵弦丘縣卒蔡庫,佃田二町,凡九畞,皆二年常限。其一畞旱不收[1]。定收八畞,爲米九斛六斗,收布二尺[2]。其米九斛六斗,五年十二月十九日付倉吏張曼、周棟。凡爲布一丈六尺,准入米九斗六升,五年十二月廿日付倉吏張曼、周棟。其旱田不收[3]。其孰田畞收錢八十,凡爲錢六百冊,五年十一月□日付庫吏潘有畢。嘉禾六年二月廿日,田户曹史張惕、趙野校。

原注:[1]"收"下脱"布"字。

[2]"收"上脱"畞"字。

[3]"收"下脱"钱"字。

5·459 灵弦丘男子蔡雄,佃田二町,凡六畝,皆二年常限。旱败不收钱布。嘉禾六年二月廿日,田户曹史张惕、赵野校。

5·460 灵弦丘郡吏蔡贤,佃田廿町,凡七十六畝,皆二年常限。其六十六畝旱败不收布。定收十畝,为米十二斛,畝收布二尺。其十二斛[1],五年十二月八日付仓吏张曼、周栋。凡为布二丈,准入米一斛二斗五升,五年十二月十日付仓吏张曼、周栋。其旱田不收钱。其孰田畝收钱八十,为钱八百①,五年十二月七日付库吏潘有毕。嘉禾六年二月廿日,田户曹史张惕、赵野校。

原注:[1]"其"下脱"米"字。

按:①据文例,"为"前脱"凡"字。

5·461 灵弦丘男子廖他,佃田三町,凡十二畝,皆二年常限。旱败不收钱布。嘉禾六年二月廿日,田户曹史张惕、赵野校。

5·462 灵弦丘郡吏邓盆,佃田廿町,凡六十三畝,皆二年常限。其卌三畝旱不收布。定收廿畝,为米廿四斛,畝收二尺[1]。其米廿四斛,五年十二月七日付仓吏张曼、周栋。凡为布一匹,准入米二斛五斗,五年十一月八日付仓吏张曼、周栋。其旱不收钱。其孰田畝收钱八十,凡为钱一千六百,五年十二月十一日库吏潘有毕[2]。嘉禾六年二月廿日,田户曹史张惕、赵野校。

原注:[1]"收"下脱"布"字。

[2]"日"下脱"付"字。

5·463 灵弦丘男子邓鼠,佃田三町,凡十一畝,皆二年常限。旱败不收钱布。嘉禾六年二月廿日,田户曹史张惕、赵野校。

5·464 灵弦丘男子潘司,佃田十町,凡廿七畝,皆二年常限。其廿六畝廿五步旱不收布①。定收二百一十五步,为米一斛七升五合,为布一尺八寸,准入米一斗,五年十二月十日付仓吏张曼、周栋。其米一斛七升五合,五年十二月八日付仓吏张曼、

周棟。其旱不收錢。其孰田畝收錢八十,凡爲錢六十五錢[1],
五年十月一日付庫吏潘有畢。嘉禾六年二月廿日,田户曹史
張惕、趙野校。

原注:[1]按熟田畝數和收錢定額計,應收七十一錢。

按:①據圖版,"旱"後無"田"字,《田家莂》衍"田"字。今刪。

5·465 灵弦丘男子潘政,佃田五町,凡十六畝,皆二年常限。旱敗不
收錢布。嘉禾六年二月廿日,田户曹史張惕、趙野校。

5·466 灵弦丘州吏潘釘,佃田廿町,凡五十三畝,皆二年常限。其十畝
旱不收布。定收□□畝,……租米……爲米……爲米……,
畝收布二尺。……四升,□年十二月六日付倉吏……十一月
廿日付□吏張曼、周棟畢。其旱田不收錢。……錢八十,凡爲
錢……付倉吏……。嘉禾六年二月廿日,田户曹……趙野校。

5·467 灵弦丘大女潘銀,佃田三町,凡十四畝,皆二年常限。旱敗不
收錢布。嘉禾六年二月廿日,田户曹史張惕、趙野校。

5·468 灵弦丘男子潘璋,佃田十町,凡廿四畝九十九步,皆二年常
限。其十四畝九十九步旱不收①。定收十畝,爲米十二斛,畝
收布二尺。其米十二斛,五年十二月廿日付倉吏張曼、周
悚②。凡爲布二丈,准入米一斛二斗五升,五年十二月七日付
倉吏張曼、周悚③。其旱田不收錢。其孰田畝收錢八十,凡爲
錢八百,五年十二月十二日付庫吏潘有畢。嘉禾六年二月廿
日,田户曹史張惕、趙野校。

按:①據文例,"收"後脱"布"字。
　　②、③《田家莂》"棟",據圖版當爲"悚",今改。

5·469 灵弦丘男子潘衛,佃田三町,凡十三畝,皆二年常限。旱敗收
錢布[1]。嘉禾六年二月廿日,田户曹史張惕、趙野校。

原注:[1]"敗"下脱"不"字。

5·470 灵弦丘縣卒潘囊,佃田二町,凡六畝,皆二年常限。旱敗不收
錢布。嘉禾六年二月廿日,田户曹史張惕、趙野校。

5·471　灵弦丘郡卒潘囊，佃田三町，凡卅畞，皆二年常限。旱敗不收錢布。嘉禾六年二月廿日，户田曹史張惕①、趙野校。

按：①《田家莂》“田户”，據圖版“户”字實在“田”字之前，當爲“户田”，圖版非常清晰，今改。

5·472　灵弦丘男子潘□，佃田十町，凡卅八畞，皆二年常限。旱敗不收錢布。嘉禾六年二月廿日，田户曹史張惕、趙野校。

5·473　灵弦丘縣吏潘羍①，佃田十二町，凡卅二畞，皆二年常限。其卅畞旱不收布②。定收二畞，爲米四斗[1]，畞收布二尺。其米二斛四斗，五年十一月廿一日付倉吏張曼、周悚③。凡爲布四尺，准入米二斗五升，五年十一月廿日付倉吏張曼、周悚④。其旱不收錢。其孰田畞收錢八十，凡爲錢一百六十，五年十二月七日[2]。嘉禾六年二月廿日，田户史張惕⑤、趙野校。

原注：[1]按定收畞數和收米定額計，應爲米二斛四斗。據後文，此句“米”下脱“二斛”二字。

　　　[2]“日”下脱關於交付對象的文字。

按：①《田家莂》“□”，圖版作“▓”，很清楚。其字形和《竹簡》“潘羍”之“羍”字（如簡叁·455）寫法相同，故“□”可釋爲“羍”。今改。

　　②《田家莂》“旱田”，據圖版“旱”後無“田”字，今刪“田”字。

　　③、④《田家莂》“棟”，據圖版當爲“悚”，今改。

　　⑤《田家莂》“田户曹史”，據圖版“户”後無“曹”字，今刪“曹”字。

5·474　灵弦丘縣卒謝牛，佃田二町，凡九畞，皆二年常限，旱敗不收錢布①。嘉禾六年二月廿日，田曹史張惕、趙野校②。

按：①據文例，《田家莂》“……”今補釋爲“常限，旱”。

　　②據文例，《田家莂》“……惕、趙……”今補釋爲“張惕、趙野校”。

5·475　灵弦丘男子謝慎，佃田二町，凡八畞。其七畞二年常限孰田，畞收米一斛二斗，凡爲米八斛四斗，畞收布二尺。其一畞餘力[1]，收米四斗，收布二尺。凡爲米八斛八斗，五年十二月七日付倉吏張曼、周棟。凡爲布一丈六尺，准入米一斛，五年十二月八日付倉吏張曼、周棟。其旱田不收錢。其孰田畞收錢八十，凡爲錢六百卅，五年十二月廿□日付庫吏潘有畢。嘉禾六年二月廿日,田户曹史張惕、趙野校。

原注:[1]"餘力"下脱"田"字。

5·476 灵弦丘男子謝韶,佃田七町,凡卅三畝,皆二年常限。其畝旱不收布[1]。定收三畝,爲米三斛六斗,畝收布二尺。其米三斛六斗,五年十二月廿日付倉吏張曼、周悚①。凡爲布六尺,准入米三斗六升,五年十一月廿日付倉吏張曼、周悚②。其旱田不收錢。其孰田畝收錢八十,凡爲錢二百卌,五年十二月廿日付庫吏潘有畢。嘉禾六年二月廿日,田户曹史張惕、趙野校。

原注:[1]按佃田總數與定收畝數計,旱田數爲卅畝,"其"下或脱"卅"字。
按:①、②《田家莂》"棟",據圖版當爲"悚",今改。

5·477 灵弦丘男子□□,佃田六町①,凡廿畝,皆二年常限。其十五畝旱不收布。定收五畝,爲米六斛,畝收布二尺。其米六斛,五年十二月□日付倉吏張曼、周棟。凡爲布一丈,准入米六斗一升,五年十二月七日付倉吏張曼、周棟。其旱田不收錢。其孰田畝收錢八十,凡爲錢四百,五年十月七日付庫吏□□□□。嘉禾六年二月廿日,田户曹史張惕、趙野校。

按:①據文例,《田家莂》"□"今補釋爲"佃"。

5·478 灵函丘男子朱平,佃田七町,凡十六畝,皆二年常限。其十五畝旱不收布。定收一畝,爲米一斛二斗,畝收布二尺。其米一斛二斗,五年十二月廿日付倉吏張曼、周棟。凡爲布二尺,准入米一斗二升,五年十二月十三日付倉吏張曼、周棟。其旱畝不收錢。其孰田畝收錢八十,凡爲錢八十錢,五年十一月廿日付庫吏番慎、番宗畢。嘉禾六年二月廿日,田户曹史張惕、趙野校。

5·479 灵函丘男子唐金,佃田四町,凡九畝,皆二年常限。其一畝旱不收布。定收八畝,爲米九斛六斗,畝收布二尺。其米九斛六斗,五年十一月十五日付倉吏張曼、周棟。凡爲布一丈六尺,准入米九斗六升,五年十一月十三日付倉吏張曼、周棟。其旱畝不收錢。其孰田畝收錢八十,凡爲錢六百卌錢,五年十一月十日付庫掾番慎、番宗畢。嘉禾六年二月廿日,田户曹史張惕、趙野校。

5·480　灵函丘男子陳□,佃田二町,凡三畝,皆二年常限。爲米三斛六斗,其畝收布二尺。其米三斛六斗,五年十二月廿日付倉吏張曼、周棟。凡爲布六尺,准入米三斗六升,五年十二月十九日付倉吏張曼、周棟。其孰田畝收錢八十,凡爲錢二百卌,五年十一月廿日付庫吏潘慎、潘宗畢。嘉禾六年 |二| |月| 廿日①,田户曹史張惕、趙野校。

按:①據文例,《田家莂》"□□"今補釋爲"|二| |月|"。

5·481　灵函丘男子烝若,佃田十町,凡廿九畝,皆二年常限。其廿八畝旱不收布。定收一畝,爲米一斛二斗,畝收布二尺。其米一斛二斗,五年十一月十八日付倉吏張曼、周棟。凡爲布二尺,准入米二斗二升,五年十一月十八日付倉吏張曼、周棟。其旱畝不收錢。其孰田畝收錢八十,凡爲錢八十,五年十一月十二日付庫掾潘慎、潘宗畢。|嘉| |禾| 六年二月廿日①,田户曹史張惕、趙野校。

按:①據文例,《田家莂》"□□"今補釋爲"|嘉| |禾|"。

5·482　灵函丘軍吏番圭,佃田五十五町,凡一頃廿五畝,皆二年常限。其七十八畝旱不收布。定收卌七畝,爲米五十六斛四斗,畝收布二尺。其米五十六斛四斗,五年十二月廿日付倉吏張曼、周棟。凡爲布二匹一丈四尺,准入米五斛八斗四升,五年十二月十八日付倉吏張曼、周棟。其旱畝不收錢。其孰田畝收錢八十,凡爲錢三千七百六十錢,五年十二月十七日付庫吏番慎、番宗。嘉禾六年二月廿日,田户曹史張惕、趙野校。

5·483　灵函丘男子番尾,佃田十町,凡廿四畝,皆二年常限。其十八畝旱不收布。定收六畝,爲米七斛二斗,畝收布二尺。其米七斛二斗,五年十二月十九日付倉吏張曼、周棟。凡爲布一丈二尺,准入米七斗二升,五年十二月十七日付倉吏張曼、周棟。其旱畝不收錢。其孰田畝錢八十[1]，凡爲錢四百八十錢，五年十二月廿日付庫吏番慎、番宗畢。嘉禾六年二月廿日，田户曹史張惕、趙野校。

按：①據文例，“畝”後脱“收”字。

5·484 㶚函丘男子番宜，佃田三町，凡八畝，皆二年常限。其六畝旱不收布。定收二畝，爲米二斛四斗，畝收布二尺。其米二斛四斗，五年十二月十七日付倉吏張曼、周棟。凡爲布四尺，准入米二斗四升，五年十二月十八日付倉吏張曼、周棟。其旱畝不收錢。其孰田收錢八十[1]，凡爲錢一百六十錢，五年十二月廿一日付庫吏潘慎、潘宗畢。嘉禾六年二月廿日，田户曹史張惕、趙野校。

原注：[1]“田”下或缺“畝”字。

5·485 㶚函丘男子應雙，佃田五町，凡十畝，皆二年常限。其六畝旱不收布。定收四畝，爲米四斛八斗，畝收布二尺。其米四斛八斗，五年十一月十八日付倉吏張曼、周棟。凡爲布八尺，准入米四斗八升，五年十一月廿日付倉吏張曼、周棟。其旱畝不收錢。其孰田畝收錢八十，凡爲錢三百廿，五年十二月十九日付庫吏番慎、番宗畢。嘉禾六年二月廿日，田户曹史張惕、趙野校。

5·486 㶚胡葰丘軍吏李則，佃田廿七町，凡廿九畝，皆二年常限。其四畝旱不收布。定收廿五畝，爲米卅斛，畝收布二尺。其米卅斛，五年十二月十一日付倉吏張曼、周棟畢。凡爲布一匹一丈，五年十一月九日付庫吏番有畢。其旱田不收錢。其孰田畝收錢八十，凡爲錢二千，五年十一月八日付庫吏番有畢。嘉禾六年二月廿日，田户曹史張惕、趙野校。

5·487 㶚胡葰丘男子何陽，佃田廿四町，凡廿七畝，皆二年常限。其二畝旱不收布。定收廿五畝，爲米卅斛，畝收布二尺。其米卅斛，五年十二月廿一日付倉吏張曼、周棟。凡爲布一匹一丈，准入米三斛一斗，五年十二月十三日付倉吏張曼、周棟畢。其旱畝不收錢。其孰田畝收錢八十,凡爲錢二千,五年十二月十五日付庫吏潘有畢。嘉禾六年二月廿日,田户曹史張惕、趙野校。

5·488　灵胡菱丘男子區忍[1],佃田六町,凡五畝一百步[2]。其一百步旱不收布。定收五畝,爲米六斛,畝收布二尺。其米六斛,五年十一月廿日付倉吏張曼、周棟畢。凡爲布一丈,准入米六斗二升,五年十一月八日付倉吏張曼、周棟畢。其旱田不收錢。其孰田畝收錢八十,凡爲錢四百,准入米三斗,五年十一月十日付倉吏張曼、周棟畢。嘉禾六年二月廿日,田户曹史張惕、趙野校。

按:①《田家莂》"□",圖版作"忍",很清晰,當爲"忍"字。今改"□"爲"忍"。
　　②據文例,"步"後脱"皆二年常限"五字。

5·489　灵胡菱丘男子廖金,佃田九十六町,凡一頃八十二畝,皆二年常限。其一頃廿九畝旱不收布。定收五十三畝,爲米六十三斛六斗,畝收布二尺。其米六十三斛六斗,五年十二月十八日付倉吏張曼、周棟。凡爲布二匹二丈六尺,准入米五斛九斗九升,五年十二月十八日付吏孫義畢。其旱畝不收錢。其孰田畝收錢八十,凡爲錢四千二百卌,五年十二月十二日付吏番慎畢。嘉禾六年二月廿日,田户曹史張惕……

5·490　灵胡菱丘男子廖郅[1],佃田六町,凡八畝,皆二年常限。其一畝旱不收布。定收七畝,爲米八斛四斗,畝收布二尺,其米八斛四斗,五年十二月七日付倉吏張曼、周棟畢。凡爲布一丈四尺,五年十二月九日付庫吏潘有。其旱田不收錢。其孰田畝收錢八十,凡爲錢五百六十,五年十二月一日付庫吏潘有畢。嘉禾六年二月廿日,田户曹史張惕、趙野校。

按:①郅,音zhì。《説文·邑部》:"郅,北地郁郅縣。从邑,至聲。"

5·491　灵南彊丘男子朱狗,佃田二町,凡四畝,皆二年常限。其二畝旱敗不收[1]。定收二畝,爲米二斛四斗,畝收布二尺。其米二斛四斗,六年正月十五日付倉吏張曼、周棟。凡爲布四尺,准入米二斗四升，五年十一月廿日付倉吏張曼、周棟。其旱田不收錢。孰田收錢畝八十，凡爲錢一百六十，五年十二月廿日付庫吏潘慎。嘉禾六年二月廿日，田户曹史張惕校。

原注：[1]"收"下脱"布"字。

5·492 亖南彊丘男子光象，佃田三町，凡八畝百步①。其三畝百步旱敗不收布。定收五畝，爲米六斛，畝收布二尺。其米六斛，六年正月廿日付倉吏張曼、周棟。凡爲布一丈，准入米六斗三升，六年正月廿一日付倉吏潘慮。其旱田不收錢。其孰田畝收錢八十，凡爲錢四百，六年正月廿一日付庫吏潘慎。嘉禾六年二月廿日，田户曹史張惕校。

按：①據文例，"步"後脱"皆二年常限"五字。

5·493 亖南彊丘男子胡宣，佃田四町，凡卅五畝，其卅畝二年常限。其廿七畝旱敗不收布。其五畝餘力田，爲米二斛。定收三畝，爲米三斛六十[1]。凡爲米五斛六斗，畝收布二尺。其米五斛六斗，六年正月十日付倉吏張曼、周棟。凡爲布一丈六尺，准入米九斗九升，五年十一月七日付倉吏張曼、周棟。其旱田不收錢。孰田收錢畝八十，凡爲錢六百卌，五年十一月九日付庫吏潘慎。嘉禾六年二月廿日，田户曹史張惕校。

原注：[1]"十"爲"斗"之誤。

5·494 亖南彊丘男郭帳[1]，佃田六町，凡卅畝，其廿三畝二年常限。其十六畝旱敗不收布。其七畝餘力田，爲米二斛八斗。定收七畝，爲米八斛四斗。凡爲米十一斛二斗，畝收布二尺。其米十一斛二斗，六年正月十六日付倉吏張曼、周棟。凡爲布二丈八尺，准入米一斛七斗三升，五年十一月一日付倉吏張曼、周棟。其旱田不收錢。孰田收錢畝八十，凡爲錢一千一百廿，五年十一月廿日付庫吏潘慎。嘉禾六年二月廿日，田户曹史張惕校。

原注：[1]"男"下脱"子"字。

5·495 亖南彊丘男子陳平，佃田三町，凡十二畝，皆二年常限。其一

畝旱敗不收布。定收十一畝，爲米十三斛二斗，畝收布二尺。其米十三斛二斗，六年正月十八日付倉吏張曼、周棟。凡爲布二丈二尺，准入米一斛三斗七升，五年十一月廿日付倉吏張曼、周棟。其旱田不收錢。孰田收錢畝八十，凡爲錢八百八十，五年十一月廿一日付庫吏潘慎。嘉禾六年二月廿日，田户曹史張惕校。

5·496　烝南彊丘男子黄如，佃田八町，凡卅一畝。其廿五畝二年常限。其十六畝旱敗不收①。定收九畝，爲米十斛八斗。其六畝餘力田，爲米二斛四斗。凡爲米十三斛二斗，畝收布二尺。其米十三斛二斗，五年十一月九日付倉吏張曼、周棟。凡爲布三丈，准入米一斛八斗九升，五年十一月廿日付倉吏張曼、周棟。其旱田不收錢。其孰田畝收錢八十，凡爲錢一千二百，六年正月卅日付庫吏潘慎。嘉禾六年二月廿日，田户曹張惕校。

按：①據文例，“收”後脱“布”字。

5·497　烝南彊丘男黄健[1]，佃田三町，凡十畝，皆二年常限。其二畝旱敗不收布。定收八畝，爲米九斛六斗，畝收布二尺。其米九斛六斗，六年正月十日付倉吏張曼、周棟。凡爲布一丈六尺，准入米九斗九升，五年十一月廿日付倉吏張曼、周棟。其旱田不收錢。孰田田收錢畝八十[2]，凡爲錢六百卅①，五年十一月五日付庫吏潘慎。嘉禾六年二月廿日，田户曹史張惕校。

原注：[1]“男”下脱“子”字。
　　　[2]“熟”下衍“田”字。

按：①《田家莂》“卅”字，圖版右邊的豎劃筆墨很濃，當爲兩筆豎劃疊書所致，“卅”當爲“卌”字。另據定收畝數和收錢定額計，應收錢六百卌錢。故今改“卅”爲“卌”字。

5·498　烝南彊丘男子焉史①，佃田三町，凡五畝，皆二年常限。其一畝旱敗不收布。定收四畝，爲米四斛八斗，畝收布二尺。其米四斛八斗，六年正月十七日付倉吏張曼、周棟。凡爲布八尺，准入米四斗八升，五年十一月廿日付倉吏張曼、周棟。其旱田不收錢。孰田收錢畝八十，凡爲錢三百廿，五年十一月廿日付庫吏潘慎。嘉禾六年二月廿日，田户曹史張惕校。

按：①《田家莂》"**史**"圖版寫法與簡5·499、簡5·501之"史"字寫法相同，可徑釋爲"史"字，今釋爲"史"。

5·499   灵南彊丘男子鄧馮，佃田三町，凡四畝，皆二年常限。其一畝旱敗不布[1]。定收三畝，爲米三斛六斗，畝收布二尺。其米三斛六斗，六年正月十四日付倉吏張曼、周棟。凡爲布六尺，准入米三斗六升，五年十二月十日付倉吏張曼、周棟。其旱田不收錢。孰田收錢畝八十，凡爲錢二百卌，十一月廿日付庫吏潘慎①。嘉禾六年二月廿日，田户曹史張惕校。

原注：[1]"不"下脱"收"字。

按：①據文例，"十"前脱"五年"二字。

5·500   灵南彊丘男子轟儀，佃田六町，凡卌八畝，其卅三畝二年常限。其廿二畝旱敗不收布。其五畝餘力田，爲米二斛。定收十一畝，爲米十三斛二斗。凡爲米十五斛二斗，畝收布二尺。其米十五斛二斗，六年正月十二日付倉吏張曼、周棟。凡爲布三丈二尺，准入米二斛一斗，五年十一月四日付倉吏張曼、周棟。其旱田不收錢。其孰田收錢畝八十，凡爲錢一千二百八十，五年十一月七日付庫吏潘慎。嘉禾六年二月廿日，田户曹史張惕校。

5·501   灵莐丘男子李平，佃田七町，凡十畝，皆二年常限。其六畝旱敗不收布。定收四畝，爲米四斛八斗，凡爲米四斛八斗，畝收布二尺。其米四斛八斗，五年十一月六日付倉吏張曼、周棟。爲布八尺①，准入米五斗，五年十一月九日付倉吏張曼、周棟。其旱田不收錢。其孰田畝收錢八十，凡爲錢三百廿，五年十一月七日付庫吏番有。嘉禾六年二月廿日，田户曹史張惕校。

按：①據文例，"爲"前脱"凡"字。

5·502   灵莐丘男子苗耽，佃田九町，凡十五畝，皆二年常限。其八畝旱敗不收布。定收七畝，爲米八斛四斗，凡爲米八斛四斗，畝收布二尺。其八斛四斗[①]，六年正月十九日付倉吏張曼、周棟。爲布一丈四尺[②]，准入米八斗九升，六年正月七日付倉吏潘慮。其旱田不收錢。其孰田畝收錢八十，凡爲錢五百六十，五年九月廿日付庫吏番有。嘉禾六年二月廿日，田户曹史張惕校。

按：①據文例，"其"後脱"米"字。
　　②據文例，"爲"前脱"凡"字。

5·503　灵茇丘男子林京，佃田十町，凡卅一畝，皆二年常限。其三畝旱敗不收布。定收廿八畝，爲米卅三斛六斗，畝收布二尺。其米卅三斛六斗，五年十月七日付倉吏張曼。凡爲布一匹一丈六尺，五年十月十一日付倉吏張曼[①]。其旱田不收錢。孰田畝收錢八十，凡爲錢二千二百卅，五年十月九日付庫吏潘有。嘉禾六年二月廿日，田户曹史張惕校。

按：①據文例，布繳給庫吏，米繳給倉吏，布准米、錢准米繳給倉吏。此簡布繳給倉吏，當有誤。疑布數後脱准入米等語句。

5·504　灵茇丘男子胡礼[①]，佃田八町，凡卅六畝。其卅一畝二年常限。其廿二畝旱敗不收布。其五畝餘力田，爲米二斛。定收九畝，爲米十斛八斗，凡爲米十二斛八斗，畝收布二尺。其米十二斛八斗，五年十一月廿日付倉吏張曼、周棟。凡爲布二丈八尺，准入米一斛七斗五升，五年十一月廿日付倉吏張曼、周棟。其旱田不收錢。其孰田畝收錢八十，凡爲錢一千一百廿，六年正月廿日付庫吏潘慎。嘉禾六年二月廿日，田户曹史張惕校。

按：①《田家莂》"禮"，圖版幾近於簡體的"礼"，與"禮"差别很大，故釋爲"礼"更好。今改。

5·505　灵茇丘男子栩春，佃田十町，凡十六畝。其六畝二年常限，畝收米一斛二斗，爲米七斛二斗。其十畝餘力田，爲米四斛。凡爲米十一斛二斗，畝收布二尺。其米十一斛二斗，五年十一月廿日付倉吏張曼、周棟。凡爲布三丈二尺，准入米二斛二斗，六年正月十一日付倉吏潘慮。其旱田不收錢。其孰田

畝錢八十[1]，凡爲錢一千二百八十，五年十一月九日付庫吏潘
有。嘉禾六年二月廿日，田戶曹史張惕校。

原注：[1]"畝"下脱"收"字。

5·506 灵莁丘男子唐至，佃田四町，凡十一畝，皆二年常限。畝收米
一斛二斗，爲米十三斛二斗，畝收布二尺。其米十三斛二
斗，五年十一月九日付倉吏張曼、周棟。凡爲布二丈二尺，准
入米一斛三斗七升，六年正月廿日付倉吏潘慮。其……。其
䣉……

5·507 灵莁丘男子烝儀，佃十町①，凡卅二畝。其廿五畝二年常限。
其廿一畝旱敗不收布。其七畝②，爲米二斛八斗。定收四畝，
爲米四斛八斗。凡爲米七斛六斗，畝收布二尺。其米七斛六
斗，五年十一月九日付倉吏張曼、周棟。凡爲布二丈二尺，准
入米一斛四斗一升，五年十二月廿日付倉吏張曼、周棟。其
旱田不收錢。其䣉田畝收錢八十，凡爲錢八百八十，五年十
一月九日付庫吏潘慎。嘉禾六年二月廿日，田戶曹史張惕校。

按：①據文例，"佃"後脱"田"字。
　②據文意，"畝"後脱"餘力田"三字。

5·508 灵莁丘男子黄肥，佃田四町，凡七畝，皆二年常限。其一畝旱
敗不收布。定收六畝，爲米七斛二斗，凡爲米七斛二斗，畝收
布二尺。其米七斛二斗，五年十一月九日付倉吏張曼、周
棟。凡爲布一丈二尺，准入米七斗五升，六年正月廿日付倉
吏潘慮。其旱田不收錢。其䣉田畝收錢八十，凡爲錢四百八
十，六年正月廿日付庫吏潘慎。嘉禾六年二月廿日，田戶曹
史張惕校。

5·509 灵莁丘男子黄頡，佃十二町①，凡卌九畝。其卅九畝二年常
限。其十畝餘力田，爲米四斛。其卅四畝旱敗不收布。定收
五畝，爲米六斛。凡爲米十斛，畝收布二尺。其米十斛，五年
十一月七日付倉吏張曼、周棟。爲布一丈二尺[1]，五年九月十
七日付庫吏潘有。其旱畝不收錢。䣉田畝收錢八十，凡爲錢

一千二百,五年十一月九日付庫吏潘慎。嘉禾六年二月廿日,田戶曹史張惕校。

原注:[1]按定收畝數和收布定額計,應收布三丈。

按:①據文例,“佃”後脱“田”字。

5·510　灵茬丘男子楊表,佃田廿二町,凡五十六畝,皆二年常限。其五十畝旱敗不收布。定收六畝,爲米七斛二斗,凡爲米七斛二斗,畝收布二尺。其米七斛二斗,五年十一月九日付倉吏張曼、周棟。凡爲布一丈二尺,准入米七斗五升,六年正月廿日付倉吏潘慮。其旱田不收錢。孰田畝收錢八十,凡爲錢四百八十,六年正月廿一日付庫吏潘慎。嘉禾六年二月廿日,田戶曹史張惕校。

5·511　灵茬丘男子楊健,佃田十七町,凡五十七畝,皆二年常限。其五十畝旱敗不收布。定收七畝,爲米八斛四斗,凡爲米八斛四斗,畝收布二尺。其米八斛四斗,六年正月廿日付倉吏張曼、周棟。凡爲布一丈四尺,准入米九斗四升,五年十一月廿日付倉吏張曼、周棟。其旱田不收錢。其孰田畝收錢八十,凡爲錢五百六十,六年正月廿日付庫吏潘慎。嘉禾六年二月廿日,田戶曹史 張 惕 校①。

按:①據文例,《田家莂》“□□”今補釋爲“張 惕”。

5·512　灵茬丘男子廖湛,佃田十一町,凡卅二畝。其廿七畝二年常限。其廿五畝旱敗不收布。其五畝餘力田,爲米二斛。定收二畝,爲米二斛四斗。凡爲米四斛四斗,畝收布二尺。其米四斛四斗,五年十一月廿日付倉吏張曼、周棟。凡爲布一丈四尺,准入米八斗九升,五年十一月九日付倉吏張曼。其旱不收錢。其孰田畝收錢八十,凡爲錢五百六十,五年十一月九日付庫吏潘慎。嘉禾六年二月廿日,田戶曹史張惕校。

5·513　灵茬丘男子謝蔣,佃田十三町,凡五十二畝。其卅二畝二年常限。其卅二畝旱敗不收布。其十畝餘力田,爲米四斛。定收十畝,爲米十二斛。凡爲米十六斛,畝收布二尺。其米十六斛，五年十二月廿日付倉吏張曼、周棟。凡爲布一匹，准入米二斛五斗，五年十一月九日付倉吏張曼、周棟。其旱田不收錢。其孰田畝收錢八十，凡爲錢一千六百，五年十一月廿日付庫吏潘慎。嘉禾六年二月廿日，田戶曹史張惕校。

5·514　灵莣丘男子謝錢，佃十一町①，凡廿二畝，皆二年常限。其十八畝旱敗不收布。定收四畝，爲米四斛八斗，凡爲米四斛八斗，畝收布二尺。爲布八尺[1]，准入米五斗一升，六年正月十九日付倉吏潘慮。孰田畝收錢八十，凡爲錢三百廿，六年正月廿日付庫吏潘□。嘉禾六年二月廿日，田戶曹史張$\boxed{惕}$校②。

原注：[1]"爲"上脫"凡"字。

按：①據文例，"佃"後脫"田"字。

　　②據文例，《田家莂》"□□"似可補釋爲"$\boxed{惕}$"。

5·515　灵俠丘縣吏周亥，佃田卅三町，凡五十畝，皆二年常限。其卅五畝旱敗不收布。定收一十五畝，爲米十八斛，畝收布二尺。其米十八斛，五年十一月廿日付倉吏張曼、周棟。凡爲布三丈，准入米一斛九斗八升，五年十一月廿日付倉吏張曼、周棟。其旱田不收錢。孰田收錢畝八十，凡爲錢一千二百，五年十二月廿六日付庫吏潘慎。嘉禾六年二月廿日，田戶曹史張惕校。

5·516　灵俠丘郡吏周柏，佃田廿六町，凡七十一畝百一十步，皆二年常限。其卅四畝百七十步旱敗不收布。定收廿六畝百八十步，收米卅二斛一斗，畝收布二尺。其米卅二斛一斗，五年十一月廿日付倉吏張曼、周棟。凡爲布一匹一丈五尺①，准入米三斛三斗一升，五年十一月九日付倉吏張曼、周棟。其旱田不收錢。孰田收錢畝八十，凡爲錢二千一百廿②，五年十一月廿一日付庫吏潘慎。嘉禾六年二月廿日，田戶曹史張惕校。

按：①據熟田畝數與定額計，應收布一匹一丈三尺五寸。

　　②據熟田畝數與定額計，應收錢二千一百卅錢。

5·517　灵俠丘男子唐鎧，佃田十一町，凡十七畝百六十四步①，皆二年常限。其七畝一十步旱不收布。定收十畝百六步，爲米十二斛五斗三升,畝收布二尺。其米十二斛五斗三升,五年十二月十一日付倉吏張曼、周棟。凡爲尺二丈一尺[1]②,准入米一斛四斗一升,五年十一月廿日付倉吏張曼、周棟。其旱田不收錢。孰田收錢畝八十,凡爲錢八百卅③,五年十一月廿日付庫吏潘慎。嘉禾六年二月廿日,田戶曹史張惕校。

原注:[1]"爲尺"係"爲布"之誤。

按:①佃田總數與旱田、熟田畝數不合。據收米數與定額知,熟田爲十畝百六步,則佃田總數與旱田畝數必有一誤。

②據熟田畝數與定額計,應收布二丈八寸八分。

③據熟田畝數與定額計,應收錢八百卅五錢。

5·518　　廛佚丘男子陳若,佃田六町,凡廿畝二百卅步,皆二年常限。其十八畝百卅步旱敗不收布。定收二畝百步,爲米二斛九斗,畝收布二尺。其米二斛九斗,五年十一月廿日付倉吏張曼、周棟。凡爲布五尺①,准入米三斗,五年十一月廿日付倉吏張曼、周棟。其旱田不錢[1]。孰田收錢畝八十,凡爲錢三百②,五年十一月廿日付庫吏潘慎。嘉禾六年二月廿日,田戶曹史張惕校。

原注:[1]"不"下脱"收"字。

按:①據熟田畝數與定額計,應收布四尺八寸三分。

②據熟田畝數與定額計,應收錢一百九十三錢。

5·519　　廛佚丘男子孫誠,佃田五町,凡十畝廿步,皆二年常限。其九畝廿步旱敗不收布。定收一畝,爲米一斛二斗,畝收布二尺。其米一斛二斗,五年十一月廿日付倉吏張曼、周棟。凡爲布二尺,准入米一斗二升,五年十一月廿日付倉吏張曼、周棟。其旱田不收錢。孰田收錢畝八十,凡爲錢八十,五年十一月十九日付庫吏潘慎。嘉禾六年二月廿日,田戶曹史張惕校。

5·520　　廛佚丘男子烝澆,佃田十町,凡廿畝,皆二年常限。其七畝一百廿步旱敗不收布。定收十二畝一百廿步,爲米十五斛,畝收布二尺。其米十五斛,五年十一月十九日付倉吏張曼、周棟。凡爲布二丈五尺,准入米一斛五斗五升,五年十一月廿日付倉吏張曼、周棟。其旱田不收錢。孰田收錢畝八十,凡爲錢一千,五年十一月廿日付庫吏潘愼畢。嘉禾六年二月廿日,田戶曹史張惕校。

5·521　灵俠丘男子鄭宜,佃田七町,凡八畝卅步,皆二年常限。其二畝八十步旱敗不收布。定收五畝二百步,爲米七斛,畝收布二尺。其米七斛,五年……付倉吏張曼、周棟。凡爲布一丈二尺①,准入米七斗五升,五年十一月廿日付倉吏張曼、周棟。其旱田不收錢。孰田收錢畝八十,凡爲錢四百八十②,五年十一月十七日付庫吏潘愼。嘉禾六年二月廿日,田戶曹史張惕校。

按:①據熟田畝數與定額計,應收布一丈一尺六寸七分。
　　②據熟田畝數與定額計,應收錢四百六十六錢。

5·522　灵俠丘男子鄧惕,佃田五町,凡七畝一十步,皆二年常限。其二畝百卅步旱敗不收布。定收四畝百一十步,爲米五斛三斗五升,畝收布二尺。其米五斛三斗五升,五年十二月九日付倉吏張曼、周棟。凡爲布九尺①,准入米五斗四升,五年十一月三日付倉吏張曼、周棟。其旱田不收錢。孰田收錢畝八十,凡爲錢五百六十②,五年十一月廿日付庫吏潘愼。嘉禾六年二月廿日,田戶曹史張惕校。

按:①據熟田畝數與定額計,應收布八尺九寸一分。
　　②據熟田畝數與定額計,應收錢三百五十六錢。

5·523　灵俠丘男子盧□,佃田四町,凡一畝百六十步,皆二年常限。其百六十步旱敗不收布。定收一畝,凡爲米一斛二斗,畝收布二尺。其米一斛二斗,五年十二月六日付倉吏張曼、周棟。凡爲布二尺,准入米一斗二升,五年十一月廿日付倉吏張曼、周棟。[其][旱][田][不][收][錢]①。孰田收錢畝八十,凡爲錢八十……。嘉禾六年二月廿日,田戶曹史張惕校。

按:①據文例,《田家莂》"……"今補釋爲"[其][旱][田][不][收][錢]"。

5·524　灵度丘縣吏五訓,田卅二町,凡一頃一百廿步,二年常限。其八畞一百廿步旱敗不收布。定收九十二畞，畞收米一斛二斗，爲米一百一十斛四斗，畞收布二尺。其米一百一十斛四斗，十二月十九日付掾孫儀①。爲布四匹二丈四尺，准入米十一斛五斗，十一月廿八日付掾孫儀②。其旱畞不收錢。其孰田畞收錢八十，凡錢七千三百六十錢③，……。嘉禾六年二月十六日，田戶曹史張惕、趙野、陳通校。

按：①、②據文例，"十"前脱"五年"二字。
　　③據文例，"凡"後脱"爲"字。

5·525 灵度丘男子朱□，田二町，凡六畞，皆二年常限。畞收米一斛二斗，凡爲米七斛二斗，畞收布二尺。其米七斛二斗，五年十一月九日付掾孫儀。凡爲布一丈二尺，准入米七斗五升，五年十月十九日付掾孫儀。……凡爲錢四百八十，准入米四斗三升五合，五年十一月廿七日付掾孫儀畢。嘉禾六年二月十六日，田曹史張惕、趙野校。

5·526 灵度丘大女李阿，田二町，凡八畞，皆二年常限。其三畞旱敗不收布。定收五畞，畞收米一斛二斗，凡爲米六斛，畞收布二尺。其米六斛，五年十一月十七日付倉吏郭勳、馬欽。凡爲布一丈，准入米六斗二升五合，五年十一月十七日付倉吏郭勳、馬欽。其旱畞不收錢。其孰田畞收錢八十，凡爲錢四百，准入米二斗六升，五年十月十七日付庫吏□□。嘉禾六年二月十六日，田曹史張惕、趙野校。

5·527 灵度丘軍吏吳祇①，田十四町，凡卌二畞，皆二年常限。其廿一畞旱敗不收布。定收廿一畞，畞收米一斛二斗，凡爲米廿五斛二斗，畞收布二尺。其米廿五斛二斗，五年十一月廿日付倉吏郭勳、馬欽。凡爲布一匹二尺，准入米二斛六斗二升五合，五年十二月十日付掾孫儀。其旱畞不收錢。其孰田畞收錢八十，凡爲錢一千六百八十，准米四斛五斗二升，五年十一月廿日付掾孫儀。嘉禾六年二月十六日，戶曹史張惕、趙野校。

按：①祇，音 qí。《説文·示部》："祇，地祇，提出萬物者也。从示，氏聲。"

5·528 灵度丘郡吏吳唐，田十二町，凡卅畝，皆二年常限。其……。定收廿畝，畝收米一斛二斗，爲米廿四斛，畝收布二尺。其米廿……月五日付倉吏郭勳、馬欽。爲布一匹，准入米二斛五斗，十一月廿五日付倉吏郭勳[1]、馬欽。其□□□嘉禾□□

按：①據文例，"十"前脱"五年"二字。

5·529 灵度丘男子殷洛，田四町，凡十二畝，二年常限。其九畝旱敗不收布。定收三畝，畝收米一斛二斗，爲米三斛六斗，畝收布二尺。其米三斛六斗，十二月卅日付掾孫儀[1]。爲布六尺[2]，准入米三斗七升五合，十二月卅日付掾孫儀[3]。其旱畝不收錢。其孰田畝收錢八十，凡錢二百卅[4]，准入米二斗九合，十二月卅日付掾孫儀[5]。嘉禾六年二月十日，田户曹史張惕、趙野校。

按：①、③、⑤據文例，"十"前脱"五年"二字。
②據文例，"爲"前脱"凡"字。
④據文例，"凡"後脱"爲"字。

5·530 灵度丘男子郭碩，田七町，凡十二畝，皆二年常限。其九畝百廿步旱敗不收布。定收二畝百廿步，畝收米一斛二斗，凡爲米三斛，畝收布二尺。其米三斛，五年十二月□□日付掾孫儀。凡爲布五尺，准入米……，五年十二月九日付掾孫儀。其旱畝不收錢。其孰田畝收八十[1]，凡爲錢二百，准入米一斗八升，五年十二月九日付掾孫儀畢。嘉禾六年正月十四日，田曹史張惕、趙野校。

按：①據文例，"收"後脱"錢"字。

5·531 灵度丘男子唐客，佃田三町，凡八畝，皆二年常限。畝收米一斛二斗，凡爲米九斛六斗，畝收布二尺。其米九斛六斗，五年十一月卅日付倉吏郭勳、馬欽。凡爲布一丈六尺，准入米一斛，六年正月十日付倉吏郭勳、馬欽。其畝收錢八十，爲錢六百卅，准入米五斗八升，六年正月十日付倉吏郭勳、馬欽畢。嘉禾六年二月十六日，田曹史張惕、趙野校。

5·532 灵度丘男子唐筆[1]，田四町，凡十畝，二年常限。其三畝旱敗不收布。定收七畝,畝收米一斛二斗,爲米八斛四斗,畝收布二尺。……月廿七日付掾孫儀。爲布一丈四尺,准入米八斗七升三合,十一月廿七日付掾孫儀②。其旱畝不收錢。其孰田畝收錢八十,凡爲錢五百六十③,准入米五斗九合,十一月廿七日付掾孫儀畢④。嘉禾六年二月十六日,田戶曹史張惕⑤、趙野校。

按:①𪏽,音rú。《廣韻·魚韻》:"𪏽,犬多毛也。"

②、④據文例,"十"前脱"五年"二字。

③據文例,《田家莂》"□"今補釋爲"凡"。

⑤據文例,《田家莂》"□□"今補釋爲"田戶"。

5·533 夌度丘州吏陳□,佃田六十町,凡一頃六十畝,皆二年常限。其八畝旱敗不收布。定收一頃五十二畝,爲米一百八十二斛四斗①,畝收布二尺。其米一百八十二斛四斗,五年十二月一日付三州掾孫儀。凡爲六匹二丈四尺[1]②,准入米十六斛五斗,五年十一月八日付倉吏郭勳。其旱田不收錢。其孰田畝收錢八十,凡爲錢一萬二千一百六十,五年十一月十一日付庫吏潘□。嘉禾六年二月廿日,田戶曹史張惕、趙野校。

原注:[1]按定收畝數和收布定額計,應收布七匹二丈四尺。

按:①州吏陳□"定收一頃五十二畝,爲米一百八十二斛四斗",則畝收米一斛二斗,沒有享受二年常限繳米定額優惠。

②據文例,"爲"後脱"布"字。

5·534 夌度丘男子孫蓋,田廿五町,凡七十畝,二年常限。其十六畝旱敗不收布。定收五十四畝,畝收米一斛二斗,凡爲米六十四斛八斗,畝收布二尺。其米六十四斛八斗,五年十月廿七日付掾孫儀。凡爲布二匹二丈八尺,准入米四斛七斗五升,五年十一月十八日付倉吏郭勳、馬欽。其旱畝不收錢。其孰田畝收錢八十,凡爲錢四千三百廿,准入米三斛七斗四升五合,五年十一月……勳、馬欽。嘉禾六年二月十六日,田曹史張惕、趙野校。

5·535 夌度丘男子烝仙,佃田十町,凡十六畝,皆二年常限。其一畝百廿步旱敗不收布。定收十四畝百廿步,畝收米一斛二斗,

凡爲十七斛四斗[1]，畝收布二尺。其米十七斛四斗，五年十二
月□日付中倉吏郭勳。凡爲布二丈九尺，准入米一斛七斗九
升，五年十二月廿九日付倉吏郭勳。其旱田不收錢。其孰田
畝收錢八十，凡爲錢一千一百六十，准入米一斗五升，五年□
□月□日付庫吏□□。嘉禾六年二月廿日，田户曹史張惕、
趙野校。

原注：[1]"爲"下脱"米"字。

5·536 靈度丘大女烝殷，田十四町，凡卌畝，皆二年常限。其十三畝
旱敗不收布。定收廿七畝，畝收米一斛二斗，凡爲米卅二斛
四斗，畝收布二尺。其米卅二斛四斗，五年十二月廿日付㝸
孫儀。凡爲布□□□□①，准入米□□斛四斗七升五合，五年
十一月廿九日付㝸孫儀。其旱畝不收錢。其孰田畝收錢八
十，凡爲錢二千一百六十，准入米一斛九斗六升，五年十一月
⋯⋯。嘉禾六年二月十六日，田曹史張惕、趙野校②。

按：①據熟田畝數與定額計，應收布一匹一丈四尺。
　　②據文例，《田家莂》"□"今補釋爲"校"。

5·537 靈度丘男子黄虜①，佃田一町，凡一畝，皆二年常限。畝收米一
斛二斗，凡爲米一斛二斗，畝收布二尺。其米一斛二斗，五年
十一月十一日付㝸孫儀。凡爲布二尺，准入米一斗二升五
合，五年十一月十一日付㝸孫儀。其孰田畝收錢八十，凡爲
錢八十，准入米七升四合，五年十一月十一日付庫吏□□。
嘉禾六年二月十六日，田曹史張惕、趙野校。

按：①《田家莂》"虜"，圖版作" "。王保成《三國吳簡文字研究》認爲是"囊"字。

5·538 靈度丘男子黄饒，田三町，凡十五畝，皆二年常限。其五畝旱
敗不收布。定收十畝，畝收米一斛二斗，凡爲米十二斛，畝收
布二尺。其米十二斛，五年十一月□日付倉吏郭勳、馬欽。
凡爲布二丈，准入米一斛二斗五升，五年十一月八日付倉吏
郭勳、馬欽。其旱畝不收錢。其孰田畝收錢八十，凡爲錢八
百，准入米⋯⋯。嘉禾六年二月十六日，田曹史張惕校。

5·539　灵度丘男子婁著，田四町，凡八畝，二年常限。其一畝旱敗不收布。定收七畝，畝收一斛二斗①，爲米八斛四斗，畝收布二尺。其米八斛四斗，十一月廿一日付掾孫儀②。爲布一丈四尺，准入米八斗七升三合，十一月廿一日付掾孫儀③。其旱畝不收錢。其孰田畝收錢八十，凡錢五百六十④，准入米五斗九合，十一月廿一日付掾孫儀畢⑤。嘉禾六年二月十六日，田曹史張惕、趙野校。

按：①據文例，“收”後脱“米”字。
　　②、③、⑤據文例，“十”前脱“五年”二字。
　　④據文例，“凡”後脱“爲”字。

5·540　灵度丘男子趙鼠，田六町，凡九畝，二年常限。其七畝旱不收布。定收二畝，爲米二斛四斗，畝收布二尺。其米……吏郭勳。爲布四尺，准入米二斗六升，十二月十五日付掾孫儀①。其旱畝不收錢。其孰田畝收錢八十，凡爲錢一百六十，准入米一斗七升，五年□月廿日付掾孫儀畢。嘉禾六年二月十六日，田户曹史張惕、趙野校。

按：①據文例，“十”前脱“五年”二字。

5·541　灵度丘男子鄭斛，佃田二町，凡五畝，皆二年常限。畝收米一斛二斗，凡爲米六斛，畝收布二尺。其米六斛，五年十一月五日付掾孫儀。凡爲布一丈，准入米六斗二升五合，五年十一月……。其孰田畝收錢八十，凡爲錢四百，准入米三斗六升三合，五年十一月五日付掾孫儀。嘉禾六年二月十六日，田户曹史張惕、趙野校①。

按：①據文例，《田家莂》“☐”今補釋爲“校”。

5·542　灵度丘縣吏鄧換，佃田十町，凡卅七畝，皆二年常限。其廿七畝旱敗不收布。定收十畝，爲米十二斛，畝收布二尺。其米十二斛，五年十二月□日付倉吏張曼、周棟。凡爲布二丈，准入米一斛一斗五升，五年十二月□日付倉吏張曼、周棟。其旱田不收錢。其孰田畝收錢八十，凡爲錢八百，付庫吏潘有畢①。嘉禾六年二月廿日，田户曹史張惕、趙野校。

按：①據文例，“付”前脱繳錢時間。

5·543 灵度丘男子監金[①]，佃田七[1]，凡六畞，皆二年常限。定收六畞，畞收米一斛二斗，凡爲米七斛二斗，畞收布二尺。其米七斛二斗，五年十二月九日付掾孫義[②]。凡爲布一丈二尺，准米七斗二升[2]，五年十二月十八日付掾孫儀。其孰田畞收錢八十，凡爲錢五百六十[③]，准入米五斗一升，五年十二月十七日付倉吏孫儀。嘉禾六年二月廿日，戶曹史張惕[④]、趙野校。

原注：[1]"七"下脱"町"字。

　　　[2]"准"下脱"入"字。

按：①《田家莂》"監"今改釋爲"監"，詳參簡4·582。

　　②《田家莂》"儀"字，據圖版當爲"義"，圖版很清晰，今改。

　　③據熟田畞數與定額計，應收錢四百八十錢。

　　④據文例，"戶"前脱"田"字。

5·544 灵度丘男子潘夏，田二町，凡五畞，皆二年常限。畞收米一斛二斗，凡爲米六斛，畞收布二尺。其米六斛，五年十一月十一日付掾孫儀。凡爲布一丈，准入米六斗二升五合，五年十一月廿八日付掾孫儀。其畞收錢八十，凡爲錢四百，准入米三斗六升，五年十一月十八日付掾孫儀畢。嘉禾六年二月十六日，田戶曹史張惕、趙野校。

5·545 灵度丘郡吏潘禄，田廿七町，凡一頃廿五畞，皆二年常限。其十八畞旱敗不收布。定收一頃七畞，畞收米一斛二斗，凡爲米一百廿八斛四斗，畞收布二尺。其米一百廿八斛四斗，五年十一月卅日付倉吏郭勳、馬欽。凡爲布五匹一丈四尺，准入米十三斛四斗七升五合，六年正月十九日付掾孫儀。其旱畞不收錢。孰田畞收錢八十，凡爲錢八千五百六十，准入米七斛二斗四升七合，五年十二月十日付掾孫儀。嘉禾六年二月十六日，田戶曹史張惕、趙野校。

5·546 灵度丘男子盧遠，田十八町，凡卅二畞，二年常限。其五畞旱敗不收布。定收卅七畞，畞收米一斛二斗，凡爲米卅四斛四斗，畞收布二尺。其米卅四斛四斗，五年十二月七日付倉吏郭勳、馬欽。凡爲布一匹三丈四尺，准入米四斛九斗二升三合，五年十一月廿九日付倉吏郭勳、馬欽。其旱畝不收錢。其孰田畝收錢八十，凡爲錢二千九百六十，五年十一月□日付庫吏□□。嘉禾六年二月十六日，田曹史張惕、趙野校。

5·547　　灵度丘男子謝梅，田二町，凡十畝，皆二年常限。定收米一斛二斗①，凡爲米十二斛，畝收布二尺。其米十二斛，五年十二月九日付倉吏郭勳、馬欽。凡爲布 二 丈 ②，准入米一斛二斗五升，六年正月十七日付倉吏郭勳、馬欽。……畝收錢八十，凡爲錢八百，准入米七斗二升四合，六年正月十七日付倉吏郭勳、馬欽。嘉禾六年二月十六日，田曹史張惕、趙野校。

按：①據文例，應作“畝收米一斛二斗”。
　　②據熟田畝數與定額計，應收布二丈。《田家莂》“□□”今補釋爲“ 二 丈 ”。

5·548　　灵度丘男子□□，佃田□町，凡卅九畝，皆二年常限。畝收米一斛二斗，凡爲米五十八斛八斗，畝收布二尺。其米五十八斛八斗，五年十二月廿日付掾孫儀。凡爲布二匹一丈八尺，准入米六斛一斗七升五合，五年十一月十八日付掾孫儀。其畝收錢八十，凡爲錢三千九百廿，准入米□斛五斗四升，五年十一月六日付掾孫儀。嘉禾六年二月十六日，田户曹史張惕、趙野校。

5·549　　灵度丘男子……田十八町，凡五十五畝一百廿步，皆二年常限。其……。定收卅七畝①，畝收米一斛二斗，凡爲米五十六斛四斗，畝收布二尺。其米五十六斛 四 斗 ②，五年十一月廿七日付掾孫儀。凡爲布二匹一丈四尺，准入米五斛八斗七升五合，五年十二月十八日付掾孫儀。其旱畝不收錢。其孰田畝收錢八十，凡爲錢……，准入米……。嘉禾六年二月廿日，田曹史張惕、趙野、□□校。

按：①據圖版，“卅”字似爲“卌”字，圖版較模糊，但隱約可見爲四筆豎劃；另據收米數、收布數與定額知，定收爲卌七畝，亦可證“卅”應爲“卌”字。今改。
　　②據上文，《田家莂》“□□”今補釋爲“ 四 斗 ”。

5·550　　灵桐丘男子烝迷，佃田七町，凡十五畝，皆二年常限。其四畝旱不收布。定收十一畝,凡爲米十三斛二斗,畝收布二尺。其米十三斛二斗,五年正月廿日付倉吏張曼[1]、周棟。凡爲布二丈二尺,准入米一斛三斗二升,五年正月十五日付倉吏張曼[2]、周棟。其旱田畝不收錢。其孰田畝收錢八十,凡爲錢八百八十,准入米六斗五升,五年正月廿日付倉吏張曼[3]、周棟。嘉禾六年二月廿日,田戶曹史張惕、趙野校。

原注:[1]依文例,"五年"疑當爲"六年"之誤。
　　　[2]依文例,"五年"疑當爲"六年"之誤。
　　　[3]依文例,"五年"疑當爲"六年"之誤。

5·551 灵桐丘男子烝謖,佃田十町,凡卅畝,皆二年常限。其十九畝一百廿步旱不收布。定收十畝一百廿步,凡爲米十二斛六斗,畝收布二尺。其米十二斛六斗,五年正月十八日付吏孫義畢[1]①。凡爲布二丈二尺[2],准入米一斛三斗四升,五年十二月十九日付吏孫義。其旱田畝不收錢。其孰田畝收錢八十,凡爲錢八百卌,准入米六斗四升,五年十二月廿日付吏孫義畢。嘉禾六年二月廿日,田戶曹史張惕、趙野校。

原注:[1]"正月"疑有誤。
　　　[2]按定收畝數和收布定額計,應收布二丈一尺。
按:①《田家莂》"儀"字,據圖版當爲"義"。今改。

5·552 灵桐丘男子蒅䢟,佃田十五町,凡廿七畝,皆二年常限。其十七畝一百廿步旱不收布。定收九畝一百廿步,爲米十一斛四斗,畝收布二尺。其米十一斛四斗,五年十二月九日付吏孫儀畢。凡爲布二丈[1],准入米一斛二斗五升,五年十一月十八日付吏孫儀畢。其旱田不收錢。其孰田畝收錢八十,凡爲錢七百六十,准入米六斗,五年十二月九日付吏孫儀畢。嘉禾六年二月廿日,田戶曹史張惕、趙野校。

原注:[1]按定收畝數和收布定額計,應收布一丈九尺。

5·553 灵桐丘男子蒅□,佃田四町,凡八畝,皆二年常限。其三畝一百廿步旱不收布。定收四畝一百廿步,爲米五斛四斗,畝收布二尺。其米五斛四斗,五年十一月廿日付吏孫儀畢。凡爲布九尺,准入米五斗五升,五年十二月九日付吏孫儀畢。其旱田不收錢。其孰田畞收錢八十，凡爲錢三百六十，准入米二斗四升，五年十二月九日付吏孫儀畢。嘉禾六年二月廿日，田户曹史張惕、趙野校。

5·554 灵桐丘男子張騰，佃田二町，凡六畞。其三畞一百廿步旱不收布。定收二畞一百廿步，爲米三斛，畞收布二尺。其米三斛，五年十一月廿日付吏孫儀畢。凡爲布五尺，准入米三斗，五年十二月十七日付吏孫儀畢。其旱畞不收錢。其孰田畞收錢八十，凡爲錢二百，准入米一斗五升，五年十一月廿日付吏孫儀畢。嘉禾六年二月廿日，田户曹史惕[1]、趙野校。

原注：[1]"惕"上脱"張"字。

5·555 灵桐丘男子番通，佃田八町，凡廿五畞，皆二年常限。其十五畞一百廿步旱不收布。定收九畞[1]，凡爲米十一斛四斗，畞收布二尺。其米十一斛四斗，五年十二月十八日付吏孫儀畢。凡爲布一丈八尺[2]，准入米一斛，五年十二月廿二日付吏孫儀畢。其旱田不收錢。其孰田畞收錢八十，凡爲錢七百六十[3]，准入米五斗九升，五年十二月十八日付吏孫儀畢。嘉禾六年二月廿日，田户曹史張惕、趙野校。

原注：[1]據佃田總數與旱畞數推算，定收數當爲九畞一百廿步。

[2]按收布定額計，此數爲九畞之收布數。

[3]按孰田收錢定額計，此爲九畞一百廿步之收錢數。

5·556 灵桐丘縣吏番禧，佃田卅一町，凡八十九畞，皆二年常限。其卅畞一百廿步旱敗不收布。寂收卅八畞一百廿步①，凡爲米五十八斛二斗②，畞收布二尺③。其米五……。……年十二月十二日付吏義畢④。……不收錢。其孰田畞收錢八十，凡收錢三千八百□⑤，准入□☑孫儀畢。嘉禾六年二月廿日，田户曹史張惕、趙☑

按：①據文例，"寂"應爲"定"字，圖版此字不清楚。

②據文例，《田家莂》"□"今補釋爲"凡"。

③據文例，《田家莂》"……"今補釋爲"二尺"。

④據文例，"義"前脱"孫"字。

⑤據孰田畞數與定額計，應收錢三千八百八十錢。

5·557　灵桐丘男番饒①，佃田十町，凡廿三畝，皆二年常限。其十五
　　　　畝旱不收布。定收八畝，爲米九斛六斗，畝收布二尺。其米
　　　　九斛六斗，五年十二月十日付吏孫儀畢。凡爲布一丈六尺，
　　　　准入米九斗六升，五年十一月七日付吏孫儀畢。其旱畝不
　　　　收錢。其孰田畝收錢八十，凡爲□□②……□□□☑儀畢。
　　　　嘉禾六年☑

按：①據文例，“男”後脱“子”字。
　　②據熟田畝數與定額計，應收錢六百卌錢。

5·558　灵桐丘男子謝水，佃田十七町，凡卅五畝，皆二年常限。其五
　　　　畝旱敗不收布。定收卅畝，畝收米一斛二斗，爲米卅六斛，畝
　　　　收布二尺。其米卅六斛，五年十一月廿八日付倉吏郭勳、馬
　　　　欽。凡爲布一匹二丈，准入米三斛七斗三升，五年十一月廿
　　　　日付倉吏郭勳、馬欽。其旱田不收錢。孰田畝收錢八十，凡
　　　　爲錢二千四百錢……。嘉禾六年二月廿日，……

5·559　灵桐丘男子□□，佃田三町，凡十畝，皆二年常限。其七畝旱
　　　　敗不收布。定收三畝，爲米三斛六斗，畝收布二尺。其米三
　　　　斛六斗，五年十二月十六日付吏孫義畢。凡爲布……付吏孫
　　　　義。其旱田不收錢。其孰田畝收錢八十，凡爲錢二百卌，准
　　　　米二斗，五年十二月十八日付吏孫義畢。嘉禾六年二月廿
　　　　日，田户曹史張惕、趙野校。

5·560　灵粟丘男子石楊，佃田七町，凡十八畝，皆二年常限。其十七
　　　　畝旱敗不收布。定收一畝，凡爲米一斛二斗。其米一斛二
　　　　斗，五年十二月十八日付倉吏張曼、周棟畢。畝收布二尺，准
　　　　入米一斗二升六合，五年十二月十八日付倉吏張曼、周棟。
　　　　其旱畝不收錢。其孰田畝收錢八十，凡爲錢一百六十[1]，五年
　　　　十二月十八日付庫吏番慎、番宗畢。嘉禾六年二月廿日，田
　　　　户曹史張惕、趙野校。

原注：[1]按熟田畝數和收錢定額計，應收八十錢。

5·561　灵粟丘男子吳有，佃田卅五町，凡七十畝，皆二年常限。其卅

畝旱敗不收布。定收卅畝，凡爲米卅六[1]，畝收布二尺。其米卅六斛，五年十二月六日付倉吏張曼、周棟畢。凡爲布一匹二丈，准入米三斛七斗四升，五年十二月□日付倉吏張曼、周棟畢。其旱畝不收錢。其孰田畝收錢八十，凡爲錢二千四百，五年十二月十五日付庫吏潘慎、潘宗畢。嘉禾六年二月廿日，田户曹史張惕、趙野校。

原注：[1]“卅六”下脱“斛”字。

5·562 灵粟丘男子周毛，佃田五町，凡十畝，皆二年常限。其九畝旱不收布。定收一畝，爲米一斛二斗，畝收布二尺。其米一斛二斗，五年十二月十日付倉吏張曼、周棟。凡爲布二尺，准入米一斗二升，五年十二月十八日付倉吏張曼。其旱畝不收錢。其孰田畝收錢八十，凡爲錢⟨八⟩⟨十⟩①，五年十二月十八日付庫吏番慎、番宗畢。嘉禾六年二月廿日，田户曹史張惕、趙野校。

按：①據熟田畝數與定額計，應收錢八十。故《田家莂》“□□”今補釋爲“⟨八⟩⟨十⟩”。

5·563 灵粟丘男子周馮，佃田八町，凡十八畝，皆二年常限。其十畝旱敗不收布。定收八畝，凡爲米九斛六斗，畝收布二尺。其米九斛六斗，五年十二月十七日付倉吏張曼、周棟畢。凡爲布一丈六尺，准入米九斗……吏張曼、周⟨棟⟩①。其旱田畝不⟨收⟩⟨錢⟩②。……四斛……。嘉禾六年二月廿日，田户曹史張惕、趙野校。

按：①據文例，《田家莂》“□”今補釋爲“⟨棟⟩”。
②據文例，《田家莂》“□□”今補釋爲“⟨收⟩⟨錢⟩”。

5·564 灵粟丘男子烝邸，佃田七町，凡十四畝，皆二年常限。其七畝旱敗不收布。定收七畝，凡爲米八斛四斗，畝收布二尺。其米八斛四斗，五年十二月十五日付倉吏張曼、周棟畢。凡爲布一丈四尺，准入米八斗七升，五年十二月二日付倉吏張曼、周棟畢。其旱畝不收錢。其孰田畝收錢八十，凡爲錢五百六十，五年十二月廿日付庫吏番慎、番宗畢。嘉禾六年二月廿日，田曹史張惕、趙野校。

5·565 臸粟丘男子烝𪐴①，佃田十三町，凡廿畝，皆二年常限。其十六畝旱不收布。定收四畝，爲米四斛四斗②，畝收布二尺。其米四斛四斗，五年十二月十八日付倉吏張曼、周棟畢。凡爲布八尺，准入米四斗八升，五年十二月十七日付倉吏張曼、周棟畢。其旱畝不收錢。其孰田畝收錢八十，凡爲錢三百廿，五年十一月十八日付庫吏番慎、番宗畢。嘉禾六年二月廿日，田戶曹史張惕、趙野校。

按：①《田家莂》"𪐴"，圖版作"𪐴"。王保成《三國吳簡文字研究》認爲是"員"字。
②據熟田畝數與定額計，應收米四斛八斗。

5·566 臸粟丘男子烝寬，佃田卅三町，凡卅畝，皆二年常限。其廿畝旱不收布。定收廿畝，爲米廿四斛，畝收布二尺。其米廿四斛，五年十二月七日付倉吏張曼、周棟畢。凡爲布一匹，准入米二斛五斗，五年十二月廿日付倉吏張曼、周棟畢。其旱田不收錢。其孰田畝收錢八十，凡爲錢一千六百，五年十一月九日付庫吏潘慎、潘宗畢。嘉禾六年二月廿日，田戶曹史張惕、趙野校。

5·567 臸粟丘男子潘逐，佃田十五町，凡廿九畝，皆二年常限。其十四畝旱不收布。定收十五畝，爲米十八斛，畝收布二尺。其米十八斛，五年十二月十一日付倉吏張曼、周棟畢。凡爲布三丈，准入米一斛九斗八升，五年十一月九日付倉吏張曼、周棟畢①。其旱田不收錢。其孰田畝收錢八十，凡爲錢一千二百，五年十一月八日付庫吏潘慎、宗畢[1]。嘉禾六年二月廿日，田戶曹史張惕、趙野校。

原注：[1]"宗"前脱"潘"字。
按：①《田家莂》"東"，據圖版應爲"棟"字，圖版此字較模糊，但仍可見左旁爲"木"，右旁爲"東"。今改。

5·568 臸粟丘郡吏□□，佃田卅一町，凡卅畝，皆二年常限。其十一畝旱不收布。定收廿九畝，爲米卅四斛八斗，畝收布二尺。其米卅四斛八斗，五年十二月廿日付倉吏張曼、周棟①。凡爲布一匹一丈八尺，准入米三斛五斗八升，五年十一月九日付倉吏張曼、周棟。其旱田不收錢。其孰田畝收錢八十，凡爲錢二千三百廿錢，五年十一月七日付庫吏潘慎、潘宗畢。……曹史張惕、趙野校。

按：①據文例，《田家莂》"□□"今補釋爲"周棟"。

5·569 灵平丘男子蔡橎[1]①，佃田三町，凡四畝，皆二年常限。其三畝旱敗不收布。定收一畝，凡爲米一斛二斗，畝收布二尺。其米一斛二斗，五年十二月十七日付倉吏張曼、周棟畢。凡爲布二尺，准入米一斗二升，五年十二月十日付倉吏張曼、周棟畢。其旱畝不收錢。其孰田畝收錢八十，凡爲錢八十，五年十二月二日付庫吏番慎、番宗。嘉禾六年二月廿日，田曹史張惕、趙野校。

原注：[1]"平"或爲未寫完之"栗"字，栗丘屢見。

按：①橎，音fán。《説文·木部》："橎，木也。从木，番聲。"

5·570 灵莫丘男子烝平，佃田十八町，凡六十一畝一十步。其卌一畝一十步二年常限。其卅畝一十步旱敗不收布。定收十一畝，爲米十三斛二斗。其廿畝餘力田，爲米八斛。凡爲米廿一斛二斗，畝收布二尺。其米廿一斛二斗，五年十一月九日付倉吏張曼、周棟。凡爲布一匹二丈二尺，五年十一月廿日付庫吏潘慎。其旱田不收錢。孰田畝收錢八十，凡爲錢二千四百八十，五年十月七日付庫吏潘慎。嘉禾六年二月廿日，田户曹史張惕校。

5·571 灵莫丘男子烝金，佃田十町，凡廿五畝一百七十步，皆二年常限。其九畝百七十步旱敗不收布。定十六畝[1]，爲米十九斛二斗，畝收布二尺。其米十九斛二斗，六年正月廿日付倉孫義[2]①。凡爲布三丈二尺，准入米一斛九斗五升，五年十月七日付倉吏潘慮。其旱田不收錢。孰田畝收錢八十，凡爲錢一千二百八十，五年十月七日付庫吏潘慎。嘉禾六年二月廿日，田户曹史張惕校。

原注：[1]"定"下或脱"收"字。
　　　[2]"倉"下脱"吏"字。

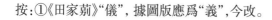

按：①《田家莂》“儀”，據圖版應爲“義”，今改。

5·572 莫丘大女劉妾，佃田十八町，凡卅八畝二百卅步[1]，皆二年常限。其廿三畝一百卅步旱敗不收布。定收十一畝一百步，爲米十三斛七斗，畝收布二尺。其米十三斛七斗，五年十月七日付倉吏張[2]、周棟。凡爲布二丈三尺①，准入米一斛四斗四升，五年十二月一日付倉吏張曼、周棟。其旱田不收錢。孰田畝收錢八十，凡爲錢九百卅②，五年十二月廿日付庫吏潘慎。嘉禾六年二月廿日，田戶曹史張惕校。

原注：[1]按旱敗畝數與定收畝數合計，佃田數當爲卅四畝二百卅步。

〔2〕“張”下脱“曼”字。

按：①據熟田畝數與定額計，應收布二丈二尺八寸三分。

②據熟田畝數與定額計，應收錢九百一十三錢。

5·573 租下丘男子文胡，佃田四町，凡七畝，皆二年常限。凡爲米八斛四斗，畝收布二尺。其米八斛四斗，五年十二月廿日付倉吏張曼、周棟。爲布一丈四尺，准入米八斗七升，五年十二月廿日付倉吏張曼、周棟。凡爲錢五百六十，五年十二月十二日付庫吏番慎、番宗畢。嘉禾六年二月廿日，田戶曹史張惕、趙野校。

5·574 租下丘男子石有，佃田廿町，凡卅七畝，二年常限。其十畝旱不收布。定收廿七畝，爲米卅二斛四斗，畝收布二尺。其米卅二斛四斗，五年十二月十五日付倉吏張曼、周棟畢。凡爲布一匹一丈四尺，准入米三斛三斗四升，五年十二月廿二日付倉吏張曼、周棟畢。其旱田不收錢。其孰田畝收錢八十，凡爲錢二千一百六十，五年十一月十一日付庫吏番慎、番宗畢。嘉禾六年二月十五日，田戶曹史張惕、趙野校。

5·575 租下丘男子黄情，佃田六町，凡十二畝，皆二年常限。其八畝旱不收布。定收四畝①，爲米四斛八斗，畝收布二尺。其米四斛八斗，五年十二月廿日付倉吏張曼、周棟。凡爲布八尺，准入米四斗八升，五年十二月十八日付倉吏張曼、周棟。其旱畝不收錢。其孰田畝收錢八十，凡爲錢三百廿，五年十二月廿日付庫吏番慎、番宗畢。嘉禾六年二月廿日，田戶曹史張惕、趙野校。

按：①簡文“收”字漏寫後又小字補於右側。

5·576 灵租下丘男子區民，佃田四町，凡五畝，皆二年常限。定收米六斛，五年十一月十八日付倉吏張曼、周棟畢。凡爲布一丈，准入米六斗，五年十一月十八日付倉吏張曼、周棟畢。定收錢五百六十[1]，五年十二月十七日付庫吏番慎、番宗畢。嘉禾六年二月十六日，田戶曹史張惕、趙野校。

原注：[1]按熟田畝數和收錢定額計，應收四百錢。

5·577 灵租下丘男子區客，佃田二町，凡二畝，皆二年常限。爲米二斛四斗，畝收布二尺。其米二斛四斗，五年十月廿日付倉吏張曼、周棟畢。凡爲布四尺，准入米二斗四升，五年十二月十七日付倉吏張曼、周棟。凡爲錢一百六十，五年十二月廿二日付庫吏番慎、番宗畢。嘉禾六年二月廿日，田戶曹史張惕、趙野校。

5·578 灵租下丘男子許寶，佃田廿町，凡卅四畝，皆二年常限。其七畝旱不收布。定廿七畝[1]，爲米卅二斛四斗，畝收布二尺。其米卅二斛四斗，五年二月十五日付倉吏張曼[2]、周棟畢。凡爲布一匹一丈四尺，准入米三斛三斗七升①，五年十一月十四日付倉吏張曼、周棟畢。其旱畝不收錢。其孰田畝收錢八十，凡爲錢二千二百六十②，五年十二月十六日付庫吏潘慎、潘宗。嘉禾六年二月十八日，田戶曹史張惕、趙野校。

原注：[1]“定”下脱“收”字。

　　　[2]“二”或爲“十一”之誤。

按：①《田家莂》“二斛”之“二”，據圖版實爲“三”字，圖版作“▉”，很清楚，爲三横劃而非兩横劃。今改。

　　②據熟田畝數與定額計，應收錢二千一百六十錢。

5·579 灵租下丘男子誦吉，佃田廿三町，凡七十六畝，皆二年常限。其冊三畝旱不收布。定收卅三畝，爲米卅九斛六斗，畝收布二尺。其米卅九斛六斗，五年十二月十六日付倉吏張曼、周棟畢。凡爲布一匹二丈六尺，准入米四斛一斗，五年十一月十五日付倉吏張曼、周棟畢。其旱畞不收錢。其孰田畞收錢八十，凡爲二千六百冊[1]，五年十一月十三日付庫吏番慎、番宗畢。嘉禾六年二月廿日，田戶曹史張惕、趙野校。

原注：[1]“爲”下脱“錢”字。

5·580 灵租下丘縣吏誦迷，佃田七町，凡十三畞，皆二年常限。其五畞旱不收布。定收八畞，爲米九斛六斗，畞收布二尺。其米九斛六斗，五年十二月十二日付倉吏張曼、周棟。凡爲布一丈六尺，准入米九斗六升，五年十二月廿日付倉吏張曼、周棟。其旱田畞不收錢。其孰田畞收錢八十，凡爲錢六百冊，五年十一月廿日付庫吏番慎、番宗畢。嘉禾六年二月廿日，田戶曹史張惕、趙野校。

5·581 灵租下丘男子謝鰉①，佃田八町，凡十四畞，皆二年常限。凡爲米十六斛八斗，畞收布二尺。其米十六斛②，五年十二月廿日付倉吏張曼、周棟。爲布二丈八尺[1]，准入米一斛六斗八升，五年十二月十八日付倉吏張曼、周棟。凡爲錢一千一百廿，五年十二月廿日付庫吏番慎、番宗畢。嘉禾六年二月廿日，田戶曹史張惕、趙野校。③

原注：[1]“爲”前或脱“凡”字。
按：①鰉，音huáng。《集韻·唐韻》：“鰉，魚名。”
　　②據上文，“斛”後脱“八斗”二字。
　　③此簡較特殊，未記收米和收錢定額。

5·582 灵倉丘男子張軍，佃田廿町，凡冊畞，皆二年常限。畞收米一斛二斗，凡爲米冊八斛，收布二尺①。其米冊八斛，六年正月十五日付掾孫儀。凡爲布二匹，准入米五斛，六年正月廿日付掾孫儀。畞收錢八十，凡爲錢三千二百，准入米二斛九斗，六年正月卅日付掾孫儀。嘉禾六年二月廿日，田戶史張惕[1]、趙野校。

原注：[1]“戶”下脱“曹”字。
按：①據文例，“收”前脱“畞”字。

5·583 灵倉丘男子盧仲，佃田十一町，凡十五畝，皆二年常限。其一畝旱不收布。定收十四畝，爲米十六斛八斗，收布二尺[1]。其米十六斛八斗，六年二月十日付掾孫儀。凡爲布二丈八尺，准一斛六斗二升[2]，六畝二月十日付掾孫儀[3]。其旱田不收錢。其孰田收錢畝八十，凡爲錢一千一百廿，准米入一斛①，六年二月廿日付掾孫儀畢。嘉禾六年二月廿日，田戸曹史☐

原注：[1]"收"前脱"畝"字。

　　　[2]"准"下脱"入米"二字。

　　　[3]"畝"爲"年"之誤。

按：①據文例，"准米入"當爲"准入米"之誤。

5·584 灵倉丘男子盧旾①，佃田廿町，凡廿六畝，皆二年常限。其三畝旱敗不收布。定收廿三畝，爲米廿七斛六斗，收布二尺②。其米廿七斛六斗，六年二月三日付掾孫儀。凡爲布一匹六尺，准入米二斛八斗七升，六年二月十日付掾孫儀。其旱田不收錢。其孰田畝收錢八十，凡爲錢一千八百卅③，准入米一斛五斗，六年二月十日付掾孫儀畢。嘉禾六年二月廿日，田戸曹史張惕、趙野校。

按：①"旾"，同"睯"。《龍龕手鑒·目部》："睯"，"睯"的俗字。《玉篇·目部》："睯，古文慎。"王保成《三國吴簡文字研究》認爲"旾"是"睦"字。

②據文例，"收"前脱"畝"字。

③《田家莂》"卅"字，據圖版當爲"卌"字，圖版較清晰，有四筆豎劃，左邊兩豎與右邊兩豎中間間隔稍寬，似兩個"廿"字並在一起，故當爲"卌"字；另據熟田畝數與定額計，應收錢一千八百卌錢，亦當爲"卌"字。今改。

5·585 灵倉丘男子謝生，佃田卅町，凡七十畝，皆二年常限。其一畝旱田不收布。定收六十九畝，爲米八十二斛八斗，收布二尺①。其米八十二斛八斗，六年二月十日付掾孫儀。凡爲布三匹一丈八尺，准入米八斛九斗，六年二月十日付掾孫儀。其旱田不收錢。其孰田收錢畝八十，凡爲錢五千五百廿，准五斛[1]，六年二月一日付中倉吏郭勳、馬欽。嘉禾六年二月廿日，田戸曹史張惕、趙野校。

原注：[1]"准"下脱"入米"二字。

按：①據文例，"收"前脱"畝"字。

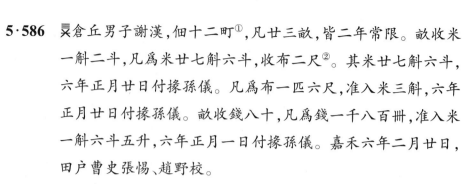

5·586　灵倉丘男子謝漢，佃十二町①，凡廿三畞，皆二年常限。畞收米
　　　　一斛二斗，凡爲米廿七斛六斗，收布二尺②。其米廿七斛六斗，
　　　　六年正月廿日付掾孫儀。凡爲布一匹六尺，准入米三斛，六年
　　　　正月廿日付掾孫儀。畞收錢八十，凡爲錢一千八百冊，准入米
　　　　一斛六斗五升，六年正月一日付掾孫儀。嘉禾六年二月廿日，
　　　　田户曹史張惕、趙野校。

　　按：①據文例，"佃"後脱"田"字。
　　　　②據文例，"收"前脱"畞"字。

5·587　灵逢唐丘男子張卒，佃田八町，凡廿六畞，皆二年常限。其十
　　　　一畞旱不收布。定收十五畞，爲米十八斛，畞收布二尺。其
　　　　米十八斛，五年十二月一日付吏孫儀。凡爲布三丈，准入米
　　　　一斛九斗，五年十二月七日付倉吏張曼、周棟。其旱田[不]收
　　　　錢①。其孰田[畞]收錢八十②，凡爲錢一千二百，准入米九斗五
　　　　升，五年十二月十日付吏孫儀畢。嘉禾六年二月廿日，田户
　　　　曹史張惕、趙☐

　　按：①據文例，《田家莂》"☐"今補釋爲"[不]"。
　　　　②據文例，《田家莂》"☐"今補釋爲"[畞]"。

5·588　灵逢唐丘男子張道，佃田七町，凡廿三畞，皆二年常限。其十
　　　　三畞旱不收布。定收十畞，爲米十二斛，畞收布二尺。其米
　　　　十二斛，五年十二月十日付吏孫儀。凡爲布二丈，五年九月
　　　　一日付庫吏潘有。其旱田不收錢。其孰田畞收錢八十，凡爲
　　　　錢八百，准入米六斗一升，五年十一月九日付吏孫儀畢。嘉
　　　　禾六年二月廿日，田户曹史張惕校。

5·589　灵逢唐丘男子馮碩，佃田八町，凡廿三畞，皆二年常限。其十
　　　　三畞旱不收布。定收十畞，爲米十二斛，畞收布二尺。其米
　　　　十二斛，五年十一月九日付倉吏張曼、周棟。凡爲布二丈，准
　　　　入米一斛七斗五升，五年十一月九日付吏孫儀。其旱不收
　　　　錢。其孰田畞收錢八十，凡爲錢八百，准入米六斗二升，五年
　　　　十一月九日付吏孫儀畢。嘉禾六年二月廿日，田户曹史張
　　　　惕、趙野校。

5·590 　灵逢唐丘男子馮漢,佃田六町,凡廿九畝,皆二年常限。其十
　　　　六畝旱不收布。定收十三畝,爲米十五斛六斗,畝收布二
　　　　尺。其米十五斛六斗,五年十二月廿日付吏孫儀。凡爲布二
　　　　丈六尺,准入米一斛五斗六升,五年十二月十日付倉吏張曼、
　　　　周棟。其旱田不收錢。其熟田畝收錢八十,凡爲錢一千卅,
　　　　准入米一斛五斗五升二合,五年十二月廿日付吏孫儀。嘉禾
　　　　六年二月廿日,田户曹史張惕、趙野校。

5·591 　灵逢唐丘郡吏劉温,佃田九十六畝①,其六十四畝二年常限。
　　　　其卅二畝税田②,畝收税米五十斛四斗③,畝收布二尺。其廿
　　　　二畝旱不收布。其卅二畝餘力田,畝收米四斗,爲米十二斛
　　　　八斗,畝收布二尺。定收七十四畝,凡爲米六十三斛④,五年
　　　　十二月七日付倉吏張曼、周棟。凡爲布三匹二丈八斗[1],准入
　　　　米九斛二斗三升,五年十二月七日付倉吏張曼、周棟。其旱
　　　　田不收錢。其熟田畝收錢八十,凡爲錢五千九百廿,五年十
　　　　月廿日付倉吏張曼、周棟畢。嘉禾六年二月廿日,田户曹史
　　　　張惕、趙野校。

原注:[1]“斗”爲“尺”之誤。

按:①據文例,“佃田”後脱町數。

　　②“税田”首次出現。“税田”均是熟田,和“租田”相對,是指按畝收米一斛二斗繳
　　米之田,“税田”屬於“二年常限”田。如此簡郡吏劉温六十四畝“二年常限”田,
　　其中卅二畝爲税田,收税米五十斛四斗,則畝收米一斛二斗。

　　③此處似有誤,應爲“畝收税米一斛二斗,爲米五十斛四斗”。

　　④據税田收米五十斛四斗,餘力田收米十二斛八斗計,應收米六十三斛二斗。

5·592 　灵逢唐丘男子盧大,佃田七町,凡廿二畝,皆二年常限。其四
　　　　畝旱敗不收布。定收十八畝,爲米廿一斛六斗,畝收布二
　　　　尺。其米廿一斛六斗,……付倉吏張曼、周棟。凡爲布三丈
　　　　六尺,准入米二斛一斗六升,五年十二月九日付倉吏張曼、周
　　　　棟。其旱田不收錢。其熟田畝收錢八十,凡爲錢一千四百
　　　　卅,准入米一斛八斗七升二合,五年十二月八日付吏孫儀。
　　　　嘉禾六年二月廿日,田户曹史張惕、趙野校。

5·593 　灵逢唐丘男子尹秃①,佃田二町,凡十二畝,皆二年常限。其六

畝旱不收布。定收六畝,爲米七斛二斗,畝收布二尺。其米七斛二斗,五年十二月八日付吏孫儀。凡爲布一丈二尺,五年十一月九日付庫吏潘有。其旱田不收錢。其𤎩田畝收錢八十,凡爲錢四百八十,准入米三斗四升,五年十二月三日付吏孫儀。嘉禾六年二月廿日,田户曹張惕[1]、趙野校。

原注:[1]"曹"下脱"史"字。

按:①據圖版,《田家莂》"尹(?)"可確釋爲"尹",圖版較清晰,其寫法和簡5·278"尹"字寫法相同。故"尹"後"(?)"可刪。今刪。

5·594　𤎩逢唐丘男子□□,佃田三町,凡十五畝,皆二年常限。旱敗不收錢布。嘉禾六年二月廿日,田户曹史張惕、趙野校。

5·595　𤎩旁丘男子烝保,佃田五町,凡廿六畝,二年常限。畝收米一斛二斗,爲米卅一斛二斗,收布二尺[1]。其米卅一斛二斗,六年二月十日付掾孫儀。凡爲布一匹一丈二尺,准入米三斛二斗二升,六年二月八日付掾孫儀。畝收錢八十,凡爲錢二千八十,准入米一斛七斗,六年二月十日付掾孫儀畢。嘉禾六年二月廿日,田户曹史張惕、趙野校。

原注:[1]"收"前脱"畝"字。

5·596　𤎩唐中丘男子彭踪①,佃田十二町,凡廿二畝,皆二年常限。其十一畝旱敗不收布。定收十一畝,凡爲米十三斛二斗,畝收布二尺。其米十三斛二斗,五年十二月十八日付倉吏張曼、周棟。凡爲布二丈二尺,准入米一斛二斗□升,五年十二月十二日付倉吏張曼、周棟。其旱田不收錢。其𤎩田畝收錢八十,凡爲錢八百八十,五年十二月十六日付庫吏潘慎、番宗畢。嘉禾六年二月廿日,田户曹史張惕、趙野校。

按:①《田家莂》"踪",圖版作"踪",其上部當爲"足",簡5·107"足"圖版作"足",簡壹·2899"足"圖版作"足",與此字上部相同;其下部構件"宗"的寫法與簡5·68(崇)、簡5·984(崇)"崇"之構件"宗"的寫法相同。故"踪"上部構件爲"足",下部構件爲"宗",當爲"踪"的俗體。今改"踪"爲"踪"。

5·597　𤎩唐中丘男子盧囊,佃田八町,凡十六畝,皆二年常限。其四畝旱敗不收布。定收十二畝,凡爲米十四斛四斗,畝收布二尺。其米十四斛四斗,五年十二月四日付倉吏張曼、周棟。凡爲布二丈四尺,准入米一斛四斗七升,五年十二月十三日付倉吏張曼、周棟。其旱畝不收錢。其孰田畝收錢八十,凡爲錢九百六十,五年十二月廿日付庫吏潘慎、潘宗畢。嘉禾六年二月廿日,田户曹史張惕、趙野校。

5·598 灵浸丘男子吴馮,佃田四町,凡十六畝,皆二年常限。其十一畝旱不收①。定收五畝,爲米六斛,畝收布二尺。其米六斛,五年十二月十二日付倉吏張曼、周棟。凡爲布一丈,准入米六斗,五年十二月十四日付倉吏張曼、周棟。其旱田不收錢。其孰田畝收錢八十,凡爲錢四百,付庫吏潘有畢②。嘉禾六年二月廿日,田户曹史張惕、趙野校。

按:①據文例,"收"後脱"布"字。
　　②據文例,"付"前脱繳錢時間。

5·599 灵浸頃丘男子文黑,佃田廿町,凡卅四畝,皆二年常限。其十八畝百廿步旱不收布。定收十五畝一百廿步,爲米十八斛六斗,畝收布二尺。其米十八斛六斗,五年十二月廿一日付倉孫儀畢[1]。凡爲布三丈一尺,准入米一斛九斗,五年五年十二月七日付吏孫儀畢[2]。其旱田不收錢。其孰田畝收錢[3],凡爲錢一千二百卌,准入米一斛,五年十二月八日付吏孫儀畢。嘉禾六年二月廿日,田户曹史張惕、趙野校。

原注:[1]"倉"下脱"吏"字。
　　[2]"五年"下衍"五年"二字。
　　[3]"錢"下脱"八十"二字。

5·600 灵浸頃丘男子朱劉,佃田七町,凡十三畝,皆二年常限。其八畝一百廿步旱不收①。定收四畝一百廿步,爲米五斛四斗,畝收布二尺。其米五斛四斗,五年十二月九日付吏孫儀畢。凡爲布九尺,准入米五斗六升,五年十一月卅日付吏孫儀畢。其旱田不收錢。其孰田畝收錢八十,凡爲錢四百②,准入米二斗八升,五年十二月十九日付吏孫儀畢。嘉禾六年二月廿日,田户曹史張惕、趙野校。

5·601 灵浸頃丘縣卒番兒①，佃田十一町，凡廿三畝一百廿步，皆二年
常限。其十畝一百廿步旱不收布。定收十三畝，爲米十五斛
六斗，畝收布二尺。其米十五斛六斗，五年十一月十一日付倉
吏張曼、周棟。凡爲布二丈六尺，准入米一斛六斗，五年十一
月十二日付倉吏張曼、周棟。其旱畝不收錢。其孰田畝收錢
八十，凡爲錢一千卌，准入米八斗，五年十一月七日付倉吏張
曼、周棟畢。嘉禾六年二月廿日，田戶曹史張惕、趙野校。

按：①兒，音mào。《説文·兒部》：“兒，頌儀也。……貌，籀文兒。”

5·602 灵專丘男子烝□，佃田十一町，凡八畝，皆二年常限。其三畝
旱不收布。定收五畝，爲米六斛，畝收布二尺。其米六斛，五
年十二月廿日付倉吏張曼、周棟畢。凡爲布一丈，准入米六
斗，五年十二月廿日付倉吏張曼、周棟。其旱田畝不收錢。
其郭田畝收錢八十[1]，凡爲錢四百，五年十二月十三日付倉吏
潘慎[2]、潘宗畢。嘉禾六年二月廿日，田戶曹史張惕、趙野校。

原注：[1]“郭”爲“熟”之誤。
　　　[2]“倉”爲“庫”之誤。

5·603 灵專丘男子番時，佃田九町，凡廿三畝①，皆二年常限。其十七
畝旱不收布。定收五畝，爲米六斛，畝收布二尺。其米六斛，
五年十二月□日付倉吏張曼、周棟畢。凡爲布一丈，准入米六
斗，五年十二月十六日付倉吏張曼、周棟畢。其旱畝不收錢。
其孰田畝收錢八十，凡爲錢四百，五年十二月十五日付庫吏番
番宗畢[1]。嘉禾六年二月廿日，田戶曹史張惕、趙野校。

原注：[1]依文例，第一個“番”下或脫人名。
按：①佃田總數與旱田、熟田畝數不合。據收米數、收布數和收錢數與定額知，熟田
　　爲五畝，則佃田總數和旱田畝數必有一誤。

5·604 灵專丘縣吏鄧回，佃田廿町①，凡卌四畝，皆二年常限。其十八
畝旱不收布。定收廿六畝，爲米卅一斛二斗，畝收布二尺。其
米卅一斛二斗，五年十二月十一日付倉吏張曼、周棟。凡爲布

一匹一丈二尺,准入米二斛二斗二升,五年十二月廿一日付倉吏張曼、周棟畢。其旱畝不收錢。其孰田畝收錢八十,凡爲錢二千八十,五年十二月十五日付庫吏潘慎、潘宗。嘉禾六年二月廿日,田户曹史張惕、趙野校。

按:①《田家莂》"卅"字,據圖版實爲"廿"字,圖版作"▨▨▨",較清晰,爲兩豎劃而非三豎劃。今改。

5·605　灵專丘男子鄧随,佃田二町,凡三畝,皆二年常限。凡爲米三斛六斗,畝收布二尺。其米三斛六斗,五年十二月廿日付倉吏張曼、周棟。凡爲布六尺,准入米三斗六升,五年十一月廿日付倉吏……百册,五年十二月廿二日付庫吏潘慎、番宗畢。嘉禾六年二月廿日,田户曹史張惕、趙野校。

5·606　灵專丘男子謝解,佃田十二町,凡十八畝①,皆二年常限。其四畝旱不收布。定收六畝,爲米七斛二斗,畝收布二尺。其米七斛二斗,五年十一月十二日付倉吏張曼、周棟。爲布一丈二尺,准入米八斗五升,五年十二月廿日付倉吏張曼、周棟。其旱畝不收錢。其孰田畝收錢八十,凡爲錢四百八十,五年十二月廿六日付庫吏番慎、番宗畢。嘉禾六年二月廿日,田户曹史張惕、趙野校。

按:①佃田總數與旱田、熟田畝數不合。據收米數、收布數和收錢數與定額知,熟田爲六畝,則佃田總數和旱田畝數必有一誤。

5·607　灵區丘大女田秅①,佃田十町,凡廿五畝,皆二年常限。其二畝一百廿步旱不收布。定收廿二畝一百廿步,爲米廿七斛,畝收布二尺。其米廿七斛,五年十一月廿八日付掾孫儀。凡爲布一匹五尺,……二斛,……十日付掾孫儀。……。孰田畝收錢八十,凡爲錢一千八百,五年十二月付庫吏□□②。嘉禾六年二月廿日,田户曹史張惕、趙野校③。

按:①秅,音shí。《説文·禾部》:"秅,百二十斤也。"段玉裁注:"四鈞爲石,古多叚石爲秅。《月令》鈞衡石是也。""秅"同重量單位"石"。
②據文例,"月"後脱日數。
③據文例,《田家莂》"□"今補釋爲"校"。

5·608　灵區丘男子朱𦬊,佃田十町,凡十畝一百廿步,皆二年常限。其六畝一百廿步旱⋯⋯。定收四畝,爲米四斛八斗[①],畝收布二尺。其米四斛八斗,十二月廿日付掾孫儀[②]。凡爲布八尺,准入米四斗九升六合,五年十二月廿日付掾孫儀。其旱畝不收錢。其孰田畝收錢八十,爲錢三百廿錢[③],五年十二月廿九日付庫吏潘慎、潘宗畢。嘉禾六年二月廿日,户曹史張惕、趙野校。

按:①據文例,《田家莂》"□"今補釋爲"爲"。
　　②據文例,"十"前脱"五年"二字。
　　③據文例,"爲"前脱"凡"字。

5·609　灵區丘男子李鼠,佃田七町,凡十四畝一百廿步,皆二年常限。其二畝一百廿步旱敗不收布。定收十二畝,爲米十四斛四斗,畝收布二尺。其米十四斛四斗,五年十二月廿日付⋯⋯。凡爲布二丈四尺,准入米一斛六斗,五年十二月廿七日付掾孫儀。其旱畝不收錢。孰田收錢畝八十,凡爲錢九百六十,五年十二月廿日付庫吏潘慎畢。嘉禾六年二月廿日,田户曹史張惕、趙野校[①]。

按:①《田家莂》"陳通"二字,據圖版無。今删。

5·610　灵區丘男子李鴈,佃田八町,凡卅五畝,二年常限。其四畝旱敗不收布。定收卅一畝,爲米卅七斛二斗,畝收布二尺。⋯⋯日付掾孫儀。爲布一匹二丈二尺,准入米三斛八斗六升,五年十二月廿五日付掾孫儀。其旱畝不收錢。其孰田畝收錢八十,凡爲錢二千四百八十,十一月廿八日付庫吏潘慎[①]。嘉禾六年二月廿日,田户曹史張惕、趙野校[②]。

按:①據文例,"十"前脱"五年"二字。
　　②據文例,《田家莂》"□□"今補釋爲"趙野"。

5·611　灵區丘男子谷一,佃田廿三町,凡卅九畝,皆二年常限。其十二畝旱敗不收布。定收廿七畝,爲米卅二斛四斗,畝收布二尺。其米卅二斛四斗,五年十二月十五日付掾孫儀。爲布一匹一丈四尺,准入米三斛九斗八升八合,五年十二月十七日

付掾孫儀。其旱田不收錢。孰田畞收錢 八 十 ①,凡 爲 錢二
千一百六十②,五年十二月十六日付庫吏潘慎畢。嘉禾……
曹史張惕、趙野校。

按:①據文例,《田家莂》"□□"今補釋爲" 八 十 "。
　　②據文例,《田家莂》"□□"今補釋爲" 凡 爲 "。

5·612 灵區丘男子谷訢①,佃田廿八町,凡六十二畞,皆二年常限。其
廿九畞旱敗不收布。定收卅三畞,爲米卅九斛六斗,畞收布二
尺。其米卅九斛六斗,五年十二月廿三日付掾孫儀。爲布一
匹二丈六尺,准入米四斛一斗一升,五年十二月廿三日付掾孫
儀。其旱田不收錢。其孰田畞收錢八十,凡爲錢二千六百卅,
十一月廿一日付庫吏潘慎②、潘□。嘉禾六年二月廿五日,田
戶曹史張惕、趙野校。

按:①訢,音 yìn。《玉篇·言部》:"訢,同許。啼不止也。"王保成《三國吳簡文字研究》
認爲"訢"應爲"説"字。
　　②據文例,"十一月"前脱"五年"二字。

5·613 灵區丘男谷馮[1],佃十四町,凡十四畞[2],皆二年常限。其四畞
旱不收布。定收七畞,爲米八斛四斗,畞收布二尺。其米八
斛四斗,十一月十五日付三州掾孫儀①。凡爲布一丈四尺,准
入米八斗四升,十二月廿日付掾孫儀②。其旱不收錢。其孰
田畞收▢

原注:[1]"男"下脱"子"字。
　　　[2]按旱田數與定收田數合計,佃田數當爲十一畞。

按:①、②據文例,"十"前脱"五年"二字。

5·614 灵區丘谷□①,佃田廿五畞②,皆二年常限。其二畞旱不收布。
定收廿三畞,爲米廿七斛六斗,畞收布二尺。其米廿七斛六
斗,十二月十日付三州掾孫儀③。凡爲布一匹六尺,准入米二
斛八斗,十二月廿三日付掾孫儀④。其旱田不收錢。其孰田
畞收錢八十,凡爲錢一千八百卅,准入米一斛六斗七升,五年
十一月十五日付三州掾孫儀畢。嘉禾六年二月廿日,戶曹史
張惕、趙野校⑤。

按:①據文例,"丘"後脱有關身份的詞語。

②據文例，“佃田”後脱町數。

③、④據文例，“十”前脱“五年”二字。

⑤《田家莂》“陳通”二字，據圖版無。今刪。據文例，“户”前脱“田”字。

5·615 灵區丘男子谷□，佃田四町，凡三畝百廿步，皆二年常限。其一畝旱不收布。定收二畝百廿步，爲米三斛，畝收布二尺。其米三斛，十月廿付掾孫儀[1]①。凡爲布五尺，……。其旱畝不收錢。……錢二百，五年十二月廿日付掾孫儀畢。嘉禾六年廿日廿[2]，田户曹史張惕、趙野校。

原注：[1]“廿”下脱“日”字。

　　　[2]“年”下缺月份。“日”下衍“廿”字。

按：①據文例，“十”前脱“五年”二字。

5·616 灵區丘郡吏谷□，佃田六町，凡八畝，皆二年常限。其一畝旱不收布。定收七畝，爲米八斛四斗，畝收二尺①。其米八斛四斗，月十五日付三州掾孫儀[1]②。凡爲布一丈四尺，准入米八斗四升，十一月廿日付掾孫儀③。其旱田不收錢。其孰田畝收錢八十，凡爲錢五百六十，准入米五斗一合，五年十月廿日付掾孫儀畢。嘉禾六年二月□日，田户曹史張惕、趙野校。

原注：[1]“月”上脱月序。

按：①據文例，“收”後脱“布”字。

　　②據文例，“月”前脱月序及“五年”二字。

　　③據文例，“十”前脱“五年”二字。

5·617 灵區丘縣吏武惕，佃田卅二町，凡七十九畝，皆二年常限。其卅九畝旱不收布。定收冊畝，爲米冊八斛，畝收布二尺。其米冊八斛，五年十二月三日付掾孫儀。爲布二匹，准入米五斛，五年十一月廿日付掾孫儀。其旱田不收錢。其孰田畝收錢八十，爲錢三千二百，五年十二月四日付庫史潘慎、潘宗畢①。嘉禾六年二月廿日，田户曹史張惕、趙野校。

按：①據文例，“史”當爲“吏”字之誤。

5·618 灵區丘縣吏殷政，田二町，凡十畝一百廿步，皆二年常限。畝收米一斛二斗，凡爲米十二斛六斗，畝收布二尺。其米十二斛六斗，五年十一月廿一日付掾孫儀。凡爲布二丈一尺……。其

孰田畝收錢八十,凡爲錢八百卅,五年十二月八日付庫吏潘慎畢。嘉禾六年二月十六日,田戶曹史張惕、趙野校。

5·619 囗區丘郡吏陳富,佃田卅二町,凡一頃,皆二年常限。其六十畝旱不收布。定收卅畝,爲米卅八斛,畝收布二尺。其米卅八斛,五年……。凡爲布二匹,准入米……。其旱田不收錢。孰田畝收錢八十,凡爲錢三千二百,五年十二月五日付庫吏潘慎畢。嘉禾……

5·620 囗區丘男子烝嘉,佃田四町,凡十二畝,皆二年常限。畝收米一斛二斗,凡爲米十四斛四斗,畝收布二尺。其米十四斛四斗,五年□月□日付掾孫儀。凡爲布二丈四尺,准入米一斛□斗,五年十二月廿七日付掾孫儀。畝收錢八十,凡爲錢①……。嘉禾六年二月廿日,田戶曹史張惕、趙野[校]②。

按:①據熟田畝數與定額計,應收錢九百六十錢。

②據文例,《田家莂》"□"今補釋爲"[校]"字。

5·621 囗區丘男子黃民,佃田十九町,凡廿三畝,皆二年常限。其十畝旱不收布。定十三畝[1],爲米十五斛六斗,畝收布二尺。其米十五斛六斗,十一月廿日付掾孫儀①。爲布二丈六尺,准入米一斛六斗一升,十月廿日付掾孫儀②。其旱畝不收錢。其孰田畝收錢八十,爲錢一千卅,五年十一月十一日付庫吏潘慎、潘宗畢。嘉禾六年二月廿日,田戶曹史張惕、趙野校③。

原注:[1]"定"下脫"收"字。

按:①、②據文例,"十"前脫"五年"二字。

③《田家莂》"陳通"二字,據圖版無。今刪。

5·622 囗區丘男子黃南,佃田卅町,卅二畝一百步①,皆二年常限。其三畝旱敗不收布。定收卅九畝一百步,爲米卅七斛三斗,畝收布二尺。其米卅七斛三斗,五年十二月七日付掾孫儀。爲布一匹三丈八尺②,五年十二月十一日付庫吏潘慎。其旱畝不收錢。其孰田畝錢八十③,凡錢三千一百④,……付庫吏潘慎。嘉禾六年二月十六日,田戶曹史張惕、趙野校。

按:①據文例,"卅"前脫"凡"字。

②據熟田畝數與定額計,應收布一匹三丈八尺八寸三分。

③據文例,"畝"後脱"收"字。

④據熟田畝數與定額計,應收錢三千一百五十三錢。據文例,"凡"後脱"爲"字。

5·623 夌區丘大女黄番,佃田廿五町,凡六十一畝一百廿步①。其卅三畝一百廿步旱敗不收布。定收廿八畝,畝收米一斛二斗,凡米卅三斛六斗②,畝收布二尺。其米卅三斛六斗,五年十二月廿八日付掾孫儀。凡布一匹一丈六尺③,准入米三斛五斗五合,五年十二月廿五日付掾孫儀。其旱畝不收錢。孰田畝收錢八十,凡錢二千二百卌④,五年十二月十二日付庫吏潘慎、潘宗畢。嘉禾六年二月廿日,田戶曹史張惕、趙野校。

按:①據文例,"步"後脱"皆二年常限"五字。

②、③、④據文例,"凡"後脱"爲"字。

5·624 夌區丘大女錢任,佃田十町,凡……。其六畝旱不收布。定收……,爲米十七斛……。其米十七斛四[1],五年十二月廿日付倉……。其旱畝……。其孰田畝收錢八十……

原注:[1]"四"下或脱"斗"字。

5·625 夌區丘大女劉妾,佃……,畝收布二尺。……□付掾孫儀。凡爲布三丈四尺,准入米二斛一斗二升五合,六年二月□日付掾孫儀。畝收錢八十,凡爲錢一千三百六十,准入米一斛一斗一升,六年二月十九日付掾孫儀畢。嘉禾六年二月廿日,田戶曹史張惕、趙野校。

5·626 夌區丘男子盧文,佃田卅町,凡六十二畝一百廿步,皆二年常限。其廿七畝一百廿步旱敗不收布。定收卅五畝,爲米卌二斛,畝收布二尺。其米卌二斛,五年十二月廿日付掾孫儀。爲布一匹二丈①,准入米四斛三斗□升,五年十二月十八日付掾孫儀畢。……凡爲……潘慎。嘉禾六年二月廿日,田戶曹史張惕、趙野校。

按:①據熟田畝數與定額計,應收布一匹三丈。

5·627 夌區丘男子盧客,佃田十五町,凡廿五畝,二年常限。其五畝旱敗不收布。定收廿畞，爲米廿四斛，畞收布二尺。其米廿四斛，五年十二月廿五日付掾孫儀。凡爲布一匹，准入米二斛四斗，五年十二月廿五日付掾孫儀。其旱田不收錢。其孰田畞收錢八十，凡爲錢①……日付庫吏潘慎。嘉禾六年二月廿日，田户曹史張惕、趙野校。

按：①據熟田畞數與定額計，應收錢一千六百錢。

5·628 灵區丘男子謝忠，佃田八町，凡十五畞，皆二年常限。其十二畞旱不收布。定收三畞，畞收米一斛二斗，凡爲米三斛六斗，畞收☐ 其米三斛六斗，五年十二月廿日付孫儀畢。☐

5·629 灵區丘男子☐☐，佃……一頃一畞①，皆二年常限。其卅九畞不收布②。定收六十二畞一百廿步，爲米七十五斛，畞收布二尺。其米七十五斛，十一月廿日付三州掾孫儀③。凡爲三匹五尺④，准入米……倉吏孫儀。其旱不收錢。其孰田畞收錢八十，凡爲錢五千，五年十一月☐日付庫吏潘慎、☐☐畢。嘉禾六年二月廿日，户曹史張惕⑤、趙野校。

按：①佃田總數與旱田、熟田畞數不合。據收米數、收布數和收錢數與定額知，熟田爲六十二畞一百廿步，則佃田總數與旱田畞數必有一誤。

②據文例，"畞"後脱"旱"或"旱敗"。

③據文例，"十"前脱"五年"二字。

④據文例，"爲"後脱"布"字。

⑤據文例，"户"前脱"田"字。

5·630 灵區丘男子☐☐，佃田☐町，凡卅畞，皆二年常限。其十畞旱敗不收布。定收廿畞，畞收米一斛二斗，凡米廿四斛①，畞收布二尺。其米廿四斛，五年十二月廿五日付掾孫儀。凡布一匹②，准入米二斛五斗，五年十二月廿五日付掾孫儀。其旱畞不收錢。孰田畞收錢八十，凡錢一千六百③，十二月廿六日付庫吏潘慎畢④。嘉禾六年二月廿[1]，田户曹史張惕、趙野校。

原注：[1]"廿"下脱"日"字。

按：①、②、③據文例，"凡"後脱"爲"字。

④據文例，"十"前脱"五年"二字。

5·631　　☲區丘縣吏□□，佃田……。其十六畝……。定收……月
　　　　十日付吏□□。……其旱畝不收錢。其孰田畝收錢八
　　　　十，凡爲錢三百廿，五年十二月十一日付□□□□。嘉禾六
　　　　年……

5·632　　☲區丘男子□□，佃田□町，凡五畝，皆二年常限。其一畝一
　　　　百廿步旱敗不收布。定收三畝百廿步，畝收米一斛二斗，凡
　　　　爲米四斛二斗，畝收布二尺。其米四斛二斗，五年十二月十
　　　　六日付掾孫儀。凡布六尺①，准入米□

按：①據熟田畝數與定額計，應收布七尺。據文例，"凡"後脱"爲"字。

5·633　　☲常略丘男子伍錢①，佃田七十八町，凡五十七畝，皆二年常
　　　　限。其卅九畝旱不收布。定收十八畝，爲米廿一斛六斗，畝
　　　　收布二尺。其米廿一斛六斗，五年十二月十七日付倉吏張
　　　　曼、周棟畢。凡爲布三丈六尺②，准入米一斛三斗四升，五年
　　　　十一月八日付倉吏張曼、周棟畢。其旱田畝不收錢。其孰田
　　　　畝收錢八十，凡爲錢一千四百卌錢，五年十二月廿日付庫吏
　　　　潘慎、潘宗畢。嘉禾六年二月廿日，田户曹史張惕、趙野校。

按：①《田家莂》"錢（？）"，圖版作"　"，當可確釋爲"錢"字。簡5·103"錢"作"　"，
　　簡5·82"錢"作"　"，可與此字相對照。故"錢"後"（？）"可删。今删。
　　②據熟田畝數與定額計，應收布三丈六尺。故《田家莂》"□"今補釋爲"六"。

5·634　　☲常略丘郡卒烝禿，佃田十町，凡廿三畝一百廿步①，皆二年常
　　　　限。其十六畝旱不收布。定收五畝一百廿步，爲米六斛六
　　　　斗，畝收布二尺。其米六斛六斗，五年十二月七日付倉吏張
　　　　曼、周棟。凡爲布一丈一尺，准入米六斗七升，五年十一月八
　　　　日付倉吏張曼、周棟。其旱田不收錢。其孰田畝收錢八十，
　　　　凡爲錢四百卌錢，五年十一月廿一日付庫吏□□。嘉禾六年
　　　　二月廿日，田户……

按：①佃田總數與旱田、熟田畝數不合。據收米數、收布數和收錢數與定額知，熟田
　　爲五畝一百廿步，則佃田總數與旱田畝數必有一誤。

5·635　　☲常略丘男子烝囷，佃田十一町，凡卅畝一百廿步，皆二年常
　　　　限。其十四畝旱敗不收布。定收十六畝一百廿步，爲米十九

斛八斗，畝收布二尺。其十九斛八斗①，五年十二月廿八日付倉吏張曼、周棟畢。凡爲布三丈三尺，准入米二斛五斗，五年十一月廿七日付倉吏張曼、周棟畢。其旱畝不收錢。其孰田收錢畝八十，凡爲錢一千三百廿，五年十二月七日付庫吏潘慎、潘宗畢。嘉禾六年二月廿日，田户曹史張惕、趙野校。

按：①據文例，"其"後脱"米"字。

5·636 灵常略丘男子烝泥①，佃田二町，凡八畝，皆二年常限。其二畝一百廿步旱不收布。定收五畝一百廿步，爲米六斛六斗，畝收布二尺。其米六斛六斗，五年十一月廿日付倉吏張曼、周棟畢。凡爲布一丈一尺，准入米六斗六升，五年……倉吏張曼、周棟。旱田畝不收錢。孰田畝收錢八十，凡爲錢四百册，五年☐……二月廿日，田户曹史張☐

按：①《田家莂》"兒"，據圖版當爲"泥"字，圖版作"▨"，其左側可明顯看出有水旁。今改"兒"爲"泥"。

5·637 灵常略丘男子烝桸①，佃田十六町，凡六十五畝，皆二年常限。其册四畝旱敗不收布。定收册一畝，爲米册七斛二斗，畝收布二尺。其米册七斛二斗，五年十一月廿八日付倉吏張曼、周棟。凡爲布一匹二丈二尺，准入米三斛八斗七升，五年十一月廿☐日付倉吏張曼、周棟。其旱田不收錢。孰田收錢畝八十，凡爲錢二千四百八十，六年正月三日付庫吏番慎。嘉禾六年二月廿日，田户曹史張惕、趙野校。

按：①桸，音xī。《玉篇·木部》："桸，木名，汁可食。"

5·638 灵常略丘男子烝☐①，佃田六町，凡八畝一百廿步，皆二年常限。其二畝一百廿步旱敗不收布。定收六畝，爲米七斛二斗，畝收布二尺。其米七斛二斗，五年十一月十八日付倉吏張曼、周棟。凡爲布一丈二尺，准入米七斗五升，五年十二月廿日付倉吏張曼、周棟。其旱畝不收錢。其郭田畝收錢八十[1]，凡爲錢四百八十，五年十一月十五日付庫掾番慎、番宗畢。嘉禾六年二月廿日，田户曹史張惕、趙野校。

原注：[1]"郭"當爲"孰"之誤。

按：①《田家莂》“□”，圖版作“▨”。王保成《三國吳簡文字研究》認爲是“植”字。

5·639 灵常略丘郡卒謝有，佃七町①，凡卅七畝一百廿步[1]，皆二年常限。其卅一畝旱不收布。定六畝[2]，爲米七斛二斗，畝收布二尺。其米七斛二斗，五年十二月十日付倉吏張曼、周棟畢。凡爲布一丈二尺，准入米七斗五升，五年十二月十日付倉吏張曼、周棟。其旱畝不收錢。其孰田畝收錢八十，凡爲四百八十錢②，五年十二月廿日付庫吏潘慎、潘□。嘉禾六年二月廿日，田戸曹史張惕校③。

原注：[1]下文旱田與定收田畝數合計爲卅七畝。
　　　[2]“定”下脱“收”字。

按：①據文例，“佃”後脱“田”字。
　　②據文例，“爲”後脱“錢”字。
　　③據文例，《田家莂》“□”今補釋爲“惕”。

5·640 灵常略丘男子謝麦，佃田三町，凡廿九畝百廿步，皆二年常限。其十三畝旱不收布。定收十六畝百廿步，爲米十九斛八斗，畝收布二尺。其米十九斛八斗，五年十一月十七日付倉吏張曼、周棟。凡爲布三丈三尺，准入米二斛六升，五年十二月十八日付倉吏張曼、周棟。其旱畝不收錢。其孰田畝收錢八十，凡爲錢一千二百廿①，五年十一月廿日付庫吏番慎、番宗畢。嘉禾六年二月廿日，田戸曹史張惕、趙野校。

按：①據熟田畝數與定額計，應收錢一千三百廿錢。

5·641 灵常略丘謝導①，佃田十町，凡廿三畝百廿步，皆二年常限。其十九畝一百廿步旱敗不收布。定收四畝，爲米四斛八斗，畝收布二尺。其米四斛八斗，五年十二月四日付倉吏張曼、周棟畢。凡爲八尺[1]，准入米四斗九升，五年十二月卅日付倉吏張曼、周棟畢。其旱田不收錢。其孰田畝收錢八十，凡爲錢三百廿，五年十一月廿八日付庫吏番慎、番宗畢。嘉禾六年二月廿日，田戸曹史張惕、趙野校。

原注：[1]“凡爲”下脱“布”字。
按：①據文例，“謝”前脱身份詞語。

5·642 灵常略丘男子謝懸，佃田十一町，凡卅三畞一百廿步，皆二年常限。其廿四畞旱不收布。定收九畞一百廿步，爲米十一斛四斗，畞收布二尺。其米十一斛四斗，五年十二月七日付倉吏張曼、周棟畢。凡爲布一丈九尺，准入米一斛一斗八升，五年十一月九日付倉吏張曼、周棟畢。其旱田不收錢。其孰田畞收錢八十，凡爲錢七百六十錢，五年正月十日付庫吏潘慎[1]、潘宗畢。嘉禾六年二月廿日，田戶曹史張惕、趙野校。

原注：[1]依文例，"五年"疑爲"六年"之誤。

5·643 灵常略丘郡卒□史[1]，佃田十町，凡卅七畞一百廿步，皆二年常限。其廿一畞一百廿步旱敗不收布。定收十六畞，爲米十九斛二斗，畞收布二尺。其米十九斛二斗，五年十二月十五日付倉吏張曼、周棟畢。凡爲布三丈二尺，准入米一斛九斗九升，五年十二月十八日付倉吏張曼、周棟畢。其旱田畞不收錢。其孰田畞收錢八十，凡爲錢二千二百八十①，五年十二月廿一日付庫吏潘慎、潘宗畢。嘉禾六年二月廿日，田戶曹史張惕、趙野校。

原注：[1]"史"上似爲"謝"字。
按：①據熟田畞數與定額計，應收錢一千二百八十錢。

5·644 灵略丘男子巨耳，佃田三町，凡二畞，皆二年常限。其一畞旱不收布。定收一畞，爲米一斛二斗，畞收布二尺。其米一斛二斗，五年十一月十八日付倉吏張曼、周棟。爲布二尺，准入米一斗二升，五年十一月十二日付倉吏張曼、周棟。其旱田畞不收錢。其孰田畞錢八十①，凡爲錢八十，五年十一月十三日付庫吏番慎、番宗畢。嘉禾六年二月廿日，田戶曹史張惕、趙野校。

按：①據文例，"畞"後脫"收"字。

5·645 灵略丘男子巨敦，佃田七町，凡廿八畞①，皆二年常限。其十二畞一百廿步旱不收布。定收十六畞一百廿步，爲米十八斛六斗[1]，畞收布二尺。其米十八斛六斗，五年十一月九日付倉吏張曼、周棟畢。凡爲布三丈三尺，准入米二斛一斗，五年十二月一日付倉吏張曼、周棟畢。其旱田不收錢。其孰田畞收錢八十，凡爲錢一千二百冊錢[2]，五年十一月八日付庫吏潘慎、潘宗畢。嘉禾六年……惕、趙野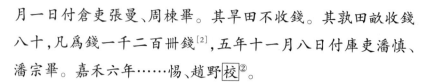校②。

原注：[1]按定收畞數和收米定額計，應爲米十九斛六斗。③

[2]按熟田畞數和收錢定額計，應收一千三百卅錢。

按：①佃田總數與旱田、熟田畞數不合。據簡文收米數、收錢數與定額推算，熟田應爲十五畞一百卅步，據簡文收布數與定額推算，熟田應爲十六畞一百廿步。

②據文例，《田家莂》"□"今補釋爲"校"。

③據熟田十六畞一百廿步與定額計，應收米十九斛八斗。《田家莂》注釋[1]誤。

5·646 㠠略丘男子巨碩，佃田三町，凡八畞，皆二年常限。其七畞旱不收布。定收一畞，爲米一斛二斗，畞收布二尺。其米一斛二斗，五年十一月十日付倉吏張曼、周棟。爲布二尺①，准入米一斗二升，五年十一月廿日付倉吏張曼、周棟。其旱田畞不收錢。其孰田畞收錢八十，凡爲錢八十，五年十二月十八日付庫掾番慎、番宗畢。嘉禾六年二月廿日，田戶曹史張惕、趙野校。

按：①據文例，"爲"前脱"凡"字。

5·647 㠠略丘男子李鼠，佃田三町，凡三畞，皆二年常限。其一畞旱不收布。定收二畞，爲米二斛四斗，畞收布二尺。其米二斛四斗，五年十一月十三日付倉吏張曼、周棟。凡爲布四尺，准入米二斗四升①，五年十二月十七日付倉吏張曼、周棟。其旱畞不收錢。其孰田畞收錢八十，凡爲錢一百六十，五年十二月廿日付庫吏……。嘉禾六年二月廿日，田戶曹史張惕、趙野校。

按：①據文例，《田家莂》"□□"今補釋爲"入米"。

5·648 㠠略丘男子谷得，佃田十町，凡十六畞，皆二年常限。其九畞旱敗不收布。定收七畞，爲米八斛四斗，畞收布二尺。其米八斛四斗，五年十二月……。凡爲布一丈四尺，准入米……付倉吏張曼、周棟。其旱畞不收錢。其孰田畞收錢八十，凡爲錢五百六十錢，五年十二月十八日付庫吏番慎、番宗。嘉禾六年二月廿日，田戶曹史張惕、趙野校。

5·649　灵略丘男子徐𨟹，佃田五町，凡十畞，皆二年常限。其八畞旱不收布。定收二畞，爲米二斛四斗，畞收布二尺。其米二斛四斗，五年十一月十七日付倉吏張曼、周棟畢。凡爲布四尺，准入米二斗四升，五年十一月十一日付倉吏張曼、周棟。其旱畞不收錢。其孰田畞收錢八十，凡爲錢一百六十，五年十二月十五日付庫吏番慎、番宗畢。嘉禾六年二月廿日，田户曹史張惕、趙野校。

5·650　灵略丘軍吏烝仁，佃田四町，凡八畞，皆二年常限。其四畞旱不收布。定收四畞，爲米四斛八斗，畞收布二尺。其米四斛八斗，五年十一月十二日付倉吏張曼、周棟。爲布八尺①，准入米四斗八升，五年十一月十二日付倉吏張曼、周棟。其旱畞不收錢。其孰田畞收錢八十，凡爲錢三百廿，五年十一月十二日付庫吏番慎、番宗畢。嘉禾六年……，田户曹史張惕、趙野校。

按：①據文例，“爲”前脱“凡”字。

5·651　灵略丘男子烝角，佃田五町，凡七畞一百步，皆二年常限。其七畞旱不收布。定收一百步，爲米五斗，畞收布二尺。其米五斗，五年十二月十三日付倉吏張曼、周棟。凡爲布八寸，准入米四升八合，五年十二月十七日付倉吏張曼、周棟。其旱畞不收錢。其孰田畞收錢八十，凡爲錢卅三錢①，五年十一月十日付庫吏潘慎、宗畢[1]。嘉禾六年二月廿日，田户曹史張惕、趙野校。

原注：[1]“宗”前脱“潘”字。

按：①據孰田畞數與定額計，應收錢卅三錢。

5·652　灵略丘大女烝愁，佃田五町，凡廿一畞一百步①，皆二年常限。其十一畞一百廿步旱不收布。定收十畞，爲米十二斛，畞收布二尺。其米十二斛，五年十二月七日付倉吏張曼、周棟畢。凡爲布二丈，准入米一斛二斗五升，五年十一月八日付倉吏張曼、周棟畢。其旱田不收錢。其孰田畞收八十[1]，凡爲錢八百，五年十月十日付庫吏潘……。嘉禾六年二月廿日，田戶曹史張惕、趙野校。

原注：[1]"收"下脫"錢"字。

按：①佃田總數與旱田、熟田畝數不合。據收米數、收布數和收錢數與定額知，熟田爲十畝，則佃田總數與旱田畝數必有一誤。

5·653 吳略丘男子烝學，佃田六町，凡廿一畝一百廿步，皆二年常限。其六畝一百廿步旱不收布。定收十五畝，爲米十八斛，畝收布二尺。其米十八斛，五年十二月十七日付倉吏 張 曼 、 周 棟畢①。凡爲布三丈，准入米一斛八斗□升，五年十二月十二日付倉吏張曼、周棟。其旱畝收錢[1]。其孰田畝錢八十②，凡爲錢一千二百，五年十二月十一日付庫掾潘慎、潘宗畢。嘉禾六年二月廿日，田戶曹史張惕、趙野校。

原注：[1]"畝"下脫"不"字。

按：①據文例，《田家莂》"……"今補釋爲" 張 曼 、 周 "。

②據文例，"畝"後脫"收"字。

5·654 吳略丘男子烝□，佃田□町，凡卅一畝一百六十步，皆二年常限。其二畝一百廿步旱敗不收布。定收廿九畝卅步，爲米卅五斛七斗[1]，畝收布二尺。其米卅五斛七斗，五年十月十日付倉吏張曼、周棟。凡爲布一匹一丈九尺①，五年十二月廿日付庫吏潘慎。其旱田不收錢。孰田畝收錢八十，凡爲錢二千三百□②，五年十一月廿日付庫吏潘慎。嘉禾六年二月廿日，田戶曹史張惕、趙野校。

原注：[1]按定收畝數和收米定額計，應爲米卅五斛。

按：①據熟田畝數與定額計，應收布一匹一丈八尺三寸三分。

②據熟田畝數與定額計，應收錢二千三百卅三錢。

5·655 吳略丘男子蔡貴，佃田五町，凡十四畝，皆二年常限。其七畝旱不收布。定收七畝，爲米八斛四斗，畝收布二尺。其米八斛四斗，五年十一月九日付倉吏張曼、周棟畢。凡爲布一丈四尺，准入米九斗，五年十二月七日付倉吏張曼、周棟畢。其旱田不收錢。其旱田不收錢[1]，凡爲錢五百六十錢，五年十二月廿日付庫吏陳慎[2]、潘宗畢。嘉禾六年十二月廿日[3]，田戶曹史張惕、趙野校。

5·656　叟略丘男子鄧里，佃田七町，凡卅四畝，皆二年常限。其卅一畝旱不收布。定收三畝，爲米三斛六斗，畝收布二尺。其米三斛六斗，五年十一月六日付倉吏張曼、周棟畢。凡爲布六尺，准入米四斗，五年十二月九日付倉吏張曼、周棟畢。其旱田畝不收錢。其孰田畝收錢八十，凡爲錢二百卌錢，五年十一月二日付庫吏潘慎、潘宗畢。嘉禾六年二月廿日，田戶曹史張惕、趙野校。

5·657　叟略丘男子鄧排，佃田八町，凡廿八畝。其十七畝旱田不收布。定收十一畝，爲米十三斛二斗，畝收布二尺。其米十三斛二斗，五年十二月十日付倉吏張曼、周棟畢。凡爲布二丈二尺，准入米一斛三斗二升，五年十二月九日付倉吏張曼、周棟畢。其旱田不收錢。其郭田畝收錢八十[1]，凡爲錢八百八十錢，五年十二月九日付庫吏番慎、番宗畢。嘉禾六年二月廿日，田戶曹史張惕、趙野校。

原注：[1]"郭"當爲"熟"之誤。

5·658　叟略丘男子潘和，佃田卅一町，凡一頃六十五畝。其一頃旱不收布。定收六十五畝。其六十畝二年常限，爲米七十二斛，畝收布二尺。其五畝餘力[1]，租米二斛，畝收布二尺。其米七十四斛，五年十二月廿付倉吏張曼[2]、周棟。凡爲布三匹一丈，准入米八斛一斗，五年十二月十七日付倉吏張曼、周棟。其旱畝不收錢。其孰田畝收錢八十，凡爲錢五千二百，五年十二月十一日付庫吏潘慎、潘宗畢。嘉禾六年二月廿日，田戶曹史張惕、趙野校。

原注：[1]"餘力"下脱"田"字。

　　　[2]"廿"下脱"日"字。

5·659　叟唫丘男子李皮，佃田三町，凡一畝一百卌步，皆二年常限。爲米一斛八斗①，畝收布二尺。其米一斛八斗，五年十月十日

付倉吏張曼、周棟。凡爲布三尺②，准入米……，五年十二月
廿日付倉吏張……。嘉禾……月廿日，……校。

按：①據熟田畝數與定額計，應收米一斛八斗五升。

②據熟田畝數與定額計，應收布三尺八分。

5·660 灵唶丘男子吳候，佃田二町，凡七畝百廿步，皆二年常限。其
一百廿步旱敗不收布。定收七畝，爲米八斛四斗，畝收布二
尺。其米八斛四斗，五年十一月廿日付倉吏張曼、周棟。凡
爲布一丈四尺，准入米□斗□升，五年十二月廿日付倉吏張
曼、周棟。其……錢。……，凡爲錢五百六十，五年十一月十
一日付庫吏潘慎。嘉禾六年□月□日，田户曹史張惕校。

5·661 灵唶丘州吏吳軍，佃田廿二町，凡七十一畝廿步，皆二年常
限。其廿畝一百步旱敗不收布。其卌畝稅米廿三斛四斗①。
定收十畝百六十步，爲米十二斛八斗，畝收布二尺。其卅六
斛八斗[1]，五年十二月四日付倉吏張曼、周棟。凡爲布二匹二
丈一尺②，五年十二月廿日付庫吏潘慎。其旱田不收錢。熟
田畝收錢八十，凡爲錢四千五十③，五年十月五日付庫吏潘
慎。嘉禾六年二月廿日，田户曹史張惕校。④

原注：[1]據上文所見繳米合計數當爲卌六斛二斗。⑤

按：①據文例及文意，"稅米"二字當爲"租米"。此簡爲州吏簡，卌畝收米廿三斛四
斗，畝收米五斗八升五合，與簡4·185、簡4·386、簡5·665、簡5·676等州吏簡畝
收租米數相同。若按稅米畝收米一斛二斗計，卌畝應收米卌八斛。

②據熟田畝數與定額計，應收布二匹二丈一尺三寸三分。

③據熟田畝數與定額計，應收錢四千五十三錢。

④此簡較特殊，州吏吳軍的定收田一部分享受二年常限繳米定額優惠，畝收米
五斗八升五合；一部分已不再享受二年常限繳米定額優惠，畝收米一斛二斗。
嘉禾五年與嘉禾四年相比，州吏的地位在逐步下降，此簡就是其地位逐步下降
的一個明證，類似的情況又見簡5·705。

⑤繳米合計數當爲卌六斛二斗。《田家莂》注釋[1]誤。

5·662 灵唶丘男子吳將，佃田十五町，凡卌二畝一百卅步，皆二年
常限。其廿四畝旱敗不收布。定收十八畝一百卅步，爲米
廿二斛三斗①，畝 收 布 二 尺②。其米廿二斛三斗，六年
正月十日付倉吏張曼、周棟。……其旱田不收錢。……付

吏潘□。……

按:①據熟田畝數與定額計,應收米廿二斛二斗五升。

②據文例,《田家莂》"……"今補釋爲"畝收布二尺"。

5·663 䣓唒丘男子吳遠,佃田九町,凡卅五畝五十步,皆二年常限。其十五畝一百九十步旱敗不收布。定收十九畝一百步,爲米廿二斛四斗[1],畝收布二尺。其米廿二斛四斗,五年十一月四日付倉吏張曼、周棟。凡爲布三丈九尺①,五年十二月廿日付庫吏潘慎。其旱畝不收錢。其孰田畝收錢八十,凡爲錢一千五百……②。嘉禾六年二……校。

原注:[1]按定收畝數和收米定額計,應爲米廿三斛六斗。③

按:①據熟田畝數與定額計,應收布三丈八尺八寸三分。

②據熟田畝數與定額計,應收錢一千五百五十三錢。

③據熟田畝數與定額計,應收米廿三斛三斗。《田家莂》注釋[1]誤。

5·664 䣓唒丘縣吏吳衡,佃田廿八町,凡五十八畝八十步,皆二年常限。其……定收卅畝……,爲米卅六斛五斗,畝收布二尺。其米……。凡爲布一匹二丈,五年九月廿五日付庫吏……。旱田□不收錢①。五年九月廿日付倉吏張曼、周棟。……張惕校。

按:①據文例,"錢"後脫熟田收錢定額及收錢數。

5·665 䣓唒丘州吏吳礼①,佃田廿町,凡五十一畝七十步,皆二年常限。其十一畝七十步旱敗不收布。定收卌畝,爲米廿三斛四斗②,畝收布二尺。其米廿三斛四斗,五年十二月十日付倉吏張曼。凡爲布二匹,准入米五斛,五年十二月廿日付倉吏張曼、周棟。其旱田不收錢。孰田畝收錢八十,……付庫吏番慎、番宗。嘉禾六年二月廿日,……

按:①《田家莂》"禮",圖版幾近於簡體的"礼",與"禮"差別很大,故釋爲"礼"更好。今改。

②州吏吳礼定收卌畝,爲米廿三斛四斗,則畝收米五斗八升五合,享受二年常限繳米定額優惠。

5·666 䣓唒丘男子烝益,佃田卅二町,凡七十八畝一百廿步,皆二年常限。其卅一畝旱敗不收布。其廿五畝餘力[1],畝收米四斗。定收廿二畝百廿步,畝收米一斛二斗,爲米卅七斛六斗五升[2],畝收布二尺。其米卅七斛六斗五升,五年十一月廿日付倉吏張曼、周棟畢。凡爲布二匹一丈五尺,五年十二月廿五日付庫吏潘慎。其旱畝不收錢。孰田畝收錢八十,凡爲錢三千八百,五年十月十日付庫吏潘慎。嘉禾六年二月廿日,田户曹史張惕校。

原注:[1]"餘力"下脱"田"字。

　　　[2]按餘力田、常限定收田畝數和相應收米定額計,應收米卅七斛。

5·667　灵唫丘男子烝雷,佃田六町,凡十一畝一百廿步,皆二年常限。其一畝八十步旱敗不收布。定收十畝卅步,爲米十二斛二斗,畝收布二尺。其米十二斛二斗,五年十月十五日付倉吏張曼、周棟。凡爲布二丈①,五年十一月廿日付庫吏潘慎。其旱□不收錢。其孰田畝收錢八十,凡爲錢八百一十二②,五年十一月廿日付庫吏潘慎。嘉禾六年二月廿日,田户曹史張惕校。

按:①據熟田畝數與定額計,應收布二丈三寸三分。

　　②據熟田畝數與定額計,應收錢八百一十三錢。

5·668　灵唫丘男子轟倉,佃田五町,凡七畝五十步,皆二年常限。其二畝旱敗不收布。定收五畝五十步,爲米六斛二斗五升,畝收布二尺。其米六斛二斗五升,五年十一月十日付倉吏張曼、周棟。凡爲布一丈①,准入米六斗三升,五年十二月廿日付倉吏張曼、周棟。其旱田不收錢。孰田畝收錢八十,凡爲錢四百②,十五日付庫潘慎[1]。嘉禾六年二月廿日,田户曹史張惕校。

原注:[1]"十五日"前缺月份。"庫"下脱"吏"字。

按:①據熟田畝數與定額計,應收布一丈四寸。簡文收布數是按熟田五畝徵收的。

　　②據熟田畝數與定額計,應收錢四百一十六錢。簡文收錢數是按熟田五畝徵收的。

5·669　灵梨下丘男子劉宜,佃田一町,凡三畝。其二畝皆二年常限,畝收米一斛二斗,畝收布二尺,凡爲米二斛四斗。其一畝餘力孰[1],收米四斗,布二尺。其米二斛八斗,五年十二月廿付倉吏張曼[2]、周棟。凡爲布六尺，准入米三斗六升，五年十一月九日付倉吏張曼、周棟。其旱田不收錢。其孰田畝收錢八十，凡爲錢二百冊，准入米三斗一升二合，五年十二月廿一日付吏孫儀畢。嘉禾六年二月廿日，田戶曹史張惕、趙野校。

原注：[1]"熟"下脱"田"字。
　　　[2]"廿"下脱"日"字。

5·670　灵淦丘男子五楊，佃田八町，凡二畝二百步，皆二年常限。其一畝二百步敗不收布[1]。定收一畝，爲米一斛二斗，畝收布二尺。其一斛二斗[2]，五年十二月廿日付倉吏張曼、周棟。凡爲布二尺，准入米一斗六升，五年十一月廿日付倉吏張曼、周棟。其旱田不收錢。孰田收錢畝八十，凡爲錢八十，五年十一月廿五日付庫吏潘慎。嘉禾六年二月廿日，田戶曹史張惕校。

原注：[1]"步"下脱"旱"字。
　　　[2]"其"下脱"米"字。

5·671　灵淦丘男子文力，佃田冊七町，凡冊七畝百六十步，皆二年常限。其卅七畝百六十步旱敗不收布。定收十畝，爲米十二斛，畝收布二尺。其米十二斛，五年十一月十七日付倉吏張曼、周棟。凡爲布二丈，准入米一斛二斗五升，五年十一月十一日付倉吏張曼、周棟。其旱田不收錢。孰田收錢畝八十，凡爲錢八百，准入米六斗一升五合，五年十一月廿日付倉吏張曼、周棟。嘉禾六年二月廿日，田戶曹史張惕校。

5·672　灵淦丘男子李馮，佃田十四町，凡十一畝七十步，皆二年常限。其三畝一十步旱敗不收布。定收八畝六十步，爲米九斛九斗，畝收布二尺。其米九斛九斗，五年十二月十九日付倉吏張曼、周棟。凡爲布一丈六尺①，准入米七斗六升，五年十一月九日付倉吏張曼、周棟。其旱田不收錢。孰田收錢畝八十，凡爲錢六百五十[1]，五年十一月廿日付庫吏潘慎。嘉禾六年二月□日，田戶曹史張惕校。

原注：[1]按熟田畝數和收錢定額計，應收六百六十錢。

5·673　灵淦丘男子吴處，佃田六町，凡六畝二百廿步，皆二年常限。其六畝六十步旱敗不收布。定收一百六十步，收米八斗，畝收布二尺。其米八斗，五年十一月廿日付倉吏張曼、周棟。凡爲布一尺①，准入米六升，五年十一月廿日付倉吏張曼、周棟。其旱畝不收錢。孰田收錢畝八十，凡爲錢五十②，五年十一月廿日付庫吏潘慎。嘉禾六年二月廿日，田戶曹史張惕校。

按：①據熟田畝數與定額計，應收布一尺三寸三分。
　　②據熟田畝數與定額計，應收錢五十三錢。

5·674　灵淦丘男子唐羊，佃田十五町，凡卅畝一十步，皆二年常限。其十六畝一十步旱敗不收布。定收十四畝，爲米十六斛八斗，畝收布二尺。其米十六斛八斗，五年十一月二日付倉吏張曼、周棟。凡爲二丈八尺[1]，准入米一斛七斗三升，五年十一月廿日付倉吏張曼、周棟。其旱田不收錢。孰田收錢畝八十，凡爲錢一千一百廿，五年十一月廿五日付庫吏潘慎。嘉禾六年二月廿日，田戶曹史張惕校。

原注：[1]"爲"下脱"布"字。

5·675　灵淦丘男子黃倉，佃田十三町，凡十五畝百八十步，皆二年常限。其七畝卅步旱敗不收布。定收八畝百卌步，爲米十斛三斗，畝收布二尺。其米十斛三斗，五年十一月十日付倉吏張曼、周棟。凡爲布九尺[1]，准入米五斗四升，五年十二月廿日付倉吏張曼、周棟。其旱田不收錢。孰田收錢畝八十，凡爲錢六百八十①，五年十一月十五日付庫吏潘慎。嘉禾六年二月廿日，田戶曹史張惕校。

原注：[1]按定收畝數和收布定額計，應收布一丈七尺。
按：①據熟田畝數與定額計，應收錢六百八十六錢。

5·676　灵淦丘州吏張馨，佃田廿八町，凡八十二畝六十步，皆二年常限。其卅二畝六十步旱敗不收布。定收卅畝，爲米廿三斛四斗①，畝收布二尺。其米廿……張曼、周棟。凡爲布二匹，准

入米五斛，五年十一月廿日付倉吏張曼、周棟。其旱田不收
錢。孰田收錢畝八十②，凡爲錢三千二百，准入米二斛八斗，
五年十一月廿日付倉吏張曼、周棟。嘉禾六年二月廿日，田
户曹史張惕校。

按：①州吏張聲定收卅畝，爲米廿三斛四斗，則畝收米五斗八升五合，享受二年常限
　　繳米定額優惠。
　　②據圖版，"孰"前無"其"字，《田家莂》衍"其"字。今删。

5·677 灵滏丘男子彭囊，佃田十一町，凡十五畝百九十步，皆二年常
限。其七畝卅步旱敗不收布。定收八畝百五十步餘力[1]，凡
爲米三斛五斗①，畝收布二尺。其三斛五斗[2]，五年十一月廿
日付倉吏張曼、周棟。凡爲布……②，五年十一月廿日付倉吏
張曼、周棟。其旱田不收錢③。孰田收錢畝八十，凡爲錢
六百八十④，五年十一月廿日付庫吏潘慎。嘉禾六年二月廿
日，田户曹史張惕校。

原注：[1]"餘力"下脱"田"字。
　　　[2]"其"下脱"米"字。

按：①據熟田畝數與定額計，應收米三斛四斗五升。
　　②據熟田畝數與定額計，應收布一丈七尺二寸五分。
　　③據文例，《田家莂》"……"今補釋爲"其旱田不收錢"。
　　④據熟田畝數與定額計，應收錢六百九十錢。

5·678 灵滏丘男子趙益，佃田十五町，凡……常限[1]。其□畝七十步
不收布①。定收三畝二百一十步，爲米四斛二斗五升[2]，畝收
布二尺。其米四斛二斗五升，五年十一月廿日付倉吏張曼、
周棟。凡爲布一匹八尺[3]，准入米二斛九斗一升，五年十一月
廿日付倉吏張曼、周棟。其旱田不收錢。孰田收錢畝八十，
凡爲錢二百卅②，五年十一月廿日付……。嘉禾六年二月廿
日，田户曹……

原注：[1]拍照時簡首已殘，今據早期釋文録出。
　　　[2]按定收畝數和收米定額計，應爲米四斛六斗五升。
　　　[3]按定收畝數和收布定額計，應收布七尺七寸。③

按：①"不"前脱"旱"或"旱敗"。
　　②據熟田畝數與定額計，應收錢三百一十錢。

③據熟田畝數與定額計,應收布七尺七寸五分。《田家莂》注釋[3]亦誤。

5·679　灵淦丘男子潘邸,佃田七町,凡十畝七十步,皆二年常限。其
　　　　一畝百八十步旱敗不收布。定收八畝百卅步,爲米十斛二斗
　　　　五升,畝收布二尺。其米十斛二斗五升,五年十一月六日付
　　　　倉吏張曼、周棟。凡爲布一丈七尺,准入米一斛五升,五年十
　　　　一月廿日付倉吏張曼、周棟。其旱田不收錢。孰田收錢畝八
　　　　十,凡爲錢六百八十,五年十一月廿五日付庫吏潘慎。嘉禾
　　　　六年二月廿日,田戶曹史張惕校。

5·680　灵淦丘男子潭㷻,佃田二町,凡四畝七十步,皆二年常限。其
　　　　一畝百九十步旱敗不收布。定收二畝百廿步,爲米三斛,畝
　　　　收布二尺。其米三斛,五年十二月七日付倉吏張曼、周棟。
　　　　凡爲布五尺,准入米三斗,五年十一月廿日付倉吏張曼、周
　　　　棟。其旱田不收錢。孰田收錢畝八十,凡爲錢一百八十①,五
　　　　年十一月廿日付庫吏潘慎。嘉禾六年二月廿日,田戶曹史張
　　　　惕校。

按:①據熟田畝數與定額計,應收錢二百錢。

5·681　灵渚丘男子鄭拜,佃田八十町,凡一頃二畝,皆二年常[1]。其
　　　　卅八畝旱敗不收布。定收六十四畝,爲米七十六斛八斗,畝
　　　　收布二尺。其……三州掾孫儀。凡爲三匹八尺[2],准入米八
　　　　斛,五年十一月廿日付三州掾孫儀☐……☐

原注:[1]"常"下脱"限"字。
　　　[2]"爲"下脱"布"字。

5·682　灵寇丘男子周陳,佃田三町,凡四畝一百廿步,皆二年常限。
　　　　旱田畝不收錢米布。嘉禾六年二月廿日,田戶曹史張惕、趙
　　　　野校。

5·683　灵寇丘男子周唐,佃田五町,凡十畝一百廿步,皆二年常限。
　　　　旱不收錢米布。嘉禾六年二月廿日,田戶曹史張惕、趙野校。

5·684　灵寇丘男子周笋,佃田十二町,凡廿七畝一百廿步,皆二年常

限。其廿二畝一百廿步旱不收布。定收五畝，爲米六斛，畝收布二尺。其米六斛，五年十一月十五日付吏孫儀畢。凡爲布一丈，准入米六斗，五年十一月十一日付吏孫儀畢。其旱畝不收錢。其孰田畝錢八十①，凡爲錢四百，准入米三斗，五年十一月十五日付吏孫儀畢。嘉禾六年二月廿日，田戶曹史張惕、趙野校。

按：①據文例，“畝”後脱“收”字。

5·685 廮寇丘男子周鴻①，佃田三町，凡六畝，皆二年常限。旱田不收錢米布。嘉禾六年二月廿日，戶曹史張惕、趙野校。

按：①《田家莂》“鴻”，圖版作“[image]”。王保成《三國吳簡文字研究》認爲是“鴻”字。

5·686 廮寇丘男子周端，佃田凡卅[1]①，皆二年常限。其廿七畝一百廿步旱不收布。定收二畝一百廿步，凡爲米三斛，畝收布二尺。其米三斛，五年十二月十八日付吏孫儀畢。准入米三斗[2]，五年十一月十五日付吏孫儀畢。其旱畝不收錢。其田畝收錢八十[3]，凡爲錢二百，五年十一月五日付吏孫儀畢。嘉禾六年二月廿日，田戶曹史張惕、趙野校。

原注：[1]“卅”下脱“畝”字。

　　　[2]此上脱收布總數。按定收畝數和收布定額計，應收布五尺。

　　　[3]“田”上脱“熟”字。

按：①據文例，“田”後脱町數及“町”字。

5·687 廮寇丘男子蕬務，佃田四町，凡七畝一百廿步，皆二年常限。其六畝一百⬚廿步旱田畝不收布①。定收一畝，凡爲米一斛二斗。其米一斛二斗，六年正月十八日付倉吏孫儀畢。凡爲布二尺，准入米一斗二升，五年十二月十九日付吏孫儀畢。其旱田畝不收錢。其孰田畝收錢八十，凡爲錢八十，准入米九升，五年十二月廿日付吏孫儀畢。嘉禾六年二月廿日，田戶曹史張惕、趙野校。

按：①據文意，《田家莂》“□”今補釋爲“⬚”。

5·688 廮寇丘男子番調，佃田六町，凡卅四畝，皆二年常限。其廿九畝一百廿步旱不收布。定收四畝百廿步，凡爲米五斛四斗。

其米五斛四斗,五年正月廿日付吏孫儀畢[1]。凡爲布九尺,准入米五斗四升,五年正月廿日付吏孫儀畢[2]。其旱田畝不收錢。其孰田畝收錢八十,凡爲錢三百二斗[3],五年正月廿八日付倉吏孫儀畢[4]。嘉禾六年二月廿日,田户……趙野校。

原注:[1]依文例,"五年"當爲"六年"之誤。
　　　[2]依文例,"五年"當爲"六年"之誤。
　　　[3]按定收畝數與定額計,應收錢三百六十錢。此處脱繳錢數及准入米數。
　　　[4]依文例,"五年"當爲"六年"之誤。

5·689 灵寇丘縣鄧围[1],佃田十町,凡十八畝,皆二年常限。其十五畝一百廿步旱畝不收布。定收二畝一百廿步,凡爲米三斛,畝收布二尺。其米三斛,五年十二月廿日付吏孫儀畢。凡爲布五尺,准入米三斗,五年十二月十八日付吏孫儀畢。其旱田畝不收錢。其孰田畝收錢八十,凡爲錢三百①,准入米一斗八升,五年十二月廿日付吏孫儀畢。嘉禾六年二月廿日,田户曹史張惕、趙野校。

原注:[1]"縣"下脱"吏"字或"卒"字之類。
按:①據孰田畝數與定額計,應收錢二百。

5·690 灵寇丘男子鄧盡,佃田七町,凡十五畝百廿步。其十畝一百廿步旱不收布。定收五畝,爲米六斛,畝收布二尺。凡爲布□……畝收錢八十,凡爲錢四百①,准入米三斗,五年十一月十日付吏孫儀畢。……曹史張惕、趙野校。

按:①據文例,《田家莂》"□□"今補釋爲"凡爲"。

5·691 灵寇丘男子蔡務,佃田二町,凡十畝卅一步,皆二年常限。其五畝旱不收布。定收五畝卅一步,爲米六斛二斗五合,畝收布二尺。其米六斛二斗五合,五年十一月十日付倉吏張曼、周棟。凡爲布一丈三寸①,准入米六斗五升,五年十一月十二日付倉吏張曼、周棟。其旱田不收錢。其孰田畝收錢八十,凡爲錢四百②,付庫吏潘有畢。嘉禾六年二月廿日,田户曹史張惕、趙野校。

按:①據孰田畝數與定額計,應收布一丈三寸四分。
　　②據孰田畝數與定額計,應收錢四百一十三錢。據文例,"百"後脱繳錢時間。

5·692　灵楮丘大女區銀①，佃田七町，凡卅九畝，皆二年常限。其廿六畝旱不收布。定收十三畝，爲米十五斛六斗，畝收布二尺。其米十五斛六斗，五年十二月四日付倉吏張曼、周棟。凡爲布二丈六尺，准入米一斛□斗□升，五年十二月七日付倉吏張曼、周棟。其旱田不收錢。其孰田畝收錢八十，凡爲錢一千卅錢，五年十二月七日付庫掾潘慎、潘宗畢。嘉禾六年二月廿日，田戶曹史張惕、趙野校。

按：①楮，音chǔ。《説文·木部》："楮，穀也。"三國吳陸璣《毛詩草木鳥獸蟲魚疏》："穀，幽州人謂之穀桑，或曰楮桑；荆揚交廣謂之穀；中州人謂之楮。"

5·693　灵楮下丘男子吳平，佃田二町，凡八畝百七十步，皆二年常限。其五畝百廿步旱敗不收布。定收三畝五十步，爲米三斛八斗五升，畝收布二尺。其米三斛八斗五升，五年十二月廿日付倉吏張曼。凡爲布六尺①，准入米三斗六升，五年十一月廿日付倉吏張曼、周棟。其旱田不收錢。孰田收錢畝八十，凡爲錢二百五十②，五年十一月廿日付庫吏潘慎。嘉禾六年二月廿日，田戶曹史張惕校。

按：①據熟田畝數與定額計，應收布六尺四寸二分。
　　②據熟田畝數與定額計，應收錢二百五十七錢。

5·694　灵楮下丘男子胡健，佃田十八町，凡卅八畝九十步，皆二年常限。其一畝卌步旱敗不收布。定收卅七畝五十步，爲米卅四斛六斗五升，畝收布二尺。其米卅四斛六斗五升，五年十一月十九日付倉吏張曼、周棟。凡爲布一匹三丈四尺①，准入米……。其旱田不收錢。其孰田畝收錢八十，凡爲錢……②，□年□月□日付庫吏潘慎。嘉禾六年二月廿日，田戶曹史張惕校。

按：①據熟田畝數與定額計，應收布一匹三丈四尺四寸二分。
　　②據熟田畝數與定額計，應收錢二千九百七十七錢。

5·695　灵楮下丘州吏胡楊，佃田十町，凡八十五畝八十步，皆二年常限。其卅四畝旱敗不收布。定收十九畝百廿步，爲米廿三斛四斗①。其十一畝八十步，爲米十三斛四斗。凡爲米卅六斛八斗。其米卅六斛八斗,五年十一月廿日付倉吏張曼、周棟。凡爲布□匹二丈一尺,准入米六斛三斗七升,五年十一月廿日付倉吏張曼、周棟。其旱田不收錢。孰田收錢畝八十,凡爲錢四千一百,五年十一月廿四日付庫吏潘愼。嘉禾六年二月廿日,田户曹史張惕校。[1]

原注:[1]本券書佃田總畝數與旱、熟田畝數不合,與收米、布、錢的數量也不合。

按:①以州吏租田卅畝計算,收米爲廿三斛四斗;以定收十九畝百廿步,畝收米一斛二斗計算,收米亦爲廿三斛四斗。若按州吏租田卅畝計算,則旱田、熟田畝數與佃田總數正相合。

5·696 灵楮下丘男子胡諸,佃田廿四町,凡七十一畝百卅步,皆二年常限。其五十九畝廿步旱敗不收布。定收十二畝百廿步,爲米四斛八斗[1],畝收布二尺。其米四斛八斗,五年十一月廿日付倉吏張曼、周棟。凡爲布二丈五尺,准入米一斛二斗三升,五年十二月九日付倉吏張曼、周棟。其旱田不收錢。孰田收錢畝八十,凡爲錢九百六十[2],五年十一月十九日付庫吏潘愼。嘉禾六年二月廿日,田户曹史張惕校。

原注:[1]按定收畝數和收米定額計,應收米十五斛。

[2]按熟田畝數和收錢定額計,應收一千錢。

5·697 灵楮下丘男子唐懸,佃田二町,凡五畝一十步,皆二年常限。旱敗不收米及錢布。嘉禾六年二月廿日,田户曹史張惕校。

5·698 灵楮下丘男子區梁,佃田廿一町,凡卅三畝廿步,皆二年常限。其六畝旱敗不收布。定收廿七畝廿步,爲米卅二斛五斗,畝收布二尺。其米卅二斛五斗,五年十二月廿日付倉吏張曼、周棟。凡爲布一匹一丈四尺①,准入米三斛三斗七升,五年十一月十七日付倉吏張曼、周棟。其旱田不收錢。孰田收錢畝八十,凡爲錢二千一百六十②,五年十一月七日付庫吏潘愼。嘉禾六年二月廿日,田户曹史張惕校。

按:①據熟田畝數與定額計,應收布一匹一丈四尺一寸七分。此簡繳布是按熟田廿七畝徵收的。

②據熟田畝數與定額計,應收錢二千一百六十七錢。此簡繳錢是按熟田廿七畝徵收的。

5·699　灵楮下丘州卒區張，佃田十四町，凡卅四畞一十步，皆二年常限。……定收卅三畞百八十步，爲米卅斛五斗，畞收布二尺。其米卅斛五斗，五年十一月十日付倉吏張曼、周棟。凡爲布一匹二丈七尺①，准入米四斛一斗七升，五年十一月廿五日付倉吏張曼、周棟。其旱田不收錢。孰田收錢畞八十，凡爲錢二千六百八十②，五年十一月廿日付庫吏潘慎。嘉禾六年二月廿日，田戶曹史張惕校。

按：①據熟田畞數與定額計，應收布一匹二丈七尺五寸。此簡繳布是按熟田卅三畞一百廿步徵收的。
　　②據熟田畞數與定額計，應收錢二千七百錢。此簡繳錢是按熟田卅三畞一百廿步徵收的。

5·700　灵楮下丘男子張藏，佃十一町，凡廿四畞七十步，皆二年常限。其四畞旱敗不收布。定收廿畞七十步，爲米廿四斛三斗五升，畞收布二尺。其米廿四斛三斗五升，五年十二月一日付倉吏張曼、周棟。凡爲布一匹①，准入米二斛五斗，五年十一月廿日付倉吏張曼、周棟。其旱田不收錢。孰田收錢畞八十，凡爲錢一千六百②，五年十一月廿日付庫吏潘慎。嘉禾六年二月廿日，田戶曹史張惕校。

按：①據熟田畞數與定額計，應收布一匹五寸八分。此簡繳布是按熟田廿畞徵收的。
　　②據熟田畞數與定額計，應收錢一千六百廿三錢。此簡繳錢是按熟田廿畞徵收的。

5·701　灵楮下丘男子蔡得，佃田五町，凡十三畞百卌步，皆二年常限。其九畞百步旱敗不收布。定收四畞卌步，爲米五斛，畞收布二尺。其米五斛，五年十一月廿五日付倉吏張曼、周棟。凡爲布八尺①，准入米四斗八升，五年十二月廿四日付倉吏張曼、周棟。其旱田不收錢。孰田收錢畞八十，凡爲錢三百廿②，五年十一月十日付庫吏潘慎。嘉禾六年二月廿日，田戶曹史張惕校。

按：①據熟田畞數與定額計，應收布八尺三寸三分。此簡繳布是按熟田四畞徵收的。
　　②據熟田畞數與定額計，應收錢三百卌三錢。此簡繳錢是按熟田四畞徵收的。

5·702　灵湛丘州吏黃楊，租田卌畞。畞收米五斗八升六合，凡爲米廿三斛四斗四升,收布二尺①。其米廿三斛四斗四升,六年正月十八日付掾孫儀。凡爲布二匹,准入米五斛,六年二月三日付掾孫儀。畝收錢八十,凡爲錢三千二百,准入米二斛八斗一升,六年二月十一日付掾孫儀畢。嘉禾六年二月廿日,田户曹史張惕、趙野校。

按:①據文例,"收"前脱"畝"字。

5·703 灵湖田丘男子涂讓①,佃田四町,凡廿七畝六十步,皆二年常限。其三畝一百廿步旱敗不收布。定收廿三畝一百⊠十步②,爲米廿八斛五斗,畝收布二尺。其米廿八斛五斗,五年十二月廿日付倉吏張曼、周棟。凡爲布一匹九尺③,五年十二月廿日付庫吏潘慎。其旱田不收錢。孰田畝收錢八十,凡爲錢一千八百九十④,五年十二月廿日付庫吏潘慎。嘉禾六年二月廿日,田户曹史張惕校。

按:①讓,疑爲"讓"字之訛。
②據佃田總數及旱田畝數推算,熟田爲廿三畝一百八十步;據收米數與定額推算,熟田亦爲廿三畝一百八十步。故《田家莂》"□"今補釋爲"⊠"。
③據熟田畝數與定額計,應收布一匹七尺五寸。
④據熟田畝數與定額計,應收錢一千九百錢。

5·704 灵湖田丘男子黄高,佃田四町,凡十二畝一十步,皆二年常限。其百八十步旱敗不收布。定收十一畝七十步,爲米十三斛四斗五升①,畝收布二尺。其米十三斛四斗五升,六年正月十五日付倉吏張曼、周棟。凡爲布二丈二尺②,准入米一斛四斗六升,五年十一月十四日付倉吏孫儀。其旱田不收錢。孰田收錢畝八十,凡爲錢八百八十③,五年十二月四日付庫吏潘有。嘉禾六年二月廿日,田户曹史張惕校。

按:①據熟田畝數與定額計,應收米十三斛五斗五升。
②據熟田畝數與定額計,應收布二丈二尺五寸八分。此簡繳布是按熟田十一畝徵收的。
③據熟田畝數與定額計,應收錢九百三錢。此簡繳錢是按熟田十一畝徵收的。

5·705 灵湖田丘州吏蔡(?)雅,佃田十三町,凡六十七畝二百一十步,皆二年常限。其十四畝卅步旱敗不收布。其卅畝爲米廿三斛四斗^①。定收十三畞百七十步稅^[1]，爲米十六斛四斗五升，畞收布二尺。……斗五升，五年十一月廿八日付倉吏張曼、周棟。凡爲布二匹二丈七尺^②，五年十二月廿日付庫吏潘慎。其旱田不收錢。孰田畞收錢八十，凡爲錢四千三百七十^③，五年十一月廿日付庫吏潘慎。嘉禾六年二月廿日，田户曹史張惕校。^④

原注：[1]"稅"下當脱"田"字。

按：①州吏蔡雅卌畞收米廿三斛四斗，則畞收米五斗八升五合，此卌畞享受了二年常限繳米定額優惠。

②據熟田畞數與定額計，應收布二匹二丈七尺四寸二分。

③據熟田畞數與定額計，應收錢四千二百九十七錢。

④此簡較特殊，州吏蔡雅定收田一部分享受二年常限繳米定額優惠，畞收米五斗八升五合；一部分已不再享受二年常限繳米定額優惠，畞收米一斛二斗。又參簡5·661。

5·706 裧湖田丘男子鄧春，佃田五町，凡七畞一百步，皆二年常限。凡爲米八斛九斗，畞收布二尺。其米八斛九斗，五年十二月十日付倉吏張曼、周棟。凡爲布一丈四尺^①，准入米九斗，五年九月廿八日付倉吏張曼、周棟。其旱田不收錢。孰田畞收錢八十，凡爲錢五百九十^②，五年十一月廿日付庫吏潘慎。嘉禾六年二月廿日，田户曹史張惕校。

按：①據熟田畞數與定額計，應收布一丈四尺八寸三分。

②據熟田畞數與定額計，應收錢五百九十三錢。

5·707 裧湖田丘男子鄧黑，佃田十一町，凡七畞一百卌步，皆二年常限。其六畞一百卌步旱……。定收一畞……。其米一斛二斗……。嘉禾六年二月廿日，田户曹史張惕、趙野校。

5·708 裧湖田丘男子劉堂(?)，佃田二町，凡八畞百廿步^①，皆二年常限。其三畞旱敗不收布。定收六畞百廿步，爲米七斛八斗，畞收布二尺。其米七斛八斗，六年正月五日付倉吏孫儀。凡爲布一丈三尺，准入米七斗八升，五年十一月廿日付倉吏張曼、周棟。其旱田不收錢。孰田收錢畞八十，凡爲錢五百廿，五年十一月十九日付☐。嘉禾六年二月廿日，田户曹史張惕校。

按：①佃田總數與旱田、熟田畝數不合。據收米數、收布數和收錢數與定額知，熟田爲六畝百廿步，則佃田總數與旱田畝數必有一誤。

5·709 灵湖田丘男子潘□[1]，佃田八町，凡卅三畝百八十步，皆二年常限。其一畝二百步旱敗不收布。定收卅一畝二百廿步，爲米卅八斛三斗，畝收布二尺。其米卅八斛三斗，六年正月廿日付倉吏張曼、周棟。凡爲布一匹二丈三尺①，准入米四斛，五年十一月廿九日付倉吏孫儀。其旱田不收錢。孰田收錢畝八十，凡爲錢二千四百八十②，五年十一月廿日付庫吏潘□。嘉禾六年二月廿日，田戶曹史張惕校。

原注：[1]拍照時簡首已殘，今據早期釋文録出。

按：①據熟田畝數與定額計，應收布一匹二丈三尺八寸四分。
②據熟田畝數與定額計，應收錢二千五百五十四錢。

5·710 灵湖田丘男子盧生，佃田四町，凡廿一畝廿步，皆二年常限。其廿畝旱敗不收布。定收一畝廿步，爲米一斛三斗。其米一斛三斗，五年十二月十日付倉吏張曼、周棟。凡爲布二尺①，准入米一斗二升六合，五年十二月十日付倉吏張曼、周棟。其旱田不收錢。孰田畝收錢八十，凡爲錢八十②，五年十二月十日付庫吏潘慎。嘉禾六年二月廿日，田戶曹史張惕校。

按：①據熟田畝數與定額計，應收布二尺一寸七分。此簡繳布是按熟田一畝徵收的。
②據熟田畝數與定額計，應收錢八十七錢。此簡繳錢是按熟田一畝徵收的。

5·711 灵湖田丘男子謝士，佃田四町，凡十七畝百一十步，皆二年常限。其六畝一百九十步旱敗不收布。定收十畝百六十步，爲米十二斛八斗，畝收布二尺。其米十二斛八斗，五年十一月廿三日付倉吏張曼、周棟。凡爲布二丈一尺①，准入米一斛二斗一升，五年十一月十日付倉吏孫儀。其旱田不收錢。孰田收錢畝八十，凡爲錢八百卅②，五年十一月十二日付庫吏潘慎。嘉禾六年二月廿日，田戶曹史張惕校。

按：①據熟田畝數與定額計，應收布二丈一尺三寸三分。此簡繳布是按熟田十畝一百廿步徵收的。
②據熟田畝數與定額計，應收錢八百五十三錢。此簡繳錢是按熟田十畝一百廿步徵收的。

5·712 灵湖田丘男子轟遺，佃田廿五町，凡七十三畝百八十步，皆二年常限。其廿五畝卅步旱敗不收布。定收卌八畝百五十步，爲米五十八斛三斗五升，畝收布二尺。其米五十八斛三斗五升，六年正月十日付倉吏孫儀。凡爲布二匹一丈七尺[1]，五年十一月廿日付庫吏潘慎。其旱田不收錢。孰田收錢畝八十，凡爲錢三千八百八十[2]，五年十一月廿日付庫吏潘有。嘉禾六年二月廿日，田戶曹史張惕校。

按：[1]據熟田畝數與定額計，應收布二匹一丈七尺二寸五分。此簡繳布是按熟田卌八畝一百廿步徵收的。
[2]據熟田畝數與定額計，應收錢三千八百九十錢。此簡繳錢是按熟田卌八畝一百廿步徵收的。

5·713 灵湖佃丘男子周當[1]，佃田七町，凡七畝百廿步，皆二年常限。其六畝百廿步旱敗不收布。定收一畝，爲米一斛二斗，畝收布二尺。其米一斛二斗，六年十一月廿日付倉吏張曼、周棟[2]。凡爲布二尺，准入米一斗二升，五年十一月廿四日付倉吏孫儀。其旱田不收錢。孰田收錢畝八十，凡爲錢八十，五年十一月廿四日付庫吏潘慎。嘉禾六年二月廿日，田戶曹史張惕校。

原注：[1]"佃"或通"田"字。"湖佃丘"或與"湖田丘"通。
[2]依文例，"六年"當爲"五年"之誤。

5·714 灵溫丘大女李妾，佃田二町，八畝[1]，皆二年常限。其一畝旱敗不收布。定收七畝，爲米八斛四斗，畝收布二尺。其米八斛四斗，五年十月廿六日付倉吏張曼、周棟。凡爲布一丈四尺，准入米八斗九升，五年十一月九日付倉吏張曼、周棟。其旱田不收錢。孰田收錢畝八十，凡爲錢五百六十，五年十一月一日付庫吏潘慎。嘉禾六年二月廿日，田戶曹史張惕校。

原注：[1]"八"上或脱"凡"字。

5·715 灵溫丘男子李喜，佃田三町，凡七畝，皆二年常限。其一畝旱敗不收布。定收六畝，爲米七斛二斗，畝收布二尺。其米七斛二斗，五年十一月五日付倉吏張曼、周棟。凡爲布一丈二尺，准入米七斗五升，五年十月卅日付倉吏張曼、周棟。其旱田不收錢。孰田收錢畝八十,凡爲錢四百八十,五年十一月二日付庫吏潘慎。嘉禾六年二月廿日,田户曹史張惕校。

5·716 夌溫丘男子李潘,佃田八町,凡廿一畝一百廿步,皆二年常限。其十二畝一百廿步旱敗不收布。定收九畝,爲米十斛八斗。畝收布二尺。……凡爲布一丈八尺,五年十一月十日付吏番有①。其旱田不收錢。其孰田畝收錢 八 十②,凡爲錢 七 百廿③,五年十二月一日付庫吏□□□……□日,田户曹史張惕、趙野校。

按:①據文例,"付"後脱"庫"字。
　　②據文例,《田家莂》"□□"今補釋爲"八 十"。
　　③據熟田畝數與定額計,應收錢七百廿錢。故《田家莂》"□"今補釋爲"七"。

5·717 夌溫丘男子何酆①,佃田八町,凡廿四畝,皆二年常限。其十七畝旱敗不收布。定收七畝,爲米八斛四斗,畝收布二尺。其米八斛四斗,五年十月廿日付倉吏張曼、周棟。凡爲布一丈四尺,准入米八斗七升,五年十月七日付倉吏張曼、周棟。其旱田不收錢。孰田畝收錢八十,凡爲錢五百六十,五年十二月七日付庫吏潘慎。嘉禾六年二月廿日,田户曹史張惕校。

按:①酆,音fēng。《龍龕手鑒·邑部》:"酆","酆"的俗字。

5·718 夌溫丘男子宫攴,佃田七町,凡十三畝,皆二年常限。其十畝旱敗不收布。定收三畝,爲米三斛六斗,畝收布二尺。其米三斛六斗,五年十二月廿日付倉吏張曼、周棟。凡爲布六尺,准入米三斗六升,五年十二月廿日付倉吏張曼、周棟。其旱田不收錢。孰田畝收錢八十,凡爲錢一百八十[1],五年十一月十日付庫吏潘慎。嘉禾六年二月廿日,田户曹史張惕校。

原注:[1]按熟田畝數和收錢定額計,應收二百卌錢。

5·719 夌溫丘男子陳將,佃田五町,凡七畝,皆二年常限。其四畝旱敗不收布。定收三畝,爲米三斛六斗,畝收布二尺。其米三斛六斗,五年十一月廿六日付倉吏張曼、周棟。凡爲布六尺,准入米三斗八升,五年十一月廿七日付倉吏張曼、周棟。其旱田不收錢。孰田收錢畝八十,凡爲錢二百卌,五年十一月六日付庫吏潘慎。嘉禾六年二月廿日,田户曹史張惕校。

5·720 㠱温丘男子烝言,佃田五町,凡四畝,皆二年常限。畝收米一斛二斗,爲米四斛八斗,畝收布二尺。其米四斛八斗,五年十一月六日付倉吏張曼、周棟。凡爲布八尺,准入米四斗九升,五年十一月廿一日付倉吏張曼、周棟。畝收錢八十,凡爲錢三百廿,五年十一月十日付庫吏潘慎。嘉禾六年二月廿日,田户曹史張惕校。

5·721 㠱温丘男子黄爪,佃田四町,凡六畝,皆二年常限。其一畝旱敗不收布。定收五畝,爲米六斛,畝收布二尺。其米六斛,五年十一月四日付倉吏張曼、周棟。凡爲布一丈,准入米六斗三升,五年十月廿日付倉吏張曼、周棟。其旱田不收錢。孰田收錢畝八十,凡爲錢四百,五年十二月廿七日付庫吏潘慎。嘉禾六年二月廿日,田户曹史張惕校。

5·722 㠱温丘男子黄果,佃田四町,凡十二畝。其七畝二年常限。其一畝旱敗不收布。其五畝餘力田,爲米二斛。定收六畝,爲米七斛二斗。凡爲米九斛二斗,畝收布二尺。其米九斛二斗,五年十一月廿日付倉吏張曼、周棟。凡爲布二丈四尺[1],准入米一斛五斗一升,五年十二月廿日付倉吏張曼、周棟。其旱田不收錢。孰田畝收錢八十,凡爲錢八百八十,□年□月□日付庫吏潘慎。嘉禾六年二月廿日,田户曹史張惕校。

原注:[1]按定收畝數和收布定額計,應收布二丈二尺。

5·723 㠱温丘大女黄妾,佃田四町,凡六畝,皆二年常限。其一畝旱敗不收布。定收卅五畝①……六斛,畝收布二尺。……。凡爲布一丈,准入米六斗三升,五年十二月六日付倉吏張曼、周棟。其旱田不收錢……,凡爲錢四百,五年十一月……。嘉禾六年二月廿日,田户曹史 張 惕 校 ②。

按:①據佃田總數與旱田畝數推算,定收當爲五畝;據收布數、收錢數與定額推算,定收亦當爲五畝。故"五"前"卅"字或爲衍文。

5·724 灵温丘男子黄□，佃田三町，凡七畝，皆二年常限。畝收米一
斛二斗，爲米八斛四斗，畝收布二尺。其米八斛四斗，五年十
一月六日付倉吏張曼、周棟。凡爲布一丈四尺，准入米八斗
七升，五年十一月廿三日付倉吏張曼、周棟。畝收錢八十，凡
爲錢五百六十，五年十一月廿九日付庫吏潘慎。嘉禾六年二
月廿日，田户曹史張惕校。

5·725 灵温丘男子區春，佃田五町，……限。其五畝旱敗不收布。定
收八畝，爲九斛六斗[1]①，畝收布二尺。其米九斛六斗，五年十
一月三日付倉吏張曼、周棟。凡爲布一丈六尺，准入米一斛，
五年十一月十日付倉吏張曼、周棟。其旱田不收錢。孰田收
錢畝八十，凡爲錢六百冊，五年十月廿六日付庫吏潘慎。嘉
禾六年二月廿日，田户曹史張惕校。

按：①《田家莂》僅在簡文"六斗"後標注"[1]"而無注釋。據文例，當是"'爲'下脱
'米'字"。

5·726 灵温丘男子區磾①，佃田十五町，凡卅七畝，皆二年常限。其卅
畝旱敗不收布。定收七畝，爲米八斛四斗，畝收布二尺。其米
八斛四斗，五年十一月廿日付倉吏張曼、周棟。凡爲布一丈四
尺，五年九月十七日付庫吏潘有。其旱田不收錢。孰田畝收
錢八十，凡爲錢五百六十，五年九月十一日付庫吏潘有。嘉禾
六年二月廿日，田户曹史張惕校。

按：①磾，音dī。《集韻·齊韻》："磾，黑石，可染繒。出琅琊。"

5·727 灵温丘男子張表，佃田七町，凡十五畝，皆二年常限。其十畝
旱田不收布。定收五畝，爲米六斛，畝收布二尺。其米六斛，
五年十二月廿八日付倉吏張曼、周棟。凡爲布一丈，准入米
六斗三升，五年十一月十七日付倉吏張曼、周棟。其旱田不
收錢。孰田收錢畝八十，凡爲錢四百，五年十一月廿六日付
庫吏潘慎。嘉禾六年二月廿日，田户曹史張惕校。

5·728 灵温丘男子張客，佃田二町，凡八畝，皆二年常限。旱敗不錢

布[1]。嘉禾六年二月廿日，田户曹史張惕、趙野校。

原注：[1]"不"下脱"收"字。"錢"下脱"米"字。①

按：①據五年田家莂文例，全爲旱田的簡一般作"旱敗不收錢布"，而較少作"旱敗不收錢米布"，故《田家莂》注釋[1]"'錢'下脱'米'字"可删。

5·729 灵温丘男子廖古，佃田十三町，凡廿二畝，皆二年常限。其二畝旱敗不收布。定收廿畝，爲米廿四斛，畝收布二尺。其米……。凡爲布一匹，准入米二斛五斗，五年十一月三日付倉吏張曼、周棟。其旱田不收錢。孰田收錢畝八十，凡爲錢一千六百，五年十一月七日付庫吏潘慎。嘉禾六年二月廿日，田户曹史張惕校。

5·730 灵温丘男子廖肫①，佃田十二町，凡卌六畝。其卌六畝二年常限。其廿五畝旱敗不收布。其十畝餘力田，爲米四斛。定收十一畝，爲米十三斛二斗。凡爲米十七斛二斗，畝收布二尺。其米十七斛二斗，五年十一月廿日付倉吏張曼、棟[1]。凡爲布一匹二尺，五年九月廿日付庫吏潘有。其旱田不收錢。孰田畝收錢八十，凡爲錢一千六百八十，五年十月七日付庫吏潘有。嘉禾六年二月廿日，田户曹史張惕校。

原注：[1]"棟"上脱"周"字。

按：①《田家莂》"戎"當爲"肫"字，此字圖版作"▓▓"，很清晰，與簡壹·4的"肫（▓▓）"字寫法相似。另外，"廖肫"亦出現在《竹簡》中，如簡貳·3091、簡貳·3118。故今改"戎"爲"肫"。

5·731 灵温丘男子廖遅，佃田六町，凡廿二畝。其十四畝二年常限。其四畝旱敗不收布。其八畝餘力田，爲米三斛二斗。定收十畝，爲米十二斛。凡爲米十五斛二斗，畝收布二尺。其米十五斛二斗，五年十一月七日付倉吏張曼、周棟。凡爲布三丈六尺，准入米一斛四斗二升，五年十月九日付倉吏張曼、周棟。其旱田不收錢。孰田畝收錢八十，凡爲錢一千四百卌，五年九月七日付庫吏潘有。嘉禾六年二月廿日，田户曹史張惕校。

5·732 灵温丘男子潘客，佃田七町，凡六畝，皆二年常限。其一畝旱敗不收布。定收五畝，爲米六斛，畝收布二尺。其米六斛，五年十一月廿三日付倉吏張曼、周棟。凡爲布一丈，准入米六斗三升，五年十二月廿六日付倉吏張曼、周棟。其旱田不收錢。孰田收錢畝八十，凡爲錢四百，五年十一月廿八日付庫吏潘慎。嘉禾六年二月廿日，田户曹史張惕校。[1]

原注：[1]本券書破荊不齊整，在木簡的中段左側有十八釐米呈弧形的突出部分，當爲左券殘餘，有原屬左券的殘留文字。

5·733 灵賀丘州吏劉露，租田卌畝。畝收米五斗八升六合，凡爲米廿三斛四斗四升，收布二尺①。其米廿三斛四斗四升，六年正月廿日付掾孫儀。凡爲布二匹，准入米五斛，六年二月一日付掾孫儀。畝收錢八十，凡爲錢三千二百，准入米二斛八斗一升，六年正月十一日付掾孫儀。嘉禾六年二月廿日，田户曹史張惕、趙野校。

按：①據文例，“收”前脱“畝”字。

5·734 灵楊丘男子壬□，佃田十一町，凡廿一畝①，皆二年常限。其十一畝旱敗不收布。定收廿畝，爲米廿四斛，畝收布二尺。其米廿四斛，五年十一月□日付倉吏張曼、周棟。爲布一匹②，准入米二斛五斗，五年十一月九日付倉吏張曼、周棟。其旱田不收錢。孰田畝收錢八十，凡爲錢一千六百，五年十一月廿日付庫吏潘琦。嘉禾六年二月廿日，田户史張惕校③。

按：①佃田總數與旱田、熟田畝數不合。據收米數、收布數和收錢數與定額知，熟田爲廿畝，則佃田總數和旱田畝數必有一誤。
②據文例，“爲”前脱“凡”字。
③據文例，“户”後脱“曹”字。

5·735 灵楊溲丘男子李麦，佃田十二町，凡五十五畝。其五十畝二年常限。其卌八畝旱敗不收布。其五畝餘力田，爲米二斛。定收二畝，爲米二斛四斗。凡爲米四斛四斗，畝收布二尺。其米四斛四斗，六年正月四日付倉吏張曼、周棟。凡爲布一丈四尺，准入米八斗七升，五年十一月廿日付倉吏張曼、周棟。其旱田不收錢。孰田收錢畝八十，凡爲錢五百六十……。嘉禾六年二月廿日，田户曹史張惕校。

5·736 灵楊溇丘男子吴塼①，佃田五町，凡卅四畝。其廿三畝二年常限。其十四畝旱敗不收布。其十一畝餘力田，爲米四斛四斗。定收九畝，爲米十斛八斗。凡爲米十斛二斗[1]，畝收布二尺。其米十斛二斗，六年正月三日付倉吏張曼、周棟。凡爲布一匹，准入米二斛五斗，五年十一月廿三日付倉吏張曼、周棟。其旱田不收錢。孰田收錢畝八十，凡爲錢一千六百，五年十二月廿三日付庫吏潘慎。嘉禾六年二月廿日，田户曹史張惕校。

原注：[1]按餘力田收米四斛四斗及定收常限田爲米十斛八斗合計，凡爲米十五斛二斗。簡文"十"下或脱"五"字。

按：①塼，音zhuān。《玉篇·土部》："塼，甎，甄亦作塼。"

5·737 灵楊溇丘男子何林，佃田三町，凡十一畝。其六畝二年常限。其四畝旱敗不收布。其五畝餘力田，爲米二斛。定收二畝，爲米二斛四斗。凡爲米四斛四斗，畝收布二尺。其米四斛四斗，六年正月五日付倉吏張曼、周棟。凡爲布一丈四尺，准入米八斗七升，五年十二月一日付倉吏張曼、周棟。其旱田不收錢。孰田收錢畝八十，凡爲錢五百六十，五年十一月一日付庫吏潘慎。嘉禾六年二月廿日，田户曹史張惕校。

5·738 灵楊溇丘男子枏喜，佃田七町，凡卅七畝，皆二年常限。其廿八畝旱敗布[1]。定收九畝，爲米十斛八斗，畝收布二尺。其米十斛八斗，六年正月十日付倉吏張曼、周棟。凡爲布一丈八尺，准入米一斛一斗八升，五年十二月六日付倉吏張曼、周棟。其旱不收錢。孰田收錢畝八十，凡爲錢七百廿，五年十一月六日付庫吏潘慎。嘉禾六年二月廿日，田户曹史張惕校。

原注：[1]"敗"下脱"不收"二字。

5·739 灵楊溇丘縣吏唐達，佃田十町，凡卅四畝①，皆二年常限。其五畝旱不收布。定收廿七畝，爲米卅二斛四斗，畝收布二尺。其米卅二斛四斗，五年十二月十一日付吏孫儀。凡爲布一匹一丈四尺，五年九月十日付庫吏潘有。其旱田不收錢。其孰田畝收錢八十，凡爲錢二千一百六十，准入米一斛八斗一升，五年十一月一日付吏孫儀。嘉禾六年二月廿日,田户曹史張惕、趙野校。

按:①佃田總數與旱田、熟田畝數不合。據收米數、收布數和收錢數與定額知,熟田爲廿七畝,則佃田總數與旱田畝數必有一誤。

5·740 灵楊溲丘男子烝羊,佃田一町,凡一畝,皆二年常限。收米一斛二斗,畝收布二尺。其米一斛二斗,六年正月廿日付倉吏張曼、周棟。凡爲布二尺,准米一斗六升[1],五年十一月廿一日付倉吏張曼、周棟。畝收錢八十,凡爲錢八十,五年十二月廿日付庫吏潘慎。嘉禾六年二月廿日,田户曹史張惕校。

原注:[1]"准"下脱"入"字。①

按:①據文例,田家莂布、錢折合爲米既可稱"准入米",又可稱"准米"。故《田家莂》注釋[1]可删。

5·741 灵楊溲丘男子黄高,佃田二町,凡十畝,皆二年常限。其八畝旱敗不收布。定二畝[1],爲米二斛四斗,畝收布二尺。其米二斛四斗,六年正月十三日付倉吏張曼、周棟。凡爲布四尺,准入米二斗四升,五年十一月廿日付倉吏張曼、周棟。其旱田不收錢。其孰田畝收錢八十,凡爲錢一百六十,五年十一月廿二日付庫吏潘慎。嘉禾六年二月廿日,田户曹史張惕校。

原注:[1]"定"下脱"收"字。

5·742 灵楊溲丘男子焉上,佃田二町,凡七畝,皆二年常限。爲米八斛四斗,畝收布二尺。其米八斛四斗,五年十一月九日付倉吏張曼、周棟。凡爲布一丈四尺,准入米七斗五升,五年十一月廿日付倉吏張曼、周棟。其旱田不收錢。其孰田畝收錢八十,凡爲錢五百六十,六年正月廿日付庫吏□□。嘉禾六年二月廿日,田户曹史張惕校①。

按:①據文例,《田家莂》"□"今補釋爲"校"字。

5·743 灵楊溲丘男子焉通,佃田五町,凡十一畝,皆二年常限。其四畝旱敗不收布。定收七畝,爲米八斛四斗,畝收布二尺。其米八斛四斗,六年正月二日付倉吏張曼、周棟。凡爲布一丈四尺,准入米八斗七升,五年十二月九日付倉吏張曼、周棟。

其旱田不收錢。其孰田畝收錢八十，凡爲錢五百六十，五年十一月七日付庫吏潘慎。嘉禾……，田户曹史張惕校。

5·744　燮楊溲丘男子焉德，佃田一町，凡二畝，皆二年常限。畝收米一斛二斗，凡爲米二斛四斗，畝收布二尺。其米二斛四斗，六年正月十日付倉吏張曼、周棟。凡爲布四尺，准入米二斗五升，五年十一月九日付倉吏張曼、周棟。其旱田不收錢。其孰田畝收錢八十，凡爲錢一百六十，五年十二月七日付庫吏潘慎。嘉禾六年二月廿日，田户曹史張惕校。

5·745　燮楊溲丘男子區斗，佃田五町，凡十畝[1]。其十六畝二年常限。其十一畝旱敗不收布。其三畝餘力田，爲米一斛二斗。定收五畝，爲米六斛。凡爲米七斛二斗，畝收布二尺。其米七斛二斗，六年正月六日付倉吏張曼、周棟。凡爲布一丈六尺，准入米九斗九升，五年十二月二日付倉吏張曼、周棟。其旱田不收錢。孰田收錢畝八十，凡爲錢六百冊，五年十一月……。嘉禾六年二月廿日，田户曹史 張 惕 校 ①。

原注：[1]據下文常限與餘力田之合計數當爲十九畝，此句"十"下或脱"九"字。
按：①據文例，《田家莂》"□□□"今補釋爲" 張 惕 校 "。

5·746　燮楊溲丘男子區安，佃田四町，凡十五畝，皆二年常限。其十二畝旱敗不收布。定收三畝，爲米三斛六斗，畝收布二尺。其米三斛六斗，六年正月廿日付倉吏張曼、周棟。凡爲六尺[1]，准入米三斗六升，五年十一月廿九日付倉吏張曼、周棟。其旱田不收錢。孰田收錢畝八十，凡爲錢二百冊，五年十二月廿五日付庫吏……。嘉禾六年二月廿日，田户曹史……

原注：[1]"爲"下脱"布"字。

5·747　燮楊溲丘男子區狗，佃田十二町，凡七十一畝，皆二年常限。其冊一畝旱敗不收布。定收卅畝，爲米卅六斛，畝收布二尺。其米卅六斛，六年正月九日付倉吏張曼、周棟。凡爲布一匹二丈，准入米三斛七斗五升，五年十一月八日付倉吏張曼、周棟。其旱……，凡爲錢二千四百……□

5·748 夐楊溲丘男子區錢,佃田十二町,凡卌五畝,其卌畝二年常限[1]。其廿四畝旱敗不收布。定收六畝,爲米七斛二斗。其五畝餘力田,爲米二斛。凡爲米九斛二斗,畝收布二尺。其米九斛二斗,六年正月廿日付倉吏張曼、周棟。凡爲布二丈二尺,准入米一斛三斗七升,五年十一月十九日付倉吏張曼、周棟。其旱田不收錢。孰田收錢畝八十,凡爲錢八百八十……廿日,田戶曹史張惕校。

按:①二年常限旱田爲廿四畝、熟田爲六畝,合計爲卅畝,與二年常限卌畝不合。

5·749 夐楊溲丘縣吏張泩[1],佃田七町,凡廿五畝,皆二年常限。其廿三畝旱敗不收布。定收二畝,爲米二斛四斗,畝收布二尺。其米二斛四斗,六年正月十日付倉吏張曼、周棟。凡爲布四尺,准入米二斗五升,五年十一月八日付倉吏張曼、周棟。其旱田不收錢。其孰田畝收錢八十,凡爲錢……[2],六年正月十一日付庫吏潘□。嘉禾六年二月廿日,田戶曹史張惕校。

按:①泩,音shēng。《玉篇·水部》:"泩,水漲。"
　　②據熟田畝數與定額計,應收錢一百六十錢。

5·750 夐楊溲丘男子張豫,佃田三町,凡五畝,皆二年常限。其二畝旱敗不收布。定收三畝,六斗[1],畝收布二尺。其米三斛六斗,五年十一月十九日付倉吏張曼、周棟。凡爲布六尺,准入米三斗六升,五年十一月九日付倉吏張曼、周棟。其旱田不收錢。孰田收錢畝八十,凡爲錢二百卌,六年十一月……[1]。嘉禾六年二月廿日,田戶曹史……

原注:[1]按定收畝數和收米定額計,應爲米三斛六斗,簡文"六斗"前脫"爲米三斛"四字。

按:①據文例,此處年份或月份必有一誤。

5·751 夐楊溲丘男子鄧厚,佃田五町,凡廿五畝。其廿五畝二年常限[1]。其十六畝旱敗不收布[2]。定收二畝,爲米二斛四斗,其四畝餘力田,爲米一斛六斗。凡爲米四斛,畝收布二尺。其米四斛,六年正月十一日付倉吏張曼、周棟。凡爲布一丈二尺,准入米七斗五升,五年十二月七日付倉吏張曼、周棟。其旱田不收錢。孰田收錢畮八十,凡爲錢四百八十,五年十一月七日付庫吏潘慎。嘉禾六年二月廿日,田戶曹史張惕校。

原注:[1]據佃田總數凡廿五畮,除去餘力田四畮,“二年常限”田當爲廿一畮。

[2]“六”或爲“九”之誤。

5·752 灵楊溇丘男子鄧術,佃田廿三町,凡八十六畮,皆二年常限。其六十畮旱敗不收布。定收廿六畮,爲米卅一斛二斗,畮收布二尺。其米卅一斛二斗,六年正月廿日付倉吏張曼、周棟。凡爲布一匹一丈二尺,五年九月廿日付庫吏潘有①。其旱田不收錢。其孰田畮收錢八十,凡爲錢二千八十,五年十二月廿日付庫吏潘□□。嘉禾六年二月……曹史張惕校。

按:①《田家莂》“倉”字,據圖版實爲“庫”字,圖版作“▓”,此字很清晰;另,“潘有”無論是在嘉禾四年還是在嘉禾五年中的吏職均爲“庫吏”,且在《竹簡》中的吏職也是“庫吏”,亦可證。今改。

5·753 灵楊溇丘男子潘亥,佃田四町,凡廿九畮。其十五畮二年常限。其十畮旱敗不收布。其十四畮餘力田,爲米五斛六斗。定收五畮,爲米六斛。凡爲米九斛六斗[1],畮收布二尺。其米九斛六斗,六年正月二日付倉吏張張曼[2]、周棟。凡爲布三丈八尺,准入米二斛三斗八升,五年十一月廿九日付倉吏張曼、周棟。……五年十一月廿日付……。嘉禾六年二月廿日①,田戶曹史張惕校。

原注:[1]據餘力田爲米五斛六斗,常限定收田爲米六斛,合計數當爲十一斛六斗。

[2]“曼”上衍“張”字。

按:①據文例,《田家莂》“□□”今補釋爲“嘉禾”。

5·754 灵楊溇丘男子潘香,佃田二町,凡八畮,皆二年常限。其一畮旱敗不收布。定收七畮,爲米八斛四斗,畮收布二尺。其米八斛四斗,五年十一月廿日付倉吏張曼、周棟。凡爲布一丈四尺,准入米八斗七升,五年十二月五日付倉吏張曼、周棟。其旱田不收錢。孰田收錢畮八十,凡爲錢五百六十,五年十一月五日付庫吏潘慎。嘉禾六年二月廿日,田戶曹史張惕校。

5·755　灵楊溇丘男子潘惕，佃田四町，凡十二畝。其十一畝二年常限。其八畝旱敗不收布。定收三畝，爲米三斛六斗。其一畝餘力田，爲米四斗。凡爲米四斛，畝收布二尺。其米四斛，六年正月廿日付倉吏張曼、周棟。凡爲布八尺，准入米五斗，五年十二月七日付倉吏潘慮。其旱田不收錢。孰田畝收錢八十，凡爲錢三百廿，六年正月廿日付庫吏潘慎。嘉禾六年二月廿日，田户曹史張惕校。

5·756　灵楊溇丘縣吏潘黑，佃五町①，凡廿一畝，皆二年常限。其六畝旱敗不收布。定收十五畝，爲米十八斛，畝收布二尺。其米十八斛，六年正月七日付倉吏張曼、周棟。凡爲布三丈，准入米一斛九斗八升，五年十二月三日付倉吏張曼、周棟。其旱田不收錢。孰田收錢畝八十，凡爲錢一千二百，五年十一月三日付庫吏潘慎。嘉禾六年二月廿日②，田曹史張惕校。

按：①據文例，"佃"後脱"田"字。
　　②《田家莂》"廿日"後無點斷，今點斷。

5·757　灵楊溇丘男子聶惕，佃田五町，凡卅八畝。其卅三畝二年常限。其廿畝旱敗不收布。其五畝餘力田，爲米二斛。定收十三畝，爲米十五斛六斗。凡爲米十七斛六斗，畝收布二尺。其米十七斛六斗，六年正月八日付倉吏張曼、周棟。凡爲布三丈六尺，准入米二斛三斗四升，五年十二月四日付倉吏張曼、周棟。其旱田不收錢。孰田收錢畝八十，凡爲錢一千四百卅，五年十一月四日付庫吏潘慎。嘉禾六年二月廿日，田户曹史張惕校。

5·758　灵楊溇丘大女□妾，佃田四町，凡十畝，皆二年常限。其一畝旱敗不收①。定收九畝，爲米十斛八斗，畝收二尺[1]。其米十斛八斗，六年正月十九日付倉吏張曼、周棟。凡爲布一丈八尺，准入米一斛一斗五升，六年正月廿日付倉吏潘慮。其旱田不收錢。孰田畝收錢八十，凡爲錢七百廿，五年九月廿日付庫吏潘琄。嘉禾六年二月廿日，田户曹史張 惕 校 ②。

原注：[1]"收"下脱"布"字。

按：①據文例，“收”後脫“布”字。

　　②據文例，《田家莂》“□□”今補釋爲“惕 校”。

5·759　䣛楊溇丘男子□□□□□□□，凡十五畝，皆二年常限。其十三
　　　　畝旱敗不收布。定收二畝，爲米二斛四斗，畝收布二尺。其
　　　　米二斛四斗，六年正月一日付倉吏張曼、周棟。凡爲布四
　　　　尺，准入米二斗四升，五年十一月廿日付倉吏張曼、周棟。
　　　　其旱田不收錢。孰田收錢畝八十，凡爲錢一百六十，五年十
　　　　二月……。嘉禾六年二月廿日，田戶……

5·760　䣛楊溇丘男子□□，佃田一町，凡一畝，皆二年常限。爲米
　　　　一斛二斗，畝收布二尺。其米一斛二斗，六年正月廿日付倉
　　　　吏張曼、周棟。凡爲布二尺，其孰田畝收錢八十，凡爲錢八
　　　　十，……日付庫吏潘□。嘉禾六年二月廿日，田戶曹史張
　　　　惕 校①。

按：①據文例，《田家莂》“□□”今補釋爲“惕 校”。

5·761　䣛夢丘縣卒吳帛，佃田五町，凡廿一畝，皆二年常限。其十六
　　　　畝旱不收布。定收五畝，爲米六斛，畝收布二尺。其米六斛，
　　　　五年十二月十四日付倉吏張曼、周棟。凡爲布一丈，准入米
　　　　六斗，五年十一月十三日付倉吏張曼、周棟。其旱田 不收
　　　　錢①。其孰田畝收錢八十，凡爲錢四百……有畢。嘉禾六年
　　　　二月廿日，田戶曹史張惕、趙野校。

按：①據文例，《田家莂》“□□”今補釋爲“田 不”。

5·762　䣛夢丘郡吏吳政，佃田八町，凡廿七畝，皆二年常限。其廿七
　　　　畝旱不收布[1]。定收六畝[2]，爲米六斛，畝收布二尺。其米六
　　　　斛，五年十二月九日付倉吏張曼、周棟。凡爲一丈[3]，准入米
　　　　六斛[4]，五年十二月十日付倉吏張曼、周棟。其旱田不收錢。
　　　　其孰田畝收錢八十，凡爲錢四百，付庫吏潘有畢①。嘉禾六年
　　　　二月廿日，田戶曹史張惕、趙野校。

原注：[1]“七”或爲“二”之誤。

　　　　[2]據收米、收布、收錢總數與相應定額推算，定收田當爲五畝。

　　　　[3]“爲”下脫“布”字。

[4]據他簡收布與准入米的換算比例，此"斛"當爲"斗"之誤。

按：①據文例，"付"前脱繳錢時間。

5·763 䢼夢丘男子吳逐，佃田五町，凡十三畝，皆二年常限。其一畝
旱不收布。定收十二畝，爲米十四斛四斗，畝收布二尺。其
米十四斛四斗，五年十二月七日付倉吏張曼、周棟。凡爲布
二丈四尺，准入米一斛四斗四升，五年十一月廿三日付倉吏
張曼、周棟。其旱田不收錢。其孰田畝收錢八十，凡爲錢四
百[1]，付庫吏潘有①。嘉禾六年二月卅日[2]，田戶曹史張惕、趙
野校。

原注：[1]按熟田畝數和收錢定額計，應收九百六十錢。

[2]"卅"疑爲"廿"之誤。

按：①據文例，"付"前脱繳錢時間。

5·764 䢼夢丘男子吳惕，佃田四町，凡十畝，皆二年常限。旱敗不收
錢布。嘉禾六年二月廿日，田戶曹史張惕、趙野校。

5·765 䢼夢丘男子吳頡，佃田三町，凡十一畝，皆二年常限。其八畝
旱不收錢[1]。定收三畝，爲米三斛六斗，畝收布二尺。其米三
斛六斗，五年十一月廿二日付倉吏張曼、周棟。凡爲布六尺，
准入米三斗六升，五年十二月廿三日付倉吏張曼、周棟。其
旱田不收錢。其孰田畝收錢八十，凡爲錢二百卌，付庫吏潘
有畢①。嘉禾六年二月廿日，田戶曹史張惕、趙野校。

原注：[1]"錢"當爲"布"字之誤。

按：①據文例，"付"前脱繳錢時間。

5·766 䢼夢丘郡卒吳衡，佃田四町，凡十四畝，皆二年常限。其十畝
旱不收布。定收四畝，爲米四斛八斗，畝收布二尺。其米四
斛八斗，五年十二月七日付倉吏張曼、周棟。凡爲布一丈二
尺[1]，准入米七斗二升，五年十二月十二日付倉吏張曼、周
棟。其旱田不收錢。其孰田畝收錢八十，凡爲四百六十①，付
庫吏潘有畢②。嘉禾六年二月廿日，田戶曹史張惕、趙野校。

原注：[1]按定收畝數和收布定額計，應收布八尺。

按：①據熟田畝數與定額計，應收錢三百卌錢。據圖版，"爲"後無"錢"字，《田家莂》

衍“錢”字，今刪。據文例，“爲”後脫“錢”字。

②據文例，“付”前脫繳錢時間。

5·767 夌夢丘縣吏吳贊，佃田四町，凡十九畝，皆二年常限。其十五
畝旱不收錢[1]。定收四畝，爲米四斛八斗，畝收布二尺。其米
四斛八斗，五年十一月十二日付倉吏張曼、周棟。凡爲八
尺[2]，准入米四斗八升，五年十一月十二日付倉吏張曼、周
棟。其旱畝不收錢。其孰田畝收錢八十，凡爲錢二百廿[3]，付
庫吏潘有畢①。嘉禾六年二月廿日，田戶曹史張惕、趙野校。

原注：[1]“錢”當爲“布”之誤。

[2]“爲”下脫“布”字。

[3]按熟田畝數和收錢定額計，應收三百廿錢。

按：①據文例，“付”前脫繳錢時間。

5·768 夌夢丘大女吳□，佃田一町，凡五畝，皆二年常限。旱敗不收
錢布。嘉禾六年二月廿日，田戶曹史張惕、趙野校。

5·769 夌夢丘男子唐奇，佃田七町，凡廿一畝，皆二年常限。其十六
畝旱不收布。定收五畝，爲米六斛，畝收布二尺。其米六斛，
五年十二月十三日付倉吏張曼、周棟。凡爲布一丈，准入米
六斗，五年……付倉吏張曼、周棟。其旱田不收錢。孰田畝
收錢八十，凡爲錢四百，付庫吏潘有畢①。嘉禾六年二月廿
日，田戶曹史張惕、趙野校。

按：①據文例，“付”前脫繳錢時間。

5·770 夌夢丘縣吏唐敢，佃田五町，凡卅三畝，皆二年常限。其廿三
畝旱不收布。定收十畝，爲米十二斛，畝收布二尺。其米十
二斛，五年十一月廿三日付倉吏張曼、周棟。凡爲布二丈，准
入米一斛二斗，五年十一月廿三日付倉吏張曼、周棟。其旱
田不收錢。其孰田畝收錢八十，凡爲錢八百，付庫吏潘有
畢①。嘉禾六年二月廿日，田戶曹史張惕、趙野校。

按：①據文例，“付”前脫繳錢時間。

5·771 夌夢丘男子烝尾，佃田一町，凡三畝，皆二年常限。旱敗不收
錢布。嘉禾六年二月廿日，田戶曹史張惕、趙野校。

5·772　灵夢丘大女區采(?)，佃田七町，凡十六畝，皆二年常限。旱敗不收錢布。嘉禾六年二月廿日，田户曹史張惕、趙野校。

5·773　灵夢丘郡吏區邯，佃田十町，凡廿八畝，皆二年常限。其七畝旱不收布。定收廿一畝，爲米廿五斛二斗，畝收布二尺。其米廿五斛二斗，五年十二月廿日付倉吏張曼、周棟。凡爲布一匹二尺，准入米二斛六斗□升，五年十二月廿日付倉吏張曼、周棟。其旱田 不 收 錢 ①。 其孰田畝收錢八十，凡爲錢一千六百……嘉禾六年二月□日，田户曹史張惕、趙野校。

按：①據文例，《田家莂》"……"今補釋爲" 不 收 錢 "。

5·774　灵夢丘男子區桐，佃田五町，凡廿四畝，皆二年常限。其廿畝旱不收布。定收四畝，爲米四斛[1]，畝布二尺[2]。其米四斛八斗，五年十二月十日付倉吏張[3]、周棟。凡爲布八尺，准入米四斗八升，五年十二月二日付倉吏張[4]、周棟。其旱田不收錢。其孰田畝收錢八十，凡爲錢三百廿，付庫吏潘有畢[5]。嘉禾六年二月廿日，田户曹史張惕、趙野校。

原注：[1]按定收畝數和收米定額計，應爲米四斛八斗。①

　　　[2]"畝"下脱"收"字。

　　　[3]"張"下脱"曼"字。

　　　[4]"張"下脱"曼"字。

　　　[5]此句前缺繳付日期。

按：①據下文"其米四斛八斗"，"爲米四斛"當爲脱"八斗"，而非計算錯誤。

5·775　灵夢丘男子區碩，佃田七町，凡十三畝，皆二年常限。其十畝旱不收布。定收三畝，爲米三斛六斗，畝收布二尺。其米三斛六斗，五年十二月十日付倉吏張曼、周棟。凡爲布六尺，准入米三斗六升，五年十二月十二日付倉吏張曼、周棟。其旱田不收錢。其孰田畝收錢八十，凡爲錢三百卅[1]，付庫吏□□[2]。嘉禾六年正月廿日①，田户曹史張惕、趙野校。

原注：[1]按熟田畝數和收錢定額計，應收二百卅錢。

　　　[2]此句前或缺繳付日期。

按：①圖版"正月"漫漶不清，無法辨識，據文例，疑應爲"二月"。

5·776　灵夢丘男區鄧[1]，佃田六町，凡廿五畞，皆二年常限。其十四畞
　　　　一百卅五步旱不收布。定收十畞一百五步，爲米十二斛五斗
　　　　五合①，畞收二尺②。其米十二斛五斗③，五年十二月十九日付
　　　　倉吏張曼、周棟。凡爲布二丈一尺④，准入米一斛二斗六升，五
　　　　年十一月十二日付倉吏張曼、周棟。其旱田不收錢。其孰田
　　　　畞收錢八十，凡爲八百卅五⑤，付庫吏潘有⑥。嘉禾六年二月廿
　　　　日，田戶曹史張惕、趙野校。

原注：[1]“男”下脱“子”字。

按：①據孰田畞數與定額計，應收米十二斛五斗二升五合。
　　　②據文例，“收”後脱“布”字。
　　　③“斗”後當脱“二升五合”四字。
　　　④據孰田畞數與定額計，應收布二丈八寸七分。
　　　⑤據文例，“爲”後脱“錢”字。
　　　⑥據文例，“付”前脱繳錢時間。

5·777　灵夢丘郡吏區頤，佃田十町，凡卅七畞，皆二年常限。其廿七
　　　　旱不收布[1]。定收十畞，爲米十二斛，畞收布二尺。其米十二
　　　　斛，五年十二月七日付倉吏張曼、周棟。凡爲布二丈，准一斛
　　　　二斗五升[2]，五年十二月廿三日付倉吏張[3]、周棟。其旱田不
　　　　收錢。其孰田畞收錢八十，凡爲錢八百，付庫吏潘有畢①。嘉
　　　　禾六年二月廿日，田戶曹史張惕、趙野校。

原注：[1]“七”下脱“畞”字。
　　　[2]“准”下脱“入米”二字。
　　　[3]“張”下脱“曼”字。

按：①據文例，“付”前脱繳錢時間。

5·778　灵夢丘大女黄情，佃田一町，凡三畞，皆二年常限。旱敗不收
　　　　錢布。嘉禾六年二月廿日，田戶曹史張惕、趙野校。

5·779　灵夢丘男子張造，佃田二町，凡九畞，皆二年常限。其五畞旱
　　　　不收布。定收四畞，爲米四斛八斗，畞收布二尺。其米四斛
　　　　八斗，五年十二月卅日付倉吏張曼、周棟。凡爲布八尺，准入
　　　　米四斗八升，五年十二月十三日付倉吏張曼、周棟。其旱田
　　　　不收錢。其孰田畞收錢八十，凡爲錢三百廿，付庫吏潘有

畢①。嘉禾六年二月廿日,田戶曹史張惕、趙野校。

按:①據文例,"付"前脱繳錢時間。

5·780 晏夢丘男子馮登,佃田五町,凡廿畝。其十九畝二年常限。其一畝餘力[1],收米四斗,布二尺。其五畝旱不收布。定收十四畝,爲米十六斛八斗,畝收布二尺。其米廿斛八斗①,五年十二月廿一日付倉吏張曼、周棟。凡爲布三丈,准入米一斛九斗,五年十二月十九日付倉吏張曼、棟[2]。其旱田不收錢。其孰田畝收錢八十,凡爲錢一千二百,付庫吏潘有畢②。嘉禾六年二月廿日,田戶曹史張惕、趙野校。

原注:[1]"餘力"下脱"田"字。
　　　[2]"棟"上脱"周"字。

按:①據餘力田收米四斗與二年常限定收田收米十六斛八斗合計,應收米十七斛二斗。
　　②據文例,"付"前脱繳錢時間。

5·781 晏夢丘男子雷躭①,佃田三町,凡九畝,皆二年常限。其六畝旱不收布。定收三斛[1],爲米三斛六斗,畝收布二尺。其米三斛六斗,五年十二月十九日付倉吏張曼、周棟。凡爲布六尺,准入米三斗六升,五年十二月十七日付倉吏張[2]、周棟。其旱田不收錢。其孰田畝收錢八十,凡爲錢二百冊,付庫吏潘有畢[3]。嘉禾六年二月廿日,田戶曹史張惕、趙野校。

原注:[1]"斛"當爲"畝"之誤。
　　　[2]"張"下脱"曼"字。
　　　[3]此句未書繳付日期。

按:①躭,音dān。《玉篇·身部》:"躭,俗耽字。"

5·782 晏夢丘男子蔡李,佃田二町,凡九畝,皆二年常限。其七畝旱敗不收布。定收二畝,爲米二斛四斗,畝收布二尺。其米二斛四斗,五年十二月二日付倉吏張曼、周棟。凡爲布四尺,准入米一斗四升,五年十二月十一日付倉吏張曼、周棟。其旱田不收錢。其孰田畝收錢八十,凡爲錢一百六十,付庫吏潘有畢①。嘉禾六年二月廿日,田戶曹史張惕、趙野校。

按:①據文例,"付"前脱繳錢時間。

5·783　夢丘男子蔡良，佃田一町，凡六畞，皆二年常限。旱敗不收錢布。嘉禾六年二月廿日，田戶曹史張惕、趙野校。

5·784　夢丘州卒蔡通，佃田十町，凡卌四畞，皆二年常限。其廿三畞旱不收布。定收廿一畞，爲廿五斛二斗[1]，畞收二尺①。其米廿五斛二斗，五年十二月卅日付倉吏張曼、周棟。凡爲布一匹二尺，准入米二斛六斗五升，五年十一月廿二日付倉吏張曼、周棟。其旱田不收錢。其熟田畞錢八十[2]，凡爲錢一千六百八十，付庫吏潘□②。嘉禾六年二月廿日，田戶曹史張惕、趙野校。

原注：[1]"爲"下脱"米"字。
　　　[2]"畞"下脱"收"字。
按：①據文例，"收"後脱"布"字。
　　②據文例，"付"前脱繳錢時間。

5·785　夢丘男子蔡梁，佃田一町，凡四畞，皆二年常限。凡爲米四斛八斗。其畞收布二尺。其米四斛八斗，五年十二月十二日付倉吏張曼、周棟①。凡爲布八尺，准入米四斗八升，五年十一月十二日付倉吏張曼、周棟。凡爲錢三百廿②，五年十二月六日付庫吏潘慎、潘宗。嘉禾六年二月廿日，田戶曹史張惕、趙野校。

按：①《田家莂》"十一月"之"一"字，據圖版實爲"二"字，圖版作"▨"，很清晰。今改。
　　②據文例，"凡"前脱繳錢定額。

5·786　夢丘男子監元①，佃田三町，凡十二畞，皆二年常限。其十畞旱不收布。定收二畞，爲二斛四斗[1]，畞收布二尺。其米二斛四斗，五年十二月十五日付倉吏張曼、周棟。凡爲布四尺，准入米一斗四升，五年十二月三日付倉吏張曼、周棟。其旱田不收錢。其熟田收錢八十②，凡爲錢一百六十，付庫吏潘有畢③。嘉禾六年二月廿日，田戶曹史張惕、趙野校。

原注：[1]"爲"下脱"米"字。
按：①《田家莂》"𥂕"今改釋爲"監"，詳參簡4·582。
　　②據圖版，"田"後無"畞"字，《田家莂》衍"畞"字，今刪。據文例，"田"或"錢"後

脱"畞"字。

③據文例，"付"前脱繳錢時間。

5·787　灵夢丘男子潘錢，佃田二町，凡十畞，皆二年常限。其七畞旱不布[1]。定收三畞，爲三斛六斗[2]，畞收布二尺。其米三斛六斗，五年十二月十五日付倉吏張曼、周棟。凡爲布六尺，准入米三斗六升，五年十二月廿五日付倉吏張曼、周棟。其旱田不收錢。其孰田收錢八十[3]，凡爲錢二百卌，付庫吏潘有畢①。嘉禾六年二月廿日，田戶曹史張惕、趙野校。

原注：[1]"不"下脱"收"字。
　　　[2]"爲"下脱"米"字。
　　　[3]"田"下脱"畞"字。

按：①據文例，"付"前脱繳錢時間。

5·788　灵夢丘男子謝赤，佃田廿町，凡廿四畞，皆二年常限。畞收米一斛二斗，凡爲米廿八斛八斗，畞收布二尺。其米廿八斛八斗，五年十一月五日付三州掾孫儀。凡爲布一匹八尺，准入米二斛九斗八升，五年十一月十日付三州掾孫儀。其孰田畞收錢八十，凡爲錢一千九百廿，准入米一斛八斗，五年十一月廿日付三州掾孫儀畢。嘉禾六年二月廿日，田戶曹史張惕、趙野校。

5·789　灵夢丘男子謝張，佃田一町，凡六畞，皆二年常限。爲米七斛二斗。其米七斛二斗，五年十二月一日付倉吏張曼、周棟①。凡爲布一丈二尺，准入米七斗二升，五年十二月五日付倉吏張曼、周棟。凡爲錢四百八十，五年十二月九日付庫吏潘慎畢。嘉禾六年二月廿日，田戶曹史張惕、趙野校。②

按：①《田家莂》"庫吏"之"庫"字，據圖版實爲"倉"字，圖版作""，非常清晰，今改。
　　②此簡未記米、布、錢繳付定額。

5·790　灵新成丘郡吏陳冑，佃十二町①，凡爲十九畞②，皆二年常限。畞收米一斛二斗，凡爲米廿二斛八斗，收布二尺③。其米廿二斛八斗，六年二月六日付掾孫儀。凡爲布三丈八尺，准入米一斛三斗五升，六年二月十日付掾孫儀。畞收錢八十，凡爲錢一千五百廿,准入米一斛五斗四升,六年二月九日……。
嘉禾六年二月廿日,田户曹史張惕、趙野校。

按:①據文例,"佃"後脱"田"字。
　②據文例,"爲"字當爲衍文。
　③據文例,"收"前脱"畝"字。

5·791　莀新成丘州吏陳顔,租田卅畝。畝收米五斗八升六合,凡爲米
廿三斛四斗四升,收布二尺①。其米廿三斛四斗四升,五年十
二月卅日付掾孫儀。凡爲布二匹,准入米五斛,五年十二月
卅日付掾孫儀。畝收錢八十,凡爲錢三千二百,准入米二斛
八斗一升,六年正月十日付掾孫儀畢。嘉禾六年二月廿日,
田户曹史張惕、趙野校。

按:①據文例,"收"前脱"畝"字。

5·792　莀新成丘男子烝萬,佃田二町,凡三畝,皆二年常限。畝……
其……□□凡爲米三斛六斗,收布 二 尺①。其……五年十一
月……倉……　☒凡爲布六尺……☒

按:①據文例,"收"前脱"畝"字;《田家莂》"□□"今補釋爲"二 尺"。

5·793　莀新成丘男子烝鄧,佃田五町,凡八畝,皆二年常限。畝收米
一斛二斗,爲米九斛六斗,收布二尺①。其米九斛六斗,六年
□月□日付倉吏潘慮。凡爲布一丈六尺,准入米九斗八升,
六年二月十二日付掾孫儀。畝收錢八十,凡爲錢六百卌,准
入米五斗一升,六年二月十二日付掾孫儀。嘉禾六年二月廿
日,田户曹史張惕、趙野校。

按:①據文例,"收"前脱"畝"字。

5·794　莀新成丘縣吏妻樂,佃六十三町①,凡九十一畝,皆二年常限。
其十七畝旱不收布。定收七十四畝,爲米八十八斛八斗,收
布二尺②。其米八十八斛八斗,六年正月六日付掾孫儀。凡
爲布三匹二丈八尺,准入米九斛二斗二升,六年二月六日付
掾孫儀。其旱田不收錢。其孰田收錢畝八十,凡爲錢五千九
百廿,准入米五斛三斗七升,六年二月一日……。嘉禾六年
二月廿日,田户曹史張惕、趙野校。

按：①據文例，"佃"後脱"田"字。
　　②據文例，"收"前脱"畝"字。

5·795 囡新成丘男子張常，佃田五町，凡九畝，皆二年常限。畝收米一斛二斗，凡爲米十斛八斗，畝收布二尺。其米十斛八斗，五年十二月廿八日付三州掾孫儀。凡爲一丈八尺[1]，准入米一斛九升，五年十一月廿一日付三州掾孫儀。畝收錢八十，凡爲錢七百廿，准入米六斗，囗年……。嘉禾六年二月廿日，田户曹史張惕、趙野校①。

原注：[1]"爲"下脱"布"字。

按：①據文例，《田家莂》"囗"今補釋爲"野"字。

5·796 囡新成丘男子黄强，佃田六十二町，凡一頃六十三畝。其一頃五十三畝二年常限。其十三畝旱敗不收布。其十畝餘力田，爲米四斛，畝收布二尺。定收一頃卅畝，爲米一百六十八斛，畝收布二尺。凡爲米一百六十四斛[1]，五年十二月十一日付三州掾孫儀。凡爲布七匹二丈，准入米十八斛七斗五升，五年十一月二日付三州掾孫儀。其旱田不收錢。其孰田畝收錢八十，凡爲錢一萬二千，五年十二月十二日付庫吏潘慎。嘉禾六年二月廿日，田户曹史張惕、趙野校①。

原注：[1]按常限田定收爲米一百六十八斛、餘力田爲米四斛，兩項合計當爲米一百七十二斛。

按：①據文例，《田家莂》"囗囗"今補釋爲"野校"。

5·797 囡新唐丘男子文得，佃田十三町，凡卅四畝二百一十步，皆二年常限。其廿畝五十步旱敗不收布。定收十四畝百六十步，爲米十七斛六斗，畝收布二尺。其米十七斛六斗，五年十一月廿日付倉吏張曼、周棟。凡爲布二丈九尺①，准入米一斛七斗九升，五年十一月廿日付倉吏張曼、周棟。其旱田不收錢。孰田收錢畝八十，凡爲錢一千一百六十[1]，五年十二月廿七日付庫吏潘慎。嘉禾六年二月廿日，田户曹史張惕校。

原注：[1]按熟田畝數和收錢定額計，應收一千一百七十三錢。

按：①據熟田畝數與定額計，應收布二丈九尺三寸三分。此簡是按定收十四畝百廿步計算的。

5·798 〓新唐丘男子勇怗^①，佃田九町，凡十二畝百廿步，皆二年常
限。其七畝卅步旱敗不收布。定收五畝九十步，爲米六斛四
斗五升，畝收布二尺。其米六斛四斗五升，五年十二月三日
付倉吏張曼、周棟。凡爲布一丈^②，准入米六斗三升，五年十
一月廿日付倉吏張曼、周棟。其旱田不收錢。孰田收錢畝八
十，凡爲錢八百^[1]，五年十一月廿日付庫吏潘慎。嘉禾六年二
月廿日，田戶曹史張惕校。

原注：[1]按熟田畝數和收錢定額計，應收四百卅錢。

按：①怗，音tiē。《玉篇·心部》：“怗，服也；靜也。”《廣韻·帖韻》：“怗，安也；服也；靜也。”
　　②據熟田畝數與定額計，應收布一丈七寸五分。

5·799 〓新唐丘男子勇賓，佃田九町，凡一畝二百廿步，皆二年常
限。其二百廿步旱敗不收布。定收一畝，凡爲米一斛二斗，
畝收布二尺。其米一斛二斗，五年十一月六日付倉吏張曼、
周棟。凡爲布二尺尺^[1]，准入米一斗二升，五年十一月廿日付
倉吏張曼、周棟。其旱田不收錢。孰田收錢畝八十，凡爲錢
八十，五年十一月七日付庫吏潘慎。嘉禾六年二月廿日，田
戶曹史張惕校。

原注：[1]“二”下衍一“尺”字。

5·800 〓新唐丘縣吏張惕，佃田八町，凡五十八畝百六十步，皆二年
常限。其卌三畝卅步旱敗不收布。定收十五斛百廿步^[1]，爲
米十八斛六斗，畝收布二尺。其米十八斛六斗，五年十二月
三日付倉吏張曼、周棟。凡爲布三丈一尺，准入米一斛九斗
四升，五年十一月廿日付倉吏張曼、周棟。其旱田不收錢。
孰田收錢畝八十，凡爲錢一千二百卅，五年十一月廿日付庫
吏潘慎。嘉禾六年二月廿日，田戶曹史張惕校。

原注：[1]“斛”當爲“畝”之誤。

5·801 〓新唐丘郡吏廖裕，佃田廿二町，凡卌五畝二百卅步，皆二年
常限。其十畝旱敗不收布。定收卅五畝二百卅步，爲米卌三
斛一斗五升，畝收布二尺。其米卌三斛一斗五升，五年十一
月廿九日付倉吏張曼、周棟。凡爲布一匹三丈二尺^①，准入米

四斛□斗，五年十一月廿四日付倉吏張[1]、周棟。其旱田不收
錢。孰田收錢畝八十，凡爲錢二千八百八十②，五年十一月廿
日付庫吏潘慎。嘉禾六年二月廿日，田户曹史張惕校。

原注：[1]"張"下脱"曼"字。

按：①據熟田畝數與定額計，應收布一匹三丈一尺九寸二分。此簡繳布是按熟田卅
六畝徵收的。

②據熟田畝數與定額計，應收錢二千八百七十七錢。此簡繳錢是按熟田卅六畝
徵收的。

5·802 灵廉丘男子文連，佃田十三町，凡卅畝百廿步，皆二年常限。
其廿畝二百步旱敗不收布。定收十九畝百六十步餘力[1]，爲
米十八斛一斗[2]，畝收布二尺。其米十八斛一斗，五年十一月
十九日付倉吏張曼、周棟。□凡爲布三丈九尺，准入米二斛四
斗四升，五年十一月廿日付倉吏□

原注：[1]"餘力"下脱"田"字。

[2]按常限田定額計，十九畝百六十步當收米廿三斛六斗，而按餘力田計則當
收七斛九斗，與簡文所載皆不合。

5·803 灵廉丘男子文粲，佃田八町，凡十七畝百步，皆二年常限。其
四畝八十步旱敗不收布。定收十三畝廿步，爲米十五斛七
斗，畝收布二尺。其米十五斛七斗，五年十一月廿日付倉吏
張曼、周棟。凡爲布二丈六尺①，准入米一斛七斗一升，五年
十一月廿一日付倉吏孫儀。其旱田不收錢。孰田收錢畝八
十，凡爲錢一千卅②，五年十一月廿四日付庫吏潘慎。嘉禾六
年二月廿日，田户曹史張惕校。

按：①據熟田畝數與定額計，應收布二丈六尺一寸七分。此簡繳布是按熟田十三畝
徵收的。

②據熟田畝數與定額計，應收錢一千卅七錢。此簡繳錢是按熟田十三畝徵收的。

5·804 灵廉丘男子朱佃，佃田十六町，凡卅八畝一十步，皆二年常
限。其十二畝一十步旱敗不收布。定收卅六畝，爲米卅三斛
二斗，畝收布二尺。其米卅三斛二斗，五年十一月廿七日付
倉吏張曼、周棟。凡爲布一匹三丈二尺，准入米四斛六斗二
升，五年十一月十日付倉吏孫儀。其旱田不收錢。孰田收錢

畝八十,凡爲錢二千六百八十[1],五年十二月廿一日付……。

嘉禾六年二月廿日,田户曹史張惕校。

原注:[1]按熟田畝數和收錢定額計,應收二千八百八十錢。

5·805 冭廉丘男子朱屈,佃田十三町,凡卅六畝一十步,皆二年常
限。其七畝旱敗不收布。定收廿九畝一十步,爲米卅四斛八
斗五升,畝收布二尺。其米卅四斛八斗五升,六年正月廿日
付倉吏張曼、周棟。凡爲布一匹一丈八尺①,准入米三斛六斗
一升,五年十一月十九日付倉吏孫儀。其旱田不收錢。孰田
收錢畝八十,凡爲錢二千三百廿②,五年十一月五日付庫吏潘
慎。嘉禾六年二月廿日,田 户 曹 史張惕校③。

按:①據熟田畝數與定額計,應收布一匹一丈八尺八分。此簡繳布是按熟田廿九畝
徵收的。

②據熟田畝數與定額計,應收錢二千三百廿三錢。此簡繳錢是按熟田廿九畝徵
收的。

③據文例,《田家莂》"……史張惕□"今補釋爲"田 户 曹 史張惕校"。

5·806 冭廉丘大女吳員,佃田九町,凡卅一畝百卌步,皆二年常限。
其十一畝百卌步旱敗不收布。定收廿畝一十步,爲米廿四斛
五升,畝 收 布 二 尺①。其米廿四斛五升,五年十一月三日
付倉吏張曼、周棟。凡爲布一匹②,准入米二斛五斗,五年十
一月……。凡爲錢一千六百③,五年□月十日付……。嘉禾
六年二月廿日,田户曹史張惕校。

按:①據文例,《田家莂》"……"今補釋爲"畝 收 布 二 尺"。

②據熟田畝數與定額計,應收布一匹八分。此簡繳布是按熟田廿畝徵收的。

③據熟田畝數與定額計,應收錢一千六百三錢。此簡繳錢是按熟田廿畝徵收的。

5·807 冭廉丘男子屈角,佃田卅一町,凡一頃五畝百卌步①,皆二年常
限。其十三畝卅步旱敗不收布。定收九十一畝二百一十步,
爲米一百一十斛二斗五升,畝收布二尺。其米一百一十斛二
斗五升,……月廿日付倉吏張曼、周棟。凡爲布四匹□丈□
尺,准入米……。嘉禾六年二月廿日,田户……

按:①佃田總數與旱田、熟田畝數不合。據收米數與定額知,熟田爲九十一畝二百
一十步,則佃田總數與旱田畝數當有一誤。

5·808　灵廉丘男子馬偖①,佃田六町,凡十六畝百卅步,皆二年常限。其四畝六十步旱敗不收布。定收十二畝七十步,爲米十四斛七斗五升,畝收布二尺。其米十四斛七斗,五年九月廿九日付倉吏張曼、周棟。凡爲布二丈四尺②,准入米一斛四斗七升,五年十一月廿七日付倉吏張曼、周棟。其旱田不收錢。孰田收錢畝八十,凡爲錢九百六十③,五年十月五日付庫吏潘有。嘉禾六年二月廿日,田户曹史張惕校。

按:①偖,音chě。《龍龕手鑒·人部》:"偖,裂也。"

②據熟田畝數與定額計,應收布二丈四尺五寸八分。此簡繳布是按熟田十二畝徵收的。

③據熟田畝數與定額計,應收錢九百八十三錢。此簡繳錢是按熟田十二畝徵收的。

5·809　灵廉丘男子黄在,佃田四町,凡五畝二百卅步,皆二年常限。其四畝二百卅步旱敗不收布。定收一畝,爲米一斛二斗,畝收布二尺。其米一斛二斗,五年十一月廿日付倉吏張曼、周棟。凡爲布二尺,准入米一斗二升,五年十一月廿日付倉吏張曼、周棟。其旱田不收錢①。其孰田畝收錢八十,凡爲錢八十,五年十一月廿三日付庫吏潘慎。嘉禾六年二月廿日,田户曹史張惕校。

按:①據文例,《田家莂》"……"今補釋爲"其旱田不收錢"。

5·810　灵廉丘男黄巡[1],佃田廿五町,凡五十畝卅步,皆二年常限。其廿畝百八十步旱敗不收布。定收廿九畝一百步,爲米卅五斛三斗,畝收布二尺。其米卅五斛三斗,五年十一月廿日付倉吏張曼、周棟。凡爲布一匹一丈九尺①,准入米三斛四斗,五年十一月七日付倉吏張曼、周棟。其旱田不收錢。孰田收錢畝八十,凡爲錢二千三百卅[2],五年十一月四日付庫吏潘□。嘉禾六年二月廿日,田户曹史張惕校。

原注:[1]"男"下脱"子"字。

[2]按熟田畝數和收錢定額計,應收二千三百五十三錢。

按:①據熟田畝數與定額計,應收布一匹一丈八尺八寸三分。

5·811　灵廉丘男子區文,佃田十八町,凡卅五畝五十步[1],皆二年常限。其十八畝五十步旱田不收布。定收十七畝，爲米廿斛四斗，畝收布二尺。其米廿斛四斗，五年十一月廿二日付倉吏張曼、周棟。凡爲布三丈四尺，准入米二斛……。嘉禾六年二月廿日，田戶曹史張惕校。

原注：[1]下文所見旱田十八畝五十步與定收十七畝的合計數爲卅畝五十步，而此所見佃田總數爲卅五畝五十步，其中有一項當誤。

5·812 灵廉丘男子區著，佃田十二町，凡卅畝百一十步，皆二年常限。其二畝百廿步旱敗不收布。定收廿七畝二百卅步，爲米卅四斛四斗五升[1]，畝收布二尺。其米卅四斛四斗五升，五年十一月廿九日付倉吏孫儀。凡爲布一四一丈八尺[2]，五年十一月廿四日付庫吏潘慎。其旱田不收錢。孰田收錢畝八十，凡爲錢二千二百廿[3]，五年十一月廿日付庫吏潘慎。嘉禾六年二月廿日，田戶曹史張惕校。

原注：[1]按定收畝數和收米定額計，應收米卅三斛五斗五升。

　　　[2]按定收畝數和收布定額計，應收布一四一丈六尺。

　　　[3]按熟田畝數和收錢定額計，應收二千二百卅六錢。

5·813 灵廉丘男子潘經，佃田十一町，凡卅九畝二百卅步，皆二年常限。其廿一畝二百卅步旱敗不收布。定收廿八畝，爲米卅三斛六斗，畝收布二尺。其米卅三斛六斗，五年十一月廿日付倉吏張曼、周棟。凡爲布一四一丈六尺，准入米三斛五斗，五年十一月廿日付倉吏張曼、周棟。其旱田不收錢。孰田收錢畝八十，凡爲錢二千二百卌，五年十一月廿日付庫吏潘有。嘉禾六年二月廿日，田戶曹史張惕校。

5·814 灵廉丘男子盧邁[1]，佃田五町，凡廿一畝百步，皆二年常限。其八畝旱敗不收布。定收十三畝百步，爲米十六斛一斗，畝收布二尺。其米十六斛一斗，六年正月六日付倉吏張曼、周棟。凡爲布二丈七尺①，准入米一斛八斗，五年十一月廿日付倉吏孫儀。其旱田不收錢。孰田收錢畝八十，凡爲錢一千八十②，五年十一月廿日付庫吏潘慎。嘉禾六年二月廿日，田戶曹史張惕校。

原注：[1]"廬"爲"廬"之誤。

按：①據熟田畝數與定額計，應收布二丈六尺八寸三分。此簡繳布是按熟田十三畝
百廿步徵收的。

②據熟田畝數與定額計，應收錢一千七十三錢。此簡繳錢是按熟田十三畝百廿
步徵收的。

5·815　霙廉丘男子謝仁，佃田十九町，凡五十二畝卅步，皆二年常
　　　　限。其十八畝八十步旱敗不收布。定收卅三畝百九十步餘
　　　　力，爲米十斛七斗[1]，畝收布二尺。其米十斛七斗，五年十一
　　　　月五日付倉吏☐

原注：[1]此處文字恐有誤。"餘力"下脱"田"字。按常限田畝收米一斛二斗或餘力
田畝收米四斗計，收米總數皆與非十斛七斗。

5·816　霙廉下丘男子鄧解，佃田十一町，凡卅五畝五十步①，皆二年常
　　　　限。其八畝五十步旱敗不收布。定收廿八畝，爲米卅三斛六
　　　　斗，畝收布二尺。其米卅三斛六斗，五年十一月廿七日付倉吏
　　　　張曼、周棟。凡爲布一匹一丈六尺，准入米三斛二斗，五年十
　　　　一月廿日付倉吏孫儀。其旱田不收錢。熟田收錢畝八十，凡
　　　　爲錢三千二百卅②，五年十一月二日付庫吏潘慎。嘉禾六年二
　　　　月廿日，田戶曹史張惕校。

按：①佃田總數與旱田、熟田畝數不合。據收米數、收布數與定額知，熟田爲廿八
畝，則佃田總數和旱田畝數當有一誤。

②據熟田畝數與定額計，應收錢二千二百卅錢。

5·817　霙資丘男子謝文，佃田廿七町，凡五十三畝，皆二年常限。其
　　　　八畝旱敗不收布。定收卅五畝，爲米五十四斛，畝收布二
　　　　尺。其米五十四斛，五年十二月八日付吏孫儀。凡爲布二匹
　　　　一丈，准入米五斛六斗一升五合，五年十二月十日付三州㩉
　　　　孫儀。其旱不收錢。其熟田畝收錢八十，凡爲錢四千四百[1]，
　　　　准入米二斛九斗，五年……。嘉禾六年……張惕、趙野校。

原注：[1]按熟田畝數和收錢定額計，應收三千六百錢。

5·818　霙資丘男子謝覽，佃田十二町，凡十八畝。其一畝旱敗不收
　　　　布。定收十七畝，畝收米一斛二斗，凡爲米廿斛四斗，畝收布

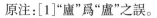

二尺。其米廿斛四斗,五年十一月十二日付三州掾孫儀。凡爲布三丈四尺,准入米二斛一斗六合,五年十二月十日付倉□□其旱□□其孰田□

5·819 灵監沱丘男子黄利①,佃田二町,凡四畝一百廿步,皆二年常限。其四畝旱畝不收布。定收一百廿步,凡爲米六斗,畝收布二尺。其米六斗,五年正月廿日付吏孫儀[1]。凡爲布一尺,准入米六升,五年十二月廿八日付吏孫儀。其旱畝不收錢。其孰田畝收錢八十,凡爲錢卌,准入米□升,五年十二月廿日付吏孫儀畢。嘉禾六年二月廿日,田戶曹史張惕、趙野 校②。

原注:[1]依文例,“五年”或爲“六年”之誤。

按:①《田家莂》“監”今改釋爲“監”,詳參簡4·582。

②據文例,《田家莂》“□”今補釋爲“校”。

5·820 灵監沱丘男子黄馮①,佃田十町,凡廿畝一百廿步,皆二年[1]。其六畝一百廿步旱不收布。定收十四畝,凡爲米十六斛八斗,畝收布二尺。其米十六斛八斗,五年十一月廿日付吏孫義。凡爲布二丈八尺,准入米一斛九斗八升,五年正月十八日付吏孫義[2]。其旱田畝不收錢。其孰田畝收錢八十,凡爲錢二千一百廿[3],准入米九斗,五年正月十八日付吏孫義②。嘉禾六年二月廿日,田戶曹史張惕、趙野校。

原注:[1]“年”下脱“常限”二字。

[2]“五年”或爲“六年”之誤。

[3]按熟田畝數和收錢定額計,應收一千一百廿錢。

按:①《田家莂》“監”今改釋爲“監”,詳參簡4·582。

②據文例,“五年”當爲“六年”之誤。

5·821 灵監沱丘①……佃田七町,凡五畝一百廿步,皆二年常限。其三畝一百廿步旱畝不收布。定收二畝,凡爲米二斛四斗,畝收布二尺。其米二斛四斗,五年十二月十八日付吏孫儀畢。凡爲布四尺,准米二斗五升,五□

按:①《田家莂》“監”今改釋爲“監”,詳參簡4·582。

5·822 灵僕丘男子于蚚①,佃田三町,凡廿三畝,皆二年常限。其廿畝旱不收布。定收三畝,凡爲米三斛六斗。其米三斛六斗,付五年十二月十六日付倉吏張曼、周棟[1]。凡爲布六尺,准入米三斗,五年十二月十七日付倉吏張曼、周棟畢。其旱畝不收錢。其孰田畝收錢八十,凡爲錢二百卅錢,准入米一斗八升,五年十二月十五日付倉吏張曼、周棟。嘉禾六年二月廿日,田户曹史張惕、趙野校。

原注:[1]"五"前之"付"字衍。

按:①《田家莂》"蚱",圖版作"▨",此字左旁爲"虫",右旁當爲"斥"。簡5·242"斥"作"▨",簡肆·4652"斥"作"▨",與"蚱"右旁寫法相同。故"蚱"應爲"蚚",今改釋爲"蚚"。蚚,音Ⅱ《集韻·昔韻》:"蚚,螇蚚,蟲名。"

5·823　灵僕丘男子五寬,佃田十二町,凡十七畝一十步,皆二年常限。其一畝一十步旱敗不收布。定收十六畝,爲米十九斛二斗,畝收布二尺。其米十九斛二斗,五年十一月廿日付倉吏張曼、周棟。凡爲布三丈二尺,准入米二斛一升,五年十一月廿日付倉吏張曼、周棟。其旱田不收錢。孰田畝收錢八十,凡爲錢一千二百八十,五年十一月廿日付庫吏潘慎。嘉禾六年二月廿日,田户曹史張惕校。

5·824　灵僕丘縣吏毛章,佃田十四町,凡廿三畝,皆二年常限。爲米廿七斛六斗,五年十二月十日付倉吏張曼、周棟畢。畝收布二尺,凡爲布一匹六尺,准入米二斛八斗六升,五年十二月十日付吏孫儀畢。畝收錢八十,凡爲錢一千八百卅,准入米一斛四斗,五年十一月廿日付吏孫儀畢。嘉禾六年二月廿日,田户曹史張惕、趙野校。

5·825　灵僕丘男子文事,佃田十九町,凡廿一畝,皆二年常限。爲米廿五斛二斗,五年十二月十日付倉吏張曼、周棟畢。畝收布二尺,凡爲布一匹二尺,准入米二斛五斗二升,五年十一月□日付倉吏孫儀畢。畝收錢八十,凡爲錢一千六百八十,准入米一斛二斗,五年十二月十日付吏番慮畢。嘉禾六年二月廿日,田户曹史張惕、趙野校。

5·826 	靈僕丘男子殷車，佃田十二町，凡廿二畝，皆二年常限。爲米廿六斛四斗，五年十二月十日付倉吏張曼、周棟畢。凡爲二匹一丈二尺[1]①，准入米三斛二斗四升，五年十二月十八日付倉吏張曼、周棟畢。畝收錢八十，凡爲錢一千七百六十，准入米一斛二斗五升，五年十二月廿日付倉張曼、周棟畢[2]。嘉禾六年二月廿日，田户曹史張惕、趙野校。

原注：[1]“爲”下脱“布”字。

　　　　[2]“倉”下脱“吏”字。

按：①據熟田畝數與定額計，應收布一匹四尺。

5·827 	靈僕丘男子唐讓，佃田四町，凡十九畝，皆二年常限。其十四畝旱敗不收布。定收五畝，凡爲米六斛，畝收布二尺。其米六斛，五年十二月十三日付倉吏張曼、周棟。凡爲布一丈二尺①，准入米一斛二斗二升，五年十一月七日付倉吏張曼、周棟畢。其旱畝不收錢。其孰田畝錢八十②，凡爲錢四百，准入米三斗，五年十二月十日付吏潘慮畢。嘉禾六年二月廿日，田户曹張惕③、趙野校。

按：①據熟田畝數與定額計，應收布一丈。

　　②據文例，“畝”後脱“收”字。

　　③據文例，“曹”後脱“史”字。

5·828 	靈僕丘男子陳辟①，佃田三町，凡四畝，皆二年常限。爲米四斛八斗，五年十二月十日付倉吏張曼、周棟畢。畝收布二尺，凡爲布八尺，准入米五斗，五年十月十日付倉吏張曼、周棟畢。畝收錢八十，凡爲錢三百廿，准入米二斗，五年十二月十一日付倉吏張曼、周棟畢。嘉禾六年二月廿日，田户曹史張惕、趙野校。

按：①《田家莂》“□”，據圖版當爲“辟”字，此字圖版作“▆▆”，比較清晰。今改“□”爲“辟”。

5·829 	靈僕丘男子孫□，佃田十五町，凡十七畝百卅步①，皆二年常限。其十六畝百九十步旱敗不收布。定收一畝百九十步，爲米二斛二斗五升②，畝收布二尺。其米二斛二斗五升，五年十一月廿日付倉吏張曼、周棟。凡爲布三尺七寸③，准入米一斗八升,五年十一月廿日付倉吏張曼、周棟。其旱田不收錢。
孰田畝收錢八十,凡爲錢二百④……日付庫吏潘□。嘉禾六
年二月廿日,田戸曹史張惕校。

按:①佃田總數與旱田、熟田畝數不合。佃田總數、旱田畝數、熟田畝數當有一誤。
②據熟田畝數與定額計,應收米二斛一斗五升。
③據熟田畝數與定額計,應收布三尺五寸八分。
④據熟田畝數與定額計,應收錢一百卌三錢。

5·830 灵僕丘男子烝集,佃田二町,凡五畝一百廿步,皆二年常限。
其三畝百廿步旱不收布。定收二畝,凡爲米二斛四斗,畝收
布二尺。其米二斛四斗,五年十一月卅日付倉吏張曼、周棟
畢。凡爲布四尺,准入米二斗四升,五年十二月廿日付倉吏
張曼、周棟。其旱田畝不收錢。其孰田畝收錢八十,凡爲
錢①……一升,五年十二月十五日付倉吏張曼、周棟畢。嘉禾
六年二月廿日,田戸曹史張惕、趙野校。

按:①據熟田畝數與定額計,應收錢一百六十錢。

5·831 灵僕丘男子張熊,佃田九町,凡十八畝,皆二年常限。其五畝
旱敗不收布。定收十三畝,凡爲米十五斛六斗,畝收布二
尺。其米十五斛六斗,五年十二月□日付庫吏張曼、周棟
畢①。凡爲布二丈六尺,……其旱畝不收錢。其孰田收錢畝
八十,凡爲錢一千卌,准米八斗,五年十二月十日付庫吏□
□。嘉禾六年二月廿日,田戸曹史張惕、趙野校。

按:①據文例,“庫”當爲“倉”字之誤。

5·832 灵僕丘男子張駘①,佃田三町,凡四畝,皆二年常限。爲米四斛
八斗,五年十二月七日付倉吏張曼、周棟畢。畝收布二尺,凡
爲布八尺,准入米五斗,付吏孫儀畢②。畝收錢八十,凡爲錢
三百廿,准入米二斗五升,五年十一月一日付倉吏潘慮。嘉
禾六年二月廿日,田戸曹史張惕、趙野校。

按:①《田家莂》“駘”,圖版作“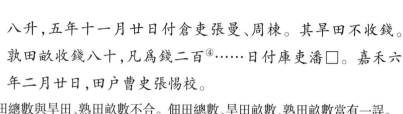”。王保成《三國吳簡文字研究》認爲是“駱”字。
②據文例,“付”前脫繳布日期。

5·833 灵僕丘大女廖姑,佃十二町①,凡廿二畝,皆二年常限。其二畝

旱不收布。定收廿畝,爲米廿四斛,畝收布二尺。其米廿四
斛,五年十一月七日付倉吏張曼、周棟畢。凡爲布一匹,五年
十二月九日付庫吏潘有畢。其旱田不收錢。其孰田畝收錢八
十,凡爲錢一千六百,五年十二月十日付庫吏潘有畢。嘉禾六
年二月廿日,田戶曹史張惕、趙野校。

按:①據文例,"佃"後脱"田"字。

5·834 灵僕丘縣吏廖怡,佃田六町,凡卅四畝,皆二年常限。其廿一
畝旱敗不收布。定收廿三畝,凡爲米廿七斛六斗,畝收布二
尺。其米廿七斛六斗,五年十月卅日付倉吏張曼、周棟。凡
爲布一匹六尺,准入米二斛八斗六升,五年十二月十九日付
倉吏張曼、周棟。其旱畝不收錢。其孰田畝收錢八十,凡爲
錢一千八百①,准米入一斛四斗斗三升[1]②,五年十二月十八日
付倉吏張曼、周棟畢。嘉禾六年二月廿日,田戶曹史張惕、趙
野校。

原注:[1]"四"下衍一"斗"字。

按:①據熟田畝數與定額計,應收錢一千八百卅錢。
　　②據文例,"准米入"當爲"准入米"之誤。據圖版,"四"後脱一"斗"字,今補。

5·835 灵僕丘男子廖荅①,佃田廿九町,凡卅二畝,皆二年常限。其五
畝旱不收布。定收卅七畝,爲米卅四斛四斗,畝收布二尺。其
米卅四斛四斗,五年十一月十日付倉吏張曼、周棟畢。凡爲布
一匹三丈四尺,准入米四斛五斗,五年十二月七日付倉吏孫儀
畢。其旱田不收錢。其孰田畝收錢八十,凡爲錢二千九百六
十,准入米二斛三斗,五年十二月七日付吏潘慮。嘉禾六年二
月廿日,田戶曹史張惕、趙野校。

按:①荅,音dá。《説文·艸部》:"荅,小尗也。从艸,合聲。"

5·836 灵僕丘男子廖博,佃田廿六町,凡五十九畝,皆二年常限。其
卅八畝旱敗不收布。定收廿一畝,凡爲米廿四斛[1],畝收布二
尺。其米廿四斛,五年十二月五日付倉吏張曼、周棟。凡爲
布一匹二尺,准入米二斛六斗二升,五年十二月十八日付倉
吏張曼、周棟。其旱畝不收錢。其孰田畝收錢八十,凡爲錢

一千六百八十，准米入一斛三斗八升[1]，五年十二月十日付吏番慮。嘉禾六年十二月廿一日[2]，田户曹史張惕、趙野校。

原注：[1]按定收畝數和收米定額計，應爲米廿五斛。[2]

[2]"十二月"之"十"字上抹一黑墨點，表示塗滅，或當釋"二月"。

按：①據文例，"准米入"當爲"准入米"之誤。

②據熟田畝數與定額計，應收米廿五斛二斗。《田家莂》注釋[1]亦誤。

5·837 灵僕丘郡吏廖真，佃田廿一町，凡五十三畝，皆二年常限。其卅三畝旱□不收布。定收廿畝，凡爲米廿四斛，畝收布二尺。其米廿四斛，五年十二月十三日付倉吏張曼、周棟畢。凡爲布一匹，准入米二斛五斗，五年十一月十八日付倉吏張曼、周棟畢。其旱畝不收錢。其孰田畝錢八十[1]，凡爲錢一千六百，准入米一斛二斗三升，五年十二月十五日付倉吏張曼、周棟畢。嘉禾六年二月廿日，田户曹史張惕、趙野校[2]。

按：①據文例，"畝"後脱"收"字。

②據圖版"曹"後有"史"字，圖版作"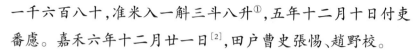"，《田家莂》脱，今補。

5·838 灵僕丘郡吏廖願，佃田三町，凡十三畝，皆二年常限。其十二畝旱不收布。定收一畝，爲米一斛二斗，畝收布二尺。其米一斛二斗，五年十一月廿日付倉吏張曼、周棟畢。凡爲布二尺，准入米一斗二升，五年十一月二日付倉吏張曼、周棟畢。其旱田不收錢。其孰田畝收錢八十，凡爲錢八十，准入米六升，五年十一月十日付倉吏張曼、周棟畢。嘉禾六年二月廿日，田户曹史張惕、趙野校。

5·839 灵僕丘郡吏廖□，佃田十四町，凡卅一畝，皆二年常限。……定收十七畝，爲米廿斛四斗，畝收布二尺。其米廿斛四斗，五年十一月九日付倉吏張曼、周棟畢。凡爲布三丈四[1]，准入米二斛一斗四升二合，五年十一月□日付吏□□。……。其孰田畝收錢八十，凡爲錢一千三百[1]……潘慮畢。嘉禾六年二月廿日[2]，田户曹史張惕、趙野校。

原注：[1]"四"下脱"尺"字。

按：①據熟田畝數與定額計，應收錢一千三百六十錢。

②據文例，《田家莂》"□"今補釋爲"六"。

5·840　灵僕丘男子鄧眼,佃田二町,凡十一畝,皆二年常限。其四畝旱敗不收布。定收七畝,爲米八斛四斗,畝收布二尺。其米八斛四斗,五年十二月廿□付倉吏張曼、周棟。凡爲布一丈四尺,准米入八斗六升①,五年十二月□日付倉吏張曼、周棟。其旱田不收錢。其孰田畝收錢八十,凡爲錢五百六十,准入米四斗五升,五年十二月□日付倉吏張曼、周棟畢。嘉禾六年二月廿日,田曹史張惕、趙野校②。

按：①據文例,“准米入”當爲“准入米”之誤。
　　②《田家莂》“廿日”後無點斷,今點斷。

5·841　灵僕丘男子劉伯,佃田六十一町,凡六十三畝,皆二年常限。……定收五十一畝,爲米六十一斛二斗,畝收布二尺。其米六十一斛二斗①,五年十一月廿一日付倉吏郭勳、馬欽。凡爲布二匹二丈二尺,五年十一月十二日付庫吏番慎②、番宗。其孰田收錢畝八十,凡爲錢四千八十,五年□月廿二日付庫吏潘慎、潘……。嘉禾六年二月廿日,田曹史張惕、趙野校③。

按：①據上文,《田家莂》“□”今補釋爲“二”。
　　②《田家莂》“廿二日”之“廿”字,據圖版實爲“十”字,圖版作“▨”,很清楚,只有一豎劃而非兩豎劃。今改。
　　③據圖版,“田”後無“户”字,《田家莂》衍“户”字,今刪。據文例,《田家莂》“□□”今補釋爲“野校”。

5·842　灵僕丘男子□綆,佃田十六町,凡十七畝,皆二年常限。爲米廿斛四斗,五年十二月廿一日付倉吏張曼、周棟畢。畝收布二尺,凡爲布三丈四尺,准入米二斛一斗三升,五年十一月一日付倉吏張曼、周棟畢。畝收錢八十,凡爲錢一千三百六十,准入米一斛四斗,五年十二月廿日付倉吏張曼、周棟畢。嘉禾六年二月廿日,田户曹史張惕、趙野校。

5·843　灵盡丘男子巨末,佃田七町,凡十一畝,皆二年常限。其六畝一百廿步旱不收布。定收四畝一百廿步,爲米五斛四斗,畝收布二尺。其米五斛四斗,五年十二月十七日付倉吏張曼、周棟。凡爲布九尺，准入米五斗五升，五年十二月九日付倉吏張曼、周棟。其旱畝不收錢。其孰田畝收錢八十，凡爲錢三百六十，五年十二月十七日付庫掾潘慎、潘宗畢。嘉禾六年二月廿日，田户曹史張惕、趙野校。

5·844　灵盡丘男子巨赤，佃田三町，凡六畝，皆二年常限。其三畝旱敗不收布。定收三畝，爲米三斛六斗，畝收布二尺。其米三斛六斗，五年十一月十七日付倉吏張曼、周棟。凡布六尺[1]，五年十二月廿日付庫掾番慎、番宗。其旱畝不收錢。其孰田畝收錢八十，凡爲錢二百卌，六年正月廿日付庫付庫掾番慎[1]、番宗。嘉禾六年二月廿日，田户曹史張惕、趙野校。

原注：[1]"日"下衍"付庫"二字。
按：①據文例，"凡"後脱"爲"字。

5·845　灵盡丘男子巨事，佃田十五町，凡廿八畝一百廿步，皆二年常限。其廿畝一百廿步敗不收布[1]。定收八畝，爲米九斛六斗，畝收布二尺。其米九斛六斗，五年十二月十日付倉吏張曼、周棟。凡爲布一丈六尺，五年十二月十一日付庫掾番慎、番宗。其旱畝不收錢。其孰田畝收錢八十，凡爲錢六百卌，五年十二月十一日付庫掾番慎、番宗畢。嘉禾六年二月廿日，田户曹史張惕、趙野校。

原注：[1]"步"下脱"旱"字。

5·846　灵盡丘男子巨□，佃田五町，凡十畝，皆二年常限。其七畝旱敗不收布。定收三畝，爲米三斛六斗，畝收布二尺。其米三斛六斗，五年十二月十一日付倉吏張曼、周棟。凡爲布六尺，五年十一月十日付庫掾潘有。其旱畝不收錢。其孰田畝收錢八十，凡爲錢二百卌，五年十一月十日付庫掾番慎、番宗畢。嘉禾六年二月廿日，户曹史張惕、趙野校。

5·847　灵盡丘大女烝□，佃田三町，凡九畝，皆二年常限。其八畝旱敗不收布。定收一畝，爲米一斛二斗，畝收布二尺。其米一斛二斗，五年十月十二日付倉吏張曼、周棟。凡爲布二尺，五年十一月十日付庫吏番有。其旱田不收錢。其孰田畝收錢八十，凡爲錢八十，五年十二月十二日付庫吏……。嘉禾六年二月廿日，田户曹史張惕、趙野校。

5·848 㚏盡丘縣吏番蔣，佃田廿町，凡五十畝，皆二年常限。其卌五畝旱敗不收布。定收十五畝，爲米十八斛，畝收布二尺。其米十八斛，五年十二月十一日付倉吏張曼、周棟。凡爲布三丈，五年十一月廿一日付庫掾番慎、番宗。其旱田不收錢。其孰田畝收錢八十，凡爲錢一千三百[1]，五年十二月十二日付庫掾番慎、番宗畢。嘉禾六年二月廿日，田户曹史張惕、趙野校。

原注：[1]按熟田畝數和收錢定額計，應收一千二百錢。

5·849 㚏盡丘男子番仰，佃田六町，凡十四畝，皆二年常限。其十一畝旱敗不收布。定收三畝，爲米三斛六斗，畝收布二尺。其米三斛六斗，五年十一月十七日付倉張曼[1]、周棟。凡爲布①……。其旱畝不收錢。其孰田畝收錢八十，凡爲錢二百卌，付庫掾潘慎、潘宗畢[2]。嘉禾六年二月廿日，田户曹史張惕、趙野校。

原注：[1]"倉"下脱"吏"字。

[2]此句未書交錢日期。

按：①據熟田畝數與定額計，應收布六尺。

5·850 㚏盡丘縣卒鄧囷，佃田五町，凡廿四畝，皆二年常限。其十四畝百廿步旱不收布。定收九畝百廿步，爲米十一斛四斗，畝收布二尺。其米十二斛[1]，五年十二月十二日付吏孫儀畢。凡爲布一丈四尺[2]，准入米八斗六升，五年十二月十八日付吏孫儀畢。其旱田不收錢。其孰田畝收錢八十，凡爲錢八百[3]，准米六斗一升，五年十二月八日付吏孫儀畢。嘉禾六年二月廿日，田户曹史張惕、趙野校。

原注：[1]按定收畝數和收米定額計，應爲米十一斛四斗，前文所見是。

[2]按定收畝數和收布定額計，應收布一丈九尺。

[3]按熟田畝數和收錢定額計，應收七百六十錢。

5·851 㚏盡丘男子鄧宣，佃田十町，凡十七畝，皆二年常限。其十六畝旱敗不收布。定收一畝,爲米一斛二斗,畝收布二尺。其米一斛二斗,五年十月廿日付倉吏張曼、周棟。凡爲布二<u>尺</u>,<u>五</u><u>年</u>[1]十一月□日付庫吏番有。其旱畝不收錢。其孰田畝收錢八十,凡爲錢八十,五年十二月十六日付庫掾潘慎、潘宗畢。嘉禾六年二月廿日,田戶曹史<u>張</u>惕[2]、趙野校。

按:①據孰田畝數與定額計,應收布二尺。據文例,《田家莂》"□……"今補釋爲"<u>尺</u>,<u>五</u><u>年</u>"。

②據文例,《田家莂》"□"今補釋爲"<u>張</u>"。

5·852 芙盡丘郡吏潘明,佃田卅町,凡九十二畝,皆二年常限。其六十六畝一百廿步旱敗不收布。定收廿五畝一百廿步,爲米卅斛六斗,畝收布二尺。其米卅斛六斗,五年十一月十日付倉吏張曼、周棟。凡爲布一匹一丈一尺,准入米三斛八斗一升五合,五年十一月十二日付倉吏張曼、周棟。凡爲錢二千卅,五年□月十二日付庫掾潘慎、潘宗畢。嘉禾六年……張惕、趙野校。

5·853 芙緒丘男子陳潘,佃田四町,凡十五畝二百廿步,皆二年常限。其二畝百廿步旱敗不收布。定收十三畝百步,爲米十六斛一斗,畝收布二尺。其米十六斛一斗,五年十一月廿四日付倉吏張曼、周棟。凡爲布二丈七尺[1],准入米一斛六斗七升,五年十二月四日付倉吏張曼、周棟。其旱田不收錢。孰田收錢畝八十,凡爲錢一千八十[2],五年十一月廿日付庫吏潘慎。嘉禾六年二月廿日,田戶曹史張惕校。

按:①據孰田畝數與定額計,應收布二丈六尺八寸三分。此簡繳布是按孰田十三畝百廿步徵收的。

②據孰田畝數與定額計,應收錢一千七十三錢。此簡繳錢是按孰田十三畝百廿步徵收的。

5·854 芙緒丘男子黃漢,佃田廿二町,凡卅一畝,皆二年常限。其十畝旱敗不收布。定收廿一畝,爲米廿五斛二斗,畝收布二尺。其米廿五斛二斗,五年十一月六日付三州掾孫儀。凡爲布一匹二尺,准入米二斛六斗二升,五年十一月十八日付三州掾孫儀。其旱田不收錢。其孰田畝收錢八十，凡爲錢一千六百八十，准入米一斛五斗，五年十一月九日付三州掾孫儀。嘉禾六年二月廿日，田戶曹張惕[1]、趙野校。

原注：[1]"曹"下脱"史"字。

5·855 灵緒下丘大女謝阿，佃田凡十三畝百步①，皆二年常限。其十畝百一十步旱敗不收布。定收二畝二百卅步，爲米三斛五斗五升，畝收布二尺。其米三斛五斗五升，五年十一月廿日付倉吏張曼、周棟。凡爲布六尺②，准入米三斗六升，五年十一月廿日付倉吏張曼、周棟。其旱田不收錢。孰田收錢畝八十，凡爲二百卅[1]③，五年十一月十九日付庫吏潘慎。嘉禾六年二月廿日，田戶曹史張惕校。[2]

原注：[1]"爲"下脱"錢"字。
　　[2]本券書下部左側有屬左莉的殘留文字，有"其旱田不收錢"等。
按：①據文例，"凡"前脱町數。
　　②據熟田畝數與定額計，應收布五尺九寸二分。此簡繳布是按熟田三畝徵收的。
　　③據熟田畝數與定額計，應收錢二百卅七錢。此簡繳錢是按熟田三畝徵收的。

5·856 灵緒中丘男子□□，佃田□□町，凡廿三畝。其廿二畝二年常限①。其十七畝百廿步旱不收布。其一畝餘力田，爲米四斗，布二尺，錢八十。定收四畝百廿步，爲米五斛四斗。收布二尺②。其米五斛八斗，五年十二月九日付倉吏張曼、周棟。凡爲布一丈一尺，准入米六斗六升，五年十二月二日付倉吏張曼、周棟。其旱田不收錢。其孰田畝收錢八十，凡爲錢四百卅，准入米三斗一升，五年十二月廿日付倉吏張曼、周棟畢。嘉禾六年二月廿日，田戶曹史張惕、趙野校。

按：①《田家莉》"十"字，據圖版應爲"廿"字，圖版很清晰。今改。
　　②據文例，"收"前脱"畝"字。

5·857 灵撈丘男子吳梨①，佃田二町，凡五畝，皆二年常限。旱敗不收錢布。嘉禾六年二月廿日，田戶曹 史 張 惕、趙野校②。

按：①撈，音lāo。《廣韻·豪韻》："撈，取也。"
　　②據文例，《田家莉》"□□"今補釋爲" 史 張 "。

5·858 灵捞丘男黄唐[1]，佃田卅二町，凡五十一畞，皆二年常限。畞收米一斛二斗，凡爲米六十一斛二斗，畞收布二尺。其米六十一斛二斗，五年十一月十日付三州掾孫儀。凡爲布二匹二丈二尺，准入米六斛二斗五升，五年十一月十日付三州掾孫儀。其孰田畞收錢八十，凡爲錢四千八十，准入米三斛六斗，五年十一月六日付三州掾孫儀。嘉禾六年二月廿日，田户曹史張惕、趙野校。

原注：[1]"男"下脱"子"字。

5·859 灵捞丘郡吏陳越①，佃田廿一町，凡六十畞，皆二年常限。其卅三畞一百廿步旱不收布。定收廿六畞一百廿步，爲米卅一斛二斗②，畞收布二尺。其米卅一斛二斗，五年十二月七日付倉吏張曼、周棟。凡爲布一匹一丈二尺③，准入米三斛三斗，五年十二月六日付倉吏張曼、周棟。其旱田不收錢。其孰田畞收錢八十，凡爲錢二千一百廿，准入米二斛七斗五升，五年十二月十日付倉吏張曼、周棟。嘉禾六年二月廿日，田户曹史張惕、趙野校。

按：①《田家莂》"越(?)"今釋爲"越"。詳參簡4·388。
　　②據熟田畞數與定額計，應收米卅一斛八斗。此簡繳米是按熟田廿六畞徵收的。
　　③據熟田畞數與定額計，應收布一匹一丈三尺。此簡繳布是按熟田廿六畞徵收的。

5·860 灵捞丘縣吏陳曠，佃田六町，凡廿畞，皆二年常限。其四畞旱不收布。定收十六畞，爲米十九斛二斗，畞收布二尺。其米十九斛二斗，五年十一月廿日付倉吏張曼、周棟。凡爲布三丈二尺，准入米二斛，五年十二月十日付倉吏張曼、周棟。其旱田不收錢。其孰田畞收錢八十，凡爲錢一千二百八十，准入米一斛六斗六升四合，五年十二月廿日付倉吏張曼、周棟。嘉禾六年二月廿日，田户曹史張惕、趙野校。

5·861 灵捞丘男子烝葟，田三町，凡八畞，皆二年常限。其二畞旱敗不收①。定收六畞，爲米七斛二斗，收布畞二尺②。其米七斛二斗，五年十月廿日付倉吏張曼、周棟。凡爲布一丈二尺，准入米七斗三升，五年十二月廿日付倉吏張曼、周棟。其旱田不收[1]。其孰田畝收錢八十，凡爲錢四百八十，准入米六斗三升，五年十一月十日付倉吏張曼、周棟。嘉禾六年二月廿日，田戶曹史張惕、趙野校。

原注：[1]“收”下或脱“錢”字。

按：①據文例，“收”後脱“布”字。

②據文例，“收布畝”當爲“畝收布”。

5·862 𡑋撈丘男子烝萌，佃田十二町，凡卅八畝，皆二年常限。其廿五畝旱不收布。定十三畝[1]，爲米十五斛六斗，畝收布二尺。其米十五斛六斗，五年十二月廿日付倉吏張曼、周棟。凡爲布二丈六尺，准入米一斛六斗一升，五年十二月五日付倉吏張曼、周棟。其旱田不收錢。其孰田畝收錢八十，凡爲錢一千卅，准入米一斛三斗五升二合，五年十二月七日付倉吏張曼、周棟畢。嘉禾六年二月廿日，田戶曹史張惕、趙野校。

原注：[1]“定”下脱“收”字。

5·863 𡑋撈丘男子蒴伍①，佃田二町，凡六畝。其五畝二年常限。其二畝旱不收布。其一畝餘力[1]，爲米四斗，布二尺，錢八十。定收三畝，爲米三斛六斗。畝收布二尺。其米三斛六斗②，五年十二月付倉吏張曼③、周棟。凡爲布八尺，准入米五斗，五年十二月七日付倉吏張曼、周棟。其旱田不收錢。其孰田畝收錢八十，凡爲錢三百廿，准入米二斗四升，五年十二月一日付倉吏張曼、周棟畢。嘉禾六年二月廿日，田戶曹史張惕、趙野校。

原注：[1]“餘力”下脱“田”字。

按：①蒴，音shuò。《玉篇·艸部》：“蒴，蒴藋，有五葉。”

②據餘力田收米四斗，定收田收米三斛六斗，合計應收米四斛。

③據文例，“十二月”後脱日序。

5·864 𡑋撈丘男子鄧狗，佃田二町，凡六畝。其五畝二年常限。其三畝旱不收錢[1]。其一畝餘力[2]，爲米四斗，布二尺，錢八十。定收二畝，爲米二斛四斗。畝收布二尺。其米二斛四斗①，五年十二月七日付倉吏張曼、周棟。凡爲布六尺，准入米……，五年十一月廿日付倉吏張曼、周棟。其旱田不收錢。其孰田畝收錢八十,凡爲錢二百卌,准入米……。嘉禾六年二月廿日,田户曹史張惕、趙野校。

原注:[1]"錢"當爲"布"之誤。

[2]"餘力"下脱"田"字。

按:①據餘力田收米四斗,定收田收米二斛四斗,合計應收米二斛八斗。

5·865 靈撈丘男子鄧馮,佃田七町,凡廿畝,皆二年常限。其十三畝一百廿步旱不收布。定收六畝一百廿步,爲米七斛八斗,畝收布二尺。其米七斛八斗,五年十二月九日付倉吏張曼、周棟。凡爲布一丈三尺,准入米一斛,五年十二月廿日付倉吏張曼、周棟。其旱田不收錢。其孰田畝收錢八十,凡爲錢五百八十[1],准入米四斗二升,五年十二月九日付倉吏張曼、周棟畢。嘉禾六年二月廿日,田户曹史張惕、趙野校。

原注:[1]按熟田畝數和收錢定額計,應收五百廿錢。

5·866 靈撈丘男子萠鼠,佃田二町,凡五畝[1],其三畝二年常限①。其一畝一百廿步旱不布[2]。其一畝餘力[3],爲米四斗,布二尺,錢八十。定收二畝一百廿步,爲米三斛,畝收布二尺。其米三斛四斗,五年十二月廿日付倉吏張曼、周棟。凡爲布七尺,准入米四斗二升,五年十二月七日付倉吏張曼、周棟。其旱田不收錢。其孰田畝收錢八十,凡爲錢二百八十,准入米二斗一升,五年十二月十日付倉吏張曼、周棟畢。嘉禾六年二月廿日,田户曹史張惕、趙野校。

原注:[1]下文所見常限田、餘力田合計爲四畝,與此佃田總數不合。②

[2]"不"下脱"收"字。

[3]"餘力"下脱"田"字。

按:①二年常限總畝數與二年常限旱田、熟田畝數不合。據二年常限旱田、熟田畝數合計,二年常限應爲四畝,據佃田總數與餘力田畝數推算,二年常限亦爲四畝,故二年常限非三畝而爲四畝。

②佃田總數不誤,《田家莂》注釋[1]可刪。

5·867 靈慮丘男子石迖,佃田十五町,凡卌二畝,皆二年常限。其卌一畝旱……。定收十一畝,爲米十三斛……。其米十三斛二斗,五□……吏張曼、周棟。凡爲布二丈二尺,准入米一斛三斗一升,五年□□月□□日付倉吏張曼、周棟。其旱畝不收錢。其孰田畝收錢八十,凡爲錢八百八十,五年十二月廿日付庫掾潘慎、潘宗。嘉禾六年□月廿日,田户曹史張惕、趙野校。

5·868 灵慮丘男子唐賢,佃田廿三町,凡五十二畝[1]。其卅三畝旱不收布。定收九畝。其七畝二年常限,爲米八斛四斗,畝收布二尺。其二畝餘力租[2],爲米八斗,畝收布二尺。其米九斛二斗,五年十二月十七日付倉吏張曼、周棟。凡爲布一丈八尺,准入米一斛一斗,五年十一月十八日付倉吏張曼、周棟。其旱畝不收錢。其孰田畝收錢八十,凡爲錢七百廿錢,五年十一月十七日付庫掾潘慎、潘宗畢。嘉禾六年二月廿日,田户曹史張惕、趙野校。

按:①佃田總數與旱田、熟田畝數不合。據收米數、收布數和收錢數與定額知,熟田爲九畝,則佃田總數與旱田畝數必有一誤。
　　②《田家莂》"田"字,據圖版當爲"租"字,圖版此字很清晰,左旁爲"禾",右旁爲"且"。今改。

5·869 灵慮丘男子鄧疇,佃田八町,凡卅三畝,皆二年常限。其十九畝旱不收布。定收十四畝,爲米十六斛八斗,畝收布二尺。其米十六斛八斗,五年十二月廿一日付倉吏張曼、周棟畢[1]。凡爲二丈八尺[1],准入米八斗九升入[2],五年十二月七日付倉吏張曼、周棟畢[2]。其旱田畝不收錢。其孰田畝收錢八十,凡爲錢一千一百廿,五年十二月七日付庫吏□□。嘉禾六年二月廿日,田户曹史張惕、趙野校。

原注:[1]"爲"下脱"布"字。
　　　[2]"升"下衍"入"字。

按:①據圖版,"棟"字後有一"畢"字,圖版作"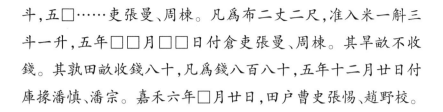",較清晰。《田家莂》脱,今補。
　　②據圖版,"棟"字後有一"畢"字,圖版作"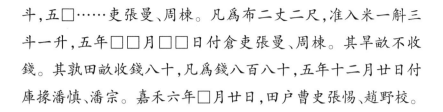",較清晰。《田家莂》脱,今補。

5·870 灵慮丘男子潘東,佃田十一町,凡卅一畝,皆二年常限。其卅畝旱不收布。定收一畝,凡爲米一斛二斗,畝收布二尺。其米一斛二斗,五年十二月廿日付倉吏張曼、周棟。凡爲布二尺，准入米一斗二升，五年十一月十三日付倉吏張曼、周棟。其旱田畝不收錢。其孰田畝收錢八十，凡爲錢八十錢，五年十一月卅日付庫掾[1]……。嘉禾六年二月廿日，田户曹史張惕、趙野校。

按：[1]《田家莂》"三十"，圖版不清晰。據統計，田家莂"卅"字凡1682見，而"三十"僅此1見，故《田家莂》"三十"應爲誤釋。今改"三十"爲"卅"。

5·871 夌暹丘男子朱孫[1]，佃田十町，凡卅一畝九十步，皆二年常限。旱敗不收錢布。▱

按：[1]暹，音xiān。《廣韻·鹽韻》："暹，日光進也。"

5·872 夌暹丘軍吏苗碓[1]，佃田十一町，凡廿八畝一百八十步，皆二年常限。其六畝一百六十步旱敗不收布。定收廿二畝卅步[2]，爲米廿六斛五斗五升，畝收布二尺。其米廿六斛五斗五升，五年十月三日付倉吏張曼、周棟。凡爲布一匹四尺[3]，准入米二斛七斗四升，五年十月三日付倉吏張曼、周棟。其旱田不收錢。孰田畝收錢八十，凡爲錢一千七百七十，五年九月五日付庫吏潘有。嘉禾六年二月廿日，田户曹史張惕校。

按：[1]碓，音duì。《説文·石部》："碓，舂也。从石，隹聲。"
[2]《田家莂》"廿步"之"廿"字，據圖版實爲"卅"字，圖版作"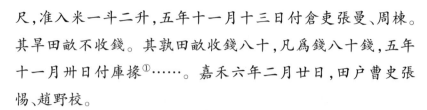"，較清晰，爲三豎劃而非兩豎劃，此字和前面的"廿二畝"之"廿"字明顯不同。另，據此簡收米廿六斛五斗五升、收錢一千七百七十亦與廿二畝卅步相合，與廿二畝廿步不合，也可證明當釋"卅"爲確。今改。
[3]據孰田畝數與定額計，應收布一匹四尺二寸五分。此簡繳布是按孰田廿二畝徵收的。

5·873 夌暹丘男子黄監[1]，佃田十町，凡十七畝一百卅步，皆二年常限。其一畝百七十步旱敗不收布。定收十五畝二百步，爲米十九斛，畝收布二尺。其米十九斛，五年十二月廿日付倉吏張曼、周棟。凡爲布三丈一尺[2]，五年十二月四日付庫吏番慎。其旱田不收錢。孰田畝收錢八十，凡爲錢一千二百六十[3]，五年十二月廿日付庫吏潘慎。嘉禾六年二月廿日，田户曹史張惕校。

按：[1]《田家莂》"監"今改釋爲"監"，詳參簡4·582。

②據熟田畝數與定額計，應收布三丈一尺六寸六分。

③據熟田畝數與定額計，應收錢一千二百六十六錢。

5·874 灵遷丘男子番曼，佃田九町，凡十七畝一百五十步，皆二年常
限。其五畝二百廿步旱敗不收布。定收十一畝一百七十步，
爲米十四斛五升，畝收布二尺。其米十四斛五升，五年十一
月□日付倉吏張曼、周棟。凡爲布二丈三尺①，五年十二月十
四日付庫吏潘慎。其旱田不收錢。孰田畝收錢八十，凡爲錢
九百卅②，五年十一月廿一日付庫吏□□。嘉禾六年二月廿
日，田户曹史張惕校。

按：①據熟田畝數與定額計，應收布二丈三尺四寸一分。

②據熟田畝數與定額計，應收錢九百卅六錢。

5·875 灵遷丘男子劉康，佃田十二町，凡五十一畝二百廿步。其卅一
畝二百廿步二年常限，旱敗不收布。其廿畝餘力[1]，爲米八
斛，畝收布二尺。其米八斛，五年十一月廿日付倉吏張曼、周
棟。凡爲布一匹，五年十一月廿日付庫吏潘慎。其旱田不收
錢。孰田畝收錢八十，凡爲錢一千六百，五年十一月廿日付
庫吏潘慎。嘉禾六年二月廿日，田户曹史張惕校。

原注：[1]"餘力"下脱"田"字。

5·876 灵劉里丘男子李尚，佃田卅町，凡五十畝，皆二年常限。定收
五十畝，凡爲米六十斛五斗[1]，收布二尺[2]。其米六十斛五
斗，五年十二月十八日付倉吏孫儀。凡爲布二匹二丈，准入
米六斛三斗，五年□月十二日付掾孫儀。畝收錢八十，凡爲
四千①，五年十二月□日付庫掾潘有。嘉禾六年二月廿日，田
户曹史張惕、趙野校。

原注：[1]按定收畝數和收米定額計，應收米六十斛。

[2]"收"上或脱"畝"字。

按：①據圖版，"爲"後無"錢"字，《田家莂》衍"錢"字，今刪。據文例，"爲"後脱"錢"字。

5·877 灵劉里丘男子李張，佃田廿二町，凡廿四畝，皆二年常限。其
一畝旱敗不收布。定收廿三畝，畝收米一斛二斗，凡爲米廿
七斛六斗，畝收布二尺。其米廿七斛六斗，五年十一月廿六

日付三州掾孫儀。凡爲布一匹六尺，准入米二斛六升，五年正月十日付三州掾孫儀[1]。其旱田不收錢。其孰田收錢畞八十，凡爲錢一千八百卌，准米一斛六斗六升，六年二月十日付掾孫儀。嘉禾六年二月廿日，田戶曹史張惕、趙野校。

原注：[1]依文例，"五年"或爲"六年"之誤。

5·878　囊劉里丘男子周匠，佃田七十八町，凡六十四畞，皆二年常限。其十畞旱不收布。定收五十四畞，爲米六十四斛八斗，畞收布二尺。其米六十四斛八斗，五年十月廿八日付倉吏郭勳、馬欽。凡爲布二匹二丈八尺，五年十一月十九日付庫吏潘有。其旱田不收錢。其孰田收錢八十①，凡爲錢四千三百卌，五年十一月廿九日付庫吏潘有畢。嘉禾六年二月廿日，田曹史張惕、趙野校。

按：①據文例，"田"或"錢"後脱"畞"字。

5·879　囊劉里丘男周幣①，佃田廿七町[1]，凡十九畞，皆二年常限。其一畞旱敗不收布。定收十八畞，畞收米一斛二斗，凡爲米廿一斛六斗，畞收布二尺。其米廿一斛六斗，五年十一月十日付三州掾孫儀。凡爲布三丈六尺，五年十一月十一日付庫吏番慎。其旱田不收錢。其孰田收錢八十②，凡爲錢一千四百卌，六年二月十日付庫吏潘慎。嘉禾六年二月廿日，田戶曹史張惕、趙野校。

原注：[1]"男"下脱"子"字。

按：①《田家莂》"幣"，圖版作"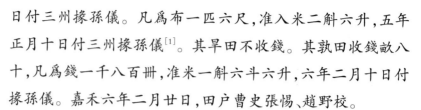"。王保成《三國吳簡文字研究》認爲是"勝"字。
　　②據文例，"田"或"錢"後脱"畞"字。

5·880　囊劉里丘男子殷洪，佃田卅四町，凡卅七畞，皆二年常限。其三畞旱不收布。定卅四畞①，爲米卅斛八斗，畞收布二尺。其米卅斛八斗，五年十二月三日付倉吏郭勳、馬欽。凡爲布一匹二丈八尺，准入米[1]，六年正月三日付掾孫儀。其旱田畞不收錢。其孰田收錢畞八十，凡爲錢二千七百廿，五年十二月八日付庫吏潘慎畢。嘉禾六年二月廿日，田曹史張惕②、趙野校。

原注：[1]"准入米"下脱入米數量。

按:①據圖版,"定"後無"收"字,《田家莂》衍"收"字,今刪。據文例,"定"後脫"收"字。
　　②《田家莂》"廿日"後無點斷,今點斷。

5·881　灵劉里丘男子殷常,佃田卅七町,凡卅一畝,皆二年常限。其
　　　　二畝旱不收布。定收卅九畝,畝收米一斛二斗,凡爲米卅六
　　　　斛八斗,畝收布二尺。其米卅六斛八斗,五年十二月十九日
　　　　付倉吏郭勳、馬欽。凡爲布一匹三丈八尺,五年十二月十日
　　　　付庫吏潘有。其旱田不收錢。其孰田收錢八十①,凡爲錢三
　　　　千一百廿,五年十一月十五日付庫吏番有畢。嘉禾六年二月
　　　　廿日,田户曹史張惕、趙野校。

按:①據文例,"田"或"錢"後脫"畝"字。

5·882　灵劉里丘男子殷終,佃田卅七町,凡廿七畝,皆二年常限。其
　　　　一畝旱敗不收布。定收廿六畝,爲米卅一斛二斗,畝收布二
　　　　尺。其米卅一斛二斗,五年十二月十日付倉吏郭勳、馬欽。
　　　　凡爲布一匹一丈二尺,五年十二月十二日付庫吏潘慎。其旱
　　　　田畝不收錢。其孰田收錢畝八十,凡爲錢二千八十,五年十
　　　　二月十八日付庫吏潘慎。嘉禾六年二月廿日,田曹史張惕①、
　　　　趙野校。

按:①《田家莂》"廿日"後無點斷,今點斷。

5·883　灵劉里丘男子殷越①,佃田十八町,凡廿二畝,皆二年常限。其
　　　　一畝旱不收布。定收廿一畝,爲米廿五斛[1],畝收布二尺。其
　　　　米廿五斛,五年十一月卅日付倉吏郭勳、馬欽。凡爲布一匹二
　　　　尺,五年十一月十日付庫吏番有。其旱田不收錢。其孰田收
　　　　錢八十②,凡爲錢一千六百八十,五年十一月廿一日付庫吏番
　　　　有畢。嘉禾六年二月廿日,田曹史張惕、趙野校。

原注:[1]按定收畝數和收米定額計,應爲米廿五斛二斗。
按:①《田家莂》"越(?)"今釋爲"越"。詳參簡4·388。
　　②據文例,"田"或"錢"後脫"畝"字。

5·884　灵劉里丘男子殷落,佃田卅九町,凡卅八畝,皆二年常限。
　　　　其……不收布。定卅五畝[1],爲米卅二斛,畝收布二尺。其米
　　　　卅二斛,五年十一月廿日付倉吏郭勳、馬欽。凡爲布一匹三

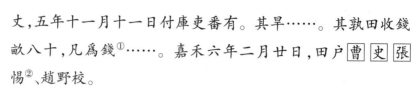

丈，五年十一月十一日付庫吏番有。其旱……。其孰田收錢畮八十，凡爲錢①……。嘉禾六年二月廿日，田户 曹 史 張惕②、趙野校。

原注：[1]“定”下脱“收”字。

按：①據熟田畮數與定額計，應收錢二千八百錢。

②據文例，《田家莂》“□□□”今補釋爲“ 曹 史 張 ”。

5·885　灵劉里男子殷遠[1]，佃田十町，凡十三畮，皆二年常限。其七畮旱不收布。定收六畮，爲米七斛二斗，畮收布二尺。其米七斛二斗，五年十一月廿日付倉吏郭勳、馬[2]。凡爲布一丈二尺，五年十一月廿六日……。其旱田不收錢。其孰田畮收錢八十，凡爲錢四百八十，五年十二月十八日付庫吏潘□。嘉禾六年二月廿一日，田曹史張惕、趙野校。

原注：[1]“劉里”下未見“丘”字。

[2]“馬”下或脱“欽”字。

5·886　灵劉里丘男子殷弼，佃田二町，凡三畮，皆二年常限。畮收米一斛二斗，凡爲米三斛六斗，畮收布二尺。凡爲布六尺，准入米三斗六升，五年十一月□日付倉……。其孰田畮收錢八十，凡爲錢二百卌，五年十二月廿日付庫吏……。嘉禾六年二月廿日，田户曹史張惕……

5·887　灵劉里丘男子殷獵，佃田七町，凡五畮，皆二年常限。其三畮旱不收布。定收二畮，爲米二斛四斗，畮收布二尺。其米二斛四斗，五年十一月廿日付倉吏郭勳、馬欽。凡爲布四尺，五年十一月廿日付庫吏潘有。其旱不收錢。其孰田收錢八十①，凡爲錢一百六十，五年十一月廿三日付庫吏潘有畢。嘉禾六年二月廿日，田曹史張惕、趙野校。

按：①據文例，“田”或“錢”後脱“畮”字。

5·888　灵劉里丘男子殷囊，佃田卅四町，凡十七畮①，皆二年常限。其一畮旱不收②。定收卅三畮，畮收一斛二斗③，凡爲米卅九斛六斗，畮收布二尺。其米卅九斛六斗，五年十一月二日付倉吏郭勳、馬欽。凡爲布一匹二丈六尺，五年十一月六日付庫吏潘有。其旱田不收錢。其孰田畞收錢八十,凡爲錢二千六百卌,五年十一月十一日付庫吏……。嘉禾六年二月十日,田户曹史張惕、趙野 校④。

按:①佃田總數與旱田、熟田畞數不合。據收米數、收布數和收錢數與定額知,熟田爲卅三畞,則佃田總數與旱田畞數必有一誤。

②據文例,"收"後脱"布"字。

③據文例,"收"後脱"米"字。

④據文例,《田家莂》"□"今補釋爲" 校 "。

5·889　灵劉里丘大女烝沽①,佃田八町,凡二畞,皆二年常限。……其米二斛四斗,五年十二月十日付倉吏郭勳、馬欽。……。其孰田收錢畞八十……。嘉禾六年二月廿日,田户曹史張惕、趙野校。

按:①《田家莂》"沽",圖版不很清楚。王保成《三國吴簡文字研究》認爲是"佑"字。

5·890　灵劉里丘男子烝解,佃田五十三町,凡六十八畞,皆二年常限。其一畞旱不收布。定收六十七畞,爲米八十斛四斗,畞收布二尺。其米八十斛四斗,五年十二月廿日付倉吏郭勳、馬欽。凡爲布三匹一丈四尺,五年十一月六日付庫吏番有。其旱畞不收錢。其孰田收錢八十①,凡爲錢五千三百六十,五年十一月六日付庫吏番有。嘉禾六年二月廿日,田户曹史張惕、趙野校。

按:①據文例,"田"或"錢"後脱"畞"字。

5·891　灵劉里丘男子黄赤,佃田卅町,凡廿九畞,皆二年常限。其一畞旱敗不收布。定收廿八畞,爲米卅三斛六斗,畞收布二尺。其米卅三斛六斗,五年十一月廿一日付倉吏郭勳、馬欽。凡爲布一匹一丈六尺,五年十一月十日付庫吏潘有。其旱田不收錢。其孰田畞收錢八十,凡爲錢二千二百卌,五年十一月廿日付庫吏番有畢。嘉禾六年二月廿日,田曹史張惕、趙野校。

5·892　灵劉里丘男子黄虎①,佃田十町,凡十三畞,皆二年常限。其一畞旱不收布。定收十二畞,畞收米一斛二斗,凡爲米十四斛四

斗,畝收布二尺。其米十四斛四斗,五年十一月廿日付倉吏郭勳、馬欽。凡爲布二丈四尺,五十一月廿日付庫吏潘有[1]。其旱田不收錢。其孰田收錢畝八十,凡爲錢九百六十,五年十一月卅日付庫吏潘有。嘉禾六年二月廿日,田戶曹史張惕、趙野校。

原注:[1]"五"下脱"年"字。

按:①《田家莂》"𧆜",當即"虎"字,圖版作"𧆜"。漢魏間"虎"字下之"几"多有寫作"巾"者,如《敦煌漢簡》簡2356B"虎"寫作"𧆜",北魏《王神虎造像記》"虎"寫作"𧆜",西魏《和照墓誌》"虎"寫作"𧆜",等等。今改。

5·893 㚣劉里丘男子黄鳳,七十一町①,凡九十七畝,皆二年常限。其二畝旱敗不收布。定收九十五畝,爲米一百一十四斛,畝收布二尺。其米一百一十四斛②,五年十一月一日付倉吏郭勳、馬欽。凡爲布四匹三丈,五年十一月五日付庫吏潘有。其旱田不收錢。其孰田收錢八十③,凡爲錢七千六百,五年十一月二日付……。嘉禾六年二月廿日,田曹史張……

按:①據文例,"七"前脱"佃田"二字。
②據前文"爲米一百一十四斛",《田家莂》"□□□"今補釋爲"十四斛"。
③據文例,"田"或"錢"後脱"畝"字。

5·894 㚣劉里丘軍吏區欽,佃田十二町,凡七畝,皆二年常限。其一畝旱敗不收布。定收六畝,爲米七斛二斗,畝收布二尺。其米七斛二斗,五年十一月廿二日付倉吏郭勳、馬欽。凡爲布一丈二尺,五年十二月廿日付庫吏潘慎。其旱田畝不收錢。其孰田收錢畝八十,凡爲錢四百八十,五年十二月十一日付庫吏潘慎□□。嘉禾六年二月廿日,田曹史張惕、趙野校。

5·895 㚣劉里丘男子婁小,佃田十町,凡十畝,皆二年常限。畝收米一斛二斗,爲米十二斛,畝收布二尺。其米十二斛,五年十二月十一日付□郭勳、馬欽。凡爲布二丈,五年十一月廿日付庫吏潘有。其孰田畝收錢八十,凡爲錢八百,五年十二月廿一日付庫吏□□。嘉禾六年二月廿日,田戶曹史張惕、趙野校①。

按:①據文例,《田家莂》"□"今補釋爲"校"。

5·896 灵劉里丘男子婁水，佃田五町，凡四畞，皆二年常限。畞收米一斛二斗，爲米四斛八斗，畞收布二尺。其米四斛八斗，五年十一月廿一日付倉吏郭勳、馬欽。凡爲布八尺，十二月十五日付庫吏潘慎[1]。其孰田收錢畞八十，凡爲錢二百卅[1]，五年十二月十五日付庫吏潘慎……。嘉禾六年二月廿日，田户曹史張惕、趙野校。

原注：[1]按熟田畞數和收錢定額計，應收三百廿錢。
按：①據文例，"十"前脱"五年"二字。

5·897 灵劉里丘男子鄭仙，佃田卅八町，凡八十四畞，皆二年常限。其八畞旱不收布。定收七十六畞，畞收米一斛二斗，凡爲米九十一斛二斗，畞收布二尺。其米九十一斛二斗，五年十一月十日付倉吏郭勳、馬欽。凡爲布三匹三丈二尺，五年十一月廿日付庫吏番慎。其旱田不收錢。其孰田畞收錢八十，凡爲錢六千八十，五年十二月廿日付庫吏……。嘉禾六年二月廿日，田户曹史張惕、趙野校。

5·898 灵劉里丘男子鄭各，佃田十七町，凡卅七畞，皆二年常限。其七畞旱敗不收布。定收卅畞，畞收米一斛二斗，凡爲米卅六斛，畞收布二尺。其米卅六斛，五年十一月八日付倉吏郭勳、馬欽。凡一匹二丈[1]，五年十一月十八日付吏潘有。其旱不收錢。其孰田收錢八十①，凡爲錢二千四百，五年十一月十八日付庫吏潘有。嘉禾六年二月廿日，田户史張惕、趙野 校 ②。

原注：[1]"凡"下脱"爲布"二字。
按：①據文例，"田"或"錢"後脱"畞"字。
　　②據文例，"户"後脱"曹"字；《田家莂》"□"今補釋爲"校"。

5·899 灵劉里丘男子鄭旁，佃田十五町，凡五畞，皆二年常限。定收米畞一斛二斗，凡爲六斛[1]，畞收布二尺。其米六斛，五年十一月十日付三州掾孫儀。凡爲布一丈，五年十月十日付庫吏潘慎。其旱……。其孰田畞收錢八十，凡爲錢四百，五年十月十日付庫吏潘慎、吏潘宗畢。嘉禾六年二月廿日，田户曹史張惕、趙野校。

原注：[1]"爲"下脱"米"字。

5·900 灵劉里丘男子鄭解,佃田八十一町,凡一頃廿二畝,皆二年常限。其十二畝旱不收布。定收一頃一十畝①,畝收米一斛二斗,凡爲米一百卅二斛,畝收布二尺。其米一百卅二斛,五年十二月十二日付三州掾孫儀。凡爲布五匹二丈,五年十一月十三日付庫吏潘慎。其旱田不收錢。其孰田收錢畝八十,凡爲錢八千八百,五年十月一日付庫吏潘有。嘉禾六年二月一日,田户曹史張惕、趙野校。

按:①《田家莂》"十一",據圖版當爲"一十"。另,簡文收米數、收布數和收錢數與定收一頃一十畝相合,而與定收一頃十一畝不合,亦可爲證。今改。

5·901 灵劉里丘大女鄭滿,佃田一百一十四町,凡一頃八十一畝,皆二年常限。其十八畝旱不收布。定收一頃六十三畝,畝收米一斛二斗,凡爲米一百九十五斛六斗,畝收布二尺①,凡爲布八匹六尺,五年十二月十日付庫吏潘慎、潘宗。其旱畝不收錢。……②凡爲錢一萬四……[1]。嘉禾六年二月廿日,田户曹史張惕、趙野校。

原注:[1]按熟田畝數和收錢定額計,應收一萬卅錢。③

按:①據文例,"畝收布二尺"後脫繳米數、繳米時間及繳付倉吏姓名。
　　②據文例,《田家莂》"……"當爲"其孰田畝收錢八十"之類熟田繳錢定額的語句。
　　③據熟田畝數與定額計,應收錢一萬三千卅錢。《田家莂》注釋[1]亦誤。

5·902 灵劉里丘男子鄭樵,佃田十四町,凡十五畝,皆二年常限。其一畝旱不收錢[1]。定收十四畝,畝收米一斛二斗,爲米十六斛八斗,畝收布二尺。其米十六斛八斗,五年十二月十五日付倉吏郭勳、馬欽。爲布二丈八尺①,五年十一月十五日付庫吏潘慎。其旱不收布②。其孰田收錢畝八十,凡爲錢一千一百廿,五年十二月□日付庫吏潘慎。嘉禾六年二月廿日,田户曹史張惕、趙野校③。

原注:[1]"錢"爲"布"之誤。

按:①據文例,"爲"前脱"凡"字。
　　②據文例,"布"當爲"錢"之誤。
　　③據文例,《田家莂》"□□"今補釋爲"野校"。

5·903 灵劉里丘男子劉苻,佃田十九町,凡十二畝,皆二年常限。其三畝旱不收布。定收九畝，畝收米一斛二斗，凡爲米十斛八斗，畝收布二尺。其米十斛八斗，五年十二月十三日付倉吏郭勳、馬欽。凡爲布一丈八尺，五年十二月八日付庫吏番慎、番宗。其旱田不收錢。其孰田收錢八十①，凡爲錢七百廿，五年十二月十日付庫吏……。嘉禾六年二月廿日，田户曹史張惕、趙野校。

按：①據文例，“田”或“錢”後脱“畝”字。

5·904 灵劉里丘州吏劉耶，佃田三町，凡廿九畝①，皆二年常限。其十五畝旱敗不收布。定收十三畝，爲米十五斛六斗，畝收布二尺。其米十五斛六斗，五年十一月廿一日付中倉吏郭勳、馬欽。凡爲布二丈六尺，五年十一月廿八日付吏潘有。其旱田不收錢。其孰田收錢畝八十，凡爲錢一千冊，五年十一月廿日付庫吏潘有畢。嘉禾六年二月廿日，田曹史張惕、趙野校。

按：①佃田總數與旱田、熟田畝數不合。據收米數、收布數和收錢數與定額知，熟田爲十三畝，則佃田總數與旱田畝數必有一誤。

5·905 灵劉里丘大女劉紫，佃田五町，凡冊四畝，皆二年常限。定收米合冊斛八斗，畝收布二尺。其米冊斛八斗，五年十一月冊日付倉吏郭勳、馬欽。凡爲布二匹二丈八尺[1]，五年十一月廿八日付庫吏潘慎。其旱田不收錢。其孰田收錢畝八十，凡爲錢二千七百廿，五年十二月廿日付庫吏潘慎畢。嘉禾六年二月廿日，田曹户史張惕[2]、趙野校。

原注：[1]按定收畝數和收布定額計，應收布一匹二丈八尺。
　　　[2]“曹”字當居“户”字後。

5·906 灵劉里丘男子劉棠，佃田冊五町，凡冊二畝，皆二年常限。其一畝旱不收布。定收冊一畝，爲米冊九斛二斗，畝收布二尺。其米冊九斛二斗，五年十二月五日付庫吏□□①。凡爲布二匹二尺，五年十二月廿日付庫吏潘有。其旱田不收錢。其孰田收錢八十②，凡爲錢三千二百八十，五年十一月十日付庫吏□□。嘉禾六年二月廿日，田曹史張惕、趙野校。

按：①據文例，“庫”當爲“倉”字之誤。
　　②據文例，“田”或“錢”後脱“畝”字。

5·907 灵劉里丘軍吏劉儀,佃田廿八町,凡廿一畝,皆二年常限。其一畝旱不收①。定收廿畝,爲米廿四斛,畝收布二尺。其米廿四斛,五年十一月十二日付倉吏郭勳、馬欽。凡爲布一匹,五年十一月廿日付庫吏潘慎。其旱田不收錢。其孰田收錢八十②,凡爲錢一千六百,五年十二月十日付庫掾潘慎、潘宗畢。嘉禾六年二月廿日,田曹史張惕、趙野校。

按:①據文例,"收"後脱"布"字。
②據文例,"田"或"錢"後脱"畝"字。

5·908 灵劉里丘大女劉鑾[1],佃田五町,凡四畝,皆二年常限。其一畝旱不收布。定收三畝,畝收米一斛二斗,爲米三斛六斗,畝收布二尺。其米三斛六斗,五年十一月廿一日付倉吏郭勳、馬欽。凡爲布六尺,五年十二月廿日付庫吏潘慎。其旱田不收錢。其孰田收錢畝八十,凡爲錢二百卅錢,五年十二月十四日付庫吏潘慎畢。嘉禾六年二月廿日,田户曹史張惕、趙野校。

原注:[1]鑾,似爲"蠻"字異體。

5·909 灵劉里丘男子劉□,佃田五町,凡廿三畝,二年常限。其一畝旱不收布。定收廿二畝,畝一斛二斗①,爲米廿六斛四斗,畝收布二尺。其米廿六斛四斗,五年十月三日付郭勳②、馬欽。凡爲布一匹四尺,五年十一月五日付庫吏潘慎。其旱田不收錢。其孰田收錢畝八十,凡爲錢一千七百六十……。嘉禾六年二月五日,田户曹史張惕校。

按:①據文例,"畝"後脱"收米"二字。
②據文例,"付"後脱"倉吏"之類的字。

5·910 灵劉里丘……金,佃田□□町,凡一頃□畝,皆二年常限①。定收八十三畝,爲米九十九斛六斗,收布二尺[1]。其米九十九斛六斗②,五年十一月十日付倉吏□□。凡爲布四匹六尺,五年十一月……凡爲錢六千六百卅,五年十一月十日付庫吏潘慎。嘉禾六年二月廿日,田户曹史張惕、趙野校。

原注:[1]"收"上脱"畝"字。
按:①據文例,"常限"後脱旱田情況的語句。

②據上文"爲米九十九斛六斗"，《田家莂》"其……斗"今補釋爲"其[米][九][十][九][斛][六]斗"。

5·911 㶚劉里大女□思，佃田廿六町，凡五十畝，皆二年常限。……畝收米一斛二斗，爲米六十斛，畝收布二尺。其米六十……。凡爲布二匹二丈，五年十二月十一日付庫吏潘慎。其旱田不收錢。其孰田收錢畝八十，凡爲錢四千，五年十一月廿五日付庫吏潘慎。嘉禾六年二月廿日，田户曹史張惕、趙野校。

5·912 㶚劉里丘郡吏□善，佃田七町，凡□□畝，皆二年常限。其五畝旱不收布。定收六十三畝，畝收米一斛二斗，凡爲米七十五斛六斗……。其旱不收錢。……凡爲錢五千卌，五年十二月□日付庫吏番慎、番宗。……

5·913 㶚漬丘男子田敢，佃田十町，凡十二畝，皆二年常限。其八畝旱不收布。定收四畝，爲米四斛八斗，畝收布二尺。其米四斛八斗，五年十二月十三日付倉吏張曼、周棟畢。凡爲布八尺，准入米四斗八升，五年十一月五日付倉吏孫儀畢。其旱畝不收錢。其孰田畝收錢八十，凡爲錢三百廿，准入米三斗，五年十一月十四日付倉吏番慮畢。嘉禾六年二月廿日，田户曹史張惕、趙野校。

5·914 㶚漬丘縣吏由侑，佃田十八町，凡廿八畝，皆二年常限。其十一畝旱不收布。定收十七畝，爲米廿斛四斗，畝收布二尺。其米廿斛四斗，五年十一月十一日付倉吏張曼、周棟畢。凡爲布三丈四尺，准入米二斛四升，五年十一月十七日付倉吏孫儀畢。其旱不收錢。其孰田畝收錢八十，凡爲錢一千三百六十，准入米一斛五升，五年十二月十五日付倉吏潘慮畢。嘉禾六年二月廿日，田户曹史張惕、趙野校。

5·915 㶚漬丘郡吏光欽，佃田卅七町，凡九十六畝，皆二年常限。其卅三畝旱□不收布。定收六十畝①，……□斛六斗，畝收布二尺。其米九十五斛六斗②，五年十二月十八日付倉吏張曼、周

棟畢。凡爲布三匹六尺，准入米四斛八斗七升，五年十二月十八日付吏孫儀。其旱田不收錢。其孰田畝收錢八十，凡爲錢五千卌，准入米三斛七斗二升，五年十……吏孫儀畢。嘉禾六年二月廿日，田戶曹史張惕、趙野校[3]。

按：①據佃田總數九十六畝與旱田卅三畝計，定收當爲六十三畝；據收布數、收錢數與定額計，定收亦當爲六十三畝。則“定收六十畝”當爲“定收六十三畝”之誤。

②據定收六十畝與定額計，應收米七十二斛；據定收六十三畝與定額計，應收米七十五斛六斗。

③據文例，《田家莂》“□”今補釋爲“校”。

5·916 㠣潰丘男子張守，佃田廿七町，凡卌二畝，皆二年常限。其廿畝旱不收布。定收廿二畝，爲米廿六斛四斗，畝收布二尺。其米廿六斛四斗，五年十一月五日付倉吏孫義畢。凡爲布一匹四尺，准入米二斛七斗四升，五年十二月□日付倉吏孫儀畢。其旱畝不收錢。其孰田畝收錢八十，凡爲錢一千七百六十，准入米一斛六斗，五年十二月十八日付倉吏潘慮。嘉禾六年二月廿日，田戶曹史張惕、趙野校。

5·917 㠣潰丘男子潘金，佃田五町，凡六畝，皆二年常限。凡爲米七斛二斗，畝收布二尺。其米七斛二斗，五年十一月十五日付倉吏張曼、周棟畢。凡爲布一丈二尺，准入米七斗二升，五年十二月十五日付倉吏孫儀畢。其旱畝不收錢。其孰田畝收錢八十，凡爲四百八十[1]，准入米三斗七升，五年十月五日付倉吏番慮畢。嘉禾六年二月廿日，田戶曹史張惕、趙野校。

原注：[1]“爲”下脱“錢”字。

5·918 㠣潰丘郡吏謝平，佃田十八町，凡五十一畝，皆二年常限。其廿三畝旱不收布。定收廿八畝，爲米卅三斛六斗，畝收布二尺。其米卅三斛六斗，五年十二月十九日付倉吏張曼、周棟畢。凡爲布一匹一丈六尺，准入米三斛四斗六升，五年十二月九日付倉吏張曼、周棟畢。其旱畝不收錢。其孰田畝錢八十①，凡錢二千二百卌②，准入米一斛五斗七升，五年十一月十三日付倉吏番慮畢。嘉禾六年二月廿日，田戶曹史張惕、趙野校。

按:①據文例,"畝"後脱"收"字。

　　②據文例,"凡"後脱"爲"字。

5·919　𡘋漬丘男子謝諸,佃田四町,凡六畝,皆二年常限。其四畝旱
　　　　　不收布。定收二畝,爲米二斛四斗,畝收布二尺。其米二斛
　　　　　四斗,十一月十八日付倉吏張曼①、周棟。凡爲布四尺,准入
　　　　　米二斗四升,五年十二月十八日吏孫義畢[1]。凡爲錢一百六
　　　　　十②,准米一斗三升,五年十一月八日付倉吏潘慮畢。嘉禾六
　　　　　年二月廿日,田户曹史張惕、趙野校。

原注:[1]"吏"上脱"付"字。

按:①據文例,"十"前脱"五年"二字。

　　②據文例,"凡"前脱收錢定額。

5·920　𡘋漬丘郡吏謝興,佃田卅八町,凡九十一畝[1],皆二年常限。其
　　　　　卅四畝旱不收布。定收五十六畝,爲米六十七斛二斗,畝收布
　　　　　二尺。其米……。凡爲布二匹三丈二尺,准入米十一斛九斗
　　　　　二升,五年十二月十八日付吏孫儀。其旱畝不收錢。其孰田
　　　　　畝收錢八十,凡爲錢四千四百八十,准入米四斛三斗四升,五
　　　　　年十二月八日付吏番慮畢。嘉禾六年二月廿日,田户曹史張
　　　　　惕、趙野校。

原注:[1]據下文卅四畝旱、定收五十六畝,合計數爲九十畝,與此佃田數九十一畝
　　　不合。

5·921　𡘋彈溲丘男子鄧□,佃田三町,凡十一畝。其十畝二年常限。
　　　　　其一畝餘力孰[1],收米四斗,布二尺,錢八十。其五畝旱不收
　　　　　布。定收五畝,爲米六斛,收布二尺①。其米六斛四斗,五年
　　　　　十二月八日付倉吏張曼、周棟。凡爲布一丈二尺,准入米八
　　　　　斗,五年十二月一日付倉吏張曼、周棟。其旱田不收錢。其
　　　　　孰田畝收錢八十,凡爲錢四百八十,五年十一月七日付庫吏
　　　　　潘有。嘉禾六年二月廿日,田户曹史張惕、趙野校。

原注:[1]"熟"下脱"田"字。

按:①據文例,"收"前脱"畝"字。

5·922　𡘋彈溲丘男子光頭,佃田二町,凡六畝。其五畝二年常限,爲

米六斛,畝收布二尺。其一畝餘力[1],爲米四斗,布二尺。其米六斛四斗,五年十二月十日付倉吏張曼、周棟。凡爲布一丈四尺①,准入米八斗四升,五年十二月一日付吏孫儀。爲錢四百八十[2],五年十二月一日付庫吏潘慎、潘宗畢。嘉禾六年二月廿日,田户曹史張惕、趙野校。

原注:[1]"餘力"下脱"田"字。

　　　[2]"爲"上脱"凡"字。

按:①據熟田畝數與定額計,應收布一丈二尺。

5·923 灵彈溲丘大女李姑,佃田六町,凡十二畝,皆二年常限。爲收米一斛二斗[1],爲米十四斛四斗,畝收布二尺。其米十四斛四斗,五年十二月十一日付倉吏張曼、周棟。凡爲布二丈四尺,准入米一斛一斗一升,五年十一月九日付倉吏張曼、周棟。其旱田不收錢。其孰田畝收錢八十,凡爲錢九百六十,准入米一斛一四升八合[2],五年十二月十日付吏孫儀畢。嘉禾六年二月廿日,田户曹史張惕、趙野校。

原注:[1]"爲"當爲"畝"之誤。

　　　[2]"四"前脱"斗"字。

5·924 灵彈溲丘州吏吳蘭,佃田十町,凡五十畝,皆二年常限。其十畝旱不收布。定收廿畝[1],爲米廿三斛四斗四升①。其米廿三斛四斗四升②,五年十一月十三日付倉吏張曼、周棟。凡爲布二匹,准入米五斛,五年十二月十一日付倉吏張曼、周棟。其旱田不收錢。其孰田畝收錢八十,凡爲錢三千二百,付庫吏潘有畢③。嘉禾六年二月廿日,田户曹史張惕、趙野校。

原注:[1]"廿"當爲"卅"之誤。

按:①據佃田總數和旱田畝數知:熟田當爲卅畝。若是,據收米數知畝收米五斗八升六合,則州吏吳蘭享受了二年常限繳米定額優惠。

　　②據文例,"其米"前脱"畝收布二尺"五字。

　　③據文例,"付"前脱繳錢時間。

5·925 灵彈溲丘男子周陽,佃田□町,凡十八畝,皆二年常限。其十七畝旱不收布。定收一畝,爲米一斛二斗。其米一斛二斗①,五年十二月十日付倉吏張曼、周棟。爲布二尺②,准入米一斗二升,五年十二月一日付吏孫儀。其旱田不收錢。其孰田畝收錢八十,五年十二月一日付庫吏潘慎③、潘宗畢。嘉禾六年二月廿日,田户曹史張惕、趙野校。

按:①據文例,"其米"前脱"畝收布二尺"五字。

②據文例,"爲"前脱"凡"字。

③據文例,"五年"前脱繳錢數,當爲"凡爲錢八十"。

5·926 灵彈溲丘男子枏弝,佃田六町,凡十一畝,皆二年常限。其三畝旱不收布。定收八畝,爲米九斛六斗,畝收布二尺。其米九斗六升[1],五年二月九日付倉吏張曼①、周棟。凡爲布一丈六尺,准入米九斗六升,五年十二月六日付倉吏張曼、周棟畢。嘉禾六年二月廿日,田户曹史張惕、趙野校。[2]

原注:[1]"斗"爲"斛"之誤,"升"爲"斗"字之誤。

[2]此莂未書收付錢事項。

按:①據文例,繳米時間年份或月份有一誤。

5·927 灵彈溲丘縣卒枏𣏾①,佃田十町,凡十七畝八十步,皆二年常限。其七畝八十步旱不收布。定收畝[1],爲米十二斛,畝收布二尺。其米十二斛,五年十一月八日付倉吏張曼、周棟。凡爲布二丈,准入米一斛二斗五升,五年十二月九日付倉吏張曼、周棟。其旱田不收錢。其孰田畝收錢八十,凡爲錢八百,准入米五斗,五年十二月□日付倉吏張曼、周棟畢。嘉禾六年二月廿日,田户曹史張惕、趙野校。

原注:[1]據佃田總數與旱畝數推算,當定收十畝,"畝"上脱"十"字。

按:①《田家莂》"𣏾",圖版作"𣏾",疑爲"桙"字。《玉篇·木部》:"桙,杖也。"

5·928 灵彈溲丘男子枏穀,佃田二町,凡七畝。其六畝二年常限,旱敗不收布。其一畝餘力[1],爲米四斗。其米四斗,五年十二月十日付倉吏張曼、周棟。布二尺①,准入米一斗二升,五年十二月七日付倉吏張曼、周棟。其旱田不收錢。其孰田畝收錢八十,准入米六升②,五年十二月六日付倉吏張曼、周棟畢。嘉禾六年二月廿日,田户曹史張惕、趙野校。

原注:[1]"餘力"下脱"田"字。

按:①據文例,"布"前脱"凡爲"二字。

5·929　灵彈溲丘男子唐任，佃田九町，凡廿三畞，皆二年常限。其十
　　　　畞旱不收布。定收十三畞，爲米十五斛六斗，畞收布二尺。
　　　　其米十五斛六斗，五年十二月廿日付倉吏張曼、周棟。凡爲
　　　　布二丈六尺，准米一斛五斗八升[1]，五年十二月十日付倉吏張
　　　　曼、周棟。其旱田不收錢。其孰田畞收錢八十，爲錢一千卅，
　　　　准入米一斛六斗，五年十二月十日付吏孫儀畢。嘉禾六年二
　　　　月廿日，田户曹史張惕、趙野校。

原注：[1]"准"下或脱"入"字。①

按：①據文例，田家莂布、錢折合爲米既可稱"准入米"，又可稱"准米"。故《田家莂》
　　　注釋[1]可删。

5·930　灵彈溲丘男子唐泥①，佃田三町，凡十畞，皆二年常限。旱敗不
　　　　收錢布。嘉禾六年二月廿日，田户曹史張惕、趙野校。

按：①《田家莂》"泥"當爲"泥"字。簡貳·6873之"泥"作""，可與此字相對照。今
　　　改"泥"爲"泥"。

5·931　灵彈溲丘男子唐觀，佃田一町，凡四畞，皆二年常限。其二畞
　　　　旱不收布。定收二畞，爲米二斛四斗，畞收布二尺。其米二
　　　　斛四斗，五年十二月七日付倉吏張曼、周棟。凡爲布四尺，准
　　　　入米二斗四升，五年十二月九日付吏孫儀。其旱田不收錢。
　　　　其孰田……，凡爲錢一百六十，五年十……潘慎、潘宗畢。嘉
　　　　禾六年二月□日……曹史……校。

5·932　灵彈溲丘大女唐魃，佃田四町，凡十五畞，皆二年常限。其十
　　　　四畞一百廿步旱不收布。定收一百廿步，爲米六斗。其米六
　　　　斗，五年十二月二日付倉吏張曼、周棟。爲布一尺①，准入米
　　　　三升，五年十二月九日付吏孫儀。其旱田不收錢。其孰田一
　　　　百廿步爲錢卅②，五年十一月一日付庫吏潘慎、潘宗畢。嘉禾
　　　　六年二月廿日，田户曹史張惕、趙野校。

按：①據文例，"爲"前脱"凡"字。
　　②據文例，"其孰田一百廿步爲錢卅"當爲"其孰田畞收錢八十，凡爲錢卅"。

5·933　灵彈溲丘大女陳命,佃田一町,凡五畝,皆二年常限。旱敗不收錢布。嘉禾六年二月廿日,田户曹史張惕、趙野校。

5·934　灵彈溲丘男子烝巴,佃田二町,凡七畝,皆二年常限。其二畝旱不收布。定收五畝,爲米六斛,畝收布二尺。其米六斛,五年十二月□日□付倉吏張曼①、周棟。凡爲布一丈,准入米六斗一升,五年十二月九日付吏孫儀。其旱田不收錢。其孰田畝收錢八十,凡爲錢四百,五年十二月六日付庫吏潘慎、潘宗畢。嘉禾六年二月廿日,田户曹史張惕、趙野校。

按:①據文例,"日"後當爲"付"字。圖版此處不清晰,疑《田家莂》衍"□"。

5·935　灵彈溲丘男子烝逐,佃田五町,凡十六畝,皆二年常限。其四畝旱不收布。定收十二畝,爲米十四斛四斗,畝收布二尺。其米十四斛四斗,五年十二月廿日付倉吏張曼、周棟。凡爲布一丈二尺[1],准入米七斗二升,五年十二月三日付倉吏張曼、周棟。其旱田不收錢。其孰田畝收八十①,凡爲錢九百六十,付庫吏潘有畢②。嘉禾六年二月廿日,田户曹史張惕、趙野校。

原注:[1]按定收畝數和收布定額計,應收布二丈四尺。
按:①據圖版,"收"後無"錢"字。《田家莂》衍"錢"字,今刪。據文例,"收"後脱"錢"字。
　　②據文例,"付"前脱繳錢時間。

5·936　灵彈溲丘男子烝盡,佃田八町,凡卅一畝,皆二年常限。其廿一畝旱不收布。定收十畝,爲米十二斛,畝收布二尺。其米十二斛,五年十二月十七日付倉吏張曼、周棟。凡爲布二丈,准入米一斛二斗,五年十一月十三日付倉吏張曼、周棟。其旱田不收錢。其孰田畝收錢八十,凡爲錢八百,付庫吏潘有畢①。嘉禾六年二月廿日,田户曹史張惕、趙野校。

按:①據文例,"付"前脱繳錢時間。

5·937　灵彈溲丘男子烝懷①,佃田三町,凡十一畝,皆二年常限。定收九畝②,爲米十斛八斗,畝收布二尺。……五年三月九日付倉吏張曼③、周棟。凡爲布一丈八尺,准入米一斛八斗,五年十一月十日付吏孫儀。其孰田畝收錢八十④,……庫吏潘慎、潘宗。嘉禾六年二月廿日，田户曹史張惕、趙野校。

按：①愽，音ài。同"僾"。

②據文例，"定收"前脫旱田情況。

③據文例，"五年三月"當有誤。

④據文例，"其孰田"前脫"其旱田（畞）不收錢"之類語句。

5·938 灵彈溲丘男子丞讓，佃田十町，凡五十一畞，皆二年常限。其廿三畞旱不收布。定收廿八畞，爲米卅三斛六斗，畞收布二尺。其米卅三斛六斗，五年十二月十二日付倉吏張曼、周棟。凡爲布一四一丈六尺，准入米三斛五斗，五年十二月七日付倉吏張曼、周棟。其旱田不收錢。其孰田畞收錢八十，凡爲錢二千二百卅，付庫吏潘有畢[1]。嘉禾六年二月廿日，田户曹史張惕、趙野校。

原注：[1]此句前脫繳錢年月日。

5·939 灵彈溲丘郡卒栂夏①，佃田五町，凡廿畞②，皆二年常限。其十四畞八十步旱不收布。定收六畞，爲米七斛二斗，畞收布二尺。其米七斛二斗，五年十一月一日付倉吏張曼、周棟。凡爲布一丈二尺，准入米七斗三升，五年田一月廿日付倉張曼③、周棟。其旱田不收布[1]。其孰田畞收錢八十，凡爲錢八百④，准入米三斗，五年十二月九日付倉吏張曼、周棟畢。嘉禾六年二月二月廿日[2]，田户曹史張惕、趙野校。

原注：[1]"布"當爲"錢"之誤。

[2]"六年"下衍"二月"二字。

按：①《田家莂》"梅"字，據圖版應爲"栂"字，圖版很清晰。今改。

②佃田總數與旱田、熟田畞數不合。據收米數、收布數與定額計，熟田爲六畞，則佃田總數和旱田畞數當有一誤。

③據文例及文意，《田家莂》"□"今補釋爲"田"。"倉"後脫"吏"字。

④據熟田六畞與定額計，當爲錢四百八十錢。

5·940 灵彈溲丘州卒梅碩，佃田廿町，凡五十一畞，皆二年常限。其卅畞一百廿步旱不收布。定收廿畞一百廿步，爲米廿四斛六斗，畞收布二尺。其米廿四斛六斗，五年十二月七日付倉吏張曼、周棟。凡爲布……，准入米二斛……，五年十二月□日付倉吏張曼、周棟。……凡爲錢一千六百卅，准入米……升，五年十二月□日付倉吏張曼、周棟畢。嘉禾六年二月廿日，田戶曹史張惕、趙野校。

5·941 灵彈溇丘縣吏梅綜，佃田十町，凡卅畝[1]，皆二年常限。其十七畝一百廿步旱敗不收布。定收十二畝一百卅步①，爲米十五斛五升，畝收布二尺。其米十五斛五升，五年十月廿日付倉吏張曼、周棟。凡爲布二丈五尺②，准入米一斛五斗，五年十二月廿日付倉吏張曼、周棟。其旱田不收錢。其孰田畝收錢八十，凡爲錢一千③，准入米七斗七升，□年□□月廿日付倉吏張曼、周棟。嘉禾六年二月廿日，田戶曹史張惕、趙野校。

原注：[1]下文旱敗和定收田畝合計數爲卅畝十步，與此數不合。

按：①《田家莂》"廿"字，據圖版應爲"卅"字，圖版作"▓▓"。今改。

②據熟田畝數與定額計，應收布二丈五尺八分。此簡是按熟田十二畝一百廿步徵收布的。

③據熟田畝數與定額計，應收錢一千三錢。此簡是按熟田十二畝一百廿步徵收錢的。

5·942 灵單溇丘郡吏黄士[1]，佃田七町，凡廿四畝，皆二年常限。其五畝旱不收布。定收十九畝，爲米廿二斛八斗，畝收布二尺。其米廿二斛八斗，五年十一月廿日付倉吏張曼、周棟。凡爲布三丈八尺，准入米二斛二斗八升，五年十二月六日付倉吏張曼、周棟。其旱田不收錢。其孰田畝收錢八十，凡爲錢一千五百廿，准入米一斛九斗斗七升六合[2]，五年十二月十日付吏孫儀。嘉禾六年二月廿日，田戶曹史張惕、趙野校。

原注：[1]"單"通"彈"，故本券書歸入彈溇丘。

[2]"九"下衍一"斗"字。

5·943 灵彈溇丘男子黄張，佃田二町，凡十二畝一百六十四步[1]①，皆二年常限。其四畝卅九步旱不收布。定收八畝，爲米九斛六斗，畝收布二尺。其米九斛六斗，五年十二月十日付倉吏張曼、周棟。凡爲布一丈六尺，准入米九斗七升，五年十二月十日付倉吏張曼、周棟。其旱田不收錢。其孰田畝收錢八十，凡爲錢六百卅，准入米八斗三升二合，五年十二月九日付吏孫儀畢。嘉禾六年二月廿日，田戶曹史張惕、趙野校。

原注：[1]佃田數與定收、旱敗之合計畝數不合。

按：①佃田總數與旱田、熟田畝數不合。據收米數、收布數和收錢數與定額計，熟田爲八畝，則佃田總數與旱田畝數必有一誤。

5·944 灵單溲丘男子黃鼠①，佃田十町，凡廿六畝，皆二年常限。旱敗不收錢布。嘉禾六年二月廿日，田戶曹史張惕、趙野校。

按：①《田家莂》"彈"字，據圖版應爲"單"，圖版作"〓"。今改。

5·945 灵彈溲丘郡吏黃□，佃田七町，凡廿九畝，皆二年常限。……定收十四畝，爲米十六斛八斗，畝收布二尺。其爲米十六斛八斗①，五年十二月十二月十二日付倉吏張曼、周棟[1]。凡爲布二丈八尺，准入米一斛……張曼、周棟。……准入米□斛四斗□升六合，五年□月七日付吏孫儀。……□年□月□日，田戶曹史□……

原注：[1]"五年"下衍"十二月"三字。

按：①據文例，"其"後衍"爲"字。

5·946 灵彈溲丘男子蔡若，佃田七町，凡十八畝，皆二年常限。其十畝旱不收布。定收八畝，爲米九斛六斗，收布二尺①。其米九斛六斗，五年十一月二日付倉吏張曼、周棟，凡爲布一丈六尺，准米九斗六升，五年十二月一日付倉吏張曼、周棟。其旱田不收錢。其孰田畝收錢八十，凡爲錢六百冊，准米八斗三升二合，五年十二月十一日付吏孫義②。嘉禾六年二月廿日，田戶曹史張惕、趙野校。

按：①據文例，"收"前脫"畝"字。
　　②《田家莂》"儀"字，據圖版應爲"義"，今改。

5·947 灵彈溲丘男子蔡橋[1]，佃田九町，凡廿六畝。其十六畝旱不收布。定收十畝，爲米十二斛，畝收布二尺。其米十二斛，五年十二月七日付倉吏張曼、周棟①。凡爲布二丈，准入米一斛二斗五升，五年十二月八日付倉吏張曼、周棟。其旱不收錢。其孰田畝收錢八十，凡爲錢八百，准入米一斛四升，五年十一月廿二日付吏孫儀。嘉禾六年二月廿日，田戶史張惕②、趙野校。

原注：[1]拍照時簡首已殘損，今據早期釋文録出。

按：①《田家莂》“棟”字，據圖版應爲“悚”，今改。

　　②據文例，“田户”後脱“曹”字。

5·948　灵彈溲丘男子鄧元，佃田六町，凡廿畞，皆二年常限。其十七
畞旱一百廿步旱敗不收布[1]。定收二畞一百廿步，爲米三斛，
畞收布二尺。其米三斛，五年十一月九日付倉吏張曼、周
悚。凡爲布五尺，准米三斗一升，五年十一月廿日付吏孫
儀。其旱田不收錢。其孰田畞收錢八十，凡爲錢二百，五年
十一月九日付庫吏潘慎、潘宗畢。嘉禾六年二月廿日，田户
曹史張惕、趙野校。

原注：[1]“畞”下衍“旱”字。

5·949　灵彈溲丘郡吏鄧古，佃田二町，凡五畞，皆二年常限。旱敗不
收錢布。嘉禾六年二月廿日，田户曹史張惕、趙野校。

5·950　灵彈溲丘男子鄧陽①，佃田四町，凡十二畞，皆二年常限。其二
畞一百廿步旱不收布。定收九畞一百廿步，爲米十一斛四斗，
畞收布二尺。其米十一斛四斗，五年十二月卅日付倉吏張曼、
周悚②。凡爲布一丈九尺，准入米一斛二斗，五年十一月廿日
付倉張曼、周悚[1]③。其旱田不收錢。其孰田畞收錢八十，凡
爲錢七百廿[2]，准入米六斗五升，五年十二月一日付倉吏張
曼、周悚④。嘉禾六年二月日[3]，田户史張惕⑤、趙野校。

原注：[1]“倉”下脱“吏”字。

　　[2]按熟田畞數和收錢定額計，應收七百六十錢，此處僅按九畞計，另有一百
廿步未收錢。

　　[3]此句脱日序。

按：①據圖版，“彈”字前有合同符號，《田家莂》脱，今補。

　　②、③、④《田家莂》“棟”字，據圖版應爲“悚”，今改。

　　⑤據文例，“田户”後脱“曹”字。

5·951　灵彈溲丘男子鄧狹，佃田六町，凡廿一畞，皆二年常限。其十
四畞旱不收布。定收七畞，爲米八斛四斗，畞收布二尺。其
米八斛四斗，五年十二月廿九日付倉吏張曼、周棟。凡爲布

一丈四尺,准入米八斗四升,五年十二月廿日付吏孫儀。其旱田不收錢。其孰田畝收錢八十,凡爲錢五百六十,五年十二月九日付庫吏潘慎、潘宗畢。嘉禾六年二月廿日,田户曹史張惕、趙野校。

5·952 灵彈湤丘縣卒鄧雷,佃田七町,凡廿七畝,皆二年常限。其七畝旱不收布。定收廿畝,爲米廿四斛,畝收布二尺。其米廿四斛,五年十二月十日付倉吏張曼、周棟。凡爲布一匹,准入米二斛五斗,五年十二月十日付吏孫儀。其旱田不收錢。其孰田畝收錢八十,凡爲錢一千六百,五年十二月十日付庫吏番慎、番宗畢。嘉禾六年二月廿日,田户曹史張惕、趙野校。

5·953 灵彈湤丘男子鄧録,佃田三町,凡五畝,皆二年常限。旱敗不收錢布。嘉禾六年二月廿日,田户曹史張惕、趙野校。

5·954 灵彈湤丘男子鄧勳,佃田二町,凡十畝,皆二年常限。其二畝旱不收布。定收八畝,爲米九斛六斗,畝收布二尺。其米九斛六斗,五年十二月九日付倉吏張曼、周悚①。凡爲布一丈六尺,准入米九斗六升,五年十一月廿日付倉吏張曼、周悚②。其旱田不收布[1]。其孰田畝收錢八十,凡爲錢六百卌,准入米四斗八升,五年十一月九日付倉吏張曼、周悚畢③。嘉禾六年二月廿日,田户曹史張惕、趙野校。

原注:[1]"布"爲"錢"之誤。

按:①、②、③《田家莂》"棟"字,據圖版應爲"悚",今改。

5·955 灵彈湤丘州卒潘平,佃田六町,凡廿畝,皆二年常限。其十五畝旱敗不收布。定收五畝,爲米六斛,畝收布二尺。其米六斛,五年十二月□日付倉吏張曼、周棟。凡爲布二丈[1],准入米一斛二斗,五年十二月十六日付倉吏張曼、周棟。其旱田不收錢。其孰田畝收錢八十,凡爲錢四百,准入米三斗,五年十二月廿日付倉吏張曼、周棟畢。嘉禾六年二月廿日,田户曹史張惕、趙野校。

原注:[1]按定收畝數和收布定額計,應收布一丈。

5·956 灵彈溇丘男子潘悤①,佃田二町,五畞②,皆二年常限。旱敗不
收錢布。嘉禾六年二月廿日,田户曹史張惕、趙野校。

按:①悤,音sī。《集韻·之韻》:“思,古作悤。”

　②據文例,“五”前脱“凡”字。

5·957 灵彈溇丘男子潘碭,佃田一町,凡五畞,皆二年常限。其三畞
旱不收①。定收二畞,爲米二斛四斗,畞布二尺[1]。其米二斛
四斗,五年十二月九日付倉吏張曼、周悚畢②。凡爲布四尺,准
入米二斗五升,五年十二月廿日付倉吏張曼、周悚③。其旱田
不收錢。其孰田畞收錢八十,凡爲錢一百六十,准入米一斗
二升,五年十二月六日付倉吏張曼、周悚④。嘉禾六年二月廿
日,田户史張惕[2]、趙野校。

原注:[1]“畞”下脱“收”字。

　[2]“史”上脱“曹”字。

按:①據文例,“收”後脱“布”字。

　②、③、④《田家莂》“棟”,據圖版應爲“悚”,今改。

5·958 灵彈溇丘男子潘龍,佃田八町,凡廿九畞,皆二年常限。其廿
二畞一百步旱敗不收錢[1]。定收六畞一百卌步,爲米七斛九
斗,畞收布二尺。其米七斛九斗,五年十二月十五日付倉吏
張曼、周棟。凡爲布一丈二尺①,准入米七斗八升,五年……
付倉吏張曼、周棟。其旱田不收錢。其郭田畞收錢八十[2],凡
爲錢五百廿②,准入米四斗,五年十二月九日付倉吏張曼、棟
畢[3]。嘉禾六年二月廿日,田户曹史張惕、趙野校③。

原注:[1]“錢”當爲“布”之誤。

　[2]“郭”當爲“熟”之誤。

　[3]“棟”上脱“周”字。

按:①據熟田畞數與定額計,應收布一丈三尺一寸六分。此簡是按熟田六畞徵收
布的。

　②據熟田畞數與定額計,應收錢五百廿六錢。此簡是按熟田六畞一百廿步徵收
錢的。

　③據文例,《田家莂》“□”今補釋爲“校”。

5·959 灵彈溇丘男子潘觀,佃田七町,凡廿畞,皆二年常限。其十五
畞旱不收布。定收五畞,爲米六斛,畞收布二尺。其米六斛,

五年十一月廿日付倉吏張曼、周悚①。凡爲布一丈,准入米六斗,五年十二月一日付倉吏張曼、周悚②。其旱田不收錢。其孰田畝收錢八十,凡爲錢四百,准入米二斗九升,五年十二月一日付倉吏張曼、周悚畢③。嘉禾六年二月廿日,田户曹史張惕、趙野校。

按:①、②、③《田家莂》"棟",據圖版應爲"悚",今改。

5·960 㷿龍丘男子仇秩,佃田六町,凡廿一畝,皆二年常限。其十二畝旱敗不收布。定收九畝,爲米十斛八斗,畝收布二尺。其米十斛八斗,五年十月六日付倉吏張曼、周棟。凡爲布一丈八尺,准入米一斛二斗,五年十月廿六日付倉吏張曼、周棟。其旱田不收錢。孰田畝收錢八十,凡爲錢一千八百①,准入米一斛二斗,五年十月八日付倉吏□□。嘉禾六年二月廿日,田户吏張惕校[1]。

原注:[1]"户"下脱"曹"字。"吏"爲"史"之誤。

按:①據熟田畝數與定額計,應收錢七百廿錢。

5·961 㷿龍丘男子壬欣,佃田十六町,凡五十四畝,皆二年常限。其十七畝旱敗不收布。定收卅七畝,爲米卅四斛四斗,畝收布二尺。其米……。凡爲布一匹三丈四尺,十一月廿七日付庫吏潘珛①。其旱田不收錢。孰田畝收錢八十,凡爲錢二千九百六十,五年十二月十二日付庫吏潘慎。嘉禾六年二月廿日,田户曹史張惕 校②。

按:①據文例,"十"前脱"五年"二字。
　　②據文例,《田家莂》"□□"今補釋爲"惕 校"。

5·962 㷿龍丘男子朱羽,佃田十六町,凡卅畝百步,皆二年常限。其十四畝旱敗不收布。定收十六畝一百步,凡爲米十九斛七斗,畝布二尺[1]。其米十九斛七斗,付倉吏張曼、周棟①。凡爲布三丈二尺八寸,五年十一月十六日付庫吏潘有。其旱田不收錢。孰田畝收錢八十,凡爲錢一千三百[2],五年十一月十五日付庫吏潘□。嘉禾六年二月廿日,田户曹史張惕校。

原注:[1]"布"上脱"收"字。

[2]按熟田畝數和收錢定額計，應收一千二百八十五錢。②

按：①據文例，"付"前脫繳米時間。

②據熟田畝數與定額計，應收錢一千三百一十三錢。《田家莂》注釋[2]亦誤。

5·963　畍龍丘男子何高，佃田卅町，凡一頃卅二畝。其一頃卅二畝二年常限。其八十二畝旱敗不收布。其十畝餘力田，爲米四斛。定收稅田五十畝，爲米六十斛。凡爲米六十四斛。其米六十四斛，五年十二月九日付倉吏張曼、周棟。畝收布二尺，凡爲布三匹，五年十二月十日付庫吏潘洧。其旱田不收錢。孰田畝收錢八十，凡爲錢四千八百，五年十二月九日付庫吏潘慎。嘉禾六年二月廿日，田戶曹史張惕校。

5·964　畍龍丘男子何微，佃田十町，凡廿九畝，皆二年常限。其十七畝旱不收布。定收十二畝，爲米十四斛四斗，畝收布二尺。其米十四斛四斗，五年十二月十六日付倉吏張曼、周棟。凡爲布二丈四尺，五年十二月廿九日付庫吏潘洧①。其旱田不收錢。孰田畝收八十[1]，凡爲錢九百六十，五年十二月十四日付庫吏潘洧②。嘉禾六年二月廿日，田戶曹史……

原注：[1]"收"下脫"錢"字。

按：①、②《田家莂》"潘珆"之"珆"，據圖版當爲"洧"字。圖版很清晰，從"氵"旁而不從"王"旁。今改。

5·965　畍龍丘男子苗署，佃田七町，凡十二畝二百廿步，皆二年常限。其六畝百九十步旱敗不收布。定收六畝卅步，爲米七斛三斗五升，畝收布二尺。其米七斛三斗五升，五年十一月廿日付倉吏張曼、周棟。凡爲布一丈二尺①，准入米七斗五升，五年十一月廿五日付倉吏張曼、周棟。其旱田不收錢。孰田收錢畝八十，凡爲錢四百九十，五年十一月廿五日付庫吏潘慎畢。嘉禾六年二月廿日，田戶曹史張惕校。

按：①據熟田畝數與定額計，應收布一丈二尺二寸五分。此簡是按熟田六畝徵收布的。

5·966　畍龍丘大女周妾，佃田六町，凡卅三畝，皆二年常限。其廿二畝旱不收布。定收十一畝，爲米十三斛二斗，畝收布二尺。

其米十三斛二斗,五年十二月廿八日付倉吏張曼、周棟。凡爲布二丈二尺,五年十二月卅日付庫吏潘珨。其旱田不收錢。孰田畝收錢八十,凡爲錢八百八十,五年十二月卅日付庫吏潘珨。嘉禾……張惕校。

5·967 夌龍丘男子高智,佃田四町,凡九畝,皆二年常限。其四畝旱敗不收布。定收五畝,爲米六斛,畝收布二尺。其米六斛……。凡爲布一丈,十一月廿七日付庫吏潘珨①。其旱田不收錢。孰田畝收錢八十,凡爲錢四百,五年十一月廿一日付庫潘珨[1]。嘉禾……田户曹史張 惕 校 ②。

原注:[1]“庫”下脱“吏”字。

按:①據文例,“十”前脱“五年”二字。

②據文例,《田家莂》“□□”今補釋爲“惕 校”。

5·968 夌龍丘男子烝吴①,佃田十九町,凡五十六畝。其五十一畝皆二年常限。其十五畝旱敗不收布。其五畝餘力田,爲米二斛。定收卅六畝,爲米卌三斛二斗。凡爲米卌五斛二斗,畝收布二尺。其米卌五斛二斗,五年十二月□日付倉吏張曼、周棟。凡爲布二匹二尺,准米三斛一斗二升,五年十一月九日付倉吏張曼。其旱田不收錢。孰田畝收錢八十,爲錢三千二百八十②,准米二斛六斗,五年十二月七日付倉吏張曼、周棟。嘉禾六年二月廿日,田户曹史張惕校。

按:①《田家莂》“吴”今釋爲“吴”,詳參簡4·169。

②據文例,“爲”前脱“凡”字。

5·969 夌龍丘男子烝梁,佃田五町,凡十畝,皆二年常限。其一畝旱敗不收布。定收九畝,爲米十斛八斗,畝收布二尺。其米十斛八斗,付倉吏張曼、周棟①。凡爲布一丈八尺,五年十一月十五日付庫吏潘珨。其旱田不收錢。孰田畝收錢八十,凡爲錢七百廿,五年十一月廿日付庫吏潘有②。嘉禾六年二月廿日,田户曹史張惕校。

按:①據文例,“付”前脱繳米時間。

②《田家莂》“□”,據圖版當爲“有”,圖版“有”字在“嘉禾六年”右上方。今改。

5·970　灵龍丘大女烝鋸,佃田二町,凡八畝……。其二畝一百……
　　　　旱……。定收……斛六斗,畝收布 二 尺 ①。……吏孫儀畢。
　　　　爲布一丈一尺,准入米六斗七升,五年十一月廿日付吏孫儀
　　　　畢。其旱田不收錢。其孰田畝收錢八十,凡爲錢四百卌,准
　　　　入米三斗□升,五年十二月九日付吏孫儀畢。嘉禾六年二月
　　　　廿日,田戶曹史張惕、趙野校。

按:①據文例,《田家莂》"□□"今補釋爲" 二 尺 "。

5·971　灵龍丘男子魯鄧,佃田十二町,凡卅八畝,皆二年常限。其十
　　　　一畝旱敗不收布。定收廿七畝,爲米卅二斛四斗,畝收布二
　　　　尺。其米廿二斛四斗[1],付倉吏張曼、周棟①。凡爲布一匹一
　　　　丈②, 五 年 十一月十日付庫吏潘琄③。其旱田不收錢。孰田
　　　　畝收錢八十,凡爲錢二千一百六十,五年十一月廿日付庫吏
　　　　潘琄。嘉禾六年二月廿日,田戶曹史張惕校。

原注:[1]"廿"爲"卅"之誤。參見前文"爲米卅二斛四斗"。
按:①據文例,"付"前脫繳米日期。
　　②據孰田畝數與定額計,應收布一匹一丈四尺。
　　③據文例,《田家莂》"……"今補釋爲" 五 年 "。

5·972　灵龍丘男子潘蔣,佃田十一町,凡卅畝,皆二年常限。其六畝
　　　　旱不收布。定收廿四畝,爲米廿八斛八斗,畝收布二尺。其
　　　　米廿八斛八斗,五年十二月十三日付倉吏張曼、周棟。凡爲
　　　　布一匹八尺,五年十二月□日付庫吏潘琄。其旱田不收錢。
　　　　孰田畝收八十①,凡爲錢一千九百廿,五年十一月廿日付庫吏
　　　　潘琄。嘉禾六年二月廿日,田戶曹史張惕、 趙 野 校 ②。

按:①據文例,"收"後脫"錢"字。
　　②據文例,《田家莂》"□□□"今補釋爲" 趙 野 校 "。

5·973　灵錫丘男子陳監①,佃田三町,凡八畝,皆二年常限。其一畝旱
　　　　敗不收布。定收七畝,爲米八斛四斗,畝收布二尺。其米八斛
　　　　四斗,五年十二月九日付倉吏張曼、周棟。凡爲布一丈四尺,
　　　　准入米八斗四升,五年十二月十日付倉吏張曼、周棟。其旱田
　　　　不錢[1]。孰田畝收錢八十,凡爲錢五百六十,五年十月廿日付

庫吏潘慎。嘉禾六年二月廿日，田户曹史張惕校。

原注：[1]"不"下脱"收"字。

按：①《田家莂》"盬"今改釋爲"監"，詳參簡4·582。

5·974 灵錫丘男子烝市，佃田十五町，凡卅四畞①，皆二年常限。其十
九畞旱敗不收布。定收五畞，爲米六斛，畞收布二尺。其米六
斛，五年十月十七日付倉吏張曼、周棟。凡爲布一丈，准入米
六斗四升，五年十一月九日付倉吏張曼、周棟。其旱田不收
錢。孰田畞收錢八十，凡爲錢四百，六年正月十二日付庫吏潘
慎。嘉禾六年二月廿日，田户曹史張惕校。

按：①佃田總數與旱田、熟田畞數不合。據收米數、收布數和收錢數與定額知，熟田
爲五畞，則佃田總數與旱田畞數必有一誤。

5·975 灵瀌丘男子毛雙[1]①，佃田六町，凡十九畞，皆二年常限。旱敗
不收錢布。嘉禾六年二月廿日，田户曹史張惕、趙野校。

原注：[1]瀌，"漂"之俗體。

按：①瀌，音piǎo。《集韻·小韻》："瀌，水皃。"

5·976 灵瀌丘縣吏陳杌，佃田三町，凡廿畞一百廿步，皆二年常限。
其九畞一百廿步旱不收布。定收十一畞，爲米十三斛二斗，
畞收布二尺。其米十三斛二斗，五年十二月十日付倉吏
張[1]。凡爲布二丈二尺，准入米一斛三斗二升，五年十二月十
日付吏孫儀畢。其旱田不收錢。其孰田畞收錢八十，凡爲錢
八百八十，五年十二月十二日付庫吏番慎、番宗畢。嘉禾六
年二月廿日，田户曹史張惕、趙野校。

原注：[1]"張"下脱人名，或當作"張曼、周棟"。

5·977 灵瀌丘縣吏烝承，佃田廿町，凡卅八畞，皆二年常限。其廿畞
一百廿步旱不收布。定收廿七畞一百廿步，爲米卅三斛，畞
收布二尺。其米卅三斛，五年十一月九日付倉吏張曼、周
棟。凡爲布一匹一丈五尺，准入米三斛四斗二升，五年十二
月九日付倉吏張曼、周棟畢。其旱田不收錢。其孰田畞收錢
八十，凡爲錢二千二百，五年十一月一日付庫吏番慎、番宗
畢。嘉禾六年二月廿日，田户曹史張趙惕、趙野校[1]。

原注：[1]“張”下衍一“趙”字。

5·978 灵溮丘男子烝達，佃田五町，凡十一畞，皆二年常限。旱敗不
收錢布。嘉禾六年二月廿日，田户曹史張惕、趙野校。

5·979 灵溮丘男子番他，佃田一町，凡八畞，皆二年常限。其一畞旱
不收布。定收七畞，爲米八斛四斗，畞收布二尺。其米八斛
四斗，五年十二月十二日付倉吏張曼、周棟。凡爲布一丈四
尺，准入米八斗四升……儀畢。其旱田不收錢。其孰田畞收
錢八十，凡爲錢五百六十，五年十二月十一日付庫吏番慎、番
宗畢。嘉禾六年二月廿日，田户曹史張惕、趙野校。

5·980 灵溮丘男子番珠，佃田一町，凡四畞，其三畞皆二年常限，爲米
四斛①，畞收布二尺。其一畞餘力[1]，爲米四斗，畞收布二尺。
其米四斛[2]，五年十二月十二日付倉吏張曼、周棟。凡爲布八
尺，准入米四斗八升，五年十二月十日付吏孫儀畢。凡爲錢三
百廿，五年十二月十日付庫吏番慎、番宗畢。嘉禾六年二月廿
日，田户曹史張惕、趙野校。

原注：[1]“餘力”下脱“田”字。
　　　[2]據前文常限田爲米四斛、餘力田爲米四斗，合計當收米四斛四斗。②
按：①據常限田定收畞數與定額計，應爲米三斛六斗。
　　②簡文收米數不誤，《田家莂》注釋[2]誤，當刪。

5·981 灵溮丘縣吏番慎，佃田廿町，凡卅九畞百廿步，皆二年常限。
其廿畞旱不收布。定收廿九畞一百廿步，凡米卅五斛四斗[1]，
畞收布二尺。其米卅五斛四斗，五年十二月十日付倉吏張
曼、周棟畢。凡爲布一匹一丈九尺，准入米三斛六斗六升，五
年十二月十日付吏孫儀。其畞旱不收錢。其孰田畞收錢八
十，凡爲錢二千三百六十，五年十二月六日付庫吏番慎、番宗
畢。嘉禾六年二月廿日，田户曹史張惕、趙野校。

原注：[1]“凡”下脱“爲”字。

5·982 灵溮丘縣吏番礼①，佃田十三町，凡卅六畞一百廿步，皆二年常
限。其十六畞旱不收布。定收廿五畞[1]，爲米卅六斛六斗，畞

收布二尺。其米卅六斛六斗,五年十二月十一日付倉吏張曼、周棟畢。凡爲布一匹二丈一尺,准入米二斛七斗六升,五年十二月十一日付吏孫儀畢。其旱畝不收錢。其孰田畝收錢八十,凡爲錢二千四百八十②,五年十二月十日付庫吏潘慎、番宗畢。嘉禾六年二月廿日,田戶曹史張惕、趙野校。

原注:[1]按收米、收布總數計,定收畝數當爲卅畝一百廿步。

按:①《田家莂》"禮",圖版的寫法幾近於簡體的"礼",與"禮"差別很大,故釋爲"礼"更好。今改。

②按熟田卅畝一百廿步與定額計,應收錢二千四百卌錢。

5·983 灵瀏丘男子番蘇,佃田……□十二月十二日付倉吏張曼、周棟。凡爲布一丈二尺,准入米七斗二升,五年十二月廿八日付吏孫儀。其旱田不收錢。其孰田畝收錢八十,凡爲錢四百八十,五年十一月一日付庫吏番□……。嘉禾六年二月廿日,田戶曹史張惕、趙野校。

5·984 灵瀏丘男子蓢崇,佃田一町,凡二畝,皆二年常限。旱敗不收錢布。嘉禾六年二月廿日,田戶曹史張惕、趙野校。

5·985 灵瀏丘男子鄧鼠,佃田二町,凡六畝,皆二年常限。旱敗不收錢布。嘉禾六年二月廿日,田戶曹史張惕、趙野校。

5·986 灵瀏丘男子潘孜①,佃田一町,凡二畝,皆二年常限。旱敗不收錢布。嘉禾六年二月廿日,田戶曹史張惕、趙野校。

按:①《田家莂》"孜",據圖版當爲"孜"字,圖版作"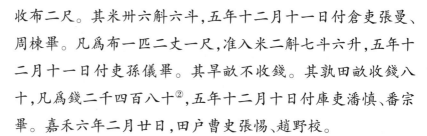",右旁當爲"攴"而非"文"。今改。

5·987 灵瀏丘男子潘罜①,佃田七町,凡卅五畝一百廿步,皆二年常限。其十畝一百廿步旱敗不收[1]。定收廿五畝,爲米卅斛,畝收布二尺。其米卅斛,五年十二月十三日付倉付倉吏張曼[2]、周悚②。凡爲布一匹一丈,准入米三斛一斗,五年十二月十三日付吏孫義。其旱畝不收錢。其孰田畝收錢八十,凡爲錢二千,五年十二月十日付庫吏番慎、番宗畢。嘉禾六年二月廿日,田戶曹史張惕、趙野校。

原注:[1]"收"下脱"布"字。

　　　　[2]"吏"上衍"付倉"二字。

按:①《田家莂》"睪",圖版作"▓"。此字在竹簡中亦多次出現,整理者或釋爲"睪"

（如簡壹·8121、簡壹·7477），或釋爲"罨"（如簡肆·1812、簡肆·1242）。考慮到竹

簡"澤"右旁"睪"的寫法和此字相同,如簡肆·829作"▓",簡貳·3190作"▓",我

們傾向於將此字釋爲"罨"。今改爲"睪"爲"罨"。

②《田家莂》"棟"字,據圖版應爲"悚",今改。

5·988　　灵瀏丘大女謝勉,佃田一町,凡四畞,皆二年常限。旱敗不收

　　　　　　錢布。嘉禾六年二月廿日,田戶曹……

5·989　　灵鸖丘男子文斗①,佃田廿四畞[1],凡一頃廿畞,皆二年常限。

　　　　　　其六十一畞旱敗不收布。定收五十九畞,爲米八十斛八斗[2],

　　　　　　畞收布二尺。其米八十斛八斗,五年十二月八日付倉吏張

　　　　　　曼、周悚。凡爲布二匹三丈八尺,准入米七斛五斗,五年十一

　　　　　　月七日付倉吏張曼、周悚。其旱田不收錢。孰田畞收錢八

　　　　　　十,凡爲錢四千七百廿②,五年九月十日付庫吏□□。嘉禾六

　　　　　　年二月廿日,田戶曹史張惕校。

原注:[1]"畞"爲"町"之誤。

　　　　[2]按定收畞數和收米定額計,應爲米七十斛八斗。

按:①鸖,音 hè。《集韻·鐸韻》:"鶴,鳥名。……或作鸖。"

②《田家莂》"二十"當爲"廿"之誤,今改。詳參簡5·346。

5·990　　灵鸖丘男子任勉,佃田六町,凡十二畞,皆二年常限。其一畞

　　　　　　旱敗不收布。定收十一畞,爲米十三斛二斗,畞收布二尺。

　　　　　　其米十三斛二斗,五年十一月九日付倉吏張曼。凡爲布二丈

　　　　　　四尺[1],准入米一斛五斗四升,五年十一月□日付倉吏張曼。

　　　　　　其旱田不收錢。孰田畞收錢八十,凡爲錢八百八十,五年十一

　　　　　　月廿日付庫吏潘有。嘉禾六年二月廿日,田戶曹史張惕校。

原注:[1]按定收畞數和收布定額計,應收布二丈二尺。

5·991　　灵鸖丘男子何鳥①,佃田廿二町,凡卅六畞,皆二年常限。其十

　　　　　　九畞旱敗不收布。定收廿七畞,爲米卅二斛四斗,畞收布二

　　　　　　尺。其米卅二斛四斗,五年十一月十日付倉吏張曼、周悚。凡

爲布一匹一丈四尺，准入米三斛五斗一升，五年十二月九日付倉吏張曼、周棟。其旱不收錢。孰田畝收錢八十，凡爲錢二千一百六十，五年十一月九日付庫吏潘慎。嘉禾六年二月廿日，田戶曹史張惕校。

按：①《田家莂》"象"字，據圖版應爲"鳥"字，此字圖版作"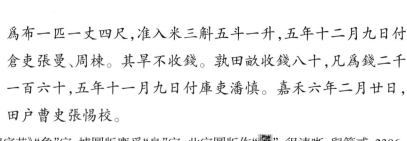"，很清晰，與簡貳·2386、簡貳·3092、簡貳·7651的"鳥"字寫法相同。今改"象"爲"鳥"。

5·992 灵鵾丘男子胡围，佃田四町，凡十畝，皆二年常限。其二畝旱敗不收布。定收八畝，爲米九斛六斗，畝收布二尺。其米九斛六斗，五年十一月八日付倉吏張曼、周棟。凡爲布一丈六尺，准入米九斗六升，五年十一月四日付倉吏張曼、周棟。其旱田不收錢。孰田收錢畝八十，凡爲錢六百卅，五年十一月九日付庫吏潘慎。嘉禾六年二月廿日，田戶曹史張惕校。

5·993 灵鵾丘男子馬通，佃田九町，凡卅畝，其廿三畝二年常限。其九畝旱敗不收布。其七畝餘力田，爲米二斛八斗。定收十四畝，爲米十六斛八斗。其米十九斛六斗，五年十一月廿日付倉吏張曼、周棟。畝收布二尺，凡爲布一匹二尺，准入米二斛六斗八升，二年十一月四日付倉吏張曼[1]、周棟。其旱田不收錢。孰田收錢畝八十，凡爲錢一千二百六十[2]，五年十一月廿日付庫吏□□。嘉禾六年二月廿日，田戶曹史張惕校①。

原注：[1]"二"爲"五"之誤。

[2]按熟田畝數和收錢定額計，應收一千六百八十錢。

按：①據文例，《田家莂》"□"今補釋爲"校"。

5·994 灵鵾丘男子高吳①，佃田二町，凡三畝，皆二年常限。畝收米一斛二斗，爲米三斛六斗，畝收布二尺。其米三斛六斗，五年十一月□日付倉吏張曼、周棟。凡爲布六尺，准入米四斗，五年十二月五日付倉吏張曼、周棟。畝收錢八十，凡爲錢二百卅，五年十一月六日付庫吏潘慎。嘉禾六年二月廿日，田戶曹史張惕校。

按：①《田家莂》"吳"今釋爲"吳"，詳參簡4·169。

5·995　灵鵾丘男子逗湛,佃田九町,凡卅一畞。其廿四畞二年常限,爲米廿八斛八斗。其七畞餘力田,爲米二斛八斗,凡爲米卅一斛六斗。畞收布二尺。其米卅一斛六斗,五年十一月廿日付倉吏張曼、周棟。凡爲布一匹二丈二尺,准入米三斛九斗,五年十二月八日付倉吏張曼、周棟。其旱田不收錢。孰田畞收錢八十,凡爲錢二千四百八十,五年九月十七日付倉吏□□[①]。嘉禾六年二月廿日,戶曹史張惕校。

按:①據文例,"倉"應爲"庫"字之誤。

5·996　灵鵾丘男子陳度,佃田七町,凡十六畞,皆二年常限。其五畞旱敗不收布。定收十一畞,爲米十三斛二斗,畞收布二尺。其米十三斛二斗,五年十一月七日付倉吏張曼、周棟。凡爲布二丈二尺,准入米一斛五斗六升,五年十一月六日付倉吏張曼、周棟。其旱田不收錢。孰田收錢畞八十,凡爲錢八百八十,五年十二月廿三日付庫吏……。嘉禾六年二月廿日,田戶曹史張惕校。

5·997　灵鵾丘男子魯上,佃田五町,凡十一畞,皆二年常限。其三畞旱敗不收布。定收八畞,爲米九斛六斗,畞收布二尺。其米九斛六斗,五年十月八日付倉吏張曼、周棟。凡爲布一丈六尺,准入米一斛五升,五年十一月七日付倉吏張曼、周棟。其旱田不收錢。孰田畞收錢八十,凡爲錢六百卅,五年九月七日付庫吏潘琦。嘉禾六年二月廿日,田戶曹史張惕校。

5·998　灵鵾丘男子潘淮,佃田六町,凡十一畞,皆二年常限。其……。定收五畞,爲米六斛,畞收布二尺。其米六斛,五年十一月四日付倉吏張曼、周棟。凡爲布一丈,准入米六斗六升,五年十一月廿日付倉吏張曼、周棟。其旱田不收錢。孰田收錢畞八十,凡爲錢四百,五年十一月十日付庫吏潘□□。嘉禾六年二月廿日,田戶曹史張惕校[①]。

按:①據文例,《田家莂》"□"今補釋爲"惕"字。

5·999　灵鵾丘男子□□,佃田□□町,凡□畞,皆二年常限。其□□

畝旱敗不收布。定收八畝，爲米九斛六斗，畝收布二尺。其米九斛六斗，五年□月十一日付倉吏張曼、周棟。凡爲布一丈六尺，准米九斛八升，五年十一月廿日付倉吏張曼、周棟。其旱田不收錢。孰田收錢畝八十，凡爲錢六百卌，五年十月七日付庫吏潘琱。嘉禾六年二月廿日，田户曹史張惕校。

5·1000 靈鷉丘男子□象(?)，佃田十六町，凡卅一畝，皆二年常限。其十八畝旱不收布[1]。定收十三畝，爲米十五斛六斗，畝收布二尺。其米十五斛六斗，五年十一月十五日付倉吏張曼、周棟。凡爲布二丈六尺，准入米……付倉吏張曼、周棟。其旱敗不收錢[2]。……。嘉禾六年二月廿日，田户曹史張惕校。

按：①據佃田總數及熟田畝數可知，旱田爲十八畝，故《田家莂》“□”今補釋爲“八”。
②據文例，“敗”當爲“田”或“畝”字之誤。

5·1001 靈軍吏武□[1]，佃田十五町，凡卅三畝，皆二年常限。其五畝旱敗不收布。定收廿八畝，畝收米一斛二斗，爲米卅三斛六斗，畝收布二尺。其米卅三斛六斗，五年十二月□日付掾孫儀。凡布一匹一丈六尺[1]，准入米三斛四斗六升二合，五年十二月廿八日付掾孫儀。其旱畝不收錢。孰田畝收錢八十，凡錢二千二百卌[2]，十二月十一日付掾孫儀[3]。嘉禾六年二月廿日，田户曹史張惕、趙野校。

原注：[1]“凡”下脱“爲”字。
按：①據文例，“軍吏”前脱丘名。
②據文例，“凡”後脱“爲”字。
③據文例，“十”前脱“五年”二字。

5·1002 靈郡吏高祺[1]，佃田五十町，凡一頃五十二畝，皆二年常限。其五十四畝旱敗不收布。定收九十八畝，爲米百一十七斛六斗，畝收布二尺。其米百一十七斛六斗，五年十二月廿日付倉吏張曼、周棟。凡爲布四匹三丈六尺，准入米十一斛九斗八升，五年十月八日付倉吏張曼、周棟。其旱田不收錢。孰田收錢畝八十，凡爲錢七千八百廿[1]，五年十一月八日付庫吏潘慎。嘉禾六年二月八日，田户曹史張惕校。

原注：[1]按熟田畝數和收錢定額計，應收七千六百六十錢。[2]

按：[1]據文例，"郡吏"前脫丘名。

　　[2]據熟田畝數與定額計，應收錢七千八百卅錢。《田家莂》注釋[1]亦誤。

5·1003　灵州吏廖仁[1]，佃田廿一町，凡五十三畝二百廿步，皆二年常限。其十七畝二百廿步旱敗不收布。定收卅六畝，爲米廿斛五斗[1][2]，畝收布二尺。其米廿斛五斗，六年正月廿日付倉吏孫義。凡爲布一匹三丈二尺，准入米四斛二斗，六年正月廿日付倉吏潘慮。其旱田不收錢。孰田畝收錢八十，凡爲錢二千八百八十，五年十一月廿一日付庫吏潘慎[3]。嘉禾六年二月廿日，田戶曹史張惕校。

原注：[1]按州吏租田畝收五斗八升六合定額計，卅六畝爲米廿一斛九升六合。

按：[1]據文例，"州吏"前脫丘名。

　　[2]州吏廖仁定收卅六畝，爲米廿斛五斗，則畝收米五斗六升九合，享受了"二年常限"田繳米定額優惠。

　　[3]據圖版，"廿"與"日"之間清晰有一"一"字，《田家莂》脫，今補。

5·1004　灵……丘州吏毛□，田十町，卅六畝一百廿步，皆二年常限。其十畝一百廿步旱敗不收布[1]。定收廿六畝，爲米卅一斛二斗[2]，畝收布二尺。其米卅一斛二斗，五年十二月十一日付倉吏張曼、周棟。凡爲布一匹一丈二尺，准入米三斛一斗六升，五年十二月……吏孫儀。其旱田不收錢。其孰田畝收錢八十，凡爲錢二……，五年十一月十四日付庫吏潘慎、潘宗。嘉禾六年二月廿日，田戶曹史張惕、趙野校。

按：[1]據佃田總數與熟田畝數推算，旱田爲十畝一百廿步，則《田家莂》"□"今補釋爲"十"。

　　[2]州吏毛□定收廿六畝，爲米卅一斛二斗，則畝收米一斛二斗，沒有享受"二年常限"田繳米定額優惠。

5·1005　灵□□丘男子文□，佃田□町，凡十五畝，皆二年常限。其十一畝旱敗不收布。定收四畝，爲米四斛八斗，畝收布二尺[1]。凡爲布八尺，准入米五斗，六年正月廿日付倉吏潘慮。……其旱田不收錢。其孰田畝收錢八十，凡爲錢三百廿，六年正月廿日付庫吏潘慎。嘉禾六年二月廿日，田戶曹

史張惕校。

按:①據文例,"二尺"後脱米繳付情況的語句。

5·1006 灵……縣吏尹□,佃田十町,凡卌一畝,皆二年常限。其廿二畝旱敗不收布。定收十九畝,爲米廿二斛八斗,畝收布二尺。其米廿二斛八斗,五年十月一日付倉吏潘慮。凡爲布三丈八尺,五年十二月九日付庫吏潘慎、潘宗。其旱田不收錢。其孰田畝收錢八十,凡爲錢五百廿①,准入米九斗四升,五年十二月八日付吏孫儀畢。嘉禾六年二月廿日,田户曹史張惕、趙野校。

按:①據孰田畝數與定額計,應收錢一千五百廿錢。

5·1007 灵□□丘男子田鍛,田十一町,凡十八畝,二年常限。其一畝旱敗不收布。定收十七畝,爲米廿斛四斗,畝收布二尺。其廿斛四斗[1],十一月廿五日付掾孫儀①。凡爲布三丈四尺,准入米二斛一斗三升五合,十一月八日付掾孫儀②。其旱畝不收錢。孰田畝收錢八十,凡錢一千三百六十③,准入米六斛二斗三升,十一月八日付掾孫儀④。嘉禾六年二月十六日,田户曹史張惕、趙 野 校⑤。

原注:[1]"其"下脱"米"字。

按:①、②、④據文例,"十"前脱"五年"二字。
　　③據文例,"凡"後脱"爲"字。
　　⑤據文例,《田家莂》"□□"今補釋爲" 趙 野 "。

5·1008 灵□□丘男子由興,佃田廿町,凡六十畝五十步,皆二年常限。其……。定收五十畝一百廿步,爲米六十斛五斗五升①,畝收布二尺。……十一月□日付倉吏張曼、周棟。凡爲布二匹二丈②,准入米六斛二斗六升,五年十二月十日付倉吏張曼、周棟。其旱田不收錢。孰田畝收錢八十,凡爲錢……。嘉禾六年二月廿日,田户曹……

按:①據孰田畝數與定額計,應收米六十斛六斗。
　　②據孰田畝數與定額計,應收布二匹二丈一尺。此簡是按孰田五十畝徵收布的。

5·1009 灵□□丘男子吕俗,佃田二町,合六畝,皆二年常限。其五畝旱田不收布。定收一畮,爲米一斛二斗,畮收布二尺。其米一斛二斗,六年正月十八日付倉吏郭勳、馬欽。凡爲布二尺,五年十一月十日付庫吏潘慎、潘宗。其旱田不收錢。孰田畮收錢八十,凡爲錢八十,五年十一月十日付庫吏潘慎、潘宗畢。嘉禾六年□月廿二日,主者史張惕……□

5·1010 叜□□丘郡吏呂奮,佃田廿八町,凡八十三畮九十步,皆二年常限。其卅九畮二百步旱敗不收布。定收卌三畮一百卅步,爲米五十二斛二斗五升,畮收布二尺。其米五十二斛二斗五升,五年十一月九日付倉吏張曼、周棟。凡爲布二匹七尺①,准入米五斛六斗一升,五年十一月廿五日付倉吏張曼、周棟。孰田收錢畮八十②,凡爲錢三千四百八十③,五年十一月七日付庫吏潘慎。嘉禾六年二月廿日,田戶曹史張惕校。

按:①據孰田畮數與定額計,應收布二匹七尺八分。此簡是按孰田卌三畮一百廿步徵收布的。

②據文例,"孰田"前脫"其旱田不收錢"之類語句。

③據孰田畮數與定額計,應收錢三千四百八十三錢。此簡是按孰田卌三畮一百廿步徵收錢的。

5·1011 ☑□男子朱當,佃田廿一町,凡一頃五畮。其一頃二年常限。其二畮旱敗不收布。其五畮餘力田,爲米二斛。定收九十八畮,爲米一百一十七斛六斗。凡爲米百一十九斛六斗,畮收布二尺。其米百一十九斛六斗,六年正月廿日付倉吏張曼、周棟。凡爲布五匹六尺,准入米十二斛八斗七升,六年正月十九日付倉吏潘慮。其旱田不收錢。孰田收錢八十①,凡爲錢八千四百八十[1],五年十二月廿日付庫吏潘慎。嘉禾六年二月廿日,田戶曹史張惕校。

原注:[1]按孰田畮數和收錢定額計,應收八千二百卌錢。

按:①據文例,"田"或"錢"後脫"畮"字。

5·1012 叜□姑丘縣吏朱蘭,佃田四町,凡十一畮,皆二年常限。其八畮旱不收布。定收三畮,爲米三斛六斗,畮收布二尺。其米三斛六斗……。凡爲布六尺,五年十二月七日付庫吏潘慎、潘宗。其旱田不收錢。其孰田畮收錢八十,凡爲錢二百卌,准入米一斗九升,五年十二月九日付吏孫儀畢。嘉禾六年二月廿日,田户曹史張惕、趙野校。

5·1013 灵□丘大女李姑,佃田廿二町,凡卅六畝,皆二年常限。其卅一畝旱不收布。定收五畝,爲米六斛,畝收布二尺。其米六斛,五年十二月廿日付倉吏張曼、周棟畢。凡爲布一丈,准入米六斗,五年十二月十七日付倉吏張曼、周棟畢。其旱畝不收錢。其孰田畝收錢八十,凡爲錢四百[1],五年十一月十二日付庫吏番慎、番宗畢。嘉禾六年二月廿日,田户曹史張惕、趙野校。

原注:[1]按熟田畝數和收錢定額計,應收四百八十錢。①

按:①據熟田畝數與定額計,應收錢四百。簡文收錢數不誤,《田家莂》注釋[1]誤,當刪。

5·1014 灵□丘男李丞[1],佃田二町,凡四畝,皆二年常限。畝收米一斛二斗,爲米四斛八斗,收布二尺①。其米四斛八斗,十二月卅日付掾孫儀②。凡爲布八尺,准入米四斗九升,六年正月十日付掾孫儀。畝收錢八十,凡爲錢三百廿,准入米二斗九升,六年二月十日付掾孫儀畢。嘉禾六年二月廿日,田户曹史張惕、趙野校。

原注:[1]"男"下脱"子"字。

按:①據文例,"收"前脱"畝"字。
　　②據文例,"十"前脱"五年"二字。

5·1015 灵□丘男子李馬①,佃田卅町,凡七十三畝[1],皆二年常限。其卅四畝一百廿步旱敗不收布。定收卅八畝,畝收米一斛二斗,凡爲米卌五斛六斗,畝收布二尺。其米卌五斛六斗,六年正月廿七日付中倉吏郭勳、馬欽。凡爲布一匹三丈六尺,准入米四斛七斗五升,六年二月八日付中倉吏郭勳、馬欽。其旱畝不收錢。其孰田畝收錢八十,凡爲錢三千卌,准入米二斛一斗二升,六年正月四日付孫儀畢。嘉禾六年二月廿日,田户曹史張惕、趙野校。

原注:[1]下文旱敗田、定收田合計數爲七十二畝一百廿步,與此佃田總數不符。

按:①《田家莂》"象"字,據圖版實爲"馬"字,圖版作"![馬]",較清晰;另,簡5·808之

“馬”字寫法與此字相同,亦可證。今改。

5·1016　靈□□□丘男子李幣,佃田五十六町,凡卅六畝。其一畝旱
　　　　不收布。定收卅五畝①,爲米五十四斛,畝收布二尺。其
　　　　米五十四斛,五年□月□日付倉吏郭勳、馬欽。凡爲布二匹
　　　　一丈,五年十一月廿日付庫吏潘有。其旱……。其孰田收
　　　　錢八十②,凡爲錢三千六百,五年十二月十日付庫吏潘有
　　　　畢。嘉禾六年二月廿日,田曹史張惕、趙野校③。

按:①據收米數、收布數和收錢數與定額知,熟田爲卅五畝;據佃田總數與熟田畝數
　　推算,旱田爲一畝。則《田家莂》“其□□畝旱不收布。定收……”今補釋爲“其
　　一畝旱不收布。定收卅五畝”。
　　②據文例,“田”或“錢”後脱“畝”字。
　　③據文例,《田家莂》“□”今補釋爲“校”。《田家莂》“廿日”後無點斷,今點斷。

5·1017　靈……吳同,佃田三町,凡廿畝,皆二年常限。其十五畝旱
　　　　不收布。定收五畝,爲米六斛,畝收布二尺。其米六斛,五年
　　　　十二月廿三日付倉吏張曼、周棟。凡爲布一丈,准入米六
　　　　斗,十二月十五日付倉吏張曼①、周棟。其旱田不收錢。其
　　　　孰田畝收錢八十,凡爲錢四百,付庫吏潘有畢②。嘉禾六年
　　　　二月廿日,田戶曹史張惕、趙野校。

按:①據文例,“十”前脱“五年”二字。
　　②據文例,“付”前脱繳錢日期。

5·1018　靈□下丘男子吳宗,佃田十町,凡廿九畝廿步,皆二年常限。
　　　　其十五畝百五十步旱敗不收布。定收十三畝百……,其米
　　　　十五斛九斗五升①,五年□□月□日付倉吏張曼、周
　　　　棟。……凡爲米十五斛九斗五升,畝收布二尺。凡爲布一
　　　　丈七尺……

按:①據佃田總數與旱田畝數推算,定收爲十三畝百一十步,故應收米十六斛一斗
　　五升。

5·1019　靈□丘軍吏吳祇①,田十四町,凡卅二畝,皆二年常限。其廿
　　　　一畝旱敗不收布。定收廿一畝,畝收米一斛二斗,其米廿五
　　　　斛二斗,五年十一月廿日付倉吏郭勳、馬欽②。凡爲米廿五

斛二斗，畝收布二尺。凡爲□……五……趙野校。

按：①祗，音zhī。《說文·示部》："祗，敬也。从示，氏聲。"

②田家莂倉吏姓馬者只有馬欽一人，故《田家莂》"□"今補釋爲"欽"。

5·1020 冝□丘男子吳澈，佃田卅町，凡八十七畝①。其旱五十一畝不收布②。定收卅六畝，爲米卅三斛二斗，畝收布二尺。其米卅三斛二斗，五年十一月五日付倉吏張曼、周棟畢。凡爲布一匹三丈二尺，准入米四斛四斗二升，五年十二月廿一日付倉吏張曼、周棟畢。其旱畝不收錢。其孰田畝收錢八十，凡爲二千八百八十[1]，五年十二月十八日付庫吏潘慎、潘宗畢。嘉禾六年二月廿日，田戶曹史張惕、趙野校。

原注：[1]"爲"下脱"錢"字。

按：①據文例，"凡八十七畝"後脱"皆二年常限"五字。

②據文例，"旱"字應在"畝"之後。

5·1021 冝□丘大女吳還，田二町，凡六畝，皆二年常限。其一畝一百廿步旱敗不收布。定收四畝一百廿步，畝收米一斛二斗，凡爲米五斛四斗，畝收布二尺。其米五斛四斗，六年正月廿日付掾孫儀。凡爲布九尺，准入米五斗六升二合三勺，六年正月廿日付掾孫儀。其旱畝不收錢。其……爲錢三百六十，准入米三……。嘉禾六年二月十六日①，田曹史張惕校。

按：①據文例，《田家莂》"□□"今補釋爲"嘉禾"。

5·1022 冝□丘男子何軼①，佃田七町，凡十八畝。其十三畝皆二年常限。其六畝旱敗不收布。其五畝餘力田，爲米二斛，畝收布二尺。定收七畝，爲米八斛四斗，畝收布二尺。其米十斛……。凡爲布二丈四尺，准入米一斛三斗一升，五年十一月九日付倉吏張曼、周棟。其旱田不收錢。孰田畝收錢八十，凡爲錢九百六十五②，五年十一月九日付庫吏潘慎。嘉禾六年二月廿日，田戶曹史張惕校。

按：①軼，音yì。《說文·車部》："軼，車相出也。从車，失聲。"

②據孰田畝數與定額計，應收錢九百六十錢。

5·1023 冝□□丘男子谷元，佃田廿三町，凡五……。其十三畝旱敗不收布。定收……畝收布二尺。其米卅五斛六斗……。
凡爲布一匹三丈六尺，准入米四斛七斗五升……月廿八日
付……其孰田畝收錢八十，凡爲錢三千卅，准入米二斛四斗
六升，六年二月二日付掾孫儀畢。嘉禾六年……史張惕、趙
野校。

5·1024 灵□丘男子谷著，佃田六十町，凡一頃廿畝，皆二年常限。其
廿四畝旱不收布。定收九十六畝，爲米百一十五斛二斗，畝
收布二尺。其米百一十五斛①，五年十二月十日付掾孫儀。
凡爲布四匹三丈②，准入米十斛二斗五升，十二月十日付三
州掾孫儀③。其旱畝不收錢。孰田畝收錢八十，凡爲錢七千
六百□④，准入米六斛六斗三合，五年……。嘉禾六年二月
廿日，田戶曹史張惕校。

按：①據前文，"斛"後脱"二斗"二字。
②據熟田畝數與定額計，應收布四匹三丈二尺。
③據文例，"十"前脱"五年"二字。
④據熟田畝數與定額計，應收錢七千六百八十錢。

5·1025 灵□溲丘縣吏谷漢，佃田廿六町，凡卅三畝，皆二年常限。畝
收米一斛二斗，凡爲米卅九斛六斗，畝收布二尺。其米卅九
斛六斗，五年十二月七日付三州掾孫儀。凡爲布一匹二丈
六尺，准入米四斛一斗五升[1]。其旱不收錢。其孰田畝收錢
八十，凡爲錢二千六百卅，准入米二斛三斗九升，五年十二
月五日付三州掾孫儀。嘉禾六年二月廿日，田戶曹史張惕、
趙野[校]①。

原注：[1]此句下未書繳付日期及接收人。
按：①據文例，《田家莂》"□"今補釋爲"[校]"。

5·1026 灵□丘男子昊張，佃田廿町，凡十八畝卅步，皆二年常限。其
四畝旱敗不收布。定收十四畝卅步，爲米十六斛七斗五
升①，畝收布二尺。其十六斛七斗五升[1]，五年十二月廿日付
倉吏曼[2]、周棟。凡爲布二丈八尺②，准入米六斗八升，五年
十一月廿日付倉吏張[3]、周棟。其旱田不收錢。孰田畝收錢

八十,凡爲錢一千一百卅,五年十一月十日付庫吏潘慎。嘉禾六年二月廿日,田户曹史張惕校。

按:①據熟田畝數與定額計,應收米十六斛九斗五升。

②據熟田畝數與定額計,應收布二丈八尺二寸五分。

5·1027 灵□□丘男子周車,佃田四町,凡十三畝,皆二年常限。其十畝旱不收布。定收三畝,爲米三斛六斗,畝收布二尺。其米三斛六斗,五年十二月八日付吏孫儀。凡爲布六尺,五年十月一日付庫吏潘有。其旱田不收錢。其孰田畝收錢八十,凡爲錢二百卌,准入米一斗九升,五年十一月十日付吏孫儀。嘉禾六年二月廿日,田户曹張惕①、趙野校。

按:①據文例,"曹"下脱"史"字。

5·1028 灵□中丘男子周枇,佃田二町,凡十畝,皆二年常限。旱敗不收錢布。嘉禾六年二月廿日,田户曹史張惕、趙野校。

5·1029 灵□□丘男子周明,佃田六町,凡十七畝,皆二年常限。其十畝不收布[1]。定收七畝,爲米八斛四斗,畝收布二尺。其米八斛四斗,五年十二月十日付吏孫儀。凡……丈四尺,五年十月十日付庫吏潘有。其旱田不收錢。其孰田畝收錢八十,凡爲錢五百六十,准入米七斗二升八合,五年十二月八日付吏孫儀。嘉禾六年二月廿日,田户曹史張惕、趙野校。

5·1030 灵□丘大女周懸,佃田卅五町,凡六十八畝,皆二年常限。旱不收錢布。嘉禾六年二月廿日,田户曹史張惕、趙野校。

5·1031 灵□丘男子周□,佃田十町,凡卅一斛[1]。其卅六畝二年常限。其廿五畝旱敗不收布。其五畝餘力田,爲米二斛。定收十一畝,爲米十三斛二斗。其米十五斛二斗,五年十一月五日付倉吏張曼、周棟。凡……,准入米□斛□斗□升,五年十二月□日付倉吏張曼、周棟。其旱田不收錢。孰田畝收錢八十,凡爲錢一千二百八十,五年九月十七日付庫吏☒。嘉禾六年二月廿日,田戶曹史□□☒

原注:[1]"斛"當爲"畝"之誤。

5·1032 灵……懸吏周□①,佃田□□,凡十六畝,皆二年常限。其一畝旱敗不收布。定收十五畝,爲米十八斛,畝收布二尺。其米十八斛,六年正月廿九日付倉吏張曼、周棟。凡爲布三丈,准入米一斛九斗八升,五年十一月廿日付倉吏張曼、周棟。其旱田不收錢。孰田收錢畝八十,凡爲錢千二百,五年十一月廿八日付庫吏潘慎。嘉禾六年二月廿日,田戶曹史張惕校。

按:①"懸"當爲"縣"之誤。

5·1033 灵□□丘男子栩敬,佃田六町,凡十七畝,皆二年常限。其二畝旱不收布。定收十五畝,爲米……二尺。其米十八斛……張曼、周棟。凡爲布三丈,准入米一斛八斗,五年十二月一日付倉吏……不收錢。……畝八十,凡爲錢一千三百……[1]。嘉禾六年二月廿日,……

原注:[1]按熟田畝數和收錢定額計,應收一千二百錢。

5·1034 灵□丘男子馬□,佃田十六町,凡五十□畝,皆二年常限。其卌四畝旱敗不收布。定收十三畝,爲米十五斛六斗,畝收布……。凡爲布二丈六尺,准入米一斛……,□年□月□日付倉吏張曼、周棟。其旱不收錢①。凡爲錢一千錢卌②,五年十一月十日……☒[1]

原注:[1]簡之左側已殘缺。

按:①據文例,"錢"後脫"孰田畝收錢八十"之類繳錢定額的語句。
　　②"卌"前之"錢"字應當在"卌"後。

5·1035 灵□丘男子殷橘,佃田卅九町,凡八十畝,皆二年常限。其卅五畝旱敗不收布。定收卌五畝,畝收米一斛二斗,凡爲米五十四斛,畝收布二尺。其米五十四斛,六年正月廿八日付倉吏郭勳、馬欽。凡爲布二四一丈,准入米三斛五斗六升五

合,六年二月十七日付中倉吏郭勳、馬欽。其旱畝不收錢。其孰田畝收八十①,凡爲錢三千六百,准入米三斛二斗五升,六年正月十日付孫儀畢。嘉禾六年二月廿日,田户曹史張惕、趙野校。

按:①據文例,"收"後脱"錢"字。

5·1036　灵□丘男子殷□,佃田六十町,凡九十二畝一百廿步,皆二年常限。其九畝一百廿步旱不收布。定收八十三畝……凡爲米九十九斛六斗,畝收布二尺。其米……。凡布四匹六尺①,准入米九斛□□二升,十一月廿日付掾孫儀②。其……五年十一月廿日付掾孫儀。嘉禾……

按:①據文例,"凡"後脱"爲"字。
　　②據文例,"十"前脱"五年"二字。

5·1037　灵□丘州吏逢勳,佃田四町,凡卅二畝,爲租米十八斛六斗五升二合①,……□。其十八斛六斗五升二合,五年十二月十日付倉吏張曼、周棟。凡爲布一匹二丈四尺,准入米三斛九斗七升,五年十二月□日付倉吏張曼、周棟畢。其□……□□……□二千五百六十,准入米二斛九斗九升,五年十一月十一日付吏孫儀畢。嘉禾年二月廿日,田户曹史張惕[1]、趙野校。

原注:[1]依文例,核校時間當在六年初,"年"上脱"六"字。

按:①州吏逢勳租田卅二畝,按畝收米五斗八升六合計,應收租米十八斛七斗五升二合。簡文"六斗"疑爲"七斗"之誤。

5·1038　灵□丘男子高□,佃田五町,凡十四畝,皆二年常限。其一畝旱敗不收布。定收十三畝,爲十五斛六斗[1],畝收布二尺。……張曼、周棟。凡爲布二丈六尺,准入米一斛六斗一升,五年十二月廿日付倉吏張曼、周棟。其旱不收錢。孰田收錢畝八十,凡爲錢一千卌,五年十一月廿一日付庫吏潘慎。嘉禾六年二月廿日,田户曹史張惕校。

原注:[1]"爲"下脱"米"字。

5·1039　灵□丘大女高禄,佃田十町,凡廿畝,皆二年常限。其一畝旱

敗不收布。定收十九畝，爲米廿二斛八斗，畝收布二尺。其
米廿二斛八斗，五年十一月六日付倉吏張曼、周 棟①。凡爲
布三丈八尺，准入米二斛四斗三升，五年十一月八日付倉吏
張曼、周棟。其旱田不收錢。孰田畝收錢八十，凡爲錢一千
五百廿，五年十一月□日付庫吏潘慎。嘉禾六年二月廿日，
田户曹史張惕校②。[1]

原注：[1]本券書右側有一從上貫下之劃痕，劃痕之右側尚有字迹，當屬右莂文字。
按：①據文例，《田家莂》"□□"今補釋爲"周 棟"。
　　②據文例，《田家莂》"□"今補釋爲"惕"。

5·1040 灵□丘男子唐宜，佃田十七町，凡卅九畝，皆二年常限。其卅
三畝旱敗不收布。定收六畝，爲米七斛二斗，畝收布二尺。
其米七斛二斗，五年十二月七日付倉吏張曼、周棟。凡爲布
一丈二尺，准入米七斗三升，五年十二月二日付倉吏張曼、
周棟。其旱不收錢。其孰田畝收錢八十，凡爲錢四百八十
錢，五年十二月一日付庫吏潘有畢。嘉禾六年二月廿日，田
户曹史張惕、趙野校。

5·1041 灵□中丘男子唐食，佃田三町，凡八畝，皆二年常限。其三畝
旱不收布。定收五畝，爲米六斛，畝收布二尺。其米六斛，
五年十二月廿八日付倉吏張曼、周棟。凡爲布一丈，准入米
六斗，五年十二月六日付倉吏張曼、周棟。其旱田不收錢。
其孰田畝收錢八十，凡爲錢四百，准入米五斗二升，五年十
二月廿日付吏孫儀。嘉禾六年二月廿日，田户曹史張惕、趙
野校。

5·1042 灵□□丘男子陳有，佃田十三町，凡十二畝，皆二年常限。其
二畝旱敗不收布。定收十畝，凡爲米十二斛，畝收布二尺。
其米十二斛，五年十一月廿八日付倉吏張曼、周棟。凡爲布
二丈，准入米一斛二斗四升，五年十一月廿九日付倉吏張
曼、周棟。其旱畝不收錢。其孰田收錢畝八十，凡爲錢八
百，准准入米五斗一升[1]，五年十一月廿八日付倉吏張曼、周
棟。嘉禾六年二月廿日，田曹史張惕、趙野校。

原注：[1]"入"上衍一"准"字。

5·1043 灵□丘男子陳租，佃田卅三町，……皆二年常限。畝收米一斛二斗，凡爲米一百一十斛四斗，畝收布二尺。其米一百一十斛四斗，六年正月十八日付掾孫儀。凡爲布四匹二丈，准入米廿二斛二斗二升……①

按：①據收米數與定額推算，定收當爲九十二畝；據收布數與定額推算，定收當爲九十畝。其中可能有誤。

5·1044 灵□中丘男子陳壽，佃田十町，凡十六畝，皆二年常限。其十三畝旱不收布。定收三畝，爲米三斛六斗，畝收布二尺。其米三斛六斗，五年十一月十二日付倉吏孫義畢①。凡爲布六尺，准入米三斗六升，五年十一月三日付吏孫義②。其旱畝收錢[1]。凡爲二百卅[2]，准入米一斗九升，五年十二月十日付吏孫義畢③。嘉禾六年二月廿日，田戶曹史張惕、趙野校。

原注：[1]"收"上脱"不"字。
　　　[2]"爲"下脱"錢"字。此句前脱"其熟田收錢畝八十"之類。

按：①、②、③《田家莂》"儀"，據圖版應爲"義"，今改。

5·1045 灵□龍丘縣卒孫斗，佃田廿一町，凡卅九畝一百廿步，皆二年常限。其廿六畝一百廿步旱不收布。定收十三畝，凡爲米十五斛六斗，畝收布二尺。其米十五斛六斗，五年十二月五日付吏孫儀畢。凡爲布一丈九尺①，准入米一斛一斗七升，五年十二月十三日付吏孫儀畢。其旱畝不收錢。其熟田畝收錢八十，凡爲錢一千卌，准入米八斗，五年十二月□ 嘉禾六年□

按：①據熟田畝數與定額計，應收布二丈六尺。

5·1046 □男子烝阿，佃田七町，凡廿六畝一十步，皆二年常限。其十二畝一百廿步旱敗不收布。定收十三畝一百卌步，爲米十六斛二斗五升，畝收布二尺。其米十六斛二斗五升，六年正月五日付倉吏張曼、周棟。凡爲布二丈七尺①，准入米一斛五升，五年十一月廿三日付倉吏孫儀。其旱田不收錢。熟田收錢畝八十，凡爲錢一千八十②，五年十二月十日付庫吏潘慎。

嘉禾六年二月廿日，田户曹史張惕校。

按：①據熟田畝數與定額計，應收布二丈七尺八分。此簡是按熟田十三畝一百廿步
　　徵收布的。
　　②據熟田畝數與定額計，應收錢一千八十三錢。此簡是按熟田十三畝一百廿步
　　徵收錢的。

5·1047　灵□丘男子烝宜，佃田十六町，凡十九畝，皆二年常限。畝收
　　　　米一斛二斗，凡爲米廿二斛八斗，畝收布二尺。其米廿二斛
　　　　八斗，五年十二月五日付三州掾孫儀。凡爲布三丈八尺，准
　　　　入米二斛二斗五升，五年十一月二日付三州掾孫儀。……
　　　　其孰田收錢畝八十，凡爲錢……准入米一斛五斗五升，五
　　　　年……。嘉禾六年二月廿日，田户曹史張惕、趙野校。

5·1048　灵□湯丘男子烝務①，佃田五町，凡廿畝。其一畝旱敗不收
　　　　布。定收十九畝，爲米廿二斛八斗，畝收布二尺。其米廿二
　　　　斛八斗，五年十二月九日付倉吏張曼、周棟。凡爲布三丈八
　　　　尺，准入米二斛四斗五升，五年十二月八日付倉吏……。其
　　　　旱田不收錢。孰田畝收錢八十，凡爲錢一千五百廿，五年十
　　　　月七日付庫吏潘慎。嘉禾六年二月廿日，田户曹史張惕校。

按：①《田家莂》"務"，圖版作""。此字左旁當爲"矛"的省寫而非"犭"。魏晉碑刻
　　"務"的寫法有和此字相類者，如《朱龍妻任氏墓誌》"務"作""。故我們認爲
　　"務"當爲"務"字。今改。

5·1049　灵□□丘男子烝妻，佃田廿一町，凡五十八畝廿步，皆二年常
　　　　限。其卅畝一百卅步旱敗不收布。定收廿七畝一百卅步，
　　　　爲米卅三斛五升，畝收布二尺。其米卅三斛五升，五年十月
　　　　廿日付倉吏張曼。凡爲布一匹一丈五尺①，五年十二月廿日
　　　　付庫吏潘慎。其旱田不收錢。孰田畝收錢八十，凡爲錢二
　　　　千二百②，五年十二月廿日付庫吏潘慎。嘉禾六年二月廿
　　　　日，田户曹史張惕校。

按：①據熟田畝數與定額計，應收布一匹一丈五尺八分。此簡是按熟田廿七畝一百
　　廿步徵收布的。
　　②據熟田畝數與定額計，應收錢二千二百三錢。此簡是按熟田廿七畝一百廿步
　　徵收錢的。

5·1050 灵□丘男子烝陽,佃田十一町,凡廿八畝。其廿七畝二年常限。其廿二畝旱不收布。其一畝餘力[1],收米四斗,畝收布二尺。定收五畝,爲米六斛,畝收布二尺。其米六斛四斗,五年十二月□一日付倉吏張曼、周棟。凡爲布一丈二尺,准入米七斗二升,五年十二月八日付倉吏張曼、周棟。其旱田不收錢。其䣕田畝收錢八十,凡爲錢四百八十,五年十一月□日付庫吏潘有畢。嘉禾六年二月廿日,田戸曹史張惕、趙野校。

原注:[1]"餘力"下脱"田"字。

5·1051 灵□丘男子烝□,佃田卅町,凡卅四畝,皆二年常限。其四畝旱不收布。定收卅畝,爲米卅六斛,收布二尺①。其米卅六斛,六年二月廿日付掾孫儀。凡爲布一匹二丈,准入米三斛七斗五升,六年二月廿日付掾孫儀。其旱田不收錢。其䣕田收錢畝八十,凡爲錢二千四百,准入米三斛一斗一升,六年二月廿日付掾孫儀畢。嘉禾六年二月廿日,田戸曹史張惕、趙野校。

按:①據文例,"收"前脱"畝"字。

5·1052 灵□丘男子烝□,佃田□町,凡五畝,皆二年常限。畝收米一斛二斗,凡爲米六斛,收布二尺①。其米六斛,六年二月□□日付掾孫儀。凡爲布一丈,准入米六斗二升,六年二月一日付掾孫儀。畝收錢八十,凡爲錢四百,准米二斗三升,六年二月三日付掾孫儀。嘉禾六年二月廿日,田戸曹史張惕、趙野校。

按:①據文例,"收"前脱"畝"字。

5·1053 灵□丘男子黄元,佃田二町,凡□畝,皆二年常限。其……。定收三畝,爲米……。其米三斛六斗,……周棟。凡爲布六尺,准米入三斗五升①,十二月十一日付庫吏潘慎②、潘宗畢。……

按:①據文例,"准米入"當爲"准入米"之誤。
　　②據文例,"十"前脱"五年"二字。

5·1054 灵□□丘大女黄布，佃田三町，凡七畝，皆二年常限。畝收米一斛二斗，凡爲米八斛四斗，畝 收 布 二 尺①。其米八斛四斗，□年□月□日付掾孫儀。凡爲布一丈四尺……。□□收錢八十，凡爲錢五百六十，准入米五斗，六年正月□日付掾孫儀畢。嘉禾六年二月廿日，田户曹史……

按：①據文例，《田家莂》“……”今補釋爲“畝 收 布 二 尺”。

5·1055 灵□□丘男子黄碩，佃田廿七町，凡卅九畝，皆二年常限。其一畝旱敗不收布。定收卅八畝，爲米卅五斛六斗，畝收布二尺。其米……廿日付倉吏張曼、周棟。爲布一匹三丈六尺，准入米四斛七斗三升，五年十一月□日付倉吏張曼、周棟。其旱田不收錢。孰田收錢畝八十，凡爲錢三千卅，五年十□月……▨ 嘉禾六年二月廿日，田户曹史□▨

5·1056 灵□下丘男子黄樹，佃田八町，凡六畝。畝收米一斛二斗，爲米七斛二斗，收布二尺①。其米七斛二斗，六年二月十日付掾孫儀。凡爲布一丈二尺，准入米七斗四升四合，六年二月十日付掾孫儀。畝收錢八十，凡爲錢五百六十②，准入米五斗一升，六年二月一日付掾孫儀。嘉禾六年二月廿日，田户曹史張惕、趙野校。

按：①據文例，“收”前脱“畝”字。
　　②據熟田畝數與定額計，應收錢四百八十錢。

5·1057 灵□□丘男子黄營，佃田三町，凡八畝，皆二年常限。其一畝旱敗不收布。定收七畝，爲米八斛四斗，收布二尺①。其米八斛四斗，五年十二月九日付倉吏郭勳、馬欽。凡爲布一丈四尺，五年十一月卅日付庫吏潘有②。其旱畝不收錢。其孰田收錢畝八十，凡爲錢五百六十，五年十二月一日付庫吏潘□。嘉禾六年二月廿日，田户曹史張惕、趙野校。

按：①據文例，“收”前脱“畝”字。
　　②《田家莂》“廿”字，據圖版實爲“卅”字，圖版作“▨”，較清楚，爲三筆豎劃而非兩筆豎劃。今改。

5·1058 灵□□丘男子黄鬻，佃田五町，凡十四畝，皆二年常限。其十畝旱不收布。定收四畝,爲米四斛八斗,畝收布二尺。其米四斛八斗,五年十二月十二日付吏孫儀。凡爲布八尺,五年十一月六日付庫吏潘有。其旱田不收錢。其孰田畝收錢八十①,凡爲錢三百廿,准入米四斗一升六合,五年十二月十日付吏孫儀。嘉禾六年二月廿日,田戶曹史張惕、趙野校。

按:①據圖版,"孰"前有一"其"字,圖版作"▉",較清楚。《田家莂》脱,今補。

5·1059 灵□丘男子黄□,佃田十町,凡卅六畝,皆二年常限。其廿八畝旱敗不收布。定收八畝,爲米九斛六斗,畝收布二尺。其米九斛六斗,五年十二月十日付倉吏張曼、周棟。凡爲布一丈六尺,准入米一斛五斗,五年□月四日付倉吏張曼、周棟。其旱田不收錢。孰田收錢畝八十,凡爲錢六百卌,五年十二月三日付庫吏□□。嘉禾六年二月廿日,田戶曹史張惕校。

5·1060 灵□丘男子區士,佃田十町,凡卅三畝,皆二年常限。其十三畝旱不收布。定收廿畝,爲米廿四斛,畝收布二尺。其米廿四斛,五年十二月廿五日付倉吏張曼、周棟。凡爲布一匹,准入米二斛五斗,五年十二月十九日付倉吏張曼、周棟。其旱田不收錢。其孰田畝收錢八十,凡爲錢一千六百,付庫吏潘有畢①。嘉禾六年二月廿日,田戶曹史張惕、趙野校。

按:①據文例,"付"前脱繳錢日期。

5·1061 灵□丘州卒區江,佃田十町,凡卅七畝①,皆二年常限。其十七畝旱不收布。定收卅畝,爲米卅六斛,畝收布二尺。其米卅六斛,五年……吏張曼、周棟。凡爲布一匹二丈,准入米三斛七斗五升……月十日付倉吏……。其旱田不收錢。其孰田畝收錢八十②,凡爲錢二千四百,付庫吏潘有畢③。嘉禾六年二月廿日,田戶曹史張惕、趙野校④。

按:①佃田總數與旱田、熟田畝數不合。據收米數、收布數和收錢數與定額知,熟田爲卅畝,則佃田總數與旱田畝數必有一誤。

②據文例,《田家莂》"□□□□"今補釋爲"收錢八十"。

③據文例,"付"前脱繳錢日期。

④據文例，《田家莂》"……惕、□野校"今補釋爲"張惕、趙野校"。

5·1062　灵□丘男子區喜，佃田十二町，凡卅二畝。其廿七畝二年常
限。□□旱敗不收布。其五畝餘力田，爲米二斛……爲米
三斛六斗。凡爲米五斛六斗。畝收布二尺。其米五斛六
斗，六年正月□日付倉吏張曼、周棟。凡爲布一丈六尺，准
入米九斗九升，五年十一月七日付倉吏張曼、周棟。其旱田
不收錢。其孰田畝收錢八十，凡爲錢六百卌，五年十一月十
日付庫吏潘有。嘉禾六年二月廿日，田戶曹史張惕校。

5·1063　灵□□丘縣卒區象，佃田八町，凡卌八畝，皆二年常限。其廿
八畝旱田不收布。定收廿畝，爲米廿四斛，畝收布二尺。其
米廿四斛，五年十二月三日付倉吏張曼、周棟。凡爲布一
匹，准入米二斛五斗，五年十二月十日付倉吏張曼、周棟。
其旱田不收錢。其孰田畝收錢八十，凡爲錢一千六百，付庫
吏潘有畢①。嘉禾六年二月三日，田戶曹史張惕、趙野校。

按：①據文例，"付"前脫繳錢日期。

5·1064　灵□丘男子張平，佃田十五町，凡廿九畝，皆二年常限。其四
畝旱不收布。定收廿五畝，爲米卅斛，收布二尺①。其米卅
斛，六年二月六日付掾孫儀。凡爲布一匹一丈，准入米三斛
二斗二升，六年二月十九日付掾孫儀。其旱畝不收錢。其
孰田收錢畝八十，凡爲錢二千，准米入一斛八斗②，六年二月
十九日付掾孫儀畢。嘉禾六年二月廿日，田戶曹史張惕、趙
野校。

按：①據文例，"收"前脫"畝"字。
　　②據文例，"准米入"當爲"准入米"之誤。

5·1065　灵□丘男子張禮，佃田六町，凡六十三畝。其五十八畝二年
常限。其卅畝旱敗不收布。其五畝餘力田，爲米二斛。定
收廿八畝，爲米卅三斛六斗。凡爲米卅五斛六斗，畝收布二
尺。其米卅五斛六斗，五年十一月廿九日付倉吏張曼、周棟
畢。凡爲布一匹二丈六尺，准入米四斛三斗，五年十月廿六

日付倉吏張曼、周棟。其旱田不收錢。孰田收錢畝八十，凡爲錢二千六百卅，五年十月廿八日付庫吏潘慎畢。嘉禾六年二月廿日，田戶曹史張惕校。

5·1066　灵□□丘男子番奇，佃田十五町，凡廿畝，皆二年常限。其二畝旱不收布。定收十八畝，爲米廿一斛六斗，畝收布二尺。其米廿一斛六斗，五年十一月二日付倉吏張曼、周棟畢。凡爲布三丈六尺，准入米二斛二斗五升，五年十一月八日付倉吏張曼、周棟畢。其旱田不收錢。其孰田畝收錢八十，凡爲錢一千四百卅，准入米一斛一斗，五年十二月十日付倉吏張曼、周棟。嘉禾六年二月廿日，田戶曹史張惕、趙野校。

5·1067　灵□□丘男子番惕，佃田□□町，凡卅畝，皆二年常限。其十七畝百廿步旱不收布①。定收十二畝一百廿步，爲米十五斛，畝收布二尺。其　米　十　五　斛②，五年十一月八日付吏孫儀畢。凡爲布二丈五尺，准入米一斛五斗，五年十二月九日付吏孫儀畢。其旱田不收錢。其孰田畝收錢八十，凡爲錢一千，准入米七斗七升，五年十二月八日付吏孫儀畢。嘉禾六年二月廿日，田戶曹史張惕、趙野校。

按：①據圖版，"旱"後無"敗"字，圖版此句較模糊，但"不收布"三字較清楚，"不"上之字應爲"旱"字而非從貝從攵的"敗"字。《田家莂》衍"敗"字，今刪。
　　②據文例及文意，《田家莂》"☑"今補釋爲"其　米　十　五　斛"。

5·1068　灵□丘男子番□，佃田二町，凡八畝，皆二年常限。其七畝旱不收布。定收一畝，爲米一斛二斗，畝收布二尺。其米一斛二斗，五年十一月十日付倉吏張曼、周棟。凡爲布二尺，准入米一斗三升，五年十二月七日付倉吏張曼、周棟。其旱田不收錢。其孰田畝收錢八十，凡爲錢八十，准入米七合，五年十二月十一日付吏孫儀畢。嘉禾六年二月廿日，田戶曹史張惕、趙野校。

5·1069　灵□丘縣吏番□，佃田……爲米……斛六斗，五年十二月十一日付倉吏張曼、周棟。凡爲布一匹一丈☑

5·1070　灵□丘男子蔡泯,佃田廿一町,凡廿三畝,皆二年常限。其二
　　　　畝旱不收布^①。定收廿一畝,收米廿五斛二斗,收布二尺。
　　　　其米廿五斛二斗,五年十二月廿三日付掾孫儀。凡爲布一
　　　　匹二尺,准入米二斛五斗,五年十二月廿三日付掾孫儀。其
　　　　旱畝不收錢。其孰田畝收錢八十,凡爲錢一千六百^②,准入
　　　　米一斛五斗,五年十二月廿三日付掾孫儀。嘉禾六年二月
　　　　廿日,田户曹史張惕、趙野校。

按:①《田家莂》"三"字,據圖版應爲"二"字,圖版作"■■■"。今改。
　　②據熟田畝數與定額計,應收錢一千六百八十錢。

5·1071　灵□丘男子蔡張,佃田七町,凡卅五畝,皆二年常限。旱敗不
　　　　收錢布。嘉禾六年二月廿日,田户曹史張惕、趙野校。

5·1072　灵□丘男子蔡□,佃田廿八町,凡卅六畝,皆二年常限。畝收
　　　　米一斛二斗,凡爲米卅三斛二斗,畝收布二尺。其米卅三斛
　　　　二斗,六年二月十日付掾孫[儀]^①。凡爲布一匹三丈二尺,准
　　　　入米四斛四斗八升,六年二月十三日付掾孫儀。畝收錢八
　　　　十,凡爲錢二千八百八十,准入米二斛五斗五升,六年二月
　　　　十三日付掾孫儀。嘉禾六年二月廿日,田户曹史張惕、趙
　　　　野校。

按:①田家莂倉吏姓"孫"者僅孫儀一人,故《田家莂》"□"今補釋爲"[儀]"。

5·1073　灵□丘男鄭屈^①,佃田十五町,凡卅三畝,皆二年常限。其□
　　　　□畝旱不收布。定收□□□畝^②,爲米廿八斛八斗,畝收布二
　　　　尺。其米□……,五年十一月□日付倉吏張曼、周棟。凡爲
　　　　布一匹八尺,准入米二斛九斗八升,五年十二月廿二日付倉
　　　　吏張曼□其旱田不□孰田畝收錢□

按:①據文例,"男"後脱"子"字。
　　②據收米數、收布數與定額推算,熟田爲廿四畝。

5·1074　灵□中丘男子鄭喜,佃田一百町,凡二頃一十八畝。其十二
　　　　畝旱不收布。定收二頃六畝,爲米二百卌七斛二斗,畝收布
　　　　二尺。其米二百卌七斛二斗,五年十一月二日付三州掾孫

儀。凡爲布十四一丈二尺,准入米廿六斛二斗□升,五年十一月十二日付三州掾孫儀。其旱田不收錢。其孰田畝收錢八十,凡爲錢一萬六千四百八十,准入米十五斛,五年十一月五日付三州掾孫儀。嘉禾六年二月廿日,田戶曹史張惕、趙野校。

5·1075　灵□□丘男子鄭興,佃田□町,凡廿一畝,皆二年常限。其□□□定收□畝,畝收□□……☑其米六斛六斗,五年十二月□日☑

5·1076　灵□丘男子鄧坨①,佃田□町,凡廿畝②,皆二年常限。其十二畝旱□不收布。定收七畝,爲米八斛四斗③,畝收布二尺。其米八斛四斗,五年十二月十日付倉吏張曼④、周棟。凡爲一丈四尺[1],准入米八斗四升,五年十月廿六日付吏孫儀⑤。其旱畝不收錢。其孰田畝收錢八十,凡爲錢五百六十,五年□□月十日付庫吏潘慎、潘宗。嘉禾六年二月廿日,田戶曹史張惕、趙野校。

原注:[1]“爲”下脱“布”字。

按:①坨,音yí。《玉篇·土部》:“坨,地名。”

②據收米數、收布數和收錢數與定額知,定收七畝,旱田十二畝,兩者合計爲十九畝,與佃田總數廿畝不合。

③定收七畝,據文例,《田家莂》“……”今補釋爲“七畝,爲米”。

④據文例,《田家莂》“……”今補釋爲“八斛四斗,五”。

⑤田家莂“孫”姓倉吏只有“孫儀”一人,故《田家莂》“□”今補釋爲“儀”。

5·1077　灵□丘男子鄧員,佃田十町,凡卅八畝,皆二年常限。其廿畝旱不收布。定收十八畝,爲米廿一斛六斗,畝收布二尺。其米廿一斛六斗,五年十一月十日付倉吏張曼、周棟。凡爲布三丈六尺,准入米二斛二斗三升五合,五年十一月廿日付吏孫儀畢。其旱田不收錢。其孰田畝收錢八十,凡爲錢一千四百卌,五年十一月十日付庫吏潘慎、潘宗畢。嘉禾六年二月廿日,田戶曹史張惕、趙野校。

5·1078　灵□丘男子鄧毛，佃田六町，凡廿九畞，皆二年常限。旱敗不收錢布。嘉禾六年二月廿日，田戶曹史張惕、趙野校。

5·1079　灵□□丘男子鄧葚，佃田二町，合五畞，皆二年常限。畞收米一斛二斗，爲米六斛，畞收布二尺。其米六斛，五年十一月二日付倉吏郭勳、馬欽。凡爲布一丈二尺①，五年九月廿一日付庫吏潘慎、潘宗。其孰田畞收錢八十，凡爲錢四百，五年十月廿日付庫吏潘慎、潘宗畢②。嘉禾六年二月廿二日，主者史張……③

按：①據孰田畞數與定額計，應收布一丈。

　　②據文例，《田家莂》“……”今補釋爲“畢”。

　　③《田家莂》“廿二日”後無點斷，今點斷。

5·1080　灵□丘男子鄧黑，佃田七町，凡卅四畞，皆二年常限。其卅一畞旱不收布。定收三畞，爲米三斛六斗，畞收布二尺。其米三斛六斗，五年十一月八日付倉吏張曼、周棟畢。凡爲布六尺，准入米四斗①，五年十二月九日付倉吏張曼、周棟畢。其旱田不收錢。其孰田畞收錢八十，凡爲錢□

按：①《田家莂》“升”字，據圖版當爲“斗”字，圖版很清晰。今改。

5·1081　灵□□丘男子劉□，佃田□□町，凡□畞，皆二年常限。定收十一畞，爲米十三斛二斗……，其米十三斛二斗，五年十一月三日付吏孫儀畢。[1]

原注：[1]右側及下端已殘缺。

5·1082　灵□丘縣吏潘慎，佃田卅町，凡五十四畞，皆二年常限。其冊四畞旱不收布。定收十畞，爲米十二斛，畞收布二尺。其米十二斛，五年十二月廿七日付倉吏張曼、周悚①。凡爲布二丈，准入米一斛二斗五升，五年十二月廿日付倉吏張曼、周悚②。其旱田不收錢。其孰田畞收錢八十，凡爲錢八百，五年十二月十五日付庫吏潘有畢。嘉禾六年二月廿日，田戶史曹史張惕[1]、趙野校。

原注：[1]“曹”上衍“史”字。

按：①、②《田家莂》“棟”字，據圖版寫作“悚”，今改。

5·1083 灵……丘男子潘嘉,佃田三町,凡……不收錢布。嘉禾六年二月廿日,田户曹史張……

5·1084 灵□丘男子魯仁,佃田十五町,凡廿一畮。其十七畮二年常限。其七畮旱敗不收布。其四畮餘力田,爲米一斛六斗,畮收布二尺。定收十畮,爲米十二斛,畮收布二尺。其米十三斛六斗,五年十二月八日付倉吏張曼。爲布二丈八尺,准入米□斛七斗九升,五年十月七日付倉吏張曼、周棟。其旱田不收錢。孰田畮收錢八十,凡爲錢一千一百廿,五年十月九日付庫吏潘慎。嘉禾六年二月廿日,田户曹史張惕校。

5·1085 灵□□丘男子劉惕,佃田七町,凡廿九畮,皆二年常限。其九畮……。定收廿畮,爲米廿四斛①,畮收布二尺。其米廿四斛,五年十二月廿八日付倉吏張[1]、周棟。凡爲布一匹,准入米二斛四斗,五年十二月十日付吏孫儀②。其旱田不收錢。其孰田畮收錢八十③,凡爲錢一千④……。嘉禾六年二月廿日,田户曹史張惕⑤、趙野校。

原注:[1]"張"下脱"曼"字。

按:①據下文,《田家莂》"……"今補釋爲"廿四斛"。

②據文例,《田家莂》"□"今補釋爲"五"。

③據文例,《田家莂》"……"今補釋爲"畮收錢八十"。

④據熟田畮數與定額計,應收錢一千六百錢。

⑤據文例,《田家莂》"□□"今補釋爲"張惕"。

5·1086 灵□溲丘縣吏劉賞,佃田廿町,凡爲卅一畮,皆二年常限。畮收米一斛二斗,凡爲米卅七斛[1]。畮收布二尺①。凡爲布一匹二丈二尺②,准入米二斛二斗四升,五年十二月六日付三州掾孫儀。其旱田不收錢。其孰田畮收錢八十,凡爲錢二千四百八十,准入米二斛二斗四升,五年十二月六日付三州掾孫儀。嘉禾六年二月廿日,田户曹史張惕校。

原注:[1]按定收畮數和收米定額計,應爲米卅七斛二斗。

按:①據文例,"二尺"後脱繳米數、繳米日期及接收倉吏。

②《田家莂》"太"字,據圖版應爲"丈"字。今改。

5·1087 ……吏劉□,佃田五町,凡□□畝,皆二年常限。其五畝旱不收布。定收……,畝收布二尺。其……。凡爲布三丈八尺,五年□月七日付庫吏潘慎、潘宗。其旱田不收錢。其孰田畝收錢八十,凡爲錢一千五百廿,准入米九斗四升,五年十二月一日付吏孫儀畢。嘉禾六年二月廿日,田户曹史張惕、趙野校。

5·1088 灵□丘男子樊文,佃田四町,凡七畝,皆二年常限。其一畝旱不收布。定收六畝,爲米七斛二斗,畝收布二尺。其米七斛二斗,五年十一月廿八日付倉吏□□。凡爲布一丈二尺,五年十一月廿□日付庫吏潘琄。其旱敗不收錢①。孰田畝收八十②,凡爲錢四百八十,五年十一月十日付庫吏潘琄。嘉禾六年二月廿日,田户曹史張惕校。

按:①據文例,"敗"可能爲"畝"之誤。
②據文例,"收"後脱"錢"字。

5·1089 灵□丘男子潘踪①,佃田廿町,凡卅四畝,皆二年常限。其卅一畝旱不收布。定收三畝,爲米三斛六斗,畝收布二尺。其米三斛六斗,五年十二月廿日付倉吏張曼、周棟。凡爲布六尺,准入米三斗六升,五年十一月廿日付倉吏張曼、周棟。其孰田畝收錢八十②,凡爲錢二百冊,五年十一月十一日付庫吏潘慎、潘宗畢。嘉禾六年二月廿日,田户曹史張惕、趙野校。

按:①《田家莂》"㹟",圖版作"㹟",此字和簡5·596"踪"的寫法相同。今改"㹟"爲"踪"。詳參簡5·596。
②圖版"其孰田畝收錢八十"右側有"其旱田不收錢"的殘文。

5·1090 灵□丘男子潘俗,佃田三町,凡十一畝。其十畝二年常限。其五畝旱不收布。其一畝餘力[1],爲米四斗,爲布二尺。定收五畝,爲米六斛。畝收布二尺①。其米六斛四斗,五年十一月□□□倉吏張曼。凡爲布一丈二尺,准入米八斗,五年十一月卅日付倉吏張曼、周棟。其旱田不收錢。其孰田畝收錢八十,凡爲錢四百八十,五年十二月一日付庫吏潘慎、潘宗。嘉禾六年二月廿日，田户曹史張惕、趙野校。

原注：[1]"餘力"下脱"田"字。

按：①據文例，《田家莂》"□□"今補釋爲"二尺"。

5·1091 灵□丘男子衛恭，佃田十二町，凡廿一畞卌步[1]，皆二年常
限。其六畞二百步旱敗不收布。定收四畞八十步，爲米五
斛二斗，畞收布二尺。其米五斛二斗，五年十一月十一日
付倉吏張曼①、周棟。凡爲布八尺②，准入米四斗八升，五年
十一月廿日付倉吏張曼、周棟。五年十二月四日付倉吏張
曼、周棟。③其旱田不收錢。孰田收錢畞八十，凡爲錢三百
卅錢④，五年十一月十日付庫吏潘慎。嘉禾六年二月廿日，
田户曹史張惕校。

原注：[1]按收米、收布、收錢數推算，佃田數應爲十一畞卌步。

按：①據上文收米數及文例，《田家莂》"……"今補釋爲"二斗，五年"。

②據熟田畞數與定額計，應收布八尺六寸六分。

③據文例，"五年十一月廿日付倉吏張曼、周棟。五年十二月四日付倉吏張曼、
周棟。"其中當有一句爲衍文。

④據熟田畞數與定額計，應收錢三百卅六錢。

5·1092 灵□丘大女衛葵，佃田十町，凡廿五畞百五十步，皆二年常
限。其十三畞卅步旱敗不收布。定收十二畞百廿步，爲米
十五斛，畞收布二尺。其米十五斛，□□□□□日付倉吏張
曼、周棟。凡爲布二丈五尺，准入米一斛五斗五升，五年十
一月廿日付倉吏張曼、周棟。其旱田不收錢。孰田收錢畞
八十，凡爲錢一千，五年十二月四日付庫吏潘慎。嘉禾六年
二月廿日，田户曹史張惕校。

5·1093 灵……丘男子盧異，佃田十町，凡十七畞，皆二年常
限①。……米廿斛四斗，畞收布二尺。……五年十二月三
日付三州掾孫儀。凡爲布三丈四尺，准入米二斛，五年十
一月二日付三州掾孫儀②。畞收錢八十，凡爲錢一千三百
六十，准入米一斛二斗二升，五年十二月六日付三州掾孫
儀。嘉禾六年二月廿日，田户曹史張惕、趙野校。

按:①據文例,《田家莂》"□"今補釋爲"限"。

②據文例,《田家莂》"□"今補釋爲"五"。

5·1094 灵……男子盧□,佃田十五町,凡卅一畝,皆二年常限。其十
八畝旱敗不收布①。定收十三畝,畝收米一斛二斗,凡米十五
斛六斗②,畝收布二尺。其米十五斛六斗,五年十二月廿五日
付掾孫儀。凡布二丈五尺③,准入米四斛六斗一升二合,五年
十二月廿七日付☑

按:①據佃田總數與熟田畝數知,旱田爲十八畝,《田家莂》"□"今補釋爲"十"。

②據文例,"凡"後脫"爲"字。

③據熟田畝數與定額計,應收布二丈六尺。據文例,"凡"後脫"爲"字。

5·1095 灵□□丘男子謝五,佃田十町,凡十一畝,皆二年常限。畝收
米一斛二斗,凡爲米十三斛二斗。畝收布二尺。其米十三
斛二斗,五年十一月十二日付三州掾孫儀。凡爲布二丈二
尺,准入米一斛三斗三升,五年十一月十二日付三州掾孫
儀。其孰田畝收錢八十,凡爲錢八百八十,准入米八斗,五
年十一月二日付三州掾孫儀。嘉禾六年二月廿日,田户曹
史張惕、趙野校。

5·1096 灵□丘男子謝因,佃田三町,凡五畝,皆二年常限①。其四
畝旱敗不收布。……張曼、周棟。凡爲布六尺②,准入米三
斗五升,五年十一月十日付倉吏張曼、周棟。其旱田畝不收
錢。……③凡爲錢八百,五年□月廿日付庫掾潘慎、潘宗
畢。嘉禾六年二月廿日,田户曹史張惕、趙野校④。⑤

按:①據文例,《田家莂》"□□□"今補釋爲"年常限"。

②據文例,《田家莂》"□"今補釋爲"凡"。

③據文例,《田家莂》"……"當爲"其孰田畝收錢八十"之類語句。

④據文例,《田家莂》"□□□"今補釋爲"趙野校"。

⑤此簡文字當有誤。據佃田總數和旱田畝數推算,定收爲一畝;據收布數與定
額推算,定收爲三畝;據收錢數與定額推算,定收爲十畝。

5·1097 灵□□丘男子謝起,佃田三町,凡十七畝,皆二年常限。其十
畝旱不收布。定收七畝,爲米八斛四斗,畝收布二尺。其米

八斛四斗，五年十一月廿日付倉吏張曼、周棟畢。凡爲布一丈四尺，准入米八斗五升，五年十一月廿日付倉吏張曼、周棟畢。其旱田不收錢。其孰田畞收錢八十，凡爲錢五百六十錢，六年正月十八日付庫吏潘慎、潘宗畢。嘉禾六年二月廿日，田戶曹史張惕校。

5·1098 灵□丘縣吏謝威，佃田三町，凡廿三畞，皆二年常限。其十三畞旱敗不收布。定收十畞，爲米十二斛，畞收布二尺。其米十二斛，五年十一月廿一日付倉吏張曼、周棟畢。凡爲布二丈，五年十一月十五日付倉吏張曼、周棟。其旱田畞不收錢。其孰田畞收八十①，凡爲錢八百，五年十二月十四日付庫吏潘慎、潘宗畢。嘉禾六年二月廿日，田戶曹史趙野校。

按：①據文例，“收”後脱“錢”字。

5·1099 灵□丘男子謝義，佃田八町，凡十四畞，皆二年常限。其十一畞旱不收布。定收三畞，爲米三斛六斗，畞收布二尺。其米三斛六斗，五年十二月十七日付倉吏張曼、周棟畢。凡爲布六尺，准入米三斗六升，五年十二月十六日付倉吏張曼、周棟畢。其旱畞不收錢。其孰田畞收錢八十，凡爲錢二百卌，五年十二月十二日付庫吏番慎、番宗畢。嘉禾六年二月廿日，田戶曹史張惕、趙野校。

5·1100 灵□丘男子謝贛，佃田卌八町，凡七十畞[1]，皆二年常限。其十四畞旱不收布。定收六十六畞，爲米七十六斛二斗[2]，收布二尺①。其米七十六斛二斗，六年正月十八日付掾孫儀。凡爲布三匹一丈二尺，准入米八斛二斗五升，五年□月□日付掾孫儀。其旱畞不收錢。其孰田收錢八十②，凡爲錢五千二百八十，准入米四斛八斗，六年二月十日付掾孫儀。嘉禾六年二月廿日，田戶曹史張惕、趙野校。

原注：[1]下文旱畞與定收田合計爲八十畞，與此佃田七十畞不合，其中當有誤。

[2]按定收畞數和收米定額計，應爲米七十九斛二斗。

按：①據文例，“收”前脱“畞”字。

②據文例，“田”或“錢”後脱“畞”字。

5·1101 灵□丘男子謝□,佃田卅町,凡五十二畝①。其十畝餘力田,爲米四斛,收布二尺②。其卅八畝爲米卅五斛六斗,收布二尺③。凡爲米卅九斛六斗,六年正月十八日付掾孫儀。凡爲布二匹一丈六尺,准入米五斛九斗九升,六年正月十八日付掾孫儀。其旱畝不收錢。其孰田收錢畝八十[1]。嘉禾六年二月廿日,田户曹史張惕、趙野校。

原注:[1]此句下脱繳錢總數及繳錢入庫日期等文字。

按:①據文例,"凡五十二畝"後脱二年常限的田畝情況。

　　②、③據文例,"收"前脱"畝"字。

5·1102 灵□□丘男子謝□,佃田□町,凡□□畝。……。其六畝餘力田,爲米二斛四斗。定收二畝,爲米二斛四斗,□二尺。其米四斛八斗,五年十一月二日付倉吏張曼、周棟。凡爲布一丈六尺,准入米九斗□升,五年十二月廿日付倉史張曼、周棟。……孰田收錢畝八十,凡爲錢六百卅,五年十一月廿日付庫吏□□□。嘉禾六年……□

5·1103 灵□丘男子轟鄮①,佃田廿三町,凡七十一畝一百七十步,皆二年常限。其卅畝一百五十步旱敗不收布。其廿二畝餘力[1],收米四斗②。其十九畝廿步,畝收一斛二斗③,爲米卅一斛七斗。畝收布二尺。其卅一斛七斗④,五年十二月廿日付倉吏李金。凡爲布二匹二尺⑤,五年十一月廿日付庫吏潘慎。其旱田不收錢。孰田畝收錢八十,凡爲錢三千二百八十⑥,五年十一月十日付庫吏潘慎。嘉禾六年二月廿日,田户曹史張惕、趙野校。

原注:[1]"餘力"下脱"田"字。

按:①據文例,簡首應有合同符號,今補。

　　②據文例,"收"前脱"畝"字。

　　③據文例,"收"後脱"米"字。

　　④據文例,"其"後脱"米"字。

　　⑤據熟田畝數與定額計,應收布二匹二尺一寸六分。此簡是按熟田卅一畝徵收布的。

　　⑥據熟田畝數與定額計,應收錢三千二百八十七錢。此簡是按熟田卅一畝徵收錢的。

5·1104　灵……思，佃田十二町，凡卌畝，皆二年常限。其廿畝旱不收
布。定收廿畝，爲米廿四斛，畝收布二尺。其米廿四斛，五年
十二月五日付吏孫儀。凡爲布一匹①，五年十月七日付庫吏
潘有。其旱田不收錢。其孰田畝收錢八十，凡爲錢一千六
百，准入米一斛二斗，五年十二月五日付□□□。嘉禾六年
二月廿日，田户曹史張惕、趙野校。

按：①《田家莂》"四丈"，據圖版當爲"一匹"，圖版較模糊，但依稀可以分辨出"匹"
字。另，據布匹换算單位，四丈爲一匹，《田家莂》僅此簡爲"四丈"，其他簡均爲
一匹（凡355次），故據文例亦當爲"一匹"。今改。

5·1105　灵……□春，佃田十一町，凡卌五畝，皆二年常限。其□畝旱
不收布。定收廿五畝，畝收米一斛二斗，凡爲米卅斛，畝收布
二尺。其米卅斛，五年……付掾孫儀。凡爲布……□

5·1106　灵□□丘男子□銅，佃田二町，凡五畝，皆二年常限。凡爲米
六斛。其畝收布二尺。其米六斛，五年十二月廿八日付倉吏
張曼、周棟。爲布一丈①，准入米……，五年十二月三日付倉
吏張曼、周棟。其畝收錢……凡爲錢四百，五年十二月……
潘宗畢。嘉禾六年二月廿日，田户曹史張惕、趙野校。

按：①據文例，"爲"前脱"凡"字。

5·1107　灵……騎，佃田五町，凡十七畝，皆二年常限。其七畝旱不收
布。定收十畝，爲米十二斛，畝收布二尺。其米十二斛，五年
十二月一日付吏孫儀。凡爲布二丈，付庫吏潘有①。其旱田
不收錢。其孰田畝收錢八十，凡爲錢八百，准入米一斛四升，
五年十二月八日付吏孫儀畢。嘉禾六年二月廿日，田户曹史
張惕、趙野校。

按：①據文例，"付"前脱繳布日期。

5·1108　灵……佃田□七町，凡卌五畝，皆二年常限。其廿五畝旱敗
不收布。定收廿畝，畝收米一斛二斗，凡……六年正月十日
付倉吏……。其米廿四斛，□年……。其旱敗不收錢。孰
田畝收錢八十①，凡……。嘉禾六年正月□日，田户曹史
張惕校②。

按:①據文例,《田家莂》"……"今補釋爲"錢八十"。

②據文例,《田家莂》"□□曹史張□□"今補釋爲"田戶曹史張惕校"。

5·1109　灵……田十町,凡廿畝①。其十一畝二年常限。其□畝旱敗不收②。其三畝餘力田,爲米一斛二斗,畝收布二尺。定收五畝,爲米六斛,畝收布二尺。凡爲米七斛二斗。畝收布二尺。其米七斛二斗,五年十二月十日付倉吏張曼、周棟。凡爲布一丈六尺,准入米一斛四升,五年十二月八日付倉吏張曼、周棟。其旱田不收錢。孰田畝收錢八十,凡爲錢六百卌,五年九月八日付庫吏潘琦。嘉禾六年二月廿日,田曹史張惕校③。

按:①佃田總數與二年常限畝數、餘力田畝數不合。

②據文例,"收"後脫"布"字。

③《田家莂》"廿日"後無點斷,今點斷。

5·1110　灵……皆二年常限。……五斗,五年十二月十六日付掾孫儀。其米七十二斛……。其旱畝不收錢。孰田畝收錢八十,凡錢四千八百①,五年十二月廿八日付庫吏潘慎畢。嘉禾六……野校。

按:①據文例,"凡"後脫"爲"字。

5·1111　灵……丘男子□□,佃田七町,凡□□畝,皆二年常限。定收十七畝①,爲米廿斛四斗,畝收布二尺。其米廿斛四斗,五年十二月□日付倉吏張曼、周棟。……。其旱田不收錢。孰田收錢八十②,凡爲錢一千三百六十,五年十月六日付庫吏□□。嘉禾六年二月廿日,田戶曹史張惕、趙野校。

按:①據收米數、收錢數與定額知,定收爲十七畝。《田家莂》"□□"今補釋爲"十七"。據文例,"定收"前脫旱田畝數。

②據文例,"田"或"錢"後脫"畝"字。

5·1112　灵……畝皆二年常限。其廿一畝旱敗不收布。定收一百一十三畝,畝收米一斛二斗,凡爲米一百卅五斛六斗,畝收布二尺。……。凡爲布五匹二丈六尺,准入米九斛一斗二升五合,五年十二月廿六日付掾孫儀。其旱畝不收錢。其孰田畝收錢八十，凡爲錢九千卅，准入米八斛一斗七升二合，五年十二月廿一日付孫儀畢。嘉禾……

5·1113 ……。其五畞旱敗不收布。定收七畞，爲米八斛四斗，畞收布二尺。其米八斛四斗，五年十一月四日付倉吏張曼、周棟。凡爲布一丈四尺，准入米八斗六升，五年十一月廿七日付倉吏張曼、周棟。其旱田不收錢。孰田收錢畞八十，凡爲錢五百六十，五年十二月一日付庫吏潘慎。嘉禾六年二月廿日，田戶曹史張惕校。

5·1114 ……其五十四畞二年常限。其□□畞旱敗不收布。……十二月廿日付倉吏張曼、周棟。其旱田不收錢。孰田畞收錢八十，凡爲錢二千三百廿，五年十一月九日付庫吏潘慎、次(?)潘宗。……校。

5·1115 ……不收布。……，准入米五斛三斗□升……。其旱畞不收錢。……嘉禾……田戶曹史張惕□□□。

5·1116 □……皆，佃田十町，凡十六畞，二年常限。其一畞旱不收布。定收十五畞，爲米十八斛，收布二尺①。其米十八斛，五年十二月十八日付掾孫儀。凡爲布三丈，准入米一斛八斗六升，六年正月十日付掾孫儀。其旱田不收錢。其孰田收錢畞八十，凡爲錢一千二百，准入米一斛五升，六年二月十日付掾□□。嘉禾六年二月廿日，田戶曹史張惕、趙野校。

按：①據文例，"收"前脫"畞"字。

5·1117 灵……町，凡十六畞，皆二年常限。……定收四畞，爲米四斛八斗，畞收布二尺。其米四斛八斗，五年……。凡爲布八尺，五年十二月二日付庫吏潘慎、潘宗。其旱田不收錢。其孰田畞收錢八十，凡爲錢三百廿，准入米二斗七升，五年十一月八日付吏孫儀畢。嘉禾六年二月廿日，田戶曹史張惕、趙野校。

5·1118 □皆二年常限。其十畞百九步旱敗不收布。定收十三畞，爲米十五斛六斗，畞收布二尺。其米十五斛六斗，五年十二月

廿日付倉吏張曼、周棟。凡爲布二丈六尺,准入米一斛六斗
一升,五年十一月十日付倉吏張曼、周棟。其旱田不收錢。
孰田收錢畝八十,凡爲錢一千冊,五年十二月廿日付庫吏潘
慎。嘉禾六年二月廿日,田户曹史張惕校。

5·1119 灵□丘男子□□,佃十町①,凡十□畝,皆二年常限。其……
其米□□斛,五年十二月廿七日付倉吏□□。……十一日,
田户曹史張惕、趙野、陳通校。

按:①據文例,"佃"後脱"田"字。

5·1120 灵……皆二年常限。畝收米一斛二斗,凡爲米卅三斛六斗,
畝收布二尺①。其米卅三斛六斗,五年十一月十七日付掾
孫儀。……丈四尺,准入米三斛二斗,五年十二月四日付掾
孫儀。……收錢畝八十,凡爲錢二千一百卅……。嘉禾六
年二月十六日,田户曹史張惕、趙野校②。③

按:①據文例,《田家莂》"……"今補釋爲"二尺"。
②據文例,《田家莂》"□□"今補釋爲"趙野"。
③據收米數與定額推算,熟田爲廿八畝,據收錢數與定額推算,熟田不到廿七
畝,其中必有誤。

5·1121 灵□□丘□□①,佃田六町,凡十二畝,爲米十四斛四斗,五年
十一月七日付倉吏張曼、周棟。畝收布二尺,凡爲布二丈四
尺,五年十二月一日付庫吏番有畢。畝收錢八十,凡爲錢九
百六十,五年十二月……。嘉禾六年二月廿日,田户曹史張
惕校。

按:①據文例,"丘"後當脱有關身份或姓名的詞語。

5·1122 ☑……二年常限。☑……爲米九斛六斗,畝收布二尺。凡爲
布二丈,准入一斛二斗五升[1],五年十一月廿日付倉吏張曼、
周棟。其旱田不收錢。孰田收錢八十①,凡爲錢八百,五年十
一月九日付庫吏……。嘉禾六年二月廿日,田户曹史……

原注:[1]"入"下脱"米"字。
按:①據文例,"田"或"錢"後脱"畝"字。

5·1123 ……皆二年常限。收米一斛二斗。其米一斛二斗,五年十一月十日付倉吏潘慮。畝收布二尺,五年十二月一日付庫吏潘慎、潘宗。收錢八十,准入米六升二合,五年十二月二日付吏孫儀畢。嘉禾六年二月廿日,田戶曹史張惕、趙野校。

5·1124 ……凡十一畝,皆二年常限。其……。定收七畝,爲米八斛四斗,畝收布二尺。其米……十二月廿日付倉吏潘□。凡爲布一丈四尺,五年十二月九日付庫吏潘慎、潘宗。其旱田不收錢。其孰田畝收錢八十,凡爲錢五百六十,准入米四斗二升,五年十二月十日付吏孫儀。嘉禾六年二月廿日,田戶曹史張惕、趙野校。

5·1125 □佃田……卅步,皆二年常限。其二百卅步旱敗不收布。定收八畝,爲米九斛六斗,畝收布二尺。其米九斛六斗,五年十一月廿三日付倉吏張曼、周棟。凡爲布一丈六尺,准入米九斗九升,五年十一月廿日付倉吏張曼、周棟。其旱田不收錢。孰田收錢畝八十,凡爲錢六百卅,五年十一月廿日付庫吏潘慎。嘉禾六年二月廿日,田戶曹史張惕、趙野校[1]。

按:[1]據文例,《田家莂》"□□"今補釋爲"趙野"。

5·1126 靈……佃田二町,凡十畝,皆二年常限。其五畝旱不收布。定收五畝,爲米六斛,畝收布二尺。其米六斛,五年十二月十一日付倉吏張曼、周棟。凡爲布一丈,准入米六斗二升,五年十二月七日付倉吏張曼、周棟。其旱田不收錢。其孰田畝收錢八十,凡爲錢四百,准米五斗二升,五年十一月廿日付倉吏張曼、周棟。嘉禾六年二月廿日,田戶曹史張惕、趙野校。

5·1127 靈……其廿畝二年常限。其一畝餘力田,畝收米四斗。布二尺。其二……。凡爲布一丈八尺,准入米一斛一斗一升,五年十二月廿日付倉吏張曼、周棟。其旱田不收錢。其孰田畝錢八十[1],凡爲錢七百廿,付庫吏潘有畢[2]。

按:[1]據文例,"畝"後脫"收"字。

②據文例，"付"前脱繳錢日期。"畢"後脱校核時間及校核人。

5·1128　☑七畝二百十步，皆二年常限。……定收卌畝，爲米卌八斛，畝收布二尺。其米卌八斛，五年……。凡爲布二匹，五年九月廿五日☑吏……。其旱田不收錢。……凡爲錢三千二百……

5·1129　灵□□丘男子□□，佃田□□町，凡□畝，皆二年常限。其廿畝旱……定收……番慎、番宗。其米……其旱畝不收錢。其孰田畝收錢八十，凡爲錢四百錢，五年十二月十七日付庫掾番慎、番□二月廿日，田户曹史……

5·1130　☑，佃田五十四町，凡一頃卅九畝九十步。其九十九畝九十步旱敗不收布。定收卌畝餘力[1]，爲米十六斛，畝收布二尺。其十六斛斛[2]，五年十一月廿九日付倉吏張曼、周[3]。凡爲布二匹，准入米五斛，五年十月卅日付倉吏張曼、周棟。其旱田不收錢。孰田畝收錢八十，凡爲錢三千二百，五年十一月廿二日付庫潘慎[4]。嘉禾六年二月廿日，田户曹史張惕校。

原注：[1]"餘力"下脱"田"字。
　　　[2]"其"下脱"米"字。"六"下衍一"斛"字。
　　　[3]"周"下或脱"棟"字。
　　　[4]"庫"下脱"吏"字。

5·1131　灵□丘男□□，佃田卅一町，凡六十四畝。其卌三畝旱敗不收布。定收廿一畝。其十九畝二年常限。爲米廿三斛八斗①。其二畝餘力[1]，租米八斗。其米廿三斛六斗，五年十二月□日付倉吏張曼、周棟。凡爲布一匹二尺，准入米□斛六斗二升，五年十二月廿日□吏潘慮。……不收錢。其孰田畝收錢八十，其孰田畝收錢八十[2]，凡爲錢一千六百八十錢，准入米一斛二斗九升，五年十一月十八日付倉吏潘慮畢。嘉禾六年二月廿日，田户曹史張惕、趙野校。

原注：[1]"餘力"下脱"田"字。
　　　[2]此句爲衍文。

按:①據十九畝二年常限熟田與定額計,應收米廿二斛八斗。

5·1132 芺……男子……佃田十町,凡卅六畝,皆二年常限。……□
尺,准入米……。其孰田畝收錢八十,……,五年十一月廿
日付庫吏潘慎。……

5·1133 芺……男子□□,佃田……町,卅三畝百卅步①,皆二年常
限。其十一畝百卅步旱敗不收布。定收廿二畝,爲米廿六
斛四斗,畝收布二尺。其米廿六斛四斗,五年十一月九日付
倉吏張曼、周棟。凡爲布一匹四尺,准入米二斛七斗四升,
五年十月十七日付倉吏張曼、周棟。其旱田不收錢。孰田
畝收錢八十,凡爲錢一千七百六十,五年十一月廿日付庫吏
潘……。嘉禾六年二月廿日,田戶曹史張……

按:①據文例,"卅"前脱"凡"字。

5·1134 芺□丘郡吏□□,佃田卅町,凡五十畝,皆二年常限。其一畝
旱敗不收布。定卅九畝[1],畝收米一斛二斗,凡爲米⬚五⬚十
⬚八⬚斛⬚八⬚斗①,畝收布二尺。其米五十八斛八斗,五年十二
月十五日付三州掾孫儀。凡爲布②……六斛一升一合,五
年十一月廿二日付三州掾孫儀。其旱田不收錢。……凡爲
錢三千九百廿,准入米三斛四斗,五年十二月廿五日付倉
吏……。嘉禾六年二月廿日,田戶曹史張惕、趙野校。

原注:[1]"定"下脱"收"字。
按:①據熟田畝數與定額及下文,《田家莂》"……"今補釋爲"⬚五⬚十⬚八⬚斛⬚八⬚斗"。
　　②據熟田畝數與定額計,應收布二匹一丈八尺。

5·1135 □……不收錢……六年正月十日付掾孫儀。其旱不收錢。
其孰田畝收錢八十,凡爲錢三千一百廿,准入米……□。嘉
禾六年二月……□

5·1136 ……其卅二畝二年常限。其二畝旱不收布……凡爲錢三
千①,准入米二斛七斗,六年正月十八日付掾孫儀。……

按:①據卅二畝二年常限,二畝旱田知,二年常限熟田爲卅畝。僅二年常限熟田畝
　　數與定額計,就應收錢三千二百錢,故收錢數當有誤。

5·1137　……佃田……，皆二年常限。旱不收錢布。嘉禾六年二月廿日，田户曹史張惕、趙野校。

5·1138　……佃田卅町，凡五十畝，皆二年常限。其二畝旱不收布。定收卌八畝，凡爲米五十七斛六斗，畝收布二尺①。其米五十七斛六斗……日付……。凡爲布二匹一丈②……。嘉禾六年二月廿日，田户曹史張惕、趙野校。

按：①據文例，《田家莂》“……”今補釋爲“畝收布二尺”。
　　②據熟田畝數與定額計，應收布二匹一丈六尺。

5·1139　☑……町，凡十二畝，皆二年常限。其十畝旱不……。定收……爲米二斛四斗，畝收布二尺。其米二斛四斗，□年□月一日付吏孫儀。凡爲布四尺，五年十月七日付庫吏潘有。其旱田不收錢。孰田畝收錢八十，凡爲錢一百六十，准入米一斗二升，五年十二月十日付吏孫儀。嘉禾六年二月廿日，田户曹史張惕、趙野校。

5·1140　灵……丘男子……佃田……，凡廿一畝一百廿步，皆二年常限。……定收十二畝，爲米一十四斛四斗，畝收布二尺。其米一十四斛四斗，五年□月□日付倉吏張曼、周棟畢。凡爲布二丈四尺，准米入一斛四斗八升①，五年十二月十一日付倉吏張曼、周棟畢。其旱畝不收錢。其孰田畝收錢八十，凡爲錢九百六十，五年十二月廿日付庫吏番慎、番宗。嘉禾六年二月廿日，田户曹史張惕、趙野校。

按：①據文例，“准米入”當爲“准入米”之誤。

5·1141　灵□□丘……佃田□町，凡七畝，皆二年常限。其四畝旱敗不收布。定收三畝，爲米三斛六斗，畝收布二尺。其米三斛六斗，五年十一月十七日付倉吏張曼、周棟。凡爲布六尺，五年十一月十一日付庫掾番有。其旱畝不收錢。其孰田畝收錢八十，凡爲錢二百卌，五年十一月十日付庫掾番慎、番宗畢。嘉禾六年二月廿日，田户曹史張惕、趙野校。

5·1142 灵……男子……佃田□町，凡十畮，皆二年常限。其五畮旱不收布。定收五畮，爲米六斛，畮收布二尺。其米六斛，五年十二月九日付倉吏張曼、周棟。凡爲布一丈，准入米六斗，五年十二月十日付倉吏張曼、周棟。其旱田收錢[1]。其孰田畮錢八十①，凡爲錢四百，付庫吏番有畢②。嘉禾六年二月廿日，田户曹史張惕、趙野校③。

原注：[1]"收"上脱"不"字。

按：①據文例，"畮"後脱"收"字。

②據文例，"付"前脱繳錢日期。

③據文例，《田家莂》"□"今補釋爲"校"。

5·1143 ……佃田□町，凡七十畮，皆二年常限。其……。定收八畮，爲米九斛六斗，畮收布二尺。其米九斛六斗，五年十二月廿一日付倉吏張曼、周棟。凡爲布一丈六尺，准入米九斗六升，五年十一月十二日付倉吏張曼、周棟。其旱田畮不收錢。其孰田畮收錢八十，凡爲錢六百冊，五年十□月十一日付庫掾潘慎、潘宗畢①。嘉禾六年二月十日②，田户曹史張惕、趙野校③。

按：①《田家莂》"倉"字，據圖版應爲"庫"字。據文例，錢繳納給庫吏。另潘慎、潘宗在嘉禾五年的吏職是庫吏，而非倉吏，亦可證。今改。

②《田家莂》"廿"字，據圖版實爲"十"字，圖版作"▨"，較清晰，爲一豎劃而非兩豎劃。今改。

③據文例，《田家莂》"□"今補釋爲"校"。

5·1144 灵□□丘男子□□①，佃田八町，凡廿七畮，皆二年常限。其十八畮旱敗不收布。定收九畮，爲米十斛八斗，畮收布二尺。其米十斛八斗，六年正月六日付倉吏張曼、周棟。凡爲布一丈八尺，准入米……六年正月七日付倉吏張曼②、周棟。其旱田不收錢。其孰田畮收錢八十，凡爲錢七百廿，六年正月……

按：①據文例，簡首應有合同符號，今補。

②據文例，《田家莂》"□"今補釋爲"倉"。

5·1145 灵□丘男子□□，佃田廿町，凡卅畮一百廿步①，皆二年常限⃞②。其廿畮一百步旱敗不收布。定收十畮，爲米十二斛，畮收布二尺③。凡爲布二丈，准入米一斗……張曼、周棟。其旱田畮不收錢。其孰田畮收錢八十，凡爲錢八百，五年十二月十一日付庫掾潘慎、潘宗畢。⃞

按：①佃田總數與旱田、熟田畮數不合。據收米數、收布數和收錢數與定額知，熟田爲十畮，則佃田總數與旱田畮數必有一誤。

②據文例，《田家莂》"……"今補釋爲"二⃞年⃞常⃞限⃞"。

③據文例，"二尺"後脱繳米數、繳米時間及繳付倉吏。

5·1146　……常限。其□畮旱□不收布。定收十畮，爲米十二斛，畮收布二尺。……付倉吏張曼、周棟。凡爲布二丈，准入米一斛□斗五升，五年十二月十三日付倉吏張曼、周棟。其旱田畮不收錢。其孰田畮收錢八十，凡爲錢八百，五年十二月十五日付庫掾潘慎、潘宗畢。嘉禾六年二月廿日，田户曹史張惕、趙野校。

5·1147　灵……町，凡卅……不收布。定收……米卅八斛四斗，畮收布二尺。其米卅八斛四斗，五年十月廿九日付倉吏張曼、周棟。凡爲布一匹二丈四尺，五年十月十五日付庫吏潘有。其旱田不收錢，孰田畮收錢八十……。嘉禾六年二月廿日，田……

5·1148　⃞佃田□町，凡五畮，皆二年常限。畮收……爲米六斛。畮收布二尺。其……。凡爲布一丈，准入米六斗三升，五年十月廿三日付倉吏張曼、周棟。畮收錢八十，凡爲錢四百，五年十二月廿七日付庫吏潘慎。嘉禾六年二月廿日，田户曹史張惕校。

5·1149　⃞皆二年常限。其五畮八十步旱敗不收布。定收二畮，爲米二斛四斗，畮收布二尺。凡爲布四尺，准入米二斗五升……付倉吏孫義。其旱田不收錢。孰田……八十，凡爲錢一百六十，□年□月六日付庫吏潘有。嘉禾六年二月廿日，田户曹史趙⃞野⃞、張⃞惕校①。

《嘉禾五年吏民田家莂》校注·五一九

按：①據文例，《田家莂》"趙□、□惕校"今補釋爲"趙野、張惕校"。

5·1150 灵……佃田廿一町，凡卌一畮，皆二年常限。其卅三畮旱田不收布。定收八畮，凡爲米九斛六斗，畮收布二尺。其米九斛六斗，五年□□月五日付倉吏張曼、周棟。凡爲布一丈六尺，准入米九斗六升，五年十二月廿日付倉吏張曼、周棟。……田畮收錢八十，凡爲錢六百卌，五年十一月十日付庫掾潘慎、潘宗。嘉禾……

5·1151 灵……佃田□町，凡十五畮，皆二年常限。其四畮旱田不收布。定收十一畮，爲米十三斛二斗，畮收布二尺。其米十三斛二斗，五年十一月九日付倉……。凡爲布二丈二尺，准入米三斗三升，五年十二月七日付倉吏潘慎、潘宗①。……潘慎、潘宗畢。嘉禾六年……張惕、趙野……

按：①圖版"潘慎、潘宗"不清楚。據文例，"潘慎、潘宗"在五年田家莂中的吏職是庫吏，此處布准入米當繳付給倉吏，故"潘慎、潘宗"可能有誤。

5·1152 ☐三畮百廿步，皆二年常限。其三畮百廿步旱敗不收布。定收卌畮，爲米卌八斛，畮收布二尺。其米卌八斛，六年二月廿日付倉吏孫儀。凡爲布二匹，准入米五斛，六年正月廿日付倉吏孫儀。其埶田畮收錢八十①，凡爲錢三千二百，五年九月廿七日付庫吏□□☐。嘉禾六年二月廿日，田户曹史張惕校。

按：①據文例，"其"前脱"其旱田不收錢"之類語句。

5·1153 灵□□丘男子□□，佃田□町，凡□畮，皆二年常限。其七十畮旱不收布。……二丈二尺，准入米□斛□斗□升，五年十二月十日付倉吏□□畢。其旱畮不收錢①。凡爲錢八百九十錢☐

按：①據文例，"錢"後脱"其埶田畮收錢八十"之類熟田定額語句。

5·1154 灵……。其六十畮五十步旱敗不收布。其十七畮餘力[1]，畮米四斗①。其廿九畮百廿步②，畮收一斛二斗③。凡爲米卌二斛二斗。畮收布二尺。其米卌二斛二斗，六年正月廿日付倉吏孫儀。凡爲布二匹一丈三尺，准入米五斛八斗一升，五年十月廿四日付倉吏張曼、周棟。其旱田不收錢。其孰田收錢畞八十，凡爲錢三千七百廿，五年十一月九日付庫吏潘慎[4]。嘉禾六年二月廿日，田户曹史張惕校。

原注：[1]“餘力”下脱“田”字。

按：①據文例，“畞”後脱“收”字。

②據收米數、收布數、收錢數與定額及餘力熟田畞數推算，二年常限熟田爲廿九畞百廿步，故《田家莂》“□□”今補釋爲“百 田”。

③據文例，“收”後脱“米”字。

④《田家莂》“倉”字，據圖版應爲“庫”字，圖版作“”，很清晰。另潘慎在五年田家莂中的吏職是庫吏而非倉吏，且此爲錢，應當繳納給庫吏，亦可證。今改“倉”爲“庫”字。

5·1155 ……丘男子□□，佃田廿三町，凡卅七畞一百廿步，皆二年常限。……敗不收布。定收一畞二步[1]，爲米一斛二斗五升①，畞收布二尺。其米一斛二斗五升，五年十一月十日付倉吏張曼、周棟。凡爲布二尺，准入米一斗六升，五年九月十日付倉吏張曼、周棟。其旱田畞不收錢。孰田畞收錢八十，凡爲錢一百六十②，五年十月十日付庫吏潘慎。嘉禾六年二月廿日，田户……校。

原注：[1]原有“一百”二字舊痕，似被刮掉後重書“二”字。

按：①據熟田畞數與定額計，應收米一斛二斗一升。

②據熟田畞數與定額計，應收錢八十一錢。

5·1156 ……年常限。其五畞旱不收布。定收十一畞，畞收米一斛二斗，凡爲米十三斛二斗，畞收布二尺。其米十三斛二斗，六年正月十日付掾孫儀。凡爲布二丈二尺，准入米一斛三斗二升，五年十一月付倉吏郭勳①。其旱畞不收錢。其孰田畞收錢八十，凡爲錢八百八十，准入米八斗，六年正月十日付掾孫儀。嘉禾六年二月十八日，户曹史張惕、趙野校。

按：①據文例，“付”前脱日序。

5·1157 叾……。其□□畞旱敗不收布。……凡爲米七斛八斗，畞收布二尺。其米七斛八斗，五年十二月十一日付倉吏張曼、周

棟。凡爲布一丈三尺，准入米一斛六斗二升，五年十二月十日付倉吏張曼、周棟。其旱田畝不收錢。其孰田畝收錢八十，凡爲錢五百廿，五年十二月十日付庫掾潘慎、潘宗。嘉禾六年二月廿日，……張惕、趙野校。

5·1158　灵□□丘大女□小，佃田六町，凡十二畝，皆二年常限。其十畝旱敗不收布。定收二畝，爲米二斛四斗，畝收布二尺。其米二斛四斗，五年十一月十一日付倉吏張曼、周棟。凡爲布四尺，五年十二月十八日付庫吏番有。其旱田畝不收錢。其孰田畝收錢八十，凡爲錢……潘宗畢。嘉禾……趙野校。

5·1159　灵……□，佃田廿町，凡十四畝一十步①，皆二年常限。其廿四畝一十步旱敗不收布。定收一畝，爲米一斛二斗，畝收布二尺。其米一斛二斗斛[1]，五年十一月廿日付倉吏張曼、周棟。凡爲布一丈②，准入米六斗三升，五年十一月廿五日付倉吏張曼、周棟。孰田收錢畝八十，凡爲錢八十，五年十一月廿一日付庫吏潘……。嘉禾六年二月廿日，田户曹史張惕校。

原注：[1]"斗"下衍"斛"字。
按：①佃田總數與旱田、孰田畝數不合。據收米數、收錢數與定額知，孰田爲一畝，則佃田總數與旱田畝數必有一誤。
②據孰田畝數與定額計，應收布二尺。

5·1160　灵□□丘男子□□，佃田三町，皆二年常限。……畝收米一斛……錢。其孰田畝收□八十，凡爲錢……年十一月三日付……。嘉禾六年二月廿日，田户曹史□□□惕、□□校。

5·1161　……皆……常限。其□畝旱……。定收①……畝收布二尺。其米五……付倉吏郭勳、馬欽。凡爲布二匹一丈八尺，准入米□斛一斗二升五合，五年□月□日付倉吏郭勳、馬欽。其旱畝不收錢。其孰田畝收錢八十，凡錢三千九百廿②，□年□月廿八日付庫吏潘□。嘉禾六年……廿日，田户曹史張……

按：①據收布數、收錢數與定額推算，定收當爲卅九畝。

②據文例，“凡”後脱“爲”字。

5·1162 灵□……定收十畝，□爲米十二斛，其米十四斛，五年正月廿日付倉吏張曼、周棟。……其孰田畝收錢八十……嘉禾六年二月廿日，田戶曹史張惕校。

5·1163 ……不收布。定收卅畝，爲米卅六斛，畝收布二尺。……米卅六斛，五年十二月廿日付倉吏張曼、周棟。凡爲布一匹二丈，准入米……。其旱田不收錢。孰田收錢畝八十，凡爲錢二千六百①……。嘉禾六年二月廿日，田戶曹史張惕校。

按：①據熟田畝數與定額計，應收錢二千四百錢。

5·1164 灵……佃田二町，凡七畝，皆二年常限。其二畝旱不收布。定收五畝，爲米六斛，收布二尺①。其米六斛，五年十二月十八日付倉吏張曼、周棟。凡爲布一丈，准入米六斗二升，五年十二月七日付倉吏張曼、周棟。其旱田不收錢。其孰田畝收錢八十，凡爲錢四百，准入米三斗，五年十二月九日付倉吏張曼、周棟畢。嘉禾六年二月二日，田戶曹史張惕、趙野校。

按：①據文例，“收”前脱“畝”字。

5·1165 灵……其三畝旱敗不收布。……。其旱田不收錢。……凡爲錢□百□，五年十一月□日付庫吏番慎。……[1]

原注：[1]本簡僅存右側，左側大半殘損。

5·1166 □□，佃田卅五町，凡□六畝①，皆二年常限。其廿五畝旱不收布。定收卌三畝，爲米五十一斛六斗，畝收布二尺。其米五十一斛六斗，五年十一月廿日付倉吏張曼、周棟畢。凡爲布二匹六尺，准入米五斛三斗六升，五年十二月五日付倉吏張曼、周棟畢。其旱田畝不收錢。其孰田畝收錢八十，凡爲錢三千四百卌，五年十月十日付庫吏番慎、潘宗畢。嘉禾六年二月廿日，田戶曹史張惕、趙野校。

按：①據旱田、熟田畝數計，佃田總數當爲六十八畝，與簡文佃田總數不合。據收米數、收布數和收錢數與定額知，熟田爲卌三畝，則佃田總數與旱田畝數必有一誤。

5·1167　灵……。其米一百卅五斛六斗,五年十一月廿九日付掾孫儀。……。嘉禾六年二月廿日,田户曹史張惕、趙野校。

5·1168　灵……其二畝旱不收布。……。其旱田不收錢。……。凡爲錢七百廿,五年十二月九日付……

5·1169　……。嘉禾六年二月廿日,田户曹史張惕、趙野校。

5·1170　……斛,六年正月……。其旱畝不收錢。……。嘉禾六年……

5·1171　……其……畝旱敗不收布。……。畝收布二尺。其米十二斛,六年二月廿日付倉吏郭……。凡爲布……□斛二斗……

5·1172　……。其孰田收錢八十①……校。
按:①據文例,"田"或"錢"後脱"畝"字。

5·1173　□……曼、周棟。凡爲布二丈,五年十二月廿日付庫掾番慎、番宗。其旱畝不收錢。其孰田畝收錢八十,凡爲錢八百,六年□月十七日付庫掾番慎、番宗畢。嘉禾六年二月廿日,田户曹史張惕、趙野校。

5·1174　□畝收布二尺。□八日付倉吏張曼、周棟。凡爲布六尺,准入米三斗六升,五年□月廿八日付倉吏張曼、周棟。其旱田不收錢。其孰田畝收八十①,凡爲錢二百卌,付庫吏潘有畢②。嘉禾六年二月廿日,田户曹史張惕、趙野校。
按:①據文例,"收"後脱"錢"字。
　　②據文例,"付"前脱繳錢日期。

5·1175　□皆二年常限。其廿畝旱不收布。定收五畝二百步,爲米七斛,畝收布二尺。其米七斛,五年十一月五日付倉吏張曼、周棟。凡爲布一丈二尺①,准入米七斗五升,五年十一月五日付倉吏張曼、周棟。其旱田不收錢。孰田收錢畝八十,凡爲錢四百八十②,五年十一月六日付庫吏潘慎。嘉禾六年二月廿日，田戶曹史張惕校。

按：①據熟田畝數與定額計，應收布一丈一尺六寸七分，此簡是按熟田六畝徵收布的。
　　②據熟田畝數與定額計，應收錢四百六十七錢，此簡是按熟田六畝徵收錢的。

5·1176　☐佃田☐町，凡七畝，二年常限。其五畝一百廿步旱不收
　　　　　布。定收一畝一百廿步，爲米一斛八[1]，畝收布二尺。其米
　　　　　一斛八斗，五年十一月十六日付倉吏張曼、周棟。凡爲布三
　　　　　尺，准入米一斗八升，五年十二月十日付吏孫儀。其旱田不
　　　　　收錢。其孰田畝收錢八十，凡爲錢一百廿，五年十二月十日
　　　　　付庫吏潘慎、潘宗畢。嘉禾六年二月廿日，田戶曹史張惕、
　　　　　趙野校。

原注：[1]按定收畝數和收米定額計，應爲米一斛八斗，知“八”下脱“斗”字。

5·1177　☐，皆二年常限。其……。定收廿四畝五十步，爲米廿九斛
　　　　　五升，畝收布二尺。其米廿九斛五升，五年十一月廿日付倉
　　　　　吏張曼、周棟畢。凡爲布一匹八尺①，五年十二月廿日付庫
　　　　　吏潘慎。其旱田不收錢。孰田畝收錢八十，凡爲錢一千九
　　　　　百卅②，五年十一月廿日付庫吏潘慎。嘉禾六年二月廿日，
　　　　　田戶曹史張惕校。

按：①據熟田畝數與定額計，應收布一匹八尺四寸一分。
　　②據熟田畝數與定額計，應收錢一千九百卅七錢。

5·1178　灵……凡八畝，皆二年常限。畝收米一斛二斗，凡爲米九斛
　　　　　六斗，畝收布二尺。……十二月五日付倉吏張曼、周棟。凡
　　　　　爲布一丈六尺，准入米一斛一升，五年十二月五日付倉吏張
　　　　　曼、周棟。畝收錢八十，凡爲錢六百卅，五年十二月六日付
　　　　　庫吏潘慎。嘉禾六年二月廿日，田戶曹史張惕校。

5·1179　☐……六十一畝，皆二年常限。畝收米一斛二斗，凡爲米七
　　　　　十三斛二斗，畝收布二尺。其米七十三斛二斗，六年正月十
　　　　　日付吏孫儀。凡爲布三匹二尺，准米七斛六斗二升……☐

5·1180　☐常限。其四畝旱不收布。定收六畝，爲米七斛二斗，畝收
　　　　　布二尺。其米七斛二斗，五年十二月廿六日付倉吏張曼、周

棟。凡爲布一丈二尺,准入米七斗三升,五年十二月一日付
吏孫儀。其旱田不收錢,其孰田畝收錢八十,凡爲錢四百八
十,五年十二月廿日付庫吏……。嘉禾六年二月廿日,田户
曹史張惕、趙野校。

5·1181 ☒皆二年常限。其五十畝旱敗不收布。定收一畝,爲米一斛
二斗,畝收布二尺。其米一斛二斗,六年正月十一日付倉吏
孫儀。凡爲布二尺,准入米五斗,六年正月廿日付倉吏番
有[①]。其旱田不收錢。其孰田畝收錢八十[②],凡爲錢一百六
十[③],六年正月廿九日付庫吏潘慎。嘉禾六年二月廿日,田户
曹史張惕、☒

按:①圖版"番有"二字不清楚。"番有"即"潘有",他在田家莂中的吏職是庫吏,而此
處布准入米當是繳付倉吏,故"番有"二字當有誤。
②據文例,《田家莂》"☐"今補釋爲"其"。
③據熟田畝數與定額計,應收錢八十錢。

5·1182 ☒常限。其八畝旱不收布。定收十畝,爲米十二斛,畝收布
二尺。其米十二斛,五年十二月十日付倉吏張曼、周棟畢。
凡爲布二丈,准入米一斛二斗五升,五年十二月十一日付吏
孫儀畢。其旱田不收錢。其孰田畝收錢八十,凡爲錢八百,
五年十二月十日付庫吏番慎、番宗。嘉禾六年二月廿日,田
户曹史張惕、趙野校。

5·1183 ☒畝收米一斛二斗,凡爲米……。其米……六年正月……。
凡爲布一丈,准入米六斗三升五合,六年正月廿日付掾孫
儀。……凡爲錢四百,准入米四升一合,六年正月十八日付
掾孫儀畢。嘉禾六年二月廿日[①],田户曹史張惕、趙野校。

按:①據文例,《田家莂》"……"今補釋爲"嘉禾六"。

5·1184 灵☐丘男子……畝[①],皆二年常限。……,凡爲米廿六斛[②],畝
收布二尺。凡爲布一匹二丈,准入米三斛七斗☐升……年十
一月卅日付掾孫儀。……畝收錢……☐錢二千四百,准二斛
一斗[1],六年二月一日付掾孫儀。嘉禾六年二月廿日[③],田户

曹史張惕、趙野、陳通校④。

原注:[1]"准"下脫"入米"二字。

按:①據文例,簡首應有合同符號,今補。

②據下文收布數、收錢數與定額知,熟田爲卅畝。據熟田畝數與定額計,應收米卅六斛。

③據文例,《田家莂》"□"今補釋爲"嘉"。

④據文例,《田家莂》"□"今補釋爲"校"。

5·1185 ……畝,皆二年常限。畝收米一斛二斗①,凡爲米八斛四斗,畝收布二尺。……□六年正月十九日付掾孫儀。凡爲布一丈四尺,准入米八斗四升八合,六年二月十日付掾孫儀。……。其孰田收錢畝八十②,……。嘉禾六年二月廿日,田戶曹史張惕、趙野……

按:①據文例,《田家莂》"□□"今補釋爲"二斗"。

②據圖版,"錢"與"八"字之間有一"畝"字,《田家莂》脫,今補。

5·1186 □布。□米二斛四斗,畝收布二尺。□五年十一月三日付倉吏張曼、周棟畢。凡爲布四尺,准入米二斗四升,五年十一月廿二日付吏孫儀畢。其旱畝不收錢。其孰田畝收錢八十,凡爲錢一百六十,准入米一斗三升,五年十月三日付倉吏潘慮畢。嘉禾六年二月廿日,田戶曹史張惕、趙野校。

5·1187 □……爲米卅二斛四斗,畝收布二尺。其米卅二斛四斗①,五年十二月十二日付倉吏張曼、周棟。凡爲布一匹一丈四尺,准入米二斛三斗四升,五年十二月廿二日付吏孫儀。其旱畝不收錢。其孰田畝收錢八十②,凡爲錢二千一百③,五年十一月九日付庫吏潘慎、潘宗。嘉禾六年二月廿日,田戶曹史張惕、趙野校。

按:①據文例,《田家莂》"□"今補釋爲"其米"。

②據文例,《田家莂》"□"今補釋爲"畝"。

③據收米數、收布數與定額知,熟田爲廿七畝。據熟田畝數與定額計,應錢二千一百六十錢。

5·1188 □五町,凡十四畝,皆二年常限。其□□旱不收布。……□

米十四斛，畝收布二尺。其米十四斛①，五年十一月十八日
付倉吏張曼、周棟畢。凡爲布二丈四尺，准入米一斛四斗四
升，五年十二月廿日付倉吏張曼、周棟。其旱畝不收錢。孰
田畝收錢八十，凡爲錢九百六十，准入米七斗四升，五年十
一月十五日付庫吏張曼②、周棟畢。嘉禾六年二月廿日，田
戶曹史張惕、趙野校。

按：①據收布數、收錢數與定額知，熟田爲十二畝。據熟田畝數與定額計，應收米十
四斛四斗。
②據文例，"庫"當爲"倉"之誤。圖版"庫"不清楚。

5·1189　☐凡爲米十五斛，畝收布二尺。☐☐正月十九日付倉吏張
曼、周棟。凡爲布一丈五尺，准入米一斛五斗，五年十二月
廿八日☐吏張曼、周棟。其旱田畝不收錢。其孰田畝收錢
八十，凡爲錢一千，准入米……付倉吏張曼、周棟畢。嘉禾
六年二月廿日，田戶曹史張惕、趙野校。

5·1190　☐☐四九尺，准入米五斛一斗六升，五年十二月廿日付倉吏
張曼、周棟。其旱田不收錢①。孰田畝收錢八十②，凡爲錢
☐千五百七十，五年十二月廿日付庫吏潘慎。嘉禾六年二月
廿日，田戶曹史張惕校。

按：①據文例，《田家莂》"☐"今補釋爲"錢"。
②據文例，《田家莂》"……"今補釋爲"錢八十"。

5·1191　☐☐四畝，皆二年常限。其☐畝旱敗不收布。定收廿四畝，
爲廿八斛八斗[1]，畝收布二尺。其米廿八斛八斗，五年十一
月十日付倉吏張曼、周棟。凡爲布一匹八尺，五年十二月廿
日付庫掾番慎、番宗。其旱畝不收錢。其孰田畝收錢八十，
凡爲錢一千九百廿，五年十月十一日付庫掾番慎、番宗。嘉
禾六年二月廿日，田戶曹史張惕、趙野校。

原注：[1]"爲"下脱"米"字。

5·1192　☐☐尺，准入米八斗七升，五年十二月四日付倉吏張曼、周
棟。其旱田不收錢。孰田畝收錢八十，凡爲錢五百八十，五
年十二月一日付庫吏番慎。……

5·1193 　□□，佃田二町，凡三畝一百廿步，皆二年常限。旱悉不收錢布。嘉禾六年二月廿日，田户曹史張惕、趙 野校①。

按：①據文例，《田家莂》"□□"今補釋爲"趙 野"。

5·1194 　□付倉吏張曼、周棟。……其孰田畝收錢八十，凡爲錢四百□錢，五年十一月十日付庫吏潘慎。嘉禾□年□月廿日……張惕、趙野校。

5·1195 　□卅一畝，皆二年常限。其八畝旱不收布。定收廿三畝，爲米廿七斛六斗，畝收布二尺。其米廿七斛[1]，十一月五日付三州掾孫儀①。凡爲布一匹六尺，准入米二斛八斗六升，十一月八日付三州掾孫儀②。其……□　其……□

原注：[1]據前文，此句"斛"下脱"六斗"二字。
按：①、②據文例，"十"前脱"五年"二字。

5·1196 　□……畝收布二尺……十二月卅日付倉吏……。其旱田不收錢。孰田畝收錢八十，凡爲錢八十，五年十一月十七日付庫吏潘慎。嘉禾六年二月廿日，田户曹史張惕校。

5·1197 　□……□張曼、周棟。嘉禾六年二月廿日，田户曹史張惕、趙野校。

5·1198 　□……孰田畝收錢八十，凡爲錢……□月廿一日付倉……日，田曹史張惕、趙 野校①。

按：①據文例，《田家莂》"□□"今補釋爲"趙 野"。

5·1199 　□……其米十五斛六斗，五年十一月卅日付倉吏張曼、周棟。……孰田收錢八十①……

按：①據文例，"田"或"錢"後脱"畝"字。

5·1200 　□……年常限。定收二畝，畝收一斛二斗①，凡爲二斛四斗②，畝收布二尺。凡爲布四尺，五年十一月十二日付庫吏潘有。其旱田不收錢。□

按：①據文例，"收"後脱"米"字。

②據文例，“爲”後脫“米”字。

5·1201　☐……斛二斗，畝收布二尺。☐……年十一月☐日付庫吏張
曼①、周棟。凡爲布……二斗八升，五年十一月廿六日付庫
吏張曼②、周棟。其旱田不收錢。其孰田收錢畝八十，凡爲
錢……月廿日付庫吏潘玚。嘉禾六年……田户曹史張惕、
趙野校。

按：①、②據文例，“庫”當爲“倉”之誤。圖版“庫”不清楚。

5·1202　☐畝，皆二年常限。其五畝旱不收布。定收十畝，爲米十二
斛，畝收布二尺。其米十二斛，五年十二月六日付倉張曼[1]、
周棟。凡爲布二丈，准入米一斛二斗五升，五年十一月廿日
付倉吏張曼、周棟。其旱田不收錢。其孰田畝收錢八十，凡
爲錢八百，准入米六斗一升，五年十二月八日付倉吏張曼、
周棟。嘉禾六年二月廿日，田户曹史張惕、趙野校。

原注：[1]“倉”下脫“吏”字。

5·1203　☐……三斗九升，五年十一月卅日付倉吏張曼、周棟。……☐

5·1204　☐……五年十一月☐日付倉吏張曼……☐孰田☐☐

5·1205　☐畝七十步。其四畝旱敗不收布。定收四畝七十步，爲米五
斛一斗五升，畝收布二尺。其米五斛一斗五升……付倉吏張
曼、周棟。凡爲布八尺①，准入米五斗一升，付倉吏張曼②、周
棟。其旱田不收錢。孰田畝收錢八十，凡爲錢三百卅③，六
年正月廿日付庫吏潘慎。嘉禾六年二月廿日，田户曹史張
惕校。

按：①據熟田畝數與定額計，應收布八尺五寸八分。
　　②《田家莂》“一升”後無點斷，今點斷。據文例，“付”前脫繳布准入米日期。
　　③據熟田畝數與定額計，應收錢三百卅三錢。

5·1206　☐田五町，凡十五畝，皆二年常限。其十三畝旱敗不收布。
定收二畝，爲米二斛四斗，凡爲米二斛四斗，畝收布二尺。
其米二斛四斗，五年二月一日付倉吏張曼①、周棟。凡爲布

四尺,五年九月十日付庫吏潘有。其旱田不收錢。其孰田
畝收錢八十,凡爲錢一百六十,五年十二月十日付庫吏潘
有。嘉禾六年二月廿日,田戶曹史張惕校。

按:①據文例,年份或月份當有誤。

5·1207　☐其卅一畝一百廿……。定收五十八畝一百廿步,收米一斛
二斗①,爲米七十斛二斗,畝收布二尺。☐……日付掾孫儀。
凡爲布二匹三丈七尺,准入米七斛三斗一升二合,五年十月
廿五日付掾孫儀。其旱畝不收錢。孰田畝收錢八十,凡爲錢
四千六百八十錢,准入米三斛二斗五升,五年十一月廿日付
掾孫儀。嘉禾六年二月十六日,田戶曹史張惕、趙野校。

按:①據文例,"收"前脱"畝"字。

5·1208　☐一斛二斗,凡爲米十六斛八斗,畝收布二尺。凡爲布二丈
八尺,准入米一斛七斗五升,五年十一月廿日付倉吏張曼、
周棟。畝收錢八十,凡爲錢一千一百廿,五年十月☐日付庫
吏☐☐

5·1209　☐常限。其十五畝旱敗不收布。定收卌四畝,畝收米一斛二
斗,凡爲米五十二斛八斗,畝收布二尺。其米五十二斛八斗,
五年十二月十五日付掾孫儀。凡爲布二匹七尺①,准入米五
斛四斗,六年正月十三日付掾孫儀。其旱敗不收錢。其孰田
畝收錢八十,凡爲錢三千五百☐☐②,准入米三斛七斗一升,
五年十二月……

按:①據熟田畝數與定額計,應收布二匹八尺。
　　②據熟田畝數與定額計,應收三千五百廿錢。

5·1210　☐☐☐町,凡五十畝。☐畝二年常限,爲米廿三斛四斗。其
十畝餘力田,爲米四斛。凡爲米廿七斛四斗。畝收布二
尺。其米廿七斛四斗,五年十月九日付倉吏張曼。凡爲布
二匹二丈,准入米六斛二斗五升,五年十月十一日付倉吏
張曼。其旱田不收錢。孰田畝收錢八十,凡爲錢四千,五
年十一月九日付庫吏潘慎。嘉禾六年二月廿日,田戶曹史
張惕校。①

按：①據佃田總數與餘力田畝數可推知"二年常限"田爲卌畝；據收布數、收錢數與定額及餘力田畝數亦可推知"二年常限"田爲卌畝熟田。卌畝二年常限，爲米廿三斛四斗，則畝收米五斗八升五合，享受二年常限繳米定額優惠。故此簡佃户身份極可能是州吏。

5·1211 ▨町，凡卅三畝，皆二年常限。畝收米一斛二斗，凡爲米卅九斛六斗，畝收布二尺。其米卅九斛六斗，五年十二月十日付掾孫儀。凡爲布一匹二丈六尺，……斛一斗二升，五年十二月十日付掾孫儀。畝收錢八十，凡爲錢二千六百卌，六年二月十八日付庫吏潘慎。嘉禾六年二月廿日，田户曹史▨

5·1212 ▨五町，凡廿八畝，皆二年常限。其廿四畝旱敗不收布。定收四畝，爲米四斛八斗，畝收布二尺。其米四斛八斗，五年十一月八日付倉吏張曼、周棟。凡爲布八尺，准入米四斗八升，五年十二月十八日付倉吏張曼、周棟。其旱田不收錢。其孰田畝收錢八十，凡爲錢三百廿，准入米一斗八升，五年十一月廿日付倉吏張曼、周棟畢。嘉禾六年二月廿日，田户曹史張惕、趙野校。

5·1213 ▨町，凡三畝八十步，皆二年常限。其一畝五十步旱敗不收布。定收二畝卅步，爲米二斛五斗五升，畝收布……五年十一月廿日……。其米二斛五斗五升，五年十一月十五日付倉吏張[1]、周棟。……畝收錢八十……▨

原注：[1]"張"下脱"曼"字。

5·1214 ▨……畝，皆二年常限。其八十三畝旱敗不收布。定收□畝，爲米十二斛，畝收布二尺。……六年正月九日付倉吏張曼、周棟。凡爲布二丈，准入米一斛二斗五升，六年正月廿日付倉吏潘慮。其旱田不收錢。孰田收錢八十①，凡爲錢八百，六年正月十九日付庫吏潘慎。嘉禾六年二月廿日，田户曹史張惕校。

按：①據文例，"田"或"錢"後脱"畝"字。

5·1215 ▨爲米二斛四斗，畝收布二尺。▨米二斛四斗，五年十月十

八日付倉吏張曼、周棟。凡爲布四尺，五年十二月十日付庫
掾潘慎、潘宗。其旱畝不收錢。其孰田收錢八十[1]，凡爲錢
一百六十，五年十二月八日付庫掾番慎、番宗畢。嘉禾六年
二月廿日[2]，田曹史張惕、趙野校。

按：①據文例，"田"或"錢"後脱"畝"字。
　　②《田家莂》"廿日"後無點斷，今點斷。

5·1216　☐……付倉吏張曼、周棟。☐……准入米二斛，五年十二月
廿五日付倉吏孫儀。其旱畝不收錢。其孰田畝收錢八十，
凡爲錢一千二百八十，准入米一斛，五年十二月卅日付倉吏
孫儀畢。嘉禾六年二月廿日，田户曹史張惕、趙野校。

5·1217　☐旱敗不收錢布。嘉禾六年二月廿日，田户曹史張惕☐

5·1218　☐凡卅七畝，皆二年常限。其廿八畝旱敗不收布。定收九
畝，爲米十斛八斗，凡爲米十斛八斗。畝收布二尺。其米十
斛八斗，五年☐月☐日付倉吏張曼、周棟。凡爲布一丈八
尺，五年十月廿日付庫吏潘有。其旱田不收錢。其孰田畝
收錢八十，凡爲錢七百廿，五年十一月廿日付庫吏潘慎。嘉
禾六年二月廿日，田户曹史張惕校。

5·1219　☐……斛。畝收布二尺，凡爲布一丈，准入米……倉吏張
曼、周棟。其旱田不收☐。……嘉禾六年二月廿日，田户
曹……

5·1220　☐布。☐斗，畝收布二尺。☐倉吏張曼、周棟。凡爲布三丈四
尺，准入米二斛四升[1]，五年十二月十三日付吏孫儀。其旱田
不收錢。其孰田畝收錢八十，凡爲錢一千三百六十，五年十
二月一日付庫吏潘慎。嘉禾六年二月廿日，田户曹史張惕、
趙野校。

按：①《田家莂》"四升"後無點斷，今點斷。

5·1221　☐☐不收布。……畝收布二尺。凡爲布一丈八尺，准入米一
斛一斗……☐月十日付倉吏潘慮。其旱田不收錢。其孰田

畝收錢八十,凡爲錢七百廿,五年十一月廿日付庫吏潘慎。嘉禾六年二月廿日,田户曹史張惕校。

5·1222　☐爲布二匹二丈,准入米六斛二斗,五年十一月廿日付吏孫儀畢。其旱畝不收錢,其孰田畝收錢八十,凡爲錢四千,五年十二月六日付庫吏番慎[1]、潘宗。嘉禾六年二月廿日,田户曹史張惕、趙野校。

按:①《田家莂》"二日"之"二"字,據圖版實爲"六"字,圖版作"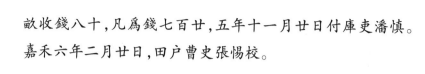",清晰可辨。今改。

5·1223　☐……。凡爲布一丈二尺,准入米七斗四升,五年十一月十一日付倉吏張曼、周棟。其旱田不收錢。孰田畝收錢八十,凡爲錢四百八十,五年……校。

5·1224　☐斛五斗,畝收布二尺。凡爲布二丈六尺,准入米一斛六斗一升,五年十一月廿日付倉吏張曼、周棟。其旱田不收錢。孰田收錢畝八十[1],凡爲錢一千卌,五年十一月十四日付庫吏潘有。☐

按:①據圖版,"畝"字應在"錢"字之後,《田家莂》倒置,今改。

5·1225　☐六合,凡爲米廿三斛四斗升[1],畝收布二尺。☐年十二月十日付掾孫儀。凡爲布二匹,准入米五斛,五年十二月廿七日付掾孫儀畢。其孰田畝收錢八十,凡爲錢三千二百,准入米二斛九斗,五年十二月廿八日付孫儀畢。嘉禾六年二月廿日[1],户曹史張惕、趙野校。

原注:[1]"升"前脱數字。

按:①《田家莂》"廿日"後無點斷,今點斷。

5·1226　☐敗不收布。……畝收布二尺。☐……付倉吏張曼、周棟。凡爲布一匹,准入米二斛五斗,五年十一月廿日付倉吏張曼、周棟。其旱田不收錢。其孰田畝收錢八十,凡爲錢一千六百,付庫吏潘有畢[1]。嘉禾六年二月廿日,田户曹史張惕、趙野校。

按:①據文例,"付"前脱繳錢日期。

5·1227 　　□匹六尺，准入米二斛八斗六升，五年十二月廿二日付吏孫
　　　　　　儀。□棟。其旱田不收錢。其孰田畝收錢八十，凡爲錢一千
　　　　　　八百，五年十二月一日付庫吏潘慎、潘宗畢。嘉禾六年二月
　　　　　　廿日，田戶曹史張惕、趙野校。

5·1228 　　□尺，准米□斗五升，五年十二月十日付吏孫義畢。其旱畝
　　　　　　不收錢。其孰田畝收錢八十，凡錢一百卌^①，准米入一斗□
　　　　　　升^②，五年十二月九日付吏潘慮畢。嘉禾六年二月廿日，田
　　　　　　戶曹史張惕、趙野校。

按：①據文例，“凡”後脫“爲”字。
　　②據文例，“准米入”當爲“准入米”之誤。

5·1229 　　□准入米一斛八升，五年十一月十九日付倉吏張曼、周棟。
　　　　　　其旱田不收錢。其孰田畝收錢八十，凡爲錢七百廿，准入米
　　　　　　五斗八升，五年十一月廿日付倉吏張曼、周棟。嘉禾六年二
　　　　　　月廿日，田戶曹史張惕、趙野校。

5·1230 　　□五年十二月六日付庫吏潘慎。其旱田不收錢。孰田畝收
　　　　　　錢八十，凡爲錢一千三百六十，五年九月廿日付庫吏潘有。
　　　　　　嘉禾六年二月廿日，田戶曹史張惕校。

5·1231 　　□六日付掾孫儀。其旱……。其孰田畝收二千三百六十^[1]，
　　　　　　准入米一斛二斗四升，十月十日付三州掾孫儀畢^①。……曹
　　　　　　史張惕、趙野校。

原注：[1]“畝收”下脫“錢八十”三字，“二千”上脫“凡爲錢”三字。
按：①據文例，“十”前脫“五年”二字。

5·1232 　　□……。其旱田不收錢。凡爲錢一千二百卌^①，五年十一月
　　　　　　四日……

按：①據文例，“凡爲錢”前脫“其孰田畝收錢八十”之類表孰田定額的語句。

5·1233 　　□……錢八十，凡爲錢九百六十，准入米八斗，六年二月廿日
　　　　　　付掾孫儀。^①

按：①此簡文意未完。“孫儀”後應當有缺文。

5·1234 ☑……畝收布二尺。……付倉吏張曼、周棟。凡爲布一匹二尺，准入米一斛六斗二升。……。其旱田收錢[1]。孰田畝收錢八十，凡爲錢一千六百八十，五年十月四日付庫吏潘☑嘉禾六年二月廿日☑☑

原注：[1]"田"下脱"不"字。

5·1235 ☑☑六年正月十三日付掾……。其旱畝不收錢。其孰田收錢畝八十，凡爲錢……准入米二斛六斗，六年二月☑日付☑……。嘉禾六年二月廿日，田戶曹史張惕、趙野校。

5·1236 ☑爲布一匹三丈八尺，准米入☑斛☑斗三升①，六年二月八日付掾孫儀畢。畝收錢八十，凡爲錢……廿，准入米二斛九斗，六年二月十日付掾孫儀畢。嘉禾六年二月廿日，田戶曹史張惕、趙野校②。

按：①據文例，"准米入"當爲"准入米"之誤。
　　②據文例，《田家莂》"☑☑☑"今補釋爲"惕、趙野"。

5·1237 ☑其孰田畝收錢八十，凡爲錢八百廿，准入米七斗二升三合，六年二月十一日付……。嘉禾六年二月廿日，田戶曹史張惕、趙野校①。

按：①據文例，《田家莂》"☑"今補釋爲"校"。

5·1238 灵……男子……，佃田☑一町，凡一頃卌六畝。其九十六畝二年常限。畝收米一斛二斗，爲米二☑其……爲米☑六斛一……☑凡爲米一百一十九斛☑斗，五年十二月廿八日☑

5·1239 ☑日付吏孫儀。其旱田不收錢。其孰田畝收錢八十，凡爲錢一千三百六十，五年十二月十日付庫吏潘慎、潘宗畢。嘉禾六年二月廿日，田戶曹史張惕、趙野校。

5·1240 ☑……孫儀。其旱田不收錢。其孰田畝收錢八十，凡爲錢八百，五年十二月十日付庫吏潘慎、潘宗畢。嘉禾六年二月廿日，田戶曹史張惕、趙野校。

5·1241 ☐年十一月七日付吏孫儀。其旱田不收錢。其孰田畝收錢
八十,凡爲錢☐百卌,五年十二月十日付庫吏潘慎、潘宗。
嘉禾六年二月廿日,田户曹史張惕、趙野校。

5·1242 ☐……十二月十四日付掾孫儀。……其旱畝不收錢。凡爲
錢一千卌①,准入米九斗,六年正月廿日……

按:①據文例,"凡爲錢"前脱"其孰田畝收錢八十"之類表熟田定額的語句。

5·1243 ☐……五年十二月廿日付倉吏……。嘉禾六年二月廿日,田
户曹史張惕、趙☐

5·1244 ☐……周棟畢。其旱畝收錢[1]。其孰田畝收錢八十,凡爲錢
一千五百廿,五年十二月一日付庫吏……。嘉禾六年二月
廿日,田户曹史張惕……

原注:[1]"畝"下脱"不"字。

5·1245 ☐……。其孰田畝收錢八十①,嘉禾六年二月廿日,田户曹
史……

按:①據文例,"八十"後脱收錢數、繳錢日期及接收倉吏。

5·1246 ☐……付倉吏張曼、周棟。其旱田不收錢。凡爲錢六百八
十①,五年十一月廿日付庫吏潘慎。☐

按:①據文例,"凡爲錢"前脱"其孰田畝收錢八十"之類表熟田定額的語句。

5·1247 ☐皆二年常限。其……畝收一斛二斗①,凡爲米十四斛四斗,
收布二尺②。凡爲布二丈四尺,准入米☐☐……四斗,六年二
月十日付三州掾孫儀。☐

按:①據文例,"收"後脱"米"字。
　　②據文例,"收"前脱"畝"字。

5·1248 ☐付倉吏張曼、周棟。其畝收錢八十①,凡爲錢二千,五年十
一月十八日付庫掾番慎、番宗畢。嘉禾六年二月廿日,田户
曹史張惕、趙野校。

按:①據文例,"其"後或脱"孰田"二字。

5·1249　☐錢三百……五年☐月……

5·1250　☐凡……五年十二月七日付倉吏張曼、周棟畢。其旱田☐其
　　　　孰田……☐。凡爲錢……☐

5·1251　☐嘉禾六年二月廿日,田户曹史張惕校。

5·1252　☐旱敗不收布。☐畝收米一斛二斗,凡爲米卅六斛,畝收布
　　　　二尺。凡爲布一匹二丈,准入米三斛☐☐☐升,六年正月五
　　　　日付掾孫儀。[①]

按:①此簡文意未完。"孫儀"後應有缺文。

5·1253　☐嘉禾六年二月廿日,田☐☐

5·1254　☐☐孫儀。收錢五百六十[①],五年十二月十日付庫吏潘慎、潘
　　　　宗畢。嘉禾六年二月廿日,田户曹史張惕、趙野校。

按:①據文例,"收錢"前脱繳錢定額的語句,"收錢"當爲"凡爲錢"。

5·1255　☐孰田收錢畝八十。嘉禾六年二月廿日,田户曹史張惕、趙
　　　　野校。

5·1256　☐……其孰田收錢畝八十……☐

5·1257　☐郭勳、馬欽。其旱畝不收錢。其孰田畝收錢八十……。嘉
　　　　禾六年二月廿日,……陳通校。

5·1258　☐……其旱田不收錢。☐……錢八十,凡爲錢四百八十,五
　　　　年十月十日付庫吏潘慎。嘉禾六年二月廿日,田户曹史張
　　　　惕校。

5·1259　☐張曼、周棟。☐不收錢。孰田收錢畝八十,凡爲錢一千五
　　　　百卅,五年十一月廿日☐☐嘉禾六年二月廿日,田户曹☐

5·1260　☐☐付倉吏張曼、周棟畢。其旱畝不收錢。其孰田畝收錢八
　　　　十,凡爲錢廿九錢,付庫☐[①]☐二月廿日,田户曹☐

按：①據文例，"付"前脫繳錢日期。

5·1261　☑吏孫儀畢。嘉禾六年二月廿日，田戶曹史張惕、趙野校。

5·1262　☑其旱田不收錢，凡爲錢①……五年十一月九日付庫吏潘慎☑
按：①據文例，"凡爲錢"前脫"其孰田畞收錢八十"之類表熟田定額的語句。

5·1263　☑……嘉禾六年二月十日，田戶曹史張惕、趙野校。

5·1264　☑□斗三升四合，五年十二月……孫儀□☑　其☑　嘉☑

5·1265　☑其旱畞不收錢。其孰田畞收錢八十，凡爲錢冊，准入六
　　　　升[1]，五年正月卅日付[2]☑……田戶曹史☑
原注：[1]"入"下脫"米"字。
　　　[2]據前文"其旱畞不收錢""其熟田畞收錢八十"，皆爲嘉禾五年收錢定額，繳
　　　錢當在秋後或第二年初，故此句所見"五年"當爲"六年"之誤。

5·1266　☑□畞收錢八十，凡爲錢……☑

5·1267　灵☑其四畞一百廿步旱不收布☑

5·1268　☑五年十二月六日付庫吏□□。……惕、陳通校。

5·1269　☑……畞旱不收布。☑□布二尺，錢八十，凡……☑六斗，畞
　　　　收布二尺☑

《無年份標識吏民田家莂》校注

0·1　灵上俗丘男子林臣,佃田三町,☑

0·2　灵上茇丘男子宗囊,佃田□町,凡卅六畝,☑

0·3　灵平攴丘男子烝平,田十五町,凡七十五畝,……其卅四畝,皆二
　　　年常限。☑

0·4　灵平攴丘男子黄宜,田十三町,凡廿八畝,皆……其……☑……☑
　　　其米☑

0·5　灵平攴丘男子區□,……田……

0·6　灵平攴丘男子……町,凡十六畝……收布二尺,凡……趙野、張
　　　惕、陳通校。①

按:①此簡是趙野、張惕、陳通三人校核,極可能是四年田家莂。

0·7　灵平陽丘男子呂歷,佃田十一☑

0·8　灵平樂丘男子烝數(?),田十八町,凡□畝。其……定收……斛
　　　二斗,合爲米十四斛……凡爲……其十八畝餘力田,爲米……
　　　其米□十□斛六斗四升八……☑

0·9　灵平樂丘男子潘謙,佃田一町,凡七畝,皆☑

0·10　灵平樂丘男子監加①,佃田十町,凡卅七畝,皆二年常限。其廿
　　　畝☑

按:①《田家莂》"盐"今改釋爲"監",詳參簡4·582。

0·11　灵石下丘男子殷□,□三町,凡八畝……凡爲布☑

0·12　灵石下丘縣吏黄諱,佃田卅二町,凡卅二畝,皆二年常限。其二
　　　畝……定收卅畝……准入米……

0·13　灵伻丘男子轟旱,田二町,凡十二畝,皆二年常限。……☑

0·14　灵伻丘男子轟□,田五町,凡十七畝,皆二年常限。旱敗不收,
　　　畝☑

0·15 灵何丘男子蔡□,田九町,凡卅五畝,皆二年常限。其廿五畝旱
敗□定收十畝,畝收米一斛□其米十二斛,六……□

0·16 灵東溪丘男子鄧野,佃田二町,凡五畝,皆二年常限。……□

0·17 灵禾中丘男子五檀(?)[1]①,佃田二町,凡十畝,皆二年常
限。……

原注:[1]耒,或是"采"字。
按:①《田家莂》"耒"疑爲"禾"字。"禾中丘"又見簡4·506,可參。今改。

0·18 灵弦丘男子謝根,佃田二町,凡七畝,皆二年□

0·19 灵南彊丘男子區應,佃田三町,凡 六 畝,皆□□

0·20 灵莫丘男子……畝五十步,皆二年常限。其□□畝五十步□定
收廿六畝,爲□其米□

0·21 灵頃丘大女唐堆,佃田十七町,凡卌畝,皆二年常限。悉□

0·22 灵温丘男子□□,佃田一町,□

0·23 灵夢丘男子吴岑,佃田二町,凡十畝,皆二年常限。旱敗不收,□

0·24 灵夢丘男子區達,佃田七町,凡十三畝□

0·25 灵蹟丘男子吴銀,佃田十五町,凡□

0·26 灵監(?)丘男子□□

0·27 灵暹丘男子番陽,佃田九町,凡廿四畝百步□

0·28 灵□丘男子吴帛①,佃田七町,凡廿四畝卅步□□
按:①據文例,簡首應有合同符號,今補。

0·29 灵□丘男子丞毛,佃田九町,凡廿畝□

0·30 灵□……丘男子黄稠①,佃田十町,凡□□畝,皆二年常限。☑

按:①據文例,簡首應有合同符號,今補。

0·31 灵□□丘男子鄧奴,佃田二町,凡七畝皆二年……畝收布六寸
六分☑①

按:①此簡據"畝收布六寸六分"知當屬四年田家莂。

0·32 灵郡吏監(?)象(?)①,佃田……皆二……☑

按:①據文例,"郡吏"前脫丘名。

0·33 ☑……□收錢,凡爲錢五百六十,准入米五斗一……☑

0·34 ……皆二年常限。其……定收……斛二斗……其米……☑

0·35 ☑……十一日付倉吏郭勳、馬欽……☑①

按:①此簡據"倉吏郭勳、馬欽"知當屬五年田家莂。因四年田家莂不見倉吏郭勳、
馬欽。

0·36 ☑……日,田戶經用曹史趙野、張惕、陳通校。①

按:①此簡是趙野、張惕、陳通三人校核,極可能是四年田家莂。

0·37 ……男子……☑

0·38 ……年十一月十九日付庫……

0·39 ☑□□年□□……

0·40 ……畢……趙野、張惕、陳通校。①

按:①此簡是趙野、張惕、陳通三人校核,極可能是四年田家莂。

0·41 ……十……十二月廿日……

0·42 ☑……旱敗不收……嘉禾□年三月十日,田戶曹史趙野、張惕、
陳通校。①

按:①此簡是趙野、張惕、陳通三人校核,且校核時間在三月,五年田家莂的校核時
間是嘉禾六年正月十四日至二月卅日,故此簡應是四年田家莂。

0·43　……常限……其旱敵……定……米……☐

0·44　☐……准入米一斛三斗八升……

0·45　☐……張☐、陳通校。

0·46　灵……常限。其☐敵旱敗……旱田……

0·47　☐年常限……

0·48　灵……丘男子……皆二年常限……☐

0·49　☐……錢,☐年十二月☐日付庫吏……其孰田敵收錢……月十日田户……☐

0·50　☐……十八日付庫吏潘有。嘉禾……日,田户曹史趙野、張惕、陳通校。①

按:①此簡是趙野、張惕、陳通三人校核,極可能是四年田家莂。

0·51　☐一月廿日付倉吏張曼、周棟……☐①

按:①此簡據"倉吏張曼、周棟"知當屬五年田家莂。因四年田家莂不見倉吏張曼、周棟。

0·52　☐……敵,旱不收,布……☐

0·53　☐……佃田九町,凡十六敵,皆二年常限。定收☐☐☐

0·54　灵……米……五斛☐斗五年……☐

0·55　……五敵,皆二年常限……☐

0·56　☐……庫吏……田户曹史張惕……

0·57　☐……凡爲布一匹二丈☐尺,五年☐……☐

0·58　……町,凡三敵,皆二年常限。收米三斛六斗☐☐

0·59　　☑……月□日付庫掾番慎、番宗……☑①

按：①此簡據“庫掾番慎、番宗”知當屬五年田家莂。因四年田家莂錢、布入庫，均由
　　一個庫吏負責，而五年田家莂多是兩個庫吏負責。

0·60　　☑□□十二月廿日付庫吏番有畢□……校。

0·61　　☑史張惕、趙野校。

0·62　　☑……趙野、陳通校。

0·63　　……□惕、陳通校。

0·64　　☑……付倉吏張曼、周☑①

按：①此簡“周”後殘斷，當爲“倉吏張曼、周棟”，故當屬五年田家莂。

0·65　　☑……月□日付庫吏……□日曹史……惕、……

0·66　　灵……其米八十四斛□斗☑

0·67　　☑……三 月 □ 日，田 戶 經 用 曹 史 趙 野、張 惕、陳
　　　　通 校。①

按：①此簡是趙野、張惕、陳通三人校核，極可能是四年田家莂。

0·68　　☑……田戶經用史趙野、陳通□。

0·69　　☑曹史張惕、趙野、陳通 校。①

按：①此簡是張惕、趙野、陳通三人校核，極可能是四年田家莂。據文例，《田家莂》
　　　“□”今補釋爲“校”。

0·70　　☑年□月廿日 付 倉 吏 潘 慮 畢……

0·71　　☑□□日主者史張惕、趙野、陳通校。①

按：①此簡是張惕、趙野、陳通三人校核，極可能是四年田家莂。

0·72　　……佃田卅五畝，凡卌七畝，皆二年常限。……定收卅一
　　　　畝……☑

0·73　☐定收十八畝,爲米廿一斛六斗;☐其米廿一斛六斗……☐

0·74　☐……□惕、陳通校。

0·75　亖……丘男子……其□☐

0·76　☐……爲米廿三斛□斗,畝收布☐

0·77　☐張惕、趙野、陳通校。①

按:①此簡是張惕、趙野、陳通三人校核,極可能是四年田家莂。

0·78　……田六町,凡……畝……其……☐定收……☐其米☐

0·79　☐……皆二年常限。☐

0·80　☐……張惕、陳通校。

0·81　☐……孰田畝收錢八十。凡爲錢一千四百卅……☐二月廿日,
　　　田戶曹史張惕、趙野校。①

按:①此簡據“孰田畝收錢八十”知當屬五年田家莂。

0·82　☐十二月一日付倉吏鄭黑。嘉禾……田戶曹史張惕、趙野、陳
　　　通校。①

按:①倉吏鄭黑僅見於四年田家莂,且此簡是張惕、趙野、陳通三人校核,應是四年
　　　田家莂。據文例,《田家莂》“☐”今補釋爲“通校”。

0·83　☐……十二月□日,付庫吏……

0·84　☐……畝,皆二年常限。旱敗不收☐

0·85　☐……十二月十日付倉吏□□□

0·86　☐二月十五日付庫吏潘慎、潘宗畢。……☐惕、趙野校。①

按:①此簡據“付庫吏潘慎、潘宗”知當屬五年田家莂。

0·87　☐□□日,主者史張惕、趙野、陳通校。①

按：①此簡是張惕、趙野、陳通三人校核，極可能是四年田家莂。據文例，《田家莂》
　　 "☑"今補釋爲"校"。

0·88　☑廿日田户曹史張惕、趙□校。

0·89　☑曹史張惕、趙野、陳通校。①
按：①此簡是張惕、趙野、陳通三人校核，極可能是四年田家莂。據文例，《田家莂》
　　 "☑"今補釋爲"校"。

0·90　☑⋯⋯佃田三町，凡廿九畝☑

參考文獻

一、專著

[1][漢]許慎《說文解字》,中華書局影印清陳昌治刻本,1963年。

[2][漢]司馬遷《史記》,中華書局標點本,1959年。

[3][漢]班固《漢書》,中華書局標點本,1962年。

[4][西晉]陳壽《三國志》,中華書局標點本,1959年。

[5][梁]顧野王《玉篇》,中國書店據張氏澤存堂本影印,1983年。

[6][宋]丁度等編《集韻》,上海古籍出版社據宋鈔本影印,1985年。

[7][遼]行均《龍龕手鑒》,中華書局影印高麗本,1985年。

[8][清]王念孫《廣雅疏證》,中華書局影印嘉慶王氏家刻本,1983年。

[9][清]郝懿行《爾雅義疏》,上海古籍出版社據同治郝氏家藏本影印,1983年。

[10][清]嚴可均校輯《全上古三代秦漢三國六朝文》,中華書局,1958年。

[11][清]段玉裁《說文解字注》,上海古籍出版社影印經韻樓藏本,2003年。

[12][清]朱駿聲《說文通訓定聲》,中華書局影印臨嘯閣刻本,1984年。

[13]陳榮傑《走馬樓吳簡佃田、賦稅詞語研究》,人民出版社,2016年。

[14]陳松長《馬王堆簡帛文字編》,文物出版社,2001年。

[15]高敏《長沙走馬樓簡牘研究》,廣西師範大學出版社,2008年。

[16]漢語大字典編輯委員會編纂、徐中舒主編《漢語大字典》,四川辭書出版社、湖北辭書出版社,1990年。

[17]漢語大字典編輯委員會編纂《漢語大字典》第二版,崇文書局、四川辭書出版社,2010年。

[18]黃征《敦煌俗字典》,上海教育出版社,2005年。

[19]冷玉龍等編《中華字海》,中華書局,1994年。

[20]凌文超《走馬樓吳簡采集簿書整理與研究》,廣西師範大學出版社,2015年。

[21]毛遠明《漢魏六朝碑刻異體字典》,中華書局,2014年。

[22]秦公《碑別字新編》,文物出版社,1985年。

[23]秦公、劉大新《廣碑別字》,國際文化出版公司,1995年。

[24]于振波《走馬樓吳簡初探》,文津出版社,2004年。

[25]臧克和主編《漢魏六朝隋唐五代字形表》,南方日報出版社,2011年。

[26]張顯成《簡帛文獻學通論》,中華書局,2004年。

[27]中國簡牘集成編委會編、胡平生等主編《中國簡牘集成·湖南省卷[走馬樓]
　　上、下》,敦煌文藝出版社,2005年。

[28]周祖謨《廣韻校本》,中華書局,2011年。

二、論文

[1]陳順成《走馬樓吳簡詞語研究》,北京語言大學博士學位論文,2010年。

[2]王保成《三國吳簡文字研究》,安徽大學博士學位論文,2013年。

[3](日)阿部幸信、伊藤敏雄編《嘉禾吏民田家莂數值一覽(Ⅰ)》、伊藤敏雄編《嘉
　　禾吏民田家莂數值一覽(Ⅱ)》,"長沙走馬樓出土吳簡に關する比較史料學的
　　研究とそのデータベース化"資料叢刊,2005年、2007年。

[4](日)伊藤敏雄、阿部幸信《〈長沙走馬樓三國吳簡　嘉禾吏民田家莂〉釋文補
　　正》,《簡帛研究二〇〇四》,廣西師範大學出版社,2006年。

[5](日)伊藤敏雄、阿部幸信《〈長沙走馬樓三國吳簡　嘉禾吏民田家莂〉釈文補
　　注》,長沙吳簡研究會編《長沙吳簡研究報告·第3集》,2007年。

[6]陳榮傑《走馬樓吳簡"租田"及相關問題》,《中國農史》,2013年第2期。

[7]陳榮傑、張顯成《〈嘉禾吏民田家莂〉釋文注釋的數值問題》,《古籍整理研究學
　　刊》,2012年第2期。

[8]陳榮傑、張顯成《吳簡〈嘉禾吏民田家莂〉"旱田""熟田"考辨》,《中國經濟史研
　　究》,2013年第2期。

[9]高敏《從嘉禾年間〈吏民田家莂〉看長沙郡一帶的民情風俗與社會經濟狀況》,
　　《中州學刊》,2000年第5期。

[10]高敏《〈吏民田家莂〉中所見"餘力田"、"常限"田等名稱的涵義試析——讀長
　　沙走馬樓簡牘札記之三》,《鄭州大學學報》(社會科學版),2000年第5期。

[11]高敏《嘉禾〈吏民田家莂〉中的"士"和"復民"質疑》,《文物》,2000年第10期。

[12]侯旭東《長沙走馬樓三國吳簡"里""丘"關係再研究》,《魏晉南北朝隋唐史資

料》,2006年第22輯。

[13]侯旭東《長沙走馬樓三國吳簡釋文補正》,《中國文物報》,1999年7月21日第3版。

[14]胡平生《嘉禾四年吏民田家莂研究》,長沙市文物考古研究所編《長沙三國吳簡暨百年來簡帛發現與研究國際學術研討會論文集》,中華書局,2005年。

[15]胡平生《〈嘉禾四年吏民田家莂〉統計錯誤例解析》,李學勤、謝桂華主編《簡帛研究二〇〇一》,廣西師範大學出版社,2001年。

[16]胡平生《〈長沙走馬樓三國吳簡〉第二卷釋文校證》,中國文物研究所編《出土文獻研究》第七輯,上海古籍出版社,2005年。

[17]胡平生《〈長沙走馬樓三國吳簡〉第二卷〈竹簡[壹]〉地名、人名釋文校證》,卜憲群、楊振紅主編《簡帛研究二〇〇四》,廣西師範大學出版社,2006年。

[18]蔣福亞《也談〈嘉禾吏民田家莂〉中"二年常限"田的涵義》,《魏晉南北朝經濟史探》,甘肅人民出版社,2004年。

[19]蔣福亞《〈嘉禾吏民田家莂〉中的"斛加五升"》,《中華文史論叢》,2009年第1期。

[20]蔣福亞《〈吏民田家莂〉的組合形式》,《中國經濟史研究》,2008年第1期。

[21]蔣福亞《〈嘉禾吏民田家莂〉中的"餘力田"》,《魏晉南北朝經濟史探》,甘肅人民出版社,2004年。

[22]蔣福亞《走馬樓吳簡中的"復民"》,《許昌學院學報》,2011年第6期。

[23]蔣福亞《吳簡中的"士"和軍屯》,《許昌學院學報》,2007年第3期。

[24]雷長巍《試論三國吳簡中的"火種田"》,中國文化遺產研究院編《出土文獻研究》第九輯,中華書局,2010年。

[25]李均明、周自如、楊慧《關於長沙走馬樓嘉禾田家莂的形制特徵》,李學勤、謝桂華主編《簡帛研究二〇〇一》,廣西師範大學出版社,2001年。

[26]李均明、王昕《〈長沙走馬樓三國吳簡·竹簡[壹]〉釋文校記(一)》,中國文物研究所編《出土文獻研究》第八輯,上海古籍出版社,2007年。

[27]黎虎《"吏戶"獻疑——從長沙走馬樓吳簡談起》,《歷史研究》,2005年第3期。

[28]李卿《〈長沙走馬樓三國吳簡·嘉禾吏民田家莂〉性質與内容分析》,《中國經濟史研究》,2002年第1期。

[29]黎石生《〈嘉禾吏民田家莂〉釋文補正》,《中國文物報》,2002年10月18日第7版。

[30]黎石生《〈長沙走馬樓三國吳簡·竹簡[肆]〉釋文、注釋補正》,楊振紅、鄔文玲主編《簡帛研究二〇一五春夏卷》,廣西師範大學出版社,2015年。

[31]凌文超《〈長沙走馬樓三國吳簡·嘉禾吏民田家莂〉數值釋文訂補》,卜憲群、

楊振紅主編《簡帛研究二〇〇八》,廣西師範大學出版社,2010年。

[32]孟彥弘《〈吏民田家莂〉所録田地與漢晉間民屯形式》,中國社會科學院歷史研究所學刊編委會編《中國社會科學院歷史研究所學刊》第2集,商務印書館,2004年。

[33]邱東聯《長沙走馬樓佃田租稅簡的初步研究》,《江漢考古》,1998年第4期。

[34]宋超《長沙走馬樓吳簡中的"丘"與"里"》,長沙市文物考古研究所編《長沙三國吳簡暨百年來簡帛發現與研究國際學術研討會論文集》,中華書局,2005年。

[35]蘇俊林《吳簡所見復民身份考辨》,楊振紅、鄔文玲主編《簡帛研究二〇一六春夏卷》,廣西師范大學出版社,2016年。

[36]王素、宋少華、羅新《新出長沙走馬樓簡牘整理簡介》,《書品》,1999年第3期。

[37]王素、宋少華、羅新《長沙走馬樓簡牘整理的新收穫》,《文物》,1999年第5期。

[38]王素《〈嘉禾吏民田家莂〉所見"己酉丘復民"性質新探》,長沙市文物考古研究所編《長沙三國吳簡暨百年來簡帛發現與研究國際學術研討會論文集》,中華書局,2005年。

[39]王子今《試釋走馬樓〈嘉禾吏民田家莂〉"餘力田"與"餘力火種田"》,北京吳簡研討班編《吳簡研究》第一輯,崇文書局,2004年。

[40]于振波《走馬樓吳簡中的限米與屯田》,《南都學壇》,2004年第1期。

[41]于振波《走馬樓吳簡中的里與丘》,《文史》,2005年第1期。

[42]于振波《走馬樓吳簡中所見佃田制度考略》,《湖南大學學報》(社會科學版),2003年第6期。

[43]張榮強《吳簡〈嘉禾吏民田家莂〉"二年常限"解》,《歷史研究》,2003年第6期。

[44]張文傑《長沙走馬樓三國吳簡〈嘉禾吏民田家莂〉中的"復民"》,《興大歷史學報》,2005年第16期。

後記

　　1996年7月至12月，在湖南長沙五一廣場走馬樓建設區J22號古井中發現了數量驚人的三國孫吳紀年簡牘，1999年9月《田家莂》即由文物出版社出版。從發現發掘到公開出版，其間僅用了短短三年時間，這在簡牘整理出版中是很少見的。我們知道簡牘的發掘、清理、釋讀等是一個很漫長的過程，僅就清理而言，就要經歷很多道工序，且吳簡是搶救性發掘，殘斷、損壞極其嚴重。可以想見，大木簡田家莂的清理、釋讀工作者是夜以繼日、加班加點、高效率地工作，才使得《田家莂》以最短的時間、最快的速度與學界見面。因此，我們首先要對參與田家莂的清理、保護、釋讀等工作的專家、學者致以崇高的敬意。

　　對《田家莂》的接觸還要從2010年說起。當時我剛剛接觸吳簡，對之了解甚少，故不知從何處着手。於是，就采用了一個笨辦法，從吳簡的第一卷《田家莂》開始，將《田家莂》釋文和圖版進行對讀。在結合圖版對讀《田家莂》時，發現圖版上的一些文字，整理者釋讀有問題，於是在閱讀中就隨手將這樣的情況記錄下來。大概經過半年多的時間，完成了釋文和圖版的對讀工作。在對讀過程中，時不時地發現有些莂券中收米數、收布數、收錢數等計算有誤，有些錯誤整理者在注釋中已經注明，有些錯誤則沒有注明。於是，我又逐簡對涉及數值的簡文重新進行計算，發現田家莂計算有誤之處就批注在一旁。當我拿着寫滿紅、黑兩種字跡的《田家莂》複印件去見我的導師張顯成先生時，先生看了之後突然說，你可不可以對《田家莂》重新進行校理。當時我根本沒有時間和精力從事這項工作。這件事就擱置下來了。

　　2013年，我重新把這項工作拾起來。結合圖版和《中國簡牘集成·湖南省卷[走馬樓]》（下簡稱"集成本"），又重新對《田家莂》校讀一遍，新發現了一些問題。2015年，我以"《嘉禾吏民田家莂》校理"爲題申報高校古委會項目，並有幸獲准。這項工作又被提上了日程。這次我結合圖版（包括吳簡竹簡圖版）、集成本及時賢相關研究成果,又重新對《田家莂》校讀一遍,匯集以前的校讀成果,開始着手《〈嘉禾吏民田家莂〉校注》(下簡稱《校注》)的相關工作。《校注》保留原整理者的注釋,並以"原注"標明。凡對原整理者的釋文改動之處,均在注釋中加以説明,新的注釋以"按"字標明。這樣做一是保留了原整理者的釋文、注釋,二是對其錯誤之處進行了改正,增加了新的注釋,力爭達到一本兩用的目的。2016年底,書稿申報國家古籍整理出版專項資助項目有幸獲准後,我又對書稿重新進行了修改。友生賈利青、張東旭、陳笑笑校讀了部分書稿,謹致謝。

　　在校注過程中,我們參考了衆多時賢的研究成果。如集成本,我們汲取了集成本對一些生僻字標注漢語拼音的做法,以方便讀者閱讀、使用。又如(日)伊藤敏雄、(日)阿部幸信、高敏、胡平生、黎石生、凌文超、王保成、蘇俊林等先生的研究成果,我們在校注過程中多有參考。其他一些吳簡的研究成果中涉及田家莂者,我們亦時有參考。囿於行文體例所限,以上研究成果沒有在文中一一注明,在此謹向以上研究者致以衷心的感謝。由於我天生愚鈍、能力有限,儘管十分努力、謹慎,但書中肯定還有不少錯誤、疏漏之處,懇請學界時賢給予諟正。

陳榮傑